लेखक-चिन्तक प्रेमकुमार मणि की यह आत्मकथा उत्तर भारतीय किसान परिवार में जन्मे-पले-बढ़े एक व्यक्ति के विकास की दिलचस्प-दास्तान तो है ही, आज़ादी के बाद इस क्षेत्र में आये बदलावों का विश्वसनीय दस्तावेज़ भी है। मणि कथाकार-उपन्यासकार के साथ प्रतिबद्ध सामाजिक-राजनीतिक कार्यकर्त्ता भी रहे हैं, जिनके विचारों ने अनेक बार विभिन्न सामाजिक, राजनीतिक संस्थाओं और आन्दोलनों को दिशा दी है।

आत्मकथा में मणि कथावाचक भर बने रहते हैं। इस तटस्थता के कारण यह उनकी से अधिक, उनके समय की कहानी बन जाती है। 1960 के दशक से लेकर इक्कीसवीं सदी के पहले दशक तक के लगभग 50 साल लम्बे काल-खण्ड की एक ऐसी कहानी, जो राजनीतिक और सामाजिक उथल-पुथल से भरी है और जिसमें इस दौर के साहित्यिक जगत की हलचलें भी उझकती हैं। इन वर्णनों में जीवन व जगत के प्रति मणि के नज़रिये में प्रौढ़ता और आत्मीयता का सहज समावेश है।

उन्होंने नेहरू युग के पश्चात् हिन्दी-समाज में आये बदलावों को गहराई से अनुभव किया है और अपनी भरपूर ज्ञानात्मक संवेदना के साथ साझा किया है। यहाँ जयप्रकाश आन्दोलन है, तो नक्सलवादी आन्दोलन भी; मण्डलवादी उथल-पुथल है, तो भगवा अँगड़ाई भी। यह केवल मणि की कहानी नहीं, उस पूरे दौर का एक जीवन्त और सम्यक दस्तावेज़ है, जिसके सामाजिक पहलू अलग से रेखांकित किये जाने योग्य हैं।

उत्तर भारत के सामाजिक-राजनीतिक और साहित्यिक-जगत के इतिहास को समझने के लिए यह एक ज़रूरी किताब है। वस्तुतः यह केवल आत्मकथा नहीं, बल्कि उससे कुछ अधिक है।

अकथ कहानी

आत्मकथा

प्रेमकुमार मणि

वाणी प्रकाशन

वाणी प्रकाशन
4695, 21-ए, दरियागंज, नयी दिल्ली 110 002
फ़ोन : +91 11 23273167 फ़ैक्स : +91 11 23275710

शाखाएँ
अशोक राजपथ, पटना 800 004, बिहार
कॉफ़ी हाउस कैम्पस, महात्मा गांधी मार्ग, इलाहाबाद 211 001, उत्तर प्रदेश
महात्मा गांधी अन्तरराष्ट्रीय हिन्दी विश्वविद्यालय, वर्धा 442 001, महाराष्ट्र

www.vaniprakashan.com
marketing@vaniprakashan.in
sales@vaniprakashan.in

Akath Kahani
by Prem Kumar Mani

ISBN : 978-93-5518-098-8
Autobiography

पेपरबैक प्रथम संस्करण 2023

मूल्य : ₹ 499

आर. टेक ऑफ़सेट प्रिंटर्स, दिल्ली-110 032 में मुद्रित

वाणी प्रकाशन का लोगो मक़बूल फ़िदा हुसेन की कूची से

अबीर
और उन तमाम बच्चों के लिए
जो एक नयी पुरसुकून दुनिया का इन्तज़ार कर रहे हैं...

यह कहानी

अपनी ज़िन्दगी की इस अनकही कहानी को मैंने 2013 की बरसात में लिखा। उन दिनों मैं देहरादून में छुट्टियाँ बिता रहा था। मौसम सुहाना था और मेरे पास करने को कोई विशेष काम नहीं था। कुछ ही रोज़ बाद मैं अपने जीवन के साठ साल पूरा करने जा रहा था। साठ साल किसी के लिए भी एक ऐसा पड़ाव होता है, जब उसके पास कहने के लिए कुछ ज़रूर होता है। एक ख़याल आया, क्यों नहीं अपनी ही जीवन-कथा लिख डालूँ। इसी संकल्प के साथ बैठ गया। 22 जुलाई, 2013 की सुबह से इसे लिखना शुरू किया और लगभग डेढ़ महीने बाद 9 सितम्बर, 2013 को इसे पूरा किया जा चुका था। इस लेखन को उसी काल में रख कर देखा जाना चाहिए। 2013 में ही इसका छोटा-सा एक हिस्सा दूरदर्शन की पत्रिका 'दृश्यान्तर' में प्रकाशित हुआ था। इसके बाद इसे चुपचाप रख दिया। इसके प्रकाशन को लेकर मुझ में वर्षों तक एक संकोच रहा। लेकिन कुछ मित्रों का जोर हुआ कि इसे प्रकाशित होना चाहिए। इसे प्रकाशित करने में अरुण माहेश्वरी जी ने जो उत्साह दिखाया है, उसके लिए उनका आभार स्वीकारूँगा।

–प्रेमकुमार मणि

पटना, 5 फ़रवरी
वसन्त पंचमी, 2022

अनुक्रम

जन्म

दुनिया में सबकी एक कहानी है। सच कहा जाये तो यह दुनिया स्वयं में एक कहानी है। लेकिन कहानी जब अपनी हो, तो उसे लिखना बहुत आसान नहीं होता।

25 जुलाई, 1953 को मेरा जन्म हुआ। माँ ने बतलाया शनिचर दिन था और पूर्वाह्न का समय। जैसा कि माँ ने, टुकड़ों यानी कई बार में, कई अवसरों पर, अलग-अलग प्रसंग में बतलाया कि मेरा जन्म ख़ुशी और सदमे का मिला-जुला रूप था। माँ ने यह कभी नहीं कहा कि वह ख़ुश नहीं थीं, लेकिन उनकी मनःस्थिति का अन्दाज़ा लगाना बहुत मुश्किल नहीं है। 1950 के दशक में बिहारी समाज की स्थिति का आप अन्दाज़ा लगा सकते हैं। मेरा जन्म एक ऐसे युवा दम्पती के सम्मिलन का परिणाम था, जिसने अपने विवाह का सामाजिक और पुरोहिती अनुमोदन नहीं प्राप्त किया था। उन दिनों इसे प्रेम-विवाह कहा जाता था। मेरे माता-पिता ने जाति और अन्य कई परम्पराओं को तोड़ते-रौंदते हुए साथ चलने का एक आत्म-संकल्प किया और उनके सम्बन्ध संकल्प को जैसे रेखांकित करने के लिए में 'प्रकट' हुआ।

मेरा जन्म मामाओं के घर हुआ। माँ का मायका। पूरी कहानी ख़ुशनुमा नहीं है, इसलिए इसे विस्तार देना अच्छी बात नहीं होगी। माँ ने विभिन्न अवसरों पर जो भी टुकड़ा-टुकड़ा सुनाया है, उसे सुनकर मेरी आँखें गीली हुई हैं। सन् 2005 में एक भयानक बीमारी से बचकर जब मैं चंगा हुआ तब पता नहीं क्यों, एक बार उस मन्दिर-ख़ासकर उसके इनार (कुएँ) को देखने की इच्छा हुई, जिसके जगत (घेरे) पर, माँ के अनुसार मेरे जीवन की पहली रात गुज़री थी। कई बार टूट-फूट कर बना कुआँ और मन्दिर परिसर अब वैसा ही नहीं था, जैसा तब रहा होगा। लेकिन जगह तो वही थी। मैं कुछ वक़्त के लिए वहाँ मौन खड़ा रहा। कुछ सोचना चाहा लेकिन आँखों से कुछ बूँदें

गिरीं और मैं मन से शिशु बन गया। दरअसल, जन्म के बाद मुझे मेरी माँ की गोद से छीन लिया गया। एक मामा ने मुझे फेंक आने की ज़िम्मेदारी ली। वह मुझे लेकर निकले भी। लेकिन उन्हें शायद दया आ गयी, जैसा इन्होंने बाद में बतलाया। गाँव से कुछ किलोमीटर दूर अवस्थित एक प्रसिद्ध सूर्यमन्दिर के दरवाज़े पर बने कुएँ के जगत पर चुपके से मुझे रखा और वह गुम हो गये। वह लौटकर उस रोज़ घर नहीं आये। मेरे मामाघर के लोग इत्मीनान हो गये। लेकिन पागल बनी माँ घर से अँधेरे में तलाशने निकलीं। अपनी हताशा में घूमती, वह भोर तक उस मन्दिर में पहुँची कि अपनी पीड़ा भगवान के दरबार में रखूँगी। लेकिन वहाँ दूसरा ही दृश्य था। मन्दिर के पुजारी-कारिन्दे एक लावारिस बच्चे को घेरे हुए च्-च् कर रहे थे कि माँ वहाँ पहुँची। पूरे ब्योरे का केवल अनुमान ही लगाया जा सकता है।

माँ मुझे लेकर कहाँ-कहाँ कैसे-कैसे भटकीं इसकी कथा बहुत करुण है। उन्होंने किसी तरह पिताजी को सूचना दी। उस वक़्त वह एक राजनीतिक दल के कार्यकर्ता थे और पार्टी दफ़्तर में ही रहते थे। माँ भी मुझे लिये हुए वहीं आ गयीं। पार्टी दफ़्तर में ही मेरे जन्म का 'जश्न' आयोजित हुआ। नामकरण हुआ। ज़िन्दगी शुरू हुई। जन्म की यही संक्षिप्त कथा है।

: 2 :

मेरे माता-पिता कोई बड़े आदमी नहीं थे। मतलब ऐसे परिवार से नहीं आते थे, जिनके परिवार खानदान का कोई अपना विशिष्ट इतिहास था, जिन पर वे गर्व करते या जिसकी चर्चा वे अपने बच्चों से करते। वे सर्वहारा समाज के लोग थे। मेरी माँ दस्तकारों के एक सामान्य परिवार से आती थीं। उनके पिता देहाती आर्किटेक्ट थे, जिन्हें गाँवों में तब राजमिस्त्री कहा जाता था। लेकिन वह कुछ ख़ास थे। मन्दिर, कुएँ और बड़े मकान बनवाना हो, तो उनकी खोज होती थी। वे दूर-दूर तक बुलवाये जाते थे। उन दिनों ज़्यादातर घर मिट्टी के बने होते थे। खपरैल घर में रहना भी बड़ी बात होती थी। खेतिहर मज़दूर और अन्य ग़रीब लोग तो झाड़-फूस के बने घरों में ही रहते थे, जिन्हें झोपड़ी कहा जाता था। गाँवों में आज जो इन्दिरा आवास हैं, उस जमाने में झोपड़पट्टी हुआ करते थे।

नाना, जिनका नाम जगदेव राय था, काठी से, जैसा कि माँ कहती हैं, औसत कद के थे और उनका रंग गेहुँआ था। माँ ने उनकी काठी और

रंग हासिल किया हुआ है। वह शान्त प्रकृति के थे और धार्मिकता के प्रति आस्थावान भी। माँ के अनुसार, उनके पास रामायण और गीता-महाभारत जैसी पुस्तकें बनी रहती थीं, जिसका परायण वह यदा-कदा करते रहते थे। उनका घर कच्चा-खपरैल लेकिन सुन्दर बना हुआ था। उन्हें मकान बनवाने के सिलसिले में ज़मींदारों के घर जाना होता था, जहाँ माँ के अनुसार, उनकी इज्जत हुआ करती थी। मकान में पैसा लगाना, सबके बूते की बात तब नहीं थी और जिस तरह के घर का खाका वह खींचते थे, वह खर्चीला होता था। बहुमंजिली इमारतें बनाने में उन्हें महारत हासिल थी। इस ज्ञान और कला के बूते उन्होंने जो धन अर्जित किया था, वह गाँव के हिसाब से ठीक-ठाक था। यदि वह सम्पन्न नहीं थे, तो ग़रीब भी नहीं थे। माँ के बक्से में चाँदी के बने खिलौने और सोना-चाँदी जड़ी साड़ियाँ, जिन्हें माँ जरी की साड़ियाँ कहती थी, मैंने देखी थीं। चाँदी का बना एक बड़ा-सा मोर तो बहुत दिनों तक मेरे इर्द-गिर्द बना रहा। वह बहुत खूबसूरत था और उसकी याद आज भी मेरे मन में बनी हुई है। माँ ने उसे बचाने की भरसक कोशिश की थी। लेकिन उनकी ग़रीबी ने एक-एक कर सबको लील लिया। (आटे-दाल खरीदने के लिए, अपने बच्चों की भूख मिटाने के लिए, उन्हें एक-एक कर ये सब बेचने पड़े थे।)

मेरी माँ, अपने बालकाल में जहीन रही होंगी। उनका बचपन निश्चित ही खुशहाल और उल्लासमय रहा। उनके पिता ने उन्हें स्कूल भेजा। पिछड़े ग्रामीण परिवार में पैदा हुई किसी बच्ची के लिए तब यह थोड़ी ख़ास बात रही होगी, क्योंकि उन दिनों इस सामाजिक-आर्थिक स्थिति के लोग, अपने बेटों को भी शायद ही स्कूल भेजते थे। ऐसे में एक नन्ही बिटिया का स्कूल में दाखिला कुछ ख़ास तो था। वह पहले या दूसरे दर्जे में ही थीं कि भारी भूकम्प आया। अर्थात् यह 1934 का साल रहा था। उस समय माँ की उम्र छह-सात बरस की रही होगी। भूकम्प की तमाम बातें उन्हें याद हैं। अपनी पढ़ाई में वह ठीक-ठाक थीं। ख़ासकर भाषा और गणित में। वह अब भी बोलती हैं, ख़ासकर गुस्से में, तो उनकी भाषा में एक निखार रहता है। पिता को लिखी चिट्ठियों में से कुछ को पढ़ने का अवसर या कुअवसर मुझे बचपन में मिला था। इन चिट्ठियों में उनकी भाषा की प्रवाहमयता, उसके अन्तरराग और बेजोड़ प्रतीकों को अब भी याद कर सकता हूँ। मेरे बचपन में एक बार लगभग महीने भर की मेहनत से उन्होंने एक लम्बी चिट्ठी मेरे पिता को लिखी। यह अवसाद में डूब कर लिखी गयी चिट्ठी थी। उसके आकार का मुझे स्मरण है, लेकिन कितने पृष्ठ थे, नहीं कह सकता।

आकार के आधार पर कह सकता हूँ तीन सौ पृष्ठ के इर्द-गिर्द रहे होंगे। इस चिट्ठी को एक ख़ास दूत के माध्यम से उन्होंने पिताजी तक भेजा था। पिताजी ने उसे प्रलाप-पत्र समझकर नष्ट कर दिया होगा। फिर मैंने वह पत्र घर में कभी नहीं देखा। पिताजी की मृत्यु के कुछ पहले माँ ने अपने पत्रों की पूरी पोटली को नष्ट कर दिया। मुझे वह जानकर बहुत रंज हुआ और मैंने उनसे कहा कि आपने तो एक धरोहर नष्ट कर दिया। उन्होंने कुछ सकुचाते हुए इतना भर कहा–'मुझे लगा कि तुम लोग पता नहीं हमारे बारे में क्या सोचोगे। हमारे न रहने पर हमारा मज़ाक बनाओगे।'

स्कूली शिक्षा खत्म कर माँ ने बच्चों के लिए घर पर ही एक स्कूल खोल दिया। उनके स्कूल की कुछ ख्याति थी। कम-से-कम इतनी तो थी ही कि मेरे पिता ने जब अपने गाँव में एक स्कूल खोला, तब शिक्षिका के रूप में माँ को चुना गया। दोनों के मिलने और कहें प्रेम का आरम्भ भी इसी प्रक्रिया में हुआ। इसके विवरण की कुछ छवियाँ उन पत्रों में मिलतीं, जो अब नहीं हैं; या फिर उस महापत्र में, जिसे माँ ने पूरे मनोयोग से, लम्बी मेहनत से लिखा था और जिसे सम्भवतः मेरे पिता ने थोड़ी मेहनत और मामूली समय में नष्ट कर दिया होगा।

: 3 :

पिता का परिवार काश्तकार था। हमारे दादा का नाम कैलाश सिंह था। वह कोइरी जाति के किसान थे, जिन्होंने महज कक्षा पाँच तक शिक्षा प्राप्त की थी। उनके पिता का नाम गोपाल सिंह था और दादा साहेब सिंह थे। इससे ज़्यादा अपने खानदान में किसी नाम की जानकारी मुझे नहीं है। साहेब कबीरपन्थियों के शब्द हैं। वे लोग एक-दूसरे को अभिवादन करते हुए साहेब बन्दगी कहते हैं। एक समय किसानों-दस्तकारों के परिवार में कबीरपन्थ का बहुत ज़ोर था। हमारे राष्ट्रीय आन्दोलन ने उत्तर भारत में जिस शिक्षा का प्रसार किया, उसने तुलसी पर ज़्यादा ज़ोर दिया। इसका कारण था कि समाज के कुलीन व सवर्ण लोगों ने राष्ट्रीय आन्दोलन का नेतृत्व किया। इनके सामाजिक स्वार्थों की पूर्ति तुलसी के माध्यम से होती थी। कबीर उनके सामाजिक स्वार्थों पर चोट करते थे। इसलिए कबीर की उपेक्षा हुई। लेकिन मेरे दादा के परदादा सम्भवतः कबीरपन्थी रहे होंगे और उन्होंने अपने बेटे का नाम साहेब रखा होगा। साहेब अर्थात् कबीर।

तो इसी 'कबीर' वंश में मेरे दादा कैलाश सिंह हुए। उनका निधन 1985 में लगभग 88 की उम्र में हुआ अर्थात् वह सन् 1897 के जन्मे थे। उनसे मेरी ख़ूब पटती रही। वह मुझे अपने जमाने की कहानियाँ सुनाते। उन्हें भी अपने दादा से बहुत प्रेम था। 1857 के गदर की उनसे सुनी कहानियाँ वह सुनाते। इन कहानियों में एक बात ख़ास थी और वह यह कि उनके दादा (और मेरे दादा भी) अंग्रेज़ों के प्रशंसक थे। अपने दादा से सुने हुए एक दोहे को वह प्राय: उद्धृत करते थे। वह दोहा तो अब मुझे याद नहीं है, लेकिन उसका आशय था कि एक बहेलिए ने चकवा और चकवी पक्षी को एक पिंजरे में कैद कर लिया है। चकवा-चकवी के बारे में किंवदन्ती है कि वे कभी रात में साथ नहीं रहते। चकवा बहेलिया से कहता है-'माना कि तुमने मुझे ग़ुलाम बनाकर रखा है, लेकिन तुमने विधि का यह विधान तो तोड़ा कि हम साथ नहीं रह सकते।' दादा इसकी व्याख्या करते थे-'अंग्रेज़ों ने हिन्दुस्तानियों को ग़ुलाम ज़रूर बनाया, लेकिन उन्होंने सबको एक कानून से बाँध दिया। बाघ और बकरी को एक घाट का पानी पिला दिया।'

मैं कह नहीं सकता कि मेरे दादा मनु या मनुस्मृति के बारे में कुछ जानते थे, लेकिन जब वे अंग्रेज़ों द्वारा हिन्दुस्तानियों को एक घाट का पानी पिलाने की बात कर रहे थे, तो उनके मिज़ाज में मनु द्वारा वर्णित वर्ण-व्यवस्था, जो बाद में जाति-व्यवस्था हो गयी, के ख़िलाफ़ कम्पनी राज के अंग्रेज़ों का रुख़ ही था। अंग्रेज़ों के आने तक अलग-अलग जातियों के अलग-अलग कानून थे। कोई एक तरह का कानून नहीं था। अंग्रेज़ों ने इसे खत्म कर दिया था, ऐसी बात नहीं थी। कुछ कम किया था। ख़ासकर कम्पनी राज के (1857 के पूर्व) कुछ अंग्रेज शासकों ने समाज-सुधारों के प्रति सकारात्मक रुख अपनाया था। जैसे विलियम वेंटिंक ने सती प्रथा के विरुद्ध कानून बनवाया। हिन्दुओं की तथाकथित ऊँची जातियों का अपने शेष समाज पर वर्चस्व था। मुसलमानों ने अपनी तरह का एक नया वर्चस्ववाद चलवाया। यह हिन्दुओं की जाति भेद प्रथा से भी कुछ मायनों में ज़्यादा कष्टप्रद था। उनके यहाँ अशराफ, अजलाफ और अरजाल का तीखा भेद था। वर्चस्व प्राप्त अशराफ मुसलमान धन और ज़मीन के मालिक थे, सो उनका दबदबा ज़्यादा होता था। अंग्रेज़ों ने इन सबको एकदम से दूर तो नहीं किया, कर भी नहीं सकते थे, लेकिन कमज़ोर बहुत कर दिया था। मेरे दादा और उनके भी दादा अंग्रेज़ों की इस भूमिका को पसन्द करते थे। यह उनकी किसान चेतना थी, जिसका अध्ययन होना अभी शेष है। लाज़िमी है कि मैं और मेरे पिता, दादा के इस तरह के ख़यालों का मज़ाक उड़ाया करते थे।

मेरा मानना था कि वह शिक्षा के अभाव के कारण ऐसा मानते और कहते हैं, लेकिन उनकी मृत्यु के बाद मैंने इस विषय पर सोचा और मुझे लगा कि उनकी बातें मज़ाक बनने लायक नहीं थीं। उन पर विचार किया जाना चाहिए था।

दादा के पास दस बीघे के लगभग ज़मीन होगी। बहुत छोटे किसान थे। मिट्टी का घर था, बहुत बड़ा। खपरैल। बड़ा-सा आँगन। यह आँगन कुछ ज़्यादा बड़ा इसलिए हो गया था कि बगल का घर, जो हमारे पट्टीदार का था, खरीद लिया गया था और बीच की दीवार तोड़ दी गयी थी, जो बर्लिन की दीवार की तरह आँगन को दो भागों में बाँटती थी। हमारे पट्टीदार निःसन्तान थे, उनकी पत्नी भी दिवंगत हो चुकी थीं। अपना एकान्त कमज़ोर करने के ख़याल से उन्होंने कई बिल्लियाँ पाल रखी थीं और उनकी देख-रेख में ही उनका समय कटता था। गाँव के लोग उन्हें बिल्लैया-बाबा कहते थे–यानी बिल्लियों वाले बाबा। मैंने उन्हें देखा नहीं। केवल उनके बारे में सुना। मैं उनकी कल्पना करता और रोमाँच से भर जाता। मुझे उनका संसार शर्लक होम्स के कथा-संसार की तरह जादुई लगता। मैं उस कमरे में कई बार सोया, जिसमें वह सोया करते थे। उन्हें अपने सपने में लाने की ख़ूब चेष्टा करता, किन्तु हिन्दू ख़यालों के अनुसार, वह जिस 'लोक' में जा बसे थे, वहाँ से टस-से-मस होने का नाम नहीं लेते थे। मेरे सपनों में वह कभी नहीं आये।

एक बरसात में बिल्लैया-बाबा के घर वाले हिस्से की एक दीवार ध्वस्त हो गयी। घर की दीवार गिरना संकटदायक ही होता है, लेकिन ऐसा नहीं हुआ। दीवार के बीच से पीतल का एक बड़ा-सा लोटा निकला, जिसमें चाँदी के ढेर-सारे सिक्के थे–जिन पर क्वीन विक्टोरिया अपनी चोटी या जूड़े में दिख रही थीं। इस प्राप्ति ने घर को कुछ समय के लिए खुशियों से भर दिया। मेरे लिए वह बाबा कुछ और जादुई हो गये।

मेरे दादा मेहनती किसान थे। ख़यालों से काफ़ी उदार भी। मेरे पिता की शादी का उन्होंने कोई विरोध किया, इसकी जानकारी मुझे नहीं है। मेरे प्रति उनका अगाध प्यार रहा। प्यार तो उनका अपने बेटे, अर्थात् मेरे पिता के प्रति भी अगाध था। वह उनकी मेधा व प्रतिभा का लोहा मानते थे, लेकिन इस बात से वह रंज रखा करते थे कि अपनी मेधा का इस्तेमाल उन्होंने उनके (पिता के) सपनों को पूरा करने में नहीं किया। उनकी नज़र में, मेरे पिता ऊँचे ओहदेदार अथवा अफसर बनने की योग्यता रखते थे। लेकिन 'पार्टी-पोलटिक्स' में अपनी ज़िन्दगी बर्बाद कर दी। अपनी इस पीड़ा को अपनी ही तरह वह दबाये रखते थे। लेकिन कुल मिलाकर अपने बेटे पर उन्हें गर्व भी था।

यह गर्व तब छलकता था, जब दूर-दराज का कोई व्यक्ति मेरे पिता को तलाशता उनके घर आता। अपने बेटे की शोहरत पर उनका गर्व स्वाभाविक था।

दादा की जीवनशैली आम किसानों जैसी थी। सूर्योदय के कबल उठ जाना। बैल-भैंस की सानी-पानी कर एक बार खेत-बधार घूम आना। शौचादि से निवृत्त होकर स्नान करना और सूर्य या पूरब दिशा को एक लोटा जल अर्पित कर बासी भात, जिसे उन दिनों पनलगा (पानी में भिगोया हुआ) भात कहते थे, गोरस (दही या छाछ) के साथ 'ब्रेकफास्ट' के रूप में ग्रहण करना। खेती-बाड़ी से जो समय बचता था, उसे वह सुतली कातने में बिताते थे। लकड़ी की बनी एक बड़ी तकली उनके कन्धे पर झूलती रहती थी। अपने मित्र-दोस्तों से बात करते हुए वह सुतली बाँटते रहते। सुतली बनाने की क्रिया को कातना या बाँटना कहा जाता है। इससे उन्हें तय आमदनी भी हो जाती थी, जो उनकी अतिरिक्त आय थी। अतिरिक्त खर्चों के वास्ते। प्रेमचन्द का प्रसिद्ध उपन्यास 'गोदान' पढ़ते हुए मैंने अपने दादा को पाया। जब होरी की बीबी धनिया पण्डित दातादीन की हथेली पर उस दिन की बेची गयी सुतली के कुछ आने रखते हुए कहती है-'यही उनका गोदान है', तो मुझे अपने दादा की गहराई से याद आयी। वह सनातनी हिन्दू थे, आज के तोगड़िया मार्का राष्ट्रवादी हिन्दू नहीं। शुद्ध शाकाहारी। भोजन में गोरस (दूध या छाछ) ज़रूर होना चाहिए। रसोईघर के बाहर भोजन नहीं कर सकते थे। रसोईघर में माँस-मछली बनने का सवाल ही नहीं था। हाँ, किसी के माँसाहार पर उनकी ओर से प्रतिबन्ध नहीं था। मछली और बकरे का माँस घर के बाहर चूल्हा जलाकर कोई पका-खा सकता था। उसका पूरा बर्तन-बासन अलग होता था। बकरे के माँस को वह सगौती कहते थे। सावन महीने को छोड़कर, बाक़ी साल इसका माँस खाने में उनके अनुसार कोई ग़लत नहीं था। हाँ, मुर्गी का माँस ग्रहण करना धर्म विरुद्ध था। वह इसे मुसलमानों का भोज्य समझते थे। इसे खाने वाला हिन्दू कैसे हो सकता है? वह छूआछूत मानते थे, लेकिन आश्चर्य की बात है कि दलित हिन्दू जातियों के लोग उनके लिए अछूत नहीं थे। उनके लिए अछूत मुसलमानों के अलावा केवल कायस्थ थे, क्योंकि उनके अनुसार वे मुर्गी खाते थे और मुर्गी खाने वाला आधा मुसलमान तो हो ही जाता है। मेरे गाँव में मुसलमान भी बड़ी तादाद में थे। वे मुर्गा-मुर्गी भी पालते थे। गलियों से गुजरते हुए कभी कोई मुर्गी पंख फड़फड़ाते हुए ज़ोर से भागी, तो दादा घर लौटकर स्नान करते थे। वह कहते थे, मुर्गी की हवा लग गयी है, अशुद्ध हो गये हैं, उनका स्नान करना ज़रूरी है। लेकिन उनके दिल का दूसरा

रूप यह था कि 1946-47 में गाँव मैं पहली दफ़ा जब साम्प्रदायिक तनाव हुआ और दूसरे गाँव के लोगों के इस गाँव पर धावा बोलने की बात सामने आयी, तो वे अपने पारम्परिक हथियार गंड़ासे के साथ मुसलमानों के पक्ष में खड़े हो गये। वे अलग मजहब के लोग हैं, अपनी तरह से रहते हैं। हम उन्हें मारने वाले कौन होते हैं। उनका मजहब अलग है, लेकिन गाँव तो एक है।

दादी का देहान्त तब हो गया था, जब मेरे पिता कुछ दिनों के ही थे। (दादा ने बाद में पुनर्विवाह किया।) गाँव की एक मुसलमान महिला ने मेरे पिता को दूध पिलाया और पाला। उस समय पड़ोस में वही एक महिला थीं, जिसे दूध होता था। मेरे पिता ने उस महिला का जीवनभर सम्मान किया। दादा भी उनका हमेशा सम्मान करते रहे। वह हमारे घर के भीतर आँगन तक आ सकती थीं। यह हमारे घर का हिन्दुत्व था। दरअसल यह किसानों का हिन्दुत्व था।

मेरे दादा हिन्दू किसान जातियों में आये संस्कृतीकरण की लहर से अनजाने रूप से जुड़े हुए थे। उनके नाम के साथ जुड़े शीर्ष पर मेरा मन कई बार स्थिर हुआ। वह अपने पिता और दादा के नाम के साथ भी सिंह जोड़ते थे। ज़मीन के ब्योरे वाले रजिस्टर, जिसे सरकार ने उन्नीस सौ दस से बीस के बीच में कभी तैयार कराया था, उनका नाम सिंह ही जुड़ा है। मतलब हमारे इलाके में संस्कृतीकरण की लहर उन्नीसवीं सदी में ही आ चुकी थी। दादा जनेऊ भी पहनते थे। यह जनेऊ उन्होंने सन् उन्नीस सौ तीस के दशक में ग्रहण किया होगा। 1920 के दशक में किसान जातियों में जनेऊ आन्दोलन चला। जनेऊ पहनकर वे सवर्ण बनने की अभिलाषा रखते थे। 1925 में बिहार के मुंगेर के लाखोचक गाँव में यादव किसानों पर जनेऊ पहनने के लिए भूमिहार ज़मींदारों ने हमला बोल दिया था, जिसमें अनेक लोग मारे गये थे। यह आत्मसम्मान आन्दोलन था। 1930 के दशक में कोइरी जाति समाज के बीच नाम संस्कार और धर्म-संस्कार आन्दोलन चला। इसे चलाने वाले बनारस के जे.पी. चौधरी नामक एक ज़िद्दी शिक्षक थे। कोइरी जाति का नामकरण उन्होंने कुशवाहा कर दिया। यह यादवों की देखा-देखी थी। यादवों ने दशक भर पहले अपने को ग्वाला से यादव बना लिया था। जे.पी. चौधरी ने ही जनेऊ आन्दोलन को अपनी जाति-समाज के बीच मर्यादित किया। 1938 में हमारे इलाके (अरवल) में वह आये और जाति सभा आयोजित की। हमारा अनुमान है इसी सभा में मेरे दादा ने जनेऊ ग्रहण किया होगा। लेकिन जहाँ तक मेरा मानना है शाकाहार, सादगी और

ईमानदारी के अन्य संस्कार परम्परागत थे, जो पीढ़ियों से किसान-दस्तकार परिवारों में चले आ रहे थे। इसी जीवट के संस्कारों के कारण वे इस्लाम के सांस्कृतिक-आतंक से बचे रहे। उन्होंने कछुए की तरह स्वयं को समेट लिया। दुनिया से कट गये। मार्क्स के शब्दों में कूपमण्डूक हो गये, लेकिन अपनी आस्था को बचा लिया। अपने जीवनलय को बचा लिया।

1985 में दादाजी की जब मृत्यु हुई, तब मैं उनके श्राद्ध में शामिल हो सका। अपने उमर के 88वें साल में वह थे। लेकिन नित्य-क्रिया वही थी। उस दिन ख़ूब सबेरे वह उठे। खेत-बधार गये। स्नान किया और फिर अपना 'ब्रेकफास्ट' लिया। मेरे चाचा ने घर के सहयोग के लिए झारखण्ड इलाके से एक आदिवासी नौजवान को ला रखा था। वह दादाजी का ख़ास सहयोगी बन गया था। हम लोगों ने बातें तो बहुत कीं, लेकिन किसी एक निरक्षर को कायदे से साक्षर नहीं बनाया। दादाजी ने उस सहयोगी को पढ़ना-लिखना सिखला दिया। उस रोज़ दैनिक कार्यों से निवृत्त होकर वह रामायण पढ़ने बैठे। सामने श्रोता के रूप में वह सेवक था। काठ की एक छोटी चौकी पर रामायण रखकर वह पढ़ते थे। पढ़ते-पढ़ते वह नीचे झुके, किताब पर। सेवक ने समझा कोई महीन शब्द देखने के लिए वह झुके हैं। लेकिन जब वैसे ही झुके रह गये, तो सेवक ने दादाजी, दादाजी कहकर उन्हें उठाना चाहा। लेकिन दादाजी तो जा चुके थे। उनकी मृत्यु हो चुकी थी। रामायण पढ़ते उनका निधन हुआ। यह एक आस्थावान की ज्ञान समाधि थी।

बचपन

मैं जब दो वर्ष का था, तब मेरे माता-पिता पटना जिले के नौबतपुर इलाके के एक गाँव में रहने आ गये और अन्ततः यहीं बस गये। जिला बोर्ड द्वारा अनुदान प्राप्त एक स्कूल में माँ की शिक्षिका के रूप में नियुक्ति हो गयी थी। स्कूल चलाना माँ का मानो व्यसन था। अब तक वह दो स्कूल स्थापित कर चुकी थीं। यह तीसरा स्कूल था। विवाह और मेरे जन्म ने उन्हें एक व्यवस्थित गृहस्थी स्थापित करने के लिए प्रेरित किया होगा। मेरी माँ में उत्साह बहुत था, लेकिन वह कई तरह की आशंकाओं से घिरी भी रहती थीं; जिनमें एक था कि क्या आज़ाद ख़याल और तबीयत से कुछ आवारा-सा, उनका पति, जीवन भर उनका साथ निभाएगा! उनकी आशंका और तीव्र हुई, जब इस गाँव में मेरी माँ को अकेला छोड़कर पिता महीनों के लिए अन्तर्ध्यान हो गये। तब संचार की व्यवस्था आज की तरह नहीं थी। केवल डाक का सहारा था। पोस्टकार्ड और अन्तरदेशीय पत्र-कार्ड पर बार-बार पत्र लिखकर वह थक गयीं। उनकी आशंका ने अब भय का रूप ले लिया। इस भय ने उन्हें पहले अवसादग्रस्त और बाद में मानसिक रूप से बीमार बना दिया। इन्हीं दिनों उन्होंने पिता के नाम एक महापत्र लिखा, जिसकी चर्चा मैं पहले कर चुका हूँ। फिर भी उन्होंने स्वयं को बहुत ज़ब्त किया। इस बीच उन्होंने कड़ी मेहनत और लगन से अपना स्कूल स्थापित कर लिया। यह लड़कियों के लिए स्वीकृत स्कूल था। स्कूल का अपना भवन नहीं था। गाँव के ज़मींदार के एक जीर्ण-शीर्ण पुराने मकान में स्कूल चलता था। उन दिनों की कुछ विरल-स्मृतियाँ मेरे मन में सुरक्षित हैं। गाँव में स्कूल नहीं चल रहा था और इसलिए एक बुजुर्ग, जो स्वतन्त्रता सेनानी भी रह चुके थे, इस स्कूल को स्थापित करने में अभिरुचि ले रहे थे। इन्हीं का आसरा था। कुछ सयाना होने पर जब मैंने राम की कथा सुनी-पढ़ी और उसमें सीता वनवास का प्रसंग पढ़ा, तब मुझे यह कथा-खण्ड बहुत दिलचस्प और प्यारा लगा। बचपन में माँ को मैंने सीता की तरह ही तन्हा पाया।

महीनों बाद पिता आये। माँ के पास उनके कई रहस्य खुले। इनमें से एक था उनका पहले से शादी-शुदा होना। इस रहस्योद्घाटन ने माँ को तोड़ कर रख दिया। वह रोतीं; चुप होतीं, फिर रोतीं। उनकी बीमारी ने भयानक रूप ले लिया। वह घर के सामानों को तोड़तीं, कपड़े फाड़तीं और दिनों तक के लिए अवसाद में डूब जातीं। मेरे बालपन पर इन सबका क्या प्रभाव पड़ा होगा, इसका अनुमान सहज ही लगाया जा सकता है। माता-पिता ने इन झगड़ों को किसी तरह व्यवस्थित किया होगा, क्योंकि बाद में घर पूरी तरह नहीं, तो अपेक्षाकृत शान्त और व्यवस्थित रहने लगा था।

बचपन को याद करना किसी के लिए भी दिलचस्प प्रसंग हो सकता है। कमोबेश मेरे लिए भी है। इन्द्रधनुष को पहली दफ़ा देखना, रात में जुगनुओं की भुक-भुक, चाँद-सितारों को नये-नये अन्दाज़ में आकाश में उभरना और सबसे बढ़कर मानसून के बादलों को घिरते-बरसते देखना कौतूहल-भरा अनुभव था। माँ-पिता इनका रहस्य बतलाते। कई लोक-कथाएँ, कुछ पौराणिक कथाएँ और फिर ज्ञान-विज्ञान से जुड़ी बातें हमें बतलायी जातीं। लेकिन कुल मिलाकर मेरा बचपन कुछ उदास और एकान्त-सा ही था। संयुक्त परिवार में नाना-नानी, दादा-दादी होते हैं। चचेरे-ममेरे ढेर सारे भाई-बहन होते हैं। मेरे लिए इनका अभाव था। निःसन्देह इनका नफा-नुकसान मुझे मिला।

लेकिन इस एकान्त ने मुझे कल्पनाप्रिय बना दिया। चारों तरफ रहस्य-सी पसरी-फैली दुनिया मेरे लिए एक खूबसूरत पहेली थी। मैं तितलियों के पीछे भागता रहता। शाम तक वह दिखतीं और फिर आश्चर्यजनक रूप से कहाँ गुम हो जातीं, मुझे कुछ पता नहीं चलता। सपने क्या होते हैं, इस पर मैं विचार करता। दूसरे बच्चों से सुना था, जब हम सो जाते हैं हमारा प्राण शरीर से निकलकर विचरण करता है। इसे ही हम सपने में देखते हैं। इस कथा पर मुझे कुछ ज़्यादा ही विश्वास हो गया। एक से तो सुना, एक बार एक बच्चे के प्राण को प्यास लग गयी। वह दूर जा चुका था। जिस घर में था, वहाँ एक घड़े में पानी रखा था। प्राण तो वायु की तरह गैस रूप में होता है, यही धारणा थी। घड़े में पानी पीने घुसा कि किसी ने उस पर ढक्कन रख दिया। ढक्कन के नीचे दबा प्राण रातभर वैसे ही रहा। भोर में लोग बच्चे को जगाने गये, तब वह मरा पाया गया। उसके क्रिया-कर्म की तैयारी होने लगी। उधर उसका प्राण घड़े में बन्द। जब किसी को पानी की ज़रूरत हुई तो उसने घड़े का ढक्कन उठाया। प्राण उड़कर अपने शरीर से आ लगा। बच्चा जी उठा। सब लोग आश्चर्य में पड़ गये।

इस कहानी ने मुझे ऐसा सचेत किया कि मैं सुबह उठते ही दौड़ा-दौड़ा घड़े या पानी के बरतन के पास जाता और उसके ढक्कन उठाता। पता नहीं किसी का प्राण इसमें अटका पड़ा हो। इसी तरह हम बच्चों में एक धारणा प्रचलित थी कि नमक को यत्र-तत्र फेंकना नहीं चाहिए। मृत्यु के बाद भगवान उसे पलकों से इकट्ठा करने का आदेश देते हैं। मुझे गुस्सा भी आता कि भगवान को ऐसी बेवकूफी भरी बातों की क्यों पड़ी रहती है। फिर भी डर से नमक यत्र-तत्र नहीं फेंकता कि कहीं जो चुनना पड़ा तो मुसीबत कम होगी।

जैसा कि पहले ही मैंने लिखा है, नाना-नानी से मेरा कोई लगाव नहीं रहा। अलबत्ता एक बार मेरी नानी चुपके से मेरी माँ से मिलने आयीं। मुझे उनका आना याद है। उनकी साड़ी, उनके लाये सामानों का भी कुछ-कुछ स्मरण है। लेकिन उनका चेहरा याद करता हूँ तो कोई रूप तय करने में विफल हो जाता हूँ। आते समय रास्ते में उन्हें तोते का एक बच्चा गिरा पड़ा मिला था, जिसे उन्होंने दयावश उठा लिया था। आते ही उन्होंने उस शिशु तोते को मेरी माँ को सौंपा। माँ ने उसे भात के दाने दिये। पानी पिलाने की कोशिश की। बच्चा मुलुर-मुलुर देखने लगा। मेरा सारा ध्यान उस तोते पर आ टिका था और शायद यही कारण था कि नानी पर मैंने कोई ध्यान नहीं दिया। कुछ ही घण्टे रुककर वह चली भी गयीं। मातृपक्ष के किसी व्यक्ति को देखने का यह मेरा आखिरी अवसर था।

बचपन की शरारतों के कई किस्से माँ बाद तक सुनाती थीं। उसमें एक था मन्दिर में पेशाब कर आना। दरअसल मुझे एक कीट, जिसे हड्डा कहा जाता था, ने डँस लिया था। उसकी पीड़ा से मैं व्याकुल था। सारे काम तो भगवान करते-करवाते हैं। कीट से कटवाना भी उन्हीं का काम है। मैं मन्दिर में गया, लेकिन पत्थर की मूरत को क्या कर सकता था। उस पर मूत कर अपना विरोध प्रदर्शित तो कर ही सकता था। यह मैंने किया। हालाँकि इसके एवज में मुझे माँ के एकाध तमाचे ही मिले। लेकिन अपनी तोतली आवाज़ में मैं अपना विरोध प्रकट करता रहा। बाद के दिनों में कई बार जब मैंने किसी परम्परा का विरोध किया या अपनी नास्तिकता का प्रकटीकरण किया, माँ ने इस घटना का उल्लेख किया।

: 2 :

चूँकि माँ शिक्षिका थीं इसलिए अक्षरों की दुनिया से मुझे जल्दी जुड़ना चाहिए था; लेकिन ऐसा हुआ नहीं। मैं जल्दी सीखना नहीं चाहता था।

माँ के अनुसार पढ़ाई पर जमना नहीं चाहता था और शायद कुछ ज़्यादा ही शरारत भी करने लगा था। मुझे दुरुस्त करने के लिए एक ख़ास स्कूल में भेजा गया, जिसके शिक्षक बच्चों को अनुशासित रखने में माहिर माने जाते थे। बच्चों के बीच दूर-दूर तक उस स्कूल का भय व्याप्त था। अनुशासन का सीधा मतलब था पिटायी। वहाँ के मुख्य शिक्षक बच्चों को बुरी तरह पीटने के लिए 'ख्यात' थे। लोग कहते थे कि वे काँटों पर बच्चों को लिटाकर पीटते हैं। उनके भय से या जाने किस कारण से मैं जल्दी ही अक्षर और अंक सीखने के सारे पाठ पूरा कर गया। लेकिन एक रोज़ मेरी पिटायी हुई। मार खाने की पहले से कोई आदत नहीं थी। मुझे शारीरिक चोट से ज़्यादा मानसिक क्लेश हुआ। विद्रोह की उत्कट इच्छा हुई। लेकिन कुछ न कर सका, तो ज़ोर से रो पड़ा। मेरी रुलाई पर शिक्षक खिल-खिलकर हँस उठे। उनका हँसना मुझे बहुत ही अश्लील लगा। लेकिन मैं अपने भावों को व्यक्त तो कर नहीं सकता था। मेरी स्थिति दयनीय हो गयी। शिक्षक का घर स्कूल से सटा था। उनकी बेटी भी उसी स्कूल में पढ़ती थी। दो या तीन कक्षा आगे। उसकी माँ मर चुकी थीं अर्थात् हमारे शिक्षक विधुर थे। स्कूल की छुट्टी हुई तो वह मुझे अपने घर ले गयी। उसने मेरे आँसू पोंछे। कुछ खाने को दिया और सबसे बड़ी बात कि अनुराग के साथ सिर पर अपने हाथ फिराये। मुझसे कुछ ही साल बड़ी वह लड़की मेरे लिए मरियम की प्रतिमूर्ति बन गयी। मैं उससे चिपककर देर तक रोया।

अक्षर ज्ञान होते ही मैं एक अजीब कौतूहल से भर गया। अख़बार का, किताबों में छपे शब्दों को जोड़कर पढ़ना और उससे एक अर्थ का फूटना, मुझे जादुई लगता। ज ह आकार ज-जहाज़... और मेरे मस्तिष्क में एक जहाज़ की आकृति बन जाती। आधी-अधूरी साइकिलिंग जब सीखी थी, तब भी ऐसे ही कौतूहल से भरा था। मुझे लगता था साइकिल से मैं पूरी दुनिया रौंद डालूँगा। जागते-सोते साइकिल पर ही होता था। यही हाल अक्षरों के साथ था। मैं उसी के साथ सोने-जागने लगा। मेरी दुनिया से कुछ दिनों तक के लिए चाँद-सितारे, फूल-तितलियाँ सब गुम हो गये। सब जगह अक्षर ही अक्षर थे—शब्द ही शब्द। बाद में, जब मैंने पढ़ा कि भारतीय ऋषियों ने अक्षर को ब्रह्म कहा है तो मुझे समझते देर नहीं लगी कि यह बिल्कुल सच है। मशहूर फ़्रांसीसी लेखक ज्यां पाल सार्त्र ने अपनी आत्मकथा का नाम 'शब्द' (The Word) रखा है। जब मैं इसे पढ़ रहा था, तब अपनी बाल स्मृतियों को भी चुभला रहा था।

मैं जल्दी ही किताबों की दुनिया से जुड़ गया।...

माँ के स्कूल में शिक्षा विभाग से पुस्तकालय के लिए बच्चों की किताबें आती थीं। 'चुन्नू-मुन्नू' और 'चन्दा-मामा' जैसी पत्रिकाएँ आती थीं। छोटी-छोटी जिल्दों में पौराणिक कथाएँ और कुछ अनूदित किताबें भी आती थीं। रामायण, महाभारत के बाल-संस्करण, पंचतन्त्र जैसी पुस्तकें मिलते ही पढ़ गया। पिताजी कुछ पत्रिकाएँ मँगवाते थे। उन पत्रिकाओं को भी उलटता-पुलटता रहता था। सोवियत संघ द्वारा अन्तरिक्ष में भेजे गये स्पुतनिक और लाइका (कुतिया) की तस्वीर हमने घर की दीवार पर चिपका दी थी। माँ मेरी इस 'प्रगति' से सन्तुष्ट थीं।

बचपन के कुछ संस्मरण और चित्र मैंने अपने उपन्यास और कहानियों में भी चस्पाँ किये हैं और अनेक चीज़ें अब भी जेहन में सुरक्षित हैं। अपने बारे में इतना ही कह सकता हूँ कि मैं चुप्पा-सा लेकिन जिज्ञासु बालक था। हर चीज़ पर मेरी नज़र होती थी और उसे देखने का मेरा अपना नज़रिया होता था। जब कुछ पढ़ता, तब देर तक सोचता रहता। जवाहरलाल नेहरू की पुस्तक 'पिता के पत्र पुत्री के नाम' मुझे पिताजी ने लाकर दी। यह किताब आज भी मेरे पास सुरक्षित है। इस किताब ने दुनिया को नये तरीके से देखने के लिए मुझे प्रेरित किया। इसे पढ़कर मैं अपने को कुछ काबिल समझने लगा था। पिताजी नेहरू से काफ़ी प्रभावित थे। उन्होंने किताब देने के साथ इसे लिखे जाने की कहानी बतलायी थी कि कैसे नेहरूजी ने जेल से इन चिट्ठियों को लिखा था, जब उनकी बेटी आठ-नौ साल की थी।

1962 में देश में आम चुनाव हुए। जाड़ों की शुरुआत में ही मेरे घर पर चहल-पहल-सी शुरू हो गयी। लोगों का आना-जाना ज़्यादा हो गया। एक बड़े से कमरे में पुआल बिछा होता था, जिस पर दरी-जाजिम बिछा कर पूरा परिवार सोता था। जाड़े से बचाव में इसमें सुविधा होती थी। मिट्टी का बना एक छोटा टब जिसे बोरसी कहा जाता था, रात में सुलगता रहता था। यह कमरे को अपनी कूबत भर गरम रखता था। इसी की ताप से हम जाड़ों का मुकाबला करते थे। एक बड़े कमरे में पुआल और जाजिम बिछाकर अतिथियों के लिए रख दिया गया था। मुझे देखकर कौतूहल होता कि रोज़ इतने सारे लोग क्यों आते हैं। उनमें से कुछ रात को ठहर भी जाते थे। वे तरह-तरह की चर्चा करते। मुख्य रूप से उनकी चर्चा में देश की राजनीति थी, जिसका बहुत थोड़ा अंश ही मैं समझ पाता था। लेकिन पिताजी की सक्रियता बढ़ गयी थी और एक तरह से कहा जाये तो वह व्यस्त से हो गये थे।

हर रोज़ कुछ अतिथियों का खाना बनता और उन्हें खाना-पानी देने की ड्यूटी कभी-कभार मेरी भी होती। लेकिन ये अतिथि जो बातें करते थे, उन्हें सुनना मुझे अच्छा लगता था।

मुझे याद आता है, हमारे इलाके से तब दासू सिंह कांग्रेस के उम्मीदवार थे, विधानसभा के लिए। कोई रामदुलारी सिन्हा लोकसभा क्षेत्र के लिए कांग्रेस उम्मीदवार थीं। कम्युनिस्ट पार्टी तब बँटी हुई नहीं थी। विधानसभा के लिए उसके उम्मीदवार भुवनेश्वर शर्मा थे और लोकसभा के लिए रामावतार शास्त्री। चुनाव के वक़्त पहली दफ़ा जाति-पाँति की ज़ोरदार चर्चा सुनी। इतनी ज़ोरदार कि उस उम्र में भी मुझे लगा था कि यह सब कुछ ज़्यादा हो रहा है। दासू सिंह कई दफ़ा मेरे घर उस पुआल पर रात्रि विश्राम कर चुके थे। वह ढेर-सा खाना खाते, जिसे देखकर मुझे किस्से-कहानियों में सुने दानव की याद आती। लेकिन उनकी आवाज़ बहुत धीमी थी। ख़ूब घनी और सुदीर्घ मूँछों से उनका मुँह ढँका होता था, इसलिए वह कुछ अजूबे दिखते थे। उन्हें सुनने के लिए चार-छह आदमी देर तक बने रहते। एक ज़माने में वह पिछड़ी जातियों के जुझारू सामाजिक-राजनीतिक संगठन 'त्रिवेणी संघ' के नेता रहे थे और हर बात को वह जातीय दृष्टिकोण से देखते थे। पिताजी को कई बार उनसे बहस-मुबाहिसे में देखा। दोनों की वैचारिक रूप से पटती नहीं थी। दासू सिंह पटना में वकालत करते थे और इलाके में उनकी चर्चा एक जुझारू वकील की थी। भुवनेश्वर शर्मा कम्युनिस्ट पार्टी के उम्मीदवार थे और जाति से भूमिहार थे। इलाके में अजीब तरह का एक जातीय तनाव दिखने लगा था। आश्चर्यजनक तो यह था कि भूमिहारों के वोट विधानसभा में क़म्युनिस्ट उम्मीदवार भुवनेश्वर शर्मा को, लेकिन लोकसभा में कांग्रेस उम्मीदवार रामदुलारी सिन्हा के लिए थे। लेकिन इस गुत्थी को मैं बहुत बाद में समझ सका। भुवनेश्वर शर्मा और रामदुलारी सिन्हा तथाकथित ऊँची जाति से आते थे, जबकि दासू सिंह और रामावतार शास्त्री पिछड़ी जाति के थे। वोट के लिए पार्टी से ज़्यादा जाति आकर्षण के केन्द्र थे। उस बचपन में भी यह मुझे अटपटा ज़रूर लगा था। चुनाव में जिन्दाबाद-मुर्दाबाद और जीतेगा-हारेगा जैसे अनेक नारों के साथ कुछ दिलचस्प नारे भी थे। जैसे :

दीया में तेल नइखे
झोपड़ी अंधार बा
कांगरेस के वोट देना
बिल्कुल बेकार बा।

'दीया' भारतीय जनसंघ का चुनाव चिह्न था, जबकि झोपड़ी सोशलिस्ट पार्टी का। एक और नया खाँटी जातिवादी नारा था, जिसका ओर-छोर आज तक मैंने नहीं समझा।

अहीर बिलार, कुरमी चोर
धर बभना के टंगरी तोड़।

यह शायद अत्यन्त पिछड़ी जातियों की ओर से उठा नारा था, जो उनकी आकांक्षाओं को प्रदर्शित करता था। बाद की राजनीति में जब इन जातियों का ज़ोर बढ़ा, तब इनका अर्थ कुछ-कुछ स्पष्ट होने लगा।

चुनाव में कांग्रेसी उम्मीदवारों की जीत हुई, लेकिन चुनाव के नतीजे आते ही कई जगह भीषण जातीय दंगे हुए। इन दंगों में पिताजी को ख़ूब परेशान होते देखा। एक जाति-निरपेक्ष स्थिति बहाल करने के लिए माँ-पिता के प्रयासों को याद कर आज भी गर्वानुभूति होती है।

: 3 :

1962 में भारत-चीन सीमा विवाद हुआ। 20 अक्टूबर '62 को चीन ने भारत के उत्तर पूर्वी इलाके, जिसे अब अरुणाचल प्रदेश और तब नॉर्थ इस्ट फ्रंटियर एरिया (नेफा) कहा जाता था, पर आक्रमण कर दिया। 26 अक्टूबर '62 को भारत के राष्ट्रपति ने देश में आपात स्थिति की घोषणा कर दी। तब मेरी उम्र नौ साल की थी। घर, गाँव, स्कूल हर जगह भय का वातावरण था। भारत को आज़ाद हुए अभी पन्द्रह वर्ष ही हुए थे। पहली और दूसरी पंचवर्षीय योजनाओं पर काम पूरा हो चुका था। लेकिन भारत की आर्थिक और सामरिक व्यवस्था कई कारणों से कमज़ोर थी। चीन ने इसका फ़ायदा उठाया था। देश की दक्षिणपन्थी ताक़तें भी नेहरू को बदनाम करना चाहती थीं। चीन ने क्या किया था, नहीं किया था, इस पर आज भी विवाद है; लेकिन कम्युनिस्ट विरोध वाली ताक़तें सक्रिय हो गयीं। चीन का विरोध कम्युनिस्ट विरोध भी था। देश की कम्युनिस्ट ताक़तें पसोपेश में आ गयी थीं। मेरा आकलन है, चीन के राजनीतिक नेतृत्व ने तब कुल मिलाकर दक्षिण एशिया में दक्षिणपन्थ की ताक़तों को मजबूत ही किया था।

हम बच्चों की स्थिति बहुत नाजुक थी। मैं तो समझ ही नहीं पा रहा था, आख़िर यह सब हो क्या रहा है? तब कक्षा चार का मैं छात्र था। स्कूल के छोटे-छोटे बच्चे अपनी कमीज पर 'विजय हमारी निश्चित है' का स्टीकर चिपकाये होते थे। ऐसा करने के लिए स्कूल प्रबन्धन की तरफ से सख़्त

हिदायत थी। दरअसल, विजय के रूप में हम अपने भय को चिपकाये हुए थे। स्कूल में हवाई हमले से कैसे बचें, का बकायदा क्लास होता। हमें बेंच और मेजों के नीचे छुपकर अभ्यास करना होता था। एक ख़ास किताब हमारे पाठ्य-क्रम में शामिल की गयी। उसका नाम था–'व्याल-कथा'। यह चीनी ड्रैगनों की कहानी थी। इसका मकसद चीन के ख़िलाफ़ बच्चों के मन में नफ़रत भरना था।

पूरा वातावरण चीन के ख़िलाफ़ था। गाँव के चौपालों में भी युद्ध की ही चर्चा होती। हर ओर डर व्याप्त था। मैंने अपने उस गाँव को उन दिनों जैसा डरा हुआ शायद ही कभी देखा। किसान लोग भी हमारे माता-पिता से पूछने आते कि चीन कहाँ तक पहुँच चुका है। एक दिन अचानक भय कुछ ज़्यादा गहरा हो गया। गाँव में भी लोगों को पता था कि स्थिति काफ़ी भयावह है। सबेरे माँ ने बतलाया कि पिताजी रातभर सो नहीं सके। चीन ने लद्दाख वाले क्षेत्र में भी दखल दे दिया था। पिताजी भारत के नक्शे में उस जगह को रात में ढूँढ़ रहे थे। उन्होंने भारतीय स्वतन्त्रता आन्दोलन में भाग लिया था। इसलिए आज़ादी के सरोकारों से वह ज़्यादा जुड़े थे। उनकी चिन्ता स्वाभाविक थी।

गाँव के अनेक लोग हमारे घर पर जमा हो गये। उन सबका भरोसा था कि मेरे पिता को कुछ ज़्यादा जानकारी होगी। यह सच्चाई भी थी। वह अपने अन्दाज़ में गाँव वालों को समझाते रहे। स्वतन्त्रता सेनानी मिस्त्री जी और शर्मा जी भी आ जुटे थे :

आवहू रोवहू सब भाई
हा-हा भारत दुर्दशा न देखी जाई।

यही भाव सबके चेहरे पर व्याप्त था। तभी गाँव में कुछ कोलाहल-सा हुआ। गाँव के एक आदमी जिनका नाम सियाराम था और जो फुलवारी स्थिति साइकिल फैक्टरी में काम करते थे, सायकिल से अगिया-बैताल बने गाँव आये थे। उन्होंने कुछ शराब पी रखी होगी। कम-से-कम उनके हाव-भाव से तो ऐसा ही लग रहा था। वह पूरी तरह नाटकीय अन्दाज़ में थे। वह उस ठौर पर रुके, जहाँ चार-छह आदमी पहले से जमा थे। उन्होंने अपनी साइकिल एक किनारे लगायी और एक तरह से मुनादी की–'पटना गोलघर पर चीनी सैनिकों का कब्ज़ा हो गया है। गाँधी मैदान में चीनी सैनिक भरे पड़े हैं। पटना में भगदड़ मची है।' उनकी इस घोषणा से लगा गाँव में भी भगदड़ मच जायेगी। लोग ज़ोर-ज़ोर से एक-दूसरे को सूचना देने लगे। इस पूरी क्रिया-प्रतिक्रिया ने मिल-मिलाकर एक कोलाहल का रूप ले लिया।

पिताजी चौकन्ने हुए। उन्होंने घोषणा की–'अफ़वाह फैलाना देशद्रोह है।' वह सधी आवाज़ में एक कमांडर की तरह बोल रहे थे। उनका यह अन्दाज़ जाने क्यों, मुझे बहुत अच्छा लगा। माँ गाँव में आ गयीं और उन महिलाओं से अफ़वाह पर ध्यान न देने के लिए अनुरोध किया। लेकिन भय था कि अपने अन्दाज़ में फैलता ही जा रहा था।

पूरे गाँव को इतना डरा मैंने कभी नहीं देखा। मेरे बालमन में भी डर अपनी ही तरह फैल रहा था। इसी डर के साये में मैंने लिखना शुरू किया। इस कहानी को अन्यत्र लिख चुका हूँ। इसलिए इसे ज़्यादा विस्तार नहीं देना चाहूँगा।

चीनी आक्रमण ने जनता को भयभीत तो किया था, लेकिन उसे सक्रिय भी कर दिया था। मुझे लगता है लगभग आसानी से मिली राजनीतिक आज़ादी के बाद जो राष्ट्र बना था, उसमें कई तरह की कमज़ोरियाँ थीं। बहुत कम राजनेता थे, जो भारतीय राष्ट्र की इस कमज़ोरी से वाकिफ थे। राष्ट्र पर कब्जा जमाने की होड़ मची थी। यह होड़ दक्षिणपन्थ की ओर से ज़्यादा थी। पूँजीपति, ज़मींदार और श्रेष्ठी वर्ग के लोग राजनीतिक सांस्कृतिक, आर्थिक हर स्तर पर अपना वर्चस्व कायम रखना और उसे मजबूत करना चाहते थे। कांग्रेसी ब्राह्मणवाद ने नेहरू जी को पण्डितजी का विरुद दिया था और नेहरूजी भी इस सम्बोधन पर मुग्ध थे। वह नेहरू, जो कभी युवा हृदय-सम्राट थे और ज़्यादातर मुद्दों पर गाँधी से अलग ख़याल रखते थे, अब बुर्जुआ नेता बनते जा रहे थे। वह ग़लत तरह के लोगों से घिरने लगे थे। हिन्दी लेखक फणीश्वरनाथ रेणु ने अपने एक आलेख, 'उत्तर नेहरूचरितम्', जो एकांकी के फॉर्म में है, में बेहतर ढंग से इस पीड़ा को व्यक्त किया है।

सत्ताधारी दल कांग्रेस के भीतर भयानक वैचारिक कोहराम मचा था। बुर्जुआ ताक़तों ने कांग्रेस के भीतर ही नेहरू के ख़िलाफ़ मोर्चा खोल दिया और उनकी बेटी इन्दिरा गाँधी को कांग्रेस का अध्यक्ष बनवा दिया। नेहरू को इसका विरोध करना चाहिए था, लेकिन उनके बदले हुए मिज़ाज ने इसका अनुमोदन किया। इसी इन्दिरा गाँधी के द्वारा केरल की चुनी हुई कम्युनिस्ट सरकार को एक मामूली बात पर बर्खास्त कर दिया गया। उस सरकार का अपराध बस इतना था कि उसने छात्रों के पाठ्यक्रम में मार्क्स व लेनिन की जीवनी शामिल की थी। यह सब उस नेहरू के सामने हुआ जो 'ग्लिम्प्सेस ऑफ़ वर्ल्ड हिस्ट्री' व 'डिस्कवरी ऑफ़ इंडिया' के लेखक थे। नेहरू के पतन का दौर आरम्भ हो चुका था।

मेरे पिता गाँव में रहते थे, लेकिन मैं कह सकता हूँ, उनकी दृष्टि वैश्विक थी। किसी भी घटना को वह स्थानीय नज़रिये से नहीं देखते थे। चीनी आक्रमण को यह केवल दो देशों का सीमा-विवाद मानने के लिए तैयार नहीं थे। उनके सामने दूसरा विश्वयुद्ध हुआ था, जिसकी विभीषिका का वर्णन मैंने माँ से सुन रखा था। हिरोशिमा और नागासाकी पर एटमी हमले की दुखद कहानी भी मैंने सुन रखी थी। पिताजी की आशंका थी कि कहीं यह विवाद तीसरे विश्वयुद्ध का कारण तो नहीं बनेगा। वह शायद उन कम लोगों में थे, जो इन सबके पीछे अमेरिकी चाल की शंका प्रकट कर रहे थे। क्या एशिया तीसरे विश्वयुद्ध का केन्द्र बनेगा? यदि ऐसा हुआ तो भारत ही नहीं चीन भी बर्बाद हो जायेगा। चीनी कम्युनिस्ट पार्टी भी इस साम्राज्यवादी नीति की, चाहे वह अनजाने ही क्यों न काम कर रही हो, वह पुरज़ोर आलोचना करते थे।

लेकिन जनता के बीच इतनी सुलझी हुई शैली में वह सब नहीं रखते थे। वार फंड के लिए धन संग्रह हो रहा था। भारतीय सैनिकों के पास वाज़िब हथियार नहीं थे। हथियार अमेरिका दे रहा था। रूस तो तटस्थ था। लोगों में चर्चा थी कि काग़ज़ के रुपये को अमेरिका कूड़ा कहता है, उसे तो बस सोना (Gold) चाहिए। वार फंड के लिए सोना इकट्ठा किया जा रहा था। मेरे माता-पिता गाँव-गाँव घूमकर लोगों से सम्पर्क करते। उनसे सोना माँगते। इस अभियान में वह युद्ध और उसके बाद की स्थितियों का बढ़ा-चढ़ा कर, या कहें अजीबोग़रीब ढंग से वर्णन करते। इसमें कम्युनिस्टों की आलोचना भी होती थी। सोना तो ग़रीबों के पास था नहीं। जो कुछ खाते-पीते किसान थे, उन्हीं के पास सोना था। पिता को उन्हें ही प्रभावित करना था। वह बतलाते कि चीन का आधिपत्य स्थापित हो जाने के बाद किस तरह अमीरों का जीना मुश्किल हो जायेगा। चीन में अमीरों और सूदखोरों को सरेआम गोली मार दी जाती है या कुत्तों से नुचवा दिया जाता है। पिता की ऐसी बातें सुनकर धनी परिवार की औरतें 'उदारता' से अपने गहने वार-फंड में दे देती थीं। ऐसे गहनों की एक बड़ी पोटली को पिताजी ने इलाके में आये मुख्यमन्त्री को सौंपा था, जिसके लिए मेरे माँ-पिताजी की प्रशंसा की गयी थी और इनके कार्यों को अनुकरणीय बतलाया गया था।

जैसा कि मैंने ऊपर बतलाया है, नेहरू के पतन का दौर आरम्भ हो चुका था। कांग्रेस में असन्तोष फैल रहा था। राजनेता युद्ध का फ़ायदा उठाने से भी नहीं चूक रहे थे। 1963 में नेहरू ने अपनी पार्टी को व्यवस्थित करने के लिए एक अभियान चलाया, जिसे कामराज योजना कहा गया।

इस योजना के तहत बिहार में भी सत्ता परिवर्तन हुआ। श्री विनोदानन्द झा बिहार के मुख्यमन्त्री थे, जो अपनी राजनीति से ज़्यादा अपने मोटेपन के लिए जाने जाते थे। ये वही मुख्यमन्त्री थे, जिन्हें मेरे माता-पिता ने वार-फंड के लिए सोने के गहनों की पोटली समर्पित की थी। कामराज योजना के तहत उन्हें अपने पद से इस्तीफ़ा देना पड़ा था और वह स्वीकार भी कर लिया गया था। बिहार में नये मुख्यमन्त्री का चुनाव हुआ और श्रीकृष्ण वल्लभ सहाय इस पद के लिए चुने गये। अपनी पार्टी में उनका विरोध श्री वीरचन्द पटेल ने किया था, जो पिछड़ी जाति के थे, लेकिन जिन्हें ज़मींदार ताक़तों का समर्थन हासिल था। मेरे पिता न विधायक थे, न इतने प्रभावशाली नेता कि मुख्यमन्त्री पद के चुनाव को प्रभावित करते। लेकिन उन्होंने श्री सहाय के प्रति अपनी पक्षधरता प्रकट की। जात-पात के नाम पर उन्होंने श्री पटेल का पृष्ठपोषण नहीं किया। श्री सहाय ने बिहार में ज़मींदारी उन्मूलन बिल पेश किया था और इस तरह बिहार भारत का पहला राज्य था, जिसने भूमि सुधारों की आधारशिला रखी थी। श्री सहजानन्द सरस्वती के नेतृत्व में किसान आन्दोलन में भागीदारी निभाये पिता के लिए स्वाभाविक ही था कि वह श्री सहाय का पक्ष लेते। मुख्यमन्त्री चुने जाने के कुछ समय बाद श्री सहाय मेरे घर नौबतपुर आये। जाड़े की दुपहरी में गोबर-माटी से लिपी ज़मीन पर बैठकर भोजन किया और फिर एक सभा को सम्बोधित किया, जिसमें उन्होंने बतलाया कि उन्होंने खेसारी (Lathrus Sativum) के उत्पादन पर कानूनी पाबन्दी लगा दी है, क्योंकि इसे या तो बैल खाते हैं या फिर ग़रीब। न रहेगा बाँस, न बजेगी बाँसुरी। ग़रीबों को मज़दूरी के रूप में जो अनाज मिलता था, वह खेसारी ही था। इससे कई बीमारियाँ होती थीं।

श्री सहाय के मुख्यमन्त्री बनने से मेरे पिता थोड़ा आश्वस्त थे कि कांग्रेस रास्ते पर आ रही है। लेकिन पेंचोखम और भी थे और इसमें मेरे पिता असहाय से दिख रहे थे। माँ उनके मनोभावों को समझ रही थीं।

पिताजी कांग्रेस में आने के पूर्व सुभाषचन्द्र बोस की पार्टी फॉरवर्ड ब्लॉक में थे। मेरे जन्म के बाद वह कांग्रेस में शामिल हुए थे। सुभाष वाम और दक्षिण के मिले-जुले रूप थे। दरअसल वैचारिक रूप से वह अस्पष्ट थे। उन पर मार्क्स से ज़्यादा नीत्शे का प्रभाव परिलक्षित होता था। मेजिनी से लेकर कमाल पाशा तक की चारित्रिक आभा से वह मण्डित थे। उनका बलिदानी जीवन निःसन्देह नौजवानों को प्रभावित करता था। इसी बलिदानी जीवन से आकर्षित होकर मेरे पिता भी सन् 1940 में हज़ारीबाग के पास रामगढ़ में

आयोजित समझौता विरोधी कान्फ्रेंस में शामिल हुए। बिहार के किसान नेता सहजानन्द सरस्वती के साथ मिलकर सुभाषचन्द्र बोस ने यह सम्मेलन कांग्रेस के सम्मेलन से ठीक पहले रामगढ़ में ही किया था। दरअसल गाँधी के तानाशाही वाले रवैये से क्षुब्ध होकर 1939 में वह उस कांग्रेस से अलग होने के लिए मजबूर हो गये, जिसके वह चुने हुए अध्यक्ष थे। 1938 में उन्होंने अपने प्रतिद्वन्द्वी उस पट्टाभि सीतारमैया को पराजित किया था, जिन्हें गाँधीजी का उम्मीदवार कहा जाता था। सीतारमैया की हार को गाँधी ने अपनी हार बतलाया था। इस हार से तिलमिलाये गाँधी ने सुभाष चन्द्र बोस को किसी तरह का सहयोग देने से मना कर दिया। उनके चहेतों ने भी ऐसा ही किया। सुभाष चन्द्र बोस ने अपना रास्ता अलग कर लिया। अपनी बैठकों में पिताजी इन घटनाओं को सुनाते। वह गाँधी की इज्जत करते थे, लेकिन सुभाष बाबू के प्रति उनके इस आचरण से क्षुब्ध थे। ये सब बातें मुझे बचपन में सुनने को मिलीं, जिनका अर्थ मैंने सयाना होने पर ही समझा।

नेहरू और शास्त्री

27 मई, 1964 के अपराह्न (कैथरीन फ्रैंक के अनुसार ठीक-ठीक समय 1.44 बजे) प्रधानमन्त्री जवाहरलाल नेहरू का निधन हुआ। पूरे देश में यह सूचना फैली। गर्मियों के दिन थे और मेरे पड़ोस में एक शादी-समारोह था। उसमें एक ऐसे व्यक्ति आये हुए थे, जिनके पास छोटा-सा खिलौनेनुमा, लेकिन बढ़िया-सा ट्रांजिस्टर था। सबसे पहले उन्होंने ही ख़बर दी। पिताजी को जगाकर सूचना दी गयी। कुछ लोग (दस-बारह के करीब) हमारे घर पर इकट्ठा हो गये। सबकी जुबान पर नेहरूजी थे।

नेहरू केवल प्रधानमन्त्री नहीं थे। मैंने कई प्रधानमन्त्रियों के मरने की सूचना सुनी, लेकिन नेहरू जी की मौत ने जो सन्नाटा बुना था, ऐसा कभी नहीं हुआ। गाँधीजी की हत्या हुई थी और वह घटना मेरे जन्म के बहुत पहले हुई थी। उसके बारे में मैंने केवल सुना था। उस हत्या से देश स्तब्ध हो गया होगा, इसका अनुमान लगा सकता हूँ। नेहरू की मृत्यु से लोग स्तब्ध नहीं थे, गहरे शान्त हो गये थे। एक गहरा सन्नाटा।

उनकी मृत्यु अप्रत्याशित नहीं थी। भुवनेश्वर कांग्रेस के दरमियान ही उन्हें पैरालाइटिक अटैक हुआ था और छुप-छुपकर उनकी बीमारी की चर्चा हो रही थी। फिर भी लोगों को उम्मीद थी कि वह अभी हमें छोड़कर जायेंगे नहीं। 22 मई, 1964 के अपने आख़िरी प्रेस-कान्फ्रेंस में उन्होंने विश्वास भरे लहजे में कहा था कि वह अभी मरने नहीं जा रहे हैं। लेकिन ज़िन्दगी भी अजीब चीज़ है। इसके बारे में क्या सचमुच कुछ विश्वासपूर्वक कहा जा सकता है। 1962 के आरम्भ में, मेरा अनुमान है जाड़ों में, पटना में कांग्रेस महासमिति की बैठक हुई थी, जिसमें भाग लेने नेहरू आये थे। मेरे पिता ने उस सम्मेलन में हिस्सा लिया था। वह मुझे अपने साथ ले गये थे। इसी सम्मेलन में नेहरू जी को खुली जीप पर अपनी बेटी इन्दिरा गाँधी के साथ देखा था।

इस देखे की मुझे बहुत धुँधली याद है, नानी को देखे जैसी। भीड़-भाड़ और चकाचौंध का वह देखना, देखने जैसा नहीं था। उसे देव-दर्शन-सा ही कहना चाहिए। फिर भी यह ज़रूर है कि मैं कह सकता हूँ कि मैंने नेहरू को देखा है।

उस दिन लोग रेडियो-ट्रांजिस्टर से चिपके रहे। विदेशी राजनेताओं के बयान आ रहे थे। उनकी अन्त्येष्टि का आँखों देखा हाल। लोग पूछते थे माओ (माओ-त्से-तुंग) और चाउ-एनलाई (चीन के तत्कालीन प्रधानमन्त्री) ने क्या कहा? कुछ लोगों ने लोहिया (समाजवादी नेता राममनोहर लोहिया) की प्रतिक्रिया भी जाननी चाही। लोग मेरे पिताजी से पूछते थे। इस चौतरफा पूछ-पाछ से एक बार तो वह चिढ़-से गये और झल्लाकर प्रतिक्रिया दी।

अगले रोज़ के अख़बार नेहरू की तस्वीरों, ख़बरों और चर्चाओं से भरे पड़े थे। तब बिहार में अख़बारों के कुल जमा दो घराने थे। आर्यावर्त और प्रदीप। दोनों के अंग्रेज़ी संस्करण क्रमशः इंडियन नेशन और सर्चलाइट थे। चारों अख़बार मेरे यहाँ आये। उनमें ढेर सारी ख़बरें थीं। मैं इन अख़बारों के माध्यम से नेहरू से रू-ब-रू होता रहा। उन दिनों कांग्रेस पार्टी की ओर से एक खूबसूरत पत्रिका निकलती थी। भूल नहीं रहा हूँ तो कांग्रेस ही नाम से। वह पत्रिका हमारे यहाँ डाक से आती थी। मासिक आवृत्ति वाली यह पत्रिका छपाई और गेट-अप वगैरह में तो चित्ताकर्षक थी ही, ज्ञानवर्द्धक भी थी। उसका नया अंक स्वाभाविक था, नेहरू पर था–जिसमें बहुत सारी सामग्री थी। लेकिन शुरुआत नेहरू की वसीयत से होती थी। वह प्रसिद्ध वसीयत जिसे नेहरू ने किसी वकील से लिखवाया नहीं, खुद लिखा था–इतना काव्यात्मक था कि मैं उसमें डूब ही गया। मैंने उसे माँ को पढ़कर सुनाया। उन्हें भी वह बहुत पसन्द आया। गाँव के कुछ लोग, जिसमें स्वतन्त्रता सेनानी मिस्त्री जी भी थे, जब आये, तब माँ ने मुझसे पढ़कर सुनाने के लिए कहा मैंने सुनाया। मेरी राख से एक मुट्ठी इलाहाबाद की गंगा को समर्पित करने और बाक़ी हिस्से को हवाई जहाज़ से भारत भर में बिखेर देने, जिससे मैं भारत की मिट्टी का हिस्सा बन जाऊँ का प्रसंग आया, तब स्वतन्त्रता सेनानी मिस्त्री जी फूट-फूट कर रो पड़े। नेहरू हमारे वजूद के हिस्सा बन गये थे।

2

नेहरू के बाद कौन प्रधानमन्त्री बनेगा की अटकलें लगायी जा रही थीं। उनके साथ गृहमन्त्री रहे गुलजारीलाल नन्दा ने कार्यवाहक प्रधानमन्त्री का पद सँभाला हुआ था। दिल्ली या बड़े शहरों में चर्चाओं का कैसा दौर था,

मैं नहीं कह सकता था। लेकिन इस सुदूर गाँव में दर्जन भर लोग रहे होंगे, जिनकी इन सब में दिलचस्पी थी। प्रधानमन्त्री तो कोई हो सकता था, लेकिन नेहरू होना मुश्किल था। आख़िरी दिनों में नेहरू की जो वैचारिक और चारित्रिक कमज़ोरियाँ प्रकट हुई थीं, उसे लोगों ने नज़र अन्दाज़ कर दिया था। एक तरह से वह लोक देवता बन चुके थे। जनता की नज़र में दूसरा कोई ऐसा नहीं था, जिसे नेहरू का स्वाभाविक उत्तराधिकारी कहा जा सके। इसीलिए असमंजस जैसी स्थिति थी। श्री लाल बहादुर शास्त्री भारत के नये प्रधानमन्त्री चुने गये। वह न जन नेता थे, न जनता में लोकप्रिय थे, लेकिन राजनैतिक लोगों के बीच बिल्कुल अनजाने भी नहीं थे। वह भारत सरकार में मन्त्री रह चुके थे और कहा गया आख़िरी दिनों में नेहरू जी के विश्वासपात्र सहयोगी भी थे। सच्चाई यह थी कि उन दिनों देश में कुलीन जनतन्त्र काम कर रहा था। दिल्ली में और कहिये पूरे देश में ब्राह्मणों और कायस्थों का बोलबाला था। एक ब्राह्मण के बाद कायस्थ को प्रधानमन्त्री होना ही चाहिए। देशभर की कायस्थ लॉबी काम कर रही थी और अन्ततः उन्हें सफलता मिली। शास्त्री यू.पी. के कायस्थ थे। राजेन्द्र प्रसाद के राष्ट्रपति पद से हटने के बाद कायस्थ लॉबी बौखलाई हुई थी। उसे अब थोड़ी शान्ति मिली। संघर्ष को कुछ विराम मिला। ब्राह्मणों और कायस्थों का यह संघर्ष जॉब चार्नक द्वारा स्थापित शहर कोलकाता में तकरीबन डेढ़ सौ वर्षों तक चलने के बाद पूरे उत्तर भारत में फैल गया था। 1911 में जब भारत की राजधानी कोलकाता से उठकर दिल्ली आयी, तब यह संघर्ष भी साथ आया। दिल्ली में बंगाल के हज़ारों क्लर्क साथ आये थे। उन्होंने दिल्ली को सांस्कृतिक रूप से बदलकर रख दिया। उन्नीसवीं सदी के आख़िरी और बीसवीं सदी के आरम्भिक काल में उत्तर भारत का एक मुख्य शहर इलाहाबाद भी इस संघर्ष का केन्द्र बना। कालिका प्रसाद द्वारा स्थापित कायस्थ पाठशाला (के.पी.) कायस्थ नवजागरण का केन्द्र था।

कायस्थ ग़रीब जाति-समाज नहीं है। इनके पास जमींदारियाँ रही हैं और ज्ञान पर इनका कब्जा ब्राह्मणों की तरह ही है। किन्हीं क्षेत्रों में तो कुछ अधिक भी है। तुर्क मुसलमान जब इस देश की राजनीतिक सत्ता पर काबिज हुए और बाद में मुग़लकाल में जब राजनीतिक स्थिरता कायम हुई, तो राजकाज की व्यवस्था में कायस्थ इनके भागीदार हुए। उन्होंने फ़ारसी सीखी, उनकी तरह के खान-पान और रहन-सहन सीखा (उनकी इसी प्रवृत्ति के कारण मेरे दादा कायस्थों को आधा मुसलमान कहते थे)। एक तरह से उन्होंने मुगल मॉडर्निटी को स्वीकार कर लिया था। ब्राह्मण इसमें पीछे रह गये। जब अंग्रेज आये,

तब ब्राह्मणों ने इस कमी को पूरा किया। वह अंग्रेज़ी सभ्यता और तौर-तरीकों से वैसे ही जुड़े, जैसे मुगलों से कायस्थ जुड़े थे। कोलकाता जब आधुनिक शहर के रूप में उभरने लगा तो अंग्रेज़ी आधुनिकता से जुड़ने में कायस्थों और ब्राह्मणों का स्पर्धात्मक संघर्ष हुआ। जब ओरियंटलिज्म की ज्ञानात्मक और थियोसोफी की आध्यात्मिक चादर बिछी, तब इस पर कब्जा जमाने का भी संघर्ष हुआ। अन्ततः रामकृष्ण परमहंस (ब्राह्मण) और विवेकानन्द (कायस्थ) की एकता ने संघर्ष को विराम दिया। यह शैव और वैष्णवों के संघर्ष की समाप्ति की तरह है। बिहार के हरिहर क्षेत्र (हरि–विष्णु, हर–शिव) में शैवों और वैष्णवों की यह एकता हुई थी। इसकी याद में यहाँ आज भी हर वर्ष एक यादगार मेला लगता है। विवेकानन्द ने रामकृष्ण को अपना गुरु माना और रामकृष्ण ने विवेकानन्द का प्रभाव स्वीकार किया। कायस्थों के संस्कृतिकरण पर एक साधारण ही सही, ब्राह्मण की मुहर लगी। उन्हें द्विजत्व मिला। एवज में ब्राह्मणवादी द्विजवाद का विस्तार हुआ। कायस्थों के इस समर्पण से समाज पर उनका प्रभाव कमज़ोर हो गया।

शास्त्रीजी कायस्थों के गाँधीवादी प्रतिरूप थे। ग़रीब, सादगी पसन्द और ईमानदार। किरानिक योग्यता भी उनमें थी। लेकिन वे बड़ी मेधा और दृष्टिकोण वाले राजनेता नहीं थे। एक तरह से कहें, तो वे राष्ट्र स्तर के हेडक्लर्क थे। राष्ट्र ने इसी रूप में इन्हें स्वीकार किया था। लेकिन 1965 में भारत–पाक विवाद में उन्होंने कड़ा रुख़ अख़्तियार किया। पत्रकार कुलदीप नैयर ने अपनी आत्मकथा में लिखा है कि सम्भवतः शास्त्री जी ने पाकिस्तान के ख़िलाफ़ कड़ा रुख़, अपनी हास्यास्पद छवि को खत्म करने, और एक मजबूत व कड़े इरादे वाले नेता के रूप में खुद को स्थापित करने के लिए किया था। सम्भव है श्री शास्त्री इस मनोविज्ञान से क्रियाशील हों। सितम्बर 1965 में जब पाकिस्तान ने कश्मीर क्षेत्र में दख़लन्दाजी की, तो शास्त्री जी ने भारतीय सेना को पंजाब के समतल क्षेत्र में घुस जाने का आदेश दे दिया। कुछ ही दिनों में पाकिस्तान की हालत बिगड़ गयी। 1962 में चीन के साथ भारत की जो शर्मनाक हार हुई थी, उससे भारतीय जनता का सिर झुका हुआ था। पाकिस्तान की शर्मनाक पराजय से भारत का सीना कुछ मजबूत हुआ। शास्त्रीजी अचानक लोकप्रिय राजनेता में तब्दील हो गये।

पूरा देश अभी जीत का जश्न मना रहा था और चारों ओर शास्त्री जी की जयकार हो रही थी कि वज्रपात की तरह एक बुरी ख़बर आयी। 11 जनवरी, 1966 को सोवियत रूस के ताशकन्द में शास्त्रीजी की अचानक मृत्यु हो गयी।

उनकी मृत्यु को लेकर अफ़वाहों का बाज़ार गर्म था। ज़्यादातर लोगों का मानना था कि किसी साजिश के तहत उनकी हत्या हुई है, लेकिन आधिकारिक ख़बर थी कि दिल का दौरा पड़ने से आधी रात के बाद उनकी मृत्यु हुई। उसी रोज़ उन्होंने ताशकन्द समझौते पर दस्तख़त किये थे, जिसमें भारत द्वारा पाकिस्तान की कब्जा की हुई भूमि वापस कर दी गयी थी। कहा जा रहा था कि इस समझौते पर दस्तख़त के बाद शास्त्रीजी ने दूरभाष द्वारा दिल्ली सम्पर्क कर अपनी पत्नी और बेटी से सम्पर्क किया था। दोनों ने समझौते पर नाराज़गी प्रकट की थी।

सम्भव है, समझौते को लेकर शास्त्रीजी तनाव में हों। उनकी पत्नी और बेटी से समझौते पर जो प्रतिक्रिया मिली थी, उससे वह राष्ट्र का मूड-मिज़ाज भी भाँप रहे होंगे। उन्हें महसूस हुआ होगा कि बड़ी मुश्किल से जो उनकी करिश्माई छवि बनी थी, वह दिल्ली लौटते ही काफूर मिलेगी। कई तरह की बातें होंगी। लेकिन साजिश से बिल्कुल इनकार भी नहीं किया जा सकता। यही तो राजनीति है।

शास्त्रीजी के इन्तकाल के बाद राजनीति में राष्ट्रीय स्तर पर कायस्थ लॉबी कमज़ोर पड़ने लगी। 1970 के बाद उनकी स्थिति और कमज़ोर हुई। 1974 में जेपी के नेतृत्व में चला आन्दोलन कायस्थ सक्रियता का आख़िरी प्रयास था। यह भी जल्दी ही समाप्त हो गया। 1980 के बाद इनका प्रभाव और कमज़ोर हो गया। 1990 के बाद कायस्थों ने जाने-अनजाने भारतीय जनता पार्टी के नेतृत्व में काम कर रही हिन्दुत्व की राजनीति के समक्ष समर्पण कर दिया। विवेकानन्द ने रामकृष्ण परमहंस के समक्ष जो समर्पण किया था, उसकी ही राजनीतिक परिणति यह समर्पण था।

प्रसंगवश ही कायस्थ मानसिकता का मैंने उल्लेख किया है। इस जाति-समाज पर मैंने विचार किया है और इनके पतन से मर्माहत होने वालों में हूँ। कल्हण की किताब राजतरंगिणी, जिसमें कश्मीर का सांस्कृतिक-राजनीतिक इतिहास है, में इनका विस्तार से उल्लेख है। मध्यकाल में इनका प्रभाव काफ़ी था। तब वे ब्राह्मणों से काफ़ी आगे थे। राजतरंगिणी में ब्राह्मण-कायस्थ संघर्ष की सुदीर्घ चर्चा है। वहाँ चार कोटि के कायस्थ कहे गये हैं—ब्राह्मण, क्षत्रिय, वैश्य व शूद्र। अर्थात् सभी वर्ण-जातियों से कायस्थ आये थे। महाभारत के शान्तिपर्व में एक उक्ति है—'दृश्यन्ते मानुषे लोके सर्वे वर्णेषु दस्यवः' मनुष्यों के समाज में सभी वर्णों में दस्यु दिखते हैं। कायस्थ भी सभी वर्णों से आये थे। ऐसा प्रतीत होता है, समाज के जिन लोगों ने बौद्धिक और प्रशासनिक दक्षता

प्राप्त की हुई थी, उन्हें मिलाकर इस जाति-समाज का निर्माण हुआ होगा, ऐसा जान पड़ता है। ब्राह्मणों के बौद्धिक जड़वाद से यह जाति जूझती भी रही होगी। उत्तर भारत में इसी जाति ने ब्राह्मणों की नागरी लिपि के समान्तर कैथी लिपि का प्रचलन किया। देवनागरी लिपि ग़ैर-ब्राह्मण और स्त्रियाँ नहीं पढ़ सकते थे। इसकी धार्मिक पाबन्दी थी। कायस्थों ने ग़ैर-ब्राह्मणों की सांस्कृतिक चेतना का विस्तार करने के लिए ही कैथी लिपि का अन्वेषण किया। इसी लिपि में आरम्भ में भक्तिकाल के शूद्र कवियों की कविताएँ ग्रन्थित हुईं। मेरे दादा ने कैथी लिपि के माध्यम से ही कक्षा पाँच तक की शिक्षा ग्रहण की थी। विवेकानन्दी सम्प्रदाय के कायस्थों ने ब्राह्मणों के प्रभाव में आकर इस लिपि को नष्ट कर दिया। हमारे बिहार में 1949 में एक अध्यादेश निकालकर कैथी लिपि को राजकाज से प्रतिबन्धित किया गया। यह कार्य शिवपूजन सहाय और बद्रीनाथ वर्मा जैसे हिन्दुत्व-व्याकुल कायस्थों के माध्यम से ही कराया गया। मेरे दादा अंग्रेज़ी भारत में साक्षर थे, आज़ाद भारत में वह निरक्षर हो गये। क्योंकि उनके अक्षर ही ग़ैर-कानूनी हो गये। कायस्थों ने अपने पतन की इबारत खुद लिखी। जब ब्राह्मणों ने संघर्ष के दौरान उन्हें शूद्र घोषित किया था, तब वह सांस्कृतिक रूप से ग़ैर-ब्राह्मणों के अगुआ थे। समझौते के बाद उन्हें द्विजत्व तो हासिल हुआ, लेकिन एक बड़े तबके का सामाजिक-सांस्कृतिक नेतृत्व खोकर, वह ब्राह्मणों के पिछलग्गू बन गये, उनके सांस्कृतिक गुलाम। निश्चित ही यह उनका विकास नहीं था।

हाईस्कूल

हाईस्कूल में दाखिले के लिए मेरे समय में एक परीक्षा आयोजित होती थी। दरअसल, मेरा पहला बैच था, जो इस तरह की परीक्षा देने जा रहा था। बिहार में उन दिनों, परीक्षा समिति (इक्जामनेशन बोर्ड) थी, जो आज भी है। अब यह केवल दसवीं और बारहवीं की परीक्षाएँ आयोजित करती है। उन दिनों यह सातवीं कक्षा की परीक्षाएँ भी आयोजित करती थी।

जैसा कि मैंने बतलाया कि मेरा पहला बैच था, जो इस तरह की परीक्षा देने जा रहा था। बोर्ड राज्य स्तर की एक संस्था थी, जिसे लेकर गाँवों में आतंक व्याप्त था। अब तक यह मैट्रिकुलेशन स्तर की परीक्षा ही लेता था। गाँवों में, पिछड़े और दलित वर्गों में आज़ादी के बाद शिक्षा का प्रचार-प्रसार हुआ था। किसान और दस्तकार परिवारों के लोग बड़े पैमाने पर स्कूल जाने लगे थे। लेकिन इन्हें देखते हुए पाठ्यक्रम में कोई सुधार नहीं किया गया था। शिक्षा के माध्यम से प्रभुता सम्पन्न समाज के लोग समाज पर अपना सांस्कृतिक वर्चस्व स्थापित करने का प्रयास कर रहे थे। अंग्रेज़ी भाषा-साहित्य एक अनिवार्य विषय था। गाँवों के, ख़ासकर पिछड़े-दलित परिवारों के लोग, ज़्यादातर इस विषय में अटक जाते थे। मैट्रिक में विफल हुए लोगों को नन-मैट्रिक कहा जाता था। गाँवों में ऐसे नन-मैट्रिक लोगों की भरमार थी। केवल अंग्रेज़ी के कारण शिक्षा के प्रति पिछड़े-दलित वर्गों में उदासीनता फैल रही थी। छात्रों का ड्रॉप-आउट बढ़ता जा रहा था। 1967 में जब राज्य में कर्पूरी ठाकुर शिक्षामन्त्री बने, तो उन्होंने अंग्रेज़ी की अनिवार्यता समाप्त कर दी। शिक्षा में व्याप्त एक जड़ता इस तरह दूर हुई। कोई यही कारण था कि सातवीं की बोर्ड परीक्षा के नाम पर छात्रों में एक उत्तेजना फैल गयी। पता नहीं क्या होगा, के भाव से छात्र और अभिभावक इसकी तैयारी में जुटे।

मैंने तन्मयता के साथ सातवीं बोर्ड की परीक्षा दी। मैं विलक्षण तो नहीं, लेकिन ठीक-ठाक छात्र था। हमारे स्कूल से कुल दो सौ लड़कों में से आठ

लड़के प्रथम श्रेणी में उत्तीर्ण हुए, उनमें एक मैं था। इन आठों में प्राप्त नम्बरों के आधार पर मैं दूसरा था। मैंने गाँव के ही हाईस्कूल में दाखिला लिया। अब तक मैं नंगे पाँव स्कूल जाता था। मेरे लिए अब जूते खरीदे गये। नये कपड़े बने। मेरे स्कूल का न केवल इलाके में, बल्कि जिले भर में नाम था। एक या दो वर्ष पूर्व ही इसी स्कूल के एक विद्यार्थी ने पूरे राज्य में हायर सेकेंडरी परीक्षा में दूसरा स्थान प्राप्त किया था। तब के ज़्यादातर हाईकूल प्रबन्धन समितियों के माध्यम से चलाये जाते थे। इनका सरकारीकरण 1978 में हुआ। मेरे स्कूल की प्रबन्ध समिति अनुशासन के मामले में बहुत ध्यान रखती थी। अपने समय के हिसाब से उसका भवन, क्लास रूम, लैब, पुस्तकालय वगैरह बहुत अच्छा था। स्कूल के शिक्षक भी योग्य थे (बहुत बाद में उस स्कूल की प्रबन्ध समिति का मुझे चेयरमैन बनाया गया)।

उन दिनों हाईस्कूल दो तरह के थे। सेकेंडरी और हायर सेकेंडरी। सेकेंडरी आज के 10वीं के बराबर था (हालाँकि उन दिनों 11वीं में जाकर सेकेंडरी परीक्षा होती थी)। हायर सेकेंडरी+2 के बराबर था। इस परीक्षा के पास करने पर कॉलेज में स्नातक कोर्स में दाखिला मिलता था। जो लोग सेकेंडरी करते थे, उन्हें प्री-यूनिवर्सिटी में दाखिला लेना पड़ता था। प्री-यूनिवर्सिटी की परीक्षा पास करने के बाद वह स्नातक कोर्स में प्रवेश पा सकते थे, जो तीन वर्षों का होता था।

मेरे स्कूल का नाम लम्बा-चौड़ा था। मल्टी-पर्पस हायर सेकेंडरी स्कूल संक्षेप में इसे एम.पी.एच.एस. स्कूल कहा जाता था। मल्टी-पर्पस का तात्पर्य मैं अब तक नहीं जान सका हूँ। यदि ऐसा कुछ था, तो परिलक्षित नहीं होता था। आज भी वह स्कूल है। लेकिन उसका नाम सिमटकर छोटा हो गया है—बस, हाईस्कूल अमरपुरा।

आठवीं कक्षा से ही विज्ञान और कला या फिर कॉमर्स की पढ़ाई अलग-अलग हो जाती थी। विज्ञान में भी गणित और जीवविज्ञान की कक्षाएँ जुदा-जुदा थीं। मैंने गणित के साथ साइंस का संवर्ग चुना। गणित के दो पेपर होते थे—एलमेंट्री मैथेमेटिक्स और एडवांस मैथेमेटिक्स। एलमेंट्री मैथेमेटिक्स सबके लिए, यहाँ तक कि कला और कॉमर्स के विद्यार्थियों के लिए भी अनिवार्य था। लेकिन एडवांस मैथेमेटिक्स पढ़ने वाले गणित के ख़ास विद्यार्थी माने जाते थे।

गणित के साथ फिजिक्स, केमेस्ट्री, अंग्रेज़ी, हिन्दी, समाज अध्ययन और संस्कृत मेरे विषय थे। मैं सभी विषयों में अच्छा था, सिवाय गणित के।

मैंने आठवीं की परीक्षा तो पास कर ली, लेकिन समझ गया गणित मेरे बूते का नहीं है। उसके लिए जिस नियमित अभ्यास की अपेक्षा थी, मुझसे होती नहीं थी। दरअसल, इस विषय में मेरा जी नहीं जमता था। एलमेंट्री मैथेमेटिक्स में अल्जेबरा भी मुझसे सधता नहीं था। अंकगणित और रेखागणित के सहारे में एलमेंट्री मैथेमेटिक्स की नैया पार लगा लेता था यानी उसमें उत्तीर्णता हासिल कर लेता था। त्रिकोणमिति और अल्जेबरा, जिसे बीजगणित भी कहा जाता था, मेरे लिए अभेद्य रहे। एडवांस मैथेमेटिक्स से भी मुक्ति सम्भव थी–बायोलॉजी यानी जीव विज्ञान के वैकल्पिक विषय रखकर। जब कक्षा नौ में आया, तब छमाही इम्तिहान के कुछ रोज़ पहले स्कूल की ओर से एक सूचना निकली कि जो छात्र गणित के स्थान पर जीव विज्ञान को विषय बनाना चाहते हैं, वह आने वाले इम्तिहान के पूर्व ही यह तय कर लें। उन्हें छमाही इम्तिहान में नये विषय की परीक्षा देनी होगी। मैंने आनन-फानन में जीव विज्ञान को अपना विषय बना लिया। एडवांस मैथेमेटिक्स से मुझे छुट्टी मिल गयी। मेरा सेक्शन भी ए की जगह बी हो गया। अर्थात् अब मैं जीव विज्ञान के साथियों के साथ हो गया। पुराने सेक्शन के सहपाठी छूट गये।

गणित के बारे में मेरी अरुचि का कारण कुछ-कुछ मेरे मनोविज्ञान से जुड़ी है और उसके मूल में एक शिक्षक का व्यवहार था। चौथी-पाँचवीं कक्षा में ही उन शिक्षक महोदय से हमारा पाला पड़ा था। प्रतीत होता था, वह नहाते कभी-कभार ही थे और उनके लत्ते काफ़ी गन्दे रहते थे। सुनता था, वे शाम में पीकर धुत्त हो जाते थे। इसका असर कभी-कभी क्लास रूम में भी दिखता था। जब सुर्ख आँखों से वह घूरते; तब डरावने लगते थे। लेकिन सबसे ख़राब थी उनकी भाषा। वह ऐसी लद्धड़ भाषा बोलते, जिसे सुनने का मैं आदी नहीं था। बीच-बीच में वह अनाम ताक़तों के वास्ते माँ-बहन की गालियों का भी व्यवहार करते और योनिपरक अंगों को एक विशेष उत्तेजना में ऐसे नाटकीय अन्दाज़ में बोलते कि घिनौने लगते। एक रोज़ किसी सिलसिले में उन्हें बच्चों के पिता या अभिभावक का नाम चाहिए था। वह सबसे पूछ रहे थे। शुरुआत मुझसे ही की, क्योंकि अगली कतार में मैं दायें से बैठा था। 'बाप का नाम बोल?' यही उनका प्रश्न वाक्य था। पिताजी को हम लोग बाबूजी कहते थे। उनके लिए बाप कहा जाना मुझे अपमानजनक लगा। प्रतिरोध स्वरूप मैंने कोई जवाब नहीं दिया। उन्होंने दो बार और पूछा और फिर गुस्से में डस्टर–जिसका बड़ा हिस्सा काठ का बना होता था–उठाकर मेरी ओर फेंक दिया। डस्टर मुझे न लगकर दूसरे साथी को लगा और उसके सिर से लहू निकलने लगा।

साथी के इस लहू के कारण फिर किसी की पिटाई नहीं हुई। लेकिन उस शिक्षक के प्रति मेरा मन घृणा से भर गया। हालाँकि इसका सही जवाब कोई मनोवैज्ञानिक ही देंगे, लेकिन मुझे लगता है गणित से मेरी इस अरुचि की जड़ में इस प्रसंग और उस शिक्षक का कुछ प्रभाव ज़रूर है। यूक्लिड, पाइथागोरस, मार्क्स और बंट्रेल रसल के जीवन को पढ़ते हुए, मुझे हमेशा यह महसूस हुआ कि गणित तो सब मिलाकर प्यारा विषय है। खामी मुझमें ही थी लेकिन अब तो मैं जीवविज्ञान का छात्र था।

जीवविज्ञान के स्कूल शिक्षक का नाम तारकेश्वरनाथ आज़ाद था, लेकिन वह टी.एन. आज़ाद कहा जाना पसन्द करते थे। उनके हस्ताक्षर बहुत खूबसूरत होते थे। ब्लैकबोर्ड पर खड़िये से जब वह लिखते तो चित्ताकर्षक होता था। वह चित्र भी सुन्दर बनाते थे। एक बार चाक लगाते और मेढ़क का चित्र बनाकर ही ब्लैकबोर्ड से उसे उठाते। इन सबका उन्हें अभ्यास था। एक और चीज़ के लिए वह ख्यात थे। वे हिन्दी भाषा का बहुत ही कम इस्तेमाल करते थे। उनका कहना था बॉयलोजी पढ़ना है, तब अंग्रेज़ी को ही अपना माध्यम बनाओ। उनके बारे में यह सब जानकर डर लगता था। अंग्रेज़ी पर हमारा वैसा अधिकार था नहीं।

छमाही इम्तिहान के पहले किसी क्लास में मैं नहीं उपस्थित रह सका था। परीक्षा देनी थी। मैंने उस कक्षा के तेज़ माने जाने वाले एक छात्र की नोटबुक ली। उसने मुझ पर आतंक जमाने की कोशिश की। मेढ़क अर्थात् फ्रॉग को राना टिग्रीना कहा जाता है। भूल से भी इसे फ्रॉग मत लिख जाना। जीरो नम्बर दे देंगे आज़ाद साहब। नोटबुक के अनुसार, उस समय तक बहुत ज़्यादा पढ़ाई नहीं हुई थी। डिफरेंसेंस बिटवीन लिविंग एंड नन लिविंग, डिफरेंसेस बिटवीन प्लॉट्स एंड एनिमल। लीफ और फ्लावर की प्रारम्भिक स्टडी और राना टिग्रीना का विवरण। कुछ इसी तरह की और बातें। मैं नोटबुक से जितना समझ सकता था, समझकर, परीक्षा में शामिल हो गया।

इस परीक्षा की कॉपियाँ जाँच के बाद छात्रों को पुनः दिखलायी जाती थीं। मैं अपनी कक्षा के तीन-चार बेहतर छात्रों में शामिल था, इसलिए जिस रोज़ बॉयलोजी की कॉपी दिखायी जाने वाली थी, मैं बुरे होने के भय से बुरी तरह ग्रस्त था। मेरा अनुमान था, मैं फिसड्डी बनूँगा और छात्रों के सामने मेरा मज़ाक बनेगा (अन्य विषयों में मेरे अंक बेहतर थे)। जैसे ही बॉयलोजी विषय वाली घण्टी लगी, मैं शौचालय जाने का बहाना बनाकर क्लासरूम से निकल गया और घण्टी का पूरा समय समाप्त होने के बाद ही वापस आया।

मेरे आते ही सहपाठियों में से कई ने एक बार ही कहा–तुमने तो सबसे अधिक नम्बर लाये। आज़ाद साहब अभी तो गये हैं। तुम्हें खोज रहे थे। जिस छात्र की नोटबुक से मैंने तैयारी की थी, वह मुझे लेकर टीचर-रूम में गया और आज़ाद साहेब से मेरा परिचय कराया। उन्होंने मेरी पीठ थपथपायी, कॉपी दी और कहा तुमने तो कभी क्लास भी नहीं किया। मुझे सौ में से 86 अंक मिले थे।

केमेस्ट्री, फिजिक्स और बॉयलोजी ये तीनों साइंस के विषय थे और तीनों में कह सकता हूँ, मेरी पकड़ बहुत अच्छी थी। अंग्रेज़ी का मैं अच्छा कहा जाने लायक विद्यार्थी था, लेकिन हिन्दी और समाज अध्ययन में मुझे हमेशा कक्षा में सबसे ज़्यादा अंक मिलते थे। संस्कृत भी ठीक-ठाक था।

नाइंथ के बाद हम लोगों का क्लास टेन्थ न होकर, नाइंथ स्पेशल होता था। इस कक्षा के बाद टेन्थ स्पेशल और इलेवेन्थ स्पेशल। टेंथ सोशल के बाद कोई सेकेंडरी स्कूल की परीक्षा दे सकता था। इलेवेन्थ स्पेशल के बाद परीक्षा देते थे, वे हायर सेकेंडरी के परीक्षार्थी होते थे। मैंने सेकेंडरी स्कूल परीक्षा में ही बैठने का निर्णय किया।

नाइंथ स्पेशल और टेन्थ स्पेशल के छात्रों पर शिक्षक बहुत ज़ोर देते थे। हमें यह भी कहा जाता था कि स्कूल की प्रतिष्ठा बनाये रखनी है। परीक्षा में अधिक नम्बर लाने के कुछ सूत्र बताये जाते थे। उस वक़्त तक सब्जेक्टिव उत्तर देने का दौर था। गणित और साहित्य छोड़कर बाक़ी विषयों में पाँच प्रश्नों के उत्तर देने होते थे। प्रश्न-पत्र पर ऊपर ही लिखा होता था 'किन्हीं पाँच प्रश्नों के उत्तर दें' और 'सबका मान बराबर है।' अंग्रेज़ी में तीन पुस्तकें पढ़ाई जाती थीं। एक तो प्रोज और पोयट्री का रीडर था, जिसका नाम ही इंगलिश रीडर-फोर था। उसके साथ दो और किताबें 'गुड एंड द ग्रेट' और 'स्टोरिज फ्रॉम ईस्ट एंड द वेस्ट' थीं। 'गुड एंड द ग्रेट' में छह महापुरुषों–गाँधी, नेहरू, रवीन्द्र, जगदीशचन्द्र बसु, सरोजिनी नायडू और राजेन्द्र प्रसाद की जीवनियाँ थीं। 'स्टोरिज फ्रॉम...' में बारह कहानियाँ। छह पश्चिमी जगत की और छह पूरबी जगत की। हमारे शिक्षक ने बतलाया दोनों के शुरू से तीन-तीन यानी कुल छह पढ़ जाओ। हमने यही किया परीक्षा के ख़याल से, लेकिन पाठ मैं सारे पढ़ गया, स्वान्तः सुखाय।

संस्कृत के शिक्षक पण्डित जी कहे जाते थे। वे दुबले-पतले गहरे साँवले और बहुत ही सहृदय थे। वे बच्चों को कभी नहीं पीटते थे। लेकिन अनुशासन के बहुत पक्के थे, संस्कृत का रीडर हितोपदेश था। वह उसे जमाने से पढ़ा रहे थे।

पढ़ाते-पढ़ाते वह उन्हें कण्ठाग्र हो गया था। वह हाथ में किताब लेकर कभी नहीं पढ़ाते थे। कक्षा में आकर पूछते कि पिछली बार कहाँ तक पढ़ाया था। जानने के बाद आगे से वह पढ़ाने लगते थे। छात्रों में चर्चा थी कि उन पर देवी सरस्वती मेहरबान हैं।

गर्मियों में, जो अंग्रेज़ी का जून महीना होता था, स्कूल लगभग महीने भर के लिए बन्द होता था। इसे समर वेकेशन कहा जाता था। इन्हीं छुट्टियों में मेरे मन में आया कि क्यों नहीं मैं भी हितोपदेश कण्ठाग्र कर जाऊँ। पहले तो असम्भव लगा, लेकिन फिर मैंने ज़िदकर ली और पिल पड़ गया। अन्ततः पूरा हितोपदेश कण्ठाग्र कर गया। जब स्कूल खुला तब मैंने इसकी जानकारी अपने कुछेक सहपाठियों को दी। उन्होंने विश्वास नहीं किया। मेरी परीक्षा ली गयी। मैं सचमुच कण्ठाग्र कर चुका हूँ यह उन्हें पता चल गया। जब पण्डितजी कक्षा में आये तो उन्हें इस बात की जानकारी दी गयी। उन्हें लगा कि कोई चुनौती दी गयी है। शायद ही गुस्सा करने वाले पण्डित जी आग-बबूला हो गये। उन्होंने तोड़-तोड़कर मेरी परीक्षा ली। फिर एक गहरी साँस लेकर मुझे अपने पास बुलाया, मेरे सिर पर प्यार से हाथ फिराया। उनकी आँखें डबडबा गयीं। यह उनका प्यार था। मुझे कई सम्मान मिले और कई बड़ी हस्तियों ने मुझे सम्मानित किया, लेकिन पण्डितजी से मिले उस स्नेह-सम्मान को मैं कभी नहीं भूल सका। आज भी उस स्नेह का स्मरण करता हूँ। हिन्दी के शिक्षक श्री जगदीश साहु विलक्षण शिक्षक थे। वह अभी भी हैं। मैं जब बिहार विधान परिषद् का सदस्य बना तब मुझे बधाई देने वह मेरे पटना स्थित आवास पर आये। उन्होंने अपनी भावना को लिपिबद्ध कर शीशे में फ्रेम कर मुझे दिया। उसे उद्धृत करना अप्रासंगिक नहीं होगा, क्योंकि मेरे लिए यह किसी भी पदक से ज़्यादा मूल्यवान है :

मेरे मणि!
तुम वस्तुतः मणि हो
मेरे शिरोमणि।
मुझे तुझ पर नाज़ है

मेरी सदा से कामना रही है-

शिष्यात् इच्छेत पराजयः।
मेरी इस कामना को
तुमने और सिर्फ़ तुमने
पूरी की है।

साहुजी कई मायने में विलक्षण थे। उन्होंने दिल्ली विश्वविद्यालय से एम.ए. किया था। अपनी कक्षा में वह प्रायः विषयान्तर हो जाते। जैसे अज्ञेय की एक कहानी 'शत्रु' हमारे पाठ्यक्रम में थी, लेकिन इसे पढ़ाते हुए वह उनके उपन्यास 'शेखर : एक जीवनी' की कथा सुना गये। एक बार निरीक्षण के दौरान हमारे स्कूल के प्राचार्य ने विषयान्तर होने के लिए उन्हें टोका, तब उन्होंने पूरी गम्भीरता से कहा–शिक्षक का काम पढ़ाना नहीं, विषय के प्रति छात्रों को जिज्ञासु बना देना होता है। मैं यह काम कर रहा हूँ।

अंग्रेज़ी के शिक्षक श्री नरेन्द्र शर्मा भी इसी कोटि के थे। अंग्रेज़ी साहित्य की कक्षा में वह हमें दूसरे विश्वयुद्ध की पूरी कहानी बतला गये। पाठ्यक्रम से बाहर जाकर उन्होंने संक्षेप में ही सही, इंगलिश लिटरेचर का सिलसिलेवार इतिहास बतलाया। चौसर, डिकेन्स, डी.एच. लॉरेन्स के बारे में हमारे पाठ्यक्रम में कुछ नहीं था, लेकिन शर्माजी ने इन सबसे हमारा परिचय करा दिया था। एक बार पत्रिका में उनकी एक कविता भी प्रकाशित हुई। जिसकी दो पंक्तियाँ आज भी मुझे याद हैं :

जाड़े की रात, सारे खच्चित आकाश।

जाड़े की, वह भी अँधेरी रात, यह उन्हें भी पसन्द थी, मुझे भी। चाँदनी रात तो सब पसन्द करते हैं। अँधेरी रात में तारों से खच्चित आकाश का अपना सौन्दर्य होता है। इस पर हम गुरु-शिष्य की नज़र थी।

किसी हादसे में उनकी एक आँख ख़राब हो गयी थी, इसलिए वह काला चश्मा पहनते थे। नियमित शेव करने वाले, धुले, धवल कपड़े पहनने वाले शर्मा सर खूबसूरत दिखते थे। वह अब भी कभी-कभी मिल जाते हैं। उनका स्नेह हमेशा मुझे मिला।

एक और शिक्षक वृजबिहारी बाबू थे। वह समाज अध्ययन पढ़ाते थे। लेकिन उनका मुख्य कार्य दुनिया-जहान की ख़बरों से हम छात्रों का परिचय कराना होता था। वह ब्रिटिश ब्रॉडकास्टिंग कारपोरेशन–बी.बी.सी. के नियमित श्रोता थे। कई अख़बार भी पढ़ते थे। वह इन ख़बरों से हमें ताज़ा रखते थे। उन्होंने ही हमें अख़बार पढ़ना सिखलाया। सम्पादकीय और सम्पादकीय पृष्ठ की गरिमा बतलाई। सम्पादकीय अग्रलेख नहीं पढ़ा, तब अख़बार क्या पढ़ा। मुख्य पृष्ठ तो चाय दुकानदारों के लिए छपता है। वह मेरे पिताजी की बहुत इज्जत करते थे और गर्व के साथ स्वयं को उनका शिष्य बतलाते थे। इससे मुझे अपने पिता पर बहुत गर्व होता था। हम लोगों की पढ़ाई चल ही रही थी कि एक हादसे में उनका निधन हो गया।

स्कूल के प्राचार्य श्री देवदत्त प्रसाद सिंह अनुशासनप्रिय थे। वे कभी-कभार अंग्रेज़ी का क्लास लेते थे और ग्रामर पढ़ाते थे। जे.सी. नेसफिल्ड के ग्रामर बुक पर उनका अधिकार था। यहाँ तक कि जो उदाहरण वहाँ दिया होता था, उसे ही हू-ब-हू वह उद्धृत करते थे। उन्हें सामने देखते ही शिक्षक और छात्र सहम जाते थे। जैसे चिड़ियों का झुंड बाज को देखते ही चहचहाना बन्द कर देता है, हम उन्हें देखते ही बिल्कुल शान्त हो जाते थे। वह स्कूल में सांस्कृतिक कार्यक्रम आयोजित करते रहते थे। कभी-कभार कुछ विद्वानों को भाषण देने के लिए आमन्त्रित करते थे। शिक्षा का मतलब है जीवन का सर्वांगीण विकास, इस उक्ति पर वह ज़ोर देते थे। जब कभी समारोह में बोलते थे, तो अपनी सधी हुई आवाज़ में कहते थे–'हमारा सपना बच्चों को अफसर और क्लर्क बनाना नहीं है। हम चाहते हैं कि हमारे स्कूल से वैज्ञानिक, लेखक, विद्वान और नेहरू-पटेल जैसे राजनेता पैदा हों।'

तमाम शिक्षकों पर मुझे गर्व था और उनमें से ज़्यादातर का मैं प्रिय था। अनुशासनप्रियता के बारे में मेरी कभी कोई शिकायत नहीं हुई। लेकिन स्कूल-जीवन का एक प्रसंग मुझे बार-बार विद्रोह के लिए उकसाता था। वह था स्कूल का शुल्क अथवा फीस जमा करना। उन दिनों छठी कक्षा से ही स्कूलों में एक तय फीस देनी होती थी। छठी-सातवीं कक्षा में ढाई रुपये प्रतिमाह और आठवीं से लेकर बारहवीं कक्षा तक छह रुपये प्रतिमाह। उन दिनों क्लर्क-ग्रेड का वेतन मात्र पचास रुपये था। इससे इस फीस का महत्त्व समझ सकते हैं। यदि किसी परिवार में तीन या चार छात्र पढ़ने वाले हैं, जैसे मेरे परिवार में ही थे, तो पढ़ाई अभिभावक के लिए कमरतोड़ हो जाती थी। ग़रीब परिवारों के अधिकांश छात्र इसके कारण बीच में ही पढ़ाई बन्द कर देते थे। फीस जमा करने की प्रक्रिया भी ख़राब थी। हर महीने की पन्द्रह तारीख़ को फीस जमा करनी होती थी। यदि कोई विद्यार्थी नहीं जमा कर सका तो तीस तारीख़ को 25 पैसे जुर्माने के साथ वह फीस जमा कर सकता था। यदि इससे भी चूक गया, तब पहली तारीख़ से उसका नाम अटेंडेंस-रजिस्टर से हटा लिया जाता था, जिसे नाम कटना कहते थे। अब यदि वह कक्षा में शामिल होता है तब शिक्षक उसे 'स्टैण्ड-अप ऑन द बेंच' का दन्ड देते थे, यानी उसे छात्रों के बीच बेंच पर पूरे समय तक खड़ा रहना पड़ता था। लेकिन यह भी कुछ ही दिनों तक। ज़्यादा-से-ज़्यादा हफ्ते भर तक। उसके बाद कक्षा में प्रवेश वर्जित। नाम कटने के बाद फीस जमा करना ज़्यादा दंडनीय था, क्योंकि इसके लिए पुनर्नामाँकन शुल्क एक रुपये जमा करना होता था।

मेरा तो साल में तीन से चार बार तक नाम कटना तय था और बाक़ी में हर महीने 25 पैसे जुर्माने की राशि। छात्रों के बीच बेंच पर खड़ा होना कितना अपमानजनक लगता था, इसका वर्णन करना मुश्किल होगा। इस अपमान से बचने के लिए मैं स्कूल से भागने लगा। घर से स्कूल के लिए निकलता और नहर पर फैले जंगल-झाड़ियों की ओर निकल जाता। वहाँ मुर्गाबियों के अण्डे ढूँढ़ने और बन्दरों के साथ भाग-दौड़ लगाने में स्कूल का पूरा समय लगाता। हमारे जैसे कितने ही बच्चे स्कूल से फरार रहते। ख़ूब आवारागर्दी होती। इसमें सिगरेट पीने, जुआ खेलने से लेकर अनेक तरह के अपराध भी शामिल थे। अनेक बच्चे इसी आवारागर्दी में पूरी तरह बर्बाद हो जाते थे। मैं सौभाग्यशाली था कि जल्दी ही इसकी ख़बर पिताजी को लगी। उन्होंने मुझे बुलाया। सच-सच कहने के लिए कहा कि क्या मैं सचमुच स्कूल छोड़ता हूँ। मैंने हाँ में सिर हिलाया। वह कुछ नहीं बोले। उनकी आँखें भर गयीं। रुलाई भरे गले के बीच ही बड़ी मुश्किल से उनकी आवाज़ सुनाई पड़ी–'तुमने मेरी ग़रीबी का मज़ाक उड़ाया।'

पिताजी मुझे पीटकर पस्त कर देते, मुझे उतनी तकलीफ़ नहीं होती। लेकिन उनकी वह रुलाई मेरे वजूद का हिस्सा बन गयी। मैंने शपथ ली कि अब स्कूल कभी नहीं छोड़ूँगा। फिर कभी नहीं छोड़ा। बिहार में कर्पूरी ठाकुर जब 1967 में उपमुख्यमन्त्री बने तब सातवीं कक्षा तक और 1971 में मुख्यमन्त्री बने, तब मैट्रिक तक स्कूल फीस को खत्म कर दिया। यह कितना बड़ा कदम था, वही समझ सकते हैं जो कभी बेंच पर खड़े हुए होंगे। जैसे मैं।

अकाल और उसके बाद

सन् 1967 की शुरुआत ही अकाल से हुई। सन् '66 के सूखे के बाद यह अकाल शुरू हुआ था। छुट्टियाँ बिताने जब मैं दादाजी के गाँव गया, तब इसकी भयावहता मालूम हुई। नौबतपुर का इलाक़ा नहरी इलाक़ा है। इन क्षेत्रों में सूखे का प्रभाव कम पड़ा था। '66 का सूखा आधे बरसात के बाद हुआ था अर्थात् आरम्भ में मानसून ठीक रहा। खरीफ फसल की रोपनी हो गयी, लेकिन इसके बाद मानसून रूठ गया। बिहार में सबसे ज़्यादा प्रभावित होने वाला इलाक़ा छोटानागपुर (जो अब झारखण्ड राज्य है) था, लेकिन इसका कमोबेश प्रभाव पूरे बिहार पर था।

1967 के फरवरी-मार्च के महीने में आम चुनाव हुए। उस समय तक लोकसभा और विधानसभा के चुनाव साथ-साथ ही होते थे। बिहार में के.बी. सहाय की कांग्रेसी सरकार थी। विपक्ष बिहार को अकालग्रस्त क्षेत्र घोषित करने की माँग कर रहा था। मुख्यमन्त्री केवल सूखा प्रभावित क्षेत्र घोषित कर रहे थे। मैंने अपने पिता से इसके बारे में तर्क सुने। यह सरकारी तर्क थे। अफ़सरों की शैली में। मुझे भी यह पसन्द नहीं आया।

अकाल पर बाबा नागार्जुन की एक मार्मिक कविता है 'अकाल और उसके बाद'। सयाना होने पर जब मैंने यह कविता पढ़ी, तब 67 का अकाल मेरे समक्ष फैल गया। उसकी भयावहता मैंने दादा के गाँव में तो देखी ही थी, जहाँ सौ प्रतिशत फसल मारी गयी थी और खेत में दरारें पड़ गयी थीं, हमारे नौबतपुर के नहरी इलाके में भी स्थिति भयावह हो गयी थी। आस-पास के इलाके से लोग अपने ढोर-पशुओं के साथ अपने सम्बन्धियों के यहाँ अनचाहे चले आये थे। बस अपनी और अपने पशुओं की जान बचाने के लिए। अनाज की क़ीमत एक बारगी चौगुनी बढ़ गयी। बीस रुपये मन (40 किलो) बिकने वाला चावल अस्सी रुपये मन हो गया था। उन दिनों तक हमारे इलाके में चावल खाने का प्रचलन ज़्यादा था। चावल के महीन दानों को खुद्दी कहते थे

और इन्हें जांते में पीसकर आटा बनाया जाता था। इस आटे की रोटियाँ पकती थीं। गेहूँ खाने का प्रचलन हमारे इलाके में कम था। किसी मृतक की स्मृति में दिये जाने वाले भोज–जिसे श्राद्ध या ब्रह्मभोज कहा जाता था–में या फिर वैसे बीमार व्यक्ति, जिनकी पाचनशक्ति कमज़ोर हो गयी है, के लिए ही गेहूँ के आटे की पूरी या रोटियाँ पकती थीं या फिर त्योहारों में पकवान बनाने में इनका उपयोग होता था। अकाल के कारण सरकार ने राशन की दुकानें खुलवायीं और इसमें मुख्य रूप से गेहूँ की आपूर्ति हुई। यह ख़राब किस्म का गेहूँ था, जो अमेरिका से आयातित था। इस गेहूँ को पीएल–480 कहा जाता था, क्योंकि इसी नाम से हुए एक समझौते के तहत यह गेहूँ अमेरिका से आयात हुआ था। गाँव में चर्चा थी कि अमेरिका बढ़िया गेहूँ सूअरों को खाने के लिए रख लेता है और जो ख़राब गेहूँ होता है उसे भारत भेजता है कि इसे खाकर भारतीय कमज़ोर हो जायें। इस गेहूँ के दाने हमारे अपने गेहूँ के दानों के मुकाबले छोटे, रंग से लाल और सूखे जैसे लगते थे। इसलिए कहने वाले कहते थे, अमेरिका ने इनका सत् अर्क के रूप में निकाल लिया है। यह तो भूसे की तरह है। इससे पेट भर जायेगा लेकिन शरीर को पौष्टिकता नहीं मिलेगी।

इस गेहूँ पर भी मारा–मारी थी। राशन दुकानों के सामने लम्बी कतारें लगतीं। शोर–शराबा होता। बेईमानी, धाँधली की बातें होतीं। हर परिवार में उसकी सदस्य संख्या के हिसाब से राशन तय किया गया था। अक्सर कहा जाता था, इस बार कोटा आधा ही आया है। लोग छटपटा रहे थे।

सरकारी आपूर्ति विभाग मालदार विभाग माना जाने लगा था। इसके मन्त्री और अफसर जनता के बीच महत्त्वपूर्ण माने जाने लगे थे। गेहूँ और मिलो (जिनोरा) के अलावे, चीनी और किरोसिन की आपूर्ति भी यह विभाग करता था। अकाल से त्रस्त जनता का मुख्य नारा बन गया था--'राशन दो, किरासन दो–नहीं तो गद्दी छोड़ दो।' इस नारे के साथ रोज़ ही कहीं–न–कहीं धरना–प्रदर्शन होते। इन धरने–प्रदर्शनों पर पुलिस लाठियाँ बरसातीं, कभी–कभी गोलियाँ भी चलतीं। 'जब तक भूखा इनसान रहेगा, धरती पर तूफ़ान रहेगा' जैसे नारे हवा में तैर रहे थे।

भूखी जनता राजनीति से कूदकर साहित्य में भी पहुँच गयी थी और वहाँ उसने कविता का एक नया मिज़ाज विकसित किया था। भूखी पीढ़ी के कवि अलग से चिह्नित किये गये थे। इनकी कविता में अपने ही किस्म का हाहाकार था। साहित्य पर आगे जब बात करूँगा, इस पर विमर्श करना चाहूँगा।

इस अकाल का हमारे सामाजिक सम्बन्धों पर भी गहरा असर पड़ा। मैंने अपने गाँव में देखा, किन्हीं क्षेत्रों में किंचित अनुदारता आयी हो, लेकिन सामान्य तौर पर जनता ने अपनी मानवीयता बनाये रखी। लोगों की हर सम्भव मदद की और जितना हो सका पीड़ितों के प्रति सहानुभूतिशील रहे।

अकाल ने पूरे समाज में जो हाहाकार फैलाया था, उसका एक हिस्सा हमारे घर भी था। कोई छह महीने तक घर में एक शाम ही खाना बनता। सुबह के समय सूजी का हलवा और चने की घुघनी नाश्ते के रूप में तैयार होता, जिसे खाकर हम स्कूल चले जाते। शाम को कुछ सबेरे ही खाना बनता। माँ ने अभाव और अकाल को अपने ही अन्दाज़ में साध लिया था। पिताजी कहते यह सब लम्बे रोजे की तरह है। हमारे घर में खुद अभाव और ग़रीबी पसरी पड़ी थी। लेकिन कई बार हमारे माता-पिता ने दूसरों की मदद की। कोई छह महीने बाद जब अकाल का आतंक खत्म हुआ और नयी फसल के दाने घरों में आये तब पूरे समाज ने इत्मीनान की साँस ली।

डॉ. सरकार और उनका परिवार

अकाल के कुछ ही समय पहले हमारे गाँव के बगल वाले बाज़ार पर एक नये डॉक्टर नमूदार हुए। वह डॉ. सरकार थे। साठ पार की उमर रही होगी। लोग उन्हें बंगाली डॉक्टर कहते थे। उनका परिवार हमारे बगल के गाँव, जो मेरे गाँव से बिल्कुल सटा और मेरी ही पंचायत का हिस्सा था, में बस गया था। एक पुराने ज़मींदार के उजाड़-से घर में।

डॉ. सरकार की पूरी कथा बड़ी भी है और मार्मिक भी। वह कानपुर से यहाँ आये थे। एक बड़े और औद्योगिक शहर से इस छोटे-से गाँव में आने की भी एक कथा थी। उनका बेटा फ़ौज में अफ़सर था। 1965 के भारत-पाक युद्ध में वह शहीद हो गया। पता नहीं कैसे भारतीय सेना और सरकार ने हमारे इलाके में उन्हें पाँच एकड़ ज़मीन आवंटित किया था, बेटे की शहादत के एवज में। डॉ. सरकार और उनके परिवार ने इस ज़मीन के आधार पर भविष्य का कोई सपना बुना होगा कि इससे उनका परिवार चल जायेगा। शायद उन्हें बतलाया गया होगा कि नहर किनारे की पाँच एकड़ उपजाऊ ज़मीन बहुत कीमती होगी। डॉ. सरकार के परिवार में उनके अलावे उनकी पत्नी, एक गूँगा बेटा और तीन खूबसूरत बेटियाँ थीं, जो उम्र में क्रमशः बारह, पन्द्रह और बीस की रही होंगी। सबसे बड़ी का नाम नीलू था।

डॉक्टर का परिवार एक बार और विस्थापित हो चुका था। भारत-पाक बँटवारे के पूर्व उनका परिवार लाहौर में बसा हुआ था, जहाँ उनकी जमी हुई गृहस्थी थी। अपना बंगला और खूबसूरत बागीचा था। डॉक्टर सेना के मेडिकल कोर में कार्यरत थे। बँटवारे में हज़ारों या लाखों परिवारों के साथ उनकी ज़िन्दगी भी तबाह हुई। लाहौर का सब कुछ छोड़कर उन्हें भागना पड़ा। वह कानपुर में अस्थायी तौर पर बस गये। जहीन बेटे को लेकर उनके सपने रहे होंगे। वह सेना में ऑफ़िसर बना, तो वह इत्मीनान हो गये। उसकी शहादत ने डॉ. सरकार और उनकी पत्नी को तोड़कर रख दिया। दूसरा बेटा गूँगा था। वह स्वयं फ़ौज से रिटायर होकर पड़े थे। उन दिनों पेंशन बहुत नहीं हुआ करती थी।

हमारे इलाके में उनके आने का फैसला सही नहीं था। मेरे पिता से उन्होंने भारी मन से एक बार कहा–'नेताजी, मुझसे ग़लती हो गयी। बेटे की मौत के बाद मेरा दिमाग़ काम नहीं कर रहा है। मुझे आकर यह इलाक़ा देख जाना चाहिए था। लेकिन अब क्या कर सकता हूँ। आप ही लोगों का भरोसा है। तीन जवान बेटियों को लेकर कहाँ-कहाँ भागूँ।'

प्रशासन ने उनकी आवंटित ज़मीन पर उन्हें कब्जा नहीं दिलवाया। वह ज़मीन कई दबंग लोगों के कब्जे में थी। कई तरह के लफड़े थे। केवल सरकारी रजिस्टर से देखकर फ़ौज को सूचना भेज दी गयी होगी; इसलिए यह अनर्थ हुआ था। डॉ. सरकार अब क्या कर सकते थे। वह विवश थे।

पन्द्रह अगस्त के दिन आयोजित एक सांस्कृतिक जलसे में डॉ. सरकार की बड़ी बेटी ने जब गीत गाये, तब पूरे इलाके का ध्यान उनकी ओर गया। बाद में पटना आकाशवाणी की टीम आयी और उनके गीतों की रिकॉर्डिंग कर ले गयी। इनके प्रसारण ने नीलू दी को इलाके का लता मंगेशकर बना दिया। अनेक लोग डॉ. सरकार के यहाँ जाने लगे। कुछ लोग नियमित जाने लगे और सब मिलाकर यह कि उनकी बेटियों को लेकर इलाके में खुसुरफुसुर शुरू हो गयी।

इन्हीं दिनों अकाल शुरू हुआ। चार बच्चों के साथ डॉक्टर, एक अनजाने स्थान पर, केवल पेंशन के बल पर इसका मुकाबला कर रहे थे। उसमें भी तीन बेटियाँ। बेटियाँ जब जवान और सुन्दर हों, तब बाप के लिए कुछ ज़्यादा ही मुसीबत बन जाती हैं। डॉक्टर ने राशन कॉर्ड बनवाना चाहा, लेकिन वह इस आधार पर नहीं बन सका कि वोटर-लिस्ट में उनका नाम नहीं था। डॉक्टर ने एक रोज़ मेरे पिता को टोका–'देखो नेताजी, मैं कैसा इंडियन हूँ।

इस देश को मेरा बेटा तो चाहिए अपनी जान देने के लिए, लेकिन यही देश कहता है तुम वोटर नहीं हो, तुम्हें राशन कार्ड नहीं मिलेगा। मुझे वोट देने के लिए नहीं, राशन खरीदने के लिए तो वोटर बनवा दो नेताजी।'

अकाल में डॉक्टर के परिवार की हालत बहुत ख़राब हो गयी। एक दिन माँ को कहते सुना डॉक्टर के यहाँ दो रोज़ से चूल्हा नहीं जला है। उन्होंने एक आदमी को एक थैले में कुछेक सेर चावल, दाल और आलू दिये पहुँचाने के लिए। मैं घर दिखाने के लिए साथ गया। नीलू की माँ ने थैला देखा और जाना कि मेरी माँ ने भेजा है, तो उनकी आँखें सजल हुईं। 'दाने आये घर के अन्दर, बहुत दिनों के बाद।' सब बेटियाँ इकट्ठी हो गयीं। डॉक्टर एक कुरसी पर बैठकर चाय पी रहे थे। बोले–'नेताजी बहुत अच्छा आदमी है।' मैं उनकी पीड़ा समझ सकता, यदि नीलू की माँ द्वारा दी गयी नारियल की मिठाई मैं नहीं खा रहा होता।

डॉक्टर का परिवार मुझे कई कारणों से अच्छा लगता। वे लोग साफ़-सुथरा और सुव्यवस्थित रहते थे। अपने में डूबे। मैं उनके यहाँ कभी-कभार जाने लगा था। उनका गूँगा बेटा मुझे देखकर खुश हो जाता। उसे हमेशा लगता कि मैं कुछ लेकर ही आया हूँ, लेकिन ऐसा होता नहीं था। वह अपने हाव-भाव से बहुत कुछ कहता था, लेकिन वह सब मैं समझ नहीं पाता था।

इलाके में, स्कूल में, बाज़ार में उनकी बेटियों को लेकर कई तरह की कहानियाँ कही जाने लगीं। कई लोग तो उन बच्चियों के गीत सुनने के लिए ही सांस्कृतिक आयोजन कराने लगे। यह सब तो चल सकता था, लेकिन एक दिन हद हो गयी, जब गाँव के एक गबरू नन-मैट्रिक ने भरे बाज़ार में टिप्पणी की कि 'केवल दो रोटियाँ देकर, कोई भी डॉक्टर की बेटियों के साथ सो सकता है।' दरअसल, उसने जो कहा था, वह इतना वल्गर है कि मैं उद्धृत नहीं कर सकता। मैं केवल अर्थ बता रहा हूँ। मुझे ताक़त होती तो उस गबरू को उल्टा झापड़ देता। मन मसोसकर रह गया। असहाय हाल में मेरी आँखें भर गयीं। घर लौटा तो उदास। माँ ने पूछा भी। मैं क्या कहता। इतनी गन्दी बात कोई कह सकता है!

अगला दिन छुट्टियों का था। मैं डॉक्टर के घर गया। पूरी हिम्मत करके गया कि नीलू दी से कहूँगा कि आप सब किसी से बात मत किया कीजिए और जाइए तो किसी के यहाँ नहीं। एक बार भी नहीं सोचा कि यह कहने की मेरी हैसियत है या नहीं। जब वहाँ पहुँचा, तो सब खिल-खिल हँस रही थीं। मुझे अच्छा नहीं लगा। पूरे इलाके में इनकी बदनामी हो रही है और ये

हैं कि खिलखिलाये जा रही हैं। मुझे गुड़ से बनी एक सोंधी मिठाई दी गयी, जिसे मैं जल्दी ही खा गया। मैं नीलू दी के अकेले होने का इन्तजार कर रहा था। उनकी बहनें जब इधर-उधर हुईं तब मैं गम्भीर हुआ। कहने की उतावली अभी भी मेरे मन में थी, लेकिन हिम्मत नहीं हो रही थी। कैसे कहूँ। मन में उठते संकोच और सवाल किसी-न-किसी रूप में मेरे चेहरे पर भी उभर रहे होंगे। मैं नीलू दी को देखे जा रहा था। एक बार उन्होंने मुझे कुछ सवालिया निगाहों से देखा–'मानो पूछ रही हों, तुम मुझे घूर क्यों रहे हो, ऐसे।' मैंने अपनी नजरें झुका लीं। फिर मैंने तय कर लिया, मुझसे नहीं कहा जायेगा। मेरा मन थक-सा गया। मैंने सोचा अब चलना चाहिए।

नीलू दी के घर में एक बड़ा-सा आँगन था, जिसके उत्तर तरफ वाले हिस्से में नहाने का एक कमरा था। नीचे प्लास्टर की हुई ज़मीन थी। बाल्टी-दो बाल्टी पानी रख दिया जाता था। कमरे में किवाड़ भी थी। नीलू दी उसी में नहाती थीं। दरअसल जब मैं आया था, तब तक वह पानी रख चुकी थीं और शायद नहाने जा ही रही थीं। मेरे आने या फिर सम्भव है किसी अन्य कारण से भी वह रुक गयी थीं। अब मैं जाने लगा, तब उन्होंने मेरा हाथ पकड़ा और नहाने के कमरे तक ले गयीं। कमरा बहुत बड़ा तो नहीं, लेकिन छोटा भी नहीं था। उन्होंने किवाड़ बन्द कर दिये। मैं चुपचाप खड़ा रहा। वह भी खड़ी थीं। वह थोड़ी गम्भीर हुईं। उन्होंने अपनी साड़ी खोली और काठ की चौकी पर करीने से रख दिया। अब वह पेटीकोट और ब्लाउज में थीं। स्त्री रूप को इस रूप में मैं अनेक बार देख चुका था। माँ को नहाते इसी रूप में देखता था, लेकिन अब उन्होंने ब्लाउज उतारा। मुझे अपनी हिन्दी पाठ्यपुस्तक में पढ़ी गयी, कथाकार सुदर्शन की कहानी 'एथेंस का सत्यार्थी' की याद आयी। यह तो सत्य से पर्दा उतर रहा था। ब्लाउज उतारने के बाद उन्होंने उरोजों को अपनी नजरें झुकाकर देखा। एक बार मुझ पर भी दृष्टि डाली। मैं अवाक् था। मुझे लगा मेरी आँखें फूट जायेंगी। लेकिन उन्होंने अब तक पेटीकोट की डोरी खोल दी और वह सरकता हुआ फ़र्श पर आ गिरा। नीलू दी निर्वस्त्र सामने थीं–बिल्कुल कर्पूर गौरा। उनके चेहरे पर कोई भाव नहीं था। कुछ क्षण तक वह चुपचाप यूँ ही खड़ी रहीं। मानो कुछ समय के लिए वह देवी बन गयी हों।

मैं सब कुछ देख रहा था और कुछ भी नहीं देख रहा था। गीता पढ़ते हुए श्रीकृष्ण द्वारा अर्जुन को विराट-रूप के दर्शन का प्रसंग जब पहली बार पढ़ा, तब मुझे नीलू का वह रूप ही स्मरण हुआ। एक स्त्री का विराट रूप।

नीलू दी के मन में क्या था, मैं आज तक नहीं जान पाया। क्या वह मेरे मनोभावों को पढ़ चुकी थीं और मुझे आश्वस्त करना चाहती थीं कि तुम्हारी नीलू दी प्रकृत है, पवित्र है, कज्जल है। लोगों को कहने दो। कहने वाले कहते रहेंगे। एक स्त्री को भूख भी लगती है और प्यास भी। उसे रोटी भी चाहिए, पानी भी। लोग तो हैं कि स्त्री को केवल मादा रूप में देखना चाहते हैं। तुम ऐसा मत देखना रे, मेरे भाई। तुम साधारण मत बनना। एक स्त्री के हज़ार रूप होते हैं, जैसे कृष्ण के हज़ार रूप हैं। वह चोर है, छलिया है, छिछोरा है, रणछोड़ है, झूठा है, चटोर है सब है, लेकिन वही तो है कि हमारा मित्र है, माता है, पिता है, नायक है। ठीक वैसी है स्त्री-कृष्णरूप। वह वेश्या भी है और माता भी। कुलटा भी है और देवी भी। वह जन्मती तो है माता और देवी बनने के लिए, लेकिन लोग हैं कि उसे छल-प्रवंचना से वेश्या और कुलटा बना देते हैं।

मैं नहीं कहता, इतनी बातें तब मेरे ध्यान में आयी थीं, लेकिन हाँ, इतनी ज़रूर आयी थी कि नीलू दी अच्छी हैं, मूरत की तरह, देवी की तरह। मैं घर लौटा, तब निर्भय था, निश्चिन्त था।

और सयाना होने पर जब मैंने जैनेन्द्र का उपन्यास 'त्याग पत्र' पढ़ा, तब नीलू दी मुझे मृणाल के रूप में मिलीं। शरत्चन्द्र के उपन्यास 'शेष प्रश्न' में वह कमल के रूप में मिली। रामायण में सीता जब राम को अपनी सफाई स्वरूप अग्निपरीक्षा दे रही हैं, तब मुझे नीलू दी के रूप में वह नज़र आयीं। ज़िन्दगी के कई मोड़ पर, कई रूप में नीलू दी मुझे मिलीं।

मैं नहीं जानता, नीलू दी इस दुनिया में हैं या नहीं। मेरा ख़याल है कुछ ही समय बाद उनका परिवार पटना चला गया था और फिर कौन किसकी ख़बर रखता है। लेकिन उनके विराट दर्शन ने मुझे जो ज्ञान दिया, उसकी रोशनी आज भी मेरे अन्तर्मन में झिलमिलाती है। इस रोशनी के सहारे आज भी मैं अपने ज़माने की कई गुत्थियों को सुलझा देता हूँ। पवित्रता की मेरी अपनी व्याख्या है और इससे मैं सन्तुष्ट हूँ।

पहला लेख और अन्य प्रसंग

जैसा कि मैंने पहले ही बतलाया है कि पाठ्यक्रम के अलावे बाहर की पुस्तकें पढ़ने का भी मुझे शौक था। मेरा एक सहपाठी मित्र था नरेन्द्र साहू। हिन्दी शिक्षक श्री जगदीश साहू जी का बेटा। इन दिनों वह पुलिस इंस्पेक्टर है। हाईस्कूल में आवारगी की ख़ूब सारी बातें करता था। वह लेखक बनने की 'धमकी' देता। इस प्रयास में उसने दो कहानियाँ भी लिखीं। उसने जब सुनाई, तो उससे रश्क अनुभव हुआ। उसके घर उसके पिताजी द्वारा स्थापित एक घरेलू लाइब्रेरी थी, जिसमें कुछेक सौ किताबें थीं–ज़्यादातर साहित्यिक किताबें। वह इनकी चर्चा करता। वह इनमें से चुनकर कभी-कभार किताबें लाता। बच्चन की मधुशाला, उनके लोकप्रिय गीत। यशपाल का उपन्यास 'दादा कॉमरेड' या फिर उनकी संस्मरणात्मक किताब 'सिंहावलोकन' आदि वह हमें पढ़ा चुका था। हमारे पिताजी भी किताबें लाते थे। उन्हें मैं उलटता-पलटता और कभी-कभार पढ़ता भी था। घर में पत्रिकाएँ भी आती थीं। धर्मयुग, हिन्दुस्तान, दिनमान जैसी पत्रिकाएँ नियमित थीं, इन्हें मैं पढ़ता रहता।

मुझे खेल में कोई रुचि नहीं थी। कुछ तो शरीर से कमज़ोर होने के कारण और उससे भी अधिक रुचि के अभाव के चलते मैं खेलों से दूर रहता। फुटबॉल से मुझे डर लगता था। तेज़ी से आते फुटबॉल को देखकर मुझे लगता था कि कहीं जो चोट लग गयी तो बचना मुश्किल हो जायेगा। छोटे-छोटे खेल कभी खेल लेता था, लेकिन बहुत कम। यह समय इधर-उधर की चीज़ें पढ़ने में लगाना मैं बेहतर समझता था।

इन्हीं दिनों कहीं से कार्ल मार्क्स की जीवनी पढ़ने को मिली। पिताजी से मार्क्स का नाम सुन रखा था, किसी सिलसिले में। जब उनकी जीवनी मिली, तब मैं इसे पढ़ने के लिए उत्सुक हुआ। यह लेनिन की लिखी जीवनी थी, जो ज़्यादा बड़ी नहीं थी। लेनिन के कुछ अन्य लेखों के साथ संकलित थी और

मास्को के प्रगति प्रकाशन से हिन्दी में प्रकाशित हुई थी। जर्मनी, राईन प्रान्त, उनकी पत्नी जेनी वेस्टफॉलेन जैसे नाम मुझे अजीबोग़रीब, लेकिन आकर्षक लगे। विषय वस्तु तो और ही चित्ताकर्षक थी। गाँधी-विनोबा जैसे नेताओं और राम-कृष्ण जैसी हमारी पौराणिकता से खचित मन के नये गवाक्ष खुले और मानो ताजी हवा के झोंके से वजूद भर गया। अनुवाद अच्छा था और मुझे समझने में कोई कठिनाई नहीं हुई। कुछ ही समय बाद राहुल सांकृत्यायन की मुकम्मल किताब कार्ल मार्क्स मुझे मिल गयी। जिसे मैं जल्दी ही पढ़ गया। कार्ल मार्क्स का मेरे ऊपर प्रभाव पड़ा। उनके जीवन संघर्ष से मैं प्रभावित हुआ। हाई स्कूल में न्यूटन के गति के नियमों के बारे में पढ़ा था, जिसमें तीसरा नियम था कि प्रत्येक क्रिया की विपरीत और समान प्रतिक्रिया होती है। मुझे लगा कि प्रकृति के नियम समाज पर भी लागू होते हैं। कार्ल मार्क्स की एक संक्षिप्त जीवनी आलेख रूप में लिखी, जिसका आरम्भ न्यूटन की पंक्तियों अर्थात् उसके गति के तीसरे नियम के उल्लेख से ही होता था। आरम्भ की पंक्तियाँ मुझे हू-ब-हू आज भी याद हैं। मैंने लिखा, "न्यूटन ने अपने गति के तीसरे नियम में लिखा है कि प्रत्येक क्रिया की विपरीत और समान प्रतिक्रिया होती है। गति के ये नियम समाज पर भी लागू होते हैं।" इसके बाद ही सारी बातें थीं। हमारे हाईस्कूल से एक साहित्यिक पत्रिका निकलती थी। वर्ष में एक अंक। नाम था 'प्रभात'। साल भर पहले मैंने इसमें अपनी एक तुकबन्दी दी थी और वह प्रकाशित भी हुई थी, लेकिन किसी ने कोई नोटिस नहीं ली थी। मैंने ताजे अंक के लिए अपना आलेख दिया। सम्पादक, शिक्षक ने बुलाकर पूछा कि क्या तुमने स्वयं लिखा है। मैंने हाँ कहा तब वह बोले, जाओ। मुझे लगा मेरा आलेख नहीं छापेंगे। लेकिन वह आलेख छपा। छोटा-सा शीर्षक था-कार्ल मार्क्स।

उस आलेख के छपने से मेरी काफ़ी प्रतिष्ठा हुई। उसे अनेक लोगों ने पढ़ा और कई ने मेरे पिता से इसकी चर्चा की। कई को यह प्रतीत हुआ कि मेरे पिता ने ही वह लेख लिख दिया है, लेकिन उस लेख में फूहड़पन के भी कई ऐसे प्रमाण थे, जो केवल मैं ही कर सकता था।

मेरे इलाके में कम्युनिस्ट पार्टी (सी.पी.आई.) का अच्छा संगठन था और उस समय स्थानीय विधायक भी उसी दल के थे। एक रोज़ हमारे इलाके के कॉलेज के दर्शनशास्त्र के व्याख्याता प्रो. भोला सिंह, जो जिला स्तर के कम्युनिस्ट नेता और ओजस्वी वक्ता भी थे, ने रास्ते में रोककर मुझसे पूछा कि तुमने ही वह लेख लिखा है? मेरे हाँ कहने पर उन्होंने बधाई दी और

अपने दोस्तों से परिचय कराते हुए रौब–जमाया–'देखिए, अब कांग्रेसी परिवारों से कम्युनिस्ट पैदा होने लगे हैं।' कुछ दिनों बाद क्षेत्रीय कम्युनिस्ट पार्टी के सचिव श्री रामनाथ यादव मेरे घर मुझसे मिलने आये। उन्होंने अपनी पार्टी का मुखपत्र जनशक्ति, जो उन दिनों साप्ताहिक था, मुझे दिया और बतलाया कि पार्टी ने तय किया है, यह पत्र आपको नियमित निःशुल्क दिया जायेगा।

मेरे पिता, मुझ पर इस तरह कम्युनिस्ट रंग चढ़ने से खुश नहीं थे। अभी मैंने मैट्रिक भी तो नहीं किया है। नेताओं के इस तरह आने से उन्हें मेरे बिगड़ने का खतरा नज़र आ रहा था। वह एक बार फिर सन् 1962 के तर्ज पर कम्युनिस्ट विरोध में आ गये। एक दिन उन्होंने मुझे सुनाते हुए कहा–कम्युनिस्ट स्वभावतः विघटनकारी होते हैं। वे राज्य, परिवार, किसी संस्था को नहीं स्वीकारते। विवाह संस्था को भी नहीं मानते। अराजक होते हैं। यह बात उन्होंने कम्युनिस्ट पार्टी के सचिव रामनाथ यादव को भी बतलायी, जब एक समारोह का निमन्त्रण देने वह मेरे घर आये थे।

मैंने उनकी नाराजगी को सकारात्मक रूप में ही लिया। मुझे इस बात से प्रसन्नता हुई कि मेरी नोटिस ली जा रही है। यह मेरे अस्तित्व का रेखांकित होना तो था ही, विस्तार भी था।

यह वह समय था जब मेरा परिवार अनेक संकटों से जूझ रहा था। अपना कोई घर नहीं था। हम सब स्कूल भवन में ही रह रहे थे, जो बना तो था माँ–पिताजी के प्रयासों से ही, लेकिन सार्वजनिक स्थान ही था। सरकार ने शिक्षक भवन निर्माण के लिए कुछ पैसे दिये थे, जिससे एक छोटा–सा फ्लैटनुमा खपरैल आवास बन सका था। उसे ही हम अपना घर कहते थे। गाँव के तो नहीं, लेकिन पड़ोस के गाँव के कुछ लोगों को एतराज था कि हम इसे अपना गाँव किस आधार पर कहते हैं। मैं समझ नहीं पाता था कि मेरा गाँव और घर है कहाँ। मेरा तो कुछ भी नहीं था–गाँव, घर, जाति, गोत्र कुछ भी नहीं। सर्वहारा। असली पोलितारियत तो हमीं थे। हम कम्युनिस्ट न होते तो कौन होता।

इस सर्वहारेपन ने मेरे भीतर एक नया मनुष्य गढ़ा। उसका अपना दृष्टिकोण था। सन् 2000 के इर्द–गिर्द जब सोनिया गाँधी को इटालियन कहा जाने लगा, तब मुझे लगा कि यह ठीक नहीं है। जॉर्ज फर्नांडिस और मुलायम सिंह यादव जैसे समाजवादी भी उनकी भारतीयता पर सवाल उठा रहे थे। सोनियाजी मुझे घर के किसी सदस्य–सी नज़र आयीं। हम पर भी तो यही सवाल उठाये जा रहे थे। अपना गाँव नहीं, घर नहीं, जाति–समाज नहीं। कौन हैं हम?

सोनिया गाँधी का देश कौन-सा है? मुसलमानों का देश कौन-सा है? राजपूतों का देश कौन-सा है? ब्राह्मणों का देश कौन-सा है? तब किसका है यह भारतवर्ष! परित्यक्ता शकुन्तला के पुत्र भरत के नाम पर बना यह देश किसका है? भरत को स्वयं पता नहीं था, उसका पिता कौन है? अभिज्ञान शांकुतलम् पढ़ते हुए कालिदास ने मुझे बार-बार रुलाया है। ईश्वर का अवतार कहे जाने वाले कृष्ण को बार-बार उसके भाई बलराम ही चिढ़ाते हैं। विवश कृष्ण माँ यशोदा से शिकायत करते हैं–'मोसों कहत मोल को लिन्हौ, जसुमती तोहे कब जायो।' ग्वाले ताने मारते हैं सच-सच बतला–कौन हैं तेरे माता-पिता। नन्द और जसुमती तो गोरे हैं, तू साँवले कैसे हो गये। अपनी जाति बता? अपना देश बता? अपना गाँव बता?

और महर्षि वाल्मीकि के आश्रम में निर्वासित सीता के लव-कुश भी कितना नहीं, सर्वहारा हैं। जे.पी. चौधरी ने कुश से हमारे पिता के वंश को नत्थी किया। उन्हें पता नहीं था, कुश स्वयं कितने बेचारे हैं। पिता का नाम तक नहीं जानते। रामराज के निर्वासित क्रान्तिकारी। रामराज के अश्वमेध के घोड़े को थाम लिया और राम की सेना के छक्के छुड़ा दिये। आख़िर में स्वयं उनके पिता उनसे लड़ने आये और उनके पिता का नाम पूछा। रामायण के रचयिता ने कितना संवेदनशील मोड़ दिया है। राम कथा मुझे बहुत प्रिय है, क्योंकि इसमें जीवन की विविध छवियाँ हैं। मैं इन्हें अपने ही अन्दाज़ में समझता रहा हूँ। मुझे बार-बार लगता कि क्या सचमुच रामचन्द्र ने सरयू में जलसमाधि ले ली। सत्ता से जुड़ा व्यक्ति क्या ऐसा हो सकता है। जलसमाधि वह ले सकता है जिसमें प्रायश्चित करने की मनुष्यता हो। क्या राम में यह मनुष्यता थी? यह पौराणिक कथा है, ऐतिहासिक कथा नहीं है। लेकिन पौराणिकता में भी इतना अटपटापन नहीं होना चाहिए। कथा के साथ कुछ मेल नहीं खाता। परशुराम ने अपने पिता के कहने पर अपनी माँ रेणुका की हत्या कर दी थी। क्या लव और कुश ने अपनी माँ के इशारे पर अपने पिता राम को सरयू में जबरन डुबोकर मार नहीं दिया? कथा की माँग तो ऐसी ही है। हमारे बुजुर्ग मित्र लेखक राजेन्द्र यादव से जब यह कहा, तब उनका निर्णय था–यही सच है।

और हे जॉर्ज फर्नांडिस, हे मुलायम सिंह यादव, आप सबने अपने गुरु लोहिया से संस्कृति व इतिहास का यही पाठ पढ़ा? सोनिया गाँधी यदि एक इटालियन से भारतीय नहीं हो सकतीं, तो फिर एक शूद्र ज्ञान प्राप्त कर ब्राह्मण कैसे हो सकता है? यदि भारतीयता अर्जित नहीं की जा सकती,

तो फिर ब्राह्मणत्व भी अर्जित नहीं किया जा सकता। कर्मफल इस जन्म में नहीं, अगले जन्म में मिलता है, यही तो ब्राह्मणवाद है। जन्म व जाति को महत्त्व मिलेगा कि कर्म और पुरुषार्थ को? लोहिया जी होते तो क्लास लेते। आप लोग तो अम्बानियों और अमर सिंहों से शिक्षा लेते हो। कैसे समाजवादी हो?

एक नये मनुष्य को लेकर, आज़ाद मनुष्य को लेकर मेरे मन में एक निरन्तर हाहाकर रहता। धर्म, आध्यात्म, साहित्य, राजनीति सब जगह झाँकता तो इस आज़ाद और नये मनुष्य को तलाशने के वास्ते ही। रूसो ने बतलाया कि मनुष्य स्वतन्त्र पैदा हुआ और हर जगह जंज़ीरों में छटपटा रहा है। मनुष्य की इस पीड़ा को मैं महसूस कर सकता हूँ। मैं रूसो की पीड़ा का भी अनुमान कर सकता हूँ। पीड़ा दुनिया भर में पसरी है। दुख दुनिया भर में पसरा है। बुद्ध, कबीर, वाल्तेयर, रूसो, मार्क्स सब इससे मुक्ति के संघर्ष में लगे हैं। मनुष्य एक जंजीर तोड़ता है, तो चार जंजीरें उसे जकड़ लेती हैं। तो क्या गुलामी को हम नियति मान लें, या फिर स्वतन्त्रता का संघर्ष सतत जारी रखें। संघर्ष को निरन्तर बनाये रखना है। यही रास्ता है। यही जीवन है।

: 2 :

हाईस्कूल में ही था कि मेरी नन्ही-सी बहन जो अभी दो वर्ष से भी कम उम्र की थी, बीमार पड़ी और चल बसी। उसकी बीमारी का कुछ ख़ास पता नहीं चला। लेकिन वह हफ्ता भर बीमार रही। डॉक्टर ने आन्तरिक खसरे की आशंका की थी। उसकी मृत्यु के समय मैं ही उसके पास था। उसने मेरा हाथ पकड़ लिया। एकटक देखने लगी और फिर उसकी आँखें स्थिर हो गयीं। मैंने माँ को बुलाया। वह आयीं और ज़ोर से रो पड़ीं। वह मृत्यु को पहचानती थीं। फिर डॉक्टर भी आये और उन्होंने उसे मृत घोषित किया।

यह मौत से मेरा पहला साक्षात्कार था। बहन को मुझसे ज़्यादा प्यार था और वह मुझी से चिपकी रहती थी। वह खिलौने-सी गोल-मटोल और खूबसूरत थी। हमारे सभी भाई-बहनों में सबसे ज़्यादा सुन्दर। चूँकि सबसे छोटी थी, इसलिए उसे सभी ख़ूब प्यार करते थे।

उसकी मौत ने पहले से ही परेशान घर को और ज़्यादा उदास बना दिया। मुझ पर उसके जाने का कुछ ज़्यादा ही असर हुआ। मुझे अजीब-अजीब सपने आते। मैं ऊल-जलूल सोचता रहता, जीवन और मृत्यु के सम्बन्ध में। यहाँ तक कि कभी-कभी परलोक और पुनर्जन्म पर भी सोचता। उसकी मौत

को मैं भूल ही नहीं पाता था। मुझे बार-बार यही लगता कि वह नन्ही-सी जान हम सबके बारे में क्या सोचती होगी। उसने यही सोचा होगा कि किसी को मेरी चिन्ता नहीं है। लोग मुझे मरने दे रहे हैं। उसे पटना के किसी बड़े डॉक्टर से दिखलाया जाता तो बच जाती क्या! उसकी मृत्यु बीमारी से ज़्यादा घर की ग़रीबी के कारण ही नहीं हुई! यही सब बातें मेरे जेहन में आतीं। मैं छुप-छुपकर रोता। कुछ दिनों के बाद मुझे तेज़ ज्वर आया, जिसे डॉक्टर ने टायफायड कहा। उन दिनों गाँव में टायफायड की एक तय दवा क्लोरोमाइसेटिन हुआ करती थी। इसे खाते-खाते मैं थक गया। कोई बीस रोज़ बाद मेरा बुखार उतरा और मुझे हल्का-सा पथ्य दिया गया। डॉक्टर कहते थे इस बीमारी में आन्तों में जख़्म हो जाते हैं, इसलिए केवल दूध दिया जाना चाहिए। जान बचाने के लिए मुझे रोज़ एक गिलास गाय का दूध दिया जाता था। बीस रोज़ में मेरी शारीरिक स्थिति बहुत नाजुक हो गयी थी। हफ्ताभर से ज़्यादा मुझे चलने-फिरने में लगे, लेकिन कुछ ही रोज़ बाद मुझे फिर तेज़ बुखार ने आ घेरा। फिर बारह-पन्द्रह दिनों का उपवास। दूसरी बार ठीक होने पर महीनेभर बिना बुखार में रहा होऊँगा। महीना भर बाद फिर बुखार। इस बार भी लम्बी यातना। मेरा शरीर जवाब दे गया। घर भर के लोगों ने मान लिया कि यह बचेगा नहीं। क्लोरोमाइसेटिन की इतनी गोलियाँ खायी थीं कि उसे देखते ही उबकायी आती थी। एक डॉक्टर ने बतलाया इतनी मात्रा में इस दवा का सेवन खतरनाक है। यह बच भी गया, तो इसके शरीर के अंग काम के लायक नहीं रह जायेंगे। इस ख़बर ने मुझे एकदम से डरा दिया। मेरी जिजीविषा तगड़ी थी। अन्दर से पता नहीं क्यों लगता था, मरूँगा नहीं। मुझे तो बहुत सारे काम करने हैं। मर कैसे सकता हूँ। लेकिन अंगों के काम न करने की चर्चा ने सचमुच मुझे हिला दिया। तो क्या अपंग होकर मैं दूसरों की कृपा पर जीऊँगा। ऐसी ज़िन्दगी से तो मौत ही भली।

मेरी माँ मुझसे ज़्यादा डरी हुई थीं। उनकी सबसे छोटी बेटी नहीं रही थी और अब सबसे बड़े बेटे की बारी थी। उन्हें लगता था कि यह सब दैवी कोप तो नहीं है! उन्होंने एक बार फिर भगवान से अपने अन्दाज़ में सम्पर्क साधा। कुछ मनौती की। सम्भवत: छठ व्रत के आयोजन की मनौती। इसके साथ ही एलोपैथ इलाज से हटाकर मुझे आयुर्वेद-चिकित्सा के हवाले किया गया। पटना आयुर्वेद कॉलेज द्वारा शिक्षित-प्रशिक्षित एक ख्यात वैद्य ने मुझ पर चिकित्सीय प्रयोग आरम्भ किये। अपने विद्यालय के लैब (प्रयोगशाला) में मैंने मेढ़क को चीर कर उसके आन्तरिक अंगों की पड़ताल की थी।

तो क्या मैं प्रयोग की सामग्री बन गया हूँ! गिनीपिग! कैसा है यह वैद्य! इसे झूठा-ही सही एक आश्वासन तो देना चाहिए था। लेकिन यह तो खरी-खरी बोल रहा है कि एलोपैथिक दवाओं के अत्यधिक प्रयोग ने, केस बिगाड़ दिया है। लम्बी चिकित्सा चलेगी। तो, मैं बिगड़ा हुआ केस हूँ!

चिकित्सा चली और मैं चंगा भी हो गया। वैद्य जी को माँ ने पुरस्कार स्वरूप धोती-कपड़ा दिये। मुझे भी लगा की देर लगी, लेकिन सब ठीक-ठाक हो गया। कई तरह के आसव-आरिष्ट पिलाकर मेरी काया को भी एक हद तक दुरुस्त किया गया। मेरी तो आयी ही, पूरे परिवार की जान में जान आयी।

लेकिन मेरी पढ़ाई प्रभावित हुई। मैं महीनों स्कूल नहीं गया। यहाँ तक कि वार्षिक परीक्षा भी नहीं दे सका। मैं नाइंथ स्पेशल में था। अगले वर्ष मुझे सेकेंडरी स्कूल परीक्षा में बैठना था। मैंने सोचा अब एक साल और का विलम्ब हो जायेगा। उससे ज़्यादा चिन्ता थी कि मेरे सभी साथी छूट जायेंगे और मुझे जूनियर सहपाठियों के साथ होना होगा। मैं किसी से कुछ कहता नहीं था, लेकिन भीतर-ही-भीतर यह चिन्ता मुझे परेशान किये हुए थी। माँ-पिता को भी मेरी पढ़ाई की चिन्ता थी। पिताजी ने स्कूल के प्राचार्य से सम्पर्क किया और मेरी स्थिति बतलाई। प्राचार्य ने हमारे वर्ग-शिक्षक से मेरी रिपोर्ट माँगी। छमाही परीक्षा की कॉपियाँ माँगी गयीं। मेरा रिकॉर्ड अच्छा था। पहली छमाही की उपस्थिति भी तगड़ी थी। प्राचार्य ने इसी आधार पर अगले वर्ष के लिए मुझे उत्क्रमित अथवा उत्तीर्ण कर दिया। मुझे और मेरे परिवार को राहत मिली।

बीमारी और ख़ासकर क्लोरोमाइसेटिन के अत्यधिक प्रयोग के कारण, मेरे शरीर को जो नुकसान पहुँचा, उसका ख़ामियाजा लम्बे समय तक मुझे भोगना पड़ा। मैं लालटेन के पास देर तक बैठ नहीं पाता था। ज़्यादा मेहनत वाले काम करूँ, जैसे दौड़ जाऊँ, तो बुरी तरह हाँफने लगता और आँखों के आगे अजीब-सा लगने लगता था। माँ ने आश्वस्त किया, धीरे-धीरे सब ठीक हो जायेगा। वैद्य जी ने भरपूर मात्रा में फल खाने के लिए कहा था। लेकिन अमरूद के सिवा मुझे कोई फल उपलब्ध न हो सका। उन दिनों हमारे गाँव में यही उपलब्ध हो सकते थे। पटना से फल मँगाने की आर्थिक कुव्वत परिवार के पास नहीं थी। भरपेट भोजन मिलना बड़ी बात थी।

मनुष्य के कदम चाँद पर

हमारे चारों ओर भूख, अकाल, अभाव और बेबसी थी और जीना किसी चुनौती से कम नहीं था। लेकिन सपने भी कम नहीं थे। राजनीति से लेकर साहित्य और फिर हमारे ग्रामीण जीवन में भी सपनों की कोई कमी नहीं थी। मैं कह सकता हूँ कि वह दौर ही सपनों को हासिल करने का था। जिस समय हमारे इर्द-गिर्द के लोग अपनी रोटी और आज़ादी के लिए संघर्ष कर रहे थे, हम बच्चे जुगनुओं को अपनी मुट्ठी में बाँध लेने के लिए दौड़ रहे थे, ठीक उसी समय इस दुनिया के एक कोने से इनसान चाँद के लिए रवाना हुआ और 20 जुलाई, 1969 को उसने अपने कदम चाँद पर रख दिये। यह मानव जाति की एक बड़ी जीत थी कि पृथ्वी के अलावे वह किसी दूसरे ग्रह-उपग्रह पर पहुँच गया था। पता नहीं मानव जाति का यह कितना पुराना और बड़ा सपना था, जो उसने पूरा किया था।

मैंने पहले ही बतलाया है कि रूसी स्पुतनिक, अन्तरिक्ष में जाने वाली पहली दुनियायी जीव लाइका कुतिया और फिर पहले इन्सान यूरी गैगरीन की चर्चा हमारे घर में होती रहती थी और हमने अपने बचपन में स्पुतनिक और लाइका के चित्र अपने घर की दीवारों पर चिपका दिये थे। जब मनुष्य चाँद पर गया, तब मैं बहुत-सी चीज़ें स्वयं समझ सकता था।

चाँद पर कदम रखने वाले दो इन्सान अमेरिकी थे–नील आर्मस्ट्रांग और एडविन बज एल्ड्रिन। आज कोई सोच सकता है कि उस ज़माने में और गाँव में मनुष्य जाति की इस सक्रियता की भला क्या चर्चा होगी। लेकिन नहीं, मैं याद कर सकता हूँ, हमारा गाँव--कस्बा इसे लेकर बहुत ख़ूब उत्सुक था और बाज लोगों की इस पर दिलचस्प प्रतिक्रिया थी।

उन दिनों टीवी नहीं थे। रेडियो-ट्रांजिस्टर पर ही समाचार सुने जाते थे। मुझे याद है रेडियो पर समाचार सुनने के लिए लोग उत्सुक थे। पता हुआ इसका आँखों देखा हाल भी प्रसारित होगा, लेकिन सभी ट्रांजिस्टर सेट इसे

रिले करने में समर्थ नहीं होंगे। कुछ तकनीकी पेचीदगियाँ थीं, जिसका स्मरण मुझे नहीं आ रहा है, लेकिन कुछ ख़ास तरह के सेट ही इसका प्रसारण करने में सक्षम थे, क्योंकि सीधे वॉयस ऑफ़ अमेरिका से सम्पर्क साधना पड़ रहा था। जहाँ तक याद है ब्रिटिश ब्रॉडकॉस्टिंग कॉरपोरेशन से भी प्रसारण हुआ था।

हमारे गाँव के बाज़ार पर देर रात इतने अधिक लोगों को इकट्ठा मैंने कभी नहीं देखा था। वह भी एक ऐसी चीज़ की उत्सुकता लिये, जो न उनके रोजमर्रा या अपने जीवन से जुड़ी कोई चीज़ थी, न ही उनके गाँव, समाज या देश से जुड़ी। यह पूरी भीड़ और उत्सुकता मानव समाज की एकता को समर्पित थी और सुदूर इस गाँव में, हम कह सकते हैं, यह मानव जाति की एकता का उत्सव-जैसा था। प्रसारण अंग्रेज़ी में हो रहे थे, जो आम लोगों की समझ से परे थी, गिने-चुने लोग ही उसे समझने में सक्षम थे। मेरे पिताजी इंटरप्रेटर अथवा दुभाषिये का काम कर रहे थे। जब एक बार ठक जैसी कोई आवाज़ हुई और यह बतलाया गया कि नील ने अपने कदम चाँद की धरती पर रख दिये हैं और मेरे पिताजी ने इसकी सूचना भीड़ को दी, तब लोगों की तालियाँ ज़ोरों से बज उठी। कुछ लोग शाम से ही लड्डुओं का इन्तजाम करके इन्तजार कर रहे थे। ख़ूब मिठाइयाँ बँटीं और लोगों की ख़ुशी का तो कोई ठिकाना ही नहीं। बस दो लोगों को मैंने उदास देखा। एक कम्युनिस्ट कार्यकर्ता लाल बिहारी थे, जो इस बात की तकलीफ़ में थे कि यह काम रूस ने क्यों नहीं किया और कि कहीं इस घटना से अमेरिका को अपना साम्राज्यवाद स्थापित करने में सुविधा तो नहीं होगी? सारे प्रसारण के बावजूद, जिसे किसी दूसरे से ज़्यादा तल्लीनता से वह सुन रहे थे, इसकी सत्यता पर उनका भरोसा नहीं था। उनका कहना था सी.आई.ए. का यह सब खेल है। उनके सारे बयान का आख़िरी हिस्सा साइंस से जुड़ा था, जिसने मुझे भी चौंकाया और दिनों तक सोचता रहा। उन्होंने कहा-'यह ठक की आवाज़ कैसे हुई? इतना साइंस तो मैं भी जानता हूँ। जब चाँद पर हवा नहीं है तब यह आवाज़ कैसे हुई? जाल-फरेब है सब, जाल फरेब। उन्हें लोग कहते रह गये, लड्डू खा लीजिए कॉमरेड। लेकिन कॉमरेड ने सीधे इनकार कर दिया-अमेरिका की जीत का लड्डू खाने वाला मैं नहीं हूँ। रूस के कॉमरेड जल्दी ही चाँद पर जायेंगे, तब मेरा लड्डू आप लोग खाइएगा।

दूसरे उदास जन जमाल मियाँ थे, जिसके अनुसार पाक चाँद को, जिसकी दुनिया भर के मुसलमान इबादत करते हैं, जो हमारी पहचान है, उसे अमेरिका ने नापाक कर दिया अपने कदम रखकर। 'चाँद सैर करने की जगह नहीं है,

वह सुकून देने वाली चीज़ है' उन्होंने कहा एक आदमी ने जब उनका मज़ाक बनाना चाहा, तब वह बिगड़ गये—'आप नालायक हिन्दू हैं। आपके शंकर जी भी तो चाँद को सिर पर रखे हुए हैं। आपको गुस्सा नहीं होता तो आप जानिये।'

अगले ही दिन मनुष्य जाति की इस उपलब्धि का जश्न मनाने के लिए हाईस्कूल के मैदान में एक सभा हुई। हमारे प्यारे हिन्दी शिक्षक जगदीश साहु ने बड़े परिश्रम से बहुत-सी जानकारियाँ इकट्ठी की थीं। उन्होंने रॉकेट की कहानी सुनाई और फिर अपोलो यान (अमेरिकी अन्तरिक्षयान जिससे ये यात्री गये थे।) की ऐसी बारीक जानकारियाँ दीं, जो हम लोग नहीं जानते थे। ऐसा लगता था हमारे सर ने चाँद तक जाने का मन बना लिया था। कम-से-कम उनके ज्ञान से ऐसा ही प्रतीत होता था। अपने हिन्दी शिक्षक के विज्ञान-सम्बन्धी ऐसी जानकारियों पर मुझे भी आश्चर्य हुआ। मैंने उनसे पूछा, तब उन्होंने बतलाया—'इंटर तक मैं भी साइंस का छात्र था। फंडामेंटल समझता हूँ।'

चाँद पर चर्चा महीनों होती रही। अख़बारों और पत्रिकाओं में चन्द्र-यात्रा को लेकर लेख वगैरह ख़ूब छप रहे थे। इससे कई तरह की जानकारियाँ मिल रही थीं। लेकिन दो चीज़ों को लेकर मेरी उत्सुकता थी। पहली कि चाँद की धरती से हमारी पृथ्वी कैसी लगी और दूसरी कि चाँद से आयी मिट्टी कैसी है? पता हुआ कि चाँद से देखने पर पृथ्वी हल्के नीले रंग का थालनुमा खूबसूरत दिख रहा था, चूँकि चाँद से पृथ्वी भी सबसे नज़दीक का ग्रह होगा और आकार में चाँद से कई गुना बड़ा है, इसलिए स्वाभाविक ही था कि बड़ा दिखा होगा। लेकिन नीले रंग पर हमने देर तक दिमाग़ लगाया कि वायुमण्डल के किन गैसों के कारण था कि तीन-चौथाई हिस्से में जल के कारण बना। जो हो हल्का नीला रंग मुझे पसन्द है और अपनी पृथ्वी को इस रंग में दिखना, मुझे प्रीतिकर लगा। हाँ, चाँद से आयी मिट्टी को पाउडर रूप में और वह भी काले रंग में, जानकर हैरानी हुई। यहाँ से इतना सुनहरा खूबसूरत दिखने वाला चाँद ऐसा है?

हाईस्कूल पार

बीमारी, अकाल और अन्य संकटों से घिरा होने के बावजूद मैं सेकेंडरी परीक्षा पास कर गया। लेकिन प्रथम श्रेणी तीन नम्बरों से छूट गयी। उसके लिए तय 540 अंक की जगह मुझे 537 मिले थे। जीवन के इस पड़ाव पर उन नतीजों और नम्बरों से अब क्या लेना-देना, लेकिन आज भी कह सकता हूँ, बोर्ड की ओर से मेरे मामले में कुछ गड़बड़ी हुई थी। फिजिक्स, केमेस्ट्री, अंग्रेज़ी और हिन्दी में मेरे अंक सन्तोषप्रद थे। फिजिक्स में सत्तर प्रतिशत से ऊपर, केमेस्ट्री में अस्सी प्रतिशत और अंग्रेज़ी, हिन्दी में साठ प्रतिशत से ऊपर। साधारण गणित में मुझे अच्छे नम्बर की उम्मीद नहीं थी। उसमें इसके अनुरूप ही मुझे मात्र तैतालीस (43) मिले थे और उससे मुझे कोई शिकायत नहीं थी, लेकिन मेरे सबसे प्रिय विषय बॉयलोजी में मुझे चालीस से भी कम अंक थे। इसके पूर्व स्कूल की सभी आन्तरिक परीक्षाओं में इस विषय में सबसे ज़्यादा अंक लाने वाला छात्र मैं ही था। मेरा पेपर अच्छा लिखा गया था और इसमें मुझे अस्सी प्रतिशत से ज़्यादा की उम्मीद थी। मुझसे ज़्यादा इस विषय के सम्बद्ध शिक्षक को झटका लगा। उन्होंने अपने खर्च से बोर्ड जाकर इस मामले में चुनौती दी। दस रुपये शुल्क-स्वरूप जमा किये। लेकिन अन्ततः निराश हो गये। क्योंकि उस समय के नियम के अनुसार उत्तर पुस्तिका का पुनर्मूल्यांकन केवल अनुत्तीर्णता की स्थिति में ही हो सकता था, शेष मामले में केवल प्राप्त अंकों के योग में कोई त्रुटि हो, तो बस इसे ही दुरुस्त करने का प्रावधान था।

मेरा तो दिल ही टूट गया। मेरे विद्यालय से साइंस, आर्ट्स, कॉमर्स मिलाकर लगभग दो सौ छात्र सेकेंडरी बोर्ड परीक्षा में सम्मिलित हुए थे (मेरा स्कूल बड़ा था। एक ही वर्ग में छह सेक्शन या उपवर्ग होते थे), जिन्मे शायद छह को प्रथम श्रेणी मिली थी। मैं उनमें नहीं था। इससे ज़्यादा पीड़ादायक मेरे लिए कुछ नहीं हो सकता था। मुझे फिजिक्स में कम अंक मिल जाते,

मुझे शिकायत नहीं होती, क्योंकि इसके पेपर जिस दिन होने थे, उसके पहले वाली रात में मैं एक उपन्यास पढ़ता रह गया। मेरे मन में बात बैठी हुई थी कि इसकी परीक्षा अगले रोज़ है, लेकिन नहीं, उस रोज़ ही थी। परीक्षा के पूर्व जो विषय को एक बार देखना होता है, मैं नहीं कर सका। मैं बिल्कुल डरा हुआ उस परीक्षा को देने गया, लेकिन बॉयलोजी के पेपर से मैं पूरी तरह सन्तुष्ट था।

परीक्षा के नतीजे ने कुल मिलाकर मुझे खीझ से भर दिया। मुझे परीक्षाओं से अरुचि हो गयी, जो न केवल बाद तक, बल्कि आज तक बनी हुई है। परीक्षा की कॉपियों का मूल्यांकन एक गम्भीर कार्य है, इसे जाँचने वाले शिक्षकों को जानना चाहिए। मैं देखता था, शिक्षक हँसी-ठट्ठा करते हुए कॉपी जाँच कर रहे हैं। ऐसे ही किसी शिक्षक की करतूत का नुकसान मुझे झेलना पड़ा था। जैसा कि सुना है आजकल परीक्षा विधि में कुछ सुधार किये गये हैं। क्या हुआ है पूरी जानकारी मुझे नहीं है। लेकिन जिस शिक्षा-प्रणाली में परीक्षा की व्यवस्था है, उसमें मूल्यांकन की व्यवस्था भी दुरुस्त होनी चाहिए।

: 2 :

मेरी हमेशा से आदत रही की परीक्षा देने के बाद पाठ्यक्रम से बाहर की पुस्तकों पर मैं पिल पड़ता था। जैसा कि पहले मैंने चर्चा की है, सेकेंडरी परीक्षा देते समय भी एक ऐसी ही पुस्तक के चक्कर में पड़ा और उसे लेकर अगले रोज़ बहुत परेशान हुआ। वसन्त के महीने में तब ये परीक्षाएँ होती थीं। परीक्षा देने दूर जाना होता था। परीक्षा देने के लिए जहाँ मुझे ठहराया गया था, उस घर में पुस्तकें काफ़ी थीं। पुस्तकें देखकर मेरी स्थिति वैसी ही हो जाती है, जैसी मिठाई की दुकान पर किसी बच्चे की हो जाती है। मन ललचाने लगता है। केमेस्ट्री का पेपर देकर आया, तब मैंने उसमें से एक पुस्तक उठा ली, जिसका शीर्षक पता नहीं क्यों मुझे कुछ आकर्षक लगा। यह किताब थी रांगेय राघव का उपन्यास 'कब तक पुकारूँ'। एक पृष्ठ पढ़ने में क्या हर्ज़ है; इसी भाव से मैंने किताब उठाई थी, लेकिन जो पृष्ठ मैंने खोला वह उसी उपन्यास से एक उद्धरण का पृष्ठ था। नरेश अथवा चन्दा (उसके पात्र) में से किसी एक का लम्बा संवाद। पढ़ते-पढ़ते बारिश शुरू हो गयी और मौसम सर्द हो गया। मैं अपने कमरे में आकर चादर या कम्बल में छुप गया। वहाँ लालटेन में पढ़ना नहीं था। बिजली के बल्ब जल रहे थे। लेटे-लेटे भी पढ़ा जा सकता था।

लेटे हुए फिर तय टेक्स्ट क्या पढ़ना! मेरे दिमाग़ में पता नहीं यह बात भी बैठी हुई थी कि फिजिक्स का पेपर परसों है।

खाना खा लेने के बाद मुझे आलस आया। कुछ मौसम का असर रहा होगा। मैं फिर कम्बल में जा छुपा। उपन्यास दिलचस्प था, उसे ही पढ़ने लगा। कल फिजिक्स का रिविजन (पुनरावलोकन) कर लूँगा। देर तक पढ़ता रहा और फिर मुझे नींद आ गयी। सुबह उठा तो कुछ लड़कों को तैयार होते देखा। परीक्षा आज ही है? मैं थोड़ा नर्वस हुआ। फिजिक्स का पेपर कठिन माना जाता था। मेरे अनुमान को झटका लगा। मैं जल्दी-जल्दी तैयार हुआ और विषय का बिना कोई अवलोकन किये, परीक्षा में जाकर बैठ गया। मैं डरा हुआ था, लेकिन पेपर ठीक-ठाक गया। उस पेपर में मुझे सौ में से चौहत्तर (74) नम्बर आये।

जब सेकेण्डरी बोर्ड की परीक्षायें खत्म हुईं, तब मैं उन तमाम पुस्तकों को पढ़ गया, जिन्हें पहले से ही चिह्नित किये हुए था। कुछ समय पहले मुझे गाँव के एक मज़दूर, जो धनबाद के कोयला खदान में काम करते थे, ने मुझे दो पुस्तकें दी थीं। उनमें से एक थी डॉ. आम्बेडकर की किताब 'हू वेयर द शूद्राज' का हिन्दी तर्जुमा 'शूद्र कौन थे' और दूसरी स्वयं डॉ. आम्बेडकर की चन्द्रिका प्रसाद जिज्ञासु द्वारा लिखी गयी जीवनी। उसके पूर्व तक डॉ. आम्बेडकर का नाम मैंने नहीं सुना था। देश के जो कर्णधार थे, वे संकुचित मानसिकता के लोग थे, जातिवादी सोच थी उनकी। उन्होंने विनोबा भावे, जयप्रकाश नारायण और राजेन्द्र प्रसाद जैसे नेताओं के बारे में छात्रों को बहुत बतलाया था, लेकिन फुले, आम्बेडकर, पेरियार जैसे नेताओं को पूरी तरह दबा दिया गया था। इन सब का हमने नाम तक नहीं सुना था। ये लोग आधुनिक जमाने के शम्बूक और एकलव्य थे। हाशिये के नायक।

मुझ पर उक्त किताबों के असर हुए। मैंने बहुत कठिनाई से पैसे इकट्ठे किये और बहुजन कल्याण प्रकाशन, लखनऊ से तब तक प्रकाशित तमाम आम्बेडकर साहित्य डाक से मँगवाया। आते ही मैं इन्हें पढ़ गया। इन्हीं दिनों मनुस्मृति भी पढ़ी। याज्ञवल्क्य और गौतम स्मृति भी। कुल मिलाकर इक्कीस स्मृतियाँ हैं, लेकिन मनुस्मृति का सामाजिक दर्शन मुझे बहुत दकियानूसी प्रतीत हुआ। मैंने कुछ नोट्स बनाये।

आम्बेडकर साहित्य पढ़ने का मुझ पर असर यह हुआ कि गाँधी को मैं प्रश्नांकित दृष्टि से देखने लगा। आम्बेडकर ने अपनी किताब 'कांग्रेस और गाँधी ने अछूतों के लिए क्या किया' (What Congress and Gandhi have done to the Untouchables) मैंने तर्क और तथ्य के साथ गाँधीवाद पर विमर्श किया है। इसके पहले मैं यशपाल की किताब 'गाँधीवाद की शव परीक्षा', 'राम राज की पुड़िया' और 'चक्कर क्लब' पढ़ गया था, जिसमें गाँधीवाद की भरपूर आलोचना थी। लेकिन वह आलोचना का मार्क्सवादी पाठ था। उस समय तक लोहियावादी-समाजवादी भी गाँधी की सीमित आलोचना करते थे। लोहिया अपने को कुजात गाँधीवादी कहते थे। बाद के दिनों में जैसे-जैसे फुले-आम्बेडकर का प्रभाव पिछड़े व दलित वर्गों में बढ़ा, मार्क्सवादियों और समाजवादियों की ओर से गाँधी के प्रति सम्मोहन का स्वर उभरने लगा। यह सम्मोहन विशेषकर सवर्ण नेताओं की ओर से उभरा था। दरअसल, यह उनके अपने सांस्कृतिक अन्तर्विरोध थे।

कॉलेज में अनमनेपन से दाखिल हुआ। इस अनमनेपन के कई कारण थे। लेकिन बड़ा कारण घर की आर्थिक स्थिति डाँवाँडोल होना था। हम छह भाई-बहन थे। माँ का स्कूल कुछ ही समय पहले स्टाइपेंडरी से उत्क्रमित होकर पूर्ण सरकारी हुआ था। तनख़्वाह बहुत कम थी। पिता राजनीतिक-सामाजिककर्ता। रवीन्द्रनाथ टैगोर की एक कहानी 'होम कमिंग' हम लोगों ने अंग्रेज़ी पाठ्यक्रम में पढ़ी थी। इस कहानी में तेरह साल की उम्र के एक किशोर का बड़ा मार्मिक विवरण है। फतिक चक्रवर्ती तेरह का हो गया है। अब उसे न कोई बच्चा मानता है, न सयाना। उसके कपड़े छोटे हो जाते हैं, खुराक ज़्यादा हो जाती है। बड़ी आफत है। मेरे परिवार में अब ज़्यादातर भाई-बहन फतिक की उम्र के इर्द-गिर्द आ गये थे। घर का खर्च काफ़ी बढ़ गया था। आमदनी तय थी। महँगाई रोज-रोज़ बढ़ती ही जा रही थी।

मैंने भारतीय रेलवे के लिए क्लर्क ग्रेड की एक परीक्षा दी और चुन लिया गया। मेरे गाँव में रेलवे के एक गुड्स क्लर्क थे, जिन्हें गाँव के लोग माल बाबू कहते थे। उनके बारे में चर्चा थी कि वह खूब पैसा (घूस) कमाते हैं। इस भ्रष्ट आचरण को लेकर गाँव में उनके प्रति कोई नफ़रत नहीं थी, बल्कि सम्मान का भाव था। उनके पिता स्वतन्त्रता-सेनानी थे, लेकिन अपनी भ्रष्ट-कमाई से हासिल दौलत के बूते अपने पिता को वह नकारा समझते थे। मैंने जब फॉर्म भरा था, तो उनसे दिखाने गया था। उन्होंने उपेक्षा दिखलायी। नसीहत दी कि वहाँ हिन्दी से काम नहीं चलेगा। वहाँ बिहार सरकार का कानून नहीं चलता। उनका इशारा कर्पूरी ठाकुर की अंग्रेज़ी नीति की ओर था, जिसके कारण बिहार में बिना अंग्रेज़ी के पास करना, अब सम्भव हो गया था। मैंने उनसे बतलाया कि अंग्रेज़ी के साथ मैंने सेकेंडरी परीक्षा पास की है और

इस विषय में मेरे अंक साठ प्रतिशत से अधिक हैं। इंटर भी मैंने बहुत अच्छे अंकों के साथ किया है और उसमें भी अंग्रेज़ी है। लेकिन उन पर असर क्यों पड़ने जाये। उन्होंने मुँह बिचकाया–'बिहार के लड़कों के प्रति ही रेलवे का रवैया ख़राब हो गया है। जान गये हैं कि यहाँ पढ़ाई-वढ़ायी नहीं होती।...' मैंने फॉर्म भरा, परीक्षा दी और चुन भी लिया गया। यही नहीं रेलवे ने जैसे उन्हें चिढ़ाने के लिए ही मुझे गुड्स क्लर्क के लिए चिट्ठी भेजी। माल बाबू को यह जानकर बहुत पीड़ा हुई। वह बुद्बुदाये–अब रेलवे का भी सर्वनाश होगा।...

लेकिन मेरे पिता ने मुझे नौकरी करने से रोक लिया। उनका कहना था, पहले डिग्री हासिल कर लीजिए, फिर जो करना होगा, कीजिएगा। जीवन की आपाधापी में डिग्री हासिल करने से वह चूक गये थे। इसका उन्हें मलाल था। बिना डिग्री का आदमी, आज की दुनिया का नागरिक बनने लायक भी नहीं बनता। सेकेण्डरी स्कूल को वह इंट्रेंस (प्रवेशिका) कहते थे। उनका कहना था, पढ़ाई का मतलब है कम-से-कम स्नातक की पढ़ाई। पिता के इस उपदेश का मुझ पर असर पड़ा। मैंने तय कर लिया कि स्नातक डिग्री कर उनकी इच्छा का पालन ज़रूर करूँगा। लेकिन घर का आर्थिक संकट मामूली नहीं था। पूरी स्थिति का स्मरण कर अब भी सिहर जाता हूँ। इंटर (अब+2) करने के बाद मेडिकल साइंस के अध्ययन की मेरी बड़ी इच्छा थी। मेरी छोटी बहन की जब मृत्यु हुई, तब से ही कहीं-न-कहीं मेरे मन में था कि बाल-चिकित्सा डॉक्टर बनूँ। मेडिकल नामाँकन के लिए कुछ समय पहले से एक परीक्षा ली जाने लगी थी। मेरा फिजिक्स, केमेस्ट्री और बायो अच्छा था। इंटर में जिस कॉलेज में था, मुझे इन विषयों में सभी विद्यार्थियों से ज़्यादा नम्बर आये थे। मैं और मुझसे ज़्यादा मेरे सहपाठी आश्वस्त थे कि सलेक्शन ज़रूर हो जायेगा। यदि भूल नहीं रहा हूँ तो फॉर्म भरने में तब चालीस रुपये लगते थे। मैंने माता-पिता से कहा पिताजी ने उधार माँगने की कोशिश की। माँ ने भी कोशिश की लेकिन ग़रीबी ने घर की साख बहुत गिरा दी थी। मणिजी (पिताजी को इस नाम से भी लोग बुलाते थे) पैसा उधार लेते हैं, लेकिन लौटाते नहीं हैं। यह टिप्पणी मैं भी सुन चुका था। उधार मिलना क्या इतना आसान होता है! वह इस बात पर भी निर्भर करता है कि उधार किसलिए लिया जा रहा है। यदि पढ़ाई के लिए उधार की बात हो, तो देने वाले भी नहीं देते हैं। कुव्वत नहीं है, तो पढ़ाते क्यों हैं? एक व्यक्ति ने मुझसे यह भी कहा, मान लिया एडमिशन हो गया, लेकिन मेडिकल की पढ़ाई तो खर्चीली होती है। जब एडमिशन के लिए फॉर्म सबमिट करने के लिए

ही उधार की बारी है, तब आगे क्या होगा? ऐसा कहने वाले इस व्यक्ति को जीवन में थोड़ी सफलता मिल गयी थी। अक्ल बाँटने में इन्हें मज़ा आता था। यह सब सुनकर मेरा दिल छोटा होता। ग़रीबी पाप है। इसे दूर करना ज़रूरी है। एक ग़रीब की घर-बाहर कहीं कोई इज्जत नहीं होती। अपने पिता को इस ग़रीबी से अपमानित होते अनगिनत बार देख चुका था।

फॉर्म जमा करने का आख़िरी दिन था। माँ से मैंने संकोच और विनम्रता भरे लहजे में एक बार फिर कहा। उन्होंने हाथ खड़ा कर लिये। पिताजी से मत कहना, उन्होंने एक तरह से याचना की। मेरे असहाय पिता यूँ ही आँख चुराये चल रहे थे। सब कुछ पर मेरी नज़र थी। मैंने माँ को ढाढ़स बँधाया, मैं कुछ करूँगा। इसी भाव ने मुझे रेलवे की नौकरी के लिए प्रेरित किया था, जहाँ मुझे सफलता भी मिल गयी थी। लेकिन पिता के सपनों की भी चिन्ता थी। ग़रीबी के ऊसर गमले में आकांक्षा के बीज पड़े थे और ताज्जुब तो यह कि उसकी पत्तियाँ भी प्रस्फुटित हो रही थीं।

यह वह समय था, जब बौद्ध दर्शन के प्रति मेरा आकर्षण विकसित हो रहा था। मार्क्स, आम्बेडकर और फिर बुद्ध। मैं स्वयं अपना ही मज़ाक बनाता था। यह सब क्या हो रहा है मिस्टर। तुम क्या बनते जा रहे हो? मैं स्वयं से सवाल करता। राहुल सांकृत्यायन की 'दर्शन-दिग्दर्शन', जिसका एक बड़ा हिस्सा बौद्ध दर्शन था, से लेकर आचार्य नरेन्द्र देव की किताब 'बौद्ध धर्म दर्शन', डॉ. आम्बेडकर का 'बुद्ध और उनका धम्म', धर्मानन्द कोसाम्बी का 'बुद्ध जीवन और दर्शन' और इसी तरह हिन्दी में प्रकाशित दर्जनों बुद्ध सम्बन्धी किताबें पढ़ चुका था। श्री हवलदार त्रिपाठी 'सहृदय' की किताब 'बिहार और बौद्ध धर्म' पढ़ते समय भिक्षु श्री जगदीश काश्यप की जीवनी पढ़ी। उसी से पता चला कि वे आधुनिक भारत में बौद्धधर्म के उन्नायकों में हैं। यह भी जानकारी मिली कि नालन्दा में रहते हैं। नालन्दा में अवस्थित नवनालन्दा महाविहार जिसे लोग पालि इंस्टीच्यूट के नाम से ज़्यादा जानते थे, के बारे में भी विस्तार से मैंने जाना। मेरे गाँव के एक आदमी बिहारशरीफ के पास स्थित सोहसराय कॉलेज में कॉलेज अध्यापक थे। वह मेरे परिवार से घनिष्ठ रूप से जुड़े थे। त्रियुगी प्रसाद उनका नाम था। मज़दूर परिवार से आने वाले श्री प्रसाद पढ़ाई में तेज़ थे और उनकी आकांक्षा कॉलेज शिक्षक (प्रोफ़ेसर) बनने की थी। मेरी माँ ने उनकी कभी कुछ सहायता की थी और इसलिए मेरी माँ को वह भी माँ ही कहते थे। हम लोग भी श्री प्रसाद को बड़े भाई का सम्मान देते हुए, भइया कहते थे। उन्होंने मेरी माँ के सामने

प्रस्ताव रखा कि मेरा नामाँकन अपने कॉलेज में करा दूँ। मेरे आवास पर मेरे साथ रहकर यह पढ़ लेगा। नालन्दा के करीब होने के कारण मेरे मन में छुपी योजनाओं को कुछ बल मिला। मिल-मिलाकर मैं सोहसराय कॉलेज का विद्यार्थी बन गया, जो बोध गया मगध विश्वविद्यालय से जुड़ा हुआ था। इसी कॉलेज में बॉटनी, जुलौजी, केमेस्ट्री विषयों के साथ मैंने बी.एससी. के कोर्स में नामाँकन लिया।

कॉलेज से मैं बुझे हुए मन से जुड़ रहा था। यह जान रहा था कि इन विषयों के साथ डिग्री हासिल करने का बहुत मतलब नहीं है। पैसों के बहुत अभाव थे और इससे मैं अपने ही अन्दाज़ में निबट रहा था। मैं जिन प्रोफ़ेसर के यहाँ रहकर पढ़ाई कर रहा था, वह हिन्दी विषय के थे। उस वक़्त हिन्दी कंपोजिशन एक ऐसा विषय होता था, जिसमें उत्तीर्ण होना अनिवार्य होता था। इधर लेखक विक्रम सेठ की माँ लीला सेठ की आत्मकथा पढ़ते हुए पाया कि सेकेंडरी परीक्षा में वह इसलिए फेल कर गयीं कि वह हिन्दी विषय में पास नहीं हो सकी थीं। हिन्दी के शिक्षक जान-बूझकर कुछ अपना प्रभाव स्थापित करने के इरादे से भी इस पेपर में छात्रों को फेल करते थे। इन सब का नतीजा था कि उनका ट्यूशन एक धन्धे के रूप में चल जाता था। हमारे अभिभावक प्रोफ़ेसर के यहाँ भी कई छात्र-छात्राएँ हिन्दी पढ़ते थे। उन्हें मैं ही पढ़ा देता था। मैं अभी पढ़ ही रहा था कि इन प्रोफ़ेसर भाई का तबादला या नियुक्ति धनबाद के एक कॉलेज में हो गया। मेरा अनुमान है कि इस कॉलेज की अस्थायी नियुक्ति के मुकाबले धनबाद कॉलेज की स्थायी नियुक्ति ने उन्हें जाने के लिए प्रेरित किया था, जो उचित ही था। जब वह चले गये तब उनके बड़े आवास का किराया चुकाना मेरे लिए भारी पड़ने लगा। मेरे लिए वहाँ रहना ही समस्या हो जाती। लेकिन एक छोटा-सा जादू जैसा हुआ। ट्यूशन पढ़ने वाली एक छात्रा थी। वह बंगलाभाषी परिवार से थी। उसने एक और लड़की को पटाया। इन दोनों ने कहा कि आप ही पहले भी पढ़ाते थे। मेरे अभिभावक कैसे जानेंगे कि हमारे प्रोफ़ेसर साहब का तबादला हो गया है। वे दोनों खाते-पीते अर्थात् सम्पन्न परिवारों से थीं। उस वक़्त दोनों साठ रुपये प्रति के हिसाब से ट्यूशन फी देती थीं। उस समय के हिसाब से इतने से मेरा खर्च निकल जाता था। मकान का किराया उस समय पचास रुपये महीना था। बंग कन्या तो पढ़ाई के समय में ही झटपट चार रोटियाँ भी पका देती थीं। इन दोनों लड़कियों की सहायता या सहयोग से मेरी पढ़ाई चल रही थी।

कॉलेज में मेरे विषय रुचि के थे। बॉटनी और जुलौजी तो आरम्भ से ही मेरे प्रिय विषय थे। केमेस्ट्री में ऑर्गेनिक और इनऑर्गेनिक पर मेरी मजबूत पकड़ थी। हाँ, फिजीकल कमेस्ट्री में थोड़ी-सी उलझन होती थी, वह भी उसके गणितीय पेचोंखम को लेकर, जो मुझे उबाऊ लगते थे। बॉटनी, जुलौजी को मैं अपना प्रिय विषय मानता था। जेनेटिक्स मुझे इतना प्रिय था कि सोचता था आगे चलकर इस पर विशेष अध्ययन करूँगा। उन्हीं दिनों मैंने बौद्ध धर्म के पुनर्जन्म की अवधारणा पर एक निबन्ध लिखा और इसे जेनेटिक्स के सूत्रों से समझने-समझाने की कोशिश की। इसे अनेक लोगों ने पसन्द किया था। हालाँकि कॉलेज में मेरे विषय साइंस के थे, लेकिन अपनी रुचि के विषयों को मैं पढ़ता ही रहता था। कभी-कभार कुछ लिखता भी था।

उन्हीं दिनों मेरी एक टिप्पणी 'दिनमान' में प्रकाशित हुई। आकाशवाणी ने संस्कृत में समाचार प्रसारित करना आरम्भ किया था, इसी को लेकर मेरी टिप्पणी थी। मेरा कहना था कि संस्कृत जीवन्त भाषा नहीं है और इसमें समाचार प्रसारण का कोई औचित्य नहीं है। मैंने अनेक विद्वानों का हवाला देकर यह बतलाया कि संस्कृत कभी भी जनभाषा नहीं थी और समाचार तो जनभाषाओं में ही प्रसारित होनी चाहिए, क्योंकि इसका मुख्य उद्देश्य घटनाओं से जनता को परिचित कराना होता है।

इसे लेकर काफ़ी विरोध हुआ और महीनों तक मेरे पक्ष और विपक्ष में दिनमान में लेख-टिप्पणियाँ प्रकाशित होती रहीं, डॉ. धीरेन्द्र शर्मा जो तब जवाहरलाल नेहरू यूनिवर्सिटी में प्रोफ़ेसर थे, ने मेरे पक्ष में जब एक सारगर्भित लेख लिखा, तब जाकर विवाद खत्म हुआ। चरचे और चरखे तब दिनमान का सम्पादकीय कॉलम होता था। सर्वेश्वरदयाल सक्सेना ने इस कॉलम में मेरा पक्ष रखा। प्रसिद्ध कार्टूनिस्ट काक ने कार्टून बनाया।

इसी लेख से प्रभावित होकर तब बिहार के चर्चित नेता श्री जगदेव प्रसाद मुझसे मिलने मेरे हॉस्टल आये। उन्होंने उस लेख को अपनी पत्रिका 'शोषित' में भी प्रकाशित किया था। वह मेरे पिताजी के मित्र थे और यह देखकर खुश थे कि मैं लिखता हूँ। उन्होंने मेरे कमरे में रखी कुछ उन पुस्तकों को देखा, जो मेरे पाठ्यक्रम में नहीं थीं। उन्होंने अपने साथ आये एक सज्जन से कहा-देखिए, छात्र के व्यक्तित्व का परिचय उसके पाठ्य-पुस्तकों को देखकर नहीं लग सकता, इसके अलावे उसके पास किस तरह की किताबें हैं, इससे उसके व्यक्तित्व का पता चलता है। दुखद यह रहा कि मुझसे मिलने के महीने दिन बाद ही उन्हें पुलिस की गोलियों का सामना करना पड़ा और वह शहीद हो गये।

1968 में एक स्वार्थभरी संकीर्ण राजनीति से उन्होंने जिस राजनीति की बुनियाद रखी थी, उसे धकेलते हुए उन्होंने बिहार में द्विजवाद विरोधी राजनीति की आधारशिला रखी थी। उनके इस विकासक्रम पर मैं हैरान था। वह कुछ दिन और जीते तो बिहार की राजनीति को कुछ विशिष्ट वैचारिक ऊर्जा मिल सकती थी।

X X X

छात्र जीवन में अनेक बार ऐसे अवसर आये, जब मन उदासी और अवसाद में डूबता, लेकिन बार-बार मुझे यही लगता कि मैंने तो कुछ ही कष्ट सहे हैं। मेजिनी, गैरीबाल्डी, गोर्की और अपने ही देश में आम्बेडकर जैसे लोगों के कष्ट सहन की क्षमता पर मेरी नज़र जाती, तो मैं गम्भीर हो जाता। छोटे-मोटे अपमान भी झेलने पड़ते थे। एक बार मुझे घर से कुछ मनिऑर्डर आने थे। पैसों का नितान्त अभाव था। खाने के लिए कुछ भी नहीं था। मनिऑर्डर का इन्तजार कर रहा था। लेकिन वह नहीं आया। परिचित किसी आदमी से उधार लेने का विचार आया, लेकिन संकोचवश यह काम भी न कर सका। पिछली रात से ही कुछ खाया नहीं था। इस आशा से पोस्ट ऑफिस गया कि शायद मनिऑर्डर आ गया हो (कभी-कभी डाकिया भी अपने स्तर से एक-दो रोज़ विलम्ब कर देता था), लेकिन डाकिया ने नकारात्मक जवाब दिया। लौटते समय एक मैगजीन स्टॉल पर रुका। वहाँ 'दिनमान' पत्रिका आती थी। नया वाला अंक आया था—स्वाधीनता दिवस विशेषांक। इसके लिए मैंने भी लेख भेजा था, इसलिए उत्सुकता हुई और पत्रिका हाथ में लेकर पलटने लगा। मेरा भी लेख प्रकाशित था। मेरी खुशियों का ठिकाना नहीं। भूख मिट गयी। समय का ख़याल ही नहीं रहा होगा, जैसा कि आइंस्टीन ने सापेक्षता के सिद्धान्त को समझाने के लिए खूबसूरत लड़की का उदाहरण दिया है। स्टॉल के मालिक की नज़र मुझ पर पड़ी। वह गाँधी टोपी पहनने वाला एक बूढ़ा खूसट था। उसने मुझे गाली देते हुए मैगजीन हाथ से छीन ली—खरीदना नहीं है तो... मैं कैसे खरीदता। 'दिनमान' की क़ीमत उस वक़्त 60 पैसे थी। मेरे पास तो फूटी कौड़ी नहीं थी। मैं अपमानित होकर अपने कमरे पर आया और फूटकर रोया। शाम को ही पिताजी आ गये। उन्होंने 'दिनमान' की कॉपी भी लाई थी। भूख-प्यास-अपमान के बारे में उनसे कुछ नहीं कहा, क्योंकि उनको दुखी करना नहीं चाहता था। दिनमान की यह प्रति

अभी भी मेरे पास सुरक्षित है। इससे मेरी स्मृतियाँ जुड़ी हैं, प्रकाशन की नहीं, उस ख़ास अपमान की, जिसने मुझे बुरी तरह रुलाया था। कुछ साल पहले मुझे पता हुआ मेरे घर पर रखी पत्र-पत्रिकाओं, पुस्तकों के संग्रह कई आरम्भिक रचनाओं की पाण्डुलिपियों को हमारे एक भाई ने गुस्से में जला दिया। मुझे लगा कि कहीं वह पत्रिका भी तो नहीं जल गयी। लेकिन गनीमत थी कि वह मेरे बिल्कुल ख़ास कागज़ातों के साथ बक्से में पड़ी थी। मुझे उसे देखकर राहत मिली।

तो ऐसे अभावों-अपमानों से जूझते-गुजरते मैंने अन्ततः बी.एससी. की डिग्री हासिल ही कर ली। पढ़ाई उल्लास का समय होता है, लेकिन मेरे लिए ऐसा कुछ नहीं था। अपने अभाव और ग़रीबी को एक रूप देने के लिए मैंने सादगी का चोला ज़रूर धारण कर लिया था। लेकिन मन इतना सादा भी नहीं था। मेरी असली पढ़ाई का एक दूसरा केन्द्र भी था। भिक्षु जगदीश कश्यप से मिलने मैं नालन्दा गया। किसी ऐसे महत्त्व के व्यक्ति, जिसकी जीवनी किताबों में प्रकाशित हो, से मैं पहली दफ़ा मिलने जा रहा था। बिहारशरीफ से नालन्दा तक के बस का किराया तब पचपन पैसे होते थे। पटना-राजगीर मुख्य सड़क पर नालन्दा पड़ाव था, वहाँ से उतरकर लगभग डेढ़ किलोमीटर जाना होता था। पड़ाव से इंस्टीच्यूट तक मैं पैदल गया। इसके पहले नालन्दा का खण्डहर मैं देख चुका था और इस दर्शन के आधार पर मैंने एक लेख लिखा था, जो तब के चर्चित 'दैनिक आर्यावर्त' में छप चुका था। मेरा दूसरी बार नालन्दा जाना हो रहा था।

भिक्षु जगदीश कश्यप से मिलने में मुझे कोई कठिनाई नहीं हुई। इर्द-गिर्द के लोग उन्हें बड़े स्वामीजी कहते थे। उनका सेवक भत्तू एक अधेड़ उम्र के व्यक्ति थे। उनसे ही मिलने का मैंने निवेदन किया था। जब मैं गया, तब वह सोये हुए थे। मुझसे कहा गया कि घण्टा भर बाद आऊँ। मैं निदेशानुसार पुनः गया। वह मेरा इन्तजार कर रहे थे। काषाय वस्त्र में एक थुल-थुल काय व्यक्ति। सन्त, साधु व शिक्षक के समन्वित रूप। मैंने उनके चरण छुए और उन्होंने स्नेह से मुझे छूकर आशीर्वाद दिया। मैं कोई बारह-पन्द्रह मिनट भर ही वहाँ रहा होऊँगा। उनकी तबियत तब बहुत ठीक नहीं थी। उन्होंने पुनः आने के लिए कहा यह 19 नवम्बर, 1972 की तारीख़ थी।

कुछ दिन और जाने के बाद भिक्षु जगदीश काश्यप से घनिष्ठता हुई। अब उन्हीं के आवास पर मेरा ठहराव होता था। मेरी छुट्टियाँ वहीं गुजरती थीं। बौद्ध धर्म दर्शन के प्रति मेरे लगाव को देखते हुए उन्होंने मुझे पालि पढ़ने के लिए कहा।

यह भी कहा कि मैं पढ़ाऊँगा। उन्होंने अपनी ही लिखी किताब 'पालि महाव्याकरण' मुझे दी। मैं पालि पढ़ने लगा। मेरी प्रगति पर वह सन्तुष्ट थे।

भिक्षु काश्यप कई विषयों और भाषाओं के ज्ञाता थे। वह बीसवीं सदी के भारत के बौद्ध त्रिरत्नों में से एक थे (दो अन्य रत्न राहुल सांकृत्यायन और भदन्त आनन्द कौसल्यायन थे)। उनका प्रमुख कार्य पूरे पालि त्रिपिटक का नागरी लिप्यान्तरण है, जो सत्ताईस खण्डों में प्रकाशित है। नालन्दा में पालि संस्थान खोलना उनका सपना था और इसके वह संस्थापक निदेशक थे। सुप्रसिद्ध दार्शनिक वे भारत के राष्ट्रपति डॉ. राधाकृष्णन के वह मित्र थे। उनकी मेधा बड़ी थी। लेकिन उससे भी बड़ा उनका व्यक्तित्व था। जल्दी ही मैं उनका प्रिय पात्र बन गया। मैंने मनुस्मृति पर दो-ढाई वर्ष पूर्व लिखे अपने नोट्स उन्हें देखने के लिए दिये। पढ़कर वह हँसे, खूब हँसे। मुझे लगा मेरा मज़ाक बना रहे हैं। फिर उनकी आँखें आर्द्र हुईं। उन्होंने कहा–इसे मैं छपवाऊँगा। मैंने कहा, इसे फिर से लिखना चाहूँगा। उन्होंने ना कर दिया। इतना ही, ऐसे ही रहने दो। इसकी अनगढ़ता में जो अबोधपन है और तुम्हारा जो कमिटमेंट है, गुस्सा है, वह ज़्यादा अच्छा है। उन्होंने उस पर कुछ पंक्तियाँ लिखीं और आदेश दिया कि इसे बहुजन प्रकाशन, लखनऊ को भेज दूँ। मैंने ऐसा ही किया। उस प्रकाशन की अनेक किताबें मैं पढ़ चुका था। मुझे यह जानकर अच्छा लगा कि इस प्रकाशन को मेरे गुरुदेव भी जानते हैं। मेरी पुस्तिका वहीं से प्रकाशित हुई। नाम रखा गया 'मनुस्मृति : एक प्रतिक्रिया'। यह मेरा पहला 'खिलवाड़' था।

भिक्षु ज. काश्यप ने लिखा :

> तरुण श्री प्रेमकुमार मणि काया से लघु होते हुए भी बुद्धि से प्रौढ़ और हृदय से उदार व्यक्ति हैं। इनकी प्रथम रचना 'मनुस्मृति : एक प्रतिक्रिया' मैंने देखी है। यह क्रान्तिकारी विचारों से पूर्ण है, जिनकी नयी पीढ़ी को बड़ी आवश्यकता है। यह समाज को दृष्टि प्रदान करेगा और कल्याणकर मार्ग दिखाएगा। मैं श्री प्रेमकुमार मणि को आशीर्वाद देता हूँ और उनकी सफलता की कामना करता हूँ।
>
> **–भिक्षु जगदीश काश्यप**
>
> **पूर्व निदेशक, नवनालन्दा महाविहार, नालन्दा**

किशोरावस्था में लिखे गये नोट्स की भाषा पर आज मुझे कुछ-कुछ शर्मिन्दगी होती है, लेकिन यह आज भी कह सकता हूँ कि एक समतामूलक

समाज के प्रति मेरी आस्था तब भी थी। मुझे इस बात से भी आत्मसन्तोष है कि अपनी किशोरावस्था में भी मैं गाँधी व तथाकथित गाँधीवाद से आक्रान्त नहीं था। 1991 में एक दिन शायद वह अप्रैल महीने की तारीख़ थी, मैंने अख़बारों में एक ख़बर पढ़ी कि दो दलित नौजवानों ने दिल्ली स्थित गाँधी समाधि (राजघाट) में घुसकर, अपने गुस्से का इज़हार किया और सम्भव तोड़-फोड़ की। ख़बर यह भी थी उन नौजवानों में से एक के पास आपत्तिजनक साहित्य था। फिर कुछ रोज़ बाद एक समाचार-पत्र में छपे लेख से पता चला वह तथाकथित आपत्तिजनक साहित्य कुछ और नहीं प्रेमकुमार मणि की 'मनुस्मृति : एक प्रतिक्रिया' थी।

मैं किसी के भी समाधि-स्थल या स्मृति-स्थल को नुकसान पहुँचाने के सख़्त ख़िलाफ़ हूँ और गाँधी की आलोचना का यह भी अर्थ नहीं कि गोडसे की तरह मैं उन्हें गोली मार देना चाहूँगा। गाँधी एक राष्ट्रीय नेता थे और चूँकि राष्ट्रवाद एक बुर्जुआ ख़याल है, इसलिए स्वाभाविक है कि एक राष्ट्रीय नेता, जो प्राय: बुर्जुआ नेता होता है, वह वैसे थे। उनके जैसे, उनकी तरह या उनसे अधिक त्याग-तपस्या वाले अनेक नेता इस देश में हुए। कम्युनिस्ट आन्दोलन में अनेक नेता हुए, जिन्होंने हँसते-हँसते अपने जीवन का बलिदान दिया। अपनी छोटी-सी ज़िन्दगी में भगत सिंह ने जिस त्याग-तपस्या का उदाहरण पेश किया, उसके उदाहरण मुश्किल से मिलते हैं। लेकिन गाँधी के बुर्जुआ ख़याल समाज के वर्चस्व प्राप्त तबके के पक्ष में जाते थे, इसलिए वे उनकी भूरी-भूरी प्रशंसा करते थे। कुछ सनकी लोगों ने गाँधीवाद और देशप्रेम को पर्याय बनाने की कोशिश की। मैं इस धारा का व्यक्ति नहीं बनना चाहता। लेकिन उनके अपमान की बात भी नहीं सोच सकता। हाँ, उनकी सीमाओं को समझता हूँ। हर आदमी की सीमा होती है। यह समझ युवावस्था में ही बनी थी और आज भी है।

देश व राज्य की राजनीतिक स्थितियाँ (1967–72)

मेरी अपनी ज़िन्दगी की ही हज़ार परेशानियाँ थीं; लेकिन देश की राजनीतिक-सामाजिक दशा-दिशा से मैं अनभिज्ञ नहीं था। गाँव में भी राजनीतिक गतिविधियाँ चलती हैं और कम दिलचस्प नहीं होतीं। उसके अपने पेचोंखम होते हैं, अपनी धुन होती है। फणीश्वरनाथ रेणु के उपन्यासों में इस गँवई राजनीति के विविध और विशद् वर्णन मिलते हैं। देश में जब लोकतन्त्र स्थापित हुआ, तब कई लोगों को लगा कि गाँवों के साथ उसका तादात्म्य शायद ही स्थापित हो सकेगा। मार्क्सवादी विचार-प्रणाली के लोग पूरबी निरंकुशतावादी सोच के लिए गाँवों को जिम्मेदार ठहरा रहे थे, जिसका अनुमोदन मेरे जैसे लोग भी कर रहे थे। रेणु जैसे लोगों का कहना था कि गाँवों से होकर गुज़रने वाला जनतन्त्र ही असली जनतन्त्र होगा। बावनदास, कालीचरण, लुत्तो जैसे लोगों पर उनकी नज़र थी। रेणु ने फ्रांसीसी लेखक बाल्जाक के अन्दाज़ में भारत की बदलती हुई सामाजिक-राजनीतिक स्थितियों का चित्रण अपनी रचनाओं में किया। इन उपन्यासों की चर्चा हमारे घर में होती रहती थी।

1967 में जब आम चुनाव हुए तब कांग्रेस का भारी नुकसान हुआ। उस समय लोकसभा और विधान सभाओं के चुनाव साथ-साथ होते थे। लोकसभा के चुनाव में कांग्रेस ने आसान बहुमत पा लिया, लेकिन आठ राज्यों के विधानसभाओं में वह बहुमत से पिछड़ गयी। आज के ज़माने में कांग्रेस अन्य दलों के साथ जोड़-तोड़ कर सरकार बना लेती, क्योंकि ज़्यादातर राज्यों की सबसे बड़ी पार्टी अब भी वही थी। मुझे स्मरण आता है केवल तमिलनाडु में डीएमके को पूर्ण बहुमत मिला था और बाक़ी जगहों पर गैर-कांग्रेसी दलों की मिलीजुली सरकार ही बनी थी। हमारे बिहार में 318 में कांग्रेस को 128 सीटें मिली थीं। सरकार बनाने के लिए 160 की ज़रूरत थी।

लेकिन कांग्रेस ने विपक्ष को सरकार बनाने दिया। हमारे बिहार में विपक्ष ने मिलजुल कर संयुक्त विधायक दल बनाया, जिसे संक्षेप में संविद कहा जाता था। संविद ने बिहार में महामाया प्रसाद सिन्हा के मुख्यमन्त्रित्व में सरकार बनायी, जिसमें कम्युनिस्ट पार्टी और जनसंघ साथ-साथ थे। उस समय के कम्युनिस्ट और जनसंघ (भाजपा का पूर्व रूप) आज की तुलना में वैचारिक रूप से वहीं ज़्यादा कट्टर थे; लेकिन सत्ता के लिए आश्चर्यजनक रूप से साथ-साथ थे। संविद की सबसे बड़ी पार्टी संसोपा (संयुक्त सोशलिस्ट पार्टी) थी, जिसके सम्भवत: 68 विधायक थे। इस दल के नेता कर्पूरी ठाकुर थे। कायदे से इन्हें मुख्यमन्त्री बनना चाहिए था। लेकिन मुख्यमन्त्री बने महामाया प्रसाद सिन्हा। वह राजा रामगढ़ कामाख्या नारायण सिंह की पार्टी जनक्रान्ति दल के उप नेता थे। उनकी ख़ासियत यह थी कि उन्होंने पटना शहर के एक विधानसभा क्षेत्र से तत्कालीन मुख्यमन्त्री के.बी. सहाय को पराजित किया था। तर्क दिया गया कि मुख्यमन्त्री को पराजित करने वाला मुख्यमन्त्री बनेगा। कर्पूरी ठाकुर को उप मुख्यमन्त्री पद से सन्तोष करना पड़ा।

आरम्भ ही पाखण्ड और घालमेल से हुआ। कहा यह गया कि कर्पूरी ठाकुर को मुख्यमन्त्री न बनाने के सवाल पर कम्युनिस्ट, जनसंघी और जनक्रान्ति दल के सवर्ण नेता एकमत हो गये। और तो और, संसोपा के ज़्यादातर सवर्ण नेता भी, इसी विचार के थे। समाजवादी नेता राममनोहर लोहिया संसोपा के सबसे बड़े नेता थे। उनकी जड़ें तो गाँधीवाद में थीं, लेकिन मिज़ाज उत्तर गाँधीवादी था। उनका एक नारा 'संसोपा ने बाँधी गाँठ, पिछड़ा पावें सौ में साठ' उस समय चर्चित था। उत्तर भारत की राजनीति में लोहिया ने जाति-विमर्श पर ज़ोर दिया था। उन्होंने एक सोशल इंजीनियरिंग भी की थी। कांग्रेस का राजनीतिक नेतृत्व सवर्ण नेताओं का जमघट बन गया था। दलितों का तो वे कुछ इस्तेमाल कर लेते थे, क्योंकि उनके आरक्षित सीटों के लिए उन्हें भी उम्मीदवारों की ज़रूरत थी, लेकिन पिछड़े वर्ग के राजनैतिक कार्यकर्ताओं के लिए उनके दरवाजे लगभग बन्द थे। पिछड़े वर्ग के राजनैतिक कार्यकर्ता स्वाभाविक रूप से समतावादी दृष्टिकोण के थे, उन्हें समाजवादी कार्यक्रमों ने आकर्षित किया और वे उनसे खिंचे चले आये। सवर्णों के बीच जो कम पढ़े-लिखे और वर्नाकुलर मिज़ाज के नेता थे, उनका भी कांग्रेस में कुछ जुगाड़ नहीं बन पा रहा था। ये नेता भी समाजवादी दलों में आये। इसलिए समाजवादी दल वास्तविक पिछड़े वर्गों और सवर्णों के वर्नाकुलर बुद्धिजीवियों की पार्टी बन गयी थी। बिहार में कर्पूरी ठाकुर और रामानन्द तिवारी संसोपा के नेता थे।

सवर्ण नेताओं का घालमेल पहले झटके में ही स्पष्ट हो गया। कुछ ही महीने बाद डॉ. लोहिया पटना आये और उन्होंने कर्पूरी ठाकुर को मुख्यमन्त्री न बनने के मामले पर अपने ही दल के नेताओं को फटकार लगायी। उन्होंने याद दिलाया, के.बी. सहाय तो दो जगहों से चुनाव हारे थे, एक जगह से चुनाव हराने वाले को आपने मुख्यमन्त्री बना दिया, क्योंकि वह कायस्थ था, लेकिन जिसने दूसरी जगह से चुनाव हराया उसे मामूली मन्त्री भी नहीं बनाया, क्योंकि वह पिछड़ी जाति का था। श्री सहाय को दूसरी जगह (हज़ारीबाग) से चुनाव हराने वाले रघुनन्दन प्रसाद पिछड़ी जाति के थे। लोहिया ने एक सामन्त-ज़मींदार विन्धेश्वरी प्रसाद मण्डल को मन्त्री बनाये जाने पर भी एतराज किया। श्री मण्डल लोकसभा के लिए चुने गये थे। वे पिछड़ी जाति से थे, लेकिन ज़मींदार परिवार से भी आते थे। ऐसे लोगों को तरज़ीह देने पर लोहिया रंज थे। श्री मण्डल की जगह वह एक सर्वहारा परिवार से आये कार्यकर्ता विधायक रामसेवक यादव को आगे करना चाहते थे। संविद सरकार के पतन की शुरुआत यहीं से हुई। बी.पी. मण्डल, जो बाद में पिछड़े वर्गों के मसीहा बने, ने जात-पात के आधार पर एक पार्टी शोषित दल बनायी, और दस महीने के बाद ही जनवरी 1968 में संविद सरकार को विधानसभा में पटकनी दे दी। इस राजनीति के पीछे कांग्रेस का हाथ था। दरअसल, कांग्रेस नेता संविद सरकार द्वारा बनाये गये जाँच कमीशन से घबराये हुए थे। जस्टिस अय्यर की अध्यक्षता में बने इस कमीशन ने कांग्रेसी नेताओं की नींद हराम की हुई थी। पिछड़े वर्ग के एक अन्य नेता जगदेव प्रसाद ने सरकार के इस तोड़-फोड़ में भूमिका निभायी थी। वह संविद सरकार में मन्त्री नहीं बनाये जाने के कारण रंज थे।

हालाँकि संविद सरकार के अपने अन्तर्विरोध थे और जैसा कि मैंने ऊपर बतलाया है कि समाजवादी और कम्युनिस्ट पार्टियों में कहीं-न-कहीं कुटिल सवर्ण नेतृत्व हावी था, लेकिन बी.पी. मण्डल और जगदेव प्रसाद ने जो किया था, वह शुद्ध और घुटा हुआ स्वार्थ था। बी.पी. मण्डल एक ज़मींदार थे, न वह विचार से समाजवादी थे न ही कर्म से। कुछ लोग उन्हें साहूजी महाराज की तरह, स्थापित करना चाहते हैं। साहूजी एक महाराजा थे, लेकिन उनके विचार सामाजिक परिवर्तनकारी थे। श्री मण्डल की कोई विचारधारा नहीं थी। हालाँकि बाद में उनमें कुछ परिवर्तन दिखा। दशक भर बाद उन्हें राष्ट्रीय पिछड़ा वर्ग आयोग का अध्यक्ष बनाया गया। उन्होंने जो रिपोर्ट दी, उसके एक हिस्से को 1990 में बीपी सिंह ने लागू किया और मण्डल आन्दोलन के नाम से देशभर में कोहराम हुआ। इसमें श्री मण्डल की प्रतिष्ठा बढ़ गयी।

1969-70 में कांग्रेस का अखिल भारतीय नेतृत्व भी लड़खड़ा गया। 1966 की जनवरी में, श्री लालबहादुर शास्त्री के निधन के बाद श्रीमती इन्दिरा गाँधी, भारत की प्रधानमन्त्री बनीं। कांग्रेस के दक्षिणपन्थी कहे जाने वाले नेता श्री मोरारजी देसाई भी तब दौड़ में थे। लेकिन तत्कालीन कांग्रेस अध्यक्ष कुमारसामी कामराज ने ऐसी व्यूह रचना की जिससे श्रीमती गाँधी प्रधानमन्त्री बन सकीं। कहा जाता है कि धुर दक्षिणपन्थी नेता द्वारिका प्रसाद मिश्र ने भी इन्दिरा गाँधी को प्रधानमन्त्री बनाने में कूटनीतिक भूमिका निभायी थी। श्री मिश्र किसी जनसंघी से भी ज़्यादा घुटे हुए दक्षिणपन्थी थे। 1951 में ही वह कांग्रेस से अलग हो जाते, यदि श्यामा प्रसाद मुखर्जी की जगह उन्हें जनसंघ का अध्यक्ष मान लिया गया होता। श्यामा प्रसाद मुखर्जी हिन्दूवादी थे, द्वारिका प्रसाद मिश्र सामाजिक प्रतिक्रियावादी। इसी मिश्र के बेटे ब्रजेश मिश्र ने 1998 के बाद अटल बिहारी वाजपेयी के साथ मिलकर हिन्दुत्व को ब्राह्मणवाद में परिणत करने की सम्भव कोशिश की। इस विषय पर हम आगे विमर्श करेंगे।

इन्दिरा गाँधी को प्रधानमन्त्री के रूप में आरम्भ से ही मुश्किलों का सामना करना पड़ा। कांग्रेस के पुराने और प्रभावशाली नेताओं ने पार्टी पर अपनी स्थिति मजबूत करनी चाही। इन्दिरा गाँधी के सलाहकार के रूप में विदेश सेवा के एक विद्वान अधिकारी पी.एन. हक्सर आ चुके थे। इनके प्रभाव में इन्दिरा गाँधी ने पार्टी और सरकार को समाजवादी तेवर दिया, जिससे बूढ़े नेता रंज हो गये। कांग्रेस की अन्दरूनी लड़ाई तेज़ हो गयी।

1969 में कांग्रेस का दक्षिणपन्थी और नेहरूवादी खेमा एक-दूसरे के विरुद्ध होने लगा। 10-12 जुलाई 1969 को बंगलौर में हुए कांग्रेस कार्यसमिति की बैठक में ही स्थितियाँ स्पष्ट हो गयीं। मोरारजी वाले धड़े ने इन्दिरा गाँधी को समझाना चाहा कि उनकी औकात क्या है। 3 मई, 1969 को राष्ट्रपति जाकिर हुसैन की बाथरूम में गिरकर मौत हो गयी थी, नतीजतन, राष्ट्रपति पद पर नये व्यक्ति का चुनाव होना था। कांग्रेस ने नीलम संजीव रेड्डी को अपना उम्मीदवार बनाया। इन्दिरा गाँधी जगजीवन राम को उम्मीदवार बनाना चाहती थीं। संघर्ष की शुरुआत यहीं से हुई। कांग्रेस पार्टी (संगठन) और प्रधानमन्त्री इन्दिरा गाँधी के बीच एक गहरी खाई बन गयी। अपनी ही पार्टी में अपमानित होकर श्रीमती गाँधी बिफर गयीं और उन्होंने आर-पार की लड़ाई का मूड बना लिया और अन्ततः लड़ीं भी। राष्ट्रपति के चुनाव में उन्होंने अपनी ही पार्टी के अधिकृत उम्मीदवार का विरोध किया। उन्होंने अपने समर्थकों से अन्तरात्मा की आवाज़ के आधार पर वोट देने की अपील की। उन्होंने श्री वराह वेंकट

गिरि जो एक निर्दलीय उम्मीदवार थे, को अपना समर्थन दे दिया। सोशलिस्टों से भूल हो गयी। वे कांग्रेस के अधिकृत उम्मीदवार को हराने के चक्कर में श्री गिरि के साथ हो गये। उन्होंने यह नहीं सोचा कि असली कांग्रेस तो इन्दिरा गाँधी के साथ है। जनसंघी अपने उम्मीदवार सी.डी. देशमुख के साथ थे। हालाँकि यह शुद्ध रूप से व्यक्तित्वों का टकराव था, लेकिन श्री गिरि राष्ट्रपति पद का चुनाव जीत गये। इन्दिरा गाँधी की राजनीतिक धाक जम गयी।

राष्ट्रपति पद के लिए ऐसी रस्साकशी पहले कभी नहीं हुई थी। भारतीय संविधान के अनुसार, राष्ट्रपति की कोई महत्त्वपूर्ण भूमिका नहीं होती। वह संवैधानिक राष्ट्र प्रमुख होते हैं। मुख्य कार्यवाहक अधिकार प्रधानमन्त्री के पास होते हैं। लेकिन इस बार के चुनाव में देशभर में इसकी चर्चा हुई। देर रात को चुनावी नतीजे आये। प्रथम वरीयता के मत पर फैसला नहीं हो सका। तब, दूसरी वरीयता के मतों की गिनती हुई। इसी में कई तरह के लोग श्री गिरि के साथ हो गये थे। कम्युनिस्टों ने तो श्री गिरि के बारे में मज़दूर नेता का हौआ खड़ा किया हुआ था ही। वे शुरू से उनके साथ थे।

श्री गिरि की जीत को कम्युनिस्टों ने इस रूप में प्रचारित किया मानो वह भारत में बोल्शेविको की जीत हो। इन्दिरा गाँधी ने भी इसे देश की राजनीति में नेहरूवाद की पुनर्स्थापना के तौर पर प्रचारित किया। चुने हुए चौदह बैंकों के राष्ट्रीयकरण और पूर्व देशी रियासतों के हुक्मरानों को मिलने वाली पेंशन, जिसे प्रिवी-पर्स कहा जाता था, की समाप्ति ने इन्दिरा गाँधी के तेवर को ग़रीबोन्मुखी किया। इसके असर हुए। ऐसा लगा कि इन्दिरा गाँधी कुछ करना चाहती हैं और यथास्थितिवादी उन्हें रोकना चाहते हैं। वह ग़रीबों के बीच उम्मीद बनकर उभरीं। जनता, ख़ासकर मध्यवर्ग के बीच वह लोकप्रिय बनती गयीं। राष्ट्रपति चुनाव के बाद कांग्रेस का दक्षिणपन्थी धड़ा अलग हो गया। लोकसभा में इसके नेता डॉ. रामसुभग सिंह बने, जो बिहार के ही थे। इस कांग्रेस को सिंडिकेट कांग्रेस के नाम से जनता में जाना गया। अधिकृत रूप से इसे कांग्रेस ऑर्गनाइजेशन कहा गया, संक्षेप में कांग्रेस (ओ)। इन्दिरा गाँधी के नेतृत्व वाले धड़े को इंडिकेट और कांग्रेस (आर) के नाम से जाना गया। आर–अर्थात् रिक्विजिशन रूलिंग। बाद में कांग्रेस (आई) हो गया–इन्दिरा कांग्रेस।

लोकसभा अपनी कार्यावधि के बीच ही (समय से चौदह महीना पहले) भंगकर दी गयी। मार्च 1971 में लोकसभा के मध्यावधि चुनाव हुए। इस चुनाव में एक ओर श्रीमती इन्दिरा गाँधी के नेतृत्व और श्री जगजीवन राम की अध्यक्षता वाली कांग्रेस व भारतीय कम्युनिस्ट पार्टी थी।

दूसरी ओर ग्रैंड एलाइंस के नाम से बना मोर्चा जिसमें जनसंघ, कांग्रेस (ओ), समाजवादी पार्टियाँ और कुछ अन्य छोटे दल थे। इन्दिरा गाँधी के पास कहने के लिए बहुत कुछ था। वह बैंकों के राष्ट्रीयकरण और प्रिवी पर्स की समाप्ति की चर्चा जब चुनाव सभाओं में करतीं तब तालियाँ बजतीं। उनके विपक्ष के पास एक ही मुद्दा था–इन्दिरा हटाओ। इन्दिरा कांग्रेस की ओर से जो पोस्टर निकले, उसमें मुख्य नारा था–ग़रीबी हटाओ। इस पोस्टर पर इन्दिरा गाँधी की एक बड़ी तस्वीर थी, जिसमें वह गोद में अपने पोते राहुल गाँधी को लिये हुए थीं। उनकी पार्टी का चुनाव चिह्न तब गाय-बछड़ा था। लोग इन्दिरा गाँधी की तस्वीर को इसी का प्रतीक मानते थे।

इस चुनाव अभियान में एक बार मुझे श्रीमती गाँधी को सुनने का अवसर मिला। वह बिहटा के रामबाग कॉलेज मैदान में चुनावी सभा को सम्बोधित कर रही थीं। रात हो गयी थी, फिर भी भीड़ काफ़ी थी। मैं मंच के बहुत नज़दीक था। उन दिनों प्रधानमन्त्री की बहुत ज़्यादा सुरक्षा व्यवस्था नहीं होती थी। उनकी कार जैसे ही रुकी, वह फुर्ती से उतरीं और महिलाओं की भीड़ में घुस गयीं। किसी की गोद से एक बच्चे को हाथों में लिया और उसे पुचकारते हुए उछाला। फिर उस महिला को बच्चा लौटाते हुए वह तेज़ी से मंच की ओर बढ़ीं और बड़ी फुर्ती से सीढ़ियाँ चढ़ते हुए ऊपर पहुँच गयीं। भीड़ ने करतल ध्वनि के साथ उनका स्वागत किया। बिहार के प्रान्तीय अध्यक्ष जो तब शायद अनन्त प्रसाद शर्मा थे, ने संक्षेप में उनका स्वागत किया और अब माइक के सामने श्रीमती गाँधी थीं। उन्होंने देश की स्थिति की थोड़ी चर्चा की और फिर सीधे चुनाव पर आ गयीं। बैंकों के राष्ट्रीयकरण और उनसे भविष्य में मिलने वाले लाभ की चर्चा करते हुए उन्होंने विस्तार दिया–'विपक्ष कहता है कि मैं भूमि का भी राष्ट्रीयकरण कर दूँगी।' उन्होंने थोड़ा पॉज दिया... फिर कहा–'हाँ, ज़रूरत हुई, तो करूँगी।' फिर मानो जनता से ही पूछा–लेकिन क्या होगा यह राष्ट्रीयकरण? क्या इन्दिरा गाँधी आपके गाँव की ज़मीन टोकरी में उठाकर दिल्ली ले जायेगी? '...नहीं, ज़मीन तो जहाँ है, वहीं रहेगी। हाँ, उसका मालिक बदल जायेगा। ज़मीन जोतने वालों की होगी।' तालियों की गड़गड़ाहट से जनता ने इसका स्वागत किया। दुर्भाग्य है कि भूमि सुधारों के प्रति जनता की इस उत्कट आकांक्षा को किसी ने नहीं समझा। न तब, न अब।

चुनावों में इन्दिरा गाँधी की पार्टी को दो-तिहाई बहुमत मिला। उस वक़्त लोकसभा की कुल 518 सीटों में 352 सीटें। विपक्ष ध्वस्त हो गया। उनके मनसूबे ध्वस्त हो गये। लोगों ने इस चुनाव को इन्दिरा गाँधी की आँधी कहा

बाद में अटल बिहारी वाजपेयी जैसे जनसंघी नेता ने चुनाव में एक अदृश्य स्याही के इस्तेमाल का आरोप लगाया। उन दिनों इलेक्ट्रॉनिक मशीनों का ज़माना नहीं था। बैलेट पर मोहर लगायी जाती थी। इसमें इंक पैड का इस्तेमाल होता था। विपक्ष ने इंक पैड में इस्तेमाल की गयी स्याही (इंक) का ही मुद्दा उठाया था। उनका कहना था, गाय-बछड़े वाले चिह्न पर तो यह स्याही टिकती थी, लेकिन दूसरे निशानों पर नहीं। लेकिन, इसे थोथी दलील ही कहा जायेगा। ऐसा नहीं था कि विपक्ष को वोट नहीं मिले थे। उसे भी अच्छे वोट मिले थे। हालाँकि यह भी सच है कि चुनावों में थोड़ी-बहुत धाँधली तो होती ही है। यह भी सही है कि यह सत्ता पक्ष ही ज़्यादा करता है।

: 2 :

1971 के चुनावी नतीजों ने विपक्ष को बुरी तरह निराश कर दिया। लेकिन श्रीमती गाँधी को भी दम्भ से भर दिया। देशभर में ऐसा लगता था कि समाजवाद शब्द की लहर चल गयी है। इसके साथ ही यह धारणा भी बनी थी कि इन्दिरा गाँधी कुछ भी कर सकती हैं। उस वक़्त मेरी जो उमर थी, उस हिसाब से इस विषय पर कभी-कभार मगजमारी करता कि इसका कारण क्या था। आज भी इस विषय पर सोचता हूँ कि आख़िर क्या बात थी कि श्रीमती गाँधी को ऐसी लोकप्रियता मिली थी। अब तो बात मेरी समझ में आती है वह यह कि इन्दिरा गाँधी ने सबों की नेता बनने के बजाय ग़रीबों का नेता बनना पसन्द किया। उस तबके का नेता जो बहुत बड़ा था और कांग्रेसी सरकारों की पंचवर्षीय योजनाओं की विफलता से उपजा था। अब जाकर ग़रीबोन्मुखी कुछ कार्यक्रम भी लागू हुए। उसमें एक जो मुझे स्मरण है ग़रीबों-गृहविहीनों को बासगीत भूमि का पर्चा मिलना था। गाँवों में इसका बहुत प्रभाव हुआ। बड़े किसान, जो प्रायः ऊँची जातियों के होते थे, खेतिहर मज़दूरों को बासगीत यानी घर बनाकर रहने के लिए भूमि का छोटा टुकड़ा देते थे। यह मुश्किल से डिसमल, दो डिसमल रकबे भर होता था। इस घर की मालकियत उसके यानी मज़दूर के पास नहीं होती थी। घर को लेकर वह अपने मालिक (बड़े किसान) का ग़ुलाम बना रहता। मज़दूर, उसकी बीवी, बच्चे सब मालिक परिवार के सेवक बने रहते थे। मालिक की मर्जी से उन्हें गुजारे भर अनाज मुश्किल से मिलता था। उसमें भी ख़राब किस्म के अनाज (जैसे खेसारी) उन्हें मिलते थे। मज़दूर की स्त्रियों का यौन-शोषण भी होता था।

यदि मज़दूर की ओर से विरोध हुआ, तो उसे घर खाली कर देने का हुक्म होता था। इसकी पीड़ा अवर्णनीय होती थी। भादो-भदवरी यानी बरसात बीच के मौसम में कभी-कभी घर खाली कराया जाता था। मज़दूर, या तो मजबूर होकर मालिक की बात मान लेते थे या फिर हिंसक झड़पें होती थीं। इन्दिरा गाँधी ने जब बासगीत भूमि का परचा देने का अभियान चलाया, तब खेतिहर मज़दूर तबके में उनके प्रति आस्था पैदा हुई। इस आस्था के कारण ग़रीबों में श्रीमती गाँधी का वोट बैंक बरकरार रहता था। इस वोट बैंक के बूते उन्होंने कई राजनीतिक किले ध्वस्त किये।

1971 के मध्य में ही पाकिस्तान का राजनीतिक संकट गहराने लगा। उस वक़्त पाकिस्तान दो हिस्सों–पश्चिमी व पूरबी पाकिस्तान में विभाजित था। दोनों के बीच दो हज़ार किलोमीटर से भी अधिक की दूरी थी। धर्म के आधार पर राष्ट्र और देश नहीं बन सकते। लेकिन इस विचारधारा को ठेंगा दिखाकर दोमुँहा पाकिस्तान बना हुआ था। इसके लिए जिन्ना और तत्कालीन सभी कांग्रेसी नेता जिम्मेदार थे। पश्चिमी पाकिस्तान और पूर्वी पाकिस्तान मुस्लिम बहुल ज़रूर थे, लेकिन उनकी भाषा और संस्कृति बिल्कुल जुदा-जुदा थी। पश्चिमी पाकिस्तान में जहाँ उर्दू और पंजाबी का बोलबाला था और संस्कृति पंजाबियत व सिन्धी मिज़ाज की थी, वहीं पूरबी पाकिस्तान के लोग बंगला भाषी और बंगला संस्कृति में रचे-बसे थे। दोनों अपनी-अपनी आज़ादी के साथ तो रह सकते थे, लेकिन पश्चिमी पाकिस्तान के लोग, पूरबी पाकिस्तान पर प्रभावी होने लगे। इसका आरम्भ जिन्ना ने ही कर दिया था, पूर्वी पाकिस्तान पर उर्दू जुबान थोपकर। ऐसा लग रहा था कि पश्चिमी पाकिस्तान का उपनिवेश है पूरबी पाकिस्तान। पाकिस्तान के इन दोनों हिस्सों के लोगों की सांस्कृतिक, सामाजिक और सोच की बुनावट में इतना अन्तर था कि इनका एक राजनीतिक इकाई में रहना नामुमकिन था, जैसे बाद में दोनों जर्मनी का अलग-अलग रहना नामुमकिन हो गया। दिसम्बर 1970 में पाकिस्तान में केन्द्रीय असेम्बली के चुनाव हुए। इस चुनाव में पूर्वी पाकिस्तान या कहें पूर्वी बंगाल के लोकप्रिय नेता शेख़ मुजीबुर्रहमान की पार्टी 'अवामी लीग' को स्पष्ट बहुमत मिला। दरअसल उन्हें यानी शेख़ मुजीब को, पूर्वी पाकिस्तान की कुल 169 में से 167 सीटें मिलीं। पश्चिमी पाकिस्तान के कुल 144 सीटों पर जुल्फिकार अली भुट्टो की पार्टी पाकिस्तान पीपुल्स पार्टी (पीपीपी) को 88 सीटें मिलीं। इस तरह पूरे पाकिस्तान की कुल 313 सीटों में से अवामी लीग को 167 सीटें मिलीं। यह स्पष्ट बहुमत था।

लेकिन याहिया खाँ और जुल्फिकार अली भुट्टो ने उन्हें सत्ता सौंपने से इनकार कर दिया। उल्टे शेख़ मुजीब को गिरफ़्तार कर लिया गया। पूरबी पाकिस्तान में दमन तेज़ कर दिया गया। हज़ारों लोग मारे गये। लूट और बलात्कार की शर्मनाक घटनाओं को पाकिस्तानी सैनिकों ने बड़े पैमाने पर अंजाम दिया। किसी देश की सेना द्वारा अपने ही देश के लोगों पर इतने बड़े पैमाने पर इतनी घृणित कार्रवाई की मिसाल मिलना मुश्किल होगा। भारत में इसे लेकर उत्तेजना थी। लोकतान्त्रिक प्रवृत्ति के लोग इसलिए क्षुब्ध थे कि पड़ोस में लोकतन्त्र व मानवता की हत्या हो रही थी। समाजवादी धारा के लोग कुछ ज़्यादा ही क्षुब्ध थे। जनसंघ के लोग इसे पाकिस्तान व इस्लाम के पतन के रूप में देख रहे थे। पश्चिमी पाकिस्तान के हुक्मरानों की बर्बरता से पूरा भारत ही क्षुब्ध था। हम कह सकते हैं कि पूरा भारतीय राष्ट्र शेख़ मुजीब व पूरबी पाकिस्तान की जनता के साथ था। बिहार के पुराने समाजवादी नेता जयप्रकाश नारायण, जो एक लम्बे अरसे से विनोबा भावे के सर्वोदय कार्यक्रमों में दिलचस्पी ले रहे थे, पूरबी पाकिस्तान के सवाल पर एक बार फिर सक्रिय हुए। उसके पक्ष में जनमत बनाने के लिए उन्होंने विश्व के अनेक देशों की यात्रा की। पटना लौटने पर उन्हें सुनने के लिए एक सभा आयोजित की गयी। इस सभा में मैं भी शामिल हुआ। मुझे ख़याल आता है वह दार्शनिक मुद्रा में थे। वह मुद्रा इस सवाल पर अनुभूत उनकी गहरी पीड़ा से उपजी प्रतीत होती थी। उन्होंने एकता-अनेकता को नये सिरे से परिभाषित करते हुए कहा कि जिस एकता की हम बहुत बातें करते हैं, उसका दूसरा पक्ष भी देखा जाना चाहिए (याहिया खान राष्ट्रीय अर्थात् पाकिस्तान की एकता के नाम पर ही पूरबी पाकिस्तान पर दमन कर रहे थे)। जयप्रकाश जिन्हें प्यार से लोग जेपी कहते थे, ने कवि रामधारी सिंह दिनकर की पंक्तियाँ उद्धृत कीं। भूल नहीं रहा हूँ, तो वे इस प्रकार थीं–

जहाँ अनेकता होती है, युद्ध के देवता वहाँ रोते हैं,
दुनिया को एक करने की सनक से, युद्ध उत्पन्न होते हैं।

मुझे एक झटका लगा। अब तक राष्ट्रीय एकता, अनेकता में एकता, समाज को तोड़ने वाली शक्तियाँ आदि इतने जुमले पढ़े-सुने थे कि मुझे लगा जयप्रकाश जी यह क्या बोल रहे हैं। न तब तक देरिदा का नाम सुना था, न इस आशय का कुछ मेरे मन में था। मैं नहीं जानता, 1971 में जयप्रकाश जी ने विखंडन की दार्शनिकता के बारे में अकादमिक रूप से कितना कुछ जाना हुआ था। मैं जेपी पर सोचने लगा। यह साधारण आदमी नहीं है। यह लीक से हटकर कुछ सोच सकता है, बोल सकता है।

मैंने अपने देश पर भी विचार किया। यहाँ हिन्दुओं के एक अनुदार तबके, जो सौभाग्य से बहुत छोटा है, ने अपनी संस्कृति दूसरों पर लादने की कोशिश की है। जिस आर्य हिन्दू संस्कृति की बात बचपन से सुनता आ रहा था, क्या वह पूरे भारत की संस्कृति है? आर्यावर्त का आकार क्या है? उत्तर-पूर्व के लोगों का नस्ल क्या है? दक्षिण के द्रविड़, जनजाति समूह, अनुसूचित जातियों के अनेक समूह, लद्दाख से लेकर हिमालय की तराई में रहने वाली अनेक जातियाँ क्या आर्य हैं? दयानन्द सरस्वती का नारा-कृण्वन्तो विश्वमार्यम (पूरी दुनिया को आर्य बनाओ) सुनता तब परेशान होता। परेशान तो अल्लामा इकबाल के तराना-ए-हिन्द की इन पंक्तियों को सुनकर भी होता–

ओ आबे रौदे गंगा, वो दिन है याद तुझको
उतरा तेरे किनारे, जब कारवाँ हमारा।

इस पद में 'हमारा' कौन है? किसका कारवाँ उतरा था, गंगा किनारे? आर्यों का? तुर्कों का? या फिर अंग्रेज़ों का? क्या कह रहा है, हमारा राष्ट्रकवि! मुझे कवि रवीन्द्र की पंक्तियों का स्मरण होता–

हेथाय आर्य, हेथा अनार्य, हेथाय द्राविड़-चीन,
शक-हूण दल, पठान-मोगल एक देहे होलो-लीन।

पाकिस्तान की समस्या ने हिन्दुस्तानियों को सोचने का अवसर दिया था, जिसका अपेक्षित लाभ ये नहीं ले सके। यह बात साफ है कि अपनी तमाम कमज़ोरियों के बावजूद भारत में पाकिस्तान के मुकाबले लोकतन्त्र की जड़ें कहीं ज़्यादा मजबूत हैं और धर्मनिरपेक्षता के मौलिक मूल्यों को बहुसंख्य भारतीय जनता ने बनाये रखा है। पाकिस्तान का आरम्भ ही फिरकापरस्ती के आधार पर हुआ। ऐसा नहीं है कि पाकिस्तान में लोकतन्त्र की बुनियाद कमज़ोर है। वहाँ की जनता अपने मुल्क का लोकतान्त्रिक विकास ही चाहती है, लेकिन पाकिस्तानी समाज में ज़मींदार और तथाकथित अशरफ (सवर्ण) ताक़तों का हमेशा से बोलबाला रहा है, वही लोग वहाँ की राजनीति पर हावी हैं। जब तक समाज में बुनियादी क्रान्ति नहीं होगी, ज़मींदारों-सामन्तों और प्रश्रयप्राप्त तबकों अर्थात् ऊँची जात वालों के वर्चस्व को समाप्त नहीं कर दिया जायेगा, तब तक किसानों-मज़दूरों, महिलाओं और तरक्की पसन्द लोगों को मुख्यधारा में लाना मुश्किल होगा। इन लोगों को मुख्यधारा में लाये बगैर पाकिस्तान में लोकतन्त्र की स्थापना असम्भव है। दरअसल भारत और पाकिस्तान की बुनियादी समस्याएँ और उन्हें दूर करने के उपाय एक ही हैं।

पूरबी पाकिस्तान की स्थितियाँ बद से बदत्तर होती गयीं। पश्चिमी पाकिस्तानी सेना और पूरबी पाकिस्तान की जनता आमने-सामने हो गयी। वहाँ मुक्ति युद्ध छिड़ गया। लाखों लोग भारत में शरणार्थी बनकर आ गये। दिसम्बर के आरम्भ में, (3 दिसम्बर 71) भारत की सेना ने पूरबी पाकिस्तान में दख़ल दिया। यह श्रीमती इन्दिरा गाँधी का दुस्साहस ही कहा जायेगा। लड़ाई सिर्फ चौदह दिनों तक चली। 16 दिसम्बर 71 तक पश्चिमी पाकिस्तान की सेना ने घुटने टेक दिये। पाकिस्तानी सेना के चीफ जनरल नियाजी ने भारतीय सेना के ले. जनरल जगजीत सिंह अरोड़ा के समक्ष अपने लगभग एक लाख हथियारबन्द सैनिकों के साथ आत्मसमर्पण कर दिया और इस तरह बंगाल की खाड़ी में एक नये देश 'बांग्लादेश' का उदय हुआ। भारत के दबाव से शेख़ मुजीबुर्रहमान की रिहाई हुई। श्रीमती गाँधी कुछ समय के लिए अन्तर्राष्ट्रीय हस्ती बन गयीं। अमेरिकी हस्तक्षेप और उनकी घुड़की की श्रीमती गाँधी ने कोई परवाह नहीं की थी। भारत के पक्ष में तब का सोवियत संघ बना रहा था।

1972 के आरम्भ में उत्तर भारत के कई राज्यों, जिनमे मेरा अपना बिहार भी था, विधानसभा के चुनाव हुए और सब में इन्दिरा कांग्रेस को बहुमत मिला। 1967 में कांग्रेस को जो नुकसान हुआ था, उसकी भरपाई हो गयी। कांग्रेस के सामाजिक चरित्र में भी किंचित बदलाव दिखा। हमारे बिहार में अब तक वह मुख्य रूप से भूमिहारों, राजपूतों और कायस्थों की पार्टी थी। ब्राह्मण, दलित, मुसलमान उनके सहयोगी थे और पिछड़े वर्गों में उनकी मामूली पहुँच थी। 1971 के बाद स्थिति पलट गयी। भूमिहार, राजपूत और कायस्थ कांग्रेसी राजनीति के हाशिये पर चले गये। ब्राह्मणों ने नेतृत्व अपने हाथ में ले लिया और दलितों, मुसलमानों व पिछड़े वर्गों को अपने साथ रखने की कोशिश की। लेकिन पिछड़े वर्गों का बहुत जल्दी मोहभंग हो गया।

इस चुनाव में मेरे पिता ने भी कांग्रेस उम्मीदवार के रूप में चुनाव लड़ा। हालाँकि वह चुनाव जीत नहीं पाये, लेकिन चुनाव को लेकर एक गहमा-गहमी बनी रही। स्वयं इन्दिरा गाँधी उनके चुनाव-प्रचार में आयीं, इससे इलाके में पिताजी की इज्जत कुछ बढ़ गयी, लेकिन मैं उनके चुनाव से दूर ही रहा। इस वक़्त मैं सीपीआई का सदस्य था और उस क्षेत्र में सक्रिय था, जहाँ हमारी पार्टी चुनाव लड़ रही थी। हालाँकि हमारी सक्रियता सीमित ही थी, क्योंकि तब मेरी उम्र महज उन्नीस साल की थी।

: 3 :

1967–72 के बीच ही एक नयी राजनीतिक ताक़त अथवा विचार का उदय देश में हुआ, जिसे नक्सलवाद कहा गया और जिसका असर बाद की सामाजिक-राजनीतिक स्थिति पर गहराता गया। 1969 के बसन्त (अप्रैल) में मार्क्सवादी कम्युनिस्ट पार्टी से जुड़े तरुण कम्युनिस्टों ने बंगाल के सिलीगुड़ी के पास नक्सलबाड़ी में छिड़े किसान आन्दोलन का ज़ोरदार समर्थन किया और इसमें सक्रिय भागीदारी की वकालत की। श्री चारू मजूमदार और श्री कनु सान्याल इसके चर्चित नायक बने। 1970 की गर्मियों में, मैं अपने चाचा से मिलने रक्सौल जा रहा था। रास्ते में मैंने दिनमान साप्ताहिक खरीदा। मुख्यपृष्ठ पर एडवर्ड हीथ की बड़ी तस्वीर थी, जो हाल ही में ब्रिटेन के प्रधानमन्त्री बने थे। काव्यात्मक शीर्षक भी था–हीथ की जीत। लेकिन इस शीर्षक के ठीक नीचे था–बंगाल में नक्सलवादी आन्दोलन। छह पृष्ठों में विस्तार से नक्सलवाड़ी आन्दोलन पर सामग्री थी। पहली दफ़ा विस्तार से इस आन्दोलन के बारे में मुझे जानकारी मिल रही थी। मेरा तरुण मन उत्तेजना से भर गया।

मैं पहले बता चुका हूँ कि हाईस्कूल में ही मैं मार्क्स से परिचित हो चुका था। बाद में भारतीय कम्युनिस्ट पार्टी की नौजवान सभा से जुड़ा, जिसका सदस्य केवल दो आना देकर ही बना जा सकता था। नौजवान सभा में रहते हुए मैंने कुछ मार्क्सवादी साहित्य पढ़ा था। मार्क्स और एंगेल्स का कम्युनिस्ट घोषणा-पत्र, राहुल जी की किताब 'साम्यवाद ही क्यों', ली शाउची की 'अच्छे कम्युनिस्ट कैसे बनें' जैसी किताबें। जैसे ही अठारह की उमर हुई, मैं भारतीय कम्युनिस्ट पार्टी का सदस्य बन गया। पार्टी सदस्य बनने के लिए यह न्यूनतम उम्र होती थी और तब सबको यूँ ही सदस्य नहीं बना लिया जाता था। पहले उम्मीदवारी सदस्यता मिलती थी। मुझे इसकी ज़रूरत नहीं पड़ी, क्योंकि मैं नौजवान सभा का सदस्य था। मेरे सदस्य बनने के उपलक्ष्य में पार्टी की स्थानीय ईकाई ने पार्टी के अंचल कार्यालय में एक छोटी-सी चाय-पार्टी का भी आयोजन किया, जिसमें स्थानीय विधायक सहित पार्टी के सभी स्थानीय नेता उपस्थित हुए थे। यह सब शायद इसलिए किया गया था कि मैं एक कांग्रेसी नेता का बेटा था।

नक्सलवाद पर दिनमान में प्रकाशित सामग्री पढ़कर मेरा मन विचलित नहीं हुआ, केवल उत्तेजित हुआ। वसन्त का वज्रनाद और चीन के चेयरमैन हमारे चेयरमैन जैसे पद और नारे मेरे जेहन में देर तक चक्कर लगाते रहे।

मैंने सीपीआई से सीपीएम के अलग होने के कारणों को जानने की कोशिश की। चीनी कम्युनिस्ट पार्टी और माओ-त्से-तुंग के बारे में बड़ी मुश्किल से कुछ जान पाया। हाँ, मुझे यह ज़रूर पता चला कि कम्युनिस्टों के बीच भी अन्तर्विरोध बहुत हैं। नक्सलवादी आन्दोलन पर मेरी जिज्ञासा बनी रही।

मैं भारतीय कम्युनिस्ट पार्टी का तरुण सदस्य था ज़रूर, लेकिन मुझे इस बात पर कोफ़्त था कि मेरी पार्टी इन्दिरा गाँधी वाली कांग्रेस की पिछलग्गू बनती जा रही है। 1972 के बिहार विधानसभा का चुनाव सीपीआई ने कांग्रेस के साथ गठबन्धन बनाकर लड़ा। उसके 35 विधायक जीत कर आये। यह एक अच्छी संख्या थी। इस संख्या तक यह पार्टी फिर कभी नहीं पहुँच सकी। लेकिन पार्टी स्तर पर कमज़ोरियाँ विकसित होने लगीं। पार्टी सरकार के साथ थी, सरकार में नहीं थी। सरकार चलाने में इसकी कहीं कोई प्रत्यक्ष भागीदारी नहीं थी, लेकिन सरकार के प्रति जो जन विरोध उभरता था उसकी शिकार पार्टी पहले होती थी। मज़दूर और कर्मचारी संगठनों, शिक्षक संगठनों और खेतिहर मज़दूरों के संगठन पर तब पार्टी का बहुत असर था। समाज का श्रमशील वर्ग इन्हीं संगठनों से जुड़ा था। कांग्रेसी सरकार ने वायदे भी ख़ूब किये और आकांक्षाओं को भी ख़ूब जगाया था, लेकिन अब जब उन्हें पूरा करने की बारी थी, तब वह हाथ पर हाथ धरे बैठी थी। भूमि सुधारों की आशा जगाकर उन्हें स्थगित कर दिया गया था। कांग्रेस पर साधन-सम्पन्न लोग प्रभावशाली होने लगे थे। सीपीआई को लोग पिछलग्गू पार्टी मानने लगे थे। पार्टी की कांग्रेस के प्रति समर्पणवादी नीति ने पार्टी का नुकसान किया। इससे बिहार में भी नक्सलवादियों को पैर फैलाने का अवसर मिला।

नक्सलवाद उन्हीं क्षेत्रों में फैला जहाँ भूमि समस्या अधिक थी। भूमि समस्या उन्हीं क्षेत्रों में अधिक थी, जहाँ सामन्ती प्रभाव अधिक था। अर्थात् सामन्तवादी प्रभाव वाले क्षेत्र ही भूमि समस्या के क्षेत्र भी थे। पिछड़ी-दलित जातियों के लोग खेतिहर मज़दूर थे, जो केवल जोतदार थे, खातेदार नहीं। अर्थात् वो खेतों में काम करते थे, लेकिन खेत पर स्वामित्व उनके नहीं, मालिकों के थे। ये मालिक ज़्यादातर शहरों में रहते और वहीं से भूमि पर अपनी पकड़ बनाये रखते थे। इनमें से ज़्यादातर ने आधुनिक शिक्षा प्राप्त की हुई थी और उसके आधार पर नये आधुनिक रोज़गार भी हासिल कर लिए थे। अफसर, डॉक्टर, वकील, प्रोफ़ेसर जैसे पेशों में ये लोग थे। यह अजीब विडम्बना थी कि शहरों का मध्यवर्ग ग्रामीण सामन्तवर्ग था। प्रकारान्तर से यह भी कहा जा सकता है कि शहरी मध्य वर्ग की जड़ें सामन्ती मानसिकता में गहरे धँसी थीं।

इसने न केवल हमारे राजनीतिक आवेगों को, बल्कि साहित्य-संस्कृति समेत जीवन से जुड़े सभी विचार पक्षों को प्रभावित किया था। मेरा हमेशा से इस बात पर ज़ोर रहा है कि ज़मीन और जाति के रिश्ते एक-दूसरे से गडमड हैं। जाति व्यवस्था या वर्णव्यवस्था में जो सबसे ख़राब चीज़ है कि उनके बीच लोकतन्त्र का अभाव है। श्रेणीवार वर्चस्व की वस्तुस्थिति वहाँ बनी रहती है। द्विज जातियों का अद्विज जातियों पर वर्चस्व रहता है। मैं कहता रहा हूँ कि जब तक ब्राह्मणों के पास भूमिदान से अकूत भूमि और सम्पत्ति आनी शुरू नहीं हुई, तब तक वर्णव्यवस्था भी बहुत कमज़ोर रही। ब्राह्मण और अन्य द्विज ताक़तें जैसे-जैसे भूमिधर बनती गयी हैं, उनका वर्चस्व भी बढ़ता गया है। इसलिए ज़रूरी है कि ज़मीन उनकी हो, जो उसे जोतते हों। इसे पूरा करते ही जाति-व्यवस्था भी कमज़ोर हो जायेगी, जैसे कि शहरों में वह कमज़ोर-हाल है। शहरों में भी जो जाति-व्यवस्था थोड़ी-बहुत शेष है, वह गाँवों के बूते। उनके आधार क्षेत्र गाँव हैं। इसलिए जातिवाद को उन्मूलन के लिए हमें गाँवों से और भूमि सुधार से काम शुरू करना होगा। उसकी जड़ें यहीं हैं।

नक्सलवादियों ने गाँव के इन भूमिहीन किसानों की पीड़ा को थोड़ा-बहुत समझा। ये भूमिहीन किसान पहले से भी अराजक रूप में संघर्ष कर रहे थे। कभी इसके संघर्ष जातिवादी रूप ले लेते; कभी कोई अनगढ़ रूप, जैसे भोजपुर में जगदीश मास्टर और रामेश्वर साधु के आन्दोलनों के अनगढ़ रूप थे। नक्सलवादियों ने जब इसे एक रूप देने की कोशिश की, तब तेज़ी से इनका फैलाव हुआ। आज़ाद भारत में नक्सलवाद सबसे असरदार आन्दोलन बना, जिससे सामन्तवादी समाज दहशत महसूस करता था।

उस दौर में वैचारिक रस्साकशी

मैं नहीं समझता, यह स्वीकारने में किसी को परेशानी होगी कि 1970 का दशक जागरुकता का दशक था। न केवल भारत में बल्कि पूरी दुनिया में। तीसरी दुनिया के देशों में जबरदस्त राजनीतिक–सामाजिक हलचल मची हुई थी। पूरी दुनिया की युवाशक्ति एक अंगड़ाई ले रही थी। अपने भारत की स्थितियाँ भी उत्तेजक बनी हुई थीं। 1972 में भारतीय स्वतन्त्रता की रजत जयन्ती बड़े धूमधाम से आयोजित की गयी। आज़ादी के बाद पैदा हुई पीढ़ी अब युवा थी और वह अपने समाज व देश को एक भिन्न नज़रिये से देख रही थी। आज़ादी मिलने के बहुत दिन बाद तक ऐसे लोग बड़ी संख्या में थे, जो भारत के पिछड़ेपन के लिए केवल अंग्रेज़ों को जिम्मेदार मानते थे। उपनिवेशवाद के विरुद्ध जो राष्ट्रीय आन्दोलन चला था, उसमें आँख मूँदकर अंग्रेज़ों के ख़िलाफ़ विषवमन हुआ था और उसी का परिणाम था कि हर बात के लिए, यहाँ तक कि जात–पात, साम्प्रदायिक दंगों और सामाजिक जड़ता के लिए भी अंग्रेज़ों को जिम्मेदार बताया जाता था। हिन्दी का ठाट तैयार करने में क़स्बाई ब्राह्मणों व अन्य द्विजों की आधारभूत भूमिका थी। हिन्दी साहित्य ने तो अपना आरम्भ ही उर्दू के साथ बैर लेकर किया था। बाद में यह ज़्यादा से ज़्यादा तिलकवाद (बालगंगाधर तिलक की विचारधारा) से जुड़ता गया। स्वतन्त्रता के बाद हिन्दी का महत्त्व बढ़ा। लेकिन इस पर प्रभावी तिलकवादी विचारधारा ने अपनी ही तरह की मानसिकता का विकास हिन्दी भाषा–भाषी क्षेत्रों में किया। इस इलाके के मार्क्सवादी और समाजवादी आन्दोलन भी तिलकवाद का विरोध नहीं कर पाये, बल्कि उसके प्रति एक समर्पण का ही भाव दिखलाया।

प्रसंगवश, इस तिलकवाद की चर्चा कर देना लाज़िमी होगा। बालगंगाधर तिलक (1856–1920) महाराष्ट्र के उन नेताओं में अग्रणी थे, जिन्होंने प्रान्तीय महाराष्ट्रवाद को भारतीय राष्ट्रवाद में परिवर्तन करने और उसे जुझारू बनाने की कोशिश की। एक सभ्रान्त परिवार से आने वाले तिलक कई अन्य ब्राह्मण

नेताओं की तरह आर्थिक सोच में क्रान्तिकारी थे, लेकिन उनके पीढ़ियों से चले आ रहे संस्कारों ने उन्हें सामाजिक सोच के मामले में प्रतिगामी बनाये रखा। अपने संस्कारों से जूझना उन्होंने मुनासिब नहीं समझा। महादेव गोविन्द रानाडे और गोपालकृष्ण गोखले जैसे अनेक ब्राह्मण नेता अपने ही संस्कारों से जूझते हुए एक भिन्न नज़रिया विकसित करने में सफल हुए, लेकिन तिलक कांग्रेस के अन्दर चल रहे पूरे मॉडरेट आन्दोलन के ख़िलाफ़ खड़े हो गये। वे गरमदली कहे गये। उनके गरम दल का आधार सामाजिक प्रतिगामिता और अंग्रेज विरोध पर आधारित था। तिलक के अंग्रेज विरोधी तेवर से युवा जवाहरलाल नेहरू आकर्षित थे। अपने पिता मोतीलाल नेहरू के साथ हुए पत्र-व्यवहार में यह बात आयी है। उनके पिता ने तिलक के सामाजिक प्रतिक्रियावाद से अपने बेटे को परिचित कराया और कहा कि जो सामाजिक रूप से प्रतिगामी होगा, वह राजनीतिक रूप से प्रगतिशील हो ही नहीं सकता। जवाहरलाल नेहरू की समझदारी के निर्माण में उनके पिता की इस सीख का केन्द्रीय महत्त्व रहा। मॉडरेट ताक़तों के ख़िलाफ़ अभियान चलाते हुए तिलक चाहे-अनचाहे एक प्रतिगामी किस्म के राष्ट्रवाद के प्रवक्ता बन गये। कुछ लोगों ने इसे ब्राह्मणवादी राष्ट्रवाद कहा, 1920 में तिलक की मृत्यु के उपरान्त उनके राजनीतिक शिष्य दो भागों में विभक्त हो गये। कुछ लोगों ने प्रतिगामी हिन्दू सामाजिक संगटन राष्ट्रीय स्वयंसेवक संघ का निर्माण किया और दूसरे जो आर्थिक सोच में क्रान्तिकारी थे, ने भारतीय कम्युनिस्ट पार्टी का। 1925 के अक्टूबर में इन दोनों संगठनों का जन्म हुआ। एक का नागपुर और दूसरे का कानपुर में (कम्युनिस्टों के एक तबके ख़ासकर सीपीएम के लोगों का मानना है कि भारत की कम्युनिस्ट पार्टी 1920 में ही बन गयी थी। हाँ, इसका गठन देश के बाहर हुआ था)। यह अकारण नहीं था कि कानपुर में भाकपा की स्थापना सभा के स्वागत मन्त्री सत्यभक्त जल्दी ही गायत्री मन्त्रों द्वारा समाज निर्माण करने वाली संस्था युग निर्माण योजना (मथुरा) से जुड़ गये।

यह एक दिलचस्प तथ्य है कि तिलकवाद महाराष्ट्र से ज़्यादा उत्तर भारत में प्रभावशाली बना। महाराष्ट्र में तो इसे फुले-आम्बेडकरवाद से तगड़ी चुनौती मिली, लेकिन उत्तर भारत में जो भी थोड़ी चुनौती मिली वह नेहरू परिवार से। हिन्दी साहित्य पर तिलकवाद का प्रभाव सबसे ज़्यादा पड़ा। रामचन्द्र शुक्ल, निराला, रामविलास शर्मा आदि तिलकवाद से आक्रान्त हैं। निराला ने नेहरू परिवार पर जो व्यंग्यपूर्ण कविता लिखी है, उसके आधार हैं। लोहिया के नेहरू विरोधी रुख को भी कुछ घुटे तिलकवादियों ने समर्थन दिया।

इस पृष्ठभूमि में पले-बढ़े हिन्दी भाषी युवा एक विचित्र मानसिक स्थिति में थे। वे अपने आस-पास की सामाजिक-आर्थिक स्थितियों से क्षुब्ध थे। उससे विद्रोह करना चाहते थे। लेकिन जिस वैचारिकता पर वह सवार थे, वह उन्हें अपनी परम्परा से बुरी तरह बाँधे हुए थी। उस दशक के एक लोकप्रिय दार्शनिक प्रवक्ता रजनीश (जो बाद में दुर्भाग्यवश बाबाओं की श्रेणी में आ गये) ने इस मानसिकता को सामने लाने का प्रयास किया था। वह एक कथा कहते थे कि कुछ युवा चाँदनी रात में नौका विहार के लिए निकले। कुछ खाया-पीया और थोड़े सरूर में आकर बड़ी-सी झील में पड़े नौका पर सवार हो गये। नौकाएँ किसी रस्सी से बँधी होती हैं और रस्सियाँ किसी खूँटे से। सरूर में युवाओं ने रस्सी को खूँटे से खोला नहीं और नाव खेने लगे। रातभर खेते रहे। जब सुबह उनका सरूर टूटा, तब उन्होंने पाया, नाव तो वहीं की वहीं है, क्योंकि रस्सी को उन्होंने खूँटे से खोला नहीं था। जब हम परम्परा से विद्रोह की स्थिति में नहीं होते, तो गति का सृजन ही नहीं होता। यह गतिहीनता जड़ता में तब्दील होती है। जब गति पैदा होती है तो नये आयाम भी विकसित होते हैं। यह विचार के स्तर पर भी होता है।

श्री रजनीश ने अपने तरीके से युवाओं को आन्दोलित करना चाहा था। एक अंश तक उन्होंने किया भी। थोथी सेक्स वर्जनाओं पर आधारित गाँधीवादी विचारशैली ने विचित्र किस्म का एक पाखण्ड विकसित किया था। कभी-कभी इसके प्रति बिना सिर-पैर का अव्यवस्थित और विकलांग बौद्धिक विद्रोह भी होता था। पचास के दशक में इसी तरह का एक विद्रोह बिहार के एक कवि दिनकर ने अपनी तथाकथित काव्य-रचना 'उर्वशी' में किया था। मार्क्सवादी रामविलास शर्मा यशपाल जैसे लेखकों को साड़ी-जंफरवादी घोषित कर मार्क्सवादी हिन्दुत्व का 'त्रिशूल' थामे हुए थे। सबके सब दरअसल जड़ता को मण्डित कर रहे थे।

एक दार्शनिक राजनेता के रूप में डॉ. राममनोहर लोहिया जमाने को अपनी तरह से प्रभावित कर रहे थे। हालाँकि उनके व्यक्तित्व में अन्तर्विरोधों की भरमार है, लेकिन लीक से हटकर वे कुछ सोचने-समझने के लिए हमेशा तैयार रहते थे। एक राजेनता के रूप में साठ के दशक में उन्होंने ग़ैर-कांग्रेसवाद की एक सैद्धान्तिकी विकसित की थी और 1967 के चुनावों में इसी को केन्द्र में रखकर कई राज्यों में कांग्रेस को सत्ताच्युत कर दिया गया था। उनकी इस रणनीति का लोहा सब मानते थे। दो अतियों का संपुंजन मुश्किल कार्य होता है। राष्ट्रीय आन्दोलन में तो यह सम्भव हो जाता है, जैसे गाँधी ने किया था

लेकिन सामान्य दिनों में यह एक कठिन कार्य होता है। कम्युनिस्ट पार्टियों और जनसंघ तथा स्वतन्त्र व जनक्रान्ति दलों तक को एक साथ बैठाने का यह मुश्किल कार्य लोहिया ने सम्भव किया था। हालाँकि यह शुद्ध अवसरवाद था और अन्ततः इससे विचारहीनता का ही सृजन हुआ, लेकिन तात्कालिक तौर पर इससे राजनीतिक गतिरोध दूर हुआ था और कुछ सम्भावनाओं का सृजन भी हुआ था। लोहिया अपने उत्तेजक और कुछ-कुछ मौलिक से लगने वाले विचारों के लिए जाने जाते थे। पचास के दशक के आरम्भ में उनके द्वारा दिये गये भाषणों और कुछ पत्रों का एक संकलन नौजवानों में चर्चित था 'जाति प्रथा'। इसके अलावे उनकी एक किताब 'इतिहास चक्र' भी खूब चर्चित थी। 'इकोनॉमिक्स आफ्टर मार्क्स' भी उनकी चर्चित पुस्तिका है। पौराणिक व्यक्तित्वों और आख्यानों को भी वह नयी रोशनी में देखने की कोशिश करते थे। हिन्दी पट्टी में जाति विमर्श की उन्होंने वकालत की और इसे प्रबुद्धजनों के विमर्श का विषय बनाया।

कभी जवाहरलाल नेहरू के सहयोगी रहे लोहिया बाद में नेहरू के कट्टर आलोचक के रूप में चर्चित हुए। स्त्रियों और उत्पीड़ित सामाजिक समूहों के प्रति उनके मन में असीम प्रेम था और मनुष्य की आज़ादी के वह हमेशा प्रबल पक्षधर रहे। कभी-कभी वह हिन्दुस्तानी वाल्तेयर प्रतीत होते हैं। उनकी ही तरह विद्रोही और निर्भीक।

लोहिया ने राजनीति पर तो प्रभाव डाला ही, साहित्य पर भी, ख़ासकर हिन्दी साहित्य पर उनका जबरदस्त प्रभाव पड़ा। अनेक लब्ध प्रतिष्ठ लेखक उनसे प्रभावित हुए। मकबूल फ़िदा हुसैन से लेकर विजयदेवनारायण साही, धर्मवीर भारती, रघुवीर सहाय, सर्वेश्वरदयाल सक्सेना, कन्नड़ लेखक अनन्तमूर्ति आदि उनसे प्रभावित थे। साहित्य-संस्कृति पर उनके प्रभाव का सही मूल्यांकन आज तक नहीं हुआ है।

मैं नहीं जानता कि मैं सही हूँ या नहीं, लेकिन लोहिया की एक बड़ी कमज़ोरी मुझे यह लगती है कि नेहरू के अन्तर्विरोधों के ख़िलाफ़ तो मुखर हुए, लेकिन गाँधी के अन्तर्विरोधों पर चुप रहे। हालाँकि अपनी मृत्यु के कुछ पहले (1967 अक्टूबर में उनकी मृत्यु हुई) उन्होंने स्वयं को कुजात गाँधीवादी कहलाना पसन्द किया। उन्होंने दो तरह के गाँधीवाद की बात की। सरकारी गाँधीवाद और कट्टर गाँधीवाद। उनका कहना था, मैं ये दोनों नहीं हूँ। लेकिन गाँधी पर मेरी कुछ आस्था है और मुझे लगता है मेरा गाँधीवाद कुजात गाँधीवाद होगा।

लोहिया की मृत्यु मात्र 57 साल की उम्र में 1967 में हो गयी। उन्होंने ग़ैर-कांग्रेसवाद की राजनीति को थोड़े समय तक ही देखा। नक्सलवादी विद्रोह भी उनके जीवन के बाद हुआ। हालाँकि यह सोचना फ़जूल है कि यह होता, तो यह होता; लेकिन फिर भी मेरे मन में लगता है कि यदि लोहिया कुछ दिन और जीवित होते तो गाँधीवाद के प्रखर आलोचक बन जाते। मौजूदा लोहियावाद की जो न्यूनताएँ हैं, उनके मूल में उनके गाँधीवादी आग्रह-अवयव हैं।

इस दौर में मार्क्सवाद बासी नहीं हुआ था। सोवियत संघ अपने अन्तर्विरोधों के साथ बना हुआ था और वहाँ मार्क्सवादी-लेनिनवादी हुकूमत बनी हुई थी। स्टालिन की मृत्यु के कुछ बाद 1956 में ख्रुश्चेव सोवियत संघ की कम्युनिस्ट पार्टी के महासचिव बने और उन्होंने शान्तिपूर्ण सह-अस्तित्व की प्रस्तावना की। यह शीत युद्ध से मुक्ति का प्रयास था। शान्तिपूर्ण सह-अस्तित्व की ज़रूरत सोवियत संघ को बहुत ज़्यादा थी। अपने उत्पादों के लिए उसे बाज़ार भी चाहिए था। अमेरिका से दुनिया भर में प्रतियोगिता करने में सोवियत संघ असहज अनुभव कर रहा था। ख्रुश्चेव ने न केवल दो विश्वों, बल्कि दो विचारों—साम्यवाद और पूँजीवाद के बीच भी सह-अस्तित्व की प्रस्तावना की थी। चीन, जो अभी नया कम्युनिस्ट देश था, इसे समझ नहीं सका। उसने सोवियत संघ की इस नीति की तीखी आलोचना की। भारत में इसका प्रभाव यह पड़ा कि भारतीय कम्युनिस्ट पार्टी 1964 में दो भागों में बँट गयी। बावजूद इसके कम्युनिस्टों ने पूरी दुनिया में साम्राज्यवाद के ख़िलाफ़ संघर्ष में अग्रणी भूमिका निभाई। भारतीय नौजवानों पर इस कम्युनिस्ट आन्दोलन का पूरा प्रभाव था। लेकिन 1970 के इर्द-गिर्द अस्मितामूलक विमर्श और संघर्ष भी प्रकट होने लगे। समाज के कमज़ोर तबके, यथा दलित-पिछड़े सामाजिक समूह के लोग, आम्बेडकर और फुले में रुचि लेने लगे थे। फुले-आम्बेडकर साहित्य हिन्दी में बहुत मुश्किल से मिलता था। किसी बड़े प्रकाशन समूह ने तब तक इन पर कोई किताब नहीं छापी थी। अंग्रेज़ी प्रकाशनों से भी इन पर पुस्तकें कम ही उपलब्ध थीं। छोटे-छोटे अनजान से लगने वाले प्रकाशनों के बूते फुले-आम्बेडकर बड़ी धीमी गति से चर्चित हुए। 1975 या 76 में कमलेश्वर के सम्पादन में निकलने वाले 'सारिका' ने दलित-साहित्य पर दो विशेषांक निकाले। राजनीति में बिहार के जगदेव प्रसाद और उत्तर प्रदेश के रामस्वरूप वर्मा जैसे लोगों ने अपने भाषणों में फुले-अम्बेडकर की चर्चा शुरू की थी। इस तरह उत्तर भारत में एक द्विजवाद विरोधी राजनीति के लिए आधार विकसित होने लगा था।

कांग्रेस पूरी तरह विचारहीन हो गयी थी। यहाँ तक कि नेहरू की चर्चा के लिए भी उन्हें फुरसत नहीं थी। इन्दिरा के वर्चस्व का दौर था। जनसंघ का बहुत असर नहीं था, लेकिन कहीं-कहीं कोई चुप्पा-सा नौजवान गोलवलकर, हेडगेवार, सावरकर और दीनदयाल उपाध्याय जैसे लोगों का नाम लेता। ये मुख्यधारा के विमर्श में नहीं रहे। न ही कोई प्रखर युवा इनके प्रभाव में आया।

नक्सलवादी आन्दोलन की चर्चा तो नौजवानों में ख़ूब थी। उनकी वैचारिकता से अधिक उनकी रणनीति को लेकर। नक्सलवादी आरम्भ से ही किसान क्रान्ति पर ज़ोर दे रहे थे। उनका मानना रहा कि भारत का औद्योगिकीकरण नहीं हुआ है, यहाँ अर्द्धसामन्ती समाज है; इसलिए यहाँ पूरी तरह मार्क्सवादी या फिर रूस की तरह बोल्शेविक क्रान्ति सम्भव नहीं है। ख्रुश्चेव की नीतियों को उन्होंने संशोधनवाद की संज्ञा दी। नक्सलवादियों का मानना था कि भारतीय परिस्थितियाँ चीन से मिलती-जुलती हैं और यहाँ माओ-त्से-तुंग की रणनीति और कार्यप्रणाली को साथ लेकर ही क्रान्ति सम्भव है। वह गाँवों से शहरों को घेरो का नारा दे रहे थे, जो बहुत स्पष्ट नहीं था।

जनता की तकलीफ़ें काफ़ी थीं और इसे लेकर शहरी मध्यवर्ग के पढ़े-लिखे और संवेदनशील युवाओं में काफ़ी बेचैनी थी। वे संसदीय राजनीति के ढीले-ढाले प्रस्तावों और कुल मिलाकर यथास्थिति को बनाये रखने वाली राजनीति से पूरी तरह उकता गये थे। कम्युनिस्ट पार्टियों का इतना ज़्यादा संसदीकरण हो गया था कि अब वे कहीं से क्रान्तिकारी कहे जाने लायक नहीं रहे थे। कम्युनिस्ट पार्टियों का साहित्यिक और वैचारिक मोर्चा ऊँची जातियों के बहसी बौद्धिकों का निष्क्रिय मंच बनकर रह गया था। ऐसे में नक्सलवाद ने थोड़ी सनसनी पैदा की, हालाँकि वे भी इन कमज़ोरियों से जुड़े थे।

पश्चिम बंगाल में सिद्धार्थ शंकर राय के मुख्यमन्त्रित्व में नक्सलवादियों पर भीषण दमन हुआ। कुछ ही समय पहले पश्चिमी पाकिस्तान के याहिया खान हुकूमत द्वारा पूरबी पाकिस्तान पर किये गये दमन की तरह। हज़ारों नौजवानों को बेरहमी से कुचल दिया गया। कभी कविता और कला का केन्द्र रहा कोलकाता, नौजवान आकांक्षाओं का कब्रगाह बन गया। हज़ारों भगत सिंह भून दिये गये। प्रसिद्ध कथा लेखिका महाश्वेता देवी ने अपने उपन्यास '1084 की माँ' में जिस लोमहर्षक यथार्थ को खींचा है, वह बस एक बानगी है।

हमारे बिहार में 1975 तक नक्सलवाद की चर्चा आम थी। कुछ समय पूर्व जेपी ने मुजफ्फरपुर के मुसहरी में डेरा डाला था और कैंसर के मरीज को होम्योपैथिक दवा की तरह अपना सर्वोदयी-गाँधीवादी अभियान चलाया था।

लेकिन यह सब बुर्जुआ नौटंकी ही कहा गया। 1975 में इमरजेंसी का बहाना लेकर बिहार की कांग्रेसी सरकार, जिसके सदर जगन्नाथ मिश्र थे, ने नक्सलवादियों को नेस्तनाबूत करने का क्रूरतम अभियान चलाया जिसमें कॉमरेड सुब्रत उर्फ जौहर, डॉ. निर्मल, रामेश्वर जी, बूटन मुसहर जैसे सैकड़ों लोग मारे गये। ये सारी कार्रवाइयाँ भोजपुर जिले में हुईं। कुछ समय बाद पत्रकार कल्याण मुखर्जी और एक वकील राजेन्द्र प्रसाद यादव ने मिलकर एक किताब लिखी–'भोजपुर में नक्सलवादी आन्दोलन'। इस पुस्तक का पहला अध्याय 'सोन किनारे पाँच दशक' बिहार के सामाजिक यथार्थ की कई परतें खोलता है।

: 2 :

गाँधीवाद उस समय तक एक सरकारी विचार-दर्शन बन चुका था। मैं नहीं समझता था, कोई नौजवान गाँधीवाद से सीधे बहुत प्रभावित था। मेरे जैसे लोग गाँधी को राष्ट्रीय आन्दोलन का सबसे बड़ा नेता मानते थे; और इसी रूप में उनका महत्त्व स्वीकारते थे। लेकिन बुर्जुआ सोच वालों का आग्रह था कि उन्हें एक विचारक के रूप में स्वीकार किया जाये। हमारा मतभेद यहीं था। हर देश में राष्ट्रीय आन्दोलनों की प्रकृति और प्रवृत्ति होती है। उसके नेताओं के कुछ जादुई गुण होते हैं। ये गुण जॉर्ज वाशिंगटन से लेकर लेनिन और माओ-त्से-तुंग में भी आप देख सकते हैं। गाँधी में भी कुछ जादुई गुण थे। वह गुजरात के एक रूढ़िवादी बनिया परिवार से आते थे। कोई गुजराती बनिया, गाँधी के समय तक, अपनी पढ़ाई के लिए विदेश नहीं गया था। गाँधी ने यह रूढ़ि तोड़ी। वह ब्रिटिश कानून की पढ़ाई के लिए लन्दन गये। अपनी माँ को दिये वचन के अनुसार, उन्होंने रूढ़िवादी पारिवारिक संस्कारों का पालन किया और जैसा कि लेखक वी.एस. नायपाल ने अपनी किताब 'India Wounded Civilization' में लिखा है, गाँधी ने लन्दन में कुछ सीखने से ज़्यादा अपने खान-पान और रहन-सहन के प्रति सतर्कता बरतने में लगा दिये। जब वह दक्षिण अफ्रीका आये तब प्रिटोरिया में उन्हें अंग्रेज़ों से अपमानित होना पड़ा। वह ट्रेन में प्रथम श्रेणी के डब्बे में थे, जिसका वाज़िब टिकट भी उनके पास था, लेकिन आधी रात को उन्हें जबरन ट्रेन से सामान के साथ धकेल दिया गया। वह प्लेटफॉर्म पर आ गये। कई घण्टों के बाद उन्होंने दूसरी ट्रेन पकड़ी। गाँधी के साथ अंग्रेज़ों ने वैसा ही व्यवहार किया था, जैसे एक दलित-शूद्र के साथ एक द्विज करता है। ऐसा ही व्यवहार जोतिबा फुले के साथ एक बारात

पार्टी में ब्राह्मणों ने किया था, जब उन्हें बैलगाड़ी से अपमानपूर्वक उतार दिया था। देश के दलित-शूद्र हज़ारों की संख्या में रोज़ ऐसी पीड़ा झेलते हैं। लेकिन गाँधी के लिए यह एक नया अनुभव था। यह विश्व ब्राह्मणवाद से गाँधी की मुठभेड़ थी। अपमानित गाँधी के मन में प्लेटफॉर्म पर कैसे-कैसे विचार आये होंगे, मैं इसकी कल्पना करता था। फिर गाँधी ने अपनी पीड़ा को जज़्ब किया और अंग्रेज़ों के विरुद्ध अपने तरीके से खड़े हो गये। गाँधी के इस रूप को मैं आज भी सौ बार सलाम करता हूँ।

मुझे इस तरह की कल्पना करने पर रोमाँच होता कि गाँधी जिस तरह अफ़्रीका में अंग्रेज़ों के विरुद्ध खड़े हो गये, उस तरह यदि रंगभेद और जातिभेद के ख़िलाफ़ खड़े हो जाते तो एक क्रान्तिकारी बात होती। और उसी तरह यदि हिन्दुस्तान में जातिभेद के विरुद्ध, सामाजिक वर्चस्ववाद के विरुद्ध खड़े हो जाते तो क्या होता? मुझे नहीं लगता कि जिन्ना और आम्बेडकर तब इस रूप में प्रकट होते। भारत की राजनीतिक स्थिति तब दूसरी होती अर्थात् ज़्यादा सन्तुलित होती।

हाँ, मुझे यह ज़रूर लगता है कि साम्राज्यवाद विरोधी हमारा संग्राम तब कुछ लम्बा खिंचता। गाँधी को अंग्रेज़ों से पहले अपने समाज के वर्चस्ववादी द्विजों से संघर्ष करना पड़ता। पण्डों और मुल्लों से लड़ना पड़ता-कबीर की तरह। गाँधी ने एक अल्पकालिक कार्य योजना तय की। इसका खाका उन्होंने अपनी पुस्तिका 'हिन्द-स्वराज' में खींचा। मैंने इस पुस्तिका को अपने अठारह साल की उम्र में (1971) पढ़ा था। उस समय इसने मुझे निराश किया था। डॉ. आम्बेडकर ने अपनी विद्वतापूर्ण पुस्तक 'कांग्रेस और गाँधी ने अछूतों के लिए क्या किया' (What Congresas & Gandhi have done to the untouchables) में 'हिन्द स्वराज' की तीखी आलोचना की है। मैं आम्बेडकर से बहुत हद तक सहमत था। गाँधी के गुरु गोपालकृष्ण गोखले ने भी पुस्तिका की स्थापनाओं को नकार दिया था। यह पुस्तिका (हिन्द स्वराज) 1909 में लिखी गयी थी। तब, इसकी भूमिका में गाँधी ने उदारता से कहा था-'उद्देश्य सिर्फ देश की सेवा करने, सत्य की खोज करने और उसके मुख़ातिब करने का है। इसलिए अगर मेरे विचार ग़लत साबित हों, तो उन्हें पकड़ रखने का मेरा आग्रह नहीं है' (हिन्द स्वराज : सर्वसेवा संघ प्रकाशन, पृष्ठ 4)।

हिन्द स्वराज में गाँधी भारत की दुर्दशा के लिए भारतीय जनता या भारतीय समाज की कुरीतियों को जिम्मेदार नहीं ठहराते, जैसा कि नवजागरण के ज़्यादातर नेताओं व समाज-सुधारकों ने बतलाया था। वह अंग्रेज़ों को;

अंग्रेज़ी सभ्यता को जिम्मेदार ठहराते हैं। वह भारत की दुर्दशा के लिए रेल, डॉक्टर और वकील को कोसते हैं। इस पुस्तिका में उन्होंने न केवल अंग्रेज़ी सभ्यता बल्कि उसकी राजनीतिक व्यवस्था, जिसे पार्लियामेंट्री सिस्टम कहते हैं, को भी भला-बुरा कहा है, 'जिसे आप पार्लियामेंटों की माता कहते हैं, वह पार्लियामेंट तो बाँझ और वेश्या है। ...ब्रिटिश पार्लियामेंट अंग्रेज प्रजा की गुलामी की निशानी है, यह पक्की बात है' (वही, पृष्ठ 30-36)।

लेकिन बड़ी ईमानदारी से गाँधी ने 1921 में, इसी पुस्तिका का नया संस्करण देते हुए, अपनी भूमिका में लिखा-'लेकिन मैं पाठकों को एक चेतावनी देना चाहता हूँ। वे ऐसा न मान लें कि इस किताब में जिस स्वराज की तस्वीर मैंने खड़ी की है, वैसा स्वराज कायम करने के लिए आज मेरी कोशिशें चल रही हैं। मैं जानता हूँ अभी हिन्दुस्तान उसके लिए तैयार नहीं है। ऐसा कहने में शायद ढिठाई का भास हो, लेकिन मुझे तो पक्का विश्वास है कि इसमें जिस स्वराज्य की तस्वीर मैंने खींची है, वैसा स्वराज पाने की मेरी निजी कोशिश ज़रूर चल रही है। लेकिन इसमें कोई शक नहीं कि आज मेरी सामूहिक प्रवृत्ति का ध्येय तो हिन्दुस्तान की प्रजा की इच्छा के मुताबिक पार्लियामेंटरी ढंग का स्वराज्य पाना है।'

'हिन्दुस्तान की प्रजा की इच्छा' और गाँधी की 'निजी कोशिशें' के बीच कड़ा अन्तर्विरोध था। लेकिन गाँधी ने एक सच्चे जन नेता की तरह जनता की इच्छा को ही अपना लक्ष्य बनाया था। अपनी निजी इच्छा को खारिज कर दिया था।

गाँधी की नैतिकता को मैं ऊँची निगाह से देखता था और इसलिए मुझे परेशानी होती थी कि इतनी ऊँची नैतिकता का आदमी अपनी अवनति के लिए केवल दूसरे को कैसे जिम्मेदार ठहरा सकता है। भारत यदि गुलाम हुआ और कमज़ोर है, तो उसे सबसे पहले अपनी कमज़ोरियों के वास्तविक कारणों का अध्ययन करना चाहिए।

गाँधी के सामाजिक विचार पारम्परिक और रूढ़िवादी माने जा सकते हैं। उन्होंने स्वयं को सनातनी हिन्दू कहा। वर्ण-व्यवस्था को, जो है, जिस रूप में है, उसी रूप में स्वीकारा, जाति-व्यवस्था को भारत की विश्व संस्कृति को एक शानदार भेंट बतलाया, अन्तर्जातीय विवाहों का मज़ाक उड़ाया, हिन्दू धर्मशास्त्रों की मान्यताओं को बिना किसी संशोधन या आलोचना के स्वीकारने की बात की। गाँधी की इस रूप में जो पूरी तस्वीर मिलती है, वह हमें हैरान करती है।

लेकिन इसे रूढ़ रूप में ले लेने से हम केवल गाँधी की अवमानना कर सकते हैं, उनके साथ न्याय नहीं कर सकते। गाँधी क्या सचमुच ऐसे थे? जीवन के आरम्भिक काल में ही रूढ़ियों से विद्रोह कर ब्रिटिश कानून के अध्ययन के लिए वह लन्दन जाते हैं। दक्षिण अफ्रीका जाते समय उनका अपने भाई से तीखा मतभेद होता है, अपनी पत्नी को साथ ले जाने के सवाल पर। वह परिवार की अवज्ञा कर पत्नी को साथ ले जाते हैं। सक्रिय राजनीति में आने के बाद वह अपने बेटे का अन्तर्जातीय विवाह करते हैं। अछूतोद्धार के आन्दोलन में लगते हैं। जीवन के अन्तिम समय में एक सच्चे धर्मनिरपेक्ष की तरह समस्याओं से जूझते दिखते हैं और अन्ततः एक कट्टर ब्राह्मण हिन्दू की गोलियों का शिकार हो, मारे जाते हैं। ये सब गाँधी के तीखे अन्तर्विरोध हैं। कुछ ऐसे ही अन्तर्विरोध तिलक व जिन्ना में थे। विवाह वय कानून (Age of Consent Bill) पर तीखा विरोध प्रकट करने वाले तिलक ने अपनी बेटी का विवाह वयस्क हो जाने पर ही किया था। जिन्ना का निजी जीवन सेक्यूलर व आधुनिक था। क्लीन शेव, सूट-टाई और आधुनिकता से युक्त जिन्ना खान-पान और जीवन में बिल्कुल धर्मनिरपेक्ष थे। उन्होंने एक पारसी लड़की रति से शादी की, पोर्क खाने का शौक हमेशा बनाये रखा, लेकिन एक साम्प्रदायिक राजनीति के प्रवक्ता बने। ऐसे अन्तर्विरोधों को आसानी से नहीं समझा जा सकता।

गाँधी ने सोचा होगा समाज के यथास्थितिवादी लोगों से लोहा लेकर फुले, राममोहन राय, रानडे, वग़ैरह की तरह शिक्षित तबके में, नाम तो कमाया जा सकता है, लेकिन उपनिवेशवाद विरोधी राष्ट्रीय आन्दोलन के ख़याल से इस तरह केवल आत्म-सुधार में समय जाया नहीं करना है। समाज सुधार के इन आन्दोलनों से अपने ही समाज में एक संघर्ष उभरना स्वाभाविक था। गाँधी ने इस संघर्ष से परहेज़ किया। उन्होंने (गाँधी) समाज के वर्चस्व प्राप्त ताक़तों के समक्ष आत्मसमर्पण कर दिया। शायद यह उनकी रणनीति रही हो। उनका असली उद्देश्य साम्राज्यवाद (अंग्रेज) विरोधी संघर्ष को धारदार बनाना और सफलता हासिल करना था। जैसे ही देश की दुर्दशा के लिए अंग्रेज़ों को पूरी तरह जिम्मेदार ठहराने का फलसफा गाँधी ने खड़ा किया, इसे समाज के वर्चस्व प्राप्त तबके द्वारा पसन्द किया गया। गाँधी इस तबके के स्वाभाविक नेता बन गये, राष्ट्रीय नेता। लेकिन इस आधार पर जो राष्ट्रीय आन्दोलन खड़ा हुआ, वह कई अवगुंठनों का शिकार हुआ। यही कारण था भारत एक खण्डित राष्ट्र के रूप में सामने आया। भारत की आज़ादी इसके राष्ट्रवाद के उत्थान का दिन भी बना और पतन का दिन भी। यह स्वतन्त्र तो हुआ, लेकिन खण्डित भी हुआ।

गाँधी के सबसे सुनहले उनके आख़िरी दिन थे। अपनी नैतिकता के बल पर जो व्यक्तित्व उन्होंने अर्जित किया था, उसके साथ अब एक व्यापक दृष्टिकोण था। अपनी ही हिन्द-स्वराज की बौड़म अवधारणा से वह कई मामलों में दूर जा चुके थे। मुझे प्रतीत होता है हिन्द स्वराज की अवधारणा पर गाँधी कभी उतने रूढ़ नहीं हुए जितने उनके अनुयायी। एक सन्त की तरह गाँधी स्वयं को लगातार सुधारते भी रहते थे। 1924 में ही एक दक्षिण भारतीय श्री रामचन्द्रन ने बातचीत में जब उनसे यन्त्रों के विरोध के बारे में पूछा तब श्री गाँधी का जवाब था–'वैसा मैं कैसे हो सकता हूँ, जब मैं जानता हूँ कि यह शरीर भी एक बहुत नाजुक यन्त्र ही है? खुद चरखा भी एक यन्त्र ही है... मेरा विरोध यन्त्रों के लिए नहीं है, बल्कि यन्त्रों के पीछे जो पागलपन चल रहा है, उसके लिए है' (हिन्द स्वराज, पृष्ठ 14, महादेव देसाई की भूमिका)। यही नहीं 1945-47 के नाजुक दौर में जब साम्प्रदायिकता का उन्माद अपने चरम पर था, उन्होंने अद्‌भुत ज़िम्मेदारी का परिचय दिया। लेकिन उन्होंने कांग्रेस भंग करने का जो सुझाव दिया, उसके निहितार्थ को ज़्यादा लोग समझ नहीं सके। मुझे प्रतीत होता है कि गाँधी के दिमाग़ में यह बात थी कि राष्ट्रीय आन्दोलन के सरंजामों से राष्ट्र निर्माण का कार्य नहीं किया जा सकता। राष्ट्रीय आन्दोलन की अपनी ज़रूरत होती हैं और उसके अनुसार एक प्लेटफॉर्म का निर्माण होता है, कांग्रेस यही थी। लेकिन अब, जब राष्ट्र निर्माण करना है तब, एक नये प्लेटफॉर्म की ज़रूरत होगी, उसकी ज़रूरतों के मुताबिक। अमेरिका में भी जॉर्ज वाशिंगटन ने यही किया था।

तथाकथित गाँधीवादियों ने इसे समझने की कोशिश नहीं की। आज़ादी के बाद भी कांग्रेस और गाँधीवाद को बनाये रखने में उनकी दिलचस्पी थी, क्योंकि इससे उनके निहित स्वार्थों की सम्पूर्ति होती थी। इन ताक़तों ने गाँधीवाद को वर्चस्व प्राप्त तबकों का अभयारण्य बना दिया। कांग्रेस पार्टी और गाँधीवाद धीरे-धीरे ज़मींदारों, सवर्णों और पूँजीपतियों का साझा मंच बनता चला गया। कांग्रेस और गाँधी का नाम लेकर सामाजिक परिवर्तनकारी ताक़तों को देश के कोने-कोने में कुचला गया। जिस गाँधी ने बलशाली अंग्रेज़ों से देश को मुक्त कराने के आन्दोलन का नेतृत्व किया था, उसे ही देश के सामन्तों व नवधनाढ्यों ने अपने कब्जे में ले लिया और उनकी मनमानी व्याख्या करने लगे।

हमारी पीढी की नज़र अभिजनों के इस पाखण्ड पर थी और इसलिए गाँधीवाद को हमने आदरपूर्वक नकार दिया।

नालन्दा-स्मृति

नालन्दा में भिक्षु जगदीश काश्यप के अलावे जिन अन्य लोगों का सान्निध्य मिला, श्रीलंका के भिक्षु गुणरत्न जी उनमें एक थे। गहरे श्याम वर्ण के भिक्षु गुणरत्न जी से काश्यप जी ने ही मिलवाया। वे अच्छी हिन्दी जानते थे। खूब खुश रहने वाले गुणरत्न जी चाय के बहुत शौक़ीन थे। वह ज़्यादातर काली चाय (दूध बिना) पीते थे और खुद बनाते थे। चाय की अच्छी पत्तियाँ उनके पास होती थीं। तब मैं चाय नहीं पीता था। चाय के बारे में मैंने एक दोहा सुन रखा था :

कफ काटे बादी हरे, दो गुण, अवगुन तीन
खून फाड़ पानी करे, धातु क्षीण, बलहीन।

मैं यूँ ही बलहीन (क्षीणकाय) था और अधिक होना नहीं चाहता था। गुणरत्न जी ने चाय के बारे में बतलाया कि यह एक वनस्पति के अलावे और क्या है। आप तुलसी की पत्तियाँ चबाते हैं। उसके भी कुछ गुण होते हैं, चाय की पत्तियों के भी कुछ गुण होते हैं। उन्हीं के सान्निध्य में मैंने चाय पीनी शुरू की।

भिक्षु तिस्सवरो और भिक्षु विवेकानन्द भी मेरे मित्र थे। दोनों थाईलैंड वासी। विवेकानन्द का मूल नाम कुछ दूसरा था। यहाँ पर उन्होंने यह नाम रख लिया था। वह मेडिटेशन पर रिसर्च कर रहे थे। जब काश्यप जी नहीं होते, तब उन्हीं के छात्रावास–जिसे इंटरनेशनल छात्रावास कहा जाता था–में जाकर खाना खाता था। वह उस छात्रावास के प्रभारी थे। छात्रावास के आरम्भ में ही उनका एक स्वतन्त्र कमरा था, जो सादगी से सज़ा होता था। जब भी जाता कमरा इतना साफ दिखता कि मैं अपनी चप्पल बाहर ही रखता। मैं भूल नहीं रहा हूँ तो कमरे तक जाने में कम-से-कम तीन सीढ़ियों का भी सहारा लेना पड़ता था। इन सीढ़ियों की चर्चा आगे करूँगा।

पालि संस्थान के पुस्तकालय के इंचार्ज मिथिलेश बाबू थे। वे काश्यप जी के प्रति बहुत ज़्यादा सम्मान रखते थे। जब उन्हें पता चला कि काश्यप

जी के यहाँ ही मेरा रहना होता है, तब मेरे प्रति भी उनका अनुराग बढ़ा। पुस्तकालय की कोई किताब मुझे जल्दी मिल जाती। किन-किन पुस्तकों को मुझे पढ़ना चाहिए, यह भी वह बतलाया करते थे। उन्होंने ही मुझे सारनाथ (बनारस) से निकलने वाले मासिक 'धर्मदूत' के बारे में बतलाया, उसकी प्रतियाँ दीं। मुझे वहाँ लेख भेजने के लिए प्रोत्साहित किया। मैंने बुद्ध पर लिखी एक लम्बी कविता और 'बौद्धधर्म में पुनर्जन्म एवं निर्वाण' शीर्षक लेख 'धर्मदूत' में भेजा। उसके सम्पादक भिक्षु धर्मरक्षित थे। उन्होंने तुरन्त स्वीकृति का एक कार्ड भेजा। चिट्ठियों को सँजोकर रखने का संस्कार मेरे पास नहीं था। अब बहुत अफसोस होता है। कुछेक चिट्ठियाँ बची रह गयी हैं। सौभाग्य से धर्मरक्षित जी की एक चिट्ठी भी बची हुई है।

नालन्दा पालि संस्थान के बगल में एक गाँव है कपटिया। वहाँ श्री रामशरण प्रसाद उपासक नाम के एक युवा थे, उनसे मेरी घनिष्ठता हुई। वह नवबौद्ध थे यानी हाल ही में बौद्ध धर्म स्वीकार किया था। उन्होंने पालि साहित्य का विधिवत अध्ययन किया था और मास्टर डिग्री हासिल की थी। वह उस समय तक बेरोज़गार थे। बाद में शिक्षक बने। बौद्ध धर्म के प्रति उनकी उत्कट जिज्ञासा ने मुझे प्रभावित किया था। हम लोग घण्टों बौद्ध धर्म की बारीकियों पर विमर्श करते और फिर से एक बौद्ध भारत बनाने का सपना बुनते। उनके साथ इर्द-गिर्द के गाँवों यथा बड़गाँव, सारिलचक वग़ैरह में घूमते और प्राचीन नालन्दा के अवशेषों की तलाश करते। 'यह सारिलचक गाँव बुद्धानुयायी सारिपुत्त के नाम पर है, ऐसा जान पड़ता है।' हम लोग अपनी बातचीत से ऐसे ही निष्कर्ष तलाशते। वह कट्टर बौद्ध हैं।

गुणरत्नजी और काश्यपजी की इच्छा हुई कि मैं बौद्ध धर्म का, पालि वाङ्मय का विशेष तौर से अध्ययन करूँ, उसके अध्ययन के लिए थाईलैंड के धर्मसाल यूनिवर्सिटी में जाऊँ और बौद्ध भिक्षु बनूँ। उन लोगों ने पूरी तैयारी कर ली। मैं ऊहापोह में था। माँ से पूछा। वह उदास हो गयीं। परिवार का मैं बड़ा बेटा था। उन्हें लगता था, यह चाकरी करेगा और एक दिन घर की डगमग आर्थिक स्थिति दुरुस्त होगी। मेरे प्रस्ताव ने उन्हें उदास बना दिया था। हालाँकि उन्होंने सीधे मुझे मना नहीं किया।

ऊहापोह मेरे मन के भीतर था, भिक्षु बनने के सवाल पर। मैं बौद्ध धर्म दर्शन में रुचि ले रहा था, तब इसका अर्थ यह नहीं था कि आँख मूँदकर अनुगमन कर रहा था। राहुल सांकृत्यायन और दूसरे लेखकों ने मेरे मन में कुछ प्रश्न भी खड़े किये थे। मैं इस पर अपने गुरुदेव काश्यप जी और अन्य

मित्रों से विमर्श करता। बुद्ध ने श्रेष्ठि वर्ग का समर्थन क्यों किया? समकालीन राजाओं को अनुयायी बनाने में उनकी रुचि क्यों थी? उनके इशारे पर अपने संघ के नियमों में उन्होंने कई दफ़ा बदलाव क्यों किये? कर्जखोर, सैनिक और स्त्रियों के प्रवेश पर संघ में पाबन्दी क्यों लगायी? जैसे सवाल। मेरे गुरु काश्यप जी ने बतलाया बुद्ध कभी रूढ़िवादी नहीं रहे। उन्होंने (बुद्ध) कहा–'किसी बात को इसलिए मत मान लो कि इसे किसी बड़े आदमी ने कहा है या यह धर्मग्रन्थ में कही गयी है या इसे बहुत लोग मानते हैं, बल्कि अपनी समझ के आधार पर देखो कि क्या यह सचमुच तुम्हारे और दूसरों के लिए ठीक है।' मेरे गुरुदेव ने यह भी बतलाया कि बुद्ध लगातार अपने में परिवर्तन करते रहे। स्त्रियों के मामले पर उन्होंने स्वयं और संघ को कई बार बदला। नर्तकी आम्बपाली के प्रश्न कि स्त्रियाँ क्यों नहीं संघ में शामिल हों, बुद्ध ने हार मान ली। उन्होंने आम्बपाली और अन्य स्त्रियों को संघ में शामिल होने की स्वीकृति दी। संघ के नियम बदले। जब स्त्रियाँ आयीं, तब भी संघ में पुरुष वर्चस्व था। कम आयु के भिक्षु को भी अधिक वय की भिक्षुणी ही नमन करती थी। बुद्ध को पालने वाली माता गौतमी भी संघ में आ चुकी थीं। एक रोज़ वह बुद्ध को नमन करने के लिए आगे बढ़ीं, तब बुद्ध विचलित हुए। माँ गौतमी ने कहा–'आप ही ने तो नियम बनाये हैं।' बुद्ध सतर्क हुए। उन्होंने संघ नियम में फिर सुधार किये।

ज़रूरतों के मुताबिक किसी को हमेशा बदलता रहना चाहिए, यह अच्छी बात है, लेकिन मैं देख रहा था कि बुद्धानुयायी ढाई हज़ार वर्षों से वैसा ही काषाय चीवर धारण किये हुए हैं। संघ की भाषा आज भी पालि ही क्यों है? बुद्ध के विचारों की आधुनिक व्याख्या क्यों न हो? जैसे विचार मेरे मन में घुमड़ते। बौद्ध धर्म को एक रूढ़ि के रूप में स्वीकार करने की मेरी कोई इच्छा नहीं थी। मैं सतर्क था कि इस स्तर पर कोई नया पाखण्ड तो विकसित नहीं हो रहा है?

एक और घटना, जिसने मेरे जीवन को नया मोड़ दिया। एक बार गर्मियों में मैं नालन्दा संस्थान गया। समय तो दस-ग्यारह के करीब ही हो रहे थे, लेकिन तेज़ धूप के कारण प्रतीत होता था कि आग की बारिश हो रही है। गुरुदेव नालन्दा में नहीं थे। मैं इंटरनेशल हॉस्टल आया, भिक्षु विवेकानन्द के पास। योजना थी कि वहाँ खाना खाऊँगा और दोपहर बिताऊँगा। मैं मित्र भिक्षु के कमरे पर पहुँचा और दरवाज़ा खटखटाया। खुसुरफुसुर की आवाज़ हुई। फिर पूछा गया–कौन? मैंने नाम बतलाया, तब चिर शान्ति बन गयी। दरवाज़ा

नहीं खुला। मेरे मन में क्या आया कि मैं कमरे तक पहुँचने वाली सीढ़ियों पर ही चुपचाप बैठ गया। एक अन्तराल के बाद कमरा खुला और एक बच्ची निकलकर खरगोश-सी भागी, उसे मैं पहचानता था। परिसर परिवार की ही बच्ची थी। अब भिक्षु मेरे सामने थे। उन्होंने क्या-क्या कहा, मुझे याद नहीं है। वह शर्मिन्दगी के भाव में थे। उदार भी। 'आपके लिए मैंने यह लाया है। यह लीजिए बुद्ध की मूर्ति, यह थैला...देखिए न...कितना सुन्दर है...ये किताबें ...आपके लिए...और...और...यह बुद्धमूर्ति पिन के साथ...पॉकेट पर क्लिप कर लगा सकते हैं...छह ग्राम सोना है इसमें...

मैं महाभिक्षु बन गया था। बड़ा भिखारी। सब कुछ ग्रहण करता गया। ग्रहणोपरान्त मैंने कहा—चलता हूँ...उन्होंने रोका नहीं। मेरी भूख-प्यास मर गयी थी। फिर एक विराट-दर्शन! मैं वहाँ से चला। गर्मी-लू काफ़ी थी। मुझे इसका कोई अहसास नहीं हो रहा था। जलगाह के किनारे-किनारे पेड़ों के नीचे से गुज़रता हुआ वापस लौट रहा था। जल अर्णव देखकर मुझे खुद्दक निकाय का एक बुद्ध प्रसंग स्मरण हुआ। फिर क्या मन में आया कि बुद्ध की मूर्ति मैंने जलाशय में फेंक दी, जितनी ज़ोर लगाकर फेंक सकता था। वह मूर्ति प्लास्टिक जैसे किसी हल्के द्रव्य की बनी प्रतीत होती थी। वह पानी में तैरने लगा। मानो मुझसे कुछ प्रश्न पूछ रहा हो। अब जाकर पुस्तक देखी। अंग्रेज़ी पुस्तक थी। शीर्षक था—'Problem of Sin'। प्रॉब्लम ऑफ़ सिन—पाप की समस्या। मुझे हँसी आयी। वह किताब भी फेंक दी। क्लिप वाली बुद्ध मूर्ति में सोना होने की बात कही गयी थी, उसे नहीं फेंका (बाद में उसे एक मित्र ने माँगा और मैंने तुरन्त दे दिया।) थैला वाकई सुन्दर था। उसे भी नहीं फेंका।

मैं कुछ सोच नहीं रहा था। नालन्दा मेरे चित्त से उतर गया था। उस संस्थान से मेरा आकर्षण खत्म हो गया था।

शब्दों के संसार में

मैंने कभी यह नहीं सोचा था कि लेखक बनूँगा। इसमें मेरी कोई ख़ास दिलचस्पी भी नहीं थी। लेखक विचित्र प्राणी होते हैं। विचित्र स्वभाव और विचित्र लिबास वाले प्राणी। उनकी एक अलग धज ही होती है। तब कवियों की तस्वीरे पत्रिकाओं में खूब छपती थीं। सुमित्रानन्दन पन्त और निराला की तस्वीरें देखता, तब मुझे और विकर्षण होता। हमारे बिहार में दिनकर जी थे, जिन्हें बचपन में देख चुका था। सिन-क़ाफ दुरुस्त लिबास में मर्दाने दुपट्टे के साथ उनकी एक भव्य छवि बनती थी। इन भव्य, नाज़ुक और स्त्रैण छवियों में मेरी कोई रुचि नहीं थी। अलबत्ता इन सबके मुकाबले मुझे प्रेमचन्द की आम आदमी वाली धज ज़्यादा आत्मीय प्रतीत होती।

मैं कविता-कहानी-उपन्यास पढ़कर साहित्य की ओर आकर्षित नहीं हुआ था। मेरे आकर्षण का क्षेत्र विचारों की दुनिया थी। मेरे अवचेतन में कहीं-न-कहीं सामाजिक संवेदनशीलता विकसित करने और एक ऐसे समाज के निर्माण की बात थी, जिसमें मनुष्य का मनुष्य द्वारा शोषण सम्भव नहीं हो। जब मैं दुनिया के इतिहास से रू-ब-रू हुआ, तब फ्रांसीसी क्रान्ति ने मुझे बेहद आकर्षित किया। मैं हिन्दुस्तान में ऐसे आन्दोलन की कल्पना करता। मेरे लिए लेखक का मतलब रूसो और वाल्तेयर थे। हमारे इर्द-गिर्द भारतीय स्वतन्त्रता आन्दोलन के विवरणों और गुणगान का साहित्य भरा पड़ा था। सुभद्रा कुमारी चौहान की 'खूब लड़ी मर्दानी, वह तो झाँसी वाली रानी थी' या फिर 'वीरों का कैसा हो वसन्त' जैसी कविताएँ और 'मुझे तोड़ लेना वनमाली' (माखनलाल चतुर्वेदी) या 'हिमाद्रि तुंग श्रृंग से...' (जयशंकर प्रसाद) जैसे पद मुझे कृत्रिम भावुकता से लबरेज लगे। सुन्दर किन्तु सारहीन। श्याम नारायण पाण्डेय की एक कविता 'हल्दी घाटी' मुझे कण्ठाग्र थी। मानो फेफड़े के व्यायाम के लिए ही इस कविता का मैं ज़ोर-ज़ोर से पाठ करता। इसकी तुकबन्दी और राग के

आरोह-अवरोह मुझे पसन्द आते, लेकिन कभी-कभी बैठकर इन कविताओं का मैं मज़ाक बनाता। तब बिहार के एक कवि गोपाल सिंह नेपाली खूब लोकप्रिय थे। उनकी कविताएँ छिछली भावुकता और तुकबन्दियाँ होती थीं। 'चौवालीस करोड़ों को हिमालय ने पुकारा' कविता मैंने एक जलसे में कवि नैपाली से ही सुनी थी, अपने बचपन में।

इन सबके मुकाबले मुझे सीधी-सीधी-सी दिखने वाली मैथिलीशरण गुप्त की कविता 'नर हो न निराश करो मन को' या फिर भवानी दा (भवानी प्रसाद मिश्र) की कविताएँ पसन्द आती थीं, जो भारत-व्याकुल भाव की नहीं होती थीं। साफ-सुथरी भाषा और जीवन की खरी-खरी बातें। जैसे 'जी हाँ मैं गीत बेचता हूँ' या कि 'मैं असभ्य हूँ क्योंकि ढोल पर बड़े ज़ोर से गाता' जैसे पद। मुझे नागार्जुन की अनेक कविताएँ कण्ठाग्र थीं। केदारनाथ अग्रवाल की कविता 'हवा मैं हवा हूँ...बसन्ती हवा हूँ' गुनगुनाना मुझे सचमुच अच्छा लगता था। या फिर उन्हीं की 'सतपुड़ा के जंगल' जैसी कविताएँ, जिनमें ऊँघते अनमने जंगल का खूबसूरत वृत्तान्त था।

अयोध्या प्रसाद उपाध्याय 'हरिऔध' की काव्य-पुस्तक 'प्रिय प्रवास' पढ़कर मुझे बहुत अच्छा लगा, ख़ासकर इसकी लम्बी भूमिका और फिर सांध्य वर्णन की वह तत्सम पदावली जो हमें संस्कृत के काव्य संसार से जोड़ते थे। 'दिवस का अवसान समीप था' जैसे पद और 'कमलिनी-कुल-वल्लभ' जैसे शब्द मुझे अपनी ओर खींचते थे। लेकिन इनकी एक कविता जो आज भी मुझे प्रिय है वह है कर्मवीर। आप को एक अंश सुनाना अच्छा लगेगा :

देखकर बाधा विविध, बहु विघ्न घबराते नहीं
रह भरोसे भाग्य के दुख भोग पछताते नहीं
काम कितना ही कठिन हो, किन्तु उकताते नहीं
भीड़ में चंचल बन जो वीर दिखलाते नहीं
हो गये एक आन में उनके बुरे दिन भी भले
सब जगह सब काल में वे ही मिले फूले...फले।
आज करना है जिसे करते उसे हैं आज ही
सोचते कहते हैं जो कुछ कर दिखाते हैं वही
मानते जो भी हैं सुनते हैं सदा सबकी कही
जो मदद करते हैं अपनी इस जगत में आप ही
भूलकर वे दूसरों का मुँह कभी तकते नहीं
कौन ऐसा काम है वे कर जिसे सकते नहीं

जो कभी अपने समय को यों बिताते हैं नहीं
काम करने की जगह बातें बनाते हैं नहीं
आजकल करते हुए जो दिन गँवाते हैं नहीं
यत्न करने से कभी जो जी चुराते हैं नहीं
बात है वह कौन जो होती नहीं उनके लिए
वे नमूना आप बन जाते हैं, औरों के लिए।

लेकिन दुर्भाग्य से इस प्रकार की सीधी-खरी कविताओं की चर्चा कम होती थी और इन्हें सामान्य-स्तर की कविताएँ कहा गया था।

हिन्दी कविता का मतलब था राष्ट्र-व्याकुल और धर्म व्याकुल कविताएँ। ऐसे कवियों का ही ज़ोर था। जयशंकर प्रसाद की 'कामायनी', गुप्त जी का 'साकेत' या फिर हमारे बिहार के क्रान्तिवीर कवि दिनकर की बहुत सारी कविताएँ।

मैं इन कवियों को पढ़ता था ज़रूर, लेकिन इस मानसिक दबाव के तहत कि इनका बहुत नाम-यश है। जनता में जब इतना लोकप्रिय हैं, तब इसके कुछ कारण होंगे। लेकिन मेरा मन कहीं जमता नहीं था। आज से कोई दस साल पहले एक इंटरव्यू में हिन्दी कविता को मैंने सामन्ती जमाने की विधा कह दिया, तो इस पर कोहराम मच गया। कवियों ने मिलकर मुझे मूर्ख-गँवार जैसे पदों से नवाजा। मुझे रोष की जगह आनन्द आता था। इन भव्य और नाजुक कवियों की आक्रोशपूर्ण टिप्पणियों से मुझे ज़्यादा आनन्द आया, वनिस्पत उनकी कविताओं के। हालाँकि उनकी इस बात से सहमत हूँ कि कविता की समझदारी मुझमें नहीं है।

आज भी कहूँगा, हिन्दी कविता का तीन-चौथाई निजी भावुकता और तुकबन्दियाँ हैं, वे वाग्जाल के अलावे और कुछ नहीं हैं। दुर्भाग्य है कि इन झाड़-झंखाड़ से हिन्दी साहित्य आज भी मुक्त नहीं है।

पुराने कवियों को पढ़ते हुए निराला (सूर्यकान्त त्रिपाठी) मुझे बाँधते। हालाँकि उनकी प्रसिद्ध कविताओं 'राम की शक्तिपूजा' या 'तुलसीदास' ने आरम्भ में मुझे नहीं बाँधा। हाँ, 'सरोज स्मृति' को कई बार पढ़ा और हर बार वह कुछ ज़्यादा ही आत्मीय लगी। मैं स्वयं से पूछता कि 'राम की शक्तिपूजा' तुम्हें क्यों आत्मीय नहीं लगती। कुछ तो इसका कारण उसकी भव्य आलोचना थी, जिसमें आलोचक, आध्यात्मिक से लेकर संस्कृति-राग तक की बात करते थे। एक बार इत्मीनान भरे मिज़ाज में, चुपके से जब मैंने उस कविता में झाँका तब देखा वह तो कवि का अपना ही आत्म-संघर्ष है और फिर मुझे लगा कि यह कविता सरोज-स्मृति की ही कड़ी है।

निराला ने जिस आत्म संघर्ष को 'सरोज-स्मृति' या 'राम की शक्तिपूजा' में चित्रित किया है, उससे हिन्दी कवि भागता रहा है। वह राष्ट्र, विश्व, आध्यात्म और चिरन्तन की चिन्ता करता है और भूल ही जाता है कि वह भी है, उसके इर्द-गिर्द भी कुछ है। वह अपने समय, अपने आस-पास और अपने से दूर रहना चाहता है। इसके चित्रण में उसे शर्मिन्दगी महसूस होती है। दरअसल वह कवि नहीं, ऋषि बनना चाहता है, चिरन्तन का चिन्तक। वह अपनी ज़िन्दगी नहीं, पूरा जहान अपने सिर पर उठाये रखना चाहता है। इसी पीड़ा अथवा यातना को वह अपनी कविता के माध्यम से करुणा में तब्दील करना चाहता है। इसी प्रयास में वह हास्यास्पद हो जाता है।

मैं साहित्य का विधिवत विद्यार्थी कभी नहीं रहा। स्नातक की डिग्री साइंस विषयों के साथ ली थी। लेकिन सामान्य विमर्श करने भर के लिए साहित्य मैं जान गया था। वह जमाना हिन्दी साहित्य का तो नहीं, लेकिन हिन्दी का बेहतर था। आज़ादी के बाद लोगों में हिन्दी को लेकर कुछ ज़्यादा ही उत्साह था। तत्कालीन राष्ट्र नायकों ने हिन्दी को राष्ट्र की राजभाषा बना दिया था। इसके पीछे की एक अलग कहानी है। लेकिन उत्तर भारत में समाज के वर्चस्व प्राप्त द्विज ताक़तों ने हिन्दी को घेर लेने की योजना बनायी। चुन-चुनकर अरबी-फ़ारसी के शब्दों को निकाल बाहर किया गया। जब हम स्कूल में थे, हिन्दी पाठ में शुद्ध करने के लिए इस तरह के वाक्य दिये जाते थे-'उसे धन-दौलत की कमी नहीं है।' हमें बतलाया जाता था कि धन और दौलत एक ही चीज़ है और दोनों का एक साथ प्रयोग ग़लत है। हमें दौलत को वाक्य से हटाने की हिदायत दी जाती। मेरा मन इसके लिए तैयार नहीं होता था। अनुभव होता था कि कहीं कुछ ग़लत हो रहा है। धन-दौलत जैसे शब्द युग्म हमारी राग में बसे थे। इनसे जुदा होना अच्छा नहीं लगता था। लेकिन शिक्षक तो ग़लत नहीं हो सकते। हम रागहीन हो सकते थे, अशुद्ध नहीं। वह शुद्धता का दौर था। शुद्ध हिन्दी, शुद्ध हिन्दू।

हमने सयाना होते-होते देखा, विश्वविद्यालयों के हिन्दी विभाग सामाजिक प्रतिक्रियावाद के गढ़ बन गये। पहले ये 'प्रगतिशील' बने और फिर समग्र रूप से सांस्कृतिक। हिन्दी मीडिया द्विजत्व के झाग में ज़्यादा डूबा। दंगों का अध्ययन करने वाली एक कमेटी ने बतलाया था कि रामजन्म भूमि अभियान के तहत साम्प्रदायिकता फैलाने में अख़बारों की घृणित भूमिका रही। यह सब एक दिन में नहीं हो गया था। 1975 में नागपुर में पहला विश्व हिन्दी सम्मेलन हुआ, तब उसका पूरा ठाट हिन्दू था। मैंने जॉर्ज फर्नांडिस के सम्पादकत्व में निकलने वाले 'प्रतिपक्ष' में एक टिप्पणी लिखी थी 'विश्व हिन्दी सम्मेलन या हिन्दू सम्मेलन'।

मैं यह नहीं कहता कि हिन्दी पर हिन्दुत्व का असर नहीं हो। जिस भाषा का इस्तेमाल करने वाले लोग जिस तबीयत के होंगे, उसका असर तो उस पर पड़ना लाज़िमी है। हम आरम्भ के लिए श्री गणेश या सीमा के लिए लक्ष्मण रेखा जैसे मुहावरों को भला कैसे रोक सकते हैं? उर्दू का प्रयोग मुसलमान लोग ज़्यादा करते हैं और वे आरम्भ के लिए बिस्मिल्ला का इस्तेमाल करते हैं तब इसे हम नहीं रोक सकते। चाहिए भी नहीं, लेकिन हमें यह भी तय करना होगा कि किसी भाषा विशेष को क्या एक धर्म, सम्प्रदाय या क्षेत्र विशेष की भाषा बनाये रखना है या फिर उसे व्यापक वैश्विक भाषा की ओर ले जाना है। हिन्दी या उर्दू को यदि हिन्दुओं या मुसलमानों की भाषा बने रहना है, तो कोई बात नहीं, लेकिन उन्हें यदि राष्ट्र की, विश्व की आधुनिक जमाने की भाषा बनना है तो उन्हें उसके अनुरूप बदलना होगा। किसी भी आधुनिक भाषा को आज न केवल साहित्य की भाषा बनना है, बल्कि उससे अधिक उसे विज्ञान, तकनीक व बाज़ार की भाषा बनना है। जो भाषा इसमें पिछड़ जायेगी, वह मर जायेगी, चाहे वह कितनी ही महत्त्वपूर्ण क्यों न हो। संस्कृत और फ़ारसी क्यों मर गयी? वह साहित्य की भाषा तो रही, लेकिन जनता के व्यवहार की भाषा नहीं रही। जब जनता की भाषा नहीं रहेगी तो लोकतान्त्रिक ज़माने में साहित्य की भाषा भी नहीं रहेगी। धीरे-धीरे भाषा मर जायेगी, गुजरे जमाने की जुबान बन जायेगी। ऐसी भाषाओं का यही हश्र होता है।

हिन्दी का भविष्य बेहतर है। यह यूनिवर्सिटियों से निकलकर बाज़ार में पहुँच गयी है। कुछ लोग उसके इस रूप पर कोफ़्त होते हैं। प्रसाद और निराला की भाषा को ये नीच-लफंगे, शूद्र-दलित बर्बाद कर रहे हैं। यह लालू प्रसाद व्याकरण की टाँग तोड़ता है और राजीव गाँधी 'किया' को पंजाबी टोन में 'करी' बोलता है। भला, प्रधानमन्त्री पद पर बैठे आदमी को अपने राष्ट्र की राजभाषा का इस तरह इस्तेमाल करना चाहिए! विश्वविद्यालय का प्रबुद्ध अध्यापक गुस्से से अपनी दाढ़ी नोचता है।

सरकारी महकमों में हिन्दी सलाहकार समितियाँ हैं। ऐसी अनेक समितियों में मुझे रहने का अवसर मिला है। ये समितियाँ खानापूर्ति करती हैं। जब मैं भारतीय रेल की समिति में था, तो हर बार यही प्रगति रिपोर्ट पेश की जाती थी कि कितने नामपट्टों का हिन्दीकरण हुआ। जो नामपट्ट रोमन में लिखे होते थे, उसे नागरी में कर देना हिन्दीकरण माना गया। एक बार मैंने पूछा यह मराठीकरण या संस्कृतकरण क्यों नहीं है? क्योंकि मराठी और संस्कृत की लिपि भी नागरी है। अधिकारियों के पास कोई जवाब नहीं था।

हिन्दी के आधुनिक स्वरूप पर सोचता रहा हूँ। भाषा, लिपि और साहित्य तीनों स्तरों पर। रोमन अल्फाबेट में छब्बीस लेटर हैं, नागरी अल्फाबेट में सैंतालीस। क्या इन्हें कम किया जा सकता है? विशेषज्ञों की राय लेनी चाहिए। ऋ को अृ लिख देने में क्या हर्ज़ है। तीन तरह के स को दायें-बायें बिन्दी रखकर कम नहीं किया जा सकता? इस दिशा में सतत प्रयास होना चाहिए। हिन्दी के बीच कई हिन्दी खड़ी हो रही है। इसमें भी वर्ण विभाजन। ब्राह्मण हिन्दी, क्षत्रिय हिन्दी, वैश्य हिन्दी, शूद्र हिन्दी, सरकारी हिन्दी, बाजारू हिन्दी ...हज़ार तरह की हिन्दी। एकरूपता का मैं समर्थक नहीं हूँ लेकिन विभेद कम से कम हो। इतना अन्तर न हो। कभी-कभी सरकारी हिन्दी की भाषा ऐसी हो जाती है कि उसे समझने के लिए उसका अंग्रेज़ी अनुवाद देखना पड़ता है। कोलकाता रेल कार्यालय में एक बार मुझे नित्यप्रति अथवा रोज़ की हिन्दी देखकर आश्चर्य हुआ। इसके लिए शब्द था–प्रत्याह। मैं इस शब्द से अपरिचित था। बतलाया गया सप्ताह की तरह प्रत्याह है। मैंने कहा बंगला में तो इसके लिए शब्द प्रयुक्त होता है प्रतिदिन। मैंने 'दिन-प्रतिदिन' फ़िल्म देखी थी। हाँ, उन्होंने कहा, लेकिन यह शब्द बंगला में प्रयुक्त होता है। रोज़ फ़ारसी का शब्द है और डेली तो अंग्रेज़ी का है। मैंने 'रोज' प्रयोग करने के लिए कहा।

हिन्दी प्रेमियों से मेरा एक निवेदन होगा। भाषा और साहित्य दोनों स्तरों पर वे व्यापक दृष्टिकोण अपनावें। हिन्दी की ऊँची कक्षाओं में उर्दू भाषा और उसके साथ इस्तेमाल होने वाली फ़ारसी लिपि का ज्ञान बनाया जाना चाहिए। इससे हिन्दी की प्राण शक्ति बढ़ेगी। साहित्य के स्तर पर जब तुलसी और सूर को पढ़ाते हैं, जायसी और बिहारी को पढ़ते-पढ़ाते हैं तो ग़ालिब और मीर जैसे कवियों को भी पढ़ना-पढ़ाना चाहिए। अनेक उर्दू कवियों के पद हमारी जुबान में मुहावरे बन गये हैं, हम इस भाषा को अलग कर अपना ही अहित कर रहे हैं। हमें यह नहीं भूलना चाहिए कि हिन्दी जितनी भारत की भाषा है, उतनी ही पाकिस्तान की। यह दोनों देशों की राष्ट्रभाषा है। दोनों में उतनी ही एकता और उतना ही अन्तर है, जितना किसी हिन्दू और मुसलमान में।

मैं अपनी ही मानसिकता के साथ धीरे-धीरे हिन्दी का लेखक बना। कोई तैयारी नहीं। कोई सपना नहीं पाला। योजनाबद्ध ढंग से कभी काम नहीं किया। जब अपनी बात कहने के लिए कलम उठाता तो टिप्पणियों और लेखों के रूप में वे सामने आतीं। एक सामाजिक-राजनैतिक कार्यकर्ता के रूप में ही मैंने क़लम उठाई; बाद में जाकर कथा-लेखक बना।

पटना में 'लेखकों' की दुनिया

बी.एससी. की डिग्री लेकर, 1974 की गर्मियों में मैं पटना आ गया। यहाँ जुगत से एक डेरा बनाया। यह डेरा गाँधी मैदान के नज़दीक दलदली रोड पर अवस्थित था। एक बहुमंजिली रहस्यमयी इमारत, जिसके ग्राउंडफ्लोर पर गली के सामने कोई तीन सौ घनफुट का एक दरबा था, जिसमें कोई बड़ी-सी दुकान खुल सकती थी, लेकिन एक मन्दिर या देवस्थल के रूप में वह इस्तेमाल हो रहा था। इस मन्दिर में कुछ अनगढ़ मूर्तियों और शीशे में फ्रेम की हुई, देवियों की बेशुमार तस्वीरें थीं। लक्ष्मी या सरस्वती जैसी कमनीय देवियाँ नहीं, भयानक मुद्रा वाली देवियाँ–जैसे–काली, दुर्गा आदि। कोई लाल जीभ निकाले या फिर गले में मुण्डमाल डाले। हमेशा धूप-लोहबान जलने से वातावरण धुआँ-धुआँ बना रहता। ऐसे ही वातावरण में एक भयानक-सी बुढ़िया मन्दिर में लगातार बैठी मिलती। सफेद बाल बिखरे हुए, फ़र्श पर टाँग बिछाये बैठी हुई, साड़ी घुटनों से ऊपर खींचे, बड़ी तीखी नज़र से आने-जाने वालों को वह देखती रहती। बोलती बहुत कम थी, लेकिन एक नज़र डालती, तब लगता जिस्म में सुराख कर देगी। लोग इस बूढ़ी को भगतिन कहते थे। वही इस सल्तनत की मालकिन थी। पूरे घर अथवा भवन का नाम था भगतिन-भवन, इसी भवन के सबसे ऊपरी यानी चौथी मंजिल पर मैंने एक कमरा किराये पर लिया था। किराया था साठ रुपये मासिक।

पटना में रहने का उद्देश्य था, चाकरी की तलाश। पन्द्रह-बीस रोज़ पटना रहता, फिर लगभग इतने ही रोज़ के लिए गाँव चला आता। पता नहीं चलता था, क्या करूँ। आर्थिक संकट अपनी जगह था। मैं अपना खाना खुद ही, एक किरोसिन स्टोव पर बना लेता था। विचित्र किस्म का यह स्टोव कुल अठारह रुपये क़ीमत का था, जिसमें कई बत्तियाँ एक साथ जलती थी और एक समन्वित लौ का निर्माण करती थीं। उस समय आम तौर पर पीतल का स्टोव प्रचलित था, जिसमें हवा पम्प करना होता था। उससे यह भिन्न किस्म का था। इसे सुलगाना आसान था और खतरे भी कम थे।

मेरे कमरे में दो चौकियाँ, थोड़े-से बर्तन, कुछ किताबें और एक छोटा-सा सन्दूक था, जिसमें मैं पहनने के कपड़े और चादर जैसी सामग्री रखता था। दो चौकियों में से एक पर मैं सोता, दूसरा अतिथि के लिए सुरक्षित रहता था। गाँव नजदीक होने से अतिथियों का सिलसिला बना रहता था। इनसे मैं थोड़ा आक्रान्त भी रहता था। मेले वग़ैरह के दिनों में इन अतिथियों से डरकर कहीं चला जाता था।

पटना मैं आया तो था चाकरी की तलाश में, लेकिन आते ही जुट गया साहित्य की तलाश में। अनेक लेखकों के बारे में मैं जानता था और दो-तीन से पत्राचार भी था। रामदयाल पाण्डेय, रामनरेश पाठक, मृत्युजंय मिश्र करुणेश, रामचन्द्र भारद्वाज, रामगोपाल शर्मा रुद्र जैसे कुछ कवि मेरे पिताजी के मित्रों में थे और उन सबसे पिताजी के साथ पहले ही मिल चुका था। इनमें से सब मेरे गाँव भी जा चुके थे, क्योंकि मेरे पिताजी गाँव-क़स्बे में भी कभी-कभार कवि सम्मेलनों का आयोजन कराते रहते थे। हालाँकि कवियों से मैं दूरी बनाये रखना चाहता था, क्योंकि इन सब का राग के साथ गाना और चित्र-विचित्र धज बनाये रखना, मुझे बिल्कुल पसन्द नहीं था। फिर भी रामनरेश पाठक का स्मरण बहुत सम्मान के साथ मैं करना चाहूँगा। उनसे प्राय: मैं मिलता। वह साहित्य-संसार की बहुत ही जानकारियाँ देते रहते थे। एक तरह से आज़ादी के बाद के हिन्दी-साहित्य के इतिहास का उनके पास एक खूबसूरत सिलसिलेबार ब्योरा था। आज़ादी के इर्द-गिर्द की हिन्दी कविता का मिज़ाज, फिर इलाहाबाद में परिमल का जन्म उसकी गतिविधियाँ, 'कल्पना' के प्रकाशन और उसके प्रभाव का इतिहास, मार्क्सवादी चिन्तन के प्रभाव-कुप्रभाव सबकी बारीक और अद्यतन जानकारी उनके पास थी। वह हिन्दी में नहीं, मगही में कविताएँ करते थे, लेकिन उनका अध्ययन चिन्तन का क्षेत्र व्यापक था। वह मूल रूप से गया के रहने वाले थे और डॉ. सुरेन्द्र चौधरी के अभिन्न मित्र थे। पाठक जी पहले व्यक्ति थे, जिन्होंने रामविलास शर्मा की सीमाओं के बारे में एक रोज़ जमकर बात की। वह उन्हें पहलवान आलोचक कहते थे। निराला के 'तुलसीदास' की उनकी अपनी व्याख्या बहुत ही मौलिक थी। उन्होंने बतलाया कि निराला में एक उग्र हिन्दुत्व है जिसकी सम्यक् आलोचना नहीं हुई। अज्ञेय ने जब निराला की आलोचना की थी, तब उनका इशारा उनके इसी हिन्दुत्व की ओर था। मैथिलीशरण गुप्त का हिन्दुत्व भागवत अन्दाज़ का है। भागवत हिन्दुत्व देशी हिन्दुत्व है, जो सहिष्णुता का सन्देश देता है। हमारा अपना धर्म अच्छा है और दूसरे धर्म भी बुरे नहीं हैं, लेकिन उग्र हिन्दुत्व तो कहता है केवल हम अच्छे हैं।

निराला जब शेरों के माँद में सियारों के घुस आने की बात कहते हैं, तब इसी रौ में होते हैं। अज्ञेय इसे ही खारिज करते हैं। उन्होंने गुप्त जी को अपना गुरु स्वीकार किया था, तब इसके मतलब थे।

पटना में प्रयासपूर्वक मैं दो लोगों से मिला। वे थे रेणु और नागार्जुन। रेणुजी से मिलना तो पटना के प्रसिद्ध कॉफी हाउस में हुआ, जो डाकबंगला रोड पर अवस्थित था, अभी के सेंट्रल बैंक बिल्डिंग के सामने। दुर्भाग्य से अब यह एक कामर्शियल प्लेस बन गया है। उन दिनों यह सांस्कृतिक केन्द्र हुआ करता था। इस कॉफी हाउस का संचालन इंडियन कॉफी बोर्ड और भारत सरकार का वाणिज्य विभाग शायद मिलजुल कर करता था। यहाँ लेखकों-पत्रकारों-संस्कृतिकर्मियों का नित्य प्रतिदिन जमावड़ा लगता था। यहाँ पहली दफ़ा कब, किसके साथ गया, ठीक से स्मरण नहीं, लेकिन पहली बार कॉफी पीने और रेणुजी से पहली मुलाक़ात की यादें अभी भी हैं। हालाँकि रेणुजी का प्रिय पात्र मैं जल्दी ही बन गया, लेकिन उनसे बहुत सहज कभी नहीं हो सका। ऐसा नहीं कि वह मिलनसार नहीं थे, लेकिन उनकी एक निजी गरिमा थी, जो देवत्व से भरी और सम्मोहक थी। उनकी तरह परम आभिजात्य, लेखकों के बीच मैंने केवल अज्ञेयजी को देखा। निःसन्देह अज्ञेयजी के मुकाबले रेणुजी मुखर थे। खुलते थे तब आप उनसे ख़ूब सुन सकते थे, लेकिन उनका 'खुलना' बहुत सहज नहीं था। उनका व्यक्तित्व ऐसा था कि आप उनके समक्ष वाचाल नहीं हो सकते थे और यदि आप हो गये, तो उसे सन्तुलित करने के लिए वे महामौन में डूब जाते थे। रेणुजी से जो एक चीज़ सीखी जाने लायक थी, यह थी उनकी शिष्टता। वह जल्दी किसी को तुम नहीं कहते थे। जैसे-तैसे कपड़ों में रहना और किसी भी विषय पर बिना सोचे-समझे टिप्पणी करना उनसे सम्भव नहीं होता था। वह नये से नये लोगों से भी मिलते थे और पुराने से पुराने लोगों से उनका सम्बन्ध था। लेकिन उनका अपना समन्वय इतना दुरुस्त था कि जो भी उनसे मिलता उसे यही भान होता कि रेणुजी मुझे ही सबसे अपना समझते हैं।

नागार्जुन जी से मिलने मेहनत करके गया। वह अपने बेटे शोभाकान्तजी के साथ गंगा किनारे एक पुराने मोहल्ले में रहते थे। अशोक राजपथ पर राजकमल प्रकाशन के सामने वाली गली में जाना पड़ता था। मैं जाड़ों के मौसम में उनके यहाँ गया था। वह बाहर ही धूप में बैठकर खिचड़ी खा रहे थे। आत्मीयता से मिले। मेरे पिताजी को अच्छी तरह जानते थे और जैसा कि उन्होंने कहा, मुझे बहुत बचपन में देख चुके थे। उन्होंने पहले तो खिचड़ी खाने

के लिए कहा, मैंने ना किया तब खाजा खिलाया। फिर वह छोड़ने राजकमल प्रकाशन की दुकान तक आये।

1974-75 में अन्य लेखकों से परिचय हुआ। श्री काशीनाथ पाण्डेय (दिवंगत) से ख़ासी दिलचस्प मुलाक़ात हुई। बारिश में भींगते उनके यहाँ (भट्टाचार्या रोड अवस्थित उनके डेरे) गया, छुपने के लिए। वह चाय बना रहे थे। मुझसे भी चाय के लिए पूछा। मैंने हाँ कहा, न ना। उन्होंने कहा—स्त्रियों की तरह लजाते क्यों हैं? उन्होंने चाय पिलायी। मेरा नाम-धाम-काम पूछा और जब यह जाना कि मैं लिखता भी हूँ, तब खूब खुश हुए। मुझे पहुँचाने मेरे डेरे तक आये कि डेरा देख लूँगा। फिर वह आने-जाने लगे। एक दिन उन्होंने अनजाने में मुझे पोर्क (सुअर का माँस) खिला दिया। दरअसल वह डिब्बाबन्द कबाब था। भूनकर खाया जाता था। चाय के साथ हम लोगों ने उसे लिया था। जब खा लिया, तब उन्होंने राज खोला। मैंने कभी पोर्क खाया नहीं था, इसलिए कुछ परेशान हुआ। उन्होंने मुझे घूरते हुए धमकाया, लेखक बनना है, तब इतना भ्रष्ट तो बनना ही पड़ेगा। कण्ठी-जनेऊ पहनकर कोई बेहतर लेखक नहीं हो सकता, केवल काग़ज़-स्याही बर्बाद करेगा आदमी।

पाण्डेय जी ने अपने घर का नाम रखा था, क्रौंचगाह—जो संस्कृत के महान कवि वाल्मीकि के क्रौंच पक्षियों की याद दिलाता था। वह अपनी ही तरह के रचनात्मक और दिलचस्प व्यक्ति थे। भाषा और शब्दों के साथ लगातार प्रयोग करते रहते। सरकार को सरकारनी कहते और इसके लिए दलील पेश करते। फिर कविता में संगीत की बुनावट गाँठते। उन्हें अपने शहर पटना पर बहुत नाज़ था। एक बार पटना के सुभद्रजनों ने इस शहर का नाम पाटलिपुत्र करने के लिए आन्दोलन चलाया। पाण्डेयजी इसके विरुद्ध थे। हिन्दी भाषियों में बढ़ रही तत्सम् प्रवृत्ति को वह इस भाषा के लिए बेहद खतरनाक मानते थे। शहर पटना ने अपने इस कवि का महत्त्व नहीं समझा। 2008 में उनकी मृत्यु हुई। मृत्यु से कुछ पूर्व उनसे तीन-चार दफ़ा मिलना हुआ था। वह इस शहर के रतन थे।

युवा कवि आलोकधन्वा उन दिनों आज से ज़्यादा चर्चित थे। वह नया टोला भिखना पहाड़ी में रहते थे। दूसरी मंजिल पर एक फ्लैट में अव्यवस्थित रूप से—औघड़नुमाँ। उनसे मिलने पर कवि का एक और ही रूप मिला। मैं कवियों का मज़ाक उड़ाया करता था। आलोकजी को देखकर मुझे कुछ और मसाले मिले। लेकिन उनकी कुछ ख़ासियत है, जो केवल उन्हीं में है। जैसे उनकी आवाज़ और फिर उनकी सघन ऐन्द्रिक आँखें। उनसे बातें करना दिलचस्प होता है, ख़ासकर कविता प्रसंगों पर। काव्य चर्चा में वह एक त्वरा

में आ जाते हैं और फिर उनकी आँखें एक जादुई आभा बिखेरती हैं। जब हमारी मुलाक़ात पुरानी हुई, तब कुछ और विषयों पर बातें होने लगीं, लेकिन कभी टुच्ची बातें उनसे नहीं हुईं। वह आज भी मेरे आत्मीय और प्यारे मित्र हैं।

मैं शहर के नकचढ़े कवि-लेखकों का नाम जानबूझ कर नहीं लूँगा। इस सम्प्रदाय के कवि-लेखकों का मानना होता है कि वे दुनिया की सर्वश्रेष्ठ प्रजाति हैं और यह समाज, यह अहदी सरकार उनकी कोई चिन्ता नहीं करती। इन लोगों ने अपनी सक्रियता, अपनी नैतिकता पर शायद ही कभी विचार किया होगा। दूसरों की निष्क्रियता पर इनकी चिन्ता ज़्यादा होती है। इन्हें लगता है कि पूरी दुनिया में उनके विरुद्ध कुचक्र रचा जा रहा है लेकिन अन्ततः उनकी जीत होगी। उनकी मृत्यु पर लोग फूट-फूट कर रोयेंगे; अख़बारों में लेख छपेंगे और प्रमुख चौराहों पर केवल उनकी मूर्तियाँ होंगी।

बंगला और उर्दू के साहित्यकारों का एक अलग जमावड़ा था जो काफ़ी सक्रिय था। उर्दू के प्रसिद्ध लेखक सुहैल अजीमावादी से मेरा परिचय हुआ। वह प्रगतिशील लेखक संघ की गोष्ठियों में आते थे। इन्हीं गोष्ठियों में बंगला कवि पूर्णेन्दु मुखोपाध्याय और विश्वजीत सेन से भी परिचय हुआ।

कॉफी हाउस में लेखकों का एक समूह प्रायः आता था। उनसे मिलना सबसे आसान होता था। कवि सत्यनारायण, कुमारेन्द्र पारसनाथ सिंह (दिवंगत), गोपीवल्लभ सहाय (दिवंगत), नचिकेता, सूर्यनारायण चौधरी (दिवगंत), रिपुदमन सिंह, जितेन्द्र राठौर जैसे लोग वहाँ मिल ही जाते थे। सतीश आनन्द जैसे विरले नाट्य निदेशक, जो तब युवा थे और भूल नहीं रहा हूँ, तब कला संगम नाम की नाट्य संस्था के निदेशक थे, से वहीं मिलना हुआ। 1975 में मैं पहली दफ़ा एक आधुनिक नाटक 'आषाढ़ का एक दिन' देखा (इसके पूर्व मैंने कस्बे की नौटंकियाँ ही देखी थीं)। इस नाटक में मल्लिका की भूमिका में डॉ. विनीता अग्रवाल थीं, जो पटना के किसी कॉलेज में पढ़ाती थीं। उनकी जानदार भूमिका ने मुझे उनके कई शो देखने के लिए विवश किया। 1994 में वह मुझे साहित्य अकादमी भवन के उस समारोह में मिलीं, जहाँ मुझे श्रीकान्त वर्मा पुरस्कार से नवाजा जा रहा था। वह मुझे बधाई देने आयी थीं। मैंने उन्हें तुरन्त पहचान लिया। वह उस वक़्त भी मुझे मल्लिका जैसी अल्हड़ और युवा ही प्रतीत हुईं। समारोह में उनकी उपस्थिति मेरे लिए कुछ ख़ास थी। उसके बाद वह कुछ ही साल जी सकीं।

पटना में उन दिनों कवि-लेखकों का अकाल नहीं था। बसन्त कुमार (दिवंगत), रामकृष्ण पाण्डेय (दिवंगत), अरुण कमल, रवीन्द्र भारती, कर्मेन्दु शिशिर,

हृषीकेश सुलभ आदि से इसी दौर में मिलना हुआ। नया टोला के पास हरिसभा बंगाली अखाड़े में रामकृष्ण पाण्डेय रहते थे। वहाँ हम लेखकों का जमावड़ा लगता था। अरुण कमल की पहली कविता वहीं सुनी थी। मुझे याद आता है उन दिनों तक वह कहीं छपे नहीं थे। रामकृष्ण पाण्डेय उनके प्रशंसक थे। रामकृष्ण पाण्डेय से हमें दुनिया-जहान की ख़बरें मिलती रहती थीं। वह चुप्पे लेकिन बहुत ही शालीन संस्कारों वाले इन्सान थे। वह पढ़ाई के लिए जे.एन.यू. गये। फिर यू.एन.आई. ज्वाइन कर लिया। 1980 के बाद उनसे मिलना कम हो गया। 1994 में दिल्ली में उनसे एक बार मुलाक़ात हुई। फिर केवल उनके समाचार मिलते रहे। कुछ वर्ष पूर्व उनका निधन हो गया।

उन्हीं दिनों लेखक मधुकर सिंह से मेरी मुलाक़ात हुई। यह मुलाक़ात युवा इनकम टैक्स अधिकारी राव रणविजय सिंह के आवास पर हुई। वह इनकम टैक्स गोलंबर पर अवस्थित ऑफ़िसर्स फ्लैट में रहते थे। सांस्कृतिक चेतना से युक्त मिलनसार अधिकारी थे, जिन्हें साहित्य व समाज में अभिरुचि थी। मेरे एक वकील मित्र ने इनसे मिलवाया था। पहले दिन ही वहाँ कई लोगों से मुलाक़ात हुई। मधुकर जी उनमें से एक थे। डॉ. रामवचन राय, तूफानचन्द्र जोश और हरिहर प्रसाद भी वहाँ थे। अन्य के नाम स्मरण में नहीं हैं, लेकिन कुछ और लोग थे।

1975 की सर्दियों में राजगीर में समान्तर लेखकों का एक सम्मेलन हुआ। आज यह बतलाना शायद ज़रूरी होगा कि यह समान्तर लेखक कौन-सी बला है। उस वक़्त लेखकों में साहित्यिक आन्दोलन खड़ा करने का एक सपना रहता था। अनेक साहित्यिक आन्दोलन थे। नयी कहानी आन्दोलन से लेकर परिमल, साठोत्तरी, नकेनवाद आदि-आदि। कमलेश्वर सारिका जैसी लोकप्रिय कहानी पत्रिका के सम्पादक थे। एक सम्पादक कोई साहित्यिक आन्दोलन आसानी से चला सकता था। कमलेश्वर जी ने समान्तर आन्दोलन खड़ा किया। वह फिल्मों के लिए भी लिखते थे। फिल्मों में उन दिनों समान्तर सिनेमा का दौर था। प्रतीत होता है इसी से प्रेरित होकर उन्होंने कहानी में यह आन्दोलन चलाया होगा। इससे लेखकों की एक अच्छी ख़ासी जमात बन गयी थी। जो भी सारिका में छपता था, समान्तर लेखक हो जाता था। जब समान्तर लेखक हो गये, तब समान्तर आलोचक भी हो गये। और तो और समान्तर नाम से एक सहयोगी प्रकाशन भी खड़ा हो गया। कुछ ऐसे लेखक होते हैं, जिनमें राजनीति की अवचेतन शक्तियाँ होती हैं। ऐसे लोग जब साहित्य में सक्रिय होते हैं, तब यही राजनीति शुरू करते हैं। संगठन, नेतृत्व, नारे, आन्दोलन जैसे तत्त्वों

से साहित्य को 'विभूषित' करना चाहते हैं। कमलेश्वर जी ऐसे ही लेखक थे (इसके विपरीत कुछ ऐसे लोग होते हैं, जो राजनीति में सक्रिय हुए, लेकिन साहित्य की अवचेतन ताक़तों से काम करते रहे। नेहरू, नरेन्द्रदेव, जयप्रकाश नारायण जैसे लोग इसी श्रेणी के थे)।

तो मैं राजगीर के समान्तर लेखक सम्मेलन की चर्चा कर रहा था। कुछ ही समय पूर्व मधुकर सिंह से मेरा परिचय हुआ था। एक दफ़ा वह रहने के लिए मेरे साथ भगतिन-भवन आ गये। मेरा नया-नया परिचय था। दूसरे दिन वह कुछ लोगों से मिले और उनमें कुछ धन की याचना की। वह राजगीर सम्मेलन आयोजित करना चाहते थे, लेकिन जिन लोगों ने इन्तजाम-बात का आश्वासन दिया था, वे मुकर गये थे। अब वह सम्मेलन रद्द कर रहे थे, लेकिन इसके लिए भी धन चाहिए था, क्योंकि लगभग सौ लेखक प्रतिभागियों को टेलीग्राम भेजना था। मुझसे उन्होंने कुछ कहा नहीं था, उनके साथ होने से मैंने उन्हें कहते सुना और मुझे जानकारी मिली। वह उदास थे कि उन्होंने सम्मेलन आयोजित करना चाहा, तमाम लोग आने के लिए तैयार और अब धनाभाव में वह रद्द होने जा रहा है। मधुकर जी के साथ दिक्कत थी कि उन्होंने अब तक राजगीर देखा तक नहीं था, जहाँ वह सम्मेलन करने जा रहे थे। राजगीर पटना से भी सौ किलोमीटर दूर था। वह आरा में रहते थे। शाम को इत्मीनान से मैंने कहा कि इसे रद्द मत कीजिए। मैं अपनी ओर से प्रयास करता हूँ। उन्होंने मेरे वय को देखते हुए इसे मज़ाक समझा। कहा-'बहुत बड़े-बड़े लोग हैं। बहुत खरचा है।' उनके कहने का आशय था, यह सीरियस मामला है, बच्चों का खिलवाड़ नहीं। लेकिन फिर भी मैंने ज़ोर दिया कि रुक जाइए। रद्द मत कीजिए।

मैं अगली ही सुबह राजगीर गया। फिर बिहारशरीफ। मेरे गुरुदेव काश्यप जी (भिक्षु जगदीश काश्यप) उन दिनों बीमार चल रहे थे और नालन्दा से उठकर राजगीर में रह रहे थे। उनसे मिला, तब उन्होंने पटना के एक ऑफिसर, जो उन दिनों सम्भवतः पर्यटन निदेशक थे, से मिलने के लिए कहा। श्री उमानाथ उनका नाम था। बिहारशरीफ में अपने सम्पर्क के लोगों से मिला। वहाँ कोल्ड स्टोरेज खूब हैं। तीन कोल्ड स्टोरेज के मालिकों ने तीन दिनों की व्यवस्था सँभाल ली। पटना आकर उमानाथ जी से मिला, तब उन्होंने डोरमेट्री और गेस्ट हाउसेज आरक्षित करा दिये। पूरे शान-शौक़त से समारोह हुआ। देश के विभिन्न भागों से साठ के करीब लेखक आये थे। पन्द्रह-बीस लेखक बिहार के भी थे। लगभग सौ लोगों का तीन दिवसीय जलसा उल्लासपूर्ण रहा।

कमलेश्वर जी आयोजन से बहुत खुश थे। वह मधुकर जी की कामयाबी के कसीदे बुन रहे थे। मधुकर सिंह के पैर ज़मीन पर नहीं थे। मैं तो परदे के पीछे था। तीन दिनों तक मैं इन लेखकों के हाव-भाव देखता रहा। मुझ पर इसकी अच्छी प्रतिक्रिया नहीं हुई। बनावटी व्यवहार और ज़रूरत से ज़्यादा बोलना लेखकों का बुनियादी चरित्र था। यह मुझे अच्छा नहीं लगा। हाँ, सुबह में चाय की चुस्कियों के बीच उनकी जो बातें होती थीं, वे ज़्यादा अच्छी थीं।

इसी सम्मेलन में पहली बार कमलेश्वर, कामतानाथ, जितेन्द्र भाटिया, सुधा अरोड़ा, बाबूराव बागुल, सतीश कालसेकर, दया पवार, प्र.श्री. नेरूरकर, अर्जुन डांगले, ललित मोहन अवस्थी, आबिद सुरती, मनु गाँधी आदि से मिलना हुआ। साहित्य-संसार की नयी गतिविधियों से भी अवगत हुआ। बहस-मुबाहिसे सुने। एक सत्र में मैंने अपनी बात भी रखी।

लेकिन इसी बीच एक चक्कर में भी पड़ा, इन लेखकों के कारण। मैं नहीं समझता इसकी चर्चा कुछ अप्रासंगिक होगी। लेखक जुटते हैं तब उन्हें रस-रंजन ज़रूरी लगता है। गाँव-देहात-क़स्बों से आने वाले लेखकों को ज़्यादा ज़रूरी लगता है। मैंने भोजन-नाश्ते का बढ़िया इन्तजाम करवाया था। दारू का इन्तजाम करने को कहा गया, तब मेरा माथा ठनका। लेकिन बड़े लोग हैं, लेखक हैं। शराब में कुछ बात तो होगी। मैंने तो उस समय तक पंचशील वाली शपथ तोड़ी नहीं थी। 'सुरामेरेयधिट्ठानाँ वेरमणि सिक्खापदम् समादियामि' से बँधा था, लेकिन अतिथि तो देवता होते हैं। देवताओं के लिए दारु का इन्तजाम करना ही होगा। किया। लेकिन पन्द्रह भरी बोतलों के साथ रिक्शा पर जब आ रहा था, तब पुलिस ने पकड़ लिया। वहाँ मेरे और पुलिस के सिपाही के अलावे और कोई नहीं था। मैंने न चाहते हुए, एक परिचित अधिकारी का नाम इस्तेमाल किया और पुलिस ने फिर मुझे जाने दिया, लेकिन मैं अपनी ही निन्दा के झाग में डूब गया-'अब यह सब भी बचा था, तेरे जिम्मे। यही सब करना है?' रात में मुझे देर तक नींद नहीं आयी। आत्म-पतन से मैं शर्मसार था। राजगीर में ही मेरे गुरुदेव भिक्षु जगदीश काश्यप थे। उन्होंने यदि जाना तब क्या सोचेंगे। मैं काफ़ी परेशान था।

केवल दारू-प्रसंग ही नहीं, अन्य अनेक कारणों से भी मुझे लेखकों से इकट्ठे मिलकर बहुत प्रसन्नता नहीं हुई, जिसकी संक्षिप्त चर्चा मैंने पहले की है। शराब पीना कोई पाप नहीं है, या नहीं पीने से पुण्य का कोई वास्ता नहीं है। कोई शराब नहीं पीता है, या ब्रह्मचर्य का पालन करता है, तब यह उसकी अपनी समस्या या गुण हैं। उसके जो फायदे हैं, वह उसे हासिल कर

रहा है या फिर कुछ नुकसान है, तो वह झेल रहा है। लेकिन इस महिमा को अपने माथे पर रखकर वह समाज से विशेष सम्मान की आकांक्षा पालता है और अपने इन 'गुणों' का विज्ञापन करता है, तब मैं इससे सहमत नहीं हूँ। हिन्दी लेखकों की स्थिति यदि ऐसी है कि वे बिना शराब के भोजन ग्रहण नहीं करते, तब यह एक बात है, इसे मैं समझ सकता हूँ, लेकिन केवल यह दिखलाने के लिए कि शराब पीकर ही लेखक और परम्परा-भंजक हुआ जा सकता है, से मेरा मतभेद है। मैंने राजगीर में पहली दफ़ा और बाद में दर्जनों दफ़ा लेखकों को इकट्ठे देखा—सम्मेलन, सेमिनारों में। वे रसरंजन के लिए ऐसे बेताब होते हैं कि देखना मुश्किल हो जाता है। यही हाल उनके साथ किसी महिला मित्र को लेकर होता है। लेखक सम्मेलनों में जब कोई महिला भागीदार शामिल होती हैं, तब लेखकों के सामन्ती-गँवारू संस्कार भड़भड़ाकर बाहर आते हैं। साहित्य लिखते समय तो वह ऊँची-ऊँची बातें लिखता है, लेकिन व्यवहार में वह बिल्कुल सामन्त बना रहता है। छिछोरा, अश्लील और अमानवीय। निश्चय ही लेखकों को अपने इस व्यवहार पर विचार करना चाहिए, आत्ममन्थन करना चाहिए। इससे उनका भला ही होगा। वे अपनी नज़र में भी उठेंगे और समाज की नज़र में भी। एक लेखक को एक राजनेता या अन्य किसी से ज़्यादा जिम्मेदार बनना चाहिए; क्योंकि जब वह शब्दों का एक संसार रचता है, तब एक सर्जक बन जाता है। अपनी विशिष्टता का अहसास उसे होना चाहिए। हाँ, विशिष्टता का यह संज्ञान अभिमान से मुक्त होना चाहिए। उन्हें आत्ममुग्धता के घेरे से भी बाहर आना चाहिए और इस बात को तो अपने से निकाल ही देना चाहिए कि उनमें सुर्ख़ाब का कोई पर है। संसार के असंख्य श्रमिकों—किसानों, मज़दूरों, दस्तकारों के साथ वह भी लगातार सुख और सौन्दर्य के संधान में लगा है, दुनिया को खूबसूरत बनाने में लगा है, इसका अहसास उसे रहना चाहिए।

अपनी आत्मकथा में जवाहरलाल नेहरू ने हिन्दी लेखकों पर जो टिप्पणी की है, उससे मैं सहमत हूँ। 2008 में अपनी पत्रिका 'जनविकल्प' के साहित्य विशेषांक में इसे मैंने साभार प्रकाशित किया था। उसका एक छोटा-सा अंश इसलिए उद्धृत कर रहा हूँ कि ठीक वही बात मैं भी कहना चाहूँगा—'आत्म आलोचना की हिन्दी में कमी है और आलोचना का स्टैण्डर्ड बहुत ही नीचा है। एक लेखक और उसके आलोचक के बीच एक-दूसरे के व्यक्तित्व पर गाली-गलौच होना हिन्दी में कोई असाधारण बात नहीं है। यहाँ का सारा दृष्टिकोण बहुत संकुचित और दरबारी-सा है और ऐसा मालूम होता है,

मानो हिन्दी का लेखक और पत्रकार एक-दूसरे के लिए और एक बहुत ही छोटे-से दायरे के लिए लिखते हों। उन्हें आम जनता और उसके हितों से मानो कोई सरोकार ही नहीं है। हिन्दी का क्षेत्र इतना विशाल और आकर्षक है कि उसमें इन त्रुटियों का होना मुझे अत्यन्त खेदजनक और हिन्दी लेखकों के प्रयत्नशक्ति का अपव्यय-सा जान पड़ा...हिन्दी साहित्य का भूतकाल बड़ा गौरवमय रहा है, लेकिन वह सदा के लिए उसी के बल पर तो ज़िन्दा नहीं रह सकता। मुझे पूरा यकीन है कि उसका भविष्य भी काफ़ी उज्ज्वल है और मैं यह भी जानता हूँ कि किसी दिन देश में हिन्दी के अख़बार एक जबरदस्त ताक़त बन जायेंगे; लेकिन जब तक हिन्दी के लेखक और पत्रकार पुरानी रूढ़ियों और बँधनों से अपने-आपको बाहर नहीं निकालेंगे और आम-जनता के लिए लिखना न सीखेंगे, तब तक उनकी अधिक उन्नति न हो सकेगी' (आत्मकथा : नेहरू, 1936 ई.)।

: 2 :

राजगीर सम्मेलन में सारे खर्च के बाद भी दो हज़ार रुपये बच गये, जिसे मैंने मधुकर सिंह को दे दिया। दो हज़ार रुपये तब बहुत होते थे। मधुकर जी ने कहा, कमलेश्वर पर एक ग्रन्थ प्रकाशित कराने की इच्छा है—अभिनन्दन ग्रन्थ। अब पैसों की कमी नहीं रहेगी। यह ग्रन्थ बाद में 'शब्दकार' प्रकाशन के जवाहर चौधरी ने प्रकाशित किया। बिहार और पटना में राजगीर सम्मेलन की चर्चा महीनों रही।

सम्मेलन के पीछे कमलेश्वर की राजनीति काम कर रही थी, इसका पता मुझे बाद में चला। तब देश में इमरजेंसी लग गयी थी और उसे सही ठहराने के लिए श्रीमती गाँधी परेशान थीं। 1975 के जाड़ों में, पटना में सत्ताधारी कांग्रेस पार्टी और भाकपा ने मिलकर एंटी फासिस्ट कान्फ्रेंस का आयोजन किया। पूरे देश में संवैधानिक और जनतान्त्रिक मूल्यों की धज्जियाँ उड़ायी गयी थीं और यह क्रम अभी जारी था। इस सम्मेलन में सत्तापक्ष को नैतिक समर्थन देने के लिए बुद्धिजीवी, लेखक, संस्कृतिकर्मी जुटे थे। कमलेश्वर जी ने इस तरह से समान्तर लेखक सम्मेलन का आयोजन किया था कि राजगीर से लौटकर लेखकगण फासीवाद विरोधी सम्मेलन में शिरकत कर सकें। यही हुआ भी। हम लोगों को; व्यक्तिगत रूप से मुझे, इसकी जानकारी नहीं थी। मैं जेपी आन्दोलन के समर्थन में नहीं था, लेकिन इमरजेंसी का पूरी तरह विरोधी था।

मैं इसे इन्दिरा गाँधी का जनतन्त्र विरोधी और फासिस्ट कदम मानता था। अब जब वही फासिस्ट विरोधी सम्मेलन करा रही थीं, तब यह एक भद्दा मज़ाक ही था। जनता के जले पर नमक छिड़कना था। जब मुझे यह पता चला, तब मैंने किनारा किया। कुछ और लेखकों ने किनारा किया। दलित लेखकों में से भी कई ने किनारा कर लिया था। लेकिन सतीश कालसेकर, आलमशाह खान, मधुकर सिंह आदि पूरी तरह कमलेश्वर जी के साथ थे।

राजगीर सम्मेलन में मराठी साहित्य के अनेक दलित लेखक शामिल हुए थे। दलित साहित्य आन्दोलन के बारे में मैं कुछ-कुछ जानता था। एक दो के नाम भी जानता था। इन सबसे मिलकर मुझे प्रसन्नता हुई। वरिष्ठ दलित लेखक-चिन्तक श्री बाबू राव बागुल, दया पवार, अर्जुन डांगले, सतीश कालसेकर, प्र. श्री नेरूरकर आदि से मिलना हुआ था। इनमें से ज़्यादातर ने रसरंजन में भागीदारी नहीं की थी, इसलिए इन सबके प्रति मेरे मन में कुछ अधिक सम्मान था। पटना में इन सबको मैंने अलग ठहराया। अर्जक संघ, शोषित समाज दल और कुछ अन्य स्वतन्त्र आम्बेडकरवादियों व लोहियावादियों को इकट्ठा कर मैंने दलित साहित्य पर एक संगोष्ठी करवाई। इसमें सौ के करीब लोगों ने भागीदारी की थी, लेकिन सब बौद्धिक प्रतिनिधि थे। प्रो. रामबुझावन सिंह (दिवंगत) ने इसमें काफ़ी सहयोग और मार्गदर्शन दिया था। लेखकों का स्वागत भी उन्होंने ही किया था। इस संगोष्ठी की विस्तृत रपट दिनमान में छपी थी। जनवरी 1976 में।

दिनमान में जो रपट छपी, उसे मैंने ही लिखा और भेजा था। यह बिना नाम के छपा था और रपट के आख़िर में एक छोटा-सा पैराग्राफ सम्पादक ने जोड़ दिया था कि किस तरह मुम्बई में दलित पैंथर के कुछ युवा नेताओं ने श्रीमती गाँधी की नीतियों का समर्थन किया है। दरअसल, यह मशहूर दलित कवि नामदेव ढसाल के इन्दिरा गाँधी से मिलने को लेकर की गयी टिप्पणी थी। एक सांस्कृतिक संगोष्ठी के रपट के इस राजनीतिक विस्तार का माजरा मुझे कुछ समझ में नहीं आया। बाद में पता चला इमरजेंसी काल में दिनमान का सम्पादक मण्डल काफ़ी डर गया था। यह समाजवादी-लोहियावादी तेवर की पत्रिका मानी जाती थी। इसके सम्पादक रघुवीर सहाय एक लब्धप्रतिष्ठ कवि तो थे ही, लोहिया से प्रभावित भी माने जाते थे। यह बात हवा में थी कि जयप्रकाश आन्दोलन को दिनमान का अपना दिली समर्थन प्राप्त है। लेकिन श्री सहाय ने आपातकाल के भय से अपने तेवर में न केवल नरमी ला दी थी, बल्कि सरकार के प्रति सहयोगात्मक रुख भी प्रदर्शित करना शुरू कर दिया था।

उस दौर में इसे स्वाभाविक ही माना गया। लेकिन मुझ जैसे लोगों को यह अच्छा नहीं लगा। इस भूमिका पर दिनमान के पूर्व और संस्थापक सम्पादक अज्ञेय जी ने भी अपनी डायरी में टिप्पणी की है, जो भारतीय ज्ञानपीठ से प्रकाशित अज्ञेय रचनावली के नौवें खण्ड में प्रकाशित है :

धीरे-से बोले अज्ञेय जी : अगरचे
शुरू मैंने ही किये थे 'चरखे और चरचे'
आया जो आपातकाल
सूरमा हुए निढाल
समाचार-साप्ताहिक सब हो गये परचे।

: 3 :

1976 में मुझे दो और लेखक सम्मेलनों में शामिल होने का अवसर मिला। दोनों प्रगतिशील लेखक संघ के सम्मेलन थे। एक सम्मेलन आरा में हुआ, जो सितम्बर महीने में था और दूसरा दिसम्बर में मरौढ़ा (छपरा) में। दोनों सम्मेलनों में मैंने आलेख पाठ किया जो विमर्श का आधार पत्र था। आरा सम्मेलन में 'बदलती हुई सामाजिक-आर्थिक स्थितियाँ और लेखक' विषय था, जबकि मरौढ़ा में 'लोक साहित्य में जनचेतना'। आरा वाले सम्मेलन में कमलेश्वर जी पुन: आये थे। मरौढ़ा में पहली बार डॉ. नामवर सिंह को देखा था। तब देश में आपातकाल लगा हुआ था और जब सम्मेलन चल रहा था, तभी कांग्रेस और सीपीआई में कुछ लड़ाई-जैसी बात हो गयी थी। इससे सम्मेलन-स्थल पर तनाव व्याप्त हो गया था। कोई कांग्रेसी नेता भीष्म प्रसाद यादव स्वागत भाषण करने वाले थे। वह नहीं आये। कुछ अफसर लेखक भी थे, जो प्रगतिशील लेखक संघ के आयोजनों में भाग लेते रहते थे, वे लोग तो अचानक ऐसे गायब हुए जैसे दिन के निकलने के आभास भर से तारे गुम हो जाते हैं। स्वतन्त्रता संग्राम की कहानियाँ और विवरण पढ़ते-सुनते ऐसे दबदबे और भय के प्रसंग मिलते थे, इसे साक्षात रूप में देखना एक नया और उत्तेजित करने वाला अनुभव था।

बारह महीनों के अन्दर तीन लेखक-सम्मेलनों राजगीर, आरा और मरौढ़ा में भाग लेकर मैं दर्जनों लेखकों से परिचय प्राप्त कर चुका था और इस बीच पत्र व्यवहारों के जरिये कई मित्र भी बन चुके थे।

प्रगतिशील लेखक संघ भारतीय कम्युनिस्ट पार्टी, जिसे अंग्रेज़ी में सी.पी.आई. कहा जाता था, का लेखक संगठन बन गया था। सी.पी.आई. को अनेक लोग

कम्युनिस्ट पार्टी ऑफ़ इन्दिरा भी कहते थे। बिहार में संघ (प्रलेस) के प्रभारी कन्हैया जी और खगेन्द्र ठाकुर थे। कन्हैया जी लंगरटोली में एक छोटे-से किराये के मकान में रहते थे और खगेन्द्र जी विधायक फ्लैट (शायद 100 नम्बर) में। दोनों बहुत ही सहज मिलनसार थे। दोनों से मेरी नजदीकियाँ जल्दी ही बन गयीं। कट्टरता दोनों में नहीं थी और दोनों समझते थे कि लेखकों को शुद्ध पार्टी कामरेड नहीं माना जा सकता। खगेन्द्र जी को मैंने बतला दिया था कि मैं सीपीआई का सदस्य था, लेकिन अब नहीं हूँ। पार्टी की रीति-नीति से मेरा विरोध है। उन्होंने कहा मेरे रहते प्रलेस कट्टर नहीं होगा। जयप्रकाश आन्दोलन में सक्रिय रहकर नागार्जुन जी मरौढ़ा प्रलेस सम्मेलन में पहुँचे, तब साहित्यिक हलकों में यह चर्चा का विषय बना। कुछ ही समय बाद जबलपुर से ज्ञानरंजन के सम्पादन में प्रकाशित 'पहल' में उनकी कुछ कविताएँ छपीं, जिसमें जेपी आन्दोलन और जेल जीवन की चर्चा थी। जेपी आन्दोलन के बारे में नागार्जुन की टिप्पणी थी : 'मैं वेश्याओं के कोठे पर चला गया था और तमाशा जमकर देखा।' उनकी यह कविता उन दिनों बहुत चर्चित हुई :

खिचड़ी विप्लव देखा हमने
भोगा हमने क्रान्ति विलास
अब भी खत्म नहीं होगा क्या
सम्पूर्ण क्रान्ति का भ्रान्ति विलास

प्रवचन की बहती धारा का
रुद्ध हो गया शान्ति विलास
खिचड़ी विप्लव देखा हमने
भोगा हमने क्रान्ति विलास

मिला क्रान्ति में भ्रान्ति विलास
मिला शान्ति में क्रान्ति विलास
मिला क्रान्ति में भ्रान्ति विलास

पूर्ण क्रान्ति का चक्कर था
पूर्ण भ्रान्ति का चक्कर था
पूर्ण शान्ति का चक्कर था
पूर्ण क्रान्ति का चक्कर था

टूटे सिंगों वाले साँढ़ों
का यह कैसा टक्कर था
उधर दुधारू गाय अड़ी थी
इधर सरकसी बक्कर था
समझ न पाओगे वर्षों तक
जाने कैसा चक्कर था
तुम जनकवि हो तुम्हीं बता दो
खेल नहीं था, टक्कर था।

जयप्रकाश आन्दोलन और आपातकाल

एक कदम पीछे जाकर प्रसंग आरम्भ करना, मेरे लिए सुविधाजनक होगा। 1974 की जनवरी में जब मैं बिहारशरीफ में ही था तब बिहार की छात्र राजनीति गर्माने लगी थी। 21 जनवरी 74 को छात्रों ने बिहार स्तर पर बन्द का आयोजन किया, जो पूर्णतः सफल रहा था। इसके बाद फरवरी के पहले पखवारे में शायद 6 या 8 फरवरी को पटना में राज्य स्तर पर छात्रों की एक बैठक हुई। उसमें मुझे भाग लेना था, लेकिन किन्हीं कारणों से मैं जा नहीं सका था। संघर्ष और राजनीति का केन्द्र पटना था और बाहर के शहरों-क़स्बों में केवल ख़बरें जाती थीं। छात्र राजनीति के अंतर्मन की व्याख्या वे लोग ज़्यादा कर सकेंगे, जो पटना में सक्रिय थे। फरवरी वाली बैठक में जो फैसला हुआ था, उसके आधार पर 18 मार्च को प्रदर्शन वगैरह करना था। 18 मार्च को यह हुआ, लेकिन तोड़-फोड़ और हिंसक घटनाएँ हो गयीं। मैं उस रोज़ पटना में ही था। समाचार दैनिक प्रदीप का भवन जला दिया गया। कहा जा रहा था कि इसमें कम्युनिस्ट छात्र-संगठनों और उनके नेताओं का हाथ था। प्रदीप के तत्कालीन सम्पादक रामसिंह भारतीय थे, जिन्हें संघ का आदमी कहा जाता था।

पटना में भारी अफरा-तफरी मची हुई थी। अराजकता और उत्तेजना। 18 मार्च को ही रात में एक मामूली जलजला भी आया और लगा जैसे धरती ने भी इस अँगड़ाई का साथ दिया हो।

अब तक कोई बड़ा नेता सीधे इस आन्दोलन में नहीं उतरा था। लेकिन छात्र-संगठनों की ओर से योजनाबद्ध तरीके से काम चल रहा था। उस समय हमने एक अलग छात्र संगठन बनाया हुआ था, दलित छात्र संघ के नाम से। दलित शब्द आज जैसे अनुसूचित जाति के लिए रूढ़ हो गया है, तब नहीं था। अनुसूचित जाति के लिए तब सामाजिक रूप से हरिजन शब्द का व्यवहार होता था, जिस पर अब कानूनी पाबन्दी लग गयी है। हमारा दलित तब आज के बहुजन अर्थ में था। कम-से-कम हम लोगों ने इसी अर्थ में इसे स्वीकार

किया था। हम लोगों ने आरम्भ में छात्र आन्दोलन का पूरी तरह साथ दिया था, लेकिन जब यह जयप्रकाश आन्दोलन हो गया और एक मुक़ाम पर हमें प्रतीत हुआ कि आन्दोलन का उद्देश्य द्विजों के सामाजिक-राजनैतिक स्वार्थों को पूरा करना है, तब हमने विरोध किया। उस समय सोशलिस्ट पार्टी की ओर से एक अख़बार निकलता था, पाक्षिक, 'जनता' नाम से। रामानन्द तिवारी और चन्द्रदेव प्रसाद वर्मा इसके सम्पादक थे। पत्रकार सुरेन्द्र किशोर तब सुरेन्द्र अकेला थे और वह भी इस पत्रिका से जुड़े थे। मेरा एक लेख इस पत्रिका में छपा 'ग़रीबी मिटी नहीं, मिट गये ग़रीब'। ग़रीबी हटाओ इन्दिरा गाँधी का नारा था। मैंने अपने लेख में बतलाया था कि किस तरह यह कार्यक्रम तो पूरा नहीं हुआ, ग़रीब ही मिटने लगे हैं। गाँधी मैदान की एक सभा में जेपी ने अपने भाषण में मेरे लेख की चर्चा की। जब मैं पटना में जमा और कॉफी हाउस में जाने लगा तो मुझे पत्रकार सुरेन्द्र किशोर से इसकी जानकारी मिली। फिर सूर्यनारायण चौधरी ने भी बतलाया। उन्होंने कई लोगों से इसी चर्चा के साथ मेरा परिचय करवाया।

जेपी आन्दोलन का मैंने तब भी आकलन किया था और आज भी कर रहा हूँ। मैंने पहले ही बतलाया है कि 1971 और 1972 के चुनावों में जीत और बांग्लादेश मुक्ति आन्दोलन में मिली सफलता और श्रेय ने इन्दिरा गाँधी में उत्तरदायित्व से कहीं अधिक अहंकार भर दिया। वह देश की समस्याओं से निबटने के बजाय अपने राजनीतिक विरोधियों से एक-एक कर निबटने लगीं। वे सत्ता में थीं। ध्वस्त तो उनके विरोधियों को होना था। यही नहीं वे लोकतान्त्रिक संस्थाओं और यहाँ तक कि न्यायपालिका पर भी अपना रुतबा चस्पाँ करने लगीं। सर्वोच्च न्यायालय में जब मुख्य न्यायाधीश की नियुक्ति हुई, तब क्रम भंग कर श्री रे को मुख्य न्यायाधीश बना दिया गया। वह काफ़ी जूनियर थे। कहा गया उनके विचार ग़रीबोन्मुख हैं। इन्दिरा गाँधी की इस दलील को न मध्यवर्ग ने स्वीकार किया, न न्याय प्रिय सामाजिक समूह ने। पता नहीं श्रीमती गाँधी को इस हस्तक्षेप की ज़रूरत क्यों हुई थी। क्योंकि बांग्लादेश के बनने के साथ मध्यवर्ग में उनकी तूती बोल रही थी। लोग कहते थे, इन्दिरा गाँधी जवाहरलाल नेहरू से भी ज़्यादा लोकप्रिय हो गयी हैं। इसी मध्यवर्ग ने सर्वोच्च न्यायालय मामले में श्रीमती गाँधी के बेतुका हस्तक्षेप पर अपनी नाराजगी ज़ाहिर की।

1973 आते-आते महँगाई चरम पर पहुँच गयी। सरकार का जैसे उस पर नियन्त्रण ही नहीं रह गया। बँधी हुई आमदनी वाला मध्यवर्ग और ग़रीब

दोनों एक साथ तबाह हो गये। श्रीमती गाँधी का जैसे इस पर कोई ध्यान ही नहीं था। कोई यही समय था जब गुजरात में छात्रों-नौजवानों का नवनिर्माण आन्दोलन उठ खड़ा हुआ। यह आन्दोलन छात्रावासों के मेस की फीस वृद्धि से ही उपजा था। लेकिन जल्दी ही बड़े सरोकारों से जुड़ गया। जयप्रकाश नारायण ने गुजरात आन्दोलन को अपना नैतिक समर्थन दिया। उन्होंने 1973 के आख़िर में गुजरात के युवकों के नाम एक पत्र लिखा, जिसका शीर्षक 'Youth for Democracy' रखा। 1968 में फ़्रांस के युवा विद्रोह में दार्शनिक लेखक ज्यां पाल सार्त्र की भागीदारी से वह प्रभावित थे। उन्होंने अपने संन्यास को किनारे किया और मुखर हुए। बिहार में जब छात्रों ने अँगड़ाई ली तब वह उत्साह के साथ उसके साथ हो गये। 6 अप्रैल, 1974 को जेपी ने खुले रूप से छात्र आन्दोलन को अपना समर्थन दिया और इसके बाद यह छात्र आन्दोलन जयप्रकाश आन्दोलन कहा जाने लगा।

1952 के आम चुनावों में समाजवादियों को मिली पराजय और कुछ अन्य कारणों से जेपी ने राजनीति से संन्यास ले लिया था और वह सन्त विनोबा के सर्वोदयी कार्यक्रमों के लिए जीवनदानी बन गये थे। शायद उन्होंने यह कदम किसी भावना के छू जाने के कारण ही किया था। इस तरह वह लगभग बाइस वर्षों तक सार्वजनिक जीवन से तो नहीं, लेकिन राजनीतिक जीवन से अलग-थलग थे। जेपी हिन्दुस्तान में समाजवादी विचारधारा के संस्थापकों में थे। 1930 के दशक में ही उनकी पुस्तिका 'ह्वाई सोशलिज़्म' ने राजनीतिक गलियारों में समाजवाद को चर्चित किया था। महात्मा गाँधी की धर्मपुत्री प्रभावती जी, जो बिहार के मशहूर स्वतन्त्रता सेनानी ब्रज किशोर बाबू की पुत्री थीं, से उनका विवाह हुआ था। उनमें ब्रिटिश उपनिवेशवाद से इतनी नफरत थी कि उच्च शिक्षा के लिए वह इंग्लैंड न जाकर अमेरिका गये।

वह नयेपन के साथ किसी विषय पर विचार करने के लिए जाने जाते थे। बांग्लादेश मुक्ति प्रसंग में उनके विचारों की चर्चा मैं पहले कर चुका हूँ। जयप्रकाश नारायण के नेतृत्व में ही 1934 में पटना के अंजुमन इस्लामिया हॉल में कांग्रेस सोशलिस्ट पार्टी का गठन हुआ था, जिसमें नरेन्द्र देव सहित अनेक समाजवादी विचारों से जुड़े लोग शामिल हुए थे। 1936 में जयप्रकाश की किताब 'ह्वाई सोशलिज्म' ने सबका ध्यान खींचा। 1938 के इर्द-गिर्द जेपी ने उत्तर बिहार में 'समर स्कूल ऑफ़ पॉलिटिक्स' का आयोजन किया था। प्रख्यात लेखक फणीश्वरनाथ रेणु ने एक साक्षात्कार में पूर्णिया जिले के आतंक माने जाने वाले नक्षत्र मालाकार का प्रसंग सुनाया था। श्री मालाकार तब नछत्तर

माली के नाम से जाने जाते थे। जब वह जेपी से मिले और जेपी ने उनका नाम पूछा, तब उन्होंने नछत्तर माली बतलाया। जेपी ने कहा–यह नछत्तर माली क्या, नक्षत्र मालाकार कहो। इस तरह नछत्तर माली नक्षत्र मालाकार हो गये। उनके इस रूप का मैं प्रशंसक था। जेपी मनुष्य को भीतर से बदलना चाहते थे। एक आमूल-चूल परिवर्तन। सांस्कृतिक परिवर्तन। उनकी इसी बेचैनी और चिन्ता ने 1974 में उनके आन्दोलन का नाम 'सम्पूर्ण क्रान्ति' रखा था। इसके पीछे उनका एक बड़ा सपना रहा होगा। मैं उस सपने के बारे में सोचता। जेपी के मन में नये समाज, नये मनुष्य की चिन्ता थी, उसका सपना था। समत्व से भरा, सांस्कृतिक और बौद्धिक सम्पन्नता से भरा–एक सम्पूर्ण मनुष्य, एक सम्पूर्ण समाज की वह कल्पना करते रहे होंगे। उनका मन और उनकी विचारधारा कुछ-कुछ मानवेन्द्रनाथ राय से मिलती थी। जेपी शायद मार्क्स और नीत्शे के सपनों को एक साथ जोड़ना चाहते थे। जो सचमुच में अन्तर्विरोधों से भरा था।

मैं अपने अन्तर्मन से जेपी का सम्मान करता था। उनसे कभी मिला नहीं; लेकिन यदि मिलता, तब उनके कई अवगुंठनों के लिए उनसे झगड़ने की कोशिश करता। उनकी डायरी, उनके पत्रों, उनकी एकाध कविता में कई जगहों पर लिजलिजापन है, उस पर आज भी मैं कोफ़्त से भर जाता हूँ। ये सब उनके ऐसे अन्तर्विरोध थे, जिस पर उनका ध्यान दिलाया जाता, तो मुझे पूरी उम्मीद है कि वे इसे स्वीकारते और परिशोधन करते। वे मन से नाजुक और टूटे हुए इन्सान थे। उनके कार्यकलापों से उनके व्यक्तित्व का यह कोण प्रकट होता है। जेल में लिखी उनकी डायरी पुस्तक रूप में उपलब्ध है।

7 अगस्त, 75 की डायरी में उन्होंने लिखा :

> 'क्या अब यह इतिहास का व्यंग्य मात्र बनकर रह जायेगा? सब 'जी हुजूर', कायर, बुजदिल तो ज़रूर हँसते होंगे हम पर। 'आसमान के सितारे तोड़ने चले थे, गिरे हैं अब जाके नर्क में'। लेकिन दुनिया में जो किया है, वह सितारे तोड़ने वालों ने ही किया है, चाहे भले ही उसके लिए उनको प्राणों का मूल्य चुकाना पड़ा है।
>
> सम्पूर्ण क्रान्ति के बदले आज तो सम्पूर्ण क्रान्ति की घटारोध बेला है। इस समय तो उल्लूक और गीदड़ बड़े प्रसन्न हैं। चारों तरफ हुआँ हुआँ और हूँ हूँ की आवाज़ सुनाई देती है। लेकिन कालचक्र तो घूमता ही रहता है। रात चाहे कितनी ही अँधेरी हो, प्रभात तो फूटकर ही रहता है।

तो क्या प्रभात आप से आप फूटेगा और हम हाथ पर हाथ दिये प्रतीक्षा करते रहेंगे? सामाजिक क्रान्ति यदि प्राकृतिक क्रान्ति का अनुसरण मात्र करती तो मानव के पुरुषार्थ के लिए, समाज की प्रगति और परिवर्तन के लिए कोई स्थान ही नहीं रह जाता। तो फिर क्या करना होगा? उत्तर है कि जो वह नारा लगाते और गीत गाते थे, उन्हें बलिदान देना होगा। और उनका जो अगुआ था, उसकी बलि पहली होगी। संशय मिट चुके हैं, निश्चय हो चुका है।

कल रात को माँ भगवती की प्रार्थना करते हुए, इस घोर अँधेरे से निकलने के लिए दिशा-निर्देश की याचना की थी। सो आज प्रात: मिल चुकी है। मन अब स्थिर है, शान्त है। भारत माँ की जय।'

9 सितम्बर, 75 को तो एक कविता ही लिखी। इसकी पहली ही पंक्ति है–'जीवन विफलताओं से भरा है।' लेकिन एक जगह जेपी यह भी लिखते हैं :

इतिहास से पूछो कि वर्षों पूर्व
बन नहीं सकता था प्रधानमन्त्री क्या?

ये सब जेपी का एक भिन्न चेहरा है। क्रान्ति और माँ भगवती में एक साथ आस्था और फिर खुद ही यह लिखना कि बन नहीं सकता था प्रधानमन्त्री क्या? अन्तर्विरोध की अति थी। जेपी निश्चय ही अवसाद के झाग में गहरे डूबे प्रतीत होते हैं। इस मानसिकता का आदमी कोई सम्यक् और सार्थक निर्णय ले सकता है, इस पर मुझे सन्देह भी था।

मेरी उम्र इतनी थी कि विचार जैसे मुद्दे पर मैं कोई बात करूँ, बड़बोलापन प्रतीत होता। मैंने आरम्भ में जे.पी. आन्दोलन के उद्देश्यों का स्वागत किया, लेकिन मैंने अनुभव किया कि जैसे-जैसे आन्दोलन की जड़ें गहरी होती गयीं, इस पर आर.एस.एस. और कुलीन-सामन्ती तत्त्वों की पकड़ मजबूत होने लगी। 1971-72 में इन्दिरा गाँधी ने ग़रीबों के समर्थन में कुछ निर्णय लिए थे, जिसकी चर्चा मैंने पहले भी की है, लेकिन इससे अधिक जो उन्होंने बिहार में किया या हो गया था वह यह कि कांग्रेस से द्विजों के एक बड़े हिस्से (भूमिहारों, राजपूतों और कायस्थों) को किनारे कर दिया था। 1972 में एक ब्राह्मण केदार पाण्डेय और बाद में अब्दुल गफूर का मुख्यमन्त्री बनना एक नये सामाजिक ध्रुवीकरण का संकेत दे रहा था। यह स्मरणीय है कि

बिहार कांग्रेस में ब्राह्मण लगभग हाशिये पर थे। 1952 में पहली दफ़ा एक कांग्रेसी, प्रजापति मिश्र को प्रान्तीय कांग्रेस का अध्यक्ष होना नसीब हुआ। वहीं, श्री बाबू की मृत्यु के बाद कुछेक समय के लिए विनोदानन्द झा मुख्यमन्त्री हुए। कांग्रेस में हुए इस परिवर्तन ने ब्राह्मणेत्तर द्विज जातियों में एक आन्तरिक भूचाल ला दिया था। ब्राह्मण, मुस्लिम, दलित ओबीसी समीकरण में उनकी कोई जगह नहीं थी। इससे ये खार खाये बैठे थे। ब्राह्मण रहित द्विजों की एक नयी राजनीति शुरू हुई। नया यह हुआ था कि इस अब्राह्मण द्विज राजनीति ने सोशलिस्टों के उस धड़े को भी अपने साथ लिया था, जो पिछड़े वर्गों के हितों की वकालत करती थी। यादव इसका प्रतिनिधित्व करते थे। इसलिए ब्राह्मणलॉबी जेपी आन्दोलन को 'लाला, ग्वाला और अकबर का साला' का आन्दोलन कहती थी। पटना से निकलने वाले अंग्रेज़ी दैनिक इंडियन नेशन में उन दिनों एक आलेख प्रकाशित हुआ था, जिसमें आन्दोलन के सिलसिले में गिरफ़्तार हुए कैदियों का जातिवार विश्लेषण देते हुए यह बात सिद्ध करने की कोशिश की गयी थी कि यह आन्दोलन एक ख़ास तबके का है। यह भी स्मरणीय है कि इंडियन नेशन मैथिल ब्राह्मणों के वर्चस्व का अख़बार था।

हाँ, इतना स्पष्ट था कि यह आन्दोलन चरित्र और नेतृत्व दोनों स्तरों पर अभिजात था। अपने इस मंतव्य को एक पुस्तिका के रूप में हमने प्रस्तुत किया, जिसका शीर्षक था 'जयप्रकाश आन्दोलन और दलित वर्ग'। इसका एक अंश दिनमान साप्ताहिक ने प्रकाशित किया था। जवाहरलाल नेहरू विश्वविद्यालय की ओर से प्रकाशित अंग्रेज़ी त्रैमासिक 'फिलॉसफी एण्ड सोशल एक्शन' ने पूरे लेख को प्रकाशित किया था।

हम आन्दोलन का पूरी तरह विरोध नहीं कर रहे थे। हम दलित-पिछड़े वर्गों को आगाह कर रहे थे कि वे इस आन्दोलन में उनके हितों को नत्थी नहीं किया गया है। शिक्षा में आमूल-चूल परिवर्तन की बात आन्दोलन के कार्यक्रम में थी, लेकिन भूमि सुधारों की कोई चर्चा नहीं थी। किसी आर्थिक या सामाजिक सुधार का कोई कार्यक्रम नहीं था। भ्रष्टाचार के विरोध की बात इसलिए हास्यास्पद थी कि तत्कालीन कांग्रेसी सरकार के मुख्यमन्त्री अब्दुल गफूर अपनी सादगी और ईमानदारी के लिए ही जाने जाते थे। स्वयं जेपी उनकी ईमानदारी का लोहा मानते थे। उन पर किसी तरह के घोटाले या गबन का भी मामला नहीं उठा। उसके ठीक पहले केदार पाण्डेय मुख्यमन्त्री थे। उनका भी रिकॉर्ड बहुत अच्छा था। सच्चाई यह थी कि प्रशासनिक स्तर पर बिहार का सबसे ईमानदार काल वही था। इसलिए आलोचकों के इस दावे

में दम था कि सवर्ण-सामन्ती शक्तियाँ और आर.एस.एस. मिलकर आन्दोलन को बल दे रहे हैं। जेपी की सलाह से जो छात्र-युवा संघर्ष वाहिनी और उसे संचालित करने के लिए संचालन समिति बनी थी उसमें एक भी ऐसा प्रखर युवा या छात्र नहीं था, जिसे भारत के इतिहास का कोई बोध हो या कोई सामाजिक-राजनीतिक दृष्टिकोण हो। सब मिलाकर एक मिडियाकर और लम्पट नेतृत्व विकसित हो रहा था। इन लम्पटों के साथ विशिष्ट स्तर की नैतिकता वाले सर्वोदयी थे। यह एक विचित्र घालमेल था। शायद यही कारण था कि कवि नागार्जुन ने सम्पूर्ण क्रान्ति की जगह इसे खिचड़ी-विप्लव कहा था। खिचड़ी की देशजता और विप्लव की तत्समता एक साथ मिलकर एक विचित्र-सा योग बनता था। इतना सटीक मेटाफर दूसरा हो नहीं सकता था।

एक ब्रिटिश महिला मेरी टाइलर ने अपनी किताब 'माई इयर्स इन एन इंडियन प्रिजन' में हज़ारीबाग जेल में बन्द जेपी आन्दोलन के समर्थकों का एक दिलचस्प ब्यौरा दिया है कि किस तरह रामधुन और चरखा के बल पर ये आन्दोलनकारी एक नये समाज और अन्ततः पौराणिक जमाने के रामराज की रचना की बात करते थे। इन आन्दोलनकारियों के पास न समाज का आर्थिक-सामाजिक विश्लेषण था, न उसके परिवर्तन की कोई ठोस योजना। मेरी टाइलर ब्रिटिश नागरिक थीं। वह अपने मार्क्सवादी मित्र अमलेन्दु सेन के साथ गिरफ़्तार होकर हज़ारीबाग जेल में क़ैदी थीं। इस जेल में नक्सली और जयप्रकाशी आमने-सामने थे। उनके चरित्र के अन्तर्विरोध दिलचस्प थे।

26 जून, 75 को मैं गाँव (नौबतपुर) में था, जब मुझे देश में आपातकाल लागू होने की ख़बर मिली। 12 जून, 1975 को इलाहाबाद हाईकोर्ट के जज जगमोहन सिन्हा ने श्रीमती गाँधी के चुनाव को अवैध घोषित कर दिया था। तबसे ही वातावरण में तनाव था कि पता नहीं क्या होगा। इलाहाबाद हाईकोर्ट के फैसले पर इन्दिरा गाँधी ने सुप्रीम कोर्ट में अपील की, लेकिन 21 जून को सुप्रीम कोर्ट का जो फैसला आया वह इन्दिरा गाँधी के लिए ठीक नहीं था। सुप्रीम कोर्ट ने स्थगन तो दे दिया, लेकिन इस शर्त के साथ कि इन्दिरा गाँधी संसद में वोट नहीं कर सकतीं। इन्दिरा गाँधी सामान्य सदस्य नहीं, प्रधानमन्त्री थीं। सुप्रीम कोर्ट के इस फैसले ने उन्हें हिलाकर रख दिया था। युद्ध के समय 1962 और 1971 में आपातकाल लागू होने का स्मरण था (1965 में भी आपातकाल लगा होगा, लेकिन मुझे स्मरण नहीं), लेकिन अभी किस आधार पर आपातकाल! न मैं कानून का जानकार था, न मेरे इर्द-गिर्द कोई ऐसा आदमी था, जिससे जानकारी हासिल कर सकूँ, लेकिन जब गाँव के मुख्य बाज़ार,

जहाँ अख़बार आते थे, आया तब पता चला आज कोई अख़बार प्रकाशित नहीं हुआ है। यहीं यह भी पता चला कि जयप्रकाश नारायण और प्रतिपक्ष के सभी नेता गिरफ़्तार कर लिये गये हैं। दिल्ली में जयप्रकाश नारायण की सभा और उससे उत्पन्न खतरों की भी चर्चा थी। लेकिन सब मिलाकर एक घना सन्नाटा था। केवल सीपीआई के तमाम कार्यकर्ता सीना तानकर चल रहे थे। उनमें एक रामनाथ यादव थे, जो उन दिनों अंचल कम्युनिस्ट पार्टी के सचिव थे (बाद में चार बार उन्होंने उस क्षेत्र का विधानसभा में प्रतिनिधित्व किया।) उनसे और अन्य कम्युनिस्ट नेताओं से मेरी तीखी बहस हो गयी। मैं पार्टी (सी.पी.आई.) का सदस्य था। जयप्रकाश आन्दोलन पर मेरे आलोचनात्मक रुख़ से सब परिचित थे। लेकिन इन्दिरा गाँधी के इस कदम का समर्थन मैं नहीं कर सकता था। यह तो घोर तानाशाही है। मैंने कम्युनिस्ट नेताओं को झिड़की दी, आप लोग शर्म कीजिए कि इन्दिरा गाँधी के इस रवैये का आप समर्थन कर रहे हैं। मैंने सचिव श्री यादव को कहा कि मैं पार्टी से इस्तीफ़ा करता हूँ। लिखकर दे दूँ? मैंने पूछा। श्री यादव ने कहा कि आप किसी पद पर नहीं हैं, इसलिए इसकी ज़रूरत नहीं है। आपने पार्टी विरोध में इतना कहा है कि हम लोग आपको जुबानी बर्खास्त करते हैं।

इस्तीफे और बर्खास्तगी के इस नोक-झोंक का अन्त हालाँकि चाय की चुस्कियों से हुआ, लेकिन मैं दुखी मन से घर लौटा। रेडियो पर उतने ही और वैसे ही समाचार आ रहे थे, जितने और जैसे श्रीमती गाँधी देना चाहती थीं। मैंने मुश्किल से भारतीय संविधान की घर में पड़ी एक जर्जर धूल-भरी प्रति ढूँढ़ निकाली और संवैधानिक प्रावधानों को जितना समझ सकता था, समझा। पता नहीं क्यों उस गाँव में डर उसी तरह एक बार फिर गहराने लगा था, जब चीनी आक्रमण हुआ था। दिल्ली, पटना में इमरजेंसी की ट्रेजडी देखना एक बात थी, लेकिन इस गाँव में अपनी क़िस्म का डर था। लोग तरह-तरह की चर्चा करते। पता नहीं कहाँ से यह ख़बर चारों ओर फैली हुई थी कि 12 जून, 1975 के इलाहाबाद हाईकोर्ट के फैसले के बाद ही श्रीमती इन्दिरा गाँधी ने इस्तीफ़ा देने का मन बना लिया था, यहाँ तक कि पत्र पर हस्ताक्षर करने जा रही थीं, लेकिन जैसे ही उनके बेटे संजय गाँधी को यह जानकारी मिली, वह आया और इस्तीफे का पत्र छीनकर फाड़ दिया। संजय गाँधी ने इन्दिरा गाँधी को तमाचे भी रसीद किये। मुल्क पर इन्दिरा गाँधी नहीं, संजय गाँधी शासन चला रहा है (एक आदमी ने तो मानो अपना गुस्सा संजय गाँधी में ही जोड़ दिया था। उसने बतलाया तमाचे से नहीं चप्पल से बुरी तरह पीटा।

तब तक, जब तक श्रीमती गाँधी पस्त नहीं पड़ गयी)। पता नहीं, उस सुदूर गाँव में इतनी बातें कहाँ से लोगों ने जान ली थीं। रेडियो सुनने वाले ऑल इंडिया रेडियो की जगह बीबीसी, वायस ऑफ़ अमेरिका या दूसरे एजेंसी का समाचार सुनना पसन्द करते थे।

रातभर मैं तनाव में रहा। हाथ से एक बड़ा-सा पोस्टर बनाया। जिस पर मोटे-मोटे अक्षरों में दो पंक्तियाँ थीं :

आपातकाल मुर्दाबाद

इन्दिरा गाँधी मुर्दाबाद

इस पोस्टर को एक तख्ती (लुगदी के बने कूट) पर चिपकाया और एक डण्डे से करीने से बाँध दिया। अगले दिन दस बजे लगभग अकेले इसे लेकर निकला बाज़ार पर। कई लोगों ने कहा यह पागल हो गया है। मणि जी का बेटा पागल हो गया है। ज़्यादातर लोगों ने मेरे साहस की सराहना की। एक बूढ़े स्वतन्त्रता सेनानी ने मुझे गले से लगा लिया। यह मेरा एकल विरोध प्रदर्शन था। इससे मेरा मानसिक तनाव कम हो गया। मुझे लगा, जो कर सकता था, मैंने किया।

लेकिन घर पर कोहराम मच गया। माँ को इसके नतीजे का अनुमान नहीं था। पिता घर से बाहर थे, वह आये और बिफर पड़े। उन्होंने बतलाया स्थानीय पुलिस ने मामले की रिपोर्ट कर दी है। वह इसकी गम्भीरता बतला रहे थे। मुझे पहले तो लगा कि पिता जी मुझे डरा रहे हैं, लेकिन बाद में पता लगा, बात सही है। मुझे यह अच्छा ही लगा कि मेरे विरोध की नोटिस सरकारी स्तर पर ली गयी। मैं सज़ा भुगतने के लिए मानसिक रूप से पूरी तरह तैयार था। कोई त्रिवेदी तब पटना के सीनियर एस.पी. थे। पिताजी ने अपने कांग्रेसी होने का फ़ायदा उठाते हुए मामला रफ़ा-दफ़ा कराया। लेकिन उसमें समय लगा।

आपातकाल पर अनेक लोगों ने विस्तार से बहुत लिखा है। उसकी भयावहता आधुनिक भारतीय इतिहास का एक काला अध्याय है। जो भी उस समय थे, उन लोगों ने अपने-अपने तरीके से इसे झेला था। मैं नहीं कह सकता कांग्रेसियों ने भी इसका कोई सुख भोगा होगा। सब पर आतंक का साया था। यहाँ तक कि श्रीमती गाँधी के साथ रहने वाले भारतीय प्रशासनिक सेवा के अधिकारी श्री विशन टंडन ने उस समय जो डायरी लिखी है, उससे उनके भय व नफरत का पता चलता है। यह डायरी किताब रूप में उपलब्ध है। उससे केवल 26 जून, 75 की डायरी साभार दे रहा हूँ। "कल रात एक बजे के बाद रैक्स पर खुराना का फोन आया। उन्होंने मुझसे पूछा कि क्या

मुझे कुछ मालूम है कि प्रधानमन्त्री ने कुछ निर्देश दिये हैं जिनको आज रात में ही कार्यान्वित करना है। उन्होंने बताया कि दिल्ली के उप-राज्यपाल ने उन्हें फोन किया था और चण्डीगढ़ के मुख्य आयुक्त ने। चण्डीगढ़ के मुख्य आयुक्त को पंजाब के मुख्यमन्त्री ने प्रधानमन्त्री के कुछ निर्देश दिये हैं। निर्देश यही थे कि विरोधी दलों के नेताओं को गिरफ़्तार करना था। मैंने अपनी अनभिज्ञता प्रकट की। उनके बार-बार पूछने पर यही सलाह दी कि वे गृहमन्त्री या ओम मेहता से बात करें। मुझे शेषन की बात याद आयी। उसका कहना ठीक निकल रहा है। आश्चर्य यह कि बड़े पैमाने पर गिरफ़्तारियाँ होंगी, पर गृह सचिव को इसका कुछ पता नहीं। निर्मल मुखर्जी को बताना ठीक नहीं था पर खुराना की नियुक्ति तो तभी की गयी है जब वे विश्वसनीय पाये गये हैं। उन्हें भी नहीं बताया गया।

सुबह जब उठा तो कम्मी ने कहा कि वर्धन का फोन आया था, उनसे बात कर लूँ। एक परिचित पत्रकार का फोन भी सुबह आया था कि रात में लगभग सौ विरोधी नेता गिरफ़्तार किये गये हैं। अख़बार केवल 'स्टेट्समेन' और 'हिन्दुस्तान टाइम्स' आये थे, बाक़ी छपे ही नहीं। इन्हीं पत्रकार ने कम्मी को बताया था कि उनकी बिजली काट दी गयी थी, जिससे छपाई नहीं हुई।

मैं सुबह कभी रेडियो नहीं सुनता, पर आज कम्मी मेरे कमरे में ट्रांजिस्टर ले आयी। उसे पता लगा था कि राष्ट्र के नाम प्रधानमन्त्री का सन्देश आने वाला है। वह मैंने सुना। प्रधानमन्त्री ने बहुत अटक-अटक कर अपना सन्देश हिन्दी में पढ़ा। बाद में अंग्रेज़ी में बहुत ठीक से पढ़ा। सन्देश यही था कि राष्ट्रपति ने आपात्काल की घोषणा कर दी है, पर घबराने की कोई आवश्यकता नहीं है। विरोधी दलों के भीषण षड्यन्त्र से देश को बचाने के लिए ऐसा करना आवश्यक हो गया था। कुछ तत्त्व प्रजातन्त्र के नाम पर प्रजातन्त्र को समाप्त करने में लगे हुए हैं। उन्हें ऐसा करने से रोकना है (मेरे मन में प्रश्न हुआ—कौन है वह?)।

कार्यालय के लिए जब घर से निकल रहा था तो शारदा का फोन आया। उसने अंग्रेज़ी में कहा, 'सब सुन लिया। सब कुछ समाप्त हो गया। (यू मस्ट हैव हर्ड इट इज ऑल ओवर) कार्यालय आओगे तो पूरी बात होगी।' शारदा का स्वर बहुत दबा हुआ था।

कार्यालय में मैं सीधे शारदा के कमरे में ही गया। उसने मुझे विस्तार से, जो कुछ उसे मालूम था, बताया। कल रात दस बजे प्रधानमन्त्री ने प्रो. धर और शारदा को अपने निवास-स्थान पर बुलाया। वहाँ बरुआ और सिद्धार्थ पहले

से ही उपस्थित थे। जब प्रो. धर और शारदा पहुँचे तो प्रधानमन्त्री ने कहा, 'आयी हैव डिसाइडेड टु डिक्लेयर इमरजेंसी। प्रेजीडेंट हैज एग्रीड। आयी विल इन्फार्म द कैबिनेट टुमौरो।' यह कहते हुए आपात्काल की घोषणा का प्रारूप प्रो. धर के हाथ में रख दिया। प्रो. धर और शारदा अवाक् रह गये, उन दोनों को केवल सूचना देने के लिए बुलाया गया था और उनकी सलाह थी प्रचार अभियान के लिए। उन दोनों से प्रधानमन्त्री ने 'राष्ट्र के नाम सन्देश' का प्रारूप भी तैयार करने को कहा, वे दोनों लगभग एक बजे तक प्रधानमन्त्री निवास पर रहे। सुबह छह बजे मन्त्रिपरिषद् की मीटिंग थी।

सुबह की मीटिंग में जो मन्त्री दिल्ली में थे, सभी उपस्थित थे। प्रधानमन्त्री ने भूमिका बतायी, पर किसी एक मन्त्री ने चूँ तक नहीं की। किसी प्रकार का विरोध नहीं। केवल सरदार स्वर्ण सिंह ने कुछ प्रशासनिक प्रश्न किये। मन्त्रिपरिषद् में रात को की गयी गिरफ़्तारियों की बिल्कुल चर्चा नहीं हुई। किसी एक मन्त्री ने कहा कि उन्होंने सुना है कि कुछ गिरफ़्तारियाँ हुई हैं, पर बात टाल के वहीं समाप्त कर दी गयी। प्रो. धर को भी इन गिरफ्तारियों का कुछ पता नहीं था, शारदा ने बताया कि जेपी, मोरारजी, चरण सिंह आदि सब प्रमुख नेता गिरफ़्तार कर लिये गये हैं।

शारदा ने यह भी बताया कि प्रधानमन्त्री निवास का पूरा कंट्रोल संजय ने ले लिया है। मन्त्रिपरिषद् की मीटिंग के बाद उसने गुजराल को बुलाकर प्रचार-कार्य के प्रति अप्रसन्नता और असन्तोष प्रकट किया। कहा कि आगे से हर समाचार बुलेटिन प्रधानमन्त्री-निवास पर भेजा जाये। इस पर गुजराल ने कहा कि कार्य की दृष्टि से अच्छा होगा कि किसी अधिकारी को मनोनीत कर दिया जाये। वह ए.आर. में ही रहे। उसे सब बुलेटिन दिखा दिये जायेंगे। उन्होंने शारदा का नाम सुझाया, पर संजय ने इसे स्वीकार न करके इस काम के लिए बहल की ड्यूटी लगायी।

जब ये सब बातें हो रही थीं वी.आर. भी वहीं आ गया था। शारदा की बात सुनकर उसने कहा कि अब इस देश में भी 'गाइडेड डेमोक्रेसी' ही रहेगी। शारदा ने हल्का-सा 'हाँ' कहा।

शारदा थका हुआ तो काफ़ी था। 15 जून से हमारे सचिवालय में सबसे अधिक काम उस पर ही पड़ा है क्योंकि प्रधानमन्त्री की पूरी स्ट्रेटेजी प्रचार-अभियान पर ही आधारित है। पर शारीरिक थकान से अधिक मानसिक क्लेश में था। मैंने शारदा को कभी ऐसा नहीं देखा था। शारदा अवश्य ही सोच रहा होगा कि क्या ऐसी ही स्वतन्त्रता के लिए वह 1942 में जेल गया था।

शारदा पत्रकार है। स्वतन्त्रता के बाद पहली बार देश में 'प्री-सेंसरशिप' लागू की गयी है।

शारदा के कमरे से आने पर मुझे सन्देश मिला कि पन्त मुझसे एकान्त में बातचीत करना चाहते हैं; मैं कब उनके घर जा सकता हूँ? पन्त भी अन्य मन्त्रियों की भाँति कायर हैं। मैं क्यों इस बीच में पड़ूँ? मैंने वासुदेवन को बुलवाया। वह पन्त का विशेष सहायक है। मेरे साथ मेरठ में काम कर चुका है; गाजियाबाद में ज्वाइंट मजिस्ट्रेट था। उसको बुलाकर मैंने समझाया कि जो कुछ हुआ है मुझे उसकी पूरी जानकारी नहीं है। पन्त से बात करने में इसलिए अभी कोई लाभ नहीं। मैं उनसे दो-चार दिन में मिल लूँगा।

वासुदेवन ने कहा कि पन्त जी मैं किसी से कुछ कहने की हिम्मत नहीं है। वे मुझसे यही पूछेंगे कि प्रधानमन्त्री की क्या मदद की जाये? पर मैं जानता हूँ अन्दर-ही-अन्दर प्रधानमन्त्री से कितने दुखी होंगे।

शेषन आज कार्यालय बहुत देर से आया। आते ही मेरे पास आया। कहा कि–'देखिए, मैंने कहा था। पर मेरी समझ में नहीं आता कि आगे क्या होगा? कब तक ऐसे चलेगा? संजय ने पूरा कंट्रोल से ले लिया है।'

दिन-भर मन बहुत उदास रहा। मन में बहुत कटुता भी आ गयी थी। क्या प्रजातन्त्र का अन्त वास्तव में आ गया? मैं दिनभर अपने कमरे में ही रहा। प्रो. धर से भी मिलने नहीं गया। क्या करता मिल कर? उनकी व्यथा मैं समझ सकता हूँ। मैंने सोचा कि आपात्‌काल सम्बन्धी सब काम नया होगा। मेरी इच्छा भी यह काम करने की नहीं है। मैंने बहल से बात की कि वह यह काम करे। उसे लाया भी इसलिए गया है कि काम बढ़ेगा और धीरे-धीरे वह मेरा काम भी समझ ले। मैं बार-बार यही सोच रहा था कि आज पण्डित जी की आत्मा पर क्या बीती होगी?

मैंने पहले लिखा है कि मन्त्रिपरिषद् में किसी मन्त्री ने कोई विरोध नहीं किया। यह बड़ी गम्भीर बात है। संविधान की धारा 77 के अन्तर्गत भारत सरकार के राजकाज के जो नियम बने हैं, उसके अनुसार राष्ट्रपति को आपात्‌काल की घोषणा करने की सिफ़ारिश करने के लिए मन्त्रिपरिषद् की बैठक आवश्यक थी। इन्हीं नियमों में प्रधानमन्त्री को अधिकार है कि वह यदि आवश्यक समझे तो बिना मन्त्रिपरिषद् की बैठक किये भी कोई निर्णय ले सकते हैं। पर प्रश्न है कि क्या इस विषय पर मन्त्रिपरिषद् की बैठक नहीं की जा सकती थी? निर्णय प्रधानमन्त्री ने स्वयं लिया। ऐसा क्यों?

दूसरी बात यह है कि राष्ट्रपति ने प्रधानमन्त्री की सलाह इन परिस्थितियों में क्यों मानी? वे संविधान की तनिक भी अवहेलना नहीं करते होते, यदि वे प्रधानमन्त्री से कहते कि वे इस प्रस्ताव पर पूरे मन्त्रिपरिषद् की राय जानना चाहेंगे। पता नहीं उन्होंने ऐसा कहा या नहीं, पर ये तो साफ है कि ऐसा हुआ नहीं। प्रधानमन्त्री जब राष्ट्रपति से मिलने गयी थीं, तो सिद्धार्थ साथ थे। इन दोनों से मिलकर ही राष्ट्रपति को सहमत कराया। मेरी जानकारी में यह पहली बार है जब राष्ट्रपति ने केवल प्रधानमन्त्री की राय पर इतना महत्त्वपूर्ण निर्णय लिया हो।"

हर आदमी भयभीत था। पूरा मुल्क डरा हुआ था। समाचार पत्रों पर तो सेन्सर था ही, निजी पत्र-व्यवहार भी जाँचे जाते थे। खुलकर अपनी भावनाओं का इज़हार करने से लोग डरते थे। विचित्र भाषा और यहाँ तक कि ऐसी भाषा का प्रयोग करते थे कि सेन्सर या पुलिसवालों को कुछ पता नहीं चले। उदाहरण के लिए एक पत्र हू-ब-हू रख रहा हूँ। जिसमें भावनाओं को संस्कृत में रखा गया है। यह पत्र आदरणीय मित्र डॉ. धीरेन्द्र शर्मा का है, जो उन दिनों जवाहरलाल नेहरू विश्वविद्यालय में प्रोफ़ेसर थे।

Tel : 624550
M-120, Greater Kailash-1,
New Delhi, 48,
INDIA

Dr. Dhirendra Sharma
Phd. (London)

23.12.75

प्रिय मणि जी,

इतने समय से लिख न सका, क्षमा!

आपके 21.7 तथा 23.8 के पत्र सामने हैं। यह वर्ष समाप्त हो रहा है। PSA2 की 10 प्रतियाँ भिजवायी थीं। मिली होंगी। 3 एवं 4 अंक संयुक्त अंक 8-10 रोज़ में प्रकाशित होने वाला है। संघर्ष का द्वन्द्व अनेक रूपों में गतिमान है। मनु. का 'अधर्मेण एधते तावत्-सपत्मान जयति-सफलस्तु विनश्यति।'

मास द्वयेण एषा चण्डिका नवसंविधानं पारयिष्यति। तदनुसारं फ्रांसदेशवत् सर्वतन्त्रस्वाधीन राष्ट्रपतित्वं: करिष्यति। ततश्च राष्ट्रपतित्वम् आप्राणान्तम् उद्घोषद्यिष्यन्ति। ततश्च बंगदेशवत् समूलमेव कालान्तं गमिष्यति-इति विज्ञेयं भवधि:।

भिक्षु वर्णेष्य: जगदीशकाश्यपेस्य: सुयश: प्रणामा: सन्तु।

आपका मनु. पर लेख पसन्द आया। उसे परिष्कृत करके भिजवाएँ। अगले मई के अंक में प्रकाशित करने का विचार है। 'हमराही'–एक फ़िल्म थी–पुरानी। कभी देखी थी? आज उसका स्मृति आ रही है–गाना था–

बढ़ते चले, कटते चले
जवानों इस देश के सपूतों
मजदूरों और किसानों।

सस्नेह,
धीरेन्द्र

श्री प्रेमकुमार मणि
मधुबन, नौबतपुर, पटना
801109

मुझे एक मित्र ने बतलाया कि 26 जून, 1975 को मुम्बई के टाइम्स ऑफ़ इंडिया में एक शोक-सन्देश छपा, जिसमें घुमाकर, बड़ी होशियारी से यह कहा गया कि 26 जून को लोकतन्त्र की हत्या हो गयी। सन्देश इस तरह था–'ओ' क्रेसी-डी इ एम, बिलवेड हसबेंड ऑफ़ टी-रुथ, लविंग फादर ऑफ़ एल आइ वर्टी, ब्रदर ऑफ़ फेथ, होप, जस्टिस, एक्सपायर्ड ऑन 26 जून।'

(O'Cracy DEM, beloved husband of T-Ruth, loving father of L.I. Berty, brother of faith, hope, justice, expired on 26th June.)

इसकी सच्चाई का पता इधर चला, जब लेखक विक्रम सेठ की माँ लीला सेठ की आत्मकथा पढ़ रहा था। श्रीमती सेठ ने भी आपातकाल का वर्णन करते हुए, इस प्रसंग की चर्चा की है।

माँ-पिता ने मुझे जल्दी ही पटना भेज दिया। मेरा डेरा भगतिन-भवन यूँ भी अपराधियों के छुपने के अड्डे जैसा-ही लगता था। मैं जब वहाँ आया तब मेरे बगलगीर मित्र राजेन्द्र प्रसाद यादव के कमरे में उनके सम्बन्धी महावीर प्रसाद भी छुपे मिले। महावीर प्रसाद 1977 में जनता पार्टी की सरकार बनने पर बिहार में कैबिनेट मन्त्री बने।

जीवन के डगर पर

पटना में जीवन सहज नहीं था। साठ रुपये किराये के, भोजन-पानी, कपड़े-लत्ते और पॉकिट-खर्च के इन्तजाम करने थे। घर की ओर से दबाव तो नहीं, लेकिन उम्मीद की जाती थी कि मैं कुछ करूँगा। कभी-कभी अप्रिय घरेलू प्रसंग भी होते, जिससे मन दुखी हो जाता। मैं हमेशा यही सोचता कि मैंने कुछ भी ठीक-ठाक नहीं किया जीवन में। अपने को ही कोसता रहता। कभी-कभी सोचता, अच्छा ही था, जो गुरुदेव जगदीश काश्यप की इच्छानुसार थाइलैण्ड चला जाता और बौद्ध भिक्षु हो जाता। साइंस की जो पढ़ाई की थी, उसका मेरे लिए कोई मोल नहीं था। हमारा बिहारी समाज कृषि प्रधान समाज था। उद्योग-धन्धों का यहाँ अभाव था। इसलिए नौकरी के नाम पर केवल सरकारी नौकरियाँ ही थीं, जो आज की अपेक्षा काफ़ी कम थीं। भूख, बेरोज़गारी और दिशाहीनता उन दिनों युवकों की मुख्य समस्या थी।

मेरी स्थिति कुछ ज़्यादा भयावह थी। बड़ा परिवार था और आमदनी के नाम पर माँ की छोटी तनख़्वाह। दादाजी का जो गाँव था, वहाँ का परिवार भी फैलता जा रहा था। कभी-कभार चावल, दाल या कुछ और अनाज आ जाता, लेकिन इसके साथ-साथ कुछ-न-कुछ उत्तरदायित्व भी माँ-बाबूजी के जिम्मे डाल दिया जाता। मुझे कई बार लगता कि हम सब मारे जायेंगे। भूख और अभाव से मारे जायेंगे।

भगतिन-भवन के कमरे में निढाल मानसिकता लिये पड़ा रहता। पत्र व्यवहार का पता या तो गाँव का था या फिर C/o प्रो. रामबुझावन सिंह, बाकरगंज बजाजा, पटना-4। उन्हीं दिनों फणीश्वरनाथ रेणु के समधी रजनीबाबू (रजनीकान्त सिन्हा) से परिचय हुआ। उनकी अपनी प्रेस थी-हिमाचल प्रेस, कदमकुआँ में। बाद में वही हमारा पता हो गया। बहुत दिनों तक हिमाचल प्रेस के पते पर ही पत्र-व्यवहार होता रहा। रजनीबाबू और रामबुझावन बाबू पटना में मेरे अभिभावक बन गये। इन दोनों का मेरे जीवन-निर्माण में बड़ा योगदान है।

रामबुझावन बाबू पटना विश्वविद्यालय में हिन्दी के प्रोफ़ेसर थे। 1940 के आरम्भ में ही उन्होंने एम.ए. किया था और तब से वह हिन्दी के प्राध्यापक थे। उन्होंने कई पीढ़ियों को पढ़ाया। वह जाति के हिसाब से पिछड़े वर्ग से थे और उन दिनों से पटना यूनिवर्सिटी से जुड़े थे, जब शायद ही कोई पिछड़े वर्ग का व्यक्ति शिक्षक हो। शायद इसलिए भी वह पटना के बैकवर्ड क्लास समाज में कुल गुरु के रूप में सम्मानित थे। उनका घर एक दफ़्तर बना रहता। जब जाइए, कुछ लोग वहाँ मिल ही जाते थे। कई तरह के लोग। इसमें लेखक, राजनेता, जात नेता, ऑफिसर, वकील, छात्र, बेरोज़गार से लेकर अपराधी तक हो सकते थे। रेणु जी, कुमार ,विमल, जगदेव बाबू (शहीद जगदेव प्रसाद), लालू प्रसाद, रामअवधेश सिंह, नीतीश कुमार सब उनके यहाँ जाते-आते रहते थे। वे पिछड़ों के स्वाभाविक सांस्कृतिक गुरु थे। उन्हें कभी क्रोधित होते मैंने नहीं देखा। किसी भी सभा में वह देर तक परिष्कृत हिन्दी में बोल सकते थे। किसी पार्टी या विचारधारा विशेष से बँधे नहीं थे, लेकिन मोटे तौर पर उदारवादी और प्रगतिशील चेतना के थे। रामस्वरूप वर्मा ने जब अर्जक-संघ बनाया, तब रामबुझावन बाबू को ही राष्ट्रीय अध्यक्ष बनाया। जगदेव प्रसाद से लेकर लालू प्रसाद तक को उन्होंने पटना यूनिवर्सिटी में पढ़ाया था और ये सब उन्हें सच्चे गुरु की तरह सम्मान करते थे। अभी हाल (जुलाई 2013) में उनका निधन लगभग 95 वर्ष की उम्र में हुआ है।

रामबुझावन बाबू के साथ मैं पटना की राजनीतिक-सामाजिक सक्रियताओं से जल्दी ही जुड़ गया। उनके साथ पटना की सड़कों पर मीलों पैदल चलता। उनकी सादगी, कंजूसी के स्तर की थी। वह पैसों का मोल समझते थे। लेकिन यदि पैसों की ज़रूरत हो गयी, तब अनुदार नहीं थे। उनका दिल और दिमाग़ बहुत बड़ा था। संस्कार तो और ऊँचा। उन्हें यदि जन्मज़ात अजातशत्रु कहा जाये, तो अतिशयोक्ति नहीं होगी।

: 2 :

पटना में मित्रों-परिचितों की कमी नहीं थी। पटना से दूर-दूर के शहरों के लोग भी सामाजिक-सांस्कृतिक-राजनीतिक सक्रियताओं में होने के कारण परिचित हुए थे। आरा के मधुकर सिंह तो थे ही, श्रीराम तिवारी, शाह भोला, चन्द्रभूषण तिवारी (दिवंगत), रामेश्वर उपाध्याय (दिवंगत), नीरज सिंह, श्रीकान्त, नवेन्दु, अरविन्द गुप्त आदि बक्सर से ज्योति प्रकाश, सूरज प्रसाद,

कुमार नयन, सासाराम से शंकर, अभय, नर्मदेश्वर गया से डॉ. सुरेन्द्र चौधरी, हज़ारीबाग से भारत यायावर, मुजफ्फरपुर से राजेन्द्र प्रसाद सिंह, नन्दकिशोर नन्दन, लखीसराय से शेखर व्यथित, भागलपुर से डॉ. वेचन आदि प्रायः पटना आते-जाते रहते थे। इन सबसे अन्तरंगता हो गयी थी। लेकिन इस तरह अपने को सक्रिय रखने में भी ऊर्जा की ज़रूरत होती है, आर्थिक सम्बल की भी।

एक दिन अलस्सुबह कवि कन्हैया जी के लंगरटोली स्थित आवास पर गया, तब उनकी ज़िन्दगी देखी। वे बड़े अध्यवसायी थे और सच्चे कम्युनिस्ट। परिवार से लेकर मित्रों के लिए भी उतने ही अधिक संवेदनशील। मनुष्यता के प्रतिरूप। थोड़ी देर तक हाल-चाल पूछने के बाद वह साहित्य की चर्चा पर आये। उनका गहरा साँवला और उतना ही सलोना चेहरा मुझे बेहद आत्मीय लगता। वह मेरे पिताजी के मित्रों में भी रहे थे, इसलिए मैं उन्हें उसी परम्परा का व्यक्ति समझता था, उसी रूप में सम्मान देता था। पिछले दिनों उनके दाँत में दर्द रहा था और अभी भी वह कभी-कभी अपनी हथेली अपने गाल पर ले जाते थे। मेरे पूछने पर उन्होंने बतलाया, अब दर्द नहीं है, फिर लजाते हुए जोड़ा, कभी-कभी यूँ ही हाथ उधर चला जाता है। उन्होंने बड़ी ही आत्मीयता से पूछा कि चाय के साथ में बासी रोटी लेना चाहूँगा, क्या। मुझे अपने दादा के ब्रेकफास्ट का स्मरण हुआ। वह दही के साथ प्रायः बासी भात लेते थे। मेरे हाँ, कहने पर वह खुश हुए। हम दोनों ने बासी रोटी और चाय खायी और फिर देर तक उनसे जॉर्ज लुकाच पर सुनता रहा। प्रसंगवश उन्होंने अपने जीवन संघर्ष की अति संक्षेप में चर्चा की। उनकी कविता की कुछ पंक्तियाँ मैं तब गुनगुनाता जब मेरा अपना जीवन संघर्ष काफ़ी सघन हो जाता। उसकी कुछ पंक्तियाँ आज भी ख़याल हैं:

लिपटे क्षुधा तृषा जीवन में
मिले उपेक्षा अखिल भुवन में
किन्तु अरे सपने में भी तुम
मुख किसी का कभी न जोहना
ध्रुव डोले पर तुम न डोलना।

मैंने भरसक कोशिश की कि अडिग रहूँ। अनैतिक होने से भी बचता रहा। किसी के सामने याचना की हो, सम्पर्कों का बेजा फ़ायदा उठाया हो, या किसी से ऐसा उधार लिया हो, जिसे लौटाया न हो, इसका मुझे स्मरण नहीं है। मेरे पास ग़रीबी थी, लेकिन इसे गर्वीली बनाये रखने की मैंने पूरी कोशिश की थी। जानता था कि साख जो एक बार गिर गयी, या तो खड़ी नहीं होती है और जो होती भी है तो बड़ी मुश्किल से।

एक रोज़ मेरे पास एक आदमी आये और उन्होंने कहा कि शाही जी ने आपको याद किया है, अर्थात् बुलाया है। शाहीजी यानी ललितेश्वर प्रसाद शाही। मेरे पिताजी के मित्र थे और कांग्रेसी नेता थे। मन्त्री-वन्त्री रह चुके थे और उस समय एक सरकारी संस्था कंस्ट्रक्शन कॉरपोरेशन के चेयरमैन थे। मैं उनसे मिलने उनके आवास स्ट्रैंड रोड पर गया। वह कम बोलते थे। मुझसे हाल-चाल पूछा। पकौड़ियाँ खिलायीं और कहा कि पटना में हो, तब एक नौकरी ज्वायन कर लो, हमारे यहाँ। पाँच सौ से अधिक रुपये मुझे प्रतिमाह के हिसाब से मिल जाते। मैं आर्थिक रूप से टूटने के कगार पर ही था। मैंने प्रस्ताव स्वीकार लिया। अगले ही रोज़ मैंने नौकरी ज्वायन कर ली। मुझे रेलवे की नौकरी छोड़ने का स्मरण हुआ। मज़ाक मिली एक हँसी आयी, चलो अब ग्रेजुएट हो चुका हूँ। यह 1976 का अगस्त या सितम्बर महीना रहा होगा।

नौकरी में आने पर मेरी दिनचर्या बदल गयी। आज़ाद रहा हुआ मन जल्दी जमता नहीं था, लेकिन आर्थिक रूप से थोड़ा चिन्तामुक्त हुआ था। पहली बार जब वेतन मिला, तब अपने काम भर पैसे रखकर मैंने बाक़ी पैसे घर जाकर माँ को दे दिये। वह ख़ुश हुईं। उन्हें यह भी लगा कि अब मेरे बेटे का विवाह हो जायेगा। माँ बहुत मितव्ययी रही हैं और पैसा सँभालकर रखना उन्हें ख़ूब आता है, लेकिन उन पर छोटे-छोटे कुछ कर्ज़ थे, जिसे चुकाने की उन्हें चिन्ता थी। यह पूरा कर्ज़ हज़ार रुपये से कम का ही था। अगले तीन माह में ही हम दोनों ने मिलकर उसे खत्म कर दिया और घर कर्जमुक्त हो गया। इस मुक्ति का आनन्द हम माँ-बेटे ने उठाया। माँ का कहना था, अब उन्हें अच्छी-गहरी नींद आती है।

1977 : आज़ादी का अहसास

1977 के जाड़ों में एक बार फिर राजनीतिक कोहराम खड़ा हो गया। जनवरी की कोई 17 तारीख़ थी। मैं अपने एक मित्र तरुण चौहान (उसका मूल नाम शत्रुघ्न सिंह चौहान है) के साथ आरा जा रहा था। सुबह 5.40 की ट्रेन पकड़नी थी। जाड़ों के दिन थे, सो ठण्ड से हम सिकुड़े हुए थे। स्टेशन आया तो पहली नज़र अख़बार पर पड़ी। सरकार ने लोकसभा के चुनावों की घोषणा कर दी थी। वातावरण में अचानक उत्तेजना आ गयी थी। हम इसी उत्तेजना पर सवार हो, आरा पहुँचे। वहाँ भी इसी बात की चर्चा। पूरा माहौल एकदम से राजनीतिक हो गया। उसी दिन रात तक हम लोग लौटकर पटना पहुँचे।

भारत में लोकसभा के नजदीकी चुनाव 1971 के मार्च में हुए थे। मार्च 1976 तक लोकसभा के चुनाव हो जाने चाहिए थे, किन्तु श्रीमती गाँधी ने स्वार्थ में डूबकर संविधान के साथ मनमाना किया था। लोकसभा का कार्यकाल पाँच की जगह छह साल करा लिया था। चर्चा तो यह थी कि श्रीमती गाँधी कार्यकाल का विस्तार फिर से करा लेंगी, क्योंकि संविधान तो उनके हाथ का खिलौना बनकर रह गया था। लेकिन विश्वभर से मिलते दबाव के कारण वह चुनाव कराने के लिए मजबूर हुईं। हालाँकि इमरजेंसी को उन्होंने खत्म नहीं किया। 1977 का चुनाव इमरजेंसी के साये में ही हुआ (हारने के बाद ही इमरजेंसी के खात्मे का निर्णय लिया गया)।

जनता की भावनाओं का पता चलने लगा था। चुनावों की घोषणा जैसे ही हुई, लोगों का भय कुछ खुला और वे अपनी भावनाओं का इज़हार करने लगे। इमरजेंसी के दौरान बन्दी बनाये गये नेता एक-एक कर छोड़े जाने लगे। राजनीतिक गतिविधियाँ आरम्भ हो गयीं। लेकिन बिखरे हुए विपक्ष को लेकर लोगों में भ्रम था कि कहीं श्रीमती गाँधी बाजी न मार ले जायें। कुछ लोग जाति समीकरणों की चिन्ता करते। किन्तु मुझे यह लगने लगा था कि इन्दिरा गाँधी को सफलता नहीं मिलेगी। मेरे लिए इसका आधार, जनता का वही उत्साह था,

जो 1971 में हमने श्रीमती गाँधी के पक्ष में देखा था। आम जनता ने, ग़रीबों ने श्रीमती गाँधी को सत्ता में लाया था। अब वही आम आदमी उन्हें सत्ता से बेदखल करेगा। लेकिन इमरजेंसी के दौरान जनता की जो व्यापक बुजदिली देखी थी, उससे मन घबराता भी था। शंकाएँ होती थीं।

3 फरवरी, 1977 को ख्यात दलित नेता बाबू जगजीवन राम उत्तर प्रदेश के पूर्व मुख्यमन्त्री हेमवती नन्दन बहुगुणा, उड़ीसा की पूर्व मुख्यमन्त्री नन्दिनी सपतथी ने कुछ अन्य चुने हुए साथियों के साथ कांग्रेस से इस्तीफ़ा दे दिया। इस झटके से कांग्रेस की रही-सही साख भी जाती रही। ग़रीबों को लेकर किये गये कार्यों के आधार पर लोग मान रहे थे कि इन वर्गों में लोकतान्त्रिक परम्पराओं की धज्जियाँ उड़ाने को लेकर शायद गुस्सा नहीं होगा। 'बड़े लोग' दरअसल दलितों और ग़रीबों को 'पेट भरे से काम' का आदमी मानते आये हैं। उनकी इसी सोच ने यह मान लिया था कि दलितों में इमरजेंसी को लेकर विरोध भाव नहीं होगा। आज भी ज़्यादातर लोग यह मानते हैं कि ग़रीब लोग देश, धर्म, नैतिकता, त्याग जैसे मुद्दों पर कोई राय नहीं रखते। जो उन्हें रोटी देता है, उसी का गुण गाते हैं। इस मुद्दे पर मेरी राय शुरू से ही विपरीत है। एक ग़रीब की संवेदनशीलता अधिक होती है। वह अधिक धार्मिक और अधिक नैतिक होता है। राजनैतिक मामलों में भी उसकी दृष्टि साफ होती है। लाख वाग्जालों के बावजूद 1971-72 में उसने श्रीमती गाँधी का महत्त्व समझा था और उन्हें सत्तासीन किया था। अब जो श्रीमती गाँधी समझ रही थीं कि इन्हें केवल पेट भरने से काम है, तब वह ग़लत समझ रही थीं। यदि जगजीवन राम कांग्रेस में भी होते, तब कांग्रेस का वही हाल होता। हाँ, जगजीवन राम के राजनीतिक फैसले ने मीडिया का भ्रम दूर कर दिया था।

चुनाव की घोषणा होते ही जेपी दिल्ली गये। उन्होंने प्रमुख लोगों से बातचीत की। वह ख़ुद काफ़ी डरे-सहमे थे। चूँकि इमरजेंसी खत्म नहीं हुई थी, इसलिए उन्हें लग रहा था कि श्रीमती गाँधी सत्ता का दुरुपयोग कर चुनाव जीत जायेंगी, इसलिए उन्होंने चुनाव के बहिष्कार की घोषणा का मन बना लिया है, ऐसी चर्चा थी। लेकिन पूर्णकालिक राजनीति से दूर रहे लोगों-पत्रकारों, बुद्धिजीवियों और कुछ प्रमुख समाजसेवियों ने जेपी को उम्मीदों से जोड़ा। इन्हीं लोगों ने राजनीतिक दलों पर दबाव बनाया कि वह इकट्ठा हों। ऐसे ही समय में जब जगजीवन राम के नेतृत्व को कांग्रेसियों के एक धड़े ने विद्रोह किया तो जेपी के सहयोगियों को ताक़त मिली। मुझे तारीख़ ख़याल नहीं है, लेकिन बहुत जल्दी जनता पार्टी के नाम से एक राजनीतिक मंच बन गया।

चरण सिंह की पार्टी भारतीय क्रान्तिदल के चुनाव चिह्न चक्र बीच हलधर पर चुनाव लड़ने की सहमति बनी। समय इतना कम था कि चुनाव आयोग चिह्न आवंटित करने में देर कर सकता था, इसलिए यह चालाकी की गयी थी।

यदि भूल नहीं रहा हूँ, तो फरवरी की 8 तारीख़ थी, जब जगजीवन बाबू पटना आये। उस समय तक विपक्ष के कुछ ही नेता जेल से बाहर हुए थे। कांग्रेसी मुख्यमन्त्री तब डॉ. जगन्नाथ मिश्र थे और उन्होंने जी-जान से जगजीवन बाबू को परेशान करने की कोशिश की थी। जगजीवन बाबू की बेटी मीरा जी की शादी श्रीमती सुमित्रा देवी के सुपुत्र से हुई थी। सुमित्रा जी बिहार सरकार में मन्त्री रह चुकी थीं। उनसे मेरा घरेलू सम्बन्ध था। वह जगजीवन बाबू के आने के दो दिन पूर्व मेरे डेरे पर आयीं और सभा की व्यवस्था और प्रचार की कमान सँभालने का आदेशनुमा अनुरोध किया। सभा गाँधी मैदान में होनी थी। मैं डर गया। दो दिनों में गाँधी मैदान की सभा की व्यवस्था मुझसे कैसे होगी। मैदान के आरक्षण वगैरह का काम तो उन्होंने कर लिया था, बाक़ी कामों में सहयोग की ज़रूरत थी। वह मुझे अपने साथ अपने मन्दिरी स्थित आवास पर ले आयीं। वहाँ एक बुजुर्ग सांसद डी.एन. तिवारी थे, जो शायद गोपालगंज क्षेत्र से लोकसभा सदस्य थे, उनसे मेरा परिचय कराया गया। श्री तिवारी ने मेरी धज देख अपने चेहरे पर उपेक्षा का भाव लाया। श्रीमती सुमित्रा देवी के पति ज्ञानेश्वर बाबू ने उन्हें कुछ भरोसा दिलाया। हम लोग काम में लगे।

जगजीवन बाबू को सर्किट हाउस में ठहराया गया था। उनके साथ जवाहरलाल नेहरू की बहन विजया लक्ष्मी पण्डित भी आयी थीं। वह होटल पाटलिपुत्र अशोक में ठहरायी गयी थीं। मुझे दोनों नेताओं से नजदीक से मिलने का अवसर मिला।

गाँधी मैदान की सभा के लिए हमें कुछ ख़ास करना नहीं पड़ा था। वह स्वत:स्फूर्त और स्वत: अनुशासित विशाल, हिन्दी पत्रकारिता की शब्दावली में महती, सभा थी। उस सभा ने जनता को भयमुक्त कर दिया। श्रीमती विजया लक्ष्मी पण्डित ने भावुक होकर महाभारत की चर्चा की और कहा अनीति और अन्याय के रास्ते पर यदि परिवार के लोग भी चलें, तब उनके विरुद्ध संघर्ष के लिए खड़ा होना ही धर्म है।

जगजीवन राम ने अपने को जनता पार्टी में समाहित नहीं होने दिया। उन्होंने कांग्रेस फॉर डेमोक्रेसी (सीएफडी) के बैनर तले चुनाव लड़ा था। कहा जा रहा था कि हेमवती नन्दन बहुगुणा के कारण यह हुआ था।

श्री बहुगुणा जनसंघ से सुरक्षित दूरी बनाये रखने के पक्ष में थे। उस वक़्त मुसलमानों पर उनका बहुत असर था। जामा मस्जिद के शाही इमाम को उन्होंने श्रीमती गाँधी के विरुद्ध किया था।

पूरा पासा ही पलट गया। नागरिक आज़ादी के इस संघर्ष में दलित और मुसलमान अब सबसे आगे थे। पटना गाँधी मैदान की एक विशाल सभा में जेपी ने कहा कि बिहार से कांग्रेस को एक सीट भी नहीं मिलेगी। लगता था अब उनका विश्वास लौट आया था।

जब चुनाव नतीजों की घोषणा हुई, तब जेपी सही साबित हुए। बिहार के सभी 54, उत्तर प्रदेश के सभी 84, पंजाब के सभी 13, हरियाणा के सभी 9, दिल्ली के सभी 7 सीटों पर कांग्रेस हार गयी। यहाँ से जनता पार्टी-सीएफडी के उम्मीदवार जीते। कांग्रेस को मध्य प्रदेश में केवल एक, राजस्थान में केवल एक, पश्चिम बंगाल में केवल तीन, उड़ीसा में केवल चार और असम व गुजरात में केवल 10-10 सीटें मिलीं। 1971 में कांग्रेस को कुल 352 सीटें मिली थीं। इस बार घटकर वह केवल 153 रह गयीं। जनता पार्टी अकेले 298 सीटों पर विजयी रही। उसे आसान बहुमत मिल गया था।

दक्षिण भारत ने कांग्रेस की इज्जत बचा ली थी। उसको ज़्यादातर सीटें दक्षिण से ही मिलीं। आन्ध्र प्रदेश, कर्नाटक और तमिलनाडु में जनता पार्टी को केवल एक-एक सीट ही मिल पायी थी।

चुनाव की सबसे दिलचस्प ख़बर उत्तर प्रदेश के रायबरेली से आयी, जहाँ से श्रीमती गाँधी चुनाव लड़ रही थीं। किसी को वह भरोसा नहीं था कि वह स्वयं भी चुनाव हार जायेंगी। उनके विरुद्ध श्री राजनारायण चुनाव लड़ रहे थे। राजनारायण शरीर से तो भारी पहलवान थे, किन्तु व्यवहार से हल्के माने जाते थे। कोई यह मानने के लिए तैयार न था कि वह श्रीमती गाँधी के मुकाबले कहीं ठहरते हैं। लेकिन ख़बर आयी कि श्रीमती गाँधी को राजनारायण ने पराजित कर दिया। दरअसल किसने पराजित किया की ख़बर महत्त्वपूर्ण नहीं थी। उनका (श्रीमती गाँधी) पराजित होना ही एक ख़बर थी। यह ख़बर तीन बजे भोर में प्रसारित हुई। मैं नौबतपुर में था। हम लोग रातभर रेडियो से सटे जमे रहे थे। भोर में ऊँघ रहे थे कि इस ख़बर ने चौंका दिया। पहले तो विश्वास नहीं हुआ। लेकिन जब देखा कि लोग सड़कों-गलियों में आकर नारे लगाने लगे, तब जाकर विश्वास हुआ। जनता के मन में इतना गुस्सा था-गाँव-क़स्बों में भी।

चुनावों में श्रीमती गाँधी की ऐसी हार की कल्पना शायद ही किसी ने की होगी। एक लोकतान्त्रिक परिवेश में सत्ता का दुरुपयोग कर कोई व्यक्ति किस तरह तानाशाह हो सकता है, इसका उदाहरण बन गयी थीं श्रीमती गाँधी। जर्मनी में हिटलर के तानाशाह बनने की स्थितियाँ भिन्न थीं। तब राष्ट्र के सामने कोई बड़ा राजनैतिक या आर्थिक-सामाजिक संकट नहीं था, जिसका फ़ायदा श्रीमती गाँधी ने उठाया था। उन्होंने केवल राष्ट्र की कायरता का फ़ायदा उठाया था।

जनता ने उत्साह के साथ चुनावी नतीजों को आत्मसात् किया। मीडिया ने इसे दूसरी आज़ादी कहा, दिनमान के तत्कालीन सम्पादक और कवि रघुवीर सहाय ने कहा कि देश की अनपढ़ जनता ने यहाँ के पढ़े-लिखे लोगों को आज़ाद कराया है। वह स्वयं डरे हुए थे। दिनमान पर श्री अज्ञेय ने अपनी डायरी में जो मज़ाकिया टिप्पणी की है, उसका उल्लेख पहले कर चुका हूँ। चुनाव नतीजों ने उन्हें उत्साह से भर दिया होगा। चुनावी दौर की थकान से उन्होंने खटिया पकड़ लिया था। उन दिनों का, उनका एक पत्र :

साप्ताहिक दिनमान

Reg. Office – Dr. Dad.Bhai Naoroji Road, Bombay 400001

Propritors : Bennett Coleman & Corp. Ltd.

सम्पादकीय कार्यालय : 10, दरियागंज, नयी दिल्ली-110002,

फोन : 278944; 271911

व्यवस्थापकीय कार्यालय : 7, बहादुरशाह जफर मार्ग, नयी दिल्ली-2

तार-दिनमान 6.4.77

प्रिय मणि जी,

मैं 15-16 को पटना में था अवश्य, किन्तु अकस्मात पहुँचा था-रायबरेली-अमेठी होता हुआ। सो आपको ख़बर नहीं भेज सका। दोनों दिन रेणुजी के साथ काफ़ी समय बीता और बाक़ी राजनीति सम्बन्धी खोज-ख़बर में गया। लौटते ही बीमार पड़ गया सो अभी तक खटिया पर पड़ा हूँ। यहीं से थोड़ा-बहुत देख-भाल दिनमान के सम्बन्ध में कर दिया करता हूँ।

आपने ज़मीन की जिस समस्या का उल्लेख किया है, उसी को कुछ व्यापक सन्दर्भ देकर हम एक सर्वेक्षण आयोजित कर रहे हैं। 17 अप्रैल के अंक में इसकी सूचना प्रकाशित होगी। आप और आप जैसे साथी लोग आशा है पूरा सहयोग देंगे। रेणुजी के आरोग्य की कामना हम सभी कर रहेहैं।

सस्नेह

रघुवीर सहाय

391/4 रामकृष्णपुरम्, नयी दिल्ली

जनता पार्टी के सांसदों ने महात्मा गाँधी की समाधि राजघाट पर कुछ प्रतिज्ञा प्रार्थना की और सर्वसम्मति से पुराने दक्षिणपन्थी कांग्रेसी नेता मोरारजी देसाई को प्रधानमन्त्री चुना। जल्दी ही उन्होंने अपने मन्त्रिमण्डल के साथ शपथ ली और देश की केन्द्रीय राजनीति में पहली दफ़ा ग़ैर-कांग्रेसी युग की शुरुआत हुई। लेकिन इस सरकार को ग़ैर-कांग्रेसी कहना तकनीकी स्तर पर ही सही था। हाँ, ग़ैर इन्दिरा या ग़ैर-नेहरू सरकार ज़रूर थी। मोरारजी देसाई किसी इन्दिरा कांग्रेसी से ज़्यादा कट्टर कांग्रेसी थे। इन्दिरा कांग्रेस ने तो अपने कार्यकर्ताओं के लिए खादी की अनिवार्यता भी समाप्त कर दी थी (यह संजय गाँधी के दबाव में किया गया था), लेकिन मोरारजी अभी भी खादी और चरखे के साथ थे। उनका प्रिय पेय, शिवाम्बु (स्वमूत्र) उन दिनों पूरे देश में चर्चित था। हवा में इसके गुणों की महिमा कुछ इस तरह छायी थी कि कुछ दिनों तक मैंने भी इसका प्रयोग किया। विज्ञान का विद्यार्थी होने के कारण मैंने इसकी आत्म व्याख्या की। फिर लगा कि यह मूर्खता है। प्रकृति ने जब एक बार किसी पदार्थ को त्याज्य बना दिथा, तब फिर उसे उसी रूप में ग्रहण करना प्रकृति को चुनौती देना है। यह तो नाले का विकृत पानी पीने की तरह है।

मोरारजी सरकार में दरअसल जो शुद्ध ग़ैर-कांग्रेस था, वह था जनसंघ का अंश (समाजवादी भी पुराने कांग्रेसी रहे थे।)। इसके दो मन्त्री थे, लालकृष्ण आडवाणी और अटलबिहारी वाजपेयी। जब अपनी तरुणायी में मैं सीपीआई में था, तब हम लोग दोनों का ख़ूब मज़ाक बनाया करते थे। अटल का मतलब होता है न टलने वाला अर्थात् खूँटा; और बिहारी अर्थात् विहार करने वाला--घूमने वाला। खूँटे पर घूमने वाला-अर्थात् बैल। अटलबिहारी वाजपेयी का मतलब...वाजपेयी। आडवाणी को हम लोग ऑड वाणी कहते थे (इसी तरह गुरु गोलवलकर को गुरु गोलमालकर कहा जाता था)। इन दोनों ने सूचना प्रसारण और विदेश मन्त्रालय अपने जिम्मे लिया और धीरज के साथ अपनी मूल पार्टी जनसंघ और आर.एस.एस. का आधार पुख़्ता करने की सभी कोशिशें कीं, लेकिन दोनों ने किसी भी स्तर पर सार्वजनिक जीवन की मर्यादा का हनन नहीं किया, न सरकार को कोई नुकसान पहुँचाया। वे समझदारी व चालाकी से अपना काम कर रहे थे।

कुछ ही महीने बाद नौ प्रान्तों की कांग्रेस सरकारों को बर्खास्त किया गया और वहाँ चुनावों की घोषणा हुई। कई जगह, जिनमें हमारा राज्य बिहार भी था, इसलिए सरकार चल रही थी कि छह वर्ष का कार्यकाल काम कर रहा था। यह निश्चय ही ग़लत था और बर्खास्तगी का नैतिक आधार था।

जनता पार्टी की सरकार ने जल्दी ही चुनाव करवाये और प्रायः सब जगह ग़ैर-कांग्रेसी सरकारें बनीं। बिहार में कर्पूरी ठाकुर के नेतृत्व में जनता पार्टी की सरकार बनी। विधायक दल के नेता पद के चुनाव में श्री सत्येन्द्र नारायण सिन्हा ने उन्हें चुनौती दी थी, लेकिन वह बुरी तरह पराजित हुए थे। कहा जा रहा था कर्पूरी ठाकुर को मुख्यमन्त्री के रूप में देखना जेपी की भी हसरत थी।

केन्द्र में नयी सरकार बन जाने के बाद लेखकों-पत्रकारों में इस बात की प्रतियोगिता छिड़ गयी कि कौन कितना क्रान्तिकारी था, आपातकाल में। श्री कुलदीप नैयर सरीखे कुछ पत्रकारों ने अपनी वैचारिक पक्षधरता के लिए इमरजेंसी में जेल की सज़ा भी काटी थी, लेकिन मुझे याद नहीं आता रेणु और नागार्जुन को छोड़कर कोई लेखक-ख़ासकर हिन्दी लेखक अपनी वैचारिक पक्षधरता अथवा लेखन के लिए जेल गया हो। लेकिन यही लेखक-कवि अब पुरानी तारीख़ें डाल अपनी कविताएँ और डायरी वगैरह प्रकाशित करवा रहे थे कि मैंने यह किया था, वह किया था। यह मुझे अच्छा नहीं लग रहा था। मुझे इसकी ज़रूरत भी समझ में नहीं आ रही थी, लेकिन यह काम बड़ी तेज़ी से हो रहा था। दूसरी आज़ादी का ढोल पीटने में भी ये लेखक आगे थे। पटना का कॉफी हाउस लेखक-पत्रकारों का अड्डा हुआ करता था। शाम को ये लोग जुटते थे और कॉफी-क्रान्ति करते थे। मुझे उनका व्यवहार बहुत ही अश्लील लगता। सम्पूर्ण क्रान्ति के कवियों की एक अलग जमात थी। उन्हें तो लगता था, यह देश उनकी ही मर्जी से चल रहा है।

जैसे ही लोकसभा चुनाव का रिजल्ट आया, रेणु जी (फणीश्वरनाथ) अपने ऑपरेशन के लिए भर्ती हो गये। पटना मेडिकल कॉलेज में डॉ. यू.एन. शाही ने उनका ऑपरेशन किया। लेकिन उन्हें बेहोश करने के लिए जो एनेस्थीसिया दिया गया, वह ठीक से नहीं दिया गया, जिसके कारण उन्हें होश नहीं आ सका। यह भारी और अक्षम्य चूक थी। उनका ऑपरेशन 24 या 25 मार्च को हुआ था। ऑपरेशन थियेटर में जाने के पहले हम सब उनसे मिले। लेकिन ऑपरेशन के बाद केवल उनकी बेहोशी ही देख पाये। रोज़ हम लोग इस विश्वास से जाते कि आज वे आँखें खोलेंगे और शायद कुछ बोलेंगे। लेकिन हम लोग निराश होते गये। जैसे-जैसे दिन गुज़रने लगा, हम लोगों की घबराहट बढ़ती गयी और फिर आया मनहूस 11 अप्रैल, जब वह हमेशा के लिए हम लोगों को छोड़कर चले गये।

अप्रैल गर्मियों का समय होता है। 11 अप्रैल को मैं अपने आवास भगतिन-भवन की सबसे ऊपरी छत पर सोया हुआ था कि रामबुझावन बाबू आये।

उन्होंने ही मनहूस ख़बर दी कि रेणुजी नहीं रहे। जल्दी चलो। हिन्दी साहित्य सम्मेलन भवन में पार्थिव शरीर रखा हुआ है, उनकी पत्नी लतिका जी जल्दी अन्त्येष्टि पर ज़ोर दे रही हैं।

मैं अपने मित्र तरुण (चौहान) के साथ हिन्दी साहित्य सम्मेलन भवन गया। लेकिन वहाँ से उनका पार्थिव शरीर उठ चुका था। हम लोगों ने रिक्शा पकड़ा और बाँस घाट की ओर चले, जहाँ उनकी अन्त्येष्टि होनी थी। लेकिन गाँधी मैदान पहुँचते-पहुँचते ही हम यात्रा में साथ हो लिये। सप्तर्षि की तरह कुल सात आदमी। चार कन्धा दिये और तीन पीछे। पत्नी सहित पाँच आदमी परिवार के थे। रामबुझावन बाबू और डॉ. रामवचन राय को बाहर का कह सकते थे। चार कन्धा देने वाले व्यक्ति के अलावे जो तीन पीछे थे यही रामबुझावन बाबू, डॉ. रामवचन राय और सबसे पीछे दुबली-पतली लतिका जी (पत्नी)। हम लोग जुटे तब संख्या नौ हो गयी। महान युग प्रवर्तक उपन्यासकार की यही अन्तिम यात्रा थी। मुझे अमृतराय द्वारा लिखित प्रेमचन्द की जीवनी 'कलम का सिपाही' का स्मरण हुआ। उसी से पता हुआ था, प्रेमचन्द की अन्तिम यात्रा में कुल तेरह व्यक्ति थे। प्रेमचन्द की शवयात्रा देख किसी राहगीर ने दूसरे से पूछा था–के रहल? जवाब मिला था–कोई मास्टर था!

हम लोग नौ आदमी ही बाँस-घाट नामक श्मशान तक आये। समाचार पाकर यहाँ पहले ही आठ-दस लोग पहुँच चुके थे। धीरे-धीरे और लोग आने लगे। अब सुबह के आठ बज रहे थे। बाँस घाट के दक्खिनी छोर पर सड़क किनारे हम लोग एक पान की गुमटी तक आये, समाचार सुनने। देवकीनन्दन पाण्डेय समाचार सुना रहे थे–हिन्दी के लब्ध प्रतिष्ठ लेखक फणीश्वरनाथ रेणु का एक लम्बी बीमारी के बाद पटना में निधन हो गया। रेणु जी के लेखकीय व्यक्तित्व की व्याख्या के बाद बतलाया गया कि बम्बई से जसलोक हॉस्पिटल में पड़े जयप्रकाश नारायण ने अपने मित्र व सहयोगी के निधन पर भावभीनी श्रद्धांजलि अर्पित की है। राष्ट्रपति, प्रधानमन्त्री से लेकर अनेक गणमान्य लोगों की श्रद्धांजलियाँ सुनाई गयीं। हम लोग बाँस घाट पर पड़े बाँस की अर्थी पर उस व्यक्ति के पार्थिव शरीर को देख रहे थे, जिसके लिए ये श्रद्धांजलियाँ थीं।

अन्त्येष्टि कुछ विलम्ब से हुई। तब तक हज़ारों लोग वहाँ पहुँच चुके थे। रेणु जी का जनसरोकार बड़ा गहरा था। जनता की यह स्वत:स्फूर्त उपस्थिति थी अपने प्रिय लेखक के अन्तिम दर्शन के लिए।

x x x

बिहार में श्री कर्पूरी ठाकुर के मुख्यमन्त्रित्व में और देश में मोरारजी देसाई के प्रधानमन्त्रित्व में सरकारें चल रही थीं। दोनों स्तरों पर एक भिन्नता तो स्पष्ट हो रही थी। श्रीमती गाँधी की सरकार ने सब जगह नागरिक अधिकारों का इतना दमन किया था कि वह जनता के चित्त से बिल्कुल उतर चुकी थीं, लेकिन ग़रीबों के बीच उनकी थोड़ी अपील अभी भी बाक़ी थी। श्रीमती गाँधी का ज़्यादा नुकसान उनके बेटे संजय गाँधी के कारण हुआ था। संजय के पास न कोई डिग्री थी, न पढ़ाई का संस्कार। उसने अपने इर्द-गिर्द उसी तरह के लोगों को इकट्ठा किया हुआ था, जो केवल हुकूमत करना और रौब जमाना जानते हों। मध्यवर्ग के लोग उससे नफ़रत करते थे। उसने कांग्रेस पार्टी के अन्दर ही अपना एक गिरोह बनाया हुआ था और कहा जाता है कि उसकी मम्मी यानी इन्दिरा गाँधी या तो उस पर भरोसा करती थीं या फिर उससे डरती थीं।

जनता पार्टी भिन्न विचारधाराओं के कई दलों का साझा मंच था; लेकिन इसमें जनसंघ और सोशलिस्ट प्रमुख थे। मोरारजी की कांग्रेस (ओ) या जगजीवन राम की सीएफडी भी इसमें (जनता पार्टी) शामिल हो गयी थी, लेकिन इनका जनता में कोई गहरा असर नहीं था। चरण सिंह के अनुयायियों में कुछ दम-खम था, लेकिन वे दिल्ली के आसपास वाले इलाके में संघनित थे। पूरे देश में उनका कोई असर नहीं था, क्योंकि उनकी कोई ख़ास विचारधारा नहीं थी। उन्होंने सोशलिस्टों के एक धड़े से जात-पात के आधार पर एक कमज़ोर किस्म का साझा ज़रूर विकसित किया था।

जल्दी ही जनता पार्टी के भीतर अन्तर्कलह फूटने लगा। मोरारजी अक्खड़ थे। वह एक बार जो ठान लेते थे, उसे पूरा करते थे, नतीजों की ज़्यादा परवाह नहीं करते थे। उनकी सबसे पहले चरण सिंह और उनके हनुमान कहे जाने वाले राजनारायण से ठनी। कुछ ही समय बाद दोनों को उन्होंने मन्त्रिमण्डल से निकाल बाहर किया। बाद में जनसंघ धड़े के दबाव में चरण सिंह को तो शामिल कर लिया, लेकिन राजनारायण की वापसी से उन्होंने इनकार कर दिय। मन्त्रिमण्डल में सन्तुलन बनाये रखने के लिए दो-दो उपप्रधानमन्त्री-चरण सिंह और जगजीवन राम-बनाये गये। लेकिन तनाव बढ़ता गया। जनसंघ धड़ा तेज़ी से अपना प्रभाव बढ़ाने की कोशिश कर रहा था। अटल बिहारी वाजपेयी विदेश मन्त्री थे। वह अपने तरह की एक नयी वैदेशिक नीति पर काम कर रहे थे, जो नेहरू की विदेश नीति से ज़्यादातर मुद्दों पर समान थी,

लेकिन तटस्थता के कई मुद्दों पर भिन्न विचार भी थे। जैसे इसरायल के सवाल पर। श्री वाजपेयी ने अपना ज़्यादा समय विदेशी दौरे और एक सम्भव ग्लोबल नेता बनने में लगाया था, लेकिन आडवाणी देशी मामले और पार्टी के मामलों में गम्भीरता से जुड़े थे। वे बड़ी होशियारी से संघ (आर.एस.एस.) को मजबूत बना रहे थे। जेपी को इसकी सूचना थी। वह इससे दुखी थे, लेकिन सत्ता में बैठे लोगों ने उनको सुनना बन्द कर दिया था। जेपी अपने ही लोगों द्वारा, जल्दी ही विस्मृत कर दिये गये, हाशिये पर डाल दिये गये। वह एक बार फिर अवसाद में थे, लेकिन उनका स्वास्थ्य जवाब दे गया था। वह भीष्म पितामह की तरह सब कुछ देखने मात्र के लिए विवश थे।

सोशलिस्टों ने भी कोई महत्त्वपूर्ण काम नहीं किया। उनमें से ज़्यादातर लोहिया की विचारधारा से नहीं, चरण सिंह की माया से बँधे थे। चरण सिंह का विचार-व्यवहार एक कुलक जैसा था। वह कृषि आधारित आर्थिक व्यवस्था विकसित करना चाहते थे और इस निमित्त उनके कुछ विचार भी थे, जिसे उन्होंने लिपिबद्ध भी किया था, लेकिन मौजूदा विश्व के आर्थिक संकट को समझ पाने में वह पूरी तरह अक्षम थे। मोरारजी की तरह वह भी अड़ियल थे, बल्कि कहा जाये तो दोनों–मोरारजी और चरण सिंह में इस बात की प्रतियोगिता थी कि कौन कितना ज़्यादा अड़ियल और ज़िद्दी है। चरण सिंह इतिहास के छात्र रहे थे और उन्होंने शानदार ढंग से यूनिवर्सिटी की परीक्षाएँ पास की थीं। उनसे अपेक्षा की जाती थी कि उनके पास एक सम्यक् इतिहास बोध होगा। लेकिन ऐसा था नहीं। उनके मन में पता नहीं कहाँ से यह विचार आया कि इन्दिरा गाँधी को गिरफ़्तार कर मध्यवर्ग के मन में अपने लिए जगह बनाई जाये। भारत के गृहमन्त्री वही थे। उन्होंने इन्दिरा गाँधी को गिरफ़्तार करने की योजना बनाई। बिहार के ही एक ईमानदार पुलिस अधिकारी श्री एन.के. सिंह को इसके लिए लगाया गया। 3 अक्टूबर, 1977 को जब श्री सिंह इन्दिरा गाँधी की गिरफ़्तारी के लिए गये, तब उन्होंने और उनके बेटे संजय ने ड्रामा खड़ा कर दिया। ड्रामे से निबटते हुए श्री सिंह ने उन्हें गिरफ़्तार किया और रातभर पुलिस हिरासत में रखा, लेकिन कानून का सामना ठीक से नहीं कर सके। श्रीमती गाँधी को जिस मजिस्ट्रेट के समक्ष पेश किया गया था, उसने सबूतों के अभाव में उन्हें उसी दिन रिहा कर दिया। चरण सिंह की पूरे देश में किरकिरी हुई। एन.के. सिंह जैसा एक ईमानदार पुलिस अधिकारी भी परेशान हुआ। श्री सिंह को इसकी भारी क़ीमत चुकानी पड़ी। उनकी हत्या के प्रयास हुए। सबसे ज़्यादा राजनीतिक नुकसान सत्ता पक्ष का ही हुआ। गिरफ़्तारी से इन्दिरा गाँधी को जनता के दिलों में फिर से जगह बनाने का अवसर मिल गया।

सोशलिस्टों ने जनसंघ धड़े से संघ-प्रेम पर भी सवालिया निशान लगाने शुरू किये। संघ और जनता पार्टी की सदस्यता एक साथ कैसे रह सकती है? क्या जनता पार्टी के कुछ सदस्य एक प्रवृत्ति और कुछ सदस्य दूसरी प्रवृत्ति के हो सकते हैं? तो क्या एक ही पार्टी में कई प्रवृत्तियाँ, कई विचारधारा फल-फूल सकती हैं? मधु लिमये और रघु ठाकुर ने ऐसे सवालों को लेकर एक अभियान छेड़ दिया। यह दोहरी सदस्यता के सवाल के रूप में चर्चित हुआ। नतीजतन मतभेद बढ़ता गया और एक स्तर पर जाकर अन्तर्कलह बन गया।

बिहार में अन्तर्विरोध ज़्यादा गहरा हो गया था। कर्पूरी ठाकुर ने अपनी सत्ता के पहले ही वर्ष में समाज के पिछड़े वर्गों के उत्थान के लिए गठित मुंगेरीलाल आयोग की सिफारिशों को स्वीकार कर लिया, जिनके अनुसार इन वर्गों को सरकारी नौकरियों में छब्बीस प्रतिशत स्थान आरक्षित होना था। दरअसल यह जनता पार्टी के चुनावी वायदे को पूरा करना था। पार्टी ने अपने चुनाव घोषणा-पत्र में इन वर्गों को सरकारी नौकरियों में तैंतीस प्रतिशत आरक्षण का वायदा किया था। सरकारी नौकरियों में आरक्षण अनुसूचित जातियों और जनजातियों के लिए पहले से था। कर्पूरी ठाकुर उसका विस्तार पिछड़े वर्गों तक के लिए कर रहे थे, जो दरअसल पिछड़ी जातियों से बने थे। मुंगेरीलाल आयोग का गठन कांग्रेसी सरकार ने ही किया था और श्री लाल स्वयं कांग्रेसी ही थे।

लेकिन आरक्षण के इस विस्तार कार्यक्रम ने राज्य स्तर पर एक बड़ा कोहराम खड़ा कर दिया। कुछ ही दिनों में यह कोहराम हिंसक रूप लेने लगा। सामाजिक तनाव काफ़ी बढ़ गया।

बिहार आज भी कृषि अर्थ-व्यवस्था पर टिका हुआ है और इसकी उत्पादन प्रणाली बहुत पुरानी और सरल है अर्थात् इसमें मशीनों का उपयोग कम-से-कम हुआ है। हाल के वर्षों में इतनी तरक्की ज़रूर हुई है कि गाँवों से हल और बैलों की विदाई हो गयी है और फर्टिलाइजर और कुछ कीटनाशकों का प्रयोग शुरू हुआ है। कृषि से जुड़े लोगों की संख्या आज भी लगभग अस्सी प्रतिशत है। औद्योगीकरण के अभाव ने सामाजिक शिथिलता को बरकरार रखा है। शहरीकरण के विस्तार की प्रक्रिया बहुत कमज़ोर है। ग्राम समाज की संरचना का मुख्य आधार जाति है और जाति का तन्त्र सब मिलकर शहरीकरण की प्रवृत्ति और प्रक्रिया को रोकता है। हालाँकि हाल-साल में शहरीकरण बढ़ा है। सरकारी स्तर पर जातियों के हिसाब से हिन्दू और मुसलमानों का लगभग पन्द्रह प्रतिशत हिस्सा सामान्य वर्ग है। जनता में इसे ऊँची जाति या सवर्ण कहने का प्रचलन है। मुसलमान लोग इस तबके को असराफ कहते थे।

गाँव का समाज राड़ (शूद्र) और असराफ (द्विज) में हर जगह बँटा मिलता है। आरक्षण कुल जमा पचास प्रतिशत (अनुसूचित जाति व जनजाति के लिए 24 व पिछड़ी जातियों के लिए 26 प्रतिशत) था और अब भी पचास प्रतिशत स्थान आज़ाद थे, लेकिन सामान्य कहे जाने वाले ऊँची जाति वालों ने ऐसा रोना-पीटना शुरू किया, मानो उन पर कोई आफत आ गयी हो। ऊँची कही जाने वाली जातियों के सबसे लम्पट तबके ने इस आन्दोलन का नेतृत्व सँभाला। पिछड़े वर्गों से कुछ पढ़े-लिखे लोग ही प्रतिकार के लिए खड़ा हो सके। बाक़ी तो समझ ही नहीं पा रहे थे कि क्या हो रहा है। आख़िर उनके पिछड़े होने के कुछ कारण तो थे।

मेरा आरम्भ से अपना विचार जातिवाद के ख़िलाफ़ रहा है और मैं एक समतामूलक, आधुनिक प्रवृत्तियों वाले समाज का प्रबल पक्षधर हूँ। जब मैं मनुस्मृति पर अपनी प्रतिक्रियात्मक टिप्पणियाँ लिख रहा था, तभी से सामाजिक संरचना पर मेरी अपनी एक सोच है। कुछ लोग यह समझते हैं, जातियाँ भारत की समस्या है, मैं इसे समस्या मानता भी नहीं हूँ। गाँधीजी तो इसे विश्व संस्कृति को भारत की देन मानते थे। उनके मन में क्या था, इसकी उन्होंने विस्तार से व्याख्या नहीं की है। लेकिन उनका यहाँ तक मानना शायद ग़लत नहीं था कि पश्चिम के कई देशों के मुकाबले भारतीय समाज का तनाव काफ़ी कम था। ब्रिटेन, फ्रांस, इटली, जर्मनी, रूस़ जैसे देशों के समाज में भी सामाजिक श्रेणीकरण काफ़ी था। ब्रिटेन और फ़्रांस में इसके ख़िलाफ़ लम्बे सामाजिक संघर्ष चले हैं। समाज में भी और साहित्य में भी। तब वहाँ जाकर स्थिति बदली है। लॉर्ड, अर्ल, ड्यूक ब्रिटिश समाज पर राज करते थे। वहाँ के कामगार तबकों ने उनके वर्चस्व और सत्ता को उखाड़ फेंका। उसके पहले फ्रांस के सवर्ण तबके, जिसे नोबल कहा जाता था, के विरुद्ध लम्बा सामाजिक आन्दोलन हुआ, जिसके फलस्वरूप एक नये समाज का जन्म हुआ। इस नये समाज ने एक नयी सोच को भी जन्म दिया। कार्ल मार्क्स यदि फ्रांसीसी क्रान्ति को अपनी प्रेरणा के तीन मुख्य स्रोतों में से एक मानते हैं, तब यह स्वाभाविक ही है।

भारत में भी ऐसे समाज के निर्माण के लिए सदियों से संघर्ष चल रहा है। लेकिन कमज़ोर किस्म का। उत्पादन के पुराने और अविकसित औज़ारों के साथ इससे ज़्यादा तीव्र गति से परिवर्तन का आन्दोलन चल ही नहीं सकता था। क्योंकि कृषि व्यवस्था के पुराने ढाँचे को बनाये रखने के लिए भी सामन्ती प्रवृत्तियों का होना स्वाभाविक था। भारत में दिल्ली सल्तनत और बाद का

मुगल राज सामाजिक जड़ता को बनाये रखने में मददगार बना। भक्तिकाल के कवियों ने इसके ख़िलाफ़ विद्रोह किया, लेकिन वर्चस्व का यह ढाँचा मंजूर कर लिया गया। सुलतानों और ख़ासकर मुगलों ने इसे मज़बूत करने में पूरी मदद दी। हिन्दू द्विज और मुसलमान असराफ का साझा बड़ी आसानी से हो गया। यह आज भी कई रूपों में चल रहा है और कई लोग तो इसी मेलजोल को धर्मनिरपेक्षता और गंगा-जमुनी संस्कृति भी कह देते हैं।

बिहार की सामाजिक संरचना पर अंग्रेज़ों द्वारा लादे गये एक भूमि सम्बन्ध का भी गहरा असर पड़ा। 1756-57 के पलासी वार के बाद ईस्ट इंडिया कम्पनी ने बंगाल के शासन में हस्तक्षेप किया और अन्ततः पूरे प्रशासन को अपने कब्जे में लिया। 1793 आते-आते कार्नवालिस ने एक नया भूमि सम्बन्ध विकसित किया। यह स्थायी बन्दोबस्ती कही जाती थी। बंगाल प्रेसीडेंसी जिसमें बिहार भी था, में यही लागू हुआ। लोक प्रचलन में यह व्यवस्था ज़मींदारी व्यवस्था कही जाती थी। देश के दूसरे हिस्से में रैयतवाड़ी और महालवाड़ी प्रथा कायम थी।

अंग्रेज़ों की इस ज़मींदारी व्यवस्था ने गुप्तकाल की उस व्यवस्था की याद ताजी कर दी, जिसमें ब्राह्मणों को भूमिदान दिये जाने लगे थे। इस व्यवस्था के कारण स्मृतियों में पड़ी शिथिल सामाजिक संहिताएँ ब्राह्मणों द्वारा सक्रिय कर दी गयीं, क्योंकि अब उनके पास उत्पादन के साधनों पर अधिकार था। उत्पादक तबका काश्तकार और दस्तकार था, जो वर्ण-व्यवस्था के अनुसार अद्विज था। अब वह संहिता के अनुदेशों को नहीं स्वीकार करता तो भूखों मारा जाता। मनुस्मृति के अनुदेशों का इसी तरह क्रियान्वयन सम्भव हुआ था। अंग्रेज़ों की इस ज़मींदारी प्रथा ने गाँवों में कष्टप्रद सामाजिक प्रथा को मजबूत किया। समाज में जाति विभाजन पहले से ही था और मनुवादी-ब्राह्मणवादी सामाजिक प्रणाली का मूल है कि शारीरिक श्रम हेय या निम्न श्रेणी का होता है, जबकि मानसिक श्रम उच्च कोटि का। कठिन शारीरिक श्रम से जुड़े लोग शूद्र थे। ये पहले से ही कृषि और दस्तकारी से जुड़े थे। ज़मींदारी प्रथा ने इनकी स्थिति बदतर बना दी। अंग्रेज़ों ने गाँव की पूरी भूमि किसी एक ज़मींदार के नाम बन्दोबस्त कर दी, जो उसके एवज में कम्पनी राज को टैक्स देता था। अब उस भूमि पर काम करने वाले किसान और गाँव में रहने वाले दस्तकार ज़मींदार के रहमो-करम पर थे। वे उनसे मनमाना टैक्स वसूलते और आराम की ज़िन्दगी बिताते। किसानों का ज़मीन पर जोतने का अधिकार था ज़रूर, लेकिन इनके अधिकारों की व्याख्या ज़मींदार ही करते थे। दस्तकार और खेतिहर मज़दूर तो केवल कौशल और श्रमशक्ति रखते थे।

उन्हें ज़मींदार को अलग कौशल और श्रम टैक्स के रूप में देना होता था। इसे बेगार कहते थे यानी ऐसी मजदूरी जिसका कोई मूल्य अदा न किया जाता हो। बच्चे, बूढ़े,महिलाएँ, रोगी सब का निर्दयतापूर्वक श्रम शोषण होता था।

किसान, खेतिहर मज़दूर और दस्तकार पिछड़े वर्गों के लोग थे। बिहार में ज़मींदारों में सबसे अधिक भूमिहार, राजपूत, असराफ मुसलमान और कायस्थ थे। एक छोटा तबका ब्राह्मणों का भी ज़मींदार था। इन ज़मींदारों ने अपनी जाति के लोगों के बड़े भूखण्ड आवंटित कर रखे थे ताकि ये भी आराम से रह सकें। इसलिए इन तथाकथित ऊँची जातियों में शायद ही कोई भूमिहीन और श्रमिक था। हाँ, वे प्रबन्धन का काम करते थे। कोई भूमिहार, ब्राह्मण, कायस्थ, राजपूत, सैयद, पठान, शेख़, मलिक हल चलाते, फसल बोते या काटते नहीं दिख सकता था। श्रम का सारा बोझ पिछड़ी व दलित जातियों पर था। हाँ, पिछड़ी जातियों की एक छोटी आबादी कहीं-कहीं सम्पन्न किसान व ज़मींदार के रूप में मिल जाती थी। मधेपुरा में कुछ यादव और प्रदेश के कुछ हिस्सों में अवधिया (कुर्मी) ज़मींदार थे। लेकिन शिक्षा के क्षेत्र में इनका स्तर भी बहुत नीचे था।

शिक्षा के क्षेत्र में भूमिहार व राजपूत भी ब्राह्मणों, कायस्थों व असराफ मुसलमानों से पीछे थे और आरम्भ में चर्चित किसान नेता स्वामी सहजानन्द सरस्वती इसी व्यथा से पीड़ित होकर जाति-उत्थान के कार्य में लगे थे। बाद में वह किसान आन्दोलन के नायक बने।

जब राष्ट्रीय आन्दोलन का जमाना आया, तब कांग्रेस पर इन्हीं ऊँची जातियों का दबदबा था।सामाजिक विभेदों से विमुक्ति या उत्थान इनके कार्यक्रम में कहीं नहीं था। दरअसल कांग्रेस का सार्वजनिक मंच इनके शान-शौक़त दिखाने की जगह थी। अपनी आत्मकथा में महात्मा गाँधी ने चम्पारण का अनुभव लिखा है-'अपने सहकर्मियों से विचार करने के उपरान्त मैंने तय किया कि कांग्रेस के नाम पर यहाँ कुछ भी नहीं किया जा सकता। हमें नाम से नहीं बल्कि काम से काम है, कथनी नहीं, करनी की ज़रूरत है। कांग्रेस का नाम यहाँ अप्रिय है। इस प्रदेश में कांग्रेस का अर्थ है वकीलों की बहसा-बहसी, कानूनी छिद्रों से भटक जाने की कोशिश। कांग्रेस मानी है, बम गोला, कांग्रेस मानी है कथनी और करनी कुछ और।...कांग्रेस यह नहीं है, यह कांग्रेस दूसरी चीज़ है, यह हमें साबित करना था। इसलिए हमने कांग्रेस का नाम ही कहीं न लेने और लोगों को कांग्रेस के भौतिक देह का परिचय न कराने का निश्चय किया था' (सत्य के प्रयोग : पृष्ठ 501)।

न केवल गाँधीजी बल्कि नेहरू की राय भी कुछ अलग नहीं थी। गाँधीजी से पाँच साल पहले 1912 में वह पटना आये थे, जो तब बांकीपुर कहा जाता था, उनकी बात उन्हीं के शब्दों में :

> '1912 की बड़े दिनों की छुट्टियों में मैं डेलीगेट की हैसियत से बांकीपुर की कांग्रेस में शामिल हुआ। बहुत हद तक वह अंग्रेज़ी जानने वाले उच्च श्रेणी के लोगों का उत्सव था, जहाँ सुबह पहनने को कोट और सुन्दर इस्तिरी किये हुए पतलून बहुत दिख़ाई देते थे। वस्तुत: वह एक सामाजिक उत्सव था, जिसमें किसी प्रकार की राजनीति गरमा-गरमी न थी।'...

कहने का तात्पर्य यह है कि यहाँ का आन्दोलन पूरे राष्ट्र या समाज का नहीं, बल्कि प्रश्रय प्राप्त अथवा सवर्ण हिन्दू-मुस्लिम जातियों का अंग्रेज़ों से मुकाबले का आन्दोलन था। इसमें कोई नरम था, कोई गरम। कोई प्रगतिशील था, कोई प्रतिगामी। बहुत कम नेता थे, जिसने राष्ट्रीय आन्दोलन की इस कमज़ोरी को देखा था। राष्ट्रीय स्तर पर डॉ. आम्बेडकर सरीखे नेताओं ने इसका रहस्योद्घाटन किया।

1930 के दशक में बिहार में उच्च शूद्रों अथवा कृषक पिछड़े वर्गों ने 'त्रिवेणी संघ' बनाकर राष्ट्रीय आन्दोलन में एक संशोधन पेश करने की कोशिश की। स्वामी सहजानन्द सरस्वती ने किसान आन्दोलन के माध्यम से भी इसी तरह का दूसरा संशोधन पेश किया। लेकिन कांग्रेस अपनी गति और अपनी मस्ती में चलती रही।

आज़ादी के बाद तो बिहार कांग्रेस समाज के प्रभु वर्गों का खुला और बेशर्म मंच बन गया। भूमिहार और राजपूत इसके पक्ष और प्रतिपक्ष बन गये। तीसरी शक्ति के रूप में कायस्थों ने बार-बार अपनी उपस्थिति दर्ज कराने की कोशिश की। जब तक श्रीकृष्ण सिंह बिहार के मुख्यमन्त्री रहे, कांग्रेस के भीतर ही उनका एक प्रतिपक्ष अनुग्रह नारायण सिंह के रूप में रहा। दोनों क्रमश: भूमिहार और राजपूत थे। तब की बिहार की राजनीति का हाल बिहार के तत्कालीन मुख्यमन्त्री श्रीकृष्ण सिंह के नाम समाजवादी-सर्वोदयी नेता जयप्रकाश नारायण द्वारा लिखे पत्र के एक अंश से मिल सकती है :

> "अब मैं बिहार की राजनीति के बारे में कुछ शब्द लिखना चाहता हूँ। ...आप मुझसे ज़्यादा जानते हैं कि किस तरह राज्य की राजनीति पतित हो गयी है। भ्रष्टाचार का कितना ज़्यादा घुसपैठ बढ़ा है, आपसी खींचतान कितनी ज़्यादा है और जातिवाद का प्रभाव कितना

बढ़ गया है। इसके कई कारण होने चाहिए। ...आपके औंर अनुग्रह बाबू के बीच बरसों से चला आ रहा द्वन्द्व बिहार कांग्रेस की वर्तमान दुर्भाग्यपूर्ण स्थिति का मूल कारण है। बिहार में जातिवाद ने जो खतरनाक मोड़ लिया है, उसके लिए भी यही द्वन्द्व जिम्मेदार है। बिहार को जानने वाला कोई भी व्यक्ति इस बात से इनकार करेगा कि आप या अनुग्रह बाबू में जातिवादी सोच है। बावजूद इसके आपकी सरकार को भूमिहार राज तथा अनुग्रह बाबू के राजपूतों के नेता के रूप में देखा जाता है। आप लोग सार्वजनिक मंचों से जातिवाद को तो खूब कोसते हैं, लेकिन जातिवाद की जड़ पर आपका ध्यान नहीं जाता।'

(बिहार : चिट्ठियों की राजनीति : सं. श्रीकान्त, पृष्ठ 32-33)

तो यह थी बिहार की राजनीतिक-सामाजिक परम्परा, जिसके बारे में कहा जा रहा था कि सब कुछ ठीक-ठाक चल रहा था और इस कर्पूरी ठाकुर ने जातिवाद का बीज बो दिया। वंचित समूहों को उनके अधिकार दिलाना सामाजिक लोकतन्त्र का विस्तार करना था। इससे समाज और लोकतन्त्र दोनों का भला होना था। लेकिन कोहराम ने एक दूसरा ही वातावरण बना दिया। बिहार स्तर पर भी जनता पार्टी के भीतर रस्साकशी चलने लगी थी। पिछड़े तबकों में अभी चेतना का अभाव था। उनके पास खड़ा होने वाले लोगों की कमी थी। श्री रामअवधेश सिंह उन दिनों लोकसभा के सदस्य थे। उनकी पढ़ाई-लिखाई में थोड़ी दिलचस्पी थी। हम लोगों ने एक बैठक की विधायक क्लब में। सौ के लगभग लोग जुटे। हम लोगों ने सरकार के आरक्षण सम्बन्धी फैसले के समर्थन का निर्णय लिया। तय हुआ कि इसके पक्ष में एक जुलूस भी निकाला जाये।

जुलूस की तारीख़ याद नहीं आ रही, लेकिन उसमें ढाई सौ के लगभग लोग थे। हम लोग आर्यावर्त अख़बार के पास देर तक जमे रहे और उसके विरोध में नारेबाजी की, क्योंकि वह अख़बार आरक्षण के निर्णय और कर्पूरी ठाकुर का खुला व घिनौना विरोध कर रहा था। किसी तरह की हिंसा या रोड़ेबाजी नहीं हुई, लेकिन अगले दिन अख़बार ने रोड़ेबाजी की घटना के समाचार छापे।

रामअवधेश सिंह उस समय अकेले ऐसे नेता थे जो कर्पूरी ठाकुर के पक्ष में सड़कों पर उतरे थे (यह दुर्भाग्यपूर्ण है कि 1990 में वह ऐसा नहीं कर सके।) उन्होंने 'बदलाव' नाम से एक पत्रिका निकाली। उसमें मेरा भी लेख छपा।

अनेक लोगों ने इसे पसन्द किया। इस लेख में सवर्णों अथवा ऊँची कही गयी जातियों के भूमिहीन व ग़रीब तबके को चिह्नित कर एक अलग संवर्ग बनाने और उनके लिए उनकी जनसंख्या के अनुसार अलग से आरक्षण की व्यवस्था का मैंने अनुरोध किया था। मैंने एक अन्य लेख में पिछड़ेपन के बिन्दु तय करने का सुझाव दिया। मेरा सुझाव था कि इसी आधार पर आरक्षण दिया जाये। एक व्यक्ति दावा करेगा कि उसमें पिछड़ेपन के कौन-कौन-से बिन्दु हैं। इन बिन्दुओं को सरकार तय कर देगी। पिछड़े जिले का निवासी होना, ग्रामवासी होना, कच्चे मकान में रहना, माता-पिता का अशिक्षित होना, उनका भूमिहीन होना, आय के पुख़्ता स्रोत से न जुड़ा होना (नौकरी या व्यवसाय), विकलांग होना और आख़िर में जाति श्रेणी के हिसाब से एस.सी., एस.टी. या बी.सी. में होना जैसे पूरे पिछड़ेपन के बिन्दु हो सकते थे। इसके आधार पर जिसे ज़्यादा बिन्दु (प्वाइंट) हासिल होंगे, वह आरक्षण का उसी अनुपात में हकदार होगा। यदि एक जन्मना सवर्ण जाति के अलावे बाक़ी बिन्दु हासिल करता है और एक दलित, जाति के अलावे कोई बिन्दु हासिल नहीं करता तब सवर्ण चुन लिया जायेगा। उसे आरक्षण का लाभ मिलेगा। लेकिन जन्मना दलित को वह लाभ नहीं मिलेगा।

आरक्षण-विवाद ने अन्ततः जनता पार्टी को दो धड़ों में बाँट दिया। कर्पूरी ठाकुर को मुख्यमन्त्री पद से हटाने के सवाल पर कांग्रेस के जगन्नाथ मिश्र और जनता पार्टी के जनसंघी कैलाशपति मिश्र एक साथ हो गये। इन लोगों ने नारा दिया कि पिछड़ों में भी पिछड़ा यानी दलित तबके से, अनुसूचित तबके से मुख्यमन्त्री क्यों न हो। 1968 में भी यही दलील पेश की गयी थी, जब बीपी मण्डल को हटाने के लिए भोला पासवान शास्त्री को मोहरा बनाया गया था। इस बार एक-दूसरे दलित नेता रामसुन्दर दास आगे किये गये। कर्पूरी ठाकुर की सरकार गिर गयी।

उधर दिल्ली में तो महानाटक चल रहा था। अपनी गिरफ़्तारी के बाद इन्दिरा गाँधी सक्रिय हो गयीं। उन्होंने तय कर लिया कि विशेषाधिकारों के लिए सांसद बनना ज़रूरी है। कुछ महीनों बाद वह कर्नाटक के चिकमंगलूर से चुनाव लड़ीं और जीत गयीं। लेकिन जनता पार्टी ने एक संसदीय मामला चलाकर उनकी सदस्यता खत्म कर दी। उनकी सदस्यता को खत्म करने का जो प्रस्ताव था, वह उसमें यह था कि उन्हें छठी लोकसभा की सदस्यता से निर्हरित किया जाता है। हालाँकि प्रधानमन्त्री मोरारजी देसाई ने प्रस्ताव पेश करते हुए कहा था कि फिर चाहें तो श्रीमती गाँधी चुनाव जीतकर आ सकती हैं।

किन्तु श्रीमती गाँधी ने अब तय कर लिया था कि सातवीं लोकसभा में ही आऊँगी। उन्होंने अन्तर्कलह से जूझती जनता पार्टी में दिलचस्पी लेनी शुरू की। उन्होंने कई धड़ों से एक साथ सम्पर्क बनाया। लेकिन चरण सिंह को उलझाना ज़्यादा आसान था। उनकी आकांक्षाएँ ज़्यादा अंगड़ाइयाँ ले रही थीं। यही चरण सिंह थे, जिन्होंने कोई सवा साल पहले श्रीमती गाँधी को गिरफ़्तार करवाया था। 1978 की 23 दिसम्बर यानी चरण सिंह के जन्मदिवस पर उन्हीं इन्दिराजी ने उन्हें हैप्पी बर्थडे का गुलदस्ता भिजवाया। तीर निशाने पर लगा था। इस गुलदस्ते ने कमाल कर दिखाया। जनता पार्टी की अन्दरूनी राजनीति दिन-प्रतिदिन तनावपूर्ण होती गयी। जून, 79 में टूट के आसार स्पष्ट हो गये। कांग्रेस के इन्दिरा-विरोधी धड़े ने जब मोरारजी देसाई सरकार के ख़िलाफ़ अविश्वास प्रस्ताव पेश किया, तब जनता पार्टी का अन्तरविरोध सतह पर आ गया। पहले चरण सिंह समर्थक जनता पार्टी के दर्जन भर सांसदों ने अपने को दल से जुदा कर लिया। उन्होंने पार्टी की सदस्यता छोड़ दी। फिर तो रोज़ कुछ-न-कुछ इस्तीफे होने लगे। उन दिनों दल-बदल कानून नहीं था और कोई भी सांसद या विधायक दल से अकेले भी अलग हो सकता था। जनता पार्टी के ज़्यादातर समाजवादी सदस्यों ने अपनी आस्था चरण सिंह के नेतृत्व में व्यक्त की थी। चरण सिंह ने उसी इन्दिरा गाँधी से राजनीतिक समझौता किया, जिन्हें कुछ महीने पूर्व उन्होंने गिरफ़्तार करवाया था। इन्दिरा गाँधी ने चरण सिंह की पीठ थपथपायी। जनता पार्टी दो फाड़ हो गयी। मोरारजी देसाई लोकसभा में अविश्वास प्रस्ताव पर बहस के बीच ही अपना इस्तीफ़ा राष्ट्रपति को सौंप आये। इसके बाद थोड़ी-सी ड्रामेबाजी हुई और फिर श्री चरण सिंह प्रधानमन्त्री बने। श्रीमती गाँधी ने राष्ट्रपति के दरबार में श्री चरण सिंह का समर्थन किया। एक तय अवधि के भीतर श्री सिंह को लोकसभा में बहुमत सिद्ध करना था। इस स्तर पर श्रीमती गाँधी ने गच्चा दे दिया। वे समर्थन देने से मुकर गयीं। चरण सिंह के पास इस्तीफ़ा के अलावा अब कोई विकल्प नहीं था। उन्होंने राष्ट्रपति को इस्तीफ़ा सौंप दिया। लोकसभा भंग कर दी गयी। नये चुनाव की घोषणा कर दी गयी।

सम्पूर्ण क्रान्ति और जनता पार्टी राज का खेल दो अंकों में भरपूर प्रहसन के साथ खत्म हो गया। यह सारा कुछ जेपी के जीवनकाल में ही हो गया। 8 अक्टूबर, 1979 को जेपी की मृत्यु हो गयी।

जेपी की अन्त्येष्टि उनकी गरिमा के अनुसार पटना में हुई। मैं उसमें शामिल हुआ। देशभर से अतिमहत्त्वपूर्ण लोगों के आने का ताँता लगा हुआ था।

हज़ारों की भीड़ थी। एक व्यक्ति, जिसने पाँच साल पूर्व बदलाव का एक सपना देखा था–ज़्यादा छिन्न-भिन्न स्थिति में देश और समाज को छोड़ गया था। जे.पी. ने राजनीतिक बदलावों से समाज को बदलने की कोशिश की। सफल नहीं हुए। इसकी जगह उन्होंने सामाजिक परिवर्तन के लिए कुछ किया होता, जैसे अपने आन्दोलन के शुरू में उन्होंने जनेऊ तोड़ने का आह्वान किया था, तो वे कहीं प्रभावकारी सिद्ध होते, लेकिन यह वह चाहकर भी नहीं कर सकते थे। उन्होंने जो अक्षौहिणी सेना चुनी, वह संस्कारों से मनुवादी थी। उन्हें बुद्ध और कृष्ण की तरह पाँच की बुनियाद से ही आगे बढ़ने की कोशिश करनी चाहिए थी।

जीवन का नया मोड़

हज़ारों ख़्वाहिशें ऐसी कि हर ख़्वाहिश पे दम निकले
बहुत निकले मेरे अरमाँ, लेकिन फिर भी कम निकले।

(ग़ालिब)

पिछले पन्ने पर मैंने कंस्ट्रक्शन कॉरपोरेशन की जिस चाकरी की चर्चा की है, उसमें कुछ महीनों ही रह पाया। 1977 में नयी सरकार बनने पर शाही जी चेयरमैन न रहे। जब तक शाही जी थे, मैं अपने तरीके से काम करता था। मुझे अपरिमित आज़ादी थी। अब मुझसे अजीब तरह से पेश आया जा रहा था। कॉरपोरेशन का एक दफ़्तर डाल्टनगंज में था। मेरा ट्रांसफर वहाँ कर देने की धमकी संस्था के सचिव ने दी। मैंने तुरन्त उन्हीं के मेज से उनके ही पल्ले का एक कंटीन्यूएशन सीट लिया और अपना इस्तीफ़ा लिखकर और देकर उठ गया। अधिकारी हैरत में था, क्योंकि उन दिनों चाकरी इतनी आसानी से मिलती नहीं थी, और मेरे पास कोई विशेष योग्यता भी नहीं थी। संस्था के चेयरमैन तो नहीं, लेकिन जिस विभाग से जुड़ी संस्था थी, उसके मन्त्री सच्चिदा बाबू मुझसे खूब परिचित थे। कभी-कभार वह कॉफी-हाउस में बैठते थे और तब हम लोग दुनिया जहान की ख़ूब बातें करते थे। वह समाजवादी थे और अपनी सादगी और ईमानदारी के लिए जाने जाते थे। जब मैंने इस्तीफ़ा दिया और वह अख़बार में छपा, तब उन्हें जानकारी मिली। वह मुझे स्वतन्त्र लेखक समझते थे। उन्होंने पहल करने की कोशिश की। मैंने इनकार कर दिया। कुछ महीने इधर-उधर रहने के बाद मुझे फिर एक सरकारी नौकरी मिल गयी। कमीशन से इसकी नियुक्ति हुई थी। राजस्व विभाग में कानूनगो के रूप में। न चाहते हुए भी मुझे नौकरी ज्वाइन करनी पड़ी। इस बार इसके कारण पटना को अलविदा करना पड़ा।

मैंने आरा में नयी नौकरी की शुरुआत की, लेकिन दो रोज़ बाद ही मुझे भागलपुर जाने का आदेश हुआ। भागलपुर में मुझे प्रोवेशन पर रहना था और सर्वे सेटलमेंट का व्यावहारिक प्रशिक्षण भी प्राप्त करना था। प्रशिक्षण के लिए मुझे भागलपुर शहर के दक्खिन किनारे पर अवस्थित अलीगंज में पड़ाव डालना था, जो अर्द्धशहरी इलाक़ा था। उससे थोड़ा और दक्खिन तरफ आकाशवाणी भागलपुर का दफ़्तर था, जो लगभग निर्जन जगह थी।

अप्रैल का महीना बिहार में गर्मियों का होता है। लू चलनी शुरू हो जाती है और कई इलाक़ों में पानी मुहाल हो जाता है। हाँ, तरबूजों और आम की आवक् शुरू हो जाती है और शहरों में जगह-जगह दही-लस्सी की दुकानें भी सज जाती हैं। गाँव-देहातों में शादी-ब्याह के सिलसिले शुरू हो जाते हैं। इन सबसे मिलकर वातावरण में एक रौनक छा जाती है।

मैंने जहाँ पड़ाव डाला था, वह एक भुतहा-सा किला-नुमा मकान था, जिसमें ख़ूब बड़ा आँगन और अनेक कमरे थे। मुझे जो कमरा दिया गया था, वह बड़ा और अन्य कमरों की अपेक्षा कुछ बेहतर था। मुझे सहयोग के लिए एक सेवक कर्मचारी भी था, जो ख़ूब लम्बा, साँवला और ऐंचक ताना था। दिल से बहुत साफ और उदार। मेरी आवभगत में तत्पर रहता। उसने प्रस्ताव किया कि आपका खाना अपने घर से बनवाकर ला दें क्या? इसे मैंने वरदान ही समझा। मेरे साथियों और केन्द्र के प्रभारी ने एतराज किया कि आप दलित के यहाँ का बना भोजन मत कीजिए। वहाँ पदस्थापित एक इंस्ट्रक्टर ने अपने घर मेरा भोजन बनवाने का प्रस्ताव दिया। वह इंस्ट्रक्टर भूमिहार थे और भूलवश मुझे स्वजातीय मान रहे थे। प्रसिद्ध लेखक रामवृक्ष बेनीपुरी के गाँव में उनकी ससुराल थी और उनसे जुड़े थोड़े-से संस्मरण सुनाते भी थे। मैंने किसी की नहीं मानी और अपना खाना अपने सेवक के घर से मँगवाता रहा। हफ्ते में दो एक बार उसके घर भी जाकर खाता। उसका घर मिट्टी का था, किन्तु ख़ूब साफ और पवित्र-सा। भोजन में मिर्च की मात्रा बहुत अधिक होती थी। यह मिर्च-मसाला सब्जी में होता था, इसलिए सब्जी मैं बहुत कम मात्रा में खाता।

एक बार किसी त्योहार के दिन, शाम के वक़्त मैं अपने एक साथी के साथ उसी सेवक के यहाँ भोजन कर रहा था। मीठा व्यंजन था। खाते समय अपने साथी से मैं रेणु के उपन्यास 'मैला आँचल' की चर्चा कर रहा था। ख़ासकर इस बात की कि किस तरह अपने इर्द-गिर्द के जीवन्त पात्रों को रेणु अपने साहित्य का पात्र बना देते थे। इसी क्रम में मैंने पूर्णिया के कभी आतंक कहे जाने वाले नच्छत्तर माली की चर्चा की। रेणु जी ने अपने एक

इंटरव्यू में बतलाया है कि समाजवादी नेता जयप्रकाश जी ने नछत्तर माली का नाम नक्षत्र मालाकार कर दिया था। ज़मींदारों के शोषण से तंग आकर नछत्तर माली हिंसक बन गये थे। वह ज़मींदारों को लूटते, उनके नाक-कान काटते और लूटे हुए अनाज और धन को ग़रीबों में बाँट देते। अमीर लोग उन्हें डकैत कहते थे। शायद मैं भी अपनी बातचीत में उन्हें डकैत ही कह रहा था। यह भी कि इसी नछत्तर माली को रेणुजी ने अपने उपन्यास में चलित्तर कर्मकार के रूप में चित्रित किया है।

मेरी बात को सेवक बड़े ध्यान से सुन रहा था। फिर मुझे प्रतीत हुआ किवाड़ की ओर से कोई और भी बात सुन रहा है। अचानक किवाड़ के भीतर से ज़ोरदार प्रतिरोध की आवाज़ आयी–बाबूजी डकैत नहीं हैं... आवाज़ में इतना प्रतिरोध और गुस्सा था कि मैं सहम गया। सेवक ने बतलाया मेरी पत्नी नक्षत्र मालाकार की बेटी है। सेवक भी माली जाति का ही था। माली जाति बिहार में दलित यानी अनुसूचित जाति नहीं है। लेकिन दफ़्तर के लोगों ने उसे दलित घोषित कर रखा था। शायद ऐसा उसके ज़्यादा साँवला होने के कारण हुआ था।

मैंने सेवक और उसकी पत्नी से माफी माँगी। यह बतलाया कि मेरा आशय नक्षत्र मालाकार के प्रति अपमान प्रदर्शित करना नहीं था। मैं तो बस लोक प्रचलित बातों को रख रहा था। बड़ी मुश्किल से सेवक की पत्नी का गुस्सा शान्त हुआ। मैंने मन ही मन सबक ली कि कहीं भी सोच-समझकर ही कोई टिप्पणी करनी चाहिए।

भागलपुर में धीरे-धीरे मेरा मन लगने लगा। भागलपुर तब बहुत विकसित नहीं था। लगभग रोज़ शाम को टमटम पकड़कर भागलपुर स्टेशन आता। वहाँ पास में एक बढ़िया रेस्तराँ था। वहाँ चाय नाश्ता मिल जाता था। कुछ मित्र भी मिल गये। साहित्य का एक संसार भी वहाँ था। भगवान पुस्तकालय में डॉ. वेचन (विष्णु किशोर झा वेचन) रहते थे। वह मारवाड़ी कॉलेज में हिन्दी के प्रोफ़ेसर थे और भगवान पुस्तकालय के अध्यक्ष या सचिव। वहीं उनका आवास भी था। वह कम्युनिस्ट थे, लेकिन कर्पूरी ठाकुर के आरक्षण सम्बन्धी निर्णय से उनका मन खिन्न था। चूँकि मैं खगेन्द्र ठाकुर के हवाले से उनसे मिला था, इसलिए वह मुझे भी सवर्ण माने हुए थे। एक रोज़ उन्होंने कहा, अब तो मैं भी सभी संस्कार कराऊँगा। बेटे का यज्ञोपवित कराने के लिए वह देवघर जाने वाले थे। मुझे भी उन्होंने साथ चलने के लिए कहा। मुझे उनके तेवर पर दया आ रही थी। पाण्डेय शशिभूषण शीतांशु जी बाहर

रहते थे लेकिन कभी-कभार भागलपुर आते थे। डॉ. रणजीत साहा, जो बाद में साहित्य अकादमी के सचिव बने, तब वहीं थे। उनसे कई बार मिलना हुआ। एक प्रोफ़ेसर तारकेश्वरनाथ थे जो शहर के एक किनारे घर बनवाकर सन्त की तरह रहते थे। हज़ारी प्रसाद द्विवेदी से उनका ख़ूब पत्राचार चलता था। भक्ति काव्य के वह मर्मज्ञ थे। आकाशवाणी में डॉ. गंगेश गुंजन थे। पी.एन. जायसवाल नाटक लिखते थे, उनका पूरा नाम प्रकाश नारायण जायसवाल था। एक प्रो. केदार राम गुप्ता थे, जो कॉमर्स पढ़ाते थे, लेकिन उपन्यास भी लिखते थे। कई और लोग थे जिनके नाम भूल रहा हूँ। इन सब लोगों के साथ मिलना-जुलना होता रहता था।

भागलपुर में विख्यात लेखक शरतचन्द्र का बचपन भी गुजरा है। विष्णु प्रभाकर की पुस्तक 'आवारा मसीहा' में मैं यह सब पढ़ चुका था। मैंने खोज-ढूँढ़कर उन सभी जगहों को देखा। उनके मामा के घर भी गया। काली मन्दिर में भी, जहाँ कभी भूख से बेहाल शरतचन्द्र ने काली माँ से प्रार्थना की थी।... 'और कुछ नहीं तो बुखार ही दे दो।' गंगा किनारे स्थित उस बरगद गाछ और भुतहे मकान को भी देखा, जहाँ शरत बचपन में खेलते थे।

भागलपुर से कुछ ही किलोमीटर की दूरी पर प्राचीन विक्रमशिला विश्वविद्यालय के भग्नावशेष हैं। विक्रमशिला हॉल्ट से उतरकर वहाँ पैदल जाना पड़ता था। विक्रमशिला से आगे कहलगाँव है। विक्रमशिला और कहलगाँव के बीच कासरी की पहाड़ियाँ हैं, जिन्हें मिट्टी का पहाड़ कहा जाता है। इनके निचले इलाके में पान की खेती होती है। इन सब जगहों की मैंने कई दफ़ा पैदल यात्रा की। विक्रमशिला पर एक लेख भी लिखा, जिसका शीर्षक था 'मिट्टी के पहाड़ के नीचे छुपा इतिहास'। यह लेख पटना से प्रकाशित दैनिक 'जनशक्ति' में प्रकाशित हुआ। दुर्भाग्य से इसकी कॉपी मेरे पास अब नहीं है।

भागलपुर में कुछ महीने ही रहा, लेकिन सब मिलाकर वह दिलचस्प प्रवास था। मैं नियमित रूप से डायरी लिखता और अपने को व्यस्त रखने की कोशिश करता। स्थानीय मित्रों के सहयोग से पुस्तकें पर्याप्त मात्रा में पढ़ने के लिए मिल जाती थीं। सरकारी काम बहुत ज़्यादा नहीं थे। पैमाइशों का व्यावहारिक प्रशिक्षण लेना था। इन्हें मैंने जल्दी ही पूरा कर लिया। मेरे प्रवास का समय गर्मियों का था, इसलिए रात में खुले आकाश के नीचे मच्छरदानी लगाकर सोता। सुबह दूर तक घूमने चला जाता। कुछ ही दूर पर शहर के किसी अमीर आदमी का एक खूबसूरत और बड़ा बागीचा था, जो ऊँची चहारदीवारियों से घिरा था। इसके रखवालों ने हमें सरकारी आदमी समझ

कर घूमने की इजाजत दे दी थी। बागीचे के साथ एक खूबसूरत फुलवाड़ी थी, जिसमें दर्जनों तरह के फूल थे। गुलाबों की तो जाने कितनी प्रजातियाँ थीं। दर्जन भर से अधिक मालियों की देख-रेख में रहने वाला यह बागीचा, हमेशा गुलजार रहता। हमारे रहते हुए इसके आम के सैकड़ों गाछ मीठे फलों से लद गये। इन पर चोंच लगाने के लिए परिन्दों के झुण्ड हमेशा मँडराते रहे। सुबह से देर तक मैं वहीं बना रहता और सामन्ती ज़माने की कहानियों का स्मरण करता। मैं कल्पना करता कि किसी कोने से खूबसूरत-सी कोई राजकुमारी किसी-न-किसी रोज़ ज़रूर फुदकते हुए आ जायेगी। लेकिन ऐसा भी कहीं होता है क्या!

वहाँ मेरे एक कलिग थे कृष्णमोहन। उत्तर बिहार के रहने वाले थे। खूब छरहरे और खूबसूरत यष्ठि के कृष्णमोहन बहुत अच्छी चाय बनाते थे। साफ-सुथरा भी खूब रहते थे। जल्दी ही मेरे मित्र बन गये। उनका कण्ठ बहुत मधुर था और भजन गाने में निष्णात थे। अच्छा प्रवचन भी दे लेते थे। हम दोनों एक बार महर्षि मेही का आश्रम देखने गये। महर्षि मेही गंगा किनारे रहते थे और दूर-दूर तक जाने जाते थे। जिस रोज़ हम लोग गये, वहाँ बड़ा-सा सत्संग चल रहा था। आयोजकों से बात कर कृष्णमोहन ने अपने लिए समय लिया और प्रवचन किया। बीच-बीच में उनके सुमधुर भजन। जल्दी ही समाँ बँध गया। महिलाएँ झूमने लगीं। कृष्णमोहन का यह रूप मैं पहली ही दफ़ा देख रहा था। जब वह चलने लगे सैकड़ों की संख्या में महिलाएँ उनका चरण छूने के लिए उमड़ पड़ीं। आयोजकों की ओर से उन्हें शॉल भी दिया गया। मैंने कृष्णमोहन से कहा–'यार, तू कथावाचक ही बन जा। किसी चीज़ की कमी नहीं रहेगी।' वह मुस्कराये–'इतना आसान नहीं है महन्थ बनना।' अचानक उनके चेहरे पर उदासी छा गयी, जैसे खिलखिलाते चाँद पर बादलों का पर्दा पड़ जाता है। बोले–मैं छोटी जात का आदमी हूँ सर। इस धन्धे में नहीं चलने देंगे लोग। महर्षि मेही तो कायस्थ हैं, ये लोग लड़-झगड़ कर थोड़ी दूर चल लेते हैं, इस धन्धे में। मुझे नहीं चलने देंगे।

करीब तीस बरस बाद कृष्णमोहन मुझसे मेरे पटना आवास पर मिलने आये। तब मैं बिहार लेजिस्लेटिव कौंसिल का मेंबर था और वह बिहार सरकार के अधिकारी। वह थके हुए दिख रहे थे। हृदय रोग से ग्रस्त थे और उनका तीस बरस पहले वाला चुलबुलापन जा चुका था। वह अब गम्भीर दिखते थे। एक गृहस्थी के शीर्ष पुरुष की तरह वह मुंशी-मैनेजरनुमा दिख रहे थे। हम लोग देर तक बीते दिनों को याद करते रहे।

भागलपुर प्रवास के अन्तिम दिनों में मैं बुरी तरह बीमार हो गया। आरम्भ तो बुखार से हुआ लेकिन फिर जाड़े के साथ बुखार आने लगा। सरकारी डॉक्टर ने बिना पैथोलॉजिकल जाँच के मलेरिया मान लिया और केमाक्वीन इंजेक्शन के रूप में दे दिया। केमाक्वीन कुनैन का व्यापारिक नाम है। यह बहुत गरम तासीर का होता है। दरअसल मेरे शुरुआती लक्षण जौंडिस के थे। केमाक्वीन लेने से भयावक प्रतिक्रिया हुई। मैं तड़पने लगा। हरदम पानी की माँग। मित्रों ने मुझे घर पहुँचा देना बेहतर समझा। घर आते-आते मैं बेसुध था। मुझे पटना के कुर्जी होली फेमिली हॉस्पिटल में दाखिल किया गया। डॉक्टरों ने बताया लीवर के ज़्यादातर सेल विनष्ट हो गये हैं। यदि मरीज चौबीस घण्टा बच गया, तो हम लोग बचा लेंगे। महाक्रिटिकल स्थिति। जब चौबीस घण्टे गुजर गये और मैं बचा रह गया तब माँ-बाबूजी समेत सभी लोगों के चेहरे पर उम्मीद की लकीरें दिखने लगीं। सभी परिचित मित्र आने लगे। बाबा नागार्जुन कई बार देखने आये। डॉ. खगेन्द्र ठाकुर तो लगभग रोज़ आते। मधुकर सिंह, रामेश्वर उपाध्याय, शत्रुघ्न प्रसाद सिंह, हरिहर प्रसाद, कर्मेन्दु शिशिर, सुलभ और सारे मित्रगण। कितनों का नाम लूँ। सभी मित्र-सम्बन्धी मिलने आये। मेरे दादा ने अपनी फसल लगी ज़मीन गिरवी रखी और इलाज के लिए पैसा भेजा। उन्हें मुझसे कुछ ख़ास प्रेम रहा था।

होली फेमिली हॉस्पिटल क्रिश्चियन मिशनरी का है। इसकी ज़्यादातर नर्सें बिहार से बाहर की हैं। मेरे वार्ड में दो नर्सों की ड्यूटी थी, जिसमें एक ख़ूब मोटी और दूसरी उतनी ही दुबली-पतली थी। दोनों युवा थीं। मैं लेटे-लेटे सोचता रहता ऐसी ही एक नर्स लतिका जी पर रेणु फिदा हो गये थे। मैं उन दोनों में लतिका को तलाशने की कोशिश करता। मोटी वाली नर्स बहुत बदमाश थी। वह ग्लूकोज का स्लाइन चढ़ाने आती तब मुझे अजीब ढंग से देखती और कहती–बच गये बच्चू। अभी महीनाभर यहीं पड़े रहोगे, तब जाकर ठीक होओगे। दुबली वाली नर्स खूब प्यार से दवा खिलाती। मैं पूछता कि कितने दिनों तक यहाँ रहना पड़ेगा, तब कहती जल्दी ही छुट्टी हो जायेगी। वही खाना भी खिलाती और बाज दफ़ा इधर-उधर देखकर टॉफी का एक टुकड़ा मेरे मुँह में चुपके से डाल देती। फिर बहुत धीरे से मुस्कुराती–'यह प्रभु ईसा का प्रसाद है। चुभलाते रहो।' पादरी भी रोज़ आते। सिर पर हाथ फेरकर शायद बाइबिल की कोई पंक्ति गुनगुनाते और मेरी छाती पर क्रॉस का चिह्न अपनी ऊँगली से बनाते।

पन्द्रह रोज़ बाद मुझे हॉस्पिटल से छुट्टी मिल गयी। लेकिन खाने-पीने की लम्बी नसीहतों के साथ। न खाने वाली चीज़ों की एक लम्बी सूची थी।

सादा, उबाला और बिना मसाला का भोजन मेरे नौजवान चित्त को भाता ही न था। बहुत थोड़ा-सा खा पाता। आँखें धँस गयीं और शरीर सूखकर काँटा-सा रह गया। ठीक से चलने-फिरने की ताक़त भी नहीं रह गयी थी। मैं अपने गाँव आकर पड़ा हुआ था। जितने लोग आते, उतने उपचार नुस्खे। इनका प्रयोग करते थक गया। ईख का रस से लेकर ताड़ी तक पिलाई गयी। जाने कितने वनस्पतियों के साग खिलाये गये। मूली खाते-खाते जी ऊब गया। सन्तरे के जूस से उबकायी-सी आती। रोज़ कुछ लोग देखने आते। उनके भाषण सुनने पड़ते। इसी क्रम में एक सम्बन्धी आये। उन्होंने दानापुर के एक फ़कीर के पास ले जाने की सलाह दी। वह फ़कीर जांडिस की जादुई दवा देने के लिए ख्यात थे। मेरे माता-पिता को उन्होंने प्रभावित किया। अगले ही रोज़ मुझे जीप गाड़ी से उस फ़कीर के पास लाया गया। वह दानापुर कैंटोनमेंट एरिया में ही रहते थे। पुरानी-सी एक सैनिक छावनी में।

मैं जब वहाँ गया, तब ग्लानि हुई। सैकड़ों लोग कतारबद्ध थे। फ़कीर की छवि झाड़-फूँक करने वाले ओझा जैसी थी। लोग तरह-तरह की बात कर रहे थे। तो क्या मैं इन्हीं अन्धविश्वास करने वालों की जमात में आ खड़ा हुआ हूँ। इससे बेहतर तो मर जाना है। नहीं, यह मुझसे नहीं होगा, लेकिन साथ में गये पिताजी और उनके एक मित्र ने कहा कि एक बार देख लेने में क्या हर्ज़ है! बहरहाल मैं भी पंक्तिबद्ध हुआ। क्योंकि वहाँ नियम था, चाहे कितना भी बड़ा आदमी हो, पंक्तिबद्ध होना ही होगा। लोगों में चर्चा थी कि कोई एक जज साहेब की बिटिया भी पंक्ति में बैठी है। फ़कीर नियम के पक्के हैं। कहते हैं जो पंक्ति में नहीं रह सकता, उस पर दवा काम नहीं करेगी। उनकी फीस मात्र दो रुपये थी। कोई ज़्यादा देना चाहे तो वह नहीं लेते थे। फ़कीर की यह बात मुझे अच्छी लगी थी।

जब मेरी बारी आयी और मैं फ़कीर के सामने हुआ, तब वह मुझे मुल्ला नसीरूद्दीन की तरह लगे। दुबले-पतले, जीर्ण-शीर्ण कपड़ों में, बकरे की तरह ठुड्डी पर थोड़ी-सी लम्बी लटकती दाढ़ी, सिर पर सरदारों वाली पगड़ी। उन्होंने बीमारी के बारे में पूछा—कितने दिनों से बीमार हो! मैंने बतलाया कि पन्द्रह दिनों तक हॉस्पिटल में भी रहा।

वह रंज हुए कि हॉस्पिटल क्यों चले गये? मैं चुप रहा। उन्होंने पान में दो बूँद नीले रंग की एक दवा डाली और मुझे खिला दिया। कहा, कुछ भी बाहर मत फेंकना। पान की सिट्ठी तक नहीं। फिर आठ रोज़ की दवा पुड़िया में दी। खाने के बाद एक-एक पुड़िया के हिसाब से खाने की।

यह भी कहा कि माँस-मछली छोड़कर सब खाओ और गाय का दूध जितना पी सकते हो पीओ। रोटी ज़्यादा खाओ, चावल कम।

मुझे लगा फ़कीर पागल है। मुझे तो कुछ रुचता ही नहीं है। लेकिन चलो। इस फ़कीर को भी देख लिया। मुझे तनिक उम्मीद नहीं थी कि उसकी दवा कोई काम करेगी। मैं इतना कमज़ोर हो गया था कि प्रतिरोध की भी ताक़त नहीं बची थी। शाम को घर लौटा तो थका-सा था। थकान से सो गया। उठा तब खाना तैयार था। मुझे बहुत रोज़ के बाद दाल-रोटी दी गयी (महीने भर से रोटी की मनाही थी)। मैंने अनिच्छा से भोजन किया। फिर फ़कीर की पुड़िया वाली दवा खायी। दवा में अजूबा-सा स्वाद था। खाते ही अनुभव हुआ जीभ का स्वाद बदल गया है। अगले शाम से भोजन में स्वाद महसूस होने लगा और दो-तीन दिनों में तो मैं चार रोटियाँ खाने लगा। कमज़ोरी भी दूर होने लगी। अच्छा महसूस करने लगा।

आठ रोज़ बाद पुनः फ़कीर के पास हाज़िर हुआ। वह मुझे देखकर हँसे। फिर आठ रोज़ की दवा दी। कहा—अब सब कुछ खा सकते हो। माँस-मछली भी। अब तुम्हें आने की ज़रूरत नहीं है।

ऐसा ही हुआ। मुझे फिर जाने की ज़रूरत नहीं हुई। मैं पूरी तरह चंगा हो गया। अब फ़कीर पर अविश्वास करने का कोई कारण नहीं था। बाद में किसी आदमी ने बतलाया, वह फ़कीर केंचुए (अर्थवर्म) से वह दवा बनाते हैं। मैं नहीं जानता, वह क्या करते थे, लेकिन जिस किसी चीज़ से दवा तैयार होती हो, यदि वह रोग का इलाज करती है, तब क्या हर्ज़ है! साँप के विष से ही तिर्याक औषधि बनती है, जो साँप काटने पर दी जाती है। हमारे वैज्ञानिकों को इन साधु-फ़कीरों के नुस्खों पर शोध करना चाहिए और यदि कुछ अच्छा है तो उसे लोकोपयोग के लिए जारी करना चाहिए। अनपढ़ लोगों के विज्ञान को पढ़े-लिखे लोग एक शोधपरक रूप देकर व्यवस्थित कर सकते हैं। हाँ, फ़कीरों की यह आशंका जायज है कि पढ़े-लिखे लोगों के हाथ में ये नुस्खे पड़ जायेंगे, तब वे इसे दौलत इकट्ठा करने का औज़ार बना लेंगे और ग़रीबों को इसके लाभ से वंचित कर देंगे।

1981 की गर्मियों में मेरा विवाह हुआ। विवाह के साथ कोई कथा-कहानी नहीं रही। बिल्कुल पारम्परिक विवाह। हालाँकि मैं जिस जमाने में था और जिस तरह एक लेखक के रूप में मेरी पहचान हो गयी थी, उसमें मुझसे ऐसे सुस्त-विवाह की अपेक्षा लोग नहीं कर रहे थे। तीन वरिष्ठ अभिभावक मित्रों ने सख़्त नाराजगी व्यक्त की थी। वे थे प्रो. रामबुझावन सिंह, कम्युनिस्ट सांसद

सूरज प्रसाद और समाजवादी साथी रामअवधेश सिंह। रामअवधेश भाई ने प्यार भरी झिड़की दी, 'आपसे ऐसी उम्मीद नहीं थी कि इस तरह से विवाह करेंगे। आप भी जब ऐसे करेंगे, तब समाज कैसे बनेगा। आपको तो अन्तर्जातीय विवाह जानबूझ कर करने चाहिए थे, ताकि समाज में मिसाल बने।' उन्होंने हँसते हुए कहा कि मैं आपके विवाह समारोह का बायकाट करूँगा। श्रीमती सुमित्रा देवी ने कहा कि मैं खुश नहीं हूँ, लेकिन खुश रहने का आशीर्वाद दे रही हूँ।

मेरी पत्नी, ममता, भोजपुर जिले के दलीपपुर गाँव की हैं, जो जगदीशपुर से कुछ ही किलोमीटर की दूरी पर अवस्थित है। उनके पिता गाँव के हिसाब से सम्पन्न किसान हैं और बहुत पहले गाँव के मुखिया रह चुके हैं। पत्नी के नाना श्री रामसकल सिंह जिले में पहचान वाली शख़्सियत थे, वह संयुक्त शाहाबाद जिले में एक दफ़ा डिस्ट्रिक बोर्ड के चेयरमैन रह चुके थे।

हम लोग ग़रीब परिवार से आते हैं, लेकिन मेरी पत्नी का मायका इसके ठीक उलट है। मेरी माँ को हमेशा यह लगता था कि मेरे बच्चों की शादी शायद इसलिए न हो कि हमारे पास रहने के लिए अपना कहा जाने वाला घर भी नहीं है। हमारा परिवार जिस गाँव में रहता था, उस गाँव के लोगों को भी ऐसा ही लगता था। कुछ यही कारण था कि मेरे परिवार के लोगों ने यह रिश्ता मंजूर कर लिया था। मानो सामाजिक स्वीकृति के लिए मेरी बलि हो।

विवाह का समारोह एक तरह से भड़कीला और प्रचलित अर्थों में 'शानदार' कहा जाने लायक था। मेरे ससुराल की परम्परा के अनुसार बारात को दो दिनों तक वहाँ रहना था। लेकिन तीसरा दिन इतवार का था और कहा गया कि इस दिन कन्या की विदाई नहीं होती। इसलिए बारात तीन दिनों तक रुकी रही। इसे पारम्परिकता में बारात का मरजाद रहना कहते हैं। शायद यह मर्यादा का अपभ्रंश है। बारात के खाने-पीने और मनोरंजन की 'पुख़्ता' व्यवस्था थी, इसलिए गाँव-जवार के जो लोग बारात नहीं गये थे, उन्हें न जाने का बहुत अफ़सोस हुआ। इस तरह एक धूम-धड़ाके के साथ विवाह का प्रहसन समाप्त हुआ।

अपने ही विवाह पर कोई टिप्पणी करना ठीक नहीं होगा, लेकिन मैं यह कहना चाहूँगा कि विवाह का यह पारम्परिक यानी बारात, तामझाम और औक़ात दिखाने का फूहड़ तरीक़ा समाप्त होना चाहिए। एक झटके के साथ हो जाये, तब बहुत अच्छा, लेकिन धीरे-धीरे भी हो तो बुरा नहीं है। विवाहों के रजिस्ट्रेशन को बढ़ावा मिलना चाहिए और 'शानदार' शादी-समारोहों को हर स्तर पर हतोत्साहित किया जाना चाहिए। दक्षिण भारत में परियार रामासामी

नायकर और उत्तर भारत में रामस्वरूप वर्मा ने ऐसी सादगी भरी शादियों का आन्दोलन चलाया था। अफ़सोसजनक है कि यह प्रचलन का रूप नहीं ले सका। पहले शादियों में हाथी-ऊँट जैसे जानवर जुटाने का प्रचलन था, इसे लोग शान-शौक़त की बात मानते थे। अब नेता जुटाने का प्रचलन है। मन्त्री-मुख्यमन्त्री का तो मानो यही मुख्य काम रह गया है। सब मिलाकर विवाह समारोह एक सनकभरा आयोजन बनकर रह गया है, जिस पर बेमतलब पैसा खर्च होता है और हासिल कुछ नहीं होता। झूठ-मूठ के इस दिखावे से समाज में एक फूहड़ प्रतियोगिता खड़ी होती है और इसके साये में भ्रष्टाचार को बढ़ावा मिलता है। भव्य विवाह-समारोहों में शामिल होना, दरअसल भ्रष्टाचार को बढ़ावा देना ही है। अपने ही विवाह समारोह पर सब मिलाकर मैं शर्मिन्दगी से भरा था। लोग जिसे शानदार मान रहे थे, वह मेरी नज़र से फूहड़ था और इसका विरोध न कर मैंने कायराना हरकत ही की थी। इसका मुझे लम्बे समय तक अफसोस बना रहा। लेकिन ये सब बातें मैं किससे कहता। कौन समझता, मेरी भावनाओं को।

विवाह के बाद ज़िन्दगी को नये रूप में देखा। हमारी ब्रिटिश मित्र जूड हावेल कुछ दिनों के लिए हमारे घर पर रहीं। उन्हें एक ठेठ हिन्दुस्तानी दुल्हन के साथ रहना अच्छा लग रहा था। वह रस्म के छोटे-छोटे वृत्तान्तों का भी नोट लेतीं। सब मिलाकर यह सब देखना उन्हें अच्छा लगा।

मेरे दादाजी भी बहुत खुश थे। उन्होंने अपनी ज़िन्दगी में इतना शानदार विवाह समारोह न देखा था। उन्हें इस बात का गुमान ज़्यादा था कि यह शानदार समारोह उनके पोते का था। उन्हें लगा जैसे उनका कोई सपना साकार हुआ है।

विवाह पर अनेक मित्रों के शुभकामना पत्र और टेलीग्राम मिले (उन दिनों गाँव में फोन उपलब्ध नहीं थे और मोबाइल का जमाना अभी दूर था), लेकिन कमलेश्वर जी का छोटा-सा पत्र आज भी याद है:

> पत्र पढ़ने की फुरसत नहीं होनी चाहिए। कलम-किताब कुछ समय के लिए किनारे रखो और ज़िन्दगी को समझने की कोशिश करो। ममता को खुश रखना।

तुम्हारा,
कमलेश्वर।

लेखकों की प्रजाति

साहित्यिक सम्मेलनों में जाने का सिलसिला लगा रहता था। इससे नये स्थानों को देखने और नये लोगों से मिलने का अवसर मिलता था। लेखकीय तामझाम जैसे उनके लम्बे या कसीदे भरे पहनावे, झोंटा-दाढ़ी, झोले और फिर बातचीत में भी पुस्तकीय भाषा के प्रयोग और सिगरेट-शराब का सेवन जैसी चीज़ों से मुझे हमेशा न केवल परहेज़ रहा, बल्कि इन सबके प्रति एक नफरत का भाव रहा। हाँ, अनेक लेखक बहुत सहज रहते थे, हर स्तर पर। उनसे बार-बार मिलने का मन करता। जैसे भीष्म सहनी, मुझे हमेशा बहुत प्यारे लगे। निर्मल वर्मा के व्यक्तित्व में कुछ-कुछ स्त्रैण तत्त्व था और इससे उनका व्यक्तित्व जाने क्यों मुझे गिजगिजा लगता था। वह मुझे पसन्द नहीं आते थे। कैफी आजमी का व्यक्तित्व भी बनावटी लगता था, लेकिन गुलाम रब्बानी ताबाँ बहुत-बहुत प्यारे लगते थे। अली सरदार जाफरी भी ऐसे ही प्यारे थे। असगर अली इंजीनियर से बात करके ज्ञान समृद्ध हुआ जा सकता था। कमलेश्वर तो जन्मज़ात नेता थे। उनसे आप घण्टों किसी विषय पर बात कर सकते थे। वह बहुत संवेदनशील भी थे। लेखकों की महानता और क्षुद्रता दोनों से परिचित थे। उनसे आदमी लड़-झगड़ सकता था और फिर कन्धे पर सिर रखकर रो भी सकता था। राजेन्द्र यादव कुछ अवगुंठनों के शिकार, लेकिन शफ्फाफ आदमी लगे। बाद के दिनों में उनसे अन्तरंगता बढ़ती ही गयी। अशोक वाजपेयी अफसर आदमी रहे, लेकिन उनका व्यवहार अत्यन्त ही सहज रहा है। हालाँकि मैं उनका कभी अन्तरंग नहीं रहा, न मैंने अपनी ओर से प्रयास किया, न उन्होंने, लेकिन मैंने उन्हें हमेशा साहित्य के पवित्र पुरोहित के तौर पर देखा है। जैसे उनके बिना साहित्य का अनुष्ठान पूरा ही न हो। पुरोहित के बिना किसी गाँव की कल्पना कीजिए, तब अशोक वाजपेयी का महत्त्व स्पष्ट हो जायेगा। मैं उनसे दूर-दूर ही रहा हूँ,

लेकिन उनका दिल से सम्मान करता हूँ। केदारनाथ सिंह का व्यक्तित्व अपनी ही तरह का है। एक कवि का जो जन्मज़ात व्यक्तित्व हो सकता है, उससे वह युक्त हैं पूरी तरह। पूर्णावतार कवि।

और नामवर जी। वह न होते तो आज का हिन्दी साहित्य कैसा होता? कभी-कभी मन में सवाल उठता है। एक शिक्षक के अभाव में जैसी कक्षा हो सकती है। उन्हें पहली बार मरौढ़ा के प्रगतिशील लेखक सम्मेलन में देखा 1976 में। वह खगेन्द्र जी से जब बात कर रहे थे तब मुझे लगा कि क्या ऐसा दिन भी कभी आयेगा, जब नामवर जी मुझसे भी इसी अन्तरंगता से बातें करेंगे। उनके गुरु हज़ारीप्रसाद द्विवेदी जी को भी दो बार सुनने और एक बार उनके साथ बैठकर नाश्ता करने का अवसर मिला। वे बाबू जगजीवन राम के समधी ज्ञानेश्वर बाबू के यहाँ नाश्ता पर आमन्त्रित थे। ज्ञानेश्वर बाबू ने कृपापूर्वक मुझे भी बुला लिया था। द्विवेदीजी को देखकर और सुनकर लगता नहीं था कि इस जमाने के आदमी हैं। वह हिन्दी परम्परा से ज़्यादा संस्कृत परम्परा के लगते थे और कुरता-धोती पहने ऋषि जान पड़ते थे। उन्हें प्रणाम नहीं किया जा सकता था, बस उनके पैर छुए जा सकते थे। मैंने यह किया।

ज्ञान जी (ज्ञानरंजन) से मिलने जबलपुर गया। 1978 के शुरू में। जाड़ों के दिन थे। शायद जनवरी का महीना। छिन्दवाड़ा में कमलेश्वर कुल के समान्तर लेखकों का सम्मेलन था। जाने के क्रम में जबलपुर रुका था। दिन में भेड़ाघाट और नर्मदा के सैर-सपाटे कर शाम को ज्ञानजी के घर गया। वह उत्साह से मिले। स्वागत भी किया किन्तु पता नहीं क्यों उनका व्यक्तित्व मुझे सी.आई.डी. इन्स्पेक्टर-सा लगा। वह अपनी प्रगतिशीलता और मार्क्सवाद को लेकर बड़े चौकस थे। यह मुझे अच्छा नहीं लगा। लेकिन उनकी कहानियाँ मुझे तब भी और आज भी बहुत प्यारी लगती हैं। उन्होंने कुल जमा बाइस कहानियाँ ही लिखी हैं और बकौल नामवरजी (वाया काशीनाथ सिंह) केवल डेढ़, लेकिन नहीं, वह नहीं होते तो हिन्दी कहानी पता नहीं कहाँ होती। 'वर्हिगमन', 'घण्टा' और 'फेंस के इधर और उधर' के बिना पता नहीं हम कहाँ रहते।

जबलपुर में हरिशंकर परसाई से मिलना मेरे लिए तीर्थ करने की तरह था। उन्हें ढूँढ़ने में बहुत परेशानी हुई। बल्कि यह एक दिलचस्प वाक़िआ ही है। वह नेपियर टाउन मोहल्ले में रहते थे। उसी मोहल्ले में हम लोग ढूँढ़ रहे थे। बैडमिंटन खेलती कुछ किशोरियों से पूछा। उन लोगों ने प्रतिप्रश्न किया—क्या करते हैं? हमारे यह कहने पर कि वह लेखक हैं, उन्होंने मुँह बिचकाया—'पॉश कॉलनी है यह, यहाँ बड़े लोग रहते हैं।' हम लोगों ने फिर एक धोबी का सहारा लिया।

उसने कहा–'नेताजी?' हमने सोचा नेता तरह-तरह की जानकारी रखते हैं और परसाईजी तो नेताओं पर कटाक्ष करते ही रहते हैं। नेताजी ज़रूर परसाई जी का पता बता देंगे। हम लोग धोबी के पीछे-पीछे चले। एक पतली गली में। गली के आख़िरी मकान पर एक तख्ती लगी थी–हरिशंकर परसाई। परसाईजी उन दिनों अस्वस्थ थे। उनकी आर.एस.एस. वालों ने पिटाई की थी। उनके पैर में चोट थी। वह उत्साह से मिले। जलपान कराया। खूब सारी बातें कीं। वह ज़्यादातर लेखकों की तरह वैचारिक रूप से लिजलिजे नहीं, बिल्कुल साफ थे। मेरे पसन्द के लेखक। बहुत बाद में जब 'साम्य' पत्रिका ने उन पर केन्द्रित अंक निकाला, तब उनकी टिप्पणियों पर मैंने एक लेख लिखा। मुझे बताया गया कि मेरा वह लेख परसाईजी को अच्छा लगा। यह मेरे लिए किसी पुरस्कार की तरह था।

इलाहाबादी लेखकों में मार्कण्डेय मुझे कुछ ठूँठ जैसे लगे, लेकिन नीलकान्त जी बहुत प्यारे। शेखर जोशी, दूधनाथ सिंह, विभूति नारायण राय सबसे मिलकर बहुत अच्छा लगा। मैं बता नहीं सकता, लेकिन दूधनाथ सिंह और शेखर जोशी की आत्मीयता में कुछ ख़ास है। एक ख़ास तरह की कज्जलता। सत्यप्रकाश मिश्र जी का स्नेह हमेशा याद करने लायक रहेगा। अजित पुष्कल, सतीश जमाली और विद्याधर शुक्ल की आत्मीयता भी अविस्मरणीय है।

मुझे लगता है पूरी दुनिया में जितने भी अच्छे लोग हैं, सब लेखक हैं। वे चाहे मुम्बई में रहने वाले जितेन्द्र भाटिया हों अथवा कलकत्ता में रहने वाले कपिल आर्य या फिर दिल्ली वासी द्रोणवीर कोहली, श्रवण कुमार या देहरादून में रहने वाले सुभाषपन्त और ओमप्रकाश वाल्मीकि, कानपुर में रहने वाले गिरीराज किशोर और प्रियंवद या लखनऊ में रहने वाले श्रीलाल शुक्ल और मुद्राराक्षस। कुलटी के संजीव या इलाहाबाद के शिवमूर्ति। हिन्दी लेखकों का एक अखिल भारतीय संसार था और इसका एक हिस्सा होना मेरे लिए गौरव की बात थी।

1982 के दिसम्बर में जयपुर में प्रगतिशील लेखक संघ का राष्ट्रीय सम्मेलन हुआ। उसमें मैंने हिस्सा लिया। वहाँ अनेक लेखकों से मिलना हुआ। लेकिन जयपुर की वह यात्रा सिर्फ एक मुलाक़ात के लिए यादगार बन गयी, वह हिन्दी-राजस्थानी के मशहूर कथाकार विजयदान देथा से मुलाक़ात थी। कुछ ही समय पूर्व उनकी कुछ कहानियाँ पढ़ी थीं और मेरे मन पर उनका जादू सवार था। मैं केवल कामना कर रहा था कि वहाँ शायद मुलाक़ात हो जाये। दरअसल, मैंने जयपुर का प्रोगाम ही बनाया था केवल दो लेखकों से

मिलने की आकांक्षा को लेकर। एक फैज अहमद फैज थे, जो उस सम्मेलन में पाकिस्तान से विशेष रूप से आने वाले थे और दूसरे देथा थे। फैज तो किन्हीं कारणों से नहीं आये, लेकिन विजयदान देथा से मेरी मुलाक़ात हुई। फिर इतनी आत्मीयता विकसित हुई कि पत्रों का ख़ूब आदान-प्रदान हुआ। अपने आप में वह एक लिजंड बन चुके थे। जयपुर से आने के बाद मैंने उन पर एक छोटा-सा संस्मरण लिखा। मेरे सौभाग्य से देथा को वह ख़ूब पसन्द आया। अनेक अख़बारों और पत्रिकाओं ने उसे प्रकाशित किया।

मैंने यहाँ कुछ ख़ास लेखकों की ही चर्चा की है। ऐसे अनेक लेखक हैं जिनकी मित्रता, अन्तरंगता और संग-साथ ने मुझे प्रभावित किया है। प्रसंगवश इनकी चर्चा फिर कभी होगी।

उस दौर में साहित्य

सातवें दशक के उत्तरार्द्ध और आठवें दशक के आरम्भ में साहित्य सामाजिक जीवन का एक ज़रूरी हिस्सा था, और लेखकों का महत्त्व राजनेताओं से ज़्यादा नहीं, तो कम भी नहीं था। बड़े शहरों में टीवी आ चुका था, लेकिन अभी यह बहुत कम परिवारों में पहुँच पाया था। इसके प्रोग्राम भी तय समय के लिए होते थे। प्राइवेट चैनल थे ही नहीं। फिल्मों का क्रेज था, लेकिन वी.डी.ओ. और सीडी का जमाना अभी दूर था। मध्यवर्ग के मनोरंजन का केन्द्र अभी भी साहित्य था। निम्न मध्यवर्गीय परिवारों में ट्रांजिस्टर और ऑडियो उपकरण रहते थे, जिससे वे गाने और संगीत का आनन्द लेते थे। साहित्य की कई पत्रिकाएँ लाखों में प्रकाशित होती थीं। किसी समय घर में इनका रहना लाज़िमी होता था। धर्मयुग, हिन्दुस्तान, सारिका, माधुरी, पराग, दिनमान, इलस्ट्रेटेड वीकली ऑफ़ इंडिया, रविवार, संडे आदि पत्रिकायें छोटे-छोटे क़स्बों तक में पहुँचती थीं। इनमें छपने पर राष्ट्रीय स्तर पर पहचान मिलती थी।

मेरी पहली कहानी 'सारिका' से प्रकाशित हुई 1977 में। अगले कुछ महीनों में देश के विभिन्न हिस्सों में इस पर तीन सौ से अधिक पत्र आये। मैं सारिका, धर्मयुग, दिनमान, पराग, रविवार जैसी पत्रिकाओं में बराबर छपता था। इसलिए लगभग रोज़ कुछ-न-कुछ पत्र आते थे। सुबह जैसे अख़बार का इन्तजार रहता है, वैसे ही डाक का इन्तजार दोपहर बाद होता था। इन पत्रों के माध्यम से देशभर में हज़ारों परिचित-मित्र हो गये थे। किसी शहर में जाता, तो वहाँ कुछ-न-कुछ मित्र मिल ही जाते थे। ये उस शहर के पढ़ने-लिखने वाले लोग होते थे। जिनकी उस शहर-क़स्बे में एक विशिष्ट पहचान होती थी।

बड़ी पत्रिकाओं के साथ छोटी पत्रिकाएँ भी ख़ूब छपती थीं। पहल, उत्तरार्द्ध, उत्तरगाथा, बहस, उत्तरशती, सम्बोधन, कथा, कहानी, नया पथ जैसी

अनेक पत्रिकाएँ थीं, जो साहित्यिक विमर्श के ज़रूरी दस्तावेज़ के रूप में प्रकाशित होती थीं। तब मैंने भी एक पत्रिका 'कथा-कहानी' के नाम से निकाली थी। जनता में पहचान बड़ी पत्रिकाओं के माध्यम से मिलती थी, लेकिन विशिष्ट लेखकों के बीच तब तक कोई पहचान नहीं बनती थी, जब तक लेखक छोटी या लघु पत्रिका में न प्रकाशित हो। इसलिए छोटी पत्रिकाओं का एक अलग महत्त्व था। कई लेखकों ने तो बड़ी पत्रिकाओं का स्थायी बहिष्कार कर दिया था।

कई किस्म के लेखक क्लब और संगठन भी जगह-जगह काम कर रहे थे। इलाहाबाद की साहित्यिक संस्था 'परिमल' का अस्तित्व तो खत्म हो गया था, लेकिन उससे जुड़े लोग साहित्य में सक्रिय थे। 1936 में प्रेमचन्द के सभापतित्व में बना प्रगतिशील लेखक संघ 1953 में विघटित हो गया था। 1973 में उसे फिर से बांदा में पुनर्गठित किया गया और 1975 में गया सम्मेलन से एक नये उत्साह से फिर यह संगठन उठ खड़ा हुआ। इस पर सीपीआई का प्रभाव था और उसकी देखरेख में यह संस्था चल रही थी। प्रगतिशील लेखक संघ के दो सम्मेलनों में 1976 में शामिल हो चुका था। समान्तर लेखकों का एक अलग ग्रुप था। लेकिन 1978 में कमलेश्वर जी के सारिका के सम्पादक पद से हटते ही यह ग्रुप स्वतः विघटित हो गया। प्रगतिशील लेखक संघ (पी.डब्लू.ए.) के सम्मेलन यत्र-तत्र होते रहते थे। यूँ, यह बिहार और मध्य प्रदेश में ज़्यादा सक्रिय था। बिहार में डॉ. खगेन्द्र ठाकुर और मध्य प्रदेश में हरिशंकर परसाई, ज्ञानरंजन और डॉ. कमला प्रसाद इसके कर्ता-धर्ता थे। अखिल भारतीय पैमाने पर भीष्म साहनी बहुत दिनों तक महासचिव रहे, उसके बाद राजीव सक्सेना महासचिव हुए थे।

x x x

1986 में लखनऊ में प्रगतिशील लेखक संघ की स्वर्ण जयन्ती बड़े ही धूम-धाम से मनाई गयी। इसमें मैंने भाग लिया था। कैफी आजमी और कामतानाथ इन्तजामकर्ता थे। मुल्कराज आनन्द उद्घाटन भाषण कर रहे थे कि वे बेहोश होकर गिर पड़े। रंग में भंग पड़ गया। उन्हें तुरन्त अस्पताल पहुँचाया गया, जहाँ डॉक्टरों ने उन्हें बचा लिया। भारत के विभिन्न भाषाओं के लेखकों ने इस सम्मेलन में भाग लिया था। कन्नड़, तमिल, मलयालम, मराठी, असमिया, बंगला आदि के लेखक भी थे। हिन्दी और उर्दू के लेखक तो प्रचुरता से थे।

उद्घाटन सत्र के दिन, रात में हबीब तनवीर ने 'हिरवा की अमर कहानी' का भावपूर्ण और शानदार मंचन किया था। दूसरे दिन एक असरदार मुशायरा हुआ जिसमें दसियों हज़ार लोग इकट्ठा हुए थे। लखनऊ को अपने उत्स रूप में उसी रोज़ हमने देखा।

लखनऊ का वह सम्मेलन सभी दृष्टि से शानदार था। हम लोग उस जगह गये, जहाँ प्रगतिशील लेखक संघ का स्थापना सम्मेलन 1936 में हुआ था। वह छोटा-सा पीला सभा भवन उस वक़्त हम लोगों से मानो कुछ कह रहा हो (पता नहीं अब वह है भी या नहीं)। कभी उस छोटे हॉल में प्रेमचन्द बोल रहे होंगे-'अब साहित्य केवल मनबहलाव की चीज़ नहीं है, मनोरंजन के सिवाय उसका और भी कुछ उद्देश्य है, जो दलित हैं, पीड़ित हैं, वंचित हैं-चाहे वह व्यक्ति हो या समूह, उसकी हिमायत और वकालत करना, उसका फर्ज है। उसकी अदालत समाज है, इसी अदालत के सामने वह अपना इस्तगाशा पेश करता है और उसकी न्यायवृत्ति और सौन्दर्यशक्ति को जाग्रत करके अपना यत्न सफल समझता है।' हम सभी लेखक, स्वर्ण जयन्ती सम्मेलन स्थल से उस सभा स्थल तक, कतार बनाकर गये थे। लखनऊ की जनता की अपूर्व भागीदारी देखकर लग रहा था कि इस शहर की सांस्कृतिक चेतना कितनी समृद्ध है।

इस चेतना का वास्तविक रूप हमें तब मिला, जब हम सम्मेलन के बाद के दिन शहर घूमने निकले। हम चार थे। हमने एक ताँगा किराये पर लेना तय किया। एक बूढ़ा टोपीदार ताँगेवाला जो अपनी धज से मुसलमान दिख रहा था, से हम लोगों ने किराया पूछा, उसने बतलाया। फिर अपनी बिहारी आदत से मजबूर हमने मोलभाव करनी चाही। उसने कहा, आप लोग घूमने आये हैं, पहले घूम तो लीजिए। जो तबियत होगी, मुझे दे दीजिएगा। हम लोग ताँगे पर सवार हुए, ताँगेवाला हमारा गाइड भी बन गया। उसे सभी प्रसिद्ध जगहों की पूरी जानकारी थी। हम लोग जब थक गये, तब कहीं चाय पीने की इच्छा ज़ाहिर की। ताँगावाला हमें एक जगह ले गया। छोटी ही, मगर अच्छी दुकान थी। वहाँ की चाय का जायका मजेदार था। हम लोगों को बिस्किट चाय परोसा गया। जब पैसा देने की बारी आयी तब चाय वाले ने कहा कि दिया जा चुका है। ताँगेवाले ने पैसा दे दिये थे। हम लोगों ने सोचा आख़िर में जब किराया देने लगेंगे तब यह रक़म दे दी जायेगी। किराया साठ रुपये था। हम लोगों ने सौ रुपये का नोट दिया, यह कहते हुए कि चाय बिस्किट का पैसा भी काट ले। उसने आदर से कहा, साहबान! कैसी बात करते हैं। आप हमारे शहर में

मेहमान हैं। हम ग़रीब हैं तो क्या आप लोगों को चाय भी नहीं पिला सकता। हमें इतना बेआबरू तो मत कीजिए। उसने पचास रुपये हमारे हाथ पर रख दिये। क्योंकि साठ पर भी हमने मोल-भाव किया था। हमने शेष पचास रुपये उसे देने चाहे, लेकिन वह अड़ गया। लखनऊ साकार हमारे सामने खड़ा था, और हम कुछ शर्मिन्दा-से नतमस्तक थे।

x x x

प्रगतिशील लेखक संघ के अलावे जनवादी लेखक संघ और जनसंस्कृति मंच भी साहित्यिक संगठन थे। जनवादी लेखक संघ बनने से पूर्व इन लेखकों का एक सम्मेलन नयी दिल्ली के सत्यवती कॉलेज, तीमारपुर में हुआ। जैसा कि स्मरण है यह 1978 के अक्टूबर में हुआ था। उसमें मुझे भी बुलाया गया था। मैं गया भी था। वहाँ हरिकिशन सिंह सुरजीत ने लेखकों को सम्बोधित किया था। ज़ाहिर है इस पर मार्क्सवादी कम्युनिस्ट पार्टी का प्रभाव था। मुरली मनोहर सिंह और सुधीश पचौरी तब इसे लेकर बहुत सक्रिय थे।

जब नक्सलवाड़ी आन्दोलन से प्रभावित मार्क्सवादियों के धड़े ने बिहार के कुछ जिलों में अपनी जड़ें मज़बूत कीं और अपना एक सांगठनिक ढाँचा तैयार किया तब इन लोगों ने भी एक सांस्कृतिक मंच बनाया। इसका नाम जनसंस्कृति मंच रखा गया। इसके पहले इस आन्दोलन से प्रभावित कुछ लोगों ने नवजनवादी सांस्कृतिक मोर्चा बनाया हुआ था।

तो मुख्य रूप से प्रगतिशील लेखक संघ (प्रलेस), जनवादी लेखक संघ (जलेस) और जनसंस्कृति मंच (जसम) उस दौर में सांस्कृतिक संगठन के रूप में हिन्दी क्षेत्र में सक्रिय थे। हिन्दी-उर्दू के ज़्यादातर लेखक इनमें किसी एक से किसी-न-किसी रूप में जुड़े थे। लेकिन इन तीनों से तटस्थ लेखकों का भी एक असंगठित समूह था। ये लोग मार्क्सवाद को पश्चिमी विचार मानने वाले भारत व्याकुल लोग थे, जिनकी जड़ें कहीं-न-कहीं भाजपा या संघ से जुड़ी थीं या फिर उत्तर मार्क्सवादी लेखक थे, जो एक समय मार्क्सवादी थे, लेकिन जब इसे अधूरा दर्शन मानने लगे थे। ये लोग संघ या भाजपा से जुड़े लोग नहीं थे।

मुझे तीनों मार्क्सवादी मंचों से लगाव था। सब में मेरे मित्रों की संख्या थी। मैंने सीपीआई काफ़ी पहले छोड़ दी थी, लेकिन प्रगतिशील लेखक संघ से जुड़ाव बना हुआ था। यह शायद मित्रों के कारण था। मुझमें कट्टरता नहीं थी,

यही कारण था कि प्रलेस में रहते हुए भी जलेस और जसम वाले अपने आयोजनों में मुझे बुलाते रहते थे।

1981 के शुरू में मैंने पटना से निकलने वाले अख़बार जनशक्ति में दो किस्तों में भोजपुर में नक्सलवादी आन्दोलन पर एक लेख लिखा। शीर्षक था–'लाल इलाके में दो साल'। चूँकि जनशक्ति में मेरे लेख बराबर छपते रहते थे और मेरे भेजे आलेख को सम्पादक प्रायः बिना ध्यान से देखे, छाप देते थे कि ठीक ही होगा, यह लेख भी छप गया। लेकिन छपने पर उनके एक बड़े नेता, जो तब सांसद थे, को लगा कि यह तो हमारी पार्टी लाइन के ख़िलाफ़ है। वह परेशान हो गये। मेरे लेख का जवाब उन्होंने चार किस्तों के प्रतिलेख में दिया। फिर उनका वह लेख उनकी पार्टी के मासिक मुखपत्र 'कम्युनिस्ट' में प्रकाशित हुआ। मेरे लेख से जो खलबली मची, उसमें मेरे नाम की चर्चा एक बार सभी कम्युनिस्ट घरानों में हो गयी। मेरा समर्थन करने वाले भी लोग थे और विरोध करने वाले भी। मुझ पर कम्युनिस्टों का एक आरोप था कि मैं मार्क्सवादी चिन्तनधारा के बीच आम्बेडकर या लोहिया की तरह जाति विमर्श को खड़ा कर देता हूँ। कुछ लोग इसे सही मानते थे, लेकिन ज़्यादातर इसके विरोधी थे। कम्युनिस्ट पार्टियों में सवर्णों अथवा ऊँची जातियों से आये लोगों का दबदबा था और यही इसका मूल कारण था।

मुझे यह प्रतीत होता था कि मार्क्सवादी मित्र समाज के सामन्तवादी ढाँचे को पूँजीवादी दौर में बिना ले गये ही समाजवादी दौर में म्यूट कर जाना चाहते थे। मुझे लगता था कि अव्वल तो यह सम्भव नहीं है और यदि सम्भव हुआ भी तो किस तरह का समाजवाद बन पाएगा। मार्क्स ने 1848 के अपने कम्युनिस्ट मेनिफेस्टो में सामन्ती-समाजवाद की चर्चा की है। क्या पूँजीवादी दौर में गये बिना जिस समाजवादी समाज की रचना होगी, वह सामन्ती-समाजवाद ही नहीं हो जायेगा? मुझे लगता था भारत में यही हो रहा था। म्यूट करने के प्रयोग दूसरे देशों में भी हुए और इस पर वहाँ भी पर्याप्त माथापच्ची हुई है, लेकिन प्रयोग कहीं भी सफल नहीं हुए। समाजवादी सरकारें ज़रूर बन गयीं, लेकिन समाज नहीं बने।

मार्क्सवाद का विज्ञान अपनी जगह था और लेखकों का मार्क्सवाद अपनी जगह। गाँवों-क़स्बों से आये ऊँची जाति के लोग जब शहरों में आते थे, तब उन्हें लगता था कि आर्थिक विषमता काफ़ी है। उन्हें सामाजिक स्तर पर कभी अपमान नहीं झेलना पड़ा था। आर्थिक तौर पर वे ग़रीब थे, लेकिन उनके चोटी-जनेऊ ने मन्दिरों और सार्वजनिक स्थानों पर उनका तिरस्कार नहीं होने दिया।

लेकिन यही बात दलित-पिछड़े तबके के लोगों के साथ नहीं थी। हालिया वर्षों में दलित लेखकों ने अपनी आत्मकथाएँ लिखी हैं उससे यह पता चलता है कि उन्हें हॉस्टलों, दफ़्तरों और अन्य सार्वजनिक स्थानों पर कितना अपमानित होना पड़ा है। मैं चाहता था कि दलित-पिछड़ों की स्थितियों पर सवर्ण परिवारों से आये मार्क्सवादी भी उदारतापूर्वक सोचें। ऐसा नहीं था कि वे नहीं सोच सकते थे। लेकिन वे चाहते नहीं थे। इससे बचना चाहते थे। उनके इस मिथ्याचार पर मुझे कोफ़्त होता था।

एक मामले में तीनों लेखक संघ एक राय रखते थे, वह था डॉ. रामविलास शर्मा का प्रभाव स्वीकार करने का मुद्दा। डॉ. शर्मा कुछ दिनों तक प्रलेस के सिद्धान्तकार थे। 1950 के दौर में उन्होंने अपनी वैचारिकता से अनेक प्रगतिशील लेखकों को दुखी किया। यशपाल को उन्होंने साड़ी-जंफरवादी लेखक कहा। रांगेय राघव, अज्ञेय, मुक्तिबोध, रेणु सब की आलोचना की। निराला पर उन्होंने खूबसूरत और बृहद कार्य किया है, जो 'निराला की साहित्य साधना' के रूप में तीन खण्डों में आया है। तुलसीदास की साहित्यिक चेतना को रामचन्द्र शुक्ल ने लोकमंगल की चेतना कहा था। डॉ. शर्मा ने इसका विस्तार किया। उन्होंने अध्यवसाय से हिन्दी नवजागरण की अवधारणा विकसित की और इसे सचमुच एक व्यवस्थित रूप दिया।

डॉ. शर्मा की मेधा और उनका अध्यवसाय स्तुत्य है, लेकिन उनके विचारों से मेरी प्रथम दृष्ट्या ही असहमति थी। उन्होंने साहित्य पर तिलकवाद के प्रभाव को मार्क्सवादी जामा (वस्त्र) दिया था। उनका पूरा काम साहित्य के अनुदारवाद को बल प्रदान करता था। मेरे हिसाब से न वह रेनेसां को समझते थे, न भारतीय इतिहास की गुत्थियों को। राष्ट्रीयता (जिसे डॉ. शर्मा ने नवजागरण कहा) को पहले और दूसरे विश्वयुद्ध के बीच ही विश्व के अग्रणी बुद्धिजीवियों ने नकार दिया था, जिसमें हमारे देश के रवीन्द्रनाथ टैगोर भी थे। लेकिन इन सबसे लगता है, जानबूझकर अनभिज्ञ बने डॉ. शर्मा अपनी सैद्धान्तिकी, ग्रन्थों के माध्यम से लगातार ला रहे थे। उनसे दो बार मिलना हुआ। 1990 में मेरे किताब के विमोचन समारोह में वह इलाहाबाद आये थे। मेरे प्रकाशक शिवकुमार सहाय के अल्लापुर अवस्थित घर पर ही रुके थे। वहीं मैं भी था। कवि केदारनाथ अग्रवाल भी थे। रात में देर तक उनसे बात करने का अवसर मिला। अगले दिन चन्द्रप्रकाश द्विवेदी का चाणक्य 'सीरियल' टीवी पर था। इसके लिए वह व्यग्र थे। भोर में ही वे इलाहाबाद से बनारस चले गये। शायद अपने बेटे के पास, जहाँ, जैसा कि उन्होंने बतलाया, रंगीन टीवी उपलब्ध था।

डॉ. शर्मा सरल स्वभाव के थे। किन्तु बौद्धिक स्तर पर कहीं से मुझे विलक्षण नहीं लगे। यह ज़्यादा सम्भव है कि उनकी विलक्षणता को आत्मसात करने की क्षमता मेरे पास न हो। मुक्तिबोध या नामवर सिंह इतिहास की कुछ गुत्थियों को नये ढंग से रखते थे, एक नया दृष्टिकोण रखते थे, जैसे मुक्तिबोध ने 1955 में लिखे एक लेख 'मध्यकालीन भक्ति आन्दोलन का एक पहलू' में दर्शाया है, लेकिन डॉ. शर्मा ऐसा कुछ नहीं करते। बावजूद इसके उनका पन्थ बढ़ता जा रहा था।

पन्थ बढ़ने का कारण हिन्दी साहित्य पर द्विज प्रभुत्व था। हिन्दी के ज़्यादातर अध्यापक-लेखक न विमर्श करते थे, न विश्लेषण। प्रलेस, जलेस और जसम इससे अलग नहीं था। एक झूठी क्रान्ति का सपना पाल रहे इन लेखकों के पास न कोई इतिहास दृष्टि थी, न समाज दृष्टि। वे इतिहास चक्र को समझने का कोई प्रयास भी नहीं करते थे। द्विज वर्ग के सामूहिक हितों के लिए अनुकूल सांस्कृतिक परिवेश बनाना, उनका लक्ष्य था और इसमें वे सफल हुए थे।

1857 प्रसंग एक मिथ के रूप में आज भी बना हुआ है। अब इस पर द्विज लेखक बहुत ज़ोर नहीं देता, लेकिन उसने हार कभी भी नहीं मानी है। वे उसे स्वतन्त्रता की पहली लड़ाई कहते हैं, हम उसे सामन्तवाद की आख़िरी लड़ाई मानते हैं। यह परस्पर विरोधी भाव है। यहीं पर मतभेद है। यहीं से दो रास्ते बनते हैं। 1857 को स्वतन्त्रता की पहली लड़ाई सावरकर ने माना था और इस पर पहली किताब लिखी थी। मैं आज भी इस विचार का हूँ कि सावरकर की सभी बातें ग़लत नहीं हैं। 2003 में कांग्रेसी नेता मणिशंकर अय्यर ने अंडमान जेल से जब सावरकर की स्मृति-पट्ट हटाने की बात की थी, तब मैंने बयान देकर इसका विरोध किया था, लेकिन समग्र रूप में सावरकर के हिन्दुत्ववादी विचार सामाजिक प्रतिगामी विचार ही हैं, जैसे मुस्लिम जागरण के नेता सर सैयर अहमद खान के विचार भी थे। अब सावरकर की विचारधारा को मार्क्सवादी जामा पहना देने से वह मार्क्सवादी नहीं हो जायेंगे। 1857 पर गाँधी-नेहरू के जमाने से लेकर अबतक बहुत काम हो चुका है। उस विद्रोह का अपना महत्त्व है और रहेगा, लेकिन उससे प्रगतिशीलता के तत्त्व निकालना बालू से तेल निकालने की तरह है।

मतभेद का दूसरा बिन्दु भक्ति-आन्दोलन की द्विज व्याख्या है। भक्ति आन्दोलन के महत्त्व को कोई नकार नहीं सकता था। लेकिन इसकी अपने अनुकूल व्याख्या तो कर ही सकता था। दरअसल यह एक बड़ा आध्यात्मिक आन्दोलन था, जिसने फ़्रांसीसी क्रान्ति के बहुत पहले उत्तर भारतीय समाज में समानता, भाईचारा

और आज़ादी का स्वर मजबूत किया था। यह दस्तकारों और काश्तकारों का सांस्कृतिक विद्रोह था, जिसने द्विजों और मौलवियों के सांस्कृतिक वर्चस्व को चुनौती दी थी। द्विजों ने अद्विजों के इस विद्रोह में घुसपैठ की और इसे अपने कब्जे में लेने का प्रयास किया।

उन्होंने उनकी ही भाषा और उनके ही तेवर का इस्तेमाल किया। रामचन्द्र शुक्ल ने पहली दफ़ा इस गुत्थी को बारीकी से समझा था। उन्होंने पूरी सावधानी और तैयारी से तुलसीदास को आधुनिक जमाने का नायक बनाने की कोशिश की। क्योंकि वह आधुनिक ज़माने में द्विजवादी सामाजिक-राजनीतिक व्यवस्था के लिए काम की चीज़ हो सकते थे। तुलसीदास को नये रूप में ढाला गया। शुक्लजी ने इसके लिए लोकमंगल की अवधारणा का सृजन किया। डॉ. शर्मा ने इस लोकमंगल का मार्क्सवादी पाठ तैयार किया। मुक्तिबोध और नामवर सिंह जैसे लोगों ने इस पाठ को मानने से इनकार कर दिया।

नवजागरण अथवा रेनेसां को भी हिन्दी लेखक उतना ही जानता था, जितना डॉ. शर्मा ने उन्हें बतलाया था। रेनेसां की अपनी गुत्थियाँ हैं। यह इटली से आरम्भ हुआ है और इसकी लम्बी पृष्ठभूमि है। यह राजनीतिक आन्दोलन नहीं, सांस्कृतिक आन्दोलन था और इसका मुख्य उद्देश्य चेतना का विस्तार अथवा नयी चेतना का सृजन था। बर्ट्रेड रसेल ने कहा है, 'मध्ययुगीन मूल्यबोध के विरुद्ध इटली में चला आधुनिकता का आन्दोलन रेनेसां कहा गया।' ('The modern as opposed to the medieval outlook began in Itly with the movement called the Renaissance.')

डॉ. शर्मा ने देसी सिपाहियों द्वारा ब्रिटिश सत्ता को सशस्त्र चुनौती देने का जो आन्दोलन भारत में, 1857 में चला, उससे नवजागरण को स्फूर्त बता दिया। दरअसल 1857, उत्तर भारत के किसानों के जो सामन्ती मूल्य थे, उसकी आख़िरी छटपटाहट थी। स्वाभाविक था, इसका नेतृत्व रजवाड़ी ताक़तें ही करतीं। अंग्रेज़ों ने जब इसे कुचल दिया, तो लम्बे समय तक एक सन्नाटा रहा। इस बीच छिटपुट ढंग से कुछ आधुनिक चेतना विकसित हुई थी। इस चेतना के विकास में डेरोजियो, राजा राममोहन राय और जोतिबा फुले जैसे सुधारकों के विचारों का केन्द्रीय महत्त्व रहा। इन सबने मिल-मिलाकर जनतान्त्रिक आवेगों को पैदा किया, जिसकी परिणति राष्ट्रीय आन्दोलन में हुई। हालाँकि इस आदोलन में भी पुराने मूल्य बोध ने जगह बनाने की पूरी कोशिश की, लेकिन इतना ज़रूर हुआ कि उसे राष्ट्रीयता और जनवाद का चोगा पहनना पड़ा।

डॉ. शर्मा उन्नीसवीं-बीसवीं सदी में हुए सामाजिक परिवर्तनों और उसकी दिशा को रेखांकित करते तो एक महत्त्वपूर्ण काम होता।

निश्चित ही बंगला और महाराष्ट्र नवजागरण की तरह के कुछ तत्त्व हिन्दी क्षेत्र में भी थे। बनारस, इलाहाबाद, पटना आदि शहरों पर अभी थोड़े बहुत जो काम हुए हैं उससे इन जगहों पर नवजागरण की लकीरें कुछ दिखती हैं। जैसे इलाहाबाद में कालिका प्रसाद के कायस्थ सभा और मोतीलाल नेहरू के सत्य सभा का अध्ययन दिलचस्प होता। आर्य समाज के आन्दोलन को हिन्दी के द्विज लेखकों ने सहारनपुर से पूरब की तरफ नहीं आने दिया। इस संघर्ष का अध्ययन दिलचस्प होता। लेकिन डॉ. शर्मा ने हिन्दी साहित्य के सामाजिक प्रतिक्रियावाद को रेखांकित कर उसे नवजागरण बताने की कोशिश की। उन्होंने पूरे हिन्दी साहित्य फलक को दिग्भ्रमित करके रख दिया।

1980 के दशक में हिन्दी साहित्य का वैचारिक संघर्ष इसी कमज़ोर धुरी पर सक्रिय था। इसका असर यह हुआ कि इस क्षेत्र से न कोई बड़ा विचारक निकला, न कोई बड़ा वैज्ञानिक, न कोई बड़ा राजनेता। साहित्य का वैचारिक दारिद्रय पूरे समाज पर छा गया और अन्ततः इसने इस क्षेत्र को रामजन्म भूमि बनाओ और बाबरी मस्जिद बचाओ जैसे प्रतिक्रियावादी आन्दोलनों का गढ़ बना दिया। प्रगतिशील लेखक संघ, जनवादी लेखक संघ और जनसंस्कृति मंच के कर्ता-धर्ता घरों में घुसकर बैठ गये। इन प्रतिक्रियावादी ताक़तों से यदि संघर्ष किया तो कुछ लोहियावादियों और फिर फुले-आम्बेडकरवादियों ने जो बस इसी दशक में उभरे थे। उन्होंने अपने सीमित और अनगढ़ औज़ारों से संघर्ष किया और समानता, भाईचारा व आज़ादी के वास्तविक मूल्यों की रक्षा करने की कोशिश की।

इस दौर में कुछ और दुखद घटित हुआ। हिन्दी क्षेत्र की पुरानी लोकप्रिय पत्रिकाएँ, जो बड़े व्यावसायिक घरानों से निकलती थीं, एक-एक कर बन्द हो गयीं। दिनमान, सारिका, माधुरी, पराग, इलेस्ट्रेटेड वीकली ऑफ़ इंडिया, धर्मयुग, हिन्दुस्तान सब एक-एक कर बन्द हो गये। लघु-पत्रिकाओं का भी निकलना कम हो गया। घर-घर में टीवी बॉक्स आ गया था। धीरे-धीरे निजी चैनलों का जमाना आया और फिर चौबीसों घण्टे कार्यक्रम। आरम्भ ने कुछ साहित्यिक सीरियल बने और चले। तमस, कब तक पुकारूँ, मृगनयनी, मैला आँचल आदि को जनता ने चैनलों के माध्यम से देखा और इनकी भी ख़ासी चर्चा रही। लेकिन धीरे-धीरे फूहड़ कार्यक्रमों ने इनकी जगह ले ली। साहित्य समाज का केन्द्रीय विषय की जगह हाशिये का विषय हो गया और धीरे-धीरे वहाँ से भी हटने लगा।

1986 से राजेन्द्र यादव ने सक्रिय होकर 'हंस' निकालना शुरू किया, जो करीब डेढ़ दशक तक एक गम्भीर साहित्यिक मंच बना रहा। हालाँकि यह अब भी निकल रहा है। लेकिन अब पहले जैसा असर नहीं रहा है।

घर-परिवार

1980 का दशक मेरी ज़िन्दगी का एक सुस्त दशक रहा। घर-परिवार और छोटे-मोटे कामों में उलझा हुआ। मेरी नौकरी चल रही थी, येनकेन। मेरा मन तनिक भी नहीं लगता था, लेकिन मुझे घर-परिवार के लिए नियमित पैसों की ज़रूरत पहले से ज़्यादा हो गयी थी। मैंने पटना छोड़ दिया था और कई छोटे-छोटे क़स्बों से गुजरता। अन्ततः सासाराम आया और वहाँ जमकर कुछ वर्षों तक रहा।

सासाराम में हमारा आवास तीसरी और सबसे ऊपरी मंजिल पर अवस्थित तीन कमरों का ठीक-ठाक कहा जाने लायक डेरा था। ऊपर का बड़ा-सा छत हमारे ही जिम्मे था, जहाँ से लगभग पूरा शहर, रेलवे स्टेशन आदि दिखता था। कोई दो किलोमीटर की दूरी पर दक्खिन तरफ पहाड़ थे, जो वर्षाकाल में गरजते बादलों से ढँककर खूबसूरत और चित्ताकर्षक दिखते थे। हालाँकि, गर्मी में यह तपने लगता था और इसके कारण पूरा शहर ऊँचे तापमान का सामना करने के लिए मजबूर हो जाता था। सासाराम सब मिलाकर छोटी जगह है और उसे कोई खूबसूरत मानने के लिए शायद ही तैयार होगा, लेकिन पता नहीं क्यों मेरा चित्त इस शहर से जुड़ गया था। कुछ उम्र का भी असर रहा हो शायद। पता नहीं क्यों, वहाँ की हर चीज़ सुन्दर दिखती थी मुझे। बाज़ार, हाट, गलियाँ, छोटा-सा रेलवे स्टेशन। केवल दो चीज़ें मुझे अटपटी लगती थीं। एक था बस स्टैंड और दूसरा शेरशाह सूरी का स्मारक, जिसे जनता रोजा कहती थी।

यहाँ मैंने जमकर पढ़ाई की और मित्रों का भी एक छोटा ग्रुप बना लिया। शाम को हमारी दिलचस्प बैठकें होतीं और नियमित रूप से हम साहित्यिक-सांस्कृतिक आयोजन करते रहते। कुछ तो बड़े आयोजन भी हमने किये-कराये। इन आयोजनों में कैफी आज़मी, भीष्म साहनी, गुलाम रब्बानी ताबां, कामतानाथ, नामवर सिंह, काशीनाथ सिंह, मधुकर सिंह जैसे नामचीन लेखक भाग लेते रहे। शहर में शंकर-अभय-नर्मदेश्वर की एक तिकड़ी थी,

जो खूब सक्रिय थी। मैं तो केवल इससे जुड़ गया था। 1988 में जब सासाराम में साम्प्रदायिक दंगा हुआ, तब हम लोगों ने साम्प्रदायिकता विरोधी सम्मेलन करवाया, जो काफ़ी चर्चित रहा।

इसी दशक में हमारे तीनों बच्चों आलोक, ऋचा और प्रकाश का जन्म हुआ। इनके जन्म ने मुझमें उत्तरदायित्व का बोध लाया। दुनिया भर के बच्चे मुझे प्यारे लगते हैं। जब मेरा अपना ही घर किलकारियों से भर गया, तब कहना ही क्या। उनके पहली दफ़ा करवट बदलने, घुटनों के बल चलने, खड़ा होने, कदम बढ़ाने से लेकर छोटी-बड़ी शरारतों का अपना आनन्द था। हमारी आर्थिक स्थिति काफ़ी कसी हुई थी, क्योंकि तीन भाइयों और एक बहन को पढ़ाने की ज़िम्मेदारी मेरी थी। लेकिन फिर भी हम जीवन के कुछ लुत्फ तलाश ही लेते थे। हाँ, एक कसक रही कि इस कसी हुई आर्थिक स्थिति के कारण हमने बच्चों और ममता को सैर-सपाटे नहीं कराये। इसका मुझे काफ़ी अफसोस है। फिर भी नजदीक की छोटी-छोटी जगहों पर हम घूम ही आते थे।

मेरी माँ मितव्ययी रही हैं, ममता में भी यह गुण है। वह पाई-पाई का हिसाब रखती हैं और एक दाना भी बरबाद करना उनके लिए गुनाह है। वह एक सम्पन्न किसान परिवार से हैं, लेकिन हम दोनों ने भरसक कोशिश की है कि घर का कामकाज खुद सँभाल लें। तीनों बच्चों ने बचपन से यह देखा है, इसलिए आत्मनिर्भरता का यह भाव उनमें भी है।

ममता को साहित्य या पढ़ाई से कोई मतलब नहीं है। वह जानती हैं कि मेरा पति लेखक है, बस। वह यह भी नहीं जानती कि लेखक थोड़े मूडी होते हैं। उन्हें बस अपने मूड की परवाह होती है। अन्यथा वह कोहराम खड़ा कर सकती हैं। उनमें धार्मिकता के अपने संस्कार हैं और उनके पूजा-पाठ को लेकर उनसे कई दफ़ा मेरी नोक-झोंक हो चुकी है। उनका मानना है कि उनकी पूजा के बल पर ही सब ठीक-ठाक चल रहा है। जब वह अवसाद में डूबी या मुझसे रंज होती हैं, तब उनके पूजा-पाठ का समय कुछ और बढ़ जाता है।

वह सब मिलाकर उदार हैं। जब शुरू में मेरे घर आयी तब कुछ कट्टर थीं और कुछ-कुछ संकीर्ण दृष्टिकोण की भी। मैं कुछ दिनों तक रोहतास जिले के एक कस्बे विक्रमगंज में रहा, जहाँ हमारे घर एक मित्र हसन साहब प्राय: आते थे। जब वे शुरू-शुरू में आये तो उन्हें जिस प्याले में चाय पिलाया गया, उन्होंने उसे अलग रख दिया। उनकी इस 'होशियारी' से मैं परिचित नहीं था। कुछ रोज़ बाद उनके (हसन साहब) घर से बच्चे आये। उनकी दो बेटियाँ और एक बेटा। बच्चे घर के भीतर गये और आंटी-आंटी कहकर उनसे लिपट गये।

वह भी लिपटीं और फिर तो सब खत्म। बाद में देखता वह एक ही थाल में कुछ खा-पी रही हैं। फिर एक दिन उन्होंने कहा कि मेरे गाँव के मुसलमान बहुत गन्दे रहते हैं, लेकिन ये लोग तो हमी लोगों की तरह साफ-सुथरे हैं। मैंने उन्हें बतलाया-हसन साहब ऑफ़िसर हैं और आपके गाँव के मुसलमान ग़रीब। वे ग़रीब हैं इसलिए गन्दे हैं। जब वे भी अमीर हो जायेंगे, गन्दे नहीं रहेंगे। कोई शौक से गन्दा नहीं रहता।

हसन साहब के घर में कई दफ़ा हम लोगों ने खाना खाया। उनके यहाँ हमेशा छोटी मछली बनती थी। बड़ी मछलियों के बारे में हसन साहब का ख़याल था कि वे मुर्दा खाती हैं। छोटी मछलियाँ सेवार (शैवाल) खाकर रहती हैं। इस बात ने ममता को काफ़ी प्रभावित किया। उनकी धार्मिकता को यह बात पसन्द आयी। कितने अच्छे ख़याल हैं, उन्होंने कहा।

जब हम सासाराम में थे, तब हसन साहब की एक बिटिया पढ़ाई के सिलसिले में बहुत दिनों तक हमारे घर रही। ममता ने अपनी बेटी की तरह उसे रखा, अतिथि की तरह नहीं। यह उनका अपना मेटामोरफोसिस था। विक्रमगंज में जब हम थे, एक जबर्दस्त बरसात का सामना करना पड़ा। कई दिनों तक धारासार बारिस होती रही। प्रलय का दृश्य साकार होने लगा। एक मेहतर जो हमारी गली की सफाई करने आता था, एक दिन तबाह हाल आया कि उसका झोपड़ा ध्वस्त हो गया है। मेरी समझ में नहीं आ रहा था कि क्या करूँ। ममता के सामने जब बात रखी और पूछा कि किस रूप में इसकी मदद की जाये तो उसने कहा कि यह रोज़ हमारी गली बुहारता है, इसकी मदद हम नहीं करेंगे, तब कौन करेगा। कई दिनों तक उसका पूरा परिवार मेरे घर खाना खाया और झोपड़ा फिर से तैयार करने का पूरा खर्च ममता ने उठाया।

कभी-कभी उनकी इस दानशीलता से मैं परेशान हो जाता हूँ, लेकिन उनका कहना होता है कि भगवान ने हमारे पास कुछ दिया है तो उसमें दूसरों का भी हिस्सा है। जो दूसरों की मदद करते हैं, कभी ग़रीब नहीं होते।

हाँ, लेकिन जब वह क्रुद्ध होती हैं तब चण्डी की अवतार बन जाती हैं। फिर तो उन्हें सँभालना मुश्किल होता है। लेकिन उनका गुस्सा मुझे छोड़कर किसी पर नहीं आता। बच्चों पर तो बिलकुल नहीं। इसलिए मेरी उनसे शिकायत हमेशा रही है कि उन्होंने बच्चों को बिगाड़ कर रख दिया है। ख़ासकर, नींद के मामले में वह बच्चों को बहुत छूट देती हैं। जब तक सोना चाहें सो लें, स्कूल के दिनों को छोड़कर।

हमारे घर में एक प्यारा लोकतन्त्र है। कोई किसी से डरता नहीं। बच्चों को शुरू से यह अहसास है कि हम क्या हैं। पढ़ाई-लिखाई पर हमने कोई ज़बरदस्ती नहीं की। हाँ, यह ज़रूर चाहा कि वे संवेदनशील बनें। धर्म या धार्मिकता को लेकर बच्चों में भी कोई विशेष आग्रह नहीं है। वे आस्तिकता और नास्तिकता से परे हैं। हाँ, पाखण्ड की पहचान करने में सब माहिर हैं, उससे नफ़रत करने में भी। ज़िन्दगी एक खूबसूरत चीज़ है और दुनिया को खूबसूरत बनाने में हम से जो हो सके, वह हमें करना चाहिए। बच्चों के लिए यही हमारा पाठ रहा है और खुशी है कि सबने इसे समझा है। नफरत, हिंसा और तंग-दिली से दूर रहने में सबका विश्वास है।

यह ठीक है कि हमारे बच्चों ने बचपन में सैर-सपाटे नहीं किये, लेकिन जुगनुओं से खेलने, इन्द्रधनुष को झाँकने और चाँद-सितारों को खूब-खूब निहारने का आनन्द ख़ूब लिया है। खेलों के प्रति किसी का कोई रुझान नहीं है, लेकिन प्रकृति के प्रति अपनी ज़िम्मेदारी का, अच्छे-बुरे का, ख़ासा बोध तीनों को है। सबके जेहन में यह बात है कि अपनी कमाई का एक रुपया लूट के हज़ार रुपयों से कीमती है और यह भी कि बड़ा होने का मतलब अमीर होना, या बड़े पद पर होना नहीं, जिम्मेदार होना है। बेटी ऋचा जवाहरलाल नेहरू यूनिवर्सिटी में एम.फिल. कर रही है। इन पंक्तियों के लिखते-लिखते वह दिल्ली यूनिवर्सिटी में इतिहास की सहायक प्रोफ़ेसर भी बन गयी। एक रोज़ उसे सड़क पर पड़ा एक पर्स मिला, जिसमें कुछ हज़ार रुपये थे। उसने पर्स में पड़े ई-मेल पर सूचना दी किन्तु किसी ने कोई ख़बर नहीं ली। लगभग सालभर बाद उसे सूचना मिली और जिसका पर्स था वह ढूँढ़ते हुए मिला। बेटी ने इस क्षमा के साथ वह पर्स लौटाया कि उसमें पड़े रुपये का स्वरूप बदल गया था अर्थात् उसमें पड़े खुदरा रुपये से ज़रूरत पड़ने पर उसने हज़ार का नोट बदल लिया था। ऋचा जब बच्ची थी, हालाँकि वह अभी भी है, तब उसने एक कविता लिखी थी। एक दिन कागज़ ढूँढ़ते हुए वह कविता मुझे मिली और मैंने उसे रख लिया। उसे यहाँ रखना बुरा नहीं होगा :

मृत्यु

यदि मृत्यु न होती
दुनिया कैसी होती
माना कि होते राम, कृष्ण, बुद्ध और गाँधी अबतक
लेकिन रावण भी तो होता।

और रावण के होते
राम का क्या मोल होता।
कबंध होता, कंस होता
खान चंगेज भी होता
तमाम तानाशाह होते
जर्मनी में हिटलर भी होता।

कम होते बच्चे
संसार बूढ़ों से भरा होता
केवल कब्रगाह नहीं होते
नजारा नरक से भी बदतर होता।
मारने से भी न मरते मच्छर
जाने कैसे सोना होता
न होती मृत्यु तो
हज़ार साल तक पढ़ना होता।

(ऋचा मणि: VI ए, डी.ए.वी. स्कूल, शास्त्री नगर, पटना)

ईमानदारी और ज़िम्मेदारी भाषण देने के लिए नहीं होते, ये जीवन में आत्मसात करने वाले मूल्यबोध हैं। इनसे अपना और दूसरों का जीवन भी सँवरता है। नफरत और हिंसा का निषेध होता है। दुनिया खूबसूरत बनती है।

जब बच्चे छोटे ही थे, तब मैंने उनमें साहित्य के संस्कार भरने की कोशिश की। कबीर, तुलसी, मीरा, निराला, नागार्जुन से लेकर फ़ैज़, ग़ालिब और इकबाल आदि की अनेक कविताएँ सबको याद हैं। कभी-कभी कविताओं का समवेत पाठ होता था। इसका इतना असर ज़रूर हुआ कि भाषा की बारीकियों ने सबका ध्यान खींचा और इसके कारण उनके सोचने और देखने का एक ख़ास नज़रिया बना और सौन्दर्यबोध भी कुछ समृद्ध हुआ। प्रकाश इंजीनियर है और आलोक अकाउन्टेंट। लेकिन उनके इस बोध ने अपने व्यवसाय को सँवारने में मदद की है। साहित्य और कविता का सम्बन्ध जीवन से इसी रूप में होता है। हम तो ऐसे युग, ऐसे समाज की कल्पना करते हैं जहाँ की संसद में साहित्य और कविता के उत्पादन का बजट भी रखा जायेगा। सबसे ज़्यादा कविता उत्पादन करने वाला देश, सबसे समृद्ध राष्ट्र माना जायेगा।

लेकिन ऐसा अभी सम्भव कहाँ है। अभी भी चतुर्दिक भय का वातावरण ही विकसित हो रहा है। दुनिया में हज़ार तरह के झगड़े, छीन-झपट और मार-काट मची है। नफरत और हिंसा लगातार बढ़ रही है। जब हम युवा थे

तो सब जगह समाजवाद की चर्चा होती थी, आज हमारे बच्चे युवा हैं और हर जगह आतंकवाद की चर्चा है। दुनिया मुश्किल में है। कवि तितलियों की तरह गुम होते जा रहे हैं। फूलों की संख्या रोज-ब-रोज़ कम हो रही है। राग कमज़ोर पड़ते जा रहे हैं। लगता है एक दिन ऐसा समय भी आयेगा, जब कवि-लेखक केवल अजायबघरों में मिलेंगे, जैसे आदिवासी परिवार मिलते हैं।

कैसी होती जा रही है दुनिया! और ऐसी दुनिया में सयाना हो रहे हैं मेरे बच्चे। हिंसा और नफरत के लावे ने राजहंसों और जल-परिन्दों वाली खूबसूरत झील को आग की झील में बदल दिया है, एक हाहाकार में बदल दिया है। इस हाहाकार से हम सब घिरे हैं, पूरी दुनिया घिरी है और ऐसे में कवि मुक्तिबोध की पंक्तियाँ किसी फरमान की तरह लगती हैं, लेकिन बहुत आत्मीय :

अब अभिव्यक्ति के सारे खतरे
उठाने ही होंगे।
तोड़ने होंगे ही मठ और गढ़ सब
पहुँचाना होगा दुर्गम पहाड़ों के उस पार
तब कहीं देखने मिलेंगी हमको
नीली झील की लहरीली थाहें
जिसमें कि प्रतिपल काँपता रहता
अरुण कमल एक,
घँसना ही होगा
झील के हिम-शीत सुनील जल में।
जादुई झील को करनी ही होगी मेरी प्रतीक्षा।

उपरान्त इन्दिरा

31 अक्टूबर, 1984 को जब इन्दिरा गाँधी की हत्या हुई, तब मैं रोहतास जिले के एक छोटे-से कस्बे बिक्रमगंज में अपनी नौकरी के सिलसिले में रह रहा था। ममता मायके गयी हुई थीं और मैं अकेला था। दोपहर का भोजन करने के बाद में सो गया था। चार-पाँच के बीच मेरे मित्र पाठक जी आये, जो उन दिनों एक कॉलेज में प्रिंसिपल थे। उन्होंने मुझे जगाकर सूचना दी कि इन्दिरा गाँधी को गोली मार दी गयी है। वह इन्दिरा गाँधी के प्रशंसक थे, इसलिए इस ख़बर से ख़ासे दुखी थे। मेरी हठात् प्रतिक्रिया हुई-'मुझे लगता है, ड्रामा है। कुछ ही महीनों बाद चुनाव होने हैं। मुद्दों से ध्यान हटाने और जनता की सहानुभूति के लिए भी यह सब हो सकता है।...' पाठकजी मेरी बातों से बिलकुल सहमत नहीं थे, वे मर्माहत थे और कुछ ज़्यादा बोल नहीं रहे थे।

हमने मिलजुल कर चाय बनायी और पीकर घूमने निकले। शाम की यूँ ही-सी सैर। जब हम सड़क से गुज़र रहे थे, तब पान की एक गुमटी के पास चार-छह लोगों को इकट्ठा देखा। ट्रांजिस्टर पर समाचार वाचन हो रहा था। शाम के ठीक 6 बजे थे। हम लोग भी उत्सुकतापूर्वक नजदीक गये। उस वक़्त समाचार अंग्रेज़ी में हो रहे थे। जो पहला वाक्य हमारे कानों में पहुँचा, वह था-शी वाज चैंपियन ऑफ़ डाऊन ट्रोडन।...' शी के साथ 'वाज' सुनते ही मैं हक्का-बक्का रह गया। तो क्या श्रीमती गाँधी नहीं रहीं! मैंने कुछ ही समय पहले कहा था कि यह सब ड्रामा होगा। मुझे अपनी ही बात पर शर्मिन्दगी हुई कि इतनी ओछी बात मैं बोल गया था। पाठकजी स्तब्ध हो गये। मैंने उनके हाथ पकड़े। वह भावुक हो रहे थे। मैंने उन्हें उनके डेरे तक पहुँचाया। फिर अपने डेरे आया। उस रात में मुझे भी खाने की इच्छा नहीं हुई। मुझे ज़्यादा बुरा इसलिए लग रहा था कि मैंने इसे बहुत हल्के में लिया था।

रात देर तक आकाशवाणी के कई केन्द्रों और फिर बी.बी.सी. से समाचार सुने। सुबह नौ बजे ही उन्हें गोली मारी गयी थी। श्रीमती गाँधी जब

एक इंटरव्यू देने अपने डेरे पर ही एक दूसरी जगह जा रही थीं, तब उनके सिक्यूरिटी स्टाफ बेअन्त सिंह और सतवंत सिंह ने अपने स्टेनगन से उन पर तड़ातड़ गोलियाँ चलानी शुरू कीं। इतनी गोलियाँ खाकर कोई जीवित कैसे रह सकता था। उन्हें जल्दी से अस्पताल पहुँचाया गया, जहाँ डॉक्टरों ने उन्हें मृत घोषित कर दिया। लेकिन वह प्रधानमन्त्री थीं। उनकी मृत्यु की एकबारगी घोषणा से अफरा-तफरी हो सकती थी। उनके बेटे राजीव गाँधी तब दिल्ली से दूर थे। उन्हें बुलाया गया। सारी व्यवस्था की गयी, तब जाकर मृत्यु की घोषणा की गयी। उसी दिन शाम को राजीव गाँधी को प्रधानमन्त्री पद की शपथ दिला दी गयी।

श्रीमती गाँधी की हत्या अमृतसर में ऑपरेशन ब्लू स्टार की प्रतिक्रिया थी, जिसमें जून, 84 में सिखों के अलगाववादी नेता भिंडरावाले और उनके सैकड़ों सहयोगियों को एक सैनिक अभियान में खत्म कर दिया गया था। हालाँकि भिंडरावाले कांग्रेस की राजनीति की ही उपज था, लेकिन एक जगह पर आकर उसने कांग्रेस, इन्दिरा गाँधी और देश की सत्ता की नींद हराम कर दी थी। बातचीत और समझौतों पर उसे यकीन नहीं था। हारकर सरकार ने उससे जूझने का फैसला किया। इस जूझने में अकालतख़्त का नुकसान हो गया, जो सिक्खों के लिए पवित्र तख़्त है। इसकी प्रतिक्रिया हुई। यह प्रतिक्रिया इसलिए हुई कि सरकार सिखों को विश्वास में नहीं ले सकी। सिख एक बहादुर समुदाय है और उसने भारत की रक्षा के लिए महान कुर्बानियाँ दी हैं। यदि उन्हें समझाया गया होता तो मामला इतना उलझता नहीं। लेकिन श्रीमती गाँधी ने देश के अन्दर ही एक विजय अभियान चलाने की सोची। यह शायद ग़लत सोच थी।

ऑपरेशन ब्लू स्टार के बाद बिहार के रामगढ़ छावनी से सिख सैनिकों का विद्रोह हुआ। दर्जनों ट्रकों में लदकर सैनिक छावनी से बाहर हो गये। उन्हें सासाराम में जी.टी. रोड से गुजरते मैंने देखा था। सारी दुकानें बन्द करवा दी गयी थीं और उन्हें चुपचाप जाने दिया गया था। हम लोग एक मकान से छुपकर यह सब देख रहे थे। अजीब डरावना दृश्य था। बाद में पता चला कि मोगलसराय पहुँचने तक ही उन पर काबू पा लिया गया। तरह-तरह की कथाएँ इसे लेकर चर्चा में थीं।

मैं इन्दिरा गाँधी की राजनीति का समर्थक नहीं था। लेकिन उनकी इस तरह की निर्मम हत्या केवल और केवल निन्दनीय थी। उनके विचारों से मतभेद हो सकते थे। उनमें कई भयानक अवगुण भी थे। जैसे कि परिवार-मोह।

लेकिन मुल्क में सेकुलर ढाँचे को वह पसन्द करती थीं और सामाजिक मामलों में कहीं से प्रतिगामी नहीं थीं। बाद में कहीं पढ़ा कि उन्हें आगाह किया गया था कि अपनी सुरक्षा में सिखों को नहीं रखें। लेकिन उन्होंने इसे यह कहते हुए नकार दिया कि देश के किसी समुदाय पर यदि उनका भरोसा नहीं है तो फिर देश के प्रधानमन्त्री होने का उन्हें अधिकार नहीं होना चाहिए। यदि यह बात सच है, तो यह उनकी महानता थी।

श्रीमती गाँधी की हत्या के बाद इन्दिरा समर्थक कांग्रेसियों और उग्र हिन्दुओं ने मिलकर सिक्खों के विरुद्ध दंगा-फसाद किया, जिसमें हज़ारों सिक्खों की जानें गयीं। मेरे लिए यह इन्दिरा गाँधी की हत्या से भी कई गुना ज़्यादा दुखदायी था। दंगों में अमूमन निर्दोष लोग मारे जाते हैं। ख़ासकर महिलाएँ और बच्चे निशाना बनते हैं। बिना किसी गुनाह के केवल इस आधार पर किसी को मार देना कि वह किसी ख़ास समुदाय या जाति का है, एक बहशी हरकत है और यह समझ से परे है कि कोई इन्सान इसे कैसे कर सकता है। बेअन्त सिंह और सतवंत सिंह सिक्ख थे। सिक्ख तो हिन्दुओं की ही एक जमात हैं, जिनके कुछ अपने विचार और विशेष जीवनशैली है। इसका यह अर्थ तो नहीं कि पूरा सिक्ख समुदाय ही दोषी है। मैंने अख़बार में दिल्ली की घटनाओं की भर्त्सना करते हुए लिखा कि महात्मा गाँधी की हत्या तो एक मराठा ब्राह्मण (नाथूराम गोडसे) ने की थी, तो हमने उस वक़्त ब्राह्मण विरोधी दंगे क्यों नहीं किये थे? मैंने पूछा कि क्या इन्दिरा गाँधी का ही एक संकीर्ण व्यक्तित्व इससे उजागर नहीं होता कि वह हिन्दू नेता थीं?

दंगों पर राजीव गाँधी का बयान बेहद ग़ैर-जिम्मेदाराना और बचकाना था। ऐसा ग़ैर-जिम्मेदाराना बयान तो कभी भाजपा नेता नरेन्द्र मोदी ने भी नहीं दिया, जिन्हें आज तमाम कांग्रेसी गुजरात दंगों के लिए खलनायक मानते हैं। राजीव गाँधी अब प्रधानमन्त्री थे। इस पद से उन्होंने कहा कि कोई बड़ा पेड़ गिरता है तो आस-पास की धरती हिलती ही है। वह दंगों की स्वाभाविकता की सैद्धान्तिकी पेश कर रहे थे। यह शर्मनाक था। लेकिन इस पर कोई ख़ास प्रतिक्रिया नहीं हुई। भाजपा ने भी कड़ा प्रतिवाद नहीं किया, जिससे अकाली हमेशा समझौता करते रहे हैं। कैसे करते। दिल्ली के दंगों में वह भी छुपे तौर पर कांग्रेस के साथ थे।

x x x

श्रीमती गाँधी की हत्या से जो एक हिन्दू उन्माद का वातावरण बना था, उसका कांग्रेस ने लाभ उठाना चाहा। उसने तुरन्त चुनावों की घोषणा करवा दी। दिसम्बर 1984 में ही चुनाव हो गये। चुनाव के नतीजे अप्रत्याशित थे। कांग्रेस को 400 से अधिक सीटें मिली थीं। विपक्ष ढेर हो गया था। भारतीय जनता पार्टी पहली बार आम चुनाव लड़ रही थी (6 अप्रैल, 1980 को उसका गठन हुआ था), उसे मात्र दो सीटें मिलीं। लोकप्रिय और चुनाव जीतने में माहिर नेता अटलबिहारी वाजपेयी बुरी तरह चुनाव हार गये थे।

चुनाव का विश्लेषण करते हुए मैंने लिखा था कि भाजपा की इस हार का कारण है उसका 'हिन्दू' वोट कांग्रेस के साथ हो गया है। इसके दबाव में कांग्रेस का चरित्र दक्षिणपन्थी हो सकता है। बाद में यह हुआ भी। राजीव गाँधी ने हिन्दू और मुस्लिम दोनों सम्प्रदायों के प्रतिगामी तत्वों को अपना समर्थन दिया। अयोध्या में उन्होंने कथित रामजन्म भूमि का ताला खुलवाया तो शाहबानो मामले में मुस्लिम पोंगापन्थ का समर्थन देकर हास्यास्पद हुए। श्रीमती शाहबानो एक तलाकशुदा थीं, जो सामान्य कानून के मुताबिक पति से गुजाराभत्ता के लिए लड़ रही थीं। मुस्लिम पोंगापन्थी उन्हें मुस्लिम कानून के दायरे में लाने की वकालत कर रहे थे। राजीव गाँधी ने पोंगापन्थियों का साथ दिया। इस मामले को लेकर समाज में ख़ूब बहस हुई। जब 1986 में हम लखनऊ में थे, प्रलेस के जलसे में, तो, वहाँ मुस्लिम महिलाओं का एक झुण्ड आया और हबीब तनवीर तथा कैफी आजमी से एक साथ ही इस मसले को लेकर उलझ पड़ा। महिलाओं का तेवर देखकर मुझे बहुत आनन्द आया। हबीब तनवीर तो पूरी तरह शाहबानो के पक्ष में थे, लेकिन कैफी आजमी अगर-मगर कर रहे थे। कैफी आजमी से मेरी एक मुठभेड़ 1983 में हो चुकी थी। मैं जानता था वे साफ दिल नहीं हैं, अपनी बेटी शबाना की तरह। महिलाओं का उलझाव दरअसल कैफी साहब से ही था। अपनी शायराना चालाकी से उन्होंने महिलाओं का मुकाबला तो किसी तरह कर लिया, लेकिन अपनी फ़जीहत करा ही बैठे। महिलाओं की बातों से लग रहा था कि कैफी साहब ने शाहबानो मामले पर कोई बयान दिया था, जो उनके पक्ष में नहीं था।

प्रसंगवश, कैफ़ी साहब के उस मुठभेड़ की चर्चा मैं कर ही देना चाहूँगा, जो 1983 में हुई थी। वे पटना में एक युवा महोत्सव में भाग लेने आये हुए थे, जो वामपन्थी (भाकपा) युवकों द्वारा आयोजित था। पाटलिपुत्र अशोका होटल में ठहराये गये थे। डॉ. खगेन्द्र ठाकुर ने मुझसे उनके साथ बने रहने के लिए कहा ताकि उन्हें कोई असुविधा न हो, क्योंकि वे पैर से कुछ लाचार थे।

जब मैं उनके साथ था, तब जनशक्ति के सम्पादक आये और मुझे देखा तब उन्होंने मुझसे ही अनुरोध किया कि कैफी साहब से मेरे अख़बार के लिए बात कर लूँ। मैंने स्वीकार लिया। कैफी साहब से सम्पादक की बात हो ही गयी थी। अभी बात शुरू ही हुई थी कि उनका ढंग मुझे अजीब-सा लगा। मैं हिन्दी में बात कर रहा था और आदतन मैं तत्सम प्रधान भाषा में बात नहीं करता। मैं अपनी सरल हिन्दी में बात कर रहा था, जिसमें देशज शब्दों की ही बहुलता थी, लेकिन कैफी साहब ने टिप्पणी की कि मैं हिन्दी नहीं समझता। मुझसे आप उर्दू में बात कीजिए या फिर अंग्रेज़ी में। मैंने हँसते हुए कहा कि आपकी बातें मैं समझ सकता हूँ। आप किसी भी विषय पर बोलिये, और नहीं तो इसी पर कि आजकल आप क्या पढ़-लिख या सोच रहे हैं। मैं इसी को लेकर एक आलेख तैयार कर लूँगा अख़बार के लिए। फिर वह कुछ सहज हुए और बात करने लगे। लेकिन मेरे एक सवाल पर उन्होंने मानो कोहराम ही खड़ा कर दिया। मेरा सवाल था कि क्या आपको ऐसा लगता है कि हिन्दुओं के समाज में जिस तरह उन्नीसवीं सदी में सुधार आन्दोलन हुए, ख़ासकर महिलाओं और दलितों के सवाल पर उस तरह के आन्दोलन मुस्लिम समाज में नहीं हुए। इस पर उन्होंने गोलमटोल जवाब दिये कि इस्लाम एक लिखी किताब कोरान के आधार पर है। जो इसे मानता है वह इस्लाम को मानता है, जो नहीं मानता वह नहीं मानता। इसमें सुधार क्या होगा। लेकिन अगले सवाल कि क्या आज उस समाज पर पोंगापन्थियों का दबदबा कुछ ज़्यादा नहीं हो गया है? और क्या यही कारण नहीं है कि भारत का इस्लाम मज़ारों से उठकर मस्जिदों में जा बैठा है? इस पर वह आग-बबूला हो गये। अनाप-शनाप बोलने लगे। वह अचानक इस्लामी कट्टरवादी हो गये। मुझे उन्होंने बेवकूफ कह डाला। हालाँकि यह कोई बड़ी बात नहीं थी। मैंने कहा कि हो सकता है। ज़्यादा गुंजाइश यही है कि मैं बेवकूफ हूँ। लेकिन आप पोंगापन्थी हैं। एक बेवकूफ से समाज को उतने खतरे नहीं हैं, जितने एक पोंगापन्थी से हैं। मैंने उन्हें धमकाया कि सारी बातचीत कल अख़बारों में दूँगा। जनशक्ति में नहीं, दूसरे अख़बारों में। इस पर वे नरम हुए। उनकी आवाज़ फोनोजेनिक थी–बहुत अच्छी। मेरी तारीफ़ करते हुए बोले, मैं तो आपका इम्तिहान ले रहा था। आपके सवाल मौजूँ हैं। आपका यह ख़याल अच्छा है कि भारत में दो तरह के इस्लाम हैं; मज़ारों का इस्लाम और मस्जिदों का इस्लाम, लेकिन मेरी इस पर कोई बात मत देना। मैं पोंगापन्थियों से उलझना नहीं चाहता।

x x x

राजीव गाँधी का शासनकाल विचारहीनता या फिर एक नयी वैचारिकता के लिए जाना जायेगा। विचारहीनता यह कि स्थापित राजनीतिक विचारधाराओं का इस अवधि में धीरे-धीरे लोप हो गया। समाजवाद की विचारधारा मुरझाने लगी। 1980 में भारतीय जनता पार्टी गाँधीवादी समाजवाद का बैनर थामकर राजनीति में आयी थी, 1984 में बुरी तरह पिटकर वह हिन्दुत्व की ओर मुड़ गयी। उसने हिन्दुत्व का जो रास्ता अपनाया वह जनसंघ के रास्ते से भी ज़्यादा कंजरवेटिव था। जनसंघ का रास्ता श्यामाप्रसाद मुखर्जी का था, जिसमें हिन्दू महासभा की वैचारिकी को संसदीय जामा दिया गया था, लेकिन हिन्दुत्व का रास्ता सावरकर का था। भाजपा ने श्यामाप्रसाद मुखर्जी की जगह सावरकर का रास्ता अपनाया। राजीव गाँधी की कांग्रेस ने खुद को गाँधीवाद से पूरी तरह आज़ाद कर लिया। वह अब पूर्ण टेक्नोलॉजी की बात कर रहे थे। यह तो ठीक था, लेकिन अब उनके सामाजिक और नैतिक मूल्य भी गाँधी-नेहरू से दूर जा रहे थे। उनके वित्तमन्त्री विश्वनाथ प्रताप सिंह ने आर्थिक उदारवाद की पृष्ठभूमि तैयार कर दी थी, जिस पर 1991 में नरसिंह राव के वित्तमन्त्री मनमोहन सिंह ने एक नयी अर्थनीति-उदारवाद की नीति-की घोषणा की। पुराने विचारों को समाप्त कर उन कार्यक्रमों को स्थापित किया जा रहा था, जो ऊपर से देखने में तो विचारहीन लगते थे, लेकिन वे एक नयी वैचारिकता का पृष्ठपोषण कर रहे थे।

1987 में राजीव गाँधी और उनकी सरकार बोफोर्स तोप सौदा मामले में बुरी तरह घिर गयी। सच्चाई तो अपनी जगह पर थी, लेकिन भारत की जनता ने यह भरोसा कर लिया कि सरकार में बैठे लोग ईमानदार नहीं हैं। इस बार हमला भीतर से हुआ था। उनके निकट सहयोगी व वित्तमन्त्री और रक्षा मन्त्री रहे विश्वनाथ प्रताप सिंह, जिन्हें लोग बाद में वीपी सिंह ही कहने लगे, ने एक पर एक खुलासे कर राजीव गाँधी की नींद हराम कर दी। 1989 के चुनाव में राजीव गाँधी की सरकार बहुमत खो बैठी। विश्वनाथ प्रताप सिंह भारत के नये प्रधानमन्त्री बने।

विश्वनाथ प्रताप सरकार जुगाड़ की सरकार थी; त्रिवेणी सरकार। तीन परस्पर विरोधी धाराएँ एक साथ काम कर रही थीं। पुराने समाजवादियों और चरणसिंहवादियों ने मिलकर जनता दल बनाया था। वह धड़े का सबसे बड़ा दल था। उसके बाद भाजपा और वामपन्थी थे। जनता दल और भाजपा एक

साथ मिलकर राष्ट्रीय मोर्चा थे, जबकि अनेक मार्क्सवादी दल एक साथ मिलकर वाम मोर्चा। वह सरकार राष्ट्रीय मोर्चा और वाम मोर्चा की सरकार कही जाती थी, जिसका संक्षिप्त रूप रामो-वामो प्रचलित था। इस दौरान जन्मे कुछ बच्चों तक के पुकार नाम लोगों ने रामो, वामो रख दिये थे।

विश्वनाथ प्रताप सरकार का संकट कुछ महीनों के भीतर ही गहराने लगा। सरकार में केवल जनता दल थी, भाजपा और कम्युनिस्ट बाहर से इस सरकार का समर्थन कर रहे थे। भाजपा उस समय धुरदक्षिणपन्थ की पार्टी हो गयी थी। इस पर अटलबिहारी वाजपेयी से ज़्यादा प्रभाव आडवाणी का था। आडवाणी या भाजपा ने 1984 के बाद शायद ही कभी गाँधीवादी समाजवाद का ज़िक्र अपने पार्टी कार्यक्रमों अथवा भाषणों में किया हो। अब उसकी जगह रामजन्मभूमि मामला था। मुझे बार-बार लगता कि क्या गाँधीवादी समाजवाद ही रामजन्मभूमि मामले में रूपान्तरित हो गया था? या इन दोनों के बीच कोई अन्तरसम्बन्ध था? भाजपा सत्ता में नहीं थी, लेकिन इसे लेकर उसकी व्याकुलता बार-बार स्पष्ट हो रही थी।

जनता दल का अन्तर्कलह अपनी जगह था। समाजवादी घरानों की जड़ें अब मुख्यत: बिहार और उत्तर प्रदेश में शेष रह गयी थीं। महाराष्ट्र, मध्यप्रदेश, केरल वगैरह में जहाँ किसी समय वह मजबूत हाल थी, अब मृतप्राय थी। बिहार में कर्पूरी ठाकुर का निधन हो गया था और लालू प्रसाद ने उनकी जगह ली थी। उत्तर प्रदेश में मुलायम सिंह यादव थे। मध्यप्रदेश से आकर शरद यादव बिहार और कभी यू.पी. में अपनी सम्भावना देखते थे। वह दरअसल अतिथि-नेता हो चुके थे। लेकिन अपनी बुद्धि से उन्होंने केन्द्र सरकार में जगह बना ली थी। इन पिछड़े नेताओं ने अपनी ही सरकार पर यह दबाव बनाया कि पिछड़े वर्गों के लिए वी.पी. मण्डल की अध्यक्षता में गठित आयोग की सिफारिशों को वह लागू करे। यह रिपोर्ट 1981 में ही केन्द्र सरकार को सौंप दी गयी थी और कांग्रेसी सरकार पिछले नौ वर्षों से उसे दबा कर बैठी हुई थी। भाजपा राम मन्दिर और समाजवादी शक्तियाँ पिछड़े वर्गों के लिए आरक्षण मसले पर दबाव बनाने लगीं। एक तीसरी ताक़त चन्द्रशेखर व देवीलाल आदि की थी, जिसे इन दोनों में से किसी से मतलब नहीं था, उसे तो बस सत्ता चाहिए थी। देवीलाल के बेटे ओमप्रकाश चौटाला ने हरियाण ा में बार-बार लोकतान्त्रिक मर्यादाओं की धज्जियाँ उधेड़ीं। वीपी सिंह सरकार को इसे लेकर बार-बार शर्मसार होना पड़ा। देवीलाल सरकार में उपप्रधानमन्त्री थे। हरियाणा प्रसंग एक नासूर की तरह जनता दल को परेशान कर रहा था।

जुलाई '90 तक तनाव काफी बढ़ गया। अगस्त के आरम्भ में ही (7 अगस्त) को वीपी सिंह ने पिछड़े वर्गों के लिए मण्डल आयोग की उन सिफारिशों को लागू करने की घोषणा कर दी, जिनके अनुसार केन्द्र सरकार की नौकरियों में इन वर्गों को 27 प्रतिशत आरक्षण सुनिश्चित होना था।

उत्तर भारत में उस तरह का कोहराम खड़ा हो गया, जैसे बिहार में मुंगेरीलाल कमीशन की सिफारिशों को लागू करने के बाद हुआ था। दिल्ली को देवीलाल के समर्थक जाटों ने घेर लिया और वहाँ अफरा-तफरी मचा दी। जाट अहीरों और राजपूतों से मिलती-जुलती एक किसान जाति है, जो दिल्ली के इर्द-गिर्द बहुतायत में हैं। यह मेहनती और बहादुर कौम है और इसने ब्राह्मणवादी सामाजिक वर्चस्व की प्राय: अवहेलना की है। इन जाटों का अपना इतिहास है और मुझे नहीं लगता कि ये बाहर से आये हुए हैं। पौराणिक राम और कृष्ण का वंश देखेंगे तो उनका जुड़ाव इनसे मिलेगा। राम को इक्ष्वाकु वंश का कहा गया है। इक्ष ईख को कहते हैं। शायद इक्ष्वाकु ईख पैदा करने वाली किसान जाति रही होगी, जैसे शाक्य शाक-सब्जी पैदा करने वाली किसान जाति थी। ईख पैदा करने वाले आज उस प्रक्षेत्र में जाट किसान ही हैं। इसलिए अलबरूनी ने राम को जाट बतलाया है। उसने जनता में प्रचलित धारणा को ही बतलाया है। कृष्ण भी इसी क्षेत्र के हैं। वह पाण्डवों की माँ कुन्ती को बुआ कहते हैं। बुआ पिता की बहन को कहा जाता है। कृष्ण के पिता वासुदेव यदि कुन्ती के भाई हैं तो इसका मतलब है कृष्ण का पितृ मूल शूरसेनों से जुड़ता है, जो हरियाणा के थे। क्योंकि कुन्ती शूरसेनों के परिवार से थीं। ये सूरसेन जाट थे। मध्यकाल में जाटों का एक बड़ा हिस्सा सिख बन गया। उन लोगों ने देश के लिए लड़ाइयाँ लड़ीं। आर्य समाज का आन्दोलन छिड़ा, तब जाटों ने उसमें बढ़-चढ़कर हिस्सा लिया। इन्हें अन्य पिछड़ा वर्ग के तहत रखना चाहिए था। (बाद में इन्हें जोड़ा भी गया।)। वीपी मण्डल ने कांग्रेस को खुश करने के लिए ही जाटों को ओबीसी में नहीं आने दिया होगा, क्योंकि उस ज़माने में जाटों के नेता चरण सिंह से कांग्रेसी, ख़ासकर इन्दिरा परिवार, खार खाये बैठे थे।

जाटों को ओबीसी से बाहर रखने का बड़ा नुकसान पिछड़े वर्गों को हुआ। उन लोगों ने एक तरह से आरक्षण के विरोध में एक माहौल बना दिया। जगह-जगह हिंसात्मक कार्रवाइयाँ हुईं, जिसमें सबसे दुखद आत्मदाह की घटनाएँ भी थीं। आत्मदाह करने वाला एक राजीव गोस्वामी नामक युवा था। आत्मदाह करने से वह इतना झुलस चुका था कि इसी कारण कुछ वर्षों

बाद उसकी मृत्यु हो गयी। बाद में पता चला कि वह जिस गोस्वामी जाति से आता था, वह ओबीसी के तहत था। ओबीसी के दायरे में केवल शूद्र थे, यह लोगों का भ्रम था। इसमें कई ब्राह्मण और क्षत्रिय जातियाँ भी हैं। मसलन उत्तर प्रदेश और बिहार के भट्ट ब्राह्मण और गुजरात के राजपूत ओबीसी में थे। संसद में भी आरक्षण को लेकर वाद-विवाद हुए। ज़्यादातर विरोधियों ने तो अगर-मगर की भाषा का प्रयोग किया, लेकिन तीन सांसदों ने मुखर होकर इसका विरोध किया। ये थे गीता मुखर्जी, भोगेन्द्र झा और दिनेश सिंह। गीता मुखर्जी और भोगेन्द्र झा कम्युनिस्ट थे और दिनेश सिंह कालीकांकर के राजा। मैंने एक टिप्पणी लिखी कि क्या बात है कि आरक्षण के मुख्य तीन विरोधियों में दो कम्युनिस्ट और एक सामन्त हैं।

कम्युनिस्टों के इस दोहरे आचरण पर मुझे कोफ़्त हुआ। एक लेख में मैंने इसका विस्तार से ज़िक्र किया। वह लेख 'आरक्षण और वाम चिन्तन' शीर्षक से 'जनमत' में प्रकाशित हुआ, जो मार्क्सवादी-लेनिनवादी कम्युनिस्ट पार्टी द्वारा समर्थित पत्र था। इस लेख की कम्युनिस्टों के बीच अच्छी चर्चा हुई और मुझे इससे सन्तोष हुआ।

आरक्षण को कभी भी मैंने सर्वोत्तम साधन नहीं माना है। लेकिन हमारा लक्ष्य तो सामाजिक समानता का होना ही चाहिए। मैं बराबर कहता हूँ कि यह बीमार आदमी को अस्पताल ले जाने की तरह है। बीमार को अस्पताल ज़रूर ले जाना चाहिए, लेकिन उसे अस्पताल में ही छोड़ नहीं देना चाहिए। बीमार यदि कामचोर होगा तभी उसे अस्पताल का चस्का लगेगा। उसे स्वयं भी कोशिश करनी चाहिए कि जल्दी से जल्दी अस्पताल से बाहर आवे। आरक्षण के मामले में क्रीमी लेयर का भी मैं विरोधी हूँ। यह बिलकुल अवैज्ञानिक है। मुझे हैरानी होती है कि कोर्ट में बैठे लोगों की मनोदशा कितनी कुंद है। इसकी जगह अभी भी मैं बिन्दुवार आरक्षण के पक्ष में हूँ। पिछड़ेपन के बिन्दु तय किये जायें और जिसे ज़्यादा बिन्दु (प्वाइंट) मिले, उसे यह दिया जाये। मैं चाहूँगा, इस तरह से सौ में सौ प्रतिशत आरक्षण सुनिश्चित हो। यह केवल योग्यता की कसौटी बदलना होगा। हमने अब तक योग्यता की जो कसौटी बनायी है, वही ग़लत है। चूँकि इसका निर्धारण समाज के वर्चस्व प्राप्त तबके ने किया है, इसलिए उसका सारा पैमाना उसके अनुकूल है। आज़ादी के बाद उसमें हल्के-फुलके बदलाव हुए हैं, लेकिन अभी और बदलावों की ज़रूरत है।

भाजपा नेता आडवाणी को पता था कि इस आरक्षण आन्दोलन से उनके रामजन्मभूमि आन्दोलन की लुटिया डूब जायेगी। उन्हें यह भी लगा कि यदि

सरकार का हमने विरोध नहीं किया, तो द्विज तबकों में हमारा प्रभाव कमज़ोर हो जायेगा। आरक्षण के सवाल पर उत्तर भारतीय समाज, जो एकवर्गीय रूप लेने लगा था, उसे साम्प्रदायिक रूप देने के लिए, क्योंकि इसी साम्प्रदायिकता के बीच से उनके हिन्दुत्व का कमल खिल सकता था, सोमनाथ से अयोध्या तक की रथयात्रा निकाली। सोमनाथ से अयोध्या आना ज़्यादा मुश्किल नहीं था। मुश्किल यह थी कि इससे बिहार और उत्तर प्रदेश के वे इलाके नहीं आ रहे थे, जहाँ उन समाजवादियों का प्रभाव क्षेत्र था, जो आरक्षण समर्थक थे। उन्होंने सीधी यात्रा न करके एक परिक्रमा यात्रा की योजना बनायी, सोमनाथ से बिहार और फिर अयोध्या। इसे लेकर पूरे देश में तनाव हो गया। भाजपा ने अपनी पूरी ताक़त झोंक दी। मानो उसके लिए जीवन मरण का प्रश्न हो।

मैंने आडवाणीजी के नाम एक खुला पत्र लिखा। मेरे पत्र को कई अख़बारों ने प्रकाशित किया। इसकी फोटो प्रतियाँ वितरित की गयीं और सैकड़ों लोगों के पत्र आये। इन्हीं पत्रों में प्रो. रामबुझावन बाबू का पत्र भी था।

आडवाणीजी अयोध्या नहीं पहुँच सके। बिहार में लालू प्रसाद की सरकार थी। उन्हें 31 अक्टूबर, 1990 को समस्तीपुर में गिरफ़्तार कर लिया गया। समस्तीपुर पिछड़ों के मशहूर नेता कर्पूरी ठाकुर की जन्म और कर्मभूमि है। उनके गिरफ़्तार होते ही भाजपा ने केन्द्र सरकार से अपना समर्थन वापस ले लिया। चाहिए तो यह था कि वीपी सिंह तुरन्त इस्तीफ़ा कर दें, लेकिन उन्होंने लोकसभा में विश्वास मत हासिल करने की ज़िद की। नवम्बर के पहले हफ्ते में यह हुआ। दरअसल वीपी सिंह चाहते होंगे कि कांग्रेस और बीजेपी एक साथ खड़े दिखें। इसमें वह सफल भी हुए। वीपी सिंह की सरकार गिर गयी, लेकिन आरक्षण का आन्दोलन मरा नहीं। बाद में उन्होंने एक सिलसिले में कहा भी कि मेरी एक टाँग टूट गयी, लेकिन मैंने गोल कर दिया। शायद वह सही थे।

आडवाणी की आधी मंशा पूरी हो गयी थी। वह द्विज समाज (अपर कास्ट) में यह भाव स्थापित करने में सफल रहे कि उनके इहलौकिक और पारलौकिक हितों के सबसे बड़े संरक्षक वही हैं। लेकिन साम्प्रदायिक उन्माद, ख़ासकर मुस्लिम विरोधी तेवर खड़ा करने में वह विफल हो गये, क्योंकि उन्हें गिरफ़्तार कर लिया गया था। जिन-जिन क्षेत्रों से वह गुज़र रहे थे, वहाँ दंगा-फसाद का माहौल हो जा रहा था। इस पर काबू पा लिया गया। दंगाईयों के मन में यह डर व्याप गया कि कड़ी से कड़ी कार्रवाई होगी।

लेकिन मुलायम सिंह ने अपने वोट बैंक के लिए अति कर दी। अयोध्या में कथित रामजन्म भूमि परिसर की ओर बढ़ रहे लोगों पर अन्धाधुन्ध गोलियाँ

चलायी गयीं, जिसमें बहुत से लोग मारे गये। यह मुस्लिम वोटों को लुभाने के लिए की गयी वहशी कार्रवाई थी और मैं इसकी केवल तीखी निन्दा कर सकता था। हालाँकि उन्हें सेकुलरावाद के योद्धा के रूप में स्वीकार किया गया। मैंने एक लेख में इस बात का विरोध किया। लेख का शीर्षक था 'धर्मनिरपेक्ष और अधम ताक़तों में अन्तर करना होगा।'

मेरा हमेशा मानना रहा है कि धर्म को लेकर भारत में तीन मुख्य प्रवृत्तियाँ रही हैं। सबसे अधिक धर्मनिरपेक्ष लोग हैं। शाब्दिक अर्थों में नहीं, प्रचलित अर्थों में। धर्मनिरपेक्ष का शाब्दिक अर्थ होता है, धर्म को किनारे कर देने वाला। धर्म से पूरी तरह निरपेक्ष। इसका एक अर्थ इहलौकिक होता है–सेक्यूलर होना। किसी भी ऐसी चीज़ पर विश्वास न करना, जिसका इस लोक से वास्ता न हो। ऐसा केवल कम्युनिस्ट होते हैं। इस रूप में बौद्ध जैसे ईश्वर निरपेक्ष धर्म को छोड़कर बाक़ी सभी धर्मों को मानने वाले सेक्यूलर नहीं कहे जायेंगे। लेकिन धर्मनिरपेक्षता और सेक्यूलर का भी अब एक प्रचलित अर्थ हो गया है सर्वधर्मसमभाव का। तो भारत में सबसे अधिक लोग इसी भाव के हैं। हिन्दुओं का एक बड़ा हिस्सा इसी भागवत भाव का है कि हमारा धर्म अच्छा है, लेकिन दूसरे का धर्म भी बुरा नहीं है। हिन्दी कवियों में मैथिलीशरण गुप्त इसी भाव के थे। इसके विपरीत दूसरा तबका धर्मव्याकुल तबका है। यह कहता है कि हमारा धर्म सबसे अच्छा और बाक़ी सभी धर्म बुरे। जैसे कवि निराला ताल ठोककर कहते हैं, 'शेरों के म्यान में घुस आया है सियार।' तो अपने को शेर और बाक़ी को सियार मानने की प्रवृत्ति जब धार्मिक मामलों में होती है तब धर्मव्याकुलता आती है। सबको अपने रंग में रँगने की प्रवृत्ति। यह बुरी प्रवृत्ति है। हिन्दुओं और मुसलमानों में यह प्रवृत्ति बढ़ रही है तो यह चिन्ता की बात है।

लेकिन तीसरी प्रवृत्ति तो अत्यन्त ही ख़तरनाक है। यह अधम प्रवृत्ति है। हिन्दू भगवाकरण और मुस्लिम आतंकवाद की प्रवृत्ति यही है। ये केवल धर्म के नाम पर खिलवाड़ करते हैं। किसी को भी इन प्रवृत्तियों को तरज़ीह देने से बचना चाहिए। धर्म के नाम पर व्यवसाय करने वाले, वोट बटोरने वाले और अपनी तोंद मोटी करने वाले लोग इसी प्रवृत्ति के हैं। कभी-कभी ये लोग धर्मव्याकुल लोगों का समर्थन हासिल कर लेते हैं और तब तात्कालिक रूप से इनकी ताक़त बढ़ जाती है।

मैं हमेशा चाहता रहा हूँ समाज और परिवार में बहुधर्मी संस्कृति विकसित हो। कई विचारों को मानने वाले लोग इस समाज में रहें। हमें दूसरों के विचारों

और उनकी संस्कृति की इज्जत करनी चाहिए। लोकतन्त्र का पहला पाठ यही है। अपने विचार दूसरों पर लादना तानाशाही है। यदि यह समाज एक चमन है, तो यहाँ एक ही रंग और किस्म के फूल नहीं होने चाहिए। तरह-तरह की किस्में और दुनिया भर के रंग जब समवेत होंगे, तभी बाग़ खूबसूरत बनेगा।

हमारे भारत में ऐसा समाज हुआ करता था। एक ही समाज में और कभी-कभी तो एक ही परिवार में भिन्न सम्प्रदायों के लोग रहते थे। आज भी कुछ परिवार ऐसे हैं जिसमें कोई शैव है, तो कोई वैष्णव, या फिर कोई कबीरपन्थी या आर्यसमाजी। इनके विचारों में अन्तर्विरोध हैं लेकिन सब किसी ने मानवता के प्रति एक ज़िम्मेदारी ओढ़ी हुई है। तुलसी चौरे पर जल चढ़ाती एक गृहस्थ हिन्दू महिला की कामना बस यही होती है कि उसका पति और उसके बच्चे सुरक्षित रहें। उसकी इस कामना का कौन नहीं समर्थन करना चाहेगा। मज़ार पर अगरबत्ती की बत्तियाँ सुलगा रही कोई मुस्लिम महिला किसी बड़ी आकांक्षा से नहीं, बस अपने घर-परिवार की खुशहाली के लिए और ज़्यादातर तो अपने हित की खुशहाली की ही दुआ चाहती है। चींटियों और चिड़ियों को दाना-पानी देने वाले और यहाँ तक कि साँप जैसे चिकने-चमकीले लेकिन भयानक जीव को दूध पिलाने वाले आम हिन्दुस्तानी तबीयत से ही प्रकृति प्रिय हैं। नदियों को माता मानने वाले और पेड़ों की पूजा करने वाले लोग घृणा की राजनीति के वाहक कैसे हो सकते हैं! संस्कृत साहित्य की एक उक्ति है कि समाज की दुरावस्था इसलिए नहीं है कि दुष्टजन सक्रिय हैं, बल्कि इसलिए है कि सज्जन निष्क्रिय हैं। आज भी देश में अधम ताक़तों का जो उन्माद है, उसका कारण यही है कि सच्चे धार्मिक लोग निष्क्रिय हैं। बाबाओं और इमामों की इसीलिए बन आयी है और वे मालामाल हो रहे हैं।

x x x

वीपी सिंह सरकार के पतन के बाद चन्द्रशेखर के नेतृत्व में कांग्रेस के समर्थन से सरकार बनी। यह चन्द्रशेखर ही थे, जिन्होंने एक बार राजीव गाँधी की सरकार को राष्ट्रीय शर्म की सरकार कहा था। मैंने एक टिप्पणी लिखी कि पता नहीं राजीव गाँधी की सरकार राष्ट्रीय शर्म की सरकार थी या नहीं, लेकिन प्रतीत होता है उस वक़्त ही चन्द्रशेखर के मन में एक ऐसी सरकार का सपना था। अपनी सरकार बनाकर उन्होंने इसे साकार कर दिया है। इतनी भारी क़ीमत (नैतिक) देकर बनी सरकार केवल चार महीने चली।

1990 के इर्द-गिर्द

1990 में बिहार विधानसभा के चुनावों में पिछले दस वर्षों से चली आ रही कांग्रेस हुकूमत बुरी तरह ध्वस्त हो गयी। उस समय बिहार विधानसभा की सदस्य संख्या 324 थी। सरकार बनाने के लिए 163 की संख्या चाहिए थी। कांग्रेस को सीटें मिलीं कुल इकहत्तर। जनता दल को 121 मिलीं। उस वक़्त बिहार संयुक्त था और भारतीय जनता पार्टी के अलावे तब सीपीआई और झारखण्ड मुक्ति मोर्चा जैसी दमदार पार्टियाँ थीं। यूँ थी 1990 में बिहार विधानसभा की दलगत स्थिति : जनता दल 121, कांग्रेस 71, भाजपा 39, भाकपा 23, झामुमो 19, आयी चीफ 7, माकपा 6, सोपा (लोहिया) 2, एमसीसी 3 एवं 1 झारखण्ड पार्टी।

जनता दल सरकार बनाने में कामयाब रही। एक रोचक मुकाबले में श्री लालू प्रसाद जनता दल विधायक दल के नेता बने और फिर मुख्यमन्त्री। उन्होंने पार्टी के चुनाव में श्री रामसुन्दर दास, जो प्रधानमन्त्री विश्वनाथ प्रताप सिंह के उम्मीदवार माने जा रहे थे, को केवल चार मतों से हराया और वह भी इस कारण कि एक और आदमी (श्री रघुनाथ झा) जो चन्द्रशेखर के उम्मीदवार थे, इस चुनाव में कूद पड़े और उन्होंने 13 मत हासिल कर लिये। विधायक दल के नेता चुने जाने के बावजूद लालू प्रसाद के लिए मुख्यमन्त्री बनना आसान नहीं था। जनता दल में वैमनस्य चरम पर था। नोक-झोंक और जद्दोज़हद के बाद राज्यपाल ने उन्हें मुख्यमन्त्री मनोनीत किया। उन्होंने उस गाँधी मैदान में शपथ ली, जहाँ से कभी छात्र-आन्दोलन की शुरुआत की थी।

दिल्ली में विश्वनाथ प्रताप सरकार के पतन के साथ ही पटना में भी भाजपा ने सरकार से अपना समर्थन वापस ले लिया। लेकिन सरकार पर कोई असर नहीं पड़ा। राजनीतिक माहौल एक बार फिर 1977-78 की तरह हो गया था, जब आरक्षण को लेकर एक सामाजिक तनाव सब जगह उभर आया था। यह सब अगस्त 1990 में शुरू हुआ, वीपी सिंह द्वारा मण्डल आयोग की

सिफारिशों को लागू करने की घोषणा के बाद। लेकिन इस बार लालू प्रसाद तन कर खड़े थे। उन्होंने स्वयं सामाजिक न्याय के इस आन्दोलन की अगुवाई की। उनमें किसी तरह का संशय नहीं था, जैसा संशय उत्तर प्रदेश में मुलायम सिंह यादव के साथ था।

1980-90 के बीच के कांग्रेसी राज में पिछड़े वर्गों ने अपनी हर तरह से उपेक्षा झेली थी। न तो इनके सामाजिक स्वार्थों की पूर्ति हुई, न राजनीतिक। इसके मुकाबले सवर्णों के पास सब कुछ था। उन्हीं का नेतृत्व और उन्हीं के सामाजिक हितों की संस्तुति। इन दस वर्षों में कांग्रेस ने पाँच मुख्यमन्त्री बनाये। सभी अवसर द्विज जाति के नुमाइंदों को मिले। इसका अर्थ था कि दलितों, पिछड़ों और मुसलमानों में से या तो उनके पास राजनीतिक नेतृत्व नहीं था, या फिर वे उसे अवसर नहीं देना चाहते थे। इस बात की चर्चा राजनीतिक क्षेत्रों में होती थी। इसका कारण था कि आज़ादी के बाद जन्मे लोगों की एक युवा पीढ़ी राजनीति में मुखर होने लगी थी।

1980 के दशक में बिहार के समाजवादी घरानों में सबसे चर्चित नेता कर्पूरी ठाकुर थे, जिन्हें आरक्षण विवाद के उपरान्त सत्ताच्युत होना पड़ा था। उन्हें हटाने में कांग्रेस के जगन्नाथ मिश्र और जनसंघ घराने के कैलाशपति मिश्र जिस तरह एक हुए, इसे पिछड़े-दलित तबके के लोगों ने चिह्नित किया था। राजनीति वर्गीय तो नहीं, लेकिन साफ तौर से जातीय आधार ग्रहण करने लगी थी। जाति को कुछ लोग वर्ग का ही एक विकृत रूप मानते थे। लोहिया कहते थे, वर्ग एक चलायमान जाति है और जाति एक रूढ़ वर्ग। 1980 के दशक में राजनीतिक हलकों में तेज़ी से फुले, आम्बेडकर, पेरियार जैसे नायकों की चर्चा होने लगी। इसके कारण पिछड़े तबकों में एक नयी मानसिकता भी बनने लगी थी, जो अन्ततः एक मौन क्रान्ति का आधार बनीं। द्विज तबकों के नौजवान गाँधी-नेहरू जैसे नायकों से उकताकर मार्क्सवादी और उत्तर मार्क्सवादी विमर्श की ओर अभिमुख हुए तो दलित-पिछड़े तबकों के युवा उन नायकों की ओर जो उनकी ज़मीन के और उनके तबके के थे, लेकिन राष्ट्रीय आन्दोलन में जिन्हें अनसुना कर दिया गया था। पौराणिकता से लोग नये पात्रों को ढूँढ़ कर लाने लगे। द्विजों के उदार तबके ने महाभारत से कर्ण को सामने लाया था, अद्विज युवा एकलव्य की व्याख्या चाहते थे। द्रोण से उसके अँगूठा काटने का स्पष्टीकरण पूछा जा रहा था। राम को शम्बूक वध के लिए कठघरे में खड़ा किया गया। अब वे शम्बूक और एकलव्य से ऊर्जा ग्रहण करना चाह रहे थे, न कि राम और कृष्ण से। यह सब एक नये बदलाव के संकेत थे।

समाजवादी कर्पूरी ठाकुर ने अपना पूरी तरह रूपान्तरण कर लिया था। उन्होंने गाँधी, लोहिया, जयप्रकाश की विचारधारा की मौन उपेक्षा की और फुले-आम्बेडकर से प्रेरणा लेने लगे। द्विज तबके के लोग अब उन्हें समाजवादी नेता की जगह, ओबीसी (पिछड़ा) नेता कहने लगे। उनका आकलन सही था। 1981 में मेरे इलाके के बिक्रम में नक्सली भीड़ ने थाने को जला दिया। यह कुछ-कुछ चौरा-चौरी (1922) जैसी घटना थी। इसमें कोई अधिकारी-सिपाही हत नहीं हुए, लेकिन थाना परिसर को आग के हवाले करना भी ख़ास बात थी। इससे जनता के गुस्से का पता चलता था। इस घटना की प्रतिक्रिया सरकारी स्तर से ज़्यादा सामाजिक स्तर पर हुई। इस घटना में न कर्पूरी ठाकुर की कोई भूमिका थी और न उनकी पार्टी की, जो उन दिनों लोकदल हुआ करती थी। लेकिन द्विज तबकों का सीधा आरोप कर्पूरी ठाकुर पर था। उस इलाके में भूमिहार सामन्तों का बोलबाला है। उन लोगों ने अपनी पूरी ताक़त इकट्ठी की और एक हथियारबन्द प्रतिरोध जुलूस निकाला, जिसका मुख्य नारा था-'नक्सलबाड़ी कहाँ से आयी, कर्पूरी की माई बियायी।' उनका कहना था कि कर्पूरी ठाकुर ने जो जातीय राजनीति की, उसकी परिणति यह नक्सल आन्दोलन है।

यह ठीक था कि नक्सल आन्दोलन में दलितों और पिछड़े वर्गों के निचले हिस्सों के लोग ही थे। लेकिन केवल वही नहीं थे। इनका नेतृत्व मार्क्सवादी मिज़ाज के वे नेता कर रहे थे, जो ज़्यादातर ऊँची जातियों से आते थे। इसलिए यह कहना सही नहीं था कि नक्सली आन्दोलन में केवल जातिवादी चेतना काम कर रही थी। वह जातीय से अधिक उत्पीड़न के आधार पर बनी थी। मार्क्सवादी वर्गीय आधार पर ही ग़रीब किसानों और ग्रामीण मज़दूरों को इकट्ठा कर रहे थे, लेकिन वे जाति के हिसाब से पिछड़ी व दलित जातियों से आते थे। मार्क्सवादी खुद इस पर हैरान थे। लेकिन अपने किताबी ज्ञान को ज़मीन पर उतारकर देखना नहीं चाहते थे।

कर्पूरी ठाकुर बड़ी तेज़ी से गाँधीवादी अवयवों से दूर हो रहे थे। उनके साथ काम करने वाले ज़्यादातर सहयोगी उनके इस भाव को समझ नहीं पा रहे थे। 1972-74 में पिछड़े वर्ग के एक और नेता जगदेव प्रसाद (जो सितम्बर 1974 में मारे गये) की भी यही स्थिति हुई थी। उस वक़्त जगदेव प्रसाद ने बिहार में द्विजवाद विरोधी राजनीति की बुनियाद रखने की कोशिश की थी। मैं नहीं समझता कि बुनियाद रखने में वह सफल हुए, लेकिन इतना ज़रूर हुआ कि उन्होंने चर्चा खड़ी कर दी। 1980 के दशक में कर्पूरी ठाकुर ने इसे एक स्वरूप दे दिया। 1983 में कर्पूरी जी से मेरी एक लम्बी बात हुई।

यह अनायास हुई वार्ता थी और शायद यह नहीं हुई होती तो मुझे उन्हें समझने में कठिनाई होती। मैंने उन्हें भारत के इतिहास लेखन के सवर्ण पाठ की कमज़ोरियाँ बतलायीं तब वह पहले तो मुस्कराये, लेकिन जब वह खुले तब मैंने पाया, उनकी चिन्ता कम गहरी नहीं है। मृत्यु के पूर्व सम्भवत: 1986 के अप्रैल महीने में पटना के ह्वीलर सीनेट हॉल में उनका एक भाषण भी इसी का विस्तार था। छात्रों द्वारा आम्बेडकर जयन्ती मनायी जा रही थी। इसी समारोह को कर्पूरी जी सम्बोधित कर रहे थे। पहली दफ़ा मैंने सार्वजनिक रूप से उन्हें तिलक और गाँधी की आलोचना करते सुना। वह आम्बेडकर द्वारा लिखी गयी एक किताब का हवाला दे रहे थे। मैं नहीं कहता, वह आम्बेडकरवादी हो गये थे। लेकिन यह ज़रूर बतला रहे थे कि गाँधी आज हमारे लिए अप्रासंगिक हैं और आम्बेडकर से हमें बहुत कुछ सीखना है। पिछड़े वर्गों में आयी नयी चेतना को वह रेखांकित कर रहे थे।

1990 में कर्पूरी ठाकुर की चेतना ज़्यादा व्यापक रूप में सामने थी। लालू प्रसाद के नेतृत्व ने इस चेतना के स्वरूप को आक्रामक बना दिया था। लालू प्रसाद विचारक नहीं थे। उन्होंने विचारों को कोई नया स्वरूप नहीं दिया। यह उनका विषय ही नहीं था। लेकिन पिछड़े समाज की आकांक्षाओं को एक गति दी। इस गति ने बिहार के राजनीतिक चरित्र को बदल दिया। बिहारी समाज में द्विज वर्चस्व की कमर टूट गयी। पिछड़े वर्गों, दलितों, आदिवासियों और मुसलमानों को एक सूत्र में पिरोना मुश्किल काम था। इसे लालू प्रसाद ने सम्भव कर दिया। इसका त्वरित परिणाम यह हुआ कि उनके लिये द्विज तबके की सम्भावित घृणा एक बारगी सतह पर आयी। 1970 के दशक में जगदेव प्रसाद और 1980 के दशक में कर्पूरी ठाकुर को जिस तरह घृणा का पुरस्कार ऊँची जातियों की ओर से मिला था, उससे कहीं अधिक घृणा का पुरस्कार लालू प्रसाद को मिला। उन्हें असुर, राक्षस, जाहिल, लुटेरा, बर्बर जैसे कई रूपों में प्रचारित किया जाने लगा। उनके राज को जंगल राज कहा जाने लगा। विधायिका, कार्यपालिका और न्यायपालिका के अलावे जनतन्त्र के चौथे खम्मे अर्थात् मीडिया के लोग भी इस प्रचार में शामिल थे। इन द्विजों की ओर से एक नये भोला पासवान और राम सुन्दर दास की तलाश होने लगी।

जैसा कि मैंने पहले बतलाया है कि द्विज ताक़तों की राजनीतिक स्तर पर कमर टूट चुकी थी। शहरों में बैठे इस वर्ग के लुंपेन जो ठीकेदारी, एन.जी.ओ. और दलाली से धन कमाते थे यकायक बेरोज़गार हो गये। नयी हुकूमत ने उनका रसद-पानी मुहाल कर दिया था। वे गाँवों में लौट गये।

अब वे असली स्वरूप में थे। उन्होंने निजी सेनायें बनायीं और लालू राज के ख़िलाफ़ उसी तरह विद्रोह किया, जैसे 1857 में अंग्रेज़ी राज के ख़िलाफ़ हो चुके हुए सामन्तों ने किया था। द्विजवाद अपनी आखिरी लड़ाई लड़ रहा था। अस्तित्व रक्षा की लड़ाई। उनके लिए अब यह सम्भव नहीं था कि गाँधीवाद, मार्क्सवाद या समाजवाद का मुखौटा लगाकर राजनीति करें।

कांशीराम एक नये योद्धा विचारक के रूप में मंच पर आ चुके थे और उन्होंने कम्युनिस्टों को 'हरी घास के हरे साँप' कहकर उनके मूल्यांकन का नया दृष्टिकोण रखा था। कांशीराम की किताब 'चमचा युग' जमाने की सबसे चर्चित किताब बन गयी थी, किन्तु घरघुस्सु द्विज बौद्धिक इन सबसे अनजान था। वह आज भी शीतयुद्ध की मानसिकता में जी रहा था और उसी के बौद्धिक औज़ारों से विमर्श में जुटा था। नयी आर्थिक नीति, जिसे उदारवाद के नाम से अभिहित किया गया था, के अवगुंठनों को व्यवस्थित करने में उसकी पूरी ऊर्जा का व्यय हो रहा था। कई लोग तो इन सामाजिक उभारों को नवपूँजीवाद की देन बता रहे थे। लेकिन हकीकत यह थी कि न ये पूँजीवाद को समझते थे, न समाजवाद को। इनका अवचेतन प्रयास इनके निहित स्वार्थों को पुष्ट कर रहा था।

सोवियत संघ के बिखरने और क्रेमलिन से लाल सितारा उतरने की घटना महत्त्वपूर्ण हो सकती थी, यदि वह दस वर्ष पूर्व होती। लेकिन आज तो लोग उसे एक तय कार्यक्रम मानकर चल रहे थे। चीन भी अपनी समाजवादी नीति को एक किनारे रख पूँजीवादी प्रतियोगिता में कूद गया। इन सबका असर भारत और बिहार पर भी पड़ा। आप कह सकते हैं कि गाँव-मुहल्लों तक पर इसका असर पड़ा।

लेकिन सामाजिक न्याय का इश्तहार खड़ा कर राजनीति करने वाली पार्टियों और इसके नेताओं ने अपनी कोई वैचारिकी विकसित नहीं की। जैसे कि लोहिया ने विकसित की थी। पचास के दशक में लोहिया ने बड़ी होशियारी से भारतीय समाजवादी सिद्धान्तों की त्रयी—मार्क्सवाद, गाँधीवाद और जनवाद से मार्क्सवाद को विलुप्त कर दिया और उसकी जगह अपना विशेष अवसर का सिद्धान्त अथवा ज़ाति विमर्श खड़ा कर दिया, जिसके तहत पिछड़ा पायें सौ में साठ का नारा दिया। कांशीराम ने मार्क्सवाद और गाँधीवाद दोनों को नकार दिया और उनकी जगह फुले-आम्बेडकरवाद को रखा, लेकिन लालू प्रसाद, मुलायम सिंह यादव जैसे नेताओं की कोई विचारधारा नहीं थी। वह एक धारा में ज़रूर थे और इससे जितना सीख सकते थे, उन्होंने सीखा था। लेकिन रोज़-ब-रोज़ आ रही जटिलताओं को सुलझाना उनके लिए असम्भव हो गया।

मसलन जब आर्थिक उदारवाद की बात उठी, तब वे लोग तय नहीं कर पाये कि उन्हें करना क्या है। उन्होंने आत्मचिन्तन पर पूर्णविराम लगा दिया था और उधार का चिन्तन उनकी नियति बन गयी।

उत्तर भारत, ख़ासकर बिहार की राजनीति अब एक नये मोड़ पर थी। द्विज ताक़तें तो किनारे लग गयी थीं, लेकिन दलित-पिछड़ों में सत्ता में जगह बनाने के लिए कोहराम खड़ा हो गया। 1993-94 में बिहार में जातियों की रैलियाँ होने लगीं। यह सामाजिक न्याय का अपना अन्तर्विरोध था। दलित-पिछड़ी जातियों के लोगों की सामाजिक और राजनीतिक आकांक्षाओं को ही नहीं, उनकी आर्थिक आकांक्षाओं को भी पूरा करना था। इसके लिए कृषि और उद्योग के क्षेत्र में नये अवसरों का सृजन करना आवश्यक था। इन सबके लिए कड़े राजनीतिक संकल्प की ज़रूरत थी। मसलन, भूमि सुधार को तो कम-से-कम पूरा करना ही था। यह नहीं हो सकता था, क्योंकि इन पार्टियों में अर्द्ध-सामन्ती तत्त्व हावी थे। उन्हें निकाल फेंकना इतना आसान नहीं था। इन सामन्ती तत्त्वों ने पूरी कोशिश की कि सामाजिक न्याय की राजनीति को जातिवाद के दायरे से बाहर न जाने दें। नतीजा बहुत बुरा निकला। समानता के आदर्श सुस्त होने लगे और इनके भीतर ही जाति के नये-नये व्याकरण बनने लगे। एक विचारधारा यह निकली कि दो बड़े सामाजिक समूहों –यादवों और मुसलमानों –को यदि इकट्ठा कर लिया गया तो बाक़ी जातियाँ झक मारकर इसके पीछे खड़ी होने के लिए मजबूर हो जायेंगी। इससे एक जाति समीकरण 'माय' (MY) का जन्म हुआ, जो माइनॉरिटी और यादव के पहले अक्षरों का युग्म था, जैसे कभी न्यूयॉर्क और लन्दन को जोड़कर Nylon नाइलोन बना था। माई का प्रचार मुसलमानों और यादवों के सम्पन्न और प्रतिगामी तत्त्वों ने किया। दरअसल वे सामाजिक न्याय की धारा के द्विज बनना चाहते थे। कांग्रेस ने ब्राह्मणों और मुसलमानों का एक तथाकथित सेकुलर, लेकिन वस्तुतः दकियानूसी मोर्चा बनाया-चलाया था। 'माय' उसी का नया रूप था। मुसलमानों का ऊपरी तबका अपने ही निचले मुसलमान समुदायों से बुरी तरह नफरत करता रहा है। उसकी कोशिश होती है कि मुसलमानों के रोज़गार और शिक्षा पर कम ध्यान दिया जाये, उनके कब्रगाह और मस्जिदों पर ज़्यादा। समान शिक्षा की ओर भी उनका कम झुकाव रहता है, क्योंकि इससे पिछड़े मुसलमानों को ज़्यादा फ़ायदा होने की गुंजाइश होती है। वे अरबी-फ़ारसी उर्दू और मदरसों के विकास में ज़्यादा रुचि लेते हैं। इन कारगुजारियों से पिछड़े मुसलमानों को मध्ययुग में रखने में मदद मिलती है और जब उन्हें एक बार मध्ययुग की मानसिकता में धकेल दिया जाता है तब फिर उन पर दबदबा बनाना आसान हो जाता है।

फिर घर-परिवार

1992 में घर परिवार के साथ फिर पटना आ गया। ममता के अनुसार, सासाराम में बच्चों की पढ़ाई का ठीक बन्दोबस्त नहीं था। उनके अनुसार, यह पटना में ही सम्भव था। हमारी यह विशेषता या कमज़ोरी है कि विचार और उनके क्रियान्वयन में बहुत का फासला नहीं होता। हमने पश्चिमी पटना के एक हिस्से में किराये का डेरा बनाया और जम गये। मैंने यह भी तय कर लिया कि सरकारी नौकरी अब नहीं करनी। कुछ मित्रों ने मेरे इस निर्णय को पसन्द किया, कुछ ने नहीं। बच्चे अभी बहुत छोटे थे, इसलिए उनकी राय का कोई सवाल ही नहीं था। रही पत्नी तो उन्होंने कहा कि आपकी जैसी मर्ज़ी। भाइयों की पढ़ाई खत्म हो चुकी थी। माँ-बाबूजी को पेंशन मिल रहा था, जिनसे उनकी ज़रूरतें पूरी हो जा रही थीं। अपने खर्च के इन्तजाम पर सोचना था।

पहले मैंने लम्बी छुट्टियाँ लीं और फिर नौकरी छोड़ दी। इस फैसले से आर्थिक रूप से एक झटका-सा लगा। लेकिन एक आज़ादी हासिल हुई। कुछ खर्चे घटाये, मेहनत करके कुछ आमदनी बढ़ाई और इस तरह जीवन एक पटरी पर आ गया। इसमें अपनी तरह का एक मज़ा भी आया। हाँ, परिवार में थोड़ी उथल-पुथल हुई। इसे लिखना शायद अच्छा नहीं होगा, क्योंकि मेरे परिवार, ख़ासकर मेरे भाइयों की चर्चा के बिना यह पूरा नहीं हो सकता। यह एक अप्रिय प्रसंग होगा। केवल इतना ही बतला दूँ कि मैं परिवार से धीरे-धीरे अलग-थलग पड़ गया। एक मौन निर्वासन।

इस निर्वासन के अपने आनन्द थे। कवि तुलसीदास को लेकर मैंने एक कहानी लिखी है। मेरा मानना है कि रामचरितमानस के रूप में तुलसी ने अपनी आत्मकथा लिखी है। रामचरितमानस के राम में मुझे तुलसीदास के दर्शन हुए। तुलसी का अपना जीवन भी निर्वासित था, उनके राम का भी। मानस का सबसे अच्छा हिस्सा अरण्यकाण्ड है। निर्वासित राम अपनी कुव्वत पर वन में रह रहे हैं, पत्नी सीता व भाई लक्ष्मण के साथ। सबसे सुखी राम यही हैं।

बाक़ी जीवन तो उनका संघर्ष और यातना में ही बीता। जब वह अयोध्या में राजा बने, तब उनकी द्विज जनता भले राज भोग रही हो, वह तो यातना ही भोग रहे थे। लेकिन तुलसी ने सीता के वनवास प्रसंग को लिया ही नहीं है। कहहि कछु दुर्वाद कहकर मामला खत्म कर दिया है। यह राम को एक बार फिर दुखी नहीं देखना चाहते थे।

हर घर-परिवार की अपनी ख़ासियत होती है, अपनी कमज़ोरियाँ भी। घर-परिवार की आपसे अपने तरह की अपेक्षाएँ होती हैं, आपकी भी होती हैं। कोई भी परिवार जब बड़ा होने लगता है और उसके सदस्यों ने विवेक से काम नहीं लिया तब गड़बड़ी शुरू होती है। छोटी-मोटी कहा-सुनी से बात शुरू होती है, जो कभी-कभी कोलाहल का रूप ले लेती है। जवाहरलाल नेहरू अपने घर-परिवार के बारे में जो विवरण देते हैं, उसमें उन्होंने ऐसे झगड़ों की चर्चा करते हुए बतलाया है कि जब मामला बढ़ता था और बात पिताजी तक जाती थी, तब वे इसे औरतों की करामात बतलाते थे। मोतीलाल नेहरू ने कठिन परिस्थितियों में अपने परिवार को पाला था। वह अभी गर्भ में ही थे कि उनके पिता का निधन हो गया था। फिर तो घर की स्थितियों का आकलन कोई भी कर सकता है। मोतीलाल जी ने माँ की और घर की पीड़ा देखी होगी और इससे उनके मन में कुछ संकल्प बने होंगे। परिवार के संगठन और उसकी उन्नति में उनकी रुचि इसलिए बनी होगी। ऐसी रुचि सबमें, अर्थात् परिवार के दूसरे सदस्यों के मन में कैसे हो सकती थी। मोतीलालजी के मन ने जो पीड़ा भोगी होगी, उसका आधार, उनकी संवेदनशीलता होगी। कोई ज़रूरी नहीं कि परिवार के दूसरे सदस्यों की संवेदनशीलता ऐसी ही हो।

इसलिए मुझे कभी-कभी लगता है अधिक संवेदनशील होना भी एक मुसीबत ही है। मैंने अपने अनुभव से देखा है और सच कहूँ, तो इसके कारण मुझे बहुत परेशानी हुई है। हर संवेदनशील को ऐसी परेशानी होती होगी। क्योंकि मनुष्य का सबसे बड़ा संकट है, दूसरों द्वारा स्वयं का न समझा जाना। जब दूसरे आपको नहीं समझते, जो आप हैं, तब आप एक कोफ़्त से भर जाते हैं। जब आप दूसरों की चिन्ता से परे हो जाते हैं, तब आप बड़े मजे में होते हैं। ज़्यादातर लोगों का तो यही जीवन दर्शन होता है। कबीर ने कहा है–

सुखिया सब संसार है खावे और सोवे,
दुखिया दास कबीर है जागे और रोवै।

किसी की कोई चिन्ता नहीं, खाइये और सोइये तो सुख ही सुख है। परिवार रसातल में जा रहा है या कि समाज या कि देश, कुछ की चिन्ता मत कीजिए,

तो फिर कष्ट किस बात का। जब चिन्ता कीजिएगा तब आपको जागना होगा, बिसूरना भी होगा।

परिवार को मैंने कई स्तरों पर विषम परिस्थितियों में देखा था और उसके बारे में मेरे कुछ सपने थे, संकल्प थे। किसी राष्ट्र की तरह, घर को बनाने वाले भी कुछ तत्त्व होते हैं जिसमें आपसी समझदारी व संवेदना, परम्परा, संकल्प और उद्देश्य तो होते ही हैं। यह बिखरता है, तो परिवार भी बिखरता है। मैंने पहले ही अपने घर-परिवार के बारे में बतलाया है। मैं जैसे ही सयाना हुआ और यह तय किया कि पहले घर सँवारना है, तब मैंने सोचा कि यह केवल ज्ञान के आधार पर ही हो सकता है। हमने मिल-बैठकर सभी भाइयों को यही बतलाया कि सब को अपनी पूरी ताक़त ज्ञान हासिल करने में लगानी है। जो विकास होगा, इसके ही बूते। ज्ञान की ताक़त के बारे में फ्रांसिस बेकिन की उक्ति 'नॉलेज इज पावर' तब तक नहीं पढ़ी-सुनी थी। बाद में जब इसे जाना, तब मुझे अपनी सोच पर भरोसा बढ़ा।

उसका फ़ायदा हुआ। सभी भाइयों ने अपनी मेहनत से दुनिया में अपने लिए जगह बनायी। लेकिन आपसी समझदारी के अभाव में संस्था (परिवार) को विनष्ट कर दिया। इससे मुझे तकलीफ़ हुई। इसलिए कि मेरे स्वप्न ध्वस्त हो रहे थे। लेकिन एक फ़ायदा भी हुआ। मुझे लगा कि अब एक बड़े परिवार अर्थात् समाज के लिए मुझे कुछ सोचना और करना है। रचनात्मक लेखन के साथ सामाजिक-राजनीतिक विषयों पर मैं लगातार लिखता रहता था। अपनी सोच के साथ अपने संघर्ष को अब क्रियाशील कर सकता हूँ; यह मैंने तय किया। यह मेरा सपना भी था। जब सोच के इस धरातल पर पहुँचा, तब घर के सदस्यों के नकारात्मक से दिखने वाले व्यवहार को मैंने सकारात्मक रूप-अर्थ में देखा। मैंने मन-ही-मन उनका धन्यवाद किया।

रामजी की मस्जिद

1992 के 6 दिसम्बर को विश्व हिन्दू परिषद् और अन्य भगवाधारियों ने मिलकर अयोध्या स्थित उस बाबरी मस्जिद के ढाँचे को ध्वस्त कर दिया, जिसे लेकर कई वर्षों से तनावपूर्ण स्थिति थी। मैं उस रोज़ पटना में था। मेरे छोटे भाई ब्रजरंजन, जो उन दिनों टाइम्स ऑफ़ इंडिया में पत्रकार थे, ने मुझे फोन पर यह सूचना दी। मैं अवाक् रह गया। इसलिए नहीं कि किसी मस्जिद या मन्दिर से मुझे बहुत प्यार है, बल्कि इसलिए कि इसका अंजाम बुरा होने की आशंका थी। यही हुआ भी।

उस दिन शाम कथाकार सृंजय और संजय कुमार सिंह मेरे घर आये। हम लोग इसी विषय पर चर्चा करते रहे। भाजपा, उसके विश्व हिन्दू परिषद् और शिवसेना के दुस्साहस पर हम सब गुस्से में थे। भारत में हिन्दू बहुसंख्यक हैं और प्रवृत्ति से उदार हैं, लेकिन राष्ट्रीय स्वयंसेवक संघ और उसकी अनुषंगी संस्थायें जिनकी ऊपर मैंने चर्चा की है, चाहती हैं कि हिन्दू कट्टरपन्थी और आतंकवादी बनें। अन्ततः ऐसा रूप देने में वे एक हद तक सफल हो गये। भारतीय जनता पार्टी ने इन सबको पालते-पोसते हुए एक ग़ैर-जिम्मेदाराना हरकत की। तब उत्तर प्रदेश में उनका शासन था। वहाँ के मुख्यमन्त्री कल्याण सिंह ने सुप्रीम कोर्ट को वचन दिया था। सारी मर्यादाओं को तोड़कर एक विवादित ढाँचे को ध्वस्त करना कौन-सी बहादुरी थी। 1949 के बाद वहाँ नमाज नहीं पढ़ी जा रही थी और उस समय मामला कोर्ट के शीतकक्ष में था।

अहले सुबह मुझे अपने मित्र कर्मेन्दु शिशिर के साथ बोकारो जाना था। उसी रोज़ शाम को हमारे युवा साथी देवेन्द्र चौबे व रश्मि जी की शादी पर उनके घर एक पारिवारिक स्वागत समारोह का आयोजन था। हमने अपनी यात्रा रद्द नहीं की, हालाँकि मुश्किलों का अहसास था। पटना स्टेशन पर बहुत ही कम लोग थे। ट्रेन में भी भीड़-भाड़ नहीं थी। हम लोग शाम को बोकारो स्टील सिटी स्टेशन पहुँचे। वहाँ से बोकारो शहर की दूरी कोई आठ

किलोमीटर थी और जाने के लिए टैक्सी गाड़ियाँ चलती थीं। हम लोग टैक्सी पर सवार होकर चले। रास्ते में एक मुस्लिम बस्ती पड़ती थी। इस बस्ती से गुज़रने वाली सड़क पर मुसलमान अपनी ख़ास गोल टोपी पहने और बाँहों पर काली पट्टी लगाये चुपचाप दोनों किनारे खड़े थे। वे अपना विरोध प्रदर्शित कर रहे थे। हमें उनके विरोध में कुछ देर के लिए साथ होने का मन किया, लेकिन तनाव को देखते हुए ऐसा नहीं कर सके। हम लोग शादी समारोह में भाग लेने गये थे। इसलिए वहाँ तो कुछ सोचने की फुरसत नहीं मिली, लेकिन लौटते समय मतलब 8 दिसम्बर को तनाव का असली रूप दिखा। बोकारो स्टेशन आना ही मुश्किल था। जब वहाँ पहुँचे तो बिलकुल सन्नाटा। पटना जाने वाली गाड़ी आयी, तब वह बिलकुल खाली थी। पूरी गाड़ी में मुश्किल से दर्जन भर लोग होंगे। हम लोग जिस डिब्बे में सवार हुए, उसमें बस, हम दोनों (मैं और शिशिर) थे। सन्नाटा कितना भयावह होता है, इसे साक्षात् देखा। इसी भय से घिरे एक लम्बी यात्रा कर हम किसी तरह पटना पहुँचे। पटना पहुँचने पर जान में जान आयी।

उस समय कई राज्यों में भाजपा की सरकारें थीं। पूरे देश में भगवा ब्रिगेड ने इसे विजय-उल्लास के रूप में मनाया। केन्द्र ने कल्याण सिंह की सरकार को तो बर्खास्त कर दिया, लेकिन यह साँप भाग जाने के बाद लाठी पीटने की तरह था। केन्द्र में तब नरसिंह राव की कांग्रेस सरकार थी। उसकी निष्क्रिय भूमिका की देशभर में निन्दा हुई। प्रधानमन्त्री राव को तो लोग मौनी बाबा कहने लगे थे।

बाबरी मस्जिद मामले पर आरम्भ से ही कुछ गड़बड़ी थी। इस पर धर्मव्याकुल और अधम ताक़तों की ही नहीं, धर्मनिरपेक्ष समुदाय की भी कोई सन्तुलित राय नहीं थी। मुझे स्मरण है इतिहासकार रामशरण शर्मा ने एक लेख द्वारा स्थिति साफ करने का कुछ प्रयास किया था, लेकिन वह आम जनता के लिए नहीं था। इतिहास में वहाँ राम मन्दिर था या नहीं यह बात महत्त्व की नहीं थी। महत्त्व की बात यह थी कि बहुसंख्य हिन्दू जनता के मन में मन्दिर था। दरअसल इसका निदान करना था, जो बुद्धिजीवी नहीं कर सके। भगवाधारियों को राम से, या उस मन्दिर-मस्जिद से कुछ लेना-देना नहीं था। उन्हें तो बस मुसलमानों को छेड़ना था। हिन्दूवादियों की तय विचारधारा ब्राह्मणवादी विचारधारा है। इसकी सामाजिक संरचना में एक शूद्र समाज होना ही चाहिए। नव हिन्दुवाद अपने हिन्दुवाद का विस्तार चाहता है और उसकी कोशिश होती है कि नये शूद्र के रूप में हम धार्मिक अल्पसंख्यकों को रख लें,

जिसमें मुसलमान और क्रिश्चियन आते हैं, क्योंकि इनकी उपासना विधि अलग है। इन्हें अलगाना आसान है। भोले-भाले लोगों को इनके ख़िलाफ़ भड़का कर उनके हिन्दुत्व को आक्रामक बताते हैं। यह हो जाने पर वे दलितों व पिछड़ों का द्विजीकरण कर सकते हैं। कल्याण सिंह और नरेन्द्र मोदी जैसे कल के निकृष्ट शूद्र हिन्दू लोग इसी द्विजीकरण के कारण आक्रामक हिन्दू बनते हैं। इससे अनजाने में ब्राह्मणवाद मज़बूत होता है। इस गुत्थी को सेक्युलर ताक़तें नहीं समझ पातीं। उनका हमला कल्याण सिंह और नरेन्द्र मोदी पर होने लगता है। वे उनके पीछे खड़े आडवाणी और वाजपेयी और फिर उनके पीछे खड़े आर.एस.एस. को नहीं देख पाते।

मैंने आर.एस.एस. पर एक पुस्तिका तैयार की और उसे छपवाया। उसे कुछ अख़बारों ने भी छापा (सन् 2000 में उसका नया संशोधित संस्करण भी प्रकाशित हुआ।)

मेरा यह मानना रहा है कि मुसलमान तुर्कों के आक्रमण के बाद बड़े पैमाने पर उन्होंने मूर्तियों और मन्दिरों को नुकसान पहुँचाया होगा। जैसे हर आक्रमणकारी बर्बर होता है, तुर्क भी थे। लेकिन कम्युनिस्ट और कुछ दूसरे सेक्यूलर तुर्क आक्रमणकारियों में मानवीयता रेखांकित करने लगते थे। मन्दिरों का विनाश इसलिए भी हुआ कि वहाँ धन होने की सम्भावना थी। आक्रमण के दौर में लूट, ध्वंस, कत्ल, बलात्कार सब होते हैं, आज भी। और वह तो मध्यकाल था। मैं स्वीकारता हूँ कि यह सब हुआ होगा। इस तथ्य को मुसलमानों को भी समझना चाहिए। वे आगे बढ़कर इसे बतलावें कि वे इतिहास में नहीं, आज में जीने वाले हैं और भारतीय हैं।

लेकिन क्या बदला लेकर आज हम इतिहास को दुरुस्त कर सकते हैं! तुर्कों ने ही नहीं, राजपूतों और ब्राह्मणों ने भी अनेक तरह के अत्याचार किये। हम सबका बदला लेंगे भी तो किससे? एक ग़रीब दर्ज़ी, एक कमज़ोर कुंजड़ा, एक ग़रीब जुलाहा जो जानता भी नहीं कि इतिहास क्या चीज़ है और बाबर और बख्तियार खिलजी कौन सी बला है, उसे मारकर हम इतिहास दुरुस्त करना चाहते हैं, जो दो जून की रोटी के लिए कमरतोड़ परिश्रम कर रहा है। हम उस पुजारी को वेदों के दसवें मण्डल के पुरुष सूक्त की वर्णव्यवस्था पैदा करने वाली गड़बड़ी का जिम्मेदार मानकर सज़ा देना चाहते हैं, जो अपने परिवार के पेटभर भोजन के लिए मन्दिर में आरती लगा रहा है, तो इसका मतलब है कि न इतिहास को समझते हैं, न आज को।

मैंने भी इतिहास का कुछ अध्ययन किया है। हमने पढ़ा था कि बाबर के पोते अकबर ने उसी मस्जिद में एक राम चौरा या चबूतरा बनाने का हुक्म दिया था। यह भी पढ़ा है कि तुलसीदास उस मस्जिद में अपनी आध्यात्मिक मस्ती करने जाते थे। माँगकर खाने और मस्जिद में सोने की बात उन्होंने अपनी ही कलम से लिखी है। मेरा कहना था कि हिन्दुओं और मुसलमानों को बैठकर इस समस्या को सुलझा लेना चाहिए था। बाबरी मस्जिद का नाम यदि 'रामजी की मस्जिद' हो जाता तो क्या बुरा था। जहाँ चार सौ वर्षों तक नमाज पढ़ी गयी हो, वहाँ अब मन्दिर बनाने का क्या तुक है। तुक तब होता है जब उस इलाके में नमाज पढ़ने वाले नहीं रहते हैं। तब वह मन्दिर क्यों और मस्जिद का नामकरण बाबर नाम के एक आक्रमणकारी या खूँरेज के नाम पर क्यों? क्या बाबर कोई मौलवी-फ़कीर था? यदि उस मस्जिद का नाम रामजी की मस्जिद हो जाता तो हिन्दुओं और मुसलमानों के सौहार्द का मंच तो होता ही, दोनों की आध्यात्मिकता-धार्मिकता के विस्तार का मंच भी होता। इस्लाम का विस्तार यह होता कि मस्जिद राम के नाम पर भी होता और हिन्दुत्व का यह कि उनके राम एक मस्जिद से भी जुड़ जाते। अल्लामा इकबाल ने राम को इमामे हिन्द कहा था। इकबाल का एक सपना पूरा हो जाता।

लेकिन यह सब क्यों होने जावे। हुआ तो और बुरा। मई 1993 में मुस्लिम आतंकवादियों ने कुख्यात दाऊद इब्राहम के कन्धों पर बैठकर मुम्बई में सीरियल धमाके किये, जिसमें सैकड़ों की जानें गयीं। यह सब सँभालने में भी सरकारें (प्रान्तीय और केन्द्रीय) विफल रहीं।

1992 की घटनाओं ने देश के धर्मनिरपेक्ष ढाँचे की बुनियाद हिला दी। दोनों सम्प्रदायों में कट्टर लोग मुखर होने लगे और प्रज्ञावान लोग हाशिये पर जाने लगे। हकीकत यह है कि जब एक सम्प्रदाय की कट्टरता को आप सहलाएँगे तो दूसरे सम्प्रदाय की कट्टरता भी बलवती होगी। हाल के वर्षों में कांग्रेस और कुछ समाजवादी घरानों ने मुसलमानों को बहलाने के लिए उनके धार्मिक प्रतीकों का इस्तेमाल शुरू किया है। इफ्तार पार्टियाँ रखी जा रही हैं। टोपी पहनकर तस्वीरें खिंचवायी जा रही हैं और हज की राजनीति हो रही है। नेहरू व इन्दिरा ने कभी इफ्तार नहीं करवाया था या रोजेदार टोपियाँ नहीं पहनी थीं, तो क्या वे इन टोपीदारों से कम सेक्युलर थे? ऐसी नौटंकियाँ जितनी जल्द हो बन्द होनी चाहिए। जब यह वोट के लिए होता है तो मेरा गुस्सा और भड़कता है। यह सहज भाव से हो, तो बहुत अच्छी बात है। हिन्दू ईद की सेवइयों का स्वाद लें और मुसलमान होली के मालपुये का तो क्या कहना!

दोनों एक-दूसरे के और दोनों मिलकर तीसरे के पहनाव-ओढ़ाय, खान-पान और समझदारी की अच्छी बातें सीखें तो बहुत खूब। सबको मिलकर एक नयी और खूबसूरत दुनिया बनानी है, यही कोशिश हो।

मुसलमान भी देश के आम नागरिक हैं। उन्हें कभी भी विशेष का आग्रह-अनुरोध नहीं करना चाहिए। उन्हें खुद को कमतर भी नहीं मानना चाहिए। 2011 की जनगणना के अनुसार, भारत में उनकी आबादी तकरीबन पन्द्रह करोड़ है। इतनी बड़ी आबादी के लोग कमतर नहीं होते। अल्पसंख्यक होने की बात तो एक मनोवैज्ञानिक जीवाणु है, जो उनमें और पूरे भारत में बोया गया है। उन्हें अल्पसंख्यक कहकर हम भाजपा के हिन्दुत्व के नारे को बल देते हैं। हिन्दू खुद सैकड़ों जातियों-उपजातियों में बँटे हैं। मुसलमानों के बीच भी ऐसी ही बात है। जिनकी आबादी पन्द्रह करोड़ हो, वह भारत की एक बड़ी ताक़त है। उन्हें हाशिये पर रखकर हम इस देश का विकास नहीं कर सकते। उनके मसायल हिन्दुस्तान की दूसरी जमातों के मसायल से अलग नहीं है। शिक्षा व रोज़गार के वे समान रूप से अधिकारी हैं और उनके इस संघर्ष में हम साथ हैं, लेकिन यदि चार विवाह करने के लिए उन्हें मुस्लिम पर्सनल लॉ की दरकार है, और रोज़गार के लिए समानता के अधिकार की तो हम इसकी तौहीन करना चाहेंगे। हिन्दुओं, मुसलमानों, ब्राह्मणों, दलितों सबको समान नागरिक कानून की ओर बढ़ना चाहिए।

इसमें कुछ ज़ोर भी देता हो, तो बुरा नहीं है। सती प्रथा पर पाबन्दी और महिलाओं के लिए अन्य सुविधाओं के लिए जब कानून बने, तब लोगों ने कोहराम खड़ा किया था। क्या इनसे डरकर इन कानूनों को रोक दिया गया? मुसलमान यदि मुख्यधारा में आना नहीं चाहते तो इसके लिए प्रयास किये जाने चाहिए। हमने तो उनके सबसे दकियानूसी स्वभाव को ही अपना समर्थन दे रखा है, क्योंकि इसी आधार पर उनका वोट मिल पाता है। उपासना के विविध तरीके हों, पहनावे भी अलग हों, भाषा भी अनेक हों, लेकिन मनुष्यता के प्रति एक सोच विकसित होनी चाहिए। समाज को, देश को, दुनिया को सुकून और शान्ति चाहिए। दुनिया का कोई भी धर्म, कोई भी मजहब नफ़रत और हिंसा का पाठ नहीं पढ़ाता। जो पढ़ाता है वह मजहब नहीं, शैतान की आयतें बाँचता है। जो किसी के दिल को तोड़ता है, किसी को तकलीफ़ देता है, शोषण करता है, उसे ही इस्लामी सन्तों ने भी शैतान कहा है।

शेख़ सादी की पंक्तियाँ हैं :

मेखूरो मुसहफ बसोज़ो आतश अन्दर काबाजिन
साकिने बुतखाना बाशी, मर्दुम आजारी मकुन।

(= शराब पियो, कोरान (धार्मिक पुस्तकों) को जला दो, काबा को आग लगा दो, बुतखाने में जाकर बैठ जाओ लेकिन इनसान का दिल मत तोड़ो।)

लेकिन देश के लोगों का दिल टूट गया था। धर्मनिरपेक्ष विरासत इतनी कमज़ोर हो गयी कि लोगों ने भाजपा के अन्दर ही एक विकल्प की तलाश शुरू की। वाजपेयी हमेशा संघ के इशारों पर नाचने वाले राजनेता रहे हैं। बाबरी मस्जिद ध्वंस की पूर्व सन्ध्या पर उन्होंने अयोध्या में उत्तेजक भाषण दिये। वह छायावादियों के अन्दाज़ में बोल रहे थे। 'मन्दिर बनाने के लिए तो ज़मीन बराबर करनी होगी' जैसे जुमले और यह सब बोलकर वह देश से ही बाहर चले गये। 6 दिसम्बर को वह चालाकी से अयोध्या में नहीं रहे। उन्होंने अपनी ऐसी तस्वीर बनायी, मानो वह अयोध्या मसले पर कुछ अलग राय रखते हैं। लोगों को यह समझाने में वह सफल रहे। रामकथा में मारीच नामक शैतान सोने का मृग बन कर सीता को लुभाने आया था। वाजपेयी लोगों को लुभाने में सफल रहे और इसलिए जब भाजपा में ही सेक्युलर चरित्र ढूँढ़ा जाने लगा, तब लोगों ने वाजपेयी को चुन लिया।

साहित्य-जगत

देश समाज की बदली सामाजिक-राजनीतिक स्थितियों का साहित्य-संस्कृति पर प्रभाव पड़ना स्वाभाविक था। पिछले प्रकरण में जिन स्थितियों की चर्चा मैंने की है, उन पर साहित्यिक संगोष्ठियों में भी विमर्श शुरू हो गये। हिन्दी लेखकों की सामाजिक स्थिति पर मैंने पहले ही टिप्पणी की है। उनकी मानसिक स्थिति उसके ही अनुरूप थी। एक तबके ने आधुनिकता से जुड़ने की सम्भव कोशिश की थी, लेकिन उनकी यह कोशिश संरचना के स्तर पर ही थी। अपनी अधिरचना में वह किसी तरह का कोई बदलाव नहीं ला सके थे। उनके आचार-व्यवहार और सोच में जाति-वर्ण, गाँव, रिश्ते, परिवार के जो ठाट थे, वे वही थे जो एक पारम्परिक हिन्दू गृहस्थ के थे। हाँ, अपने विमर्श में वह देशी-विदेशी आधुनिक चिन्तकों-संस्कृति-समीक्षकों को ज़रूर उद्धृत करते थे। यह एक प्रयत्नसाधित आधुनिकता थी, जो किसी को भी दिख सकती थी। उनकी भाषा, उनके डिक्शन और प्रतीक बदल रहे थे। रूप अथवा फॉर्म की इस आधुनिकता पर वह अभिमान करना चाहता था। मसलन स्पेनिश लेखक गाब्रिएल गार्सिया मार्क्वेज की एक विशिष्ट शैली, जिसमें वह यथार्थ और कल्पना का एक अद्भुत संयोजन करते हैं और जिसे आलोचकों ने जादुई अथवा कैरेस्मेटिक कहा है, की बड़ी चर्चा थी। आलोचकों ने इसका खूबसूरत हिन्दी रूपान्तरण जादुई यथार्थवाद किया था। कई लेखकों ने इसका ओढ़ना-बिछौना बनाया हुआ था। कुछ समय के लिए तो इसकी धूम थी। लेकिन इन बाह्य परिवर्तनों ने उनके मूल्यबोध को कम ही प्रभावित किया था।

सामाजिक-राजनीतिक स्थितियों ने मूल्य बोध को भी प्रभावित किया। उदाहरण के लिए, एक लेखक उदयप्रकाश की दो कहानियों को रखना चाहूँगा। वे दोनों हिन्दी की चर्चित कहानियाँ हैं। एक कहानी है तिरिछ जो 1987 में छपी है और दूसरी 'और अन्त में प्रार्थना' जो 1992 में। दोनों के प्रकाशन में पाँच साल का अन्तराल है और मैं समझता हूँ रचनाकाल में भी होगा।

मैं इसे नब्बे के पहले और नब्बे के बाद की रचना कहना चाहूँगा। दोनों कहानियाँ भाषा और शैली के दृष्टिकोण से बेहतर हैं और पढ़ते समय कभी मार्केज, तो कभी मुक्तिबोध, ख़ासकर उनकी कहानी 'क्लॉड इथर्ली' का स्मरण कराती हैं। लेकिन मूल्यबोध दोनों के अलग हैं। 'तिरिछ' के लेखक का अवचेतन पारम्परिक और कहें कि सामन्ती अवयवों से घिरा है, और अपने जानते वह पाठकों को लिये-दिये एक काव्य-लोक की ओर बढ़ रहा है। वह इतना अभिभूत-आत्ममुग्ध है कि वह जानना ही नहीं चाहता कि वह क्या है—पारम्परिक या आधुनिक। किसी स्वप्न-चित्र की तरह उसके पैर बुरी तरह परम्परा में घँसे हैं और वह दौड़ना चाहता है, आधुनिकता के उस नीली झील की ओर जो मुक्तिबोध की परिकल्पना थी। 'तिरिछ' के नायक को एक अति जहरीले कीड़े ने एक बार डंस लिया था, लेकिन वह ठीक हो गये थे। लेकिन उनका नायक, जो पिता रूप में है, शहर की असंवेदनशीलता से मारे जाते हैं। शहर की असंवेदनशीलता का ज़हर तिरिछ के ज़हर से कहीं अधिक घातक है (ऐसा ही अज्ञेय को भी महसूस हुआ था तभी तो उन्होंने साँप से पूछा था–तुम तो शहर में रहे नहीं/इतना ज़हर कहाँ से पाया?))।

प्रथम दृष्ट्या कहानी खूबसूरत दिखती है। लेकिन हम इसकी मीमाँसा करें। लेखक ने जो प्रतीक, जो बिम्ब गढ़े हैं, वह उसकी सोच पर आधारित हैं, पारम्परिक मूल्यबोध पर। एक पिता जो हमारी परम्परा का प्रतीक है, बार-बार तिरिछों से डंसे जाने पर भी, गाँव में सुरक्षित रहेंगे। सामन्तवाद की सुरक्षा कृषि अर्थ-व्यवस्था और ग्रामीण सामाजिक-संरचना में ही सम्भव है। एक सामन्त के लिए गाँव सब तरह की अनुकूलता लिये रहता है। सरल उत्पादन प्रणाली और उससे उपजी जटिल सामाजिक प्रणाली में इसका वर्चस्ववाद जो भारतीय परिवेश में ब्राह्मणवादी-मनुवादी प्रकृति-प्रवृत्ति का होता है, सुरक्षित होता है। लेकिन शहरी प्रकृति-प्रवृत्ति जटिल उत्पादन प्रणाली और पूँजीवाद पर आधारित होती है। यह सामन्तवादी अवयवों के लिए सचमुच असंवेदनशील होती है। यहाँ श्रम मूल्यों की दुनिया होती है, कुल-गोत्र और भावना की नहीं। एक सामन्त का यहाँ टिकना मुश्किल होता है। ब्राह्मणवादी मूल्यबोध यहाँ निरर्थक हो जाते हैं।

'तिरिछ' दो दुनिया की कहानी है, ज्ञानरंजन की प्रसिद्ध और खूबसूरत कहानी 'फेन्स के इधर और उधर' की तरह, लेकिन उससे ठीक उलट प्रभाव छोड़ती हुई। ज्ञानरंजन की कहानी हमें एक आधुनिक दुनिया की ओर धकेलती है, किन्तु उदय प्रकाश की कहानी पुरानी सामन्ती दुनिया की ओर।

ज्ञान की कहानी में ज्ञानात्मक संवेदना है तो उदय की कहानी में संवेदनात्मक अज्ञान। यह कहानी स्वयं में एक ट्रेजडी बन जाती है।

लेकिन रामजन्मभूमि विवाद से लेकर मण्डल आन्दोलन तक ने उदय प्रकाश के अवचेतन को जिस तरह मथा है, उससे उनका एक नया मूल्य बोध बनता दिख रहा है। 'और अन्त में प्रार्थना' में वह अपने युग के सबसे जटिल मिथ्याचार (हिपोक्रेसी) को पकड़ने में समर्थ होते हैं। अपने समय की ऐसी व्याख्या केवल रेणु (फणीश्वरनाथ) ने ही की है। मैं हमेशा कहता रहा हूँ कि कांग्रेस होशियार ब्राह्मणों की पार्टी है और भाजपा गँवार ब्राह्मणों की (इसलिए भाजपा के ब्राह्मणवाद से मुझे इतना खतरा नहीं महसूस होता जितना कांग्रेस के ब्राह्मणवाद से। कांग्रेस और भाजपा को बहुत रूढ़ अर्थों में न लिया जाये।)। 'और अन्त में प्रार्थना' का एक पात्र है थुकरा महाराज। अद्भुत पात्र है। यह एक कस्बाई पात्र है। कस्बे से उठाकर इसे अखिल भारतीय स्तर का बना दिया जाये तो यह अटल बिहारी वाजपेयी बन जायेगा। घोंचू और दयनीय–एक विपन्न विप्र। बहुत का आकांक्षी नहीं है। पेट भरने भर की अर्थसत्ता और सिर उठाने भर की इज्जत के लिए वह पारम्परिक वर्णव्यवस्था का पक्षधर है, क्योंकि उसे लगता है कि इसके सिवा उसके पास कोई पूँजी नहीं है। फिर कहानी के दूसरे छोर पर डॉ. वाकणकर जो राष्ट्र और सेवा की उच्च भावनाओं के साथ संघ (आरएसएस) के स्वयंसेवक हैं, लेकिन उन्हें पता चल जाता है कि वह तो छले गये हैं। राष्ट्र और सेवा का बोर्ड लगाकर यहाँ कुछ और ही होता है। इस कहानी के प्रकाशन और बाबरी मस्जिद ध्वंस में कुछ समय का अन्तर था। कहानी शुरू 1992 में छपी थी, बाबरी मस्जिद ध्वंस 6 दिसम्बर '92 को हुआ था। डॉ. वाकणकर मैला आँचल के पात्र बावनदास की तरह, या कहें उससे कुछ ज़्यादा भयावह संघर्ष कर रहा है। बावनदास अपनी ही पार्टी कांग्रेस को ब्लैक मार्केटियर कापरा जी को कहता है–'आइये सामने। पास कराइये गाड़ी। आप भी कांग्रेस के मेम्बर हैं और हम भी। खाता खुला हुआ है। अपना-अपना हिसाब-किताब दिखाइये।' डॉ. वाकणकर भी अपने ही संघ के लोगों से जूझ रहे हैं। संघ की राष्ट्र सेवा, सच्चाई, मर्यादा और आदर्श एक बारगी बाहर आते हैं, अपनी पूरी भयावहता व विद्रूप के साथ। जैसे 6 दिसम्बर '92 को उनका असली रूप प्रकट हुआ।

यह उदाहरण, मैंने उस दौर के साहित्यिक मिज़ाज का परिचय देने के लिए रखा, कि कैसे एक लेखक रूपान्तरित होता है। 'तिरिछ' और 'और अन्त में प्रार्थना' का लेखक एक ही है और नहीं भी है। पाँच वर्षों के अन्तराल में

वह कुछ से कुछ हो जाता है। पाँच वर्ष पहले जिस मिथ्याचार या अवगुंठन को पहचानने से वह चूक गया था, अब उसकी मीमाँसा करने की स्थिति में है।

लेकिन यह एक उदाहरण था। सामान्य तौर पर यह नहीं हुआ। दुनिया भर की हलचलों पर पैनी निगाह रखने वाला लेखक अपने इर्द-गिर्द के हलचलों से दूर ही रहना चाहता है। इसलिए ज़्यादातर लेखकों ने इन हलचलों की उपेक्षा की। किन्तु उनकी उपेक्षा से, हलचलों का प्रभाव कम नहीं हो सकता था। रोज़ सरकारें बन और गिर रही थीं। नये नायक खड़े हो रहे थे, पुराने ध्वस्त हो रहे थे। अन्तर्राष्ट्रीय स्तर पर सोवियन संघ के पतन के बाद दुनिया एकध्रुवीय होने लगी थी। शीतयुद्ध का पूरा वैचारिक ताम-झाम बेमतलब हो गया था। आर्थिक ताना-बाना नया रूप ले रहा था।

सबसे पहला असर लेखक संगठनों पर पड़ा। वे अप्रासंगिक होने लगे। इसके साथ ही निष्क्रिय भी। लेखकों की उनके प्रति दिलचस्पी कम होने लगी। यह कहना बहुत ग़लत नहीं होगा कि साहित्य से मार्क्सवाद का बुखार उतर गया।

ज़्यादातर लेखक हतप्रभ थे। उन्हें समझ में नहीं आ रहा था, कि क्या करना है। उन्होंने अपना कोई दृष्टिकोण विकसित नहीं किया था। ऊँची जातियों के लेखकों ने आरक्षण के सवाल पर जो रुख़, अपनाया, उसमें दाग की पंक्तियाँ याद आने लगीं :–

खूब पर्दा है कि चिलमन से लगे बैठे हैं,
साफ छिपते भी नहीं, सामने आते भी नहीं।

इन लोगों ने सामाजिक न्याय के आन्दोलन को रामजन्मभूमि आन्दोलन से जोड़कर देखा। वे इसे जानबूझकर मण्डल-कमण्डल दौर कहते थे। प्रगतिशील कहे जाने वाले सवर्ण लेखकों का सामाजिक न्याय की चेतना के प्रति यह उपहास का भाव था। इसे दलित-पिछड़े तबके के लोग समझते थे। इन सब घटनाओं ने मिल-मिलाकर साहित्य में भी जाति-विमर्श को जगह दे दी और सबसे बुरी बात तो यह हुई कि कुछ लेखक जाति-समीकरणों के आधार पर साहित्य की व्याख्या करने लगे। एक दलित लेखक धर्मवीर ने कबीर की आलोचना पर काम किया, तब हज़ारी प्रसाद द्विवेदी में ब्राह्मणपन की तलाश की। यह सब बहुत अधिक था। लेकिन शायद इसे रोका भी नहीं जा सकता था।

बिहार और उत्तर प्रदेश जैसे प्रदेश हिन्दी के बड़े आधार क्षेत्र हैं। यह सामाजिक न्याय के आन्दोलन का भी आधार क्षेत्र है। बिहार में लालू प्रसाद पर तीखी टिप्पणियाँ करने में सामन्त-सवर्ण के साथ उन परिवारों से आये लेखक भी जुड़े गये थे। कई कवियों ने लालू पर वक्रोतियाँ लिखीं।

जब मैं 'जन विकल्प' निकाल रहा था, तब मेरे सहयोगी प्रमोद रंजन ने हिन्दी कवियों की इस प्रवृत्ति पर एक छोटा आलेख लिखा, जो उसमें प्रकाशित हुआ। कुछ कवियों को इस तरह आईना दिखाना बुरा लगा।

किसी राजनेता को कविता का विषय बनाना और उसकी आलोचना करना निषिद्ध नहीं है। हमारे बड़े कवियों ने यह कार्य किया है। निराला और नागार्जुन ने नेहरू पर कविताएँ लिखी हैं। 'तुम रह जाते दस साल और' जैसी नागार्जुन की कविता या फिर उन्हीं की 'इन्दु जी-इन्दु जी क्या हुआ आपको' जैसी कविता पंक्तियाँ जो नारे की तरह इस्तेमाल हुईं, भी हिन्दी में हैं, लेकिन इसके लिए राजनीति की पैनी समझ होनी चाहिए। कवि कह सकते हैं कि पैनी समझ तो इन कविताओं में भी है। कविता समझने की समझ होनी चाहिए, लेकिन मैं फिर कहूँगा कि ये कविताएँ जो अर्थ प्रक्षेपित करती हैं, उसमें कवियों का वर्णवादी चेहरा नज़र आता है।

हिन्दी गद्य में हमेशा से थोड़ा ही सही, लेकिन भिन्न परिवेश रहा है। यहाँ जब मार्क्सवाद और जनवाद का बुखार उतरा तब कुछ सार्थक विमर्श हुए, जैसे स्त्री और दलित विमर्श। हिन्दी में दलित लेखन अब चर्चा का सार्वजनिक विषय था। लेकिन इसे दिग्भ्रमित करने की पूरी कोशिश की गयी। सवर्ण आलोचकों की सोच थी कि दलित साहित्य उन लेखकों द्वारा लिखा गया साहित्य है जो अनुसूचित जातियों में पैदा हुए हैं। वे इनके वैचारिक आधार फुले-आम्बेडकरवाद के बारे में कुछ नहीं जानते थे, जानना भी नहीं चाहते थे। उन्होंने दलित साहित्य के अस्तित्व को स्वीकार अवश्य किया। लेकिन वैसे ही जैसे गाँव का सवर्ण दलित बस्ती के अस्तित्व को स्वीकार करता है। इससे भी ज़्यादा अनिष्ट उन लेखकों ने किया, जो अनुसूचित जातियों से आते थे और उससे बाहर नहीं निकलना चाहते थे। उन्होंने दलित साहित्य को एक बाड़े से जबरदस्त रूप से घेर दिया और अपनी पताका फहरा दी। अपने इस सांस्कृतिक साम्राज्य को अभेद्य बनाने के चक्कर में एक दलित साम्प्रदायिकता और दलित ब्राह्मणवाद को अनजाने में जन्म दे दिया। समानता, मानवता और करुणा के उसके महान उद्देश्य विनष्ट हो गये और बच गया केवल अपना जातिवाद। जल्दी ही दलित साहित्य अनुसूचित जाति साहित्य में बदल गया।

उसके इस पतन पर मुझे बहुत दुख हुआ। 1975 में मैंने दलित लेखन पर पटना में एक संगोष्ठी करायी थी (जो हिन्दी क्षेत्र में इस विषय पर पहली संगोष्ठी थी)। 1976 में मैंने एक लेख भी लिखा 'दलित साहित्य' जो 'जनता', 'जनयुग', 'फिलॉसफी एंड सोशल एक्शन' और 'वर्तमान साहित्य'

जैसी पत्रिकाओं में प्रकाशित होता रहा। कई पुस्तक संकलनों में भी यह आया। इस साहित्य को लेकर मेरी बड़ी ऊँची धारणा थी और मुझे लगता था कि भक्ति आन्दोलन की तरह साहित्य का यह दलित आन्दोलन एक समय भारतीय साहित्य की मुख्यधारा बनेगा और राष्ट्रीय राजनीति को भी प्रभावित करेगा। लेकिन दलित लेखकों ने इसे मुख्यधारा बनाने के बजाय प्रकोष्ठ बनाना बेहतर समझा। आरक्षण से मिली सुविधाओं के कारण उनमें यह प्रवृत्ति आयी। इतना ही है, लेकिन अपना है, जैसी निजी पूँजी वाली मानसिकता। यह अपने आप में एक जातिवाद है और इससे किसी बड़े नतीजे की आशा करना बेकार है।

आरम्भ में दलित विमर्श ने साहित्य पर चिन्तन का एक भिन्न दृष्टिकोण दिया और यह मुझे अच्छा भी लगा; लेकिन जल्दी ही ये अपने मित्रों पर ही हमले करने लगे। मसलन दलित लेखकों ने तुलसी के साहित्य पर कोई प्रभावशाली विमर्श और हमला तो नहीं किया, प्रेमचन्द पर हमले ख़ूब किये। मैं तो इस प्रवृत्ति पर अफसोस ही कर सकता था। प्रेमचन्द निःसन्देह दलित लेखक नहीं थे। उस समय दलित लेखन की चर्चा भी नहीं थी, किन्तु वह दलित चेतना के मित्र लेखक थे। 1880-1936 उनका जीवनकाल रहा है और 1908-1936 लेखनकाल। हम उसी कालखण्ड में उनका विवेचन करेंगे। यह दौर राजनीति में राष्ट्रीय आन्दोलन का था और साहित्य में, जैसा कि हिन्दी साहित्य पर चर्चा करते हुए मैंने पहले लिखा है, तिलकवादी वर्चस्व का–जिसे हम द्विजवादी राष्ट्रवाद का दौर कह सकते हैं। तो द्विजवादी राष्ट्रवाद के दौर में प्रेमचन्द उससे विद्रोह करते हैं। वह उस 'महान परम्परा' को नकारते हैं, जिसे तिलकवादी सिर पर उठाये हुए थे। प्रेमचन्द द्वारा बनारसीदास को लिखे एक पत्र का उद्धरण मैं रखना चाहूँगा, जो 12 जनवरी, 1934 का लिखा है, प्रेमचन्द की मृत्यु से कोई ढाई साल पहले। (मंगलमूर्ति द्वारा सम्पादित प्रेमचन्द-पत्र संकलन में यह पत्र है।)

> 'उसने (किसी निर्मल ने) मुझ पर यह दोष लगाया है कि मैं ब्राह्मण वर्ग का द्रोही हूँ। सिर्फ इसलिए कि मैंने इन पुजारियों और महन्तों और धार्मिक लुच्चे-लफंगों के कुछ पाखण्डों का मज़ाक उड़ाया है। उनको यह ब्राह्मण कहता है और ज़रा भी नहीं सोचता कि उनको वह ब्राह्मण कहकर वह अच्छे-भले ब्राह्मणों का कितना अपमान करता है। ब्राह्मण का मेरा आदर्श सेवा और त्याग है, वह कोई भी हो। पाखण्ड और कट्टरता और सीधे-सादे हिन्दू समाज के अन्धविश्वास का फ़ायदा उठाना, इन पुजारियों और पण्डों का धन्धा है

और इसलिए मैं उन्हें हिन्दू समाज का एक अभिशाप समझता हूँ और उन्हें अपने अध:पतन के लिए उत्तरदायी समझता हूँ। वे इसी काबिल हैं कि उनका मखौल उड़ाया जाये और यही मैंने किया है। यह निर्मल और उसकी थैली के चट्टे-बट्टे दूसरे लोग ऊपर से बहुत राष्ट्रीयतावादी बनते हैं, मगर उनके दिल में पुजारी वर्ग की सारी कमज़ोरियाँ भरी पड़ी हैं और इसीलिए वे हम लोगों को गालियाँ देते हैं, जो स्थिति में सुधार लाने की कोशिश करते हैं।'

...मेरे ख़िलाफ़ फ़र्दे जुर्म क्या है। क्या वे कहानियाँ, जिनमें मैंने इन पाखण्डियों का मखौल उड़ाया है? बराय मेहरबानी उन्हें पढ़ जाइए। बहुत नहीं हैं। माखौल की असल चीज़ को बढ़ा-चढ़ाकर नमक-मिर्च लगाकर कहना होता है और यही मैंने किया है। मगर यह काम मैंने साफ दिल से किया है। यह द्वेष और विष से पूरी तरह मुक्त है।'

प्रेमचन्द पहले लेखक हैं, जो उस दौर में वर्णाश्रम पर चोट करते हैं और परम्परा की बात करने वालों से सवाल पूछते हैं। कवि जयशंकर प्रसाद को एक पत्र में प्रेमचन्द लिखते हैं :

'पूर्वजों की कीर्ति का भविष्य के निर्माण में भाग होता है और बड़ा भाग होता है, लेकिन हमें तो नये सिरे से दुनिया बनानी है। अपनी किस वस्तु पर गौरव करें? वीरता पर? दान पर? तप पर? वीरता क्या थी? अपने भाइयों का रक्त बहाना। दान क्या था, एकाधिपत्य का नग्न नृत्य और तप क्या था? वही जिसने आज कम-से-कम तीस लाख बेकारों का बोझ हमारी दरिद्र जनता पर लाद दिया है। अगर 5 रुपये प्रतिमास भी एक साधु की जीविका पर खर्च हो तो लगभग 20 करोड़ रुपये हमारी गाढ़ी कमायी के उसी पुराने 'तप' के आदर्श की भेंट हो जाते हैं। किस बात पर गर्व करें, वर्णाश्रम धर्म पर! जिसने हमारी जड़ खोद डाली?'

प्रेमचन्द पर इस तरह के हमले का अभिप्राय क्या है? प्रेमचन्द की सम्यक् आलोचना का मैं स्वागत करूँगा। यदि यह आलोचना दलित दृष्टिकोण से हो तो और भी अधिक स्वागत करूँगा। लेकिन वाज़िब तथ्य और तर्क होने चाहिए। प्रेमचन्द का समग्र प्रभाव दलित चिन्तन के विरोध में नहीं जाता है, उसके पक्ष में जाता है, क्योंकि वह बार-बार अपने लेखन में वर्चस्व प्राप्त तबके को चुनौती देते हैं, जैसे रूसी लेखक अन्तोन चेखोब देते हैं।

1936 में प्रगतिशील लेखक संघ के स्थापना सम्मेलन की अध्यक्षता करते हुए भी उन्होंने कहा था–;जो दलित हैं, पीड़ित हैं, वंचित हैं, चाहे वह व्यक्ति हो या समूह, उसकी हिमायत और वकालत करना, उसका फ़र्ज है।' अब इस प्रेमचन्द पर हमला बोलकर हम क्या पाना चाहते हैं?

दलित लेखकों ने साहित्य के स्तर पर, बेहतर कुछ भी नहीं दिया। ज़्यादा से ज़्यादा आत्मकथाएँ आयीं और इनमें से कुछ को यदि छोड़ दिया जाये तो बकवास ही ज़्यादा है। श्रवण कुमार लिंबाले की आत्मकथा 'अक्करकाशी' आयी थी, तभी मैंने स्वागत करते हुए उस पर टिप्पणी की थी। ओमप्रकाश वाल्मीकि की आत्मकथा 'जूठन' पर मेरा एक स्वतन्त्र लेख है। मैंने इसे पसन्द किया था। दया पवार मेरे प्यारे मित्र रहे और उनके आत्मकथात्मक उपन्यास 'अछूत' पर भी मैंने लिखा था। तुलसीराम की आत्मकथा मुझे बेहद पसन्द है। कुछ और भी हैं। लेकिन कितनी आत्मकथाएँ होंगी। ज़्यादातर का राग तो यही है कि दलित होने के कारण उन्हें जीवन की कठिनाइयों को इस तरह झेलना पड़ा। हर आत्मकथा से तो एक ही आवाज़ उठती है। यदि आप दया पवार, लिंबाले या फिर तुलसी राम की तरह दलितों के अपने मिथ्याचार पर कुछ बतलावें तब न। जैसे लिंबाले ने बतलाया कि मैं महार तो था, लेकिन सोमवंशी महार नहीं था, इसलिए मुझे जाति के भीतर भी अलगाव झेलना पड़ा, सोमवंशी महार कुछ ज़्यादा उन्नत हैं महारों में और उसी ख़ास शाखा में भीमराव आम्बेडकर का जन्म भी हुआ था। इसलिए वह विशेषाधिकार जताते हैं। दूसरे महारों को अपने से हेय समझते हैं।

केवल दलित जीवन का चित्रण दलित साहित्य का ध्येय नहीं होना चाहिए। उन्हें पूरे समाज को अपने नज़रिये से देखना चाहिए। रूसी लेखक तोलस्तोय एक ज़मींदार परिवार में पैदा हुए। लेखन में उनका वर्ण्य विषय भी ज़्यादातर रूसी भद्रलोक ही है। चाहे वह 'वार एण्ड पीस' हो, या 'अन्ना कारेन्निना' या 'रिसरेक्शन' सब ऊँचे घरानों की ही कहानी हैं। लेकिन वे ज़मींदार लेखक नहीं, किसान लेखक कहे गये। लेनिन ने उन्हें किसानों का लेखक कहा। क्यों? इसलिए कि तोलस्तोय ने किसानों के नज़रिये से जीवन को देखा, साहित्य को देखा। इसी प्रकार दलितों के जीवन पर लिखना नहीं, दलितों के नज़रिये से जीवन और साहित्य को देखना और लिखना दलित लेखन है, दलित साहित्य है। हम इसे साहित्य का सबाल्र्टन नज़रिया कहेंगे।
साहित्य ने इस बीच मेरे व्यक्तिगत जीवन को भी उत्साहित किया। मेरे दो कहानी संकलन प्रकाशित हुए। 1991 में 'अँधेरे में अकेले' और 1993 में 'घास के गहने'।

'अँधेरे में अकेले' का लोकार्पण इलाहाबाद में धूमधाम के बीच हुआ, जिसमें डॉ. रामविलास शर्मा, डॉ. नामवर सिंह, कवि केदारनाथ अग्रवाल, कथाकार ज्ञानरंजन आदि के साथ इलाहाबाद और अन्य जगहों के लगभग सौ लेखक इकट्ठे थे। परिमल ने मेरे संकलन को प्रकाशित किया था। इसके प्रकाशक शिवकुमार सहाय विरले व्यक्तित्व के थे। वे कभी-कभी इलाहाबाद में लेखकों का मेला लगाते थे। इसी मेले में अन्य चार किताबों के साथ मेरी किताब भी सामने आयी। उस धूमधाम के कारण एक अखिल भारतीय परिचय भी किताब को हासिल हो गया।

1994 में 'अँधेरे में अकेले' को श्रीकान्त वर्मा स्मृति पुरस्कार मिला। यह उन दिनों का चर्चित पुरस्कार था, जो कवि श्रीकान्त वर्मा की स्मृति में एक ट्रस्ट द्वारा दिया जाता था। पुरस्कार की चयन समिति सरकारी नहीं थी, बल्कि उसमें वरिष्ठ लेखक थे इसलिए इसकी चर्चा कई दिनों तक होती रहती थी। पुरस्कार प्रदान करने के लिए एक समारोह का भव्य आयोजन होता था। 1994 का आयोजन रायपुर (अब छत्तीसगढ़, उन दिनों मध्य प्रदेश) में होना था, लेकिन अचानक स्थान परिवर्तन हुआ और उसे दिल्ली कर दिया गया। अन्तत: साहित्य अकादमी सभागार में समारोह आयोजित हुआ।

साहित्य अकादेमी सभागार के आयोजन ने मेरे लिए इसे कुछ ज़्यादा ही ख़ास कर दिया। इससे जुड़ी एक कथा है। संक्षेप में उसे बता देना बुरा नहीं होगा। 1982 में आख़िरी दिसम्बर की बात है। मैं जयपुर से एक लेखक सम्मेलन में भाग लेकर लौट रहा था। उन दिनों पिंक सिटी एक्सप्रेस एक ट्रेन होती थी, जो जयपुर से शाम को चलती थी और रात में दिल्ली पहुँचती थी। दिल्ली में मैं एक सांसद के आवास पर जो फ़िरोज़शाह रोड से लगे कैनिंग लेन पर अवस्थित था, में ठहरा था। दिल्ली दो रोज़ रुककर पटना लौटना था, इसी तरह से रेल का आरक्षण था। अगले दिन शाम को आवास से यूँ ही चहलकदमी करने और एकाध प्याली चाय-कॉफी पीने के इरादे से बाहर निकला। जब फिरोजशाह रोड पर आया, तब साहित्य अकादमी भवन मिला। गेट पर कपड़े पर लिखा एक बैनर लटक रहा था, जिसमें किसी विदेशी कवि के कविता पाठ की सूचना थी। कवि का नाम ठीक से स्मरण नहीं आ रहा, लेकिन मुझे लगता है ऑक्तोवियो पाज का नाम था, क्योंकि उनकी एक कविता का अनुवाद मैंने दिनमान या कहीं और पढ़ा था। मैं अपने शहर पटना के साहित्यिक समारोहों से परिचित था, जहाँ बहुत मुश्किल से श्रोता इकट्ठे किये जाते हैं और यदि कोई आ जाता है बिन बुलाये, तो आयोजक खुश ही होता है।

मुझे लगा कि क्यों नहीं, इस कविता-पाठ का आनन्द लिया जाये और देखा जाये कि दिल्ली की साहित्यिक गोष्ठी कैसी होती है, ख़ासकर साहित्य अकादमी की गोष्ठी, जिसका केवल नाम सुना था, भीतर कभी गया नहीं था। मैं पूरे इत्मीनान से गेट के भीतर गया, लेकिन सभागार का पता करना था। कई सन्तरी थे, मैंने एक से सभागार का रास्ता पूछा। उसने मुझसे पूछा कि क्या आपको आमन्त्रण है। मैंने 'ना' किया, उस सन्तरी ने धीरे से मेरे कन्धे पर अपना पंजा रखा और गेट तक लाया, फिर सामान्य रूप से, मानो कोई बात ही नहीं हो, कहा–'बिना आमन्त्रण के कहीं नहीं जाना चाहिए।' बात तो ठीक थी, लेकिन मैं तो शर्मिन्दगी में डूब गया। मैं तो चहल-कदमी करने और चाय-कॉफी पीने निकला था। रास्ते में बैनर ने मुझे आकर्षित किया। अब इस तरह अपमानित होना! मैं फिर कहीं नहीं गया। चाय-कॉफी भी नहीं ली। आवास लौट गया। सन्तरी और मेरे सिवा कोई नहीं था। कम-से-कम परिचित जान-पहचान का भी कोई नहीं, लेकिन मैं तो था ही। क्यों गया अपमानित होने। देर तक यही सोचता रहा।

वह 1982 था और अब यह 1994। बारह वर्षों का अन्तराल। साहित्य अकादमी का वही गेट अभी भी था। मुझे इस बार आवास से लेने एक सांसद सोंथालिया जी और मध्य प्रदेश सरकार के एक मन्त्री कोई यादव जी आये थे। गाड़ी से उतरा तब गेट पर नज़र पड़ी। एक बैनर, जो कहीं शानदार था, इस बार भी लटक रहा था, लेकिन उस पर मेरा नाम था। मैं कह नहीं सकता, मुझे कैसा अनुभव हुआ। किसी गर्व से नहीं, भावना में–अनुभव हुआ, मैं आँसुओं की बाढ़ में डूब जाऊँगा। सुख के भी आँसू होते हैं और जबर्दस्त प्रभावकारी होते हैं। समारोह में महती उपस्थिति थी। गर्व करने लायक आयोजन था, लेकिन मेरे कानों में सन्तरी की बारह साल पुरानी आवाज़ गूँज रही थी और मुझे विचलित किये दे रही थी। लेकिन छोड़िये भावुकता की बातें। कुछ हकीकत जानें।

उस समारोह में मैंने जो भाषण दिया उसे हू-ब-बू यहाँ रख दे रहा हूँ। सब कुछ बताने का सबसे आसान तरीक़ा यही है।

माननीय लोकसभाध्यक्ष शिवराज पाटिल जी, नामवर जी, वीणा वर्मा जी, पुरस्कार चयन समिति और न्यास के विद्वान् सदस्यगण, उपस्थित विद्वान लेखक, संस्कृतिकर्मी एवं अन्य मित्रो।

सबसे पहले मैं पुरस्कार चयन समिति के सदस्यों का, जो हमारी भाषा के सम्मानित साहित्यकार भी हैं–आभार व्यक्त करूँ,

जिन्होंने मुझे आज यहाँ उपस्थित होने का अवसर प्रदान किया। मुझे जब यह जानकारी मिली कि मेरी पुस्तक को पुरस्कार के लिए चुना गया है, तब मुझे अविश्वास और आश्चर्य हुआ। लोगों से पुरस्कारों के बारे में बहुत कुछ सुन रखा था और यह मान बैठा था कि इन सबके पीछे कोई राजनीति होती है, तिकड़म होती है। मेरा तो किसी से कोई परिचय भी नहीं था। मेरे अविश्वास और आश्चर्य का कुल कारण यही था।

इन पुरस्कारों की प्रासंगिकता–अप्रासंगिकता पर बहुत चर्चा हुई है। मुझसे भी इस बाबत कुछ मित्रों ने सवाल पूछे। मेरी व्यक्तिगत राय है कि ये पुरस्कार, ख़िताब आदि हमारी उस सभ्यता के स्वाँग हैं, जिसमें हम जी रहे हैं। इन्हें योग्यता की कसौटी तो शायद कोई नहीं मानता। दुनिया के अनेक बड़े लेखकों को कोई पुरस्कार नहीं मिला। तोलस्तोय, चेखब, गोर्की के समय नोबल पुरस्कार था और यह उन्हें नहीं मिला। लेकिन इन बड़े और महत्त्वपूर्ण लेखकों की बराबरी कौन कर सकता है। पुरस्कार अपनी जगह पर होते हैं और लेखक अपनी जगह पर। किन्तु इतना कह सकता हूँ कि मेरे जैसे लेखक को इससे विश्वास की एक ताक़त मिली है।

मेरा जन्म बिहार के एक पिछड़े गाँव के सर्वहारा परिवार में हुआ। हमारा प्रदेश भी कई मायनों में देश के सबसे पिछड़े प्रान्तों में से एक है। भारी निरक्षरता है, प्रति व्यक्ति आय बहुत कम है और एक बातूनी शासनतन्त्र की देखरेख में जातिवाद का ज़हर तेज़ी से फैल रहा है। ऐसे प्रदेश के एक कोने में बैठकर साहित्य-संस्कृति पर काम करना एक अजूबा अनुभव है। आप दिल्ली में बैठकर साहित्य में जिस तरह सोचते हैं, वैसे हम चाहकर भी नहीं सोच सकते। हमारे चारों तरफ, बेलछी, पिपरा, कंसारा और बारा पसरे पड़े हैं। इसकी अनदेखी कर चलना हमारे लिए असम्भव होता है। बुद्ध और चन्द्रगुप्त की विरासत लिये बिहार आज अभूतपूर्व सामाजिक-राजनीतिक संकट झेल रहा है। श्रीकान्त वर्मा का 'मगध' आज सचमुच खतरे में है। न कोई चन्द्रगुप्त तक्षशिला की ओर घोड़ा दौड़ा रहा है और न कोई चाणक्य तक्षशिला से मगध की ओर रवाना हो रहा है। श्रीकान्त वर्मा के शब्दों में ही कहूँ तो 'मगध के लोग मृतकों की हड्डियाँ चुन रहे हैं। सारे आन्दोलन पझा चुके हैं

और जनता के कष्ट को कई गुना बढ़ा गये हैं। अनेक आलोचक बिहार के लेखकों में अतिरिक्त राजनीतिक सतर्कता देखते हैं, तो उसके कारण हैं।

दुनिया के तमाम लोग आज साहित्य की प्रासंगिकता पर बात कर रहे हैं। इलेक्ट्रॉनिक मीडिया के कारण कुछ लोगों को इस पर संकट दिख रहे हैं। लेकिन मेरी मान्यता है कि हमारे लिए साहित्य पहले से कहीं ज़्यादा प्रासंगिक है। मनुष्य और मनुष्यता को माँजने-सँवारने का काम कभी धर्म ने किया था। आज दुनिया भर में वह अपनी मंगलकारी भूमिका खो चुका है। उसके संस्थागत रूपों और कट्टरपन ने मनुष्यता की बड़ी क्षति पहुँचायी है। मनुष्य और मनुष्यता को सजाने-सँवारने का काम आज साहित्य को करना है। उसे पीड़ित मानवता को वाणी देनी है और नयी मानवता का प्रस्तावक होना है। उसे जीवन की राग-ध्वनियाँ पैदा करनी हैं। हम जिस समय में जी रहे हैं, उसमें मनुष्य बहुत संकट में है। आज मनुष्य के पक्ष में कोई नहीं है—न धर्म, न राजनीति, न विचार। साहित्य को मनुष्य के पक्ष में खड़ा होना है।

आज श्रीकान्त वर्मा का जन्मदिन है। वह हमारी भाषा के, हमारे देश के उन सांस्कृतिक विभूतियों में हैं, जिन पर हमारी भाषा, हमारा देश गर्व कर सकता है। अपनी भाषा, अपने साहित्य और अपने समाज को परिष्कृत करने, आधुनिक बनाने में उन्होंने अपना जीवन लगाया। एक पाठक के रूप में श्रीकान्त वर्मा से मेरा परिचय छात्र-जीवन में हुआ था, जब वे 'दिनमान' से जुड़े थे। यह परिचय एक पत्रकार के रूप में था। बाद में एक कवि, कहानीकार के रूप में उनसे परिचित हुआ। उनकी 'घर' जैसी कहानी का असर मुझ पर वर्षों रहा और इसकी रोशनी में आज भी मैं कहानियों के मन को पढ़ता हूँ। आज इस अवसर पर मैं उनकी स्मृति को प्रणाम करता हूँ।

आज आप सबकी उपस्थिति से मुझे ताक़त मिली है। आपके स्नेह को कभी भूल नहीं सकूँगा। मैं सबके प्रति अपना आभार प्रकट करते हुए, अपनी त्रुटियों के लिए आप सबसे क्षमा चाहूँगा। धन्यवाद।

:3:

पटना में साहित्य की पुरानी दुनिया पझा रही थी। बदलते हुए समय में इसे लेकर न कोई उत्सुकता थी, न कोई हंगामा। वामपन्थी लेखक संगठनों ने अनजाने में ही साहित्य के पूरे वातावरण को बाँझ बना दिया था। नक्सलबाड़ी से प्रभावित वामधारा के जो लेखक थे, उनका बड़बोलापन सबसे अधिक था। भाई महेश्वर उनके सिद्धान्तकार थे, रामजी राय कमाँडर। व्यक्तिगत रूप से दोनों ही बड़े भले थे और उन दोनों से मेरा याराना था, लेकिन उनके किसी विशिष्ट साहित्यिक अवदान की जानकारी मुझे भी नहीं है। उनका काम यही था कि नये लेखकों के मन में नक्सलबाड़ी का बिरवा बो दिया जाये। दोनों उत्साह से लबरेज थे और पार्टी के प्रति पूरे ईमानदार भी। लेकिन उनकी यह ईमानदारी साहित्य के प्रति भी थी, यह नहीं कहा जा सकता है।

पटना प्रगतिशील लेखक संघ का मैं दो वर्षों तक अध्यक्ष रहा और इस बीच छोटी-बड़ी बीस गोष्ठियाँ करायीं। मैंने एक जनतन्त्रात्मक स्वरूप देने की कोशिश की, लेकिन बीच में एक मुश्किल आ गयी। जहानाबाद (कुर्था) के एक कवि थे विद्रोही जी। पूरा नाम था वीरेन्द्र विद्रोही। वे नक्सली वामधारा से जुड़े थे। उनकी हत्या हो गयी। मैं उनसे एक बार मिला था। बड़े संवेदनशील आदमी थे। उनका इलाक़ा जनसंहारों का इलाक़ा था। एक बार ऐसे ही एक नरसंहार का मुआयना करने गये तत्कालीन मुख्यमन्त्री भागवत झा आज़ाद जब घटनास्थल पर पहुँचे, तब विद्रोहीजी ने उन्हें पकड़ लिया और उनके मुँह पर कालिख पोत दी। वह जेल में डाल दिये गये। वहीं से उन्होंने विधानसभा के लिए चुनाव लड़ा। कवि नागार्जुन ने उनके समर्थन में अपील जारी की, जिसे पोस्टर बनाकर प्रचारित किया गया था। उनकी हत्या से मैं मर्माहत हुआ। मैंने पटना प्रगतिशील लेखक संघ की ओर से एक शोक सभा आयोजित की, जिसमें लोकयुद्ध के सम्पादक अशोक कुमार भी शामिल हुए। लोकयुद्ध मार्क्सवादी-लेनिनवादी कम्युनिस्ट पार्टी (नक्सलवाड़ी) का मुखपत्र था।

जैसा मैंने कहा है कि प्रगतिशील लेखक संघ की नकेल भारतीय कम्युनिस्ट पार्टी (सीपीआई) के पास थी। आकाओं की इस पर नज़र गयी। मुझसे केवल इतना कहा गया कि विद्रोही इतने बड़े कवि नहीं थे कि उन पर शोक सभा की जाये। मैंने प्रतिरोध किया कि मृत्यु के बाद यह सब नहीं देखना चाहिए। हम उनकी समीक्षा नहीं कर रहे थे, उन्हें श्रद्धांजलि दे रहे थे। वह कवि थे या नहीं, संवेदनशील आदमी तो ज़रूर थे। उनकी हत्या हुई है। इसका हमें प्रतिरोध तो करना ही चाहिए।

मैंने यह भी स्मरण दिलाया कि 1977 में रेणु जी पर शोकसभा किन कारणों से नहीं की गयी थी। उस समय नन्दकिशोर नवल पटना प्रलेस के अध्यक्ष थे। मैंने ही बात रखी कि रेणुजी पर शोकसभा हो। खगेन्द्र जी और नवल जी हँसकर रह गये। रेणुजी जयप्रकाश आन्दोलन में थे। फासिस्ट लेखक। हम लोग भला उन पर शोक सभा करेंगे! बात आयी, गयी हो गयी। एक दिन देखा कि डॉ. खगेन्द्र ठाकुर, जो प्रलेस के 'सुप्रीमो' थे, ने दूसरे व्यक्ति को पटना प्रलेस का अध्यक्ष बना दिया।

इन्हीं दिनों कवि विद्यानन्द सहाय से परिचय हुआ और परिचय मित्रता में परिवर्तित हो गया। उनके भाई दयानन्द सहाय उद्योगपति और राज्यसभा सदस्य थे। उनका पटना के बन्दरबगीचा में बीघेभर का एक बड़ा मकान था–रहमान हाउस। किसी ज़मींदार से खरीदा हुआ था। मकान हवेलीनुमा बना था और कुछ-कुछ भुतहा लगता था। वहाँ विद्यानन्द सहाय की बैठकी लगती थी। परिचय के बाद मैं भी वहाँ बैठने लगा। हमारे मित्र सत्येन्द्र सिन्हा उन्हीं दिनों राजकमल प्रकाशन की मैनेजरी को अलविदा कर स्वतन्त्र प्रकाशन खड़ा करने की योजना बना रहे थे। नये प्रकाशन का नाम भी उन्होंने तय कर लिया था जिज्ञासा। किसी जगह की तलाश में थे। विद्यानन्द सहाय ने अपने भाई से कहकर रहमान हाउस का एक हिस्सा दिलवा दिया। यहीं 'जिज्ञासा' की स्थापना हुई। हम लोग बड़ी-बड़ी बातें करते और सोचते थे। कल्पना करते थे कि एक दिन जिज्ञासा गालीमार हाऊस बन जायेगा। पेरिस स्थित प्रकाशन गृह, जिसके मालिक मिशेल गालीमार थे। यह प्रकाशन गृह पेरिस की साहित्यिक गतिविधियों का लम्बे समय तक केन्द्र रहा। यहाँ ज्यां पाल सार्त्र, अल्वेर कामू, सीमोन द बोउआ आदि बैठते थे। धीरे-धीरे जिज्ञासा सचमुच एक साहित्यिक केन्द्र बनने लगा। वहाँ हमेशा गोष्ठियाँ होतीं। लेखकों का आना-जाना बना रहता। उन दिनों नवभारत टाइम्स पटना से भी प्रकाशित होता था। अरुण रंजन स्थानीय सम्पादक थे। जिज्ञासा मण्डली के स्थायी सदस्य वह भी थे। पटना के जितने भी लेखक उन दिनों थे, उन सबका आना-जाना वहाँ बना रहता। आलोक धन्वा प्रायः आते, लेकिन अरुण कमल हिसाब से। नन्दकिशोर नवल, खगेन्द्र ठाकुर, कर्मेन्दु शिशिर, उषा किरण खान से लेकर नये से नये लेखक तक। इतिहासकार रामशरण शर्मा, कवि-आलोचक कुमार विमल, नलिन विलोचन शर्मा की पत्नी कुमुद शर्मा जैसे कवि-लेखक भी यहाँ आते रहते। जब जाइए तब दस-पाँच लेखकों से मुलाक़ात हो सकती थी। नागार्जुन, कमलेश्वर, मनोहरश्याम जोशी, डॉ. नामवर सिंह भी जब पटना में रहे तब वहाँ ज़रूर जाते थे।

यह वह समय था, जब बिहार में लालू राज चल रहा था और उनका दबदबा ऐसा था कि कहीं से कोई चूँ तक की आवाज़ नहीं आ सकती थी। हम लोगों ने बातों ही बातों में तय किया कि सत्ता को चुनौती दी जाये। उन दिनों पाठ्यक्रम में लालू प्रसाद की जीवनी शामिल की गयी थी। इसे एक कलमघिस्सू अफसर ने लिखा था। हम लोग अपने दैनिक विमर्श में इसकी आलोचना कर रहे थे कि अरुण रंजन जो नवभारत टाइम्स के सम्पादक थे, ने कहा कि यहाँ आप लोग बोल रहे हैं, लेकिन लिखने की हिम्मत किसी में नहीं है। फिर इस पर अख़बार में एक बहस चलायी गयी। एक पत्रकार ने घूम-घूम कर पक्ष-प्रतिपक्ष के नेताओं से सवाल पूछे। इस विषय पर बोलने के लिए कोई तैयार नहीं हुआ। मैं न तो पक्ष में था, न विपक्ष में। लालू प्रसाद ने सामाजिक न्याय की राजनीति को बल दिया था, इसका मैं पक्षधर था, लेकिन अब यह सब जो हो रहा था उसका विरोधी। मेरी भी लालू प्रसाद से इतनी जान-पहचान थी कि उनसे कभी भी जाकर मिल सकता था। उन दिनों उनका जो रुतबा था, उसमें यह बड़ी बात कही जाती थी। कुछ ही महीने पहले उन्होंने एक राजकीय पुरस्कार से मुझे नवाजा था और समारोह में कुछ तवज्जो भी दी थी। जिन लोगों ने इसे देखा, वे कहते थे कि आपकी बहुत इज्जत करते हैं। अब ऐसे में मैंने जब लेख लिखा उनके विरुद्ध और वह छपा, तब हंगामा मच गया। लेख का शीर्षक था 'सच कहना यदि बगावत है, तो समझो हम भी बागी हैं।'

उसके बाद कई लेखकों के लेख छपे। अरुण रंजन ने कहा कि आपने तो पटना को जुबान दे दी। अब तो बोलने वालों की कतार लग गयी है। राजनेता भी बोलने लगे हैं।

इसका एक बुरा प्रभाव जिज्ञासा पर पड़ा। यह अब साहित्यिक के साथ-साथ राजनीतिक सक्रियता का भी केन्द्र बनने लगा। सत्ताधारी दल और विपक्ष के अनेक नेता यहाँ जमने-जुटने लगे। माले नेता विनोद मिश्र, नीतीश कुमार, शिवानन्द तिवारी, वशिष्ट नारायण सिंह, जाबिर हुसेन, सूरज प्रसाद जैसे जाने-माने लोग तो आते ही थे, राजनैतिक-सामाजिक कार्यकर्ताओं की भीड़ लगी रहती। हमें स्वयं यह पता नहीं चल रहा था कि आख़िर मजमा लगातार बढ़ता क्यों जा रहा है। कारण शायद यही रहा होगा कि चारों ओर सन्नाटा था और यहाँ कुछ क्रियाशीलता थी। नीतीश कुमार ने जब लालू प्रसाद का साथ छोड़ा और उसके बाद पहली दफ़ा पटना आये तब मेरे आवास पर आये।

विचार हुआ कि प्रबुद्ध नागरिकों से इकट्ठे मिलने का एक आयोजन हो। यह आयोजन रहमान हाउस में ही हुआ। इसमें पटना के प्रबुद्ध लोगों को पहली दफ़ा नीतीश कुमार ने सम्बोधित किया। उनकी नयी राजनीति का यह एक तरह से आरम्भ था।

कुछ ही समय बाद हमें इस रहस्य का पता चला कि जिज्ञासा में स्थायी रूप से एक खुफिया अधिकारी की तैनाती हो गयी है। डीएसपी रैंक का एक अधिकारी अपने को कवि बतलाकर हम लोगों के बीच बैठता था। उसने अपनी कविताएँ भी सुनायीं और मजे की बात तो यह कि वे सराही भी गयीं। कभी-कभी चाय-वाय का खर्च भी वह उठाता था। वह ऐसे हाव-भाव में होता था कि हम लोग उसे सचमुच–चिरकुट क़िस्म का ही सही–कवि समझ बैठे थे। एक दिन किसी सिलसिले में पूर्व डीजीपी डी.एन. सहाय (फिर पूर्व राज्यपाल) के आवास पर गया तो वहाँ उस अधिकारी से मुलाक़ात हो गयी। श्री सहाय ने ही उसके बारे में बतलाया कि वह डीएसपी है। 'कोई कवि बन जाये यह संभाव्य है' कवि गुप्तजी की पंक्तियाँ याद आयीं। इस खुफिया कवि से फिर कभी मुलाक़ात नहीं हुई।

जिज्ञासा ने अपनी एक गरिमा बनाये रखी कि राजनेताओं को कभी ज़्यादा तरज़ीह नहीं दी। कई राजनेता ऐसे आते थे, जो चुनाव में टिकट दिलवा सकते थे। ऐसे नेताओं का आगा-पीछा करने के लिए कुछ कार्यकर्ता भी धमकने लगे। नीतीश कुमार की पार्टी उन दिनों समता पार्टी थी। उसके प्रदेश अध्यक्ष, जो भूतपूर्व मन्त्री भी थे और इन पंक्तियों के लिखे जाते समय राज्यसभा सदस्य, आकर एक बेंच पर लेट जाते। कहते थे लेखकों के गप-शप लेटे-लेटे सुनता रहता हूँ। इसी से मुझे काम भर ज्ञान हासिल हो जाता है। बिहार विधानसभा के उपाध्यक्ष और मन्त्री रह चुके गजेन्द्र प्रसाद हिमाँशु नियमित आते। एक रोज़ उन्होंने बतलाया कि यहाँ नहीं आता हूँ तब मन नहीं लगता। प्रतीत होता है कुछ छूट रहा है।

वहाँ लेखकों की लड़ाइयाँ भी होतीं। ख़ूब होतीं। शहर भर में इसकी चर्चा होती। सब मिलाकर यही होता कि साहित्य और साहित्यकार चर्चा में होते। नया युवा कवि जब कोई कविता लिखता तब वह उसे पॉकेट में दबाये जिज्ञासा पहुँचता। वह इन्तजार करता रहता उचित समय का कि वह अपनी कविता निकाले और उसका पाठ करे। ऐसी 'पाठशाला' के रूप में भी जिज्ञासा जाना जाता था।

अचानक हुआ कि किसी बिल्डर ने उस हाउस को खरीद लिया और एक दिन मालूम हुआ कि यह रहमान हाउस अब टूटेगा। उसके टूटने की कल्पना-मात्र से मैं सिहर गया। क्योंकि अब वह ईंट-पत्थरों का एक पुराना संयोजन भर नहीं था, कुछ जीवन्त प्रतीक बन गया था। लेकिन हम लोग रोक कैसे सकते थे। पहले उसके परिसर के पेड़ कटने लगे। भुतहा कटहल का पेड़ भी जब कट गया, तब इत्मीनान हो गया कि अब यह बचेगा नहीं। नहीं बचा। कुछ ही दिनों में मज़दूरों ने उसे तोड़ दिया। झूठ या सच पता चला तोड़ने के क्रम में चाँदी के बेशुमार सिक्के मिले जो छोटे-छोटे कलशों में भरे थे। इन कलशों की रखवाली एक जोड़ा नाग कर रहा था, जिसे मज़दूरों ने मारने से इनकार कर दिया। ज़ू के सरकारी सपेरे को बुलाया गया और दोनों नाग विद्रोहियों की तरह पकड़े गये। वे या उनकी सन्ततियाँ अभी भी पटना ज़ू में होने चाहिए। एक युवा कवि ने पूरी घटना को लेकर एक तिलिस्म भी रच डाला। उसने एक रोज़ कहा कि एक कलश में केवल चिट्ठियाँ थीं, जो फ़ारसी में लिखी गयी थीं। ऐसी फ़ारसी में जिसे अब पढ़ने वाले कम हैं। वे प्रेम-पत्र होंगे, उस कवि ने अनुमान लगाया, अन्यथा उतने करीने से कलश में करके क्यों रखे गये होते। उस कवि को फ़ारसी लिपि न जानने का बहुत अफसोस था। प्रेम-पत्र का वह कलश कवि को परेशान किये हुए था। एक दिन उसने बतलाया कि यह रहमान हाउस कभी किसी बड़ी प्रेमकथा का साक्षी रहा होगा और शायद ट्रेजडी का भी। एक खूबसूरत कलश में भला चिट्ठियाँ क्यों रहेंगी। उसने मुझसे आजिजी के साथ कहा, लिखने वाले के मन में यही रहा होगा न! कि किसी दिन ये पढ़ी जायेंगी और हम लोग इतने नालायक कि... कवि ने आह भरी। जो किसी कविता से ज़्यादा दर्दभरी थी। फिर उसकी आँखों में आँसू आ गये... उसने कहा—देखिए न, चिट्ठियाँ नष्ट हो गयीं। वे सिक्के तो थे नहीं कि बिल्डर उसे सहेज कर रखते और कवि तो सब के सब नालायक हो गये हैं...

रहमान हाउस नष्ट हो गया। जिज्ञासा भी। उसके साथ लेखकों का अड्डा भी। शहर में फिर वैसा अड्डा नहीं बना।

राजनीतिक हलचल

मण्डल आन्दोलन ने उत्तर भारत की राजनीति को भले ही अस्त-व्यस्त किया हो, बिहार की राजनीति को उसने मस्त बना दिया था। लालू प्रसाद आरक्षण मामले पर संशय में नहीं थे। पिछड़ी जाति के एक भूमिहीन परिवार से आने वाले लालू ने जीवन का ककहरा अभाव और अपमान की ज़मीन पर सीखा था, इसलिए वह जानते थे कि इस मुद्दे पर मुझे क्या करना है। लेकिन उनकी पार्टी जिसने उन्हें मुख्यमन्त्री बनाया था, कोई बोल्शेविक पार्टी नहीं थी। वह एक पंचमेल पार्टी थी, जिसमें समाजवादी चोला धारण किये कई सवर्ण-सामन्त बैठे थे। कई बार उन्होंने कोशिश की कि लालू को पछाड़ दें। लेकिन लालू अपनी कलाबाजियों से हर बार निकल जाते। कितनी पूतनाओं ने दूध पिलाने की कोशिश की और जाने कितने 'ग्वाल-बालों' ने चिढ़ाया। लेकिन वे अडिग रहे। 1991 में जब लोकसभा के चुनाव हुए तब उनकी राजनीति को जबर्दस्त जनसमर्थन मिला। जनता दल, वामदल और झारखण्ड मुक्ति मोर्चा के साथ बिहार के 54 सीटों में लालू यादव ने कुल 49 सीटें जीत लीं। अकेले जनता दल को 29 सीटें मिलीं।

इस जीत ने लालू प्रसाद को बिहार में पिछड़ों का नया मसीहा बना दिया। अब तक वह मुख्यमन्त्री थे, अर्थात् बहुमत विधायक दल के नेता। लेकिन अब वह सीधे नायक थे। उनकी जड़ें विधानसभा में नहीं, जनता में थीं, लेकिन इस जीत की उन्होंने सवारी नहीं की, इस जीत ने ही उनकी सवारी की। इस जनादेश को उन्होंने उत्तरदायित्व बोध के रूप में नहीं लिया, अपनी ताक़त के रूप में लिया। इससे उनका अभिमान बढ़ा और मानसिक सन्तुलन गड़बड़ाया। ऐसे में चापलूसों की बातें अच्छी लगने लगती हैं और सार्थक आलोचना को भी बर्दाश्त करना मुश्किल हो जाता है। 1993 की एक सभा में एक चापलूस ने 'लालू भगवान की जय' के नारे लगाये। कुछ ही समय बाद वह आदमी संसद सदस्य था। एक तुकबन्दीकर्त्ता ने जोड़-जाड़कर

लालू चालीसा तैयार किया। इस 'कृति' के आधार पर वह राज्यसभा का सदस्य हो गया। चापलूसों के बीच प्रतियोगिता होने लगी। ऐसी प्रतियोगिता के बाद वातावरण कैसा बना होगा, इसकी कल्पना आप कर सकते हैं। संस्कृत नाटककार शूद्रक की महान रचना 'मृच्छकटिकम' राजा के एक साले के 'उत्पात' की कहानी है। यहाँ दो थे।

यह सही था कि पिछड़े सामाजिक समूहों में एक अभूतपूर्व चेतना आयी थी, जिसकी कामना कभी लोहिया और कर्पूरी ठाकुर जैसे नेताओं ने की थी। लेकिन यह जोश होश के साथ नहीं था। इसमें सकारात्मक तत्त्व धीरे-धीरे कम होने लगे, नतीजा निकला कि नये किस्म की एक अराजकता विकसित होने लगी। अराजकता में एक विद्रोह भी होता है, जैसा कि क्रोपाटकिन ने कहा है, लेकिन यह आत्मघाती अराजकता थी।

मैंने एक जगह लालू प्रसाद की तुलना अमेरिकी राष्ट्रपति एण्ड्र-यू जैक्सन (Andrew Jackson) से की है, जो 1829 में राष्ट्रपति हुए थे। वह एक पिछड़े हुए प्रान्त टेनेसी (Tennesasee) से आते थे और ज़्यादा पढ़े-लिखे नहीं थे। राष्ट्रपति बनने पर जब वह ह्वाइट हाउस (राष्ट्रपति भवन) गये तब उनके साथ टेनेसी और केंटुकी के बहुत से किसान और आमजन भी ह्वाइट हाउस चले गये। इन लोगों ने कभी ऐसी भव्य जगह देखी नहीं थी। वे सोफों पर बैठे ही नहीं, उस पर चढ़ भी गये और कुछ तो कूदे भी। यह उनके आनन्द प्रदर्शित करने का एक तरीक़ा भी था और सोफे का अपमान भी, क्योंकि कभी सोफे पर नहीं बैठे थे। कहा जाता है कि जैक्सन ने भद्र तौर-तरीकों का मज़ाक बनाकर रख दिया था और अमेरिका की रॉयल डेमोक्रेसी को रियल डेमोक्रेसी में बदल दिया। यही कारण है कि वह तीन अमेरिकी राष्ट्रपतियों में शुमार होते हैं। दो और हैं जॉर्ज वाशिंगटन और अब्राहम लिंकन।

मैंने जब लालू प्रसाद पर लिखा था, तब लालू प्रसाद ने भी ऐन्ड्र-यू जैक्सन की तरह बिहार की रॉयल (सवर्ण) डेमोक्रेसी को रीयल (वास्तविक) डेमोक्रेसी में बदल दिया था। उनके इस काम के लिए मैं उनका हमेशा प्रशंसक रहा हूँ। लेकिन मुझे उनसे कहीं ज़्यादा उम्मीद थी और शायद यह मेरी ज्यादती थी। तब मेरे मन में यही बात थी कि उन्हें सही राह पर लाया जाये। लेकिन जो लोग सत्ता पर काबिज हो जाते हैं वे ऐसे इशारों की उपेक्षा करते हैं। इशारा करने वाले बागी समझे जाते हैं और दंडित किये जाते हैं।

1994 मई में वैशाली लोकसभा क्षेत्र का चुनाव था। इसमें लालू प्रसाद ने अश्वमेध जैसी योजना बनाई। बिहार के एक पुराने घाघ कांग्रेसी जो अपनी

जातिवादी राजनीति के लिए बदनाम रहा, की पत्नी को अपनी पार्टी का उम्मीदवार बनाकर उतारा। उसे एक निर्दलीय महिला उम्मीदवार ने हरा दिया, जो जनता दल के ही एक सवर्ण विधायक की पत्नी थीं। इसे धुर लालू विरोधियों का समर्थन तो मिला ही था, लालू प्रसाद के दल के भीतर से भी समर्थन मिला था अर्थात् भितरघात हुआ था। अगले ही महीने अर्थात् जून में दूसरा हमला भी भीतर से ही हुआ। जनता दल के चौदह सांसद एक साथ दल से अलग हो गये। कुछ सांसद बिहार से बाहर के थे, किन्तु ज़्यादातर बिहार के ही थे। इनके राष्ट्रीय स्तर पर नेता जॉर्ज फर्नांडिस, रवि राय और चन्द्रजीत यादव थे, लेकिन बिहार में इन सबने नीतीश कुमार को विकल्प मानकर काम करने का मन बनाया था। सम्भवतः 21 जून, 1994 को यह 'विद्रोह' हुआ था।

विद्रोह के बाद जून के आख़िर में नीतीश कुमार बिहार आये, तब मुझसे मिले। वह हवाई अड्डे से सीधे मेरे डेरे पर आये। उनके साथ भाई शिवानन्द जी थे–शिवानन्द तिवारी। नीतीश जी दूसरे अद्विज नेताओं से तनिक भिन्न थे। सुरुचि सम्पन्न व्यक्तित्व और कुछ बेहतर करने के इच्छुक। बातचीत में शीन क़ाफ दुरुस्त। बातचीत के बाद अन्ततः सहमति बनी कि एक नये राजनीतिक विकल्प के लिए काम किया जाये। नीतीश जी और शिवानन्द जी की रुचि छह-आठ महीना बाद के चुनावों पर ज़्यादा थी। वैशाली के नतीजे ने उन्हें बहुत उत्साहित कर दिया था। वे मानकर चल रहे थे कि लालू प्रसाद को हम आसानी से पराजित कर देंगे। वोटों के जाति समीकरण अर्थात् जोड़-घटाव पर विश्वास कर रहे थे और जब उसका खाका खींचते थे, तब प्रभावित भी कर देते थे। नीतीश जी निश्चित ही ऊँचाई से चीज़ों को देखने की कोशिश करते थे और उन्हें दक्षिण भारत के सामाजिक आन्दोलन का भी हल्का-फुल्का ज्ञान था, लेकिन शिवानन्द जी इसके ठीक उलट थे। वह अपना सारा ज्ञान टुटपुंजिया कार्यकर्ताओं से हासिल करते थे, जो दरअसल समाजवादियों का लुम्पेन तबका था।

मैं पसोपेश में था, लेकिन मैं इस नतीजे पर पहुँच चुका था कि लालू प्रसाद के नेतृत्व में सामाजिक न्याय की लड़ाई अन्ततः जात-पात की लड़ाई में बदल जायेगी और ज़्यादा से ज़्यादा समाज में एक नये वर्चस्व प्राप्त तबके का उभार हो पाएगा, जो अंग्रेज़ी और तत्सम हिन्दी की जगह भोजपुरी-मगही बोलेगा और कीमती बोन के बजाय चाँदी की प्याली में चाय लेगा। नीतीश की बातों में मुझे एक उम्मीद की किरण दिखी। बातों से अधिक उनके व्यक्तित्व ने मुझे आश्वस्त किया।

मैं उनसे कोई दस वर्ष बाद इत्मीनान से बात कर रहा था। दस वर्ष पहले वह जो थे, उनसे मेरा कोई जुड़ाव सम्भव नहीं था। पटना की सड़कों पर कभी-कभी हम टकरा जाते थे, लेकिन मैंने उपेक्षा के भाव से ही इन लोगों को देखा। पटना विधायक-क्लब में हम लेखकों का जमावड़ा लगता था, डॉ. खगेन्द्र ठाकुर के आवास पर, जो कभी 18 और फिर 17 विधायक क्लब का कमरा था। इर्द-गिर्द इन लोगों का भी जमावड़ा लगता था। नीतीश जी तनिक भिन्न ज़रूर थे, क्योंकि इनके किताब-प्रेम और आदर्श-विवाह की चर्चा सुन चुका था, लेकिन इनकी पूरी मण्डली ऐसे लोगों की जमात थी, जिन्हें हिम्मत करके आवारा कहा जा सकता है। इनकी मण्डली के एक 'सत्पुरुष' जो आजकल बड़े ओहदे पर हैं, के ख़िलाफ़ विधायक आवास की महिलाओं ने कर्पूरी ठाकुर से शिकायत की। उनके घूरने की आदत ने महिलाओं का बाहर धूप में बैठना मुश्किल कर दिया था। आज जब इन्हें भाषण देना होता है तब नैतिकता और जेपी की दुहाई सबसे ज़्यादा देते हैं और राजनीति में विचारों के अकाल का रोना रोते हैं।

लेकिन वह अकेले नहीं थे। उनकी मण्डली में जितने लोग थे, उनकी कहानियाँ थीं। एक बात और थी कि वह पूरी मण्डली सामन्त-सवर्ण परिवारों के तलछट तबके से आये लोगों से बनी थी। यही नीतीश का स्थायी स्कूल था और ऐसे में उनसे बहुत निकट होने का कोई सवाल ही नहीं उठता था। हम दोनों की दुनिया अलग-अलग थी।

लेकिन इस बार वह आश्चर्यजनक रूप से भिन्न दिख रहे थे। इस बीच वह सांसद और मन्त्री भी रह चुके थे, जिसके कारण व्यक्तित्व-विघटन की सम्भावना ज़्यादा थी, लेकिन सादगी बरकरार थी। बिहार के आर्थिक सामाजिक विकास पर बात करते हुए मैंने पाया कि फिलहाल यही वह आदमी है, जिसके साथ हुआ जा सकता है। एक जातिनिरपेक्ष, समतामूलक, आधुनिक और विकासोन्मुख समाज की बात हम एक-दूसरे से शेयर कर सकते थे, बल्कि कहें एक-दूसरे की भावनाओं के करीब थे।

मैंने मन बनाया कि इस व्यक्ति की राजनीति और सोच को सक्रियता देना बुरा नहीं होगा। बावजूद इसके कुछ दिनों तक मैं छह-पाँच में पड़ा रहा। मित्रों ने उपेक्षा का भाव प्रदर्शित करने की सलाह दी। 'हंस' के सम्पादक राजेन्द्र यादव को किसी ने बतलाया कि मैं राजनीति में दिलचस्पी ले रहा हूँ, तब उन्होंने फोन कर ऐसा न करने की सलाह दी। मैंने उन्हें सीमित सक्रियता का भरोसा दिलाया, तब उन्होंने एक ऐसे मेटाफर को रखा, जिसे यहाँ रखने में मुझे संकोच हो रहा है।

राजनीति में मेरी दिलचस्पी नयी नहीं थी। मैंने पहले ही बतलाया कि तरुणायी में ही मार्क्सवाद से प्रभावित हुआ और भारतीय कम्युनिस्ट पार्टी का सदस्य बना। फिर जीवन के उतार-चढ़ाव में चाकरी करनी पड़ी और फिर मजबूरी हो गयी कि मैं राजनीति से अलग रहूँ। लेकिन दिलचस्पी तो बनी रही। सैकड़ों राजनीतिक लेख मैंने अनाम और छद्म नाम से लिखे हैं। प्रगतिशील लेखक संघ में सक्रिय रहा तब भी स्वयं को पूरी तरह तटस्थ नहीं कह सकता, क्योंकि प्रलेस की भी राजनीति थी। लेखक संघों की राजनीति, दलगत राजनीति से भी बुरी होती है। इन लेखक संघों से जुड़े लेखक विचारधारात्मक स्तर पर राजनीतिक दलों के कार्यकर्ताओं से ज़्यादा गुलाम होते हैं। दरअसल ये संघ-संगठन राजनीतिक पार्टियों के लेखक-प्रकोष्ठ जैसे हैं। राजनीतिक दलों के नेता लेखकों को परचा-लेखक और तुकबन्दीकार से ज़्यादा का महत्त्व नहीं देते; रेणुजी इस बात को बराबर कहा करते थे। तो क्या एक लेखक को पूरी तरह राजनीति से निरपेक्ष रहना चाहिए? क्या एक सतर्क-संवेदनशील लेखक के लिए ऐसा सम्भव है? क्या देश में इमरजेंसी लगी थी और लेखक घरों में बैठे रह गये, यह अच्छा था? समाज में जो बेचैनी है, उस पर एक लेखक का काम सिर्फ कलम चलाना होना चाहिए? कुछ तो ऐसे लेखक थे जो समकाल के संकट पर कुछ लिखना निम्नकोटि का लेखन मानते थे। वे तात्कालिक सत्य और शाश्वत-सत्य का भेद बनाये हुए थे और हमेशा शाश्वत-सत्य की बातें करते थे। इस सत्य की व्याख्या करना मैं आवश्यक नहीं समझता। मार्क्सवादी मिज़ाज के लेखक जनता के सुख-दुःख से जुड़े रहने के पक्षधर थे और निश्चित ही लेखकों का बड़ा पक्ष इसी विचार का था, लेकिन लेखक संघों ने तो एक राजनीतिक बाड़ा ही बनाया हुआ था। मुझे इस बात से तकलीफ़ होती थी कि इनकी साहित्यिक गोष्ठियों में जो उपरान्त-विमर्श (गोष्ठी के पहले और बाद के गप-शप) होता था, वह मार्क्स-एंगेल्स, लेनिन-माओ और डांगे-सुरजित या चारू मजूमदार-कनु सान्याल के उद्धरणों से भरा होता था। कोई लेखक यदि पार्टी से सीधे जुड़ा होता था, उसका पूर्णकालिक सदस्य होता था, तो उसकी बड़ी इज्जत होती थी, उसे ही मार्क्स-लेनिन का प्रतीक मान लिया जाता था। उदाहरण के लिए, बिहार में प्रलेस में खगेन्द्र ठाकुर और जसम में रामजी राय थे, जो पार्टी के पूर्णकालिक सदस्य थे और कस्बायी लेखकों के आदर्श। इन दोनों की पार्टी में जो स्थिति थी, उससे मैं अवगत था। ये लोग पार्टी में राय-सलाह देने की स्थिति में नहीं थे, न ही इनसे कुछ पूछा जाता था; हाँ, पार्टी के फैसलों को

लेखकों के बीच प्रचारित करने की ज़िम्मेदारी इनकी होती थी। यह भूमिका मुझे अपमानजनक लगती थी। मैं इसके विरुद्ध था। मैं ऐसी भूमिका निभाने के लिए कतई तैयार नहीं हो सकता था।

फिर उन लेखकों से भी मुझे चिढ़ थी, जो किसी मन्त्री-मुख्यमन्त्री द्वारा दिये गये किसी प्रतीक-चिह्न और शॉल को उपलब्धि मानकर चलते थे, या फिर सरकार द्वारा गठित संस्थाओं व अकादमियों से जुड़कर कृत-कृत होते थे। लेखक का जीवन स्वतन्त्रता के मूल्यों से निर्मित होना चाहिए, निर्भयता के अवयवों से खचित। उसे अपनी बात कहनी और करनी है तब उसे किसी से भयभीत नहीं होना चाहिए। चाहे वह विचार हो या संस्था। वह विचार या संस्था का उन्नायक बने, परिष्कर्ता बने, प्रचारक नहीं। जो लोग यह कहते हैं कि लेखक का लिखा हुआ महत्त्वपूर्ण होता है, जिया हुआ नहीं, उनसे मैं सहमत नहीं हूँ। एक लेखक का मतलब व्यक्तित्व और कृतित्व दोनों का समन्वित रूप है, और इसकी व्याख्या एक लेखक ही कर सकता है। हिन्दुस्तानी ग़ालिब और फ्रांसीसी ज्यां जेने की कुछ सक्रियताएँ ऐसी थीं, जिन्हें अपराध माना जाता है। है भी। ग़ालिब जुआ खेलते थे और जेने चोरी करते थे। दोनों को इसके लिए जेल जाना पड़ा। तो क्या वे दोनों कुत्सित थे? यह विचार तो लेखक ही करेगा। ज्यां पाल सार्त्र ने ज्यां जेने को सन्त जेने कहा और इसी शीर्षक से उन पर एक महत्त्वपूर्ण किताब लिखी। जब दिल्ली तीन मूर्ति भवन में मैं जवाहरलाल नेहरू की निजी लाइब्रेरी देख रहा था, तब इस किताब को देखा। मुझे एक आह्लाद की अनुभूति हुई।

मुझसे कई बार, कई अवसरों पर पूछा गया कि आप राजनीति में सक्रिय क्यों हुए? दरअसल यह सवाल मैंने स्वयं से ही कई रूपों में, कई बार पूछा है। एक बार एक इंटरव्यूकर्ता को मैंने दिल की बात बतायी। मैंने कहा, ग़ालिब जुआ खेलते थे, मैं राजनीति खेलता हूँ। इंटरव्यूकर्ता मुस्कराया, मैं भी। फिर हम दोनों थोड़ी देर के लिए चुप हो गये।

मैं कह सकता हूँ कि नीतीश जी को इस बात के लिए मैंने राजी कर लिया कि उन्हें वाम-प्रगतिशील धारा के साथ की राजनीति करनी है। मैंने अपने आवास पर ही उनकी मुलाक़ात भारतीय कम्युनिस्ट पार्टी (मार्क्सवादी-लेनिनवादी) के नेता व महासचिव विनोद मिश्र से करायी। फिर भारतीय कम्युनिस्ट पार्टी की बिहार इकाई के सचिव सूरज प्रसाद से बात हुई। मार्क्सवादी कम्युनिस्ट पार्टी के नेताओं से भी वह मिले। विनोद मिश्र और नीतीश कुमार ने संयुक्त रूप से एक सम्मेलन को सम्बोधित किया, जो ए.एन. सिन्हा इंस्टीट्यूट में आयोजित था।

इसे मैंने आयोजित किया था। बाद में नीतीश कुमार जो हो गये, उस वक़्त, मेरे हिसाब से सही धारा में थे। उन्होंने भारतीय कम्युनिस्ट पार्टी के सचिव सूरज प्रसाद को न्योता दिया कि वह वैकल्पिक सरकार के गठन के लिए प्रयत्न करें, हम सहयोगी होंगे, नीतीश कुमार की एक योजना थी। भाकपा, माकपा, माले मिलकर उस वक़्त 40 के करीब सदस्य थे, फिर कांग्रेस के 71, झारखण्ड मुक्ति मोर्चा के भी विधायक थे। सरकार बनाने के लिए उस वक़्त 163 सदस्य चाहिए थे। जब सरकार बनाने के लिए इतने लोग जुट जायेंगे, तब जनता दल टूट जायेगी। सरकार का नेतृत्व वाम मोर्चा को करना था। लेकिन यह बात नहीं बढ़ सकी। सूरज बाबू पूरी तरह लालू के रंग में थे। उन्होंने इसे नकार दिया। बातचीत के क्रम में ही उन्होंने लालूजी के आवास पर मेरे घर के फोन से (उस समय मोबाइल फोन नहीं थे) सम्पर्क साधा। हमें लगा, यह क्या कर रहे हैं। लेकिन वह एक सिफ़ारिश कर रहे थे, किसी सार्वजनिक कार्य के लिए। सूरज बाबू की लालू प्रसाद के प्रति पक्षधरता ने इस मुहिम को आगे नहीं बढ़ने दिया। नीतीश जी भी निराश हो गये।

जॉर्ज फर्नांडिस के साथ अलग हुआ जनता दल का धड़ा जनता दल (जॉर्ज) के नाम से अभिहित हो रहा था। 18 जुलाई, 1994 को जॉर्ज, नीतीश आदि अपने सहयोगियों के साथ मुजफ्फरपुर जा रहे थे। मुजफ्फरपुर से ही जॉर्ज सांसद थे। मुजफ्फरपुर के पास फकुली मोड़ पर इस जत्थे पर हमला हुआ। लौटकर सब पटना आये। मुझे बुलाया गया। मैंने समझ लिया कि क्या होने वाला है। यह बात साफ थी कि जॉर्ज–नीतीश जनता को यह नहीं समझा पाये कि हम किस मुद्दे पर अलग हुए हैं। पिछड़े तबकों का बड़ा तबका अब भी लालू प्रसाद के साथ था। नीतीश कुमार पर आरोप यह भी था कि वह कुर्मी रैली से उत्साहित होकर सक्रिय हुए हैं। दूसरे उन पर उन ताक़तों के संसर्ग में रहने का आरोप था, जो कर्पूरी ठाकुर के विरोधी थे। वे ताक़तें सामाजिक न्याय अर्थात् दलित–पिछड़ों के सम्यक् उत्थान की भी विरोधी थीं और सबसे बड़ी बात थी कि ये समाजवादी लिबास में रहती थीं। कांशीराम के शब्दों में ये लोग हरी घास के हरे साँप थे।

जहाँ तक मेरी समझ है नीतीश कुमार तबियत से जातिवादी नहीं हैं। लेकिन जात–पात का फ़ायदा उठाना चाहते रहे होंगे। इनकी पूरी धज ही कुछ दूसरे अवयवों से बनी है। दुर्भाग्य है कि इन पर स्वयं उन्होंने ही विचार नहीं किया है। कुर्मी रैली–इस जाति से जुड़े ठेकेदारों ने करवायी थी। इसे थोड़ा विस्तार से ही जानना ठीक होगा।

कांग्रेसी राज में सरकारी काम के ठेकों पर भूमिहारों और राजपूतों का एकाधिपत्य रहता था। जब लालू राज आया तब उनसे ये ठेके छिन गये। कुर्मियों ने इस पर कब्जा जमाया। इसके कारण ये लोग लालू राज के सबसे बड़े समर्थक बन गये। इनकी सक्रियता से लगता है पूरी जाति ही इनके साथ है। कुछ दिनों के बाद यादवों को आगे कर ऊँची जाति के लोगों ने ठेकेदारी ले ली। कुर्मी ठेकेदार बेदखल हो गये। उन्हें कोफ़्त हुआ। राज भी तुम्हारा और माल भी तुम्हारा, यह कैसे चलेगा! इससे बिदक कर इन लोगों ने कुर्मी रैली करवायी। इसके पीछे इस जाति के ठेकेदार, पुरानी भूमि सेना से जुड़े लोग और कुछ हताश राजनेता थे। इस रैली में कुर्मियों से अधिक उत्साह से पटना के कायस्थ और भूमिहार शामिल हुए थे। क्योंकि इस रैली को उन्होंने लालू विरोधी जन प्रदर्शन के तौर पर देखा था। मैं नहीं समझता नीतीश इतने मूर्ख थे कि इससे उत्साहित हो जायें। (हालाँकि लोग ऐसा ही कहते थे।)। हाँ, वह दूसरी धारा, जो कर्पूरी विरोधी राजनीतिक धारा थी, उसके शिकार ज़रूर हुए। ये सब लोग इनके इर्द-गिर्द इकट्ठे हो गये।

नीतीश कुमार ने सोचा था कि लालू को हटाने में सवर्ण-सामन्त तबका स्वाभाविक तौर पर उनकी मदद करेगा। मेरा मानना था कि यह लाभ लेने में कोई बुराई नहीं है। बशर्ते हम उनकी राजनीतिक-सामाजिक आकांक्षाओं की अनदेखी करें। इस तबके के लोग एक सम्यक बिहार की बात नहीं सोचते थे। उनकी सोच में सवर्ण वर्चस्व का बिहार कहीं न कहीं कुंडली मारकर बैठा था। मेरी कोशिश थी कि उन्हें (नीतीश की) वाम-प्रगतिशील धारा से जोड़ा जाये। रस्साकशी स्वाभाविक थी।

मीडिया के वाम हिस्से ने नीतीश कुमार को कुलक किसानों का प्रतिनिधि कहकर प्रचारित करने की कोशिश की। उनका इशारा भूमि सेना की तरफ था, जिससे जुड़े कई लोग अब भी नीतीश कुमार के साथ थे। इसी समय ज़ोर देकर जब मैंने अतिवाम के प्रतीक विनोद मिश्र के साथ नीतीश कुमार को जोड़ा; तब ये लोग चुप लगा गये। इसके बाद किसी ने इस तरह की बात नहीं की। लेकिन नीतीश के साथ जुड़े इस भूमि सेना के लोगों ने अपनी सक्रियता बढ़ा दी। उसके एक नेता भोला प्रसाद सिंह ने वामपन्थियों से बात को खटाई में डाल देने की सलाह दी। नीतीश जी भी उनके प्रभाव में आ गये, लेकिन जॉर्ज को उस समय तक अपनी समाजवादी छवि की थोड़ी परवाह थी। उन्होंने स्वयं पहल की। जॉर्ज को लेकर मैं माले दफ़्तर गया। वहाँ हम तीनों-जॉर्ज, मिश्र और मैंने मिलकर एक समझौते पर सहमति दी (मैं केवल नीतीश जी का प्रतिनिधित्व कर रहा था।)। दूसरे दिन इसे प्रेस को बतलाया गया।

1995 का विधानसभा चुनाव जॉर्ज-नीतीश ने समता पार्टी के बैनर से लड़ा। 19 अक्टूबर, 1994 को एक रैली में जनता दल (जॉर्ज) समता पार्टी में तब्दील हो गया था। फरवरी-मार्च, 1995 में विधानसभा चुनाव थे, इसलिए पार्टी की पूरी सक्रियता चुनाव-केन्द्रित हो गयी। हम लोगों की पूरी कोशिश थी कि जनता के सामने अपना पक्ष रख सकें कि सामाजिक न्याय और धर्मनिरपेक्ष उसूलों के वास्तविक और जिम्मेदार संवाहक हमीं हैं। लेकिन जनता ने इसे स्वीकार नहीं किया। जमाना अभी लालू प्रसाद का था। उनकी पार्टी को शानदार बहुमत हासिल हुआ। हम लोगों को 7 सीटें और 7 प्रतिशत वोट मिले। इन सात सीटों में भी एक सीट एक अपराधी उम्मीदवार देवेन्द्र दुबे का था, जिसे हमारी पार्टी ने बीच चुनाव में ही 'डिजऑन' कर दिया था।

हार करारी थी, और स्वाभाविक था कि इससे हताशा आयेगी। आयी भी। सत्ता के लिए जो अति उत्साहित होते हैं, वे हताश भी उतने ही अधिक होते हैं। हार के बाद जब समीक्षा के लिए बैठक बुलाई गयी, तब देखा कार्यकर्ताओं में उत्साह बहुत है। नेता ही हताश थे। इन हताश नेताओं में से अनेक ने फिर से लालू जी का दामन थाम लिया। एक बार तो नीतीश जी को भी बहुत विचलित देखा। मैं समझता हूँ, उस मनोभाव में लालू प्रसाद ने यदि पहल की होती तो नीतीश समेत पार्टी का बड़ा हिस्सा पुनः जनता दल में चला जाता। जॉर्ज अलग-थलग पड़ जाते।

मेरा मानना था, छह महीने पहले विद्रोह कर एक बारगी सरकार बनाने का स्वप्न पाल लेना अपने आप में अतिरेक था। यह भी था कि इस विद्रोह के पीछे सामाजिक कारण कुछ भी नहीं थे। थे तो व्यक्तिगत भड़ास। इसके लिए एक लम्बे समय का इन्तजार करना होता है। कम मेहनत के साथ बहुत अधिक पा लेने की आकांक्षा जुआ ही तो है। महाभारत में युधिष्ठिर ने हस्तिनापुर पाने के लिए जुआ ही खेला था पहले। लेकिन हस्तिनापुर जुआ से हासिल नहीं होते, उसके लिए संग्राम करना होता है। मैंने नीतीश जी को कहा हम जुआ हारे हैं, महाभारत तो आगे होगा। वह मुस्कुराकर रह गये।

चुनाव के उपरान्त नयी रणनीति बनानी थी। अगले वर्ष लोकसभा के चुनाव होने थे। लोकसभा में यदि एक सीट भी न मिली, तो फिर पार्टी का बोरिया-बिस्तर बँध जायेगा। अकेले लड़ने का कोई मतलब नहीं था। नीतीश कुमार ने कांग्रेस के साथ बातचीत की कोशिश की। उस समय सीताराम केसरी की कांग्रेस में चलती थी। उन्होंने उनसे बात करने की कोशिश की और शायद की भी; लेकिन कोई नतीजा नहीं आया। नीतीश फिर हताश थे।

वे भाजपा की ओर बढ़ना नहीं चाहते थे। एक बार पुनः उन्होंने इस बात पर विचार किया कि क्या लालू प्रसाद से ही बात की जाये?

मैं इसके विरुद्ध था। मेरा मानना था कि एक तो आप लोगों ने असमय अपने पार्टी से अलग किया। दरअसल अलग होने का वह फैसला ही ग़लत था और अब जब अलग हो गये हैं, तब फिर केवल अपनी सीट बचाने के उद्देश्य से समर्पण करना उससे भी ग़लत होगा। मैंने नीतीश जी को कहा कि इससे आप अपनी ही नज़र में गिर जाइएगा और इस कुण्ठा से जीवनभर नहीं उबरियेगा। अलग रहकर सम्भव है, आप चुनाव हार जायें, लेकिन आपकी जुझारू छवि बनी रहेगी, जिसका मूल्यांकन कभी-न-कभी अवश्य होगा। लेकिन समर्पण के बाद आप की अपनी कोई राजनीति नहीं बच जायेगी।

ऐसे में क्या हो? यह वह समय था, जब 1992 में बाबरी मस्जिद ध्वंस के बाद भारतीय जनता पार्टी बिलकुल अलग-थलग पड़ गयी थी। शिवसेना को छोड़कर कोई भी दल उसके साथ बातचीत करने के लिए भी तैयार नहीं था। वाजपेयी ने एक बार बहुत आहत होकर कहा था कि सामाजिक जीवन में अछूतपन ग़लत और राजनीतिक जीवन में सही कैसे हो सकता है? यह एक चालाक ब्राह्मण का प्रश्न था, जो इंगित कर रहा था कि सामाजिक अछूतपन की पृष्ठभूमि किसी अपराध से ही जुड़ी तो नहीं है? भारतीय समाज के दलित जो अछूत थे, ने कभी कोई अपराध नहीं किया था। उनका शोषण हुआ था। उनकी श्रमशक्ति का मनमाना शोषण करने के लिए उन्हें ज्ञान और सामाजिक अधिकारों से वंचित रखा गया था। भारतीय जनता पार्टी की स्थिति भिन्न थी। इसने अपराध किया था। सामाजिक सौहार्द्र को ध्वस्त किया था। उसकी कार्रवाई जिसने बाबरी मस्जिद का ध्वंस किया, कोई छोटा-मोटा गुनाह नहीं था।

भारतीय जनता पार्टी की ओर से मेल-जोल की कोशिशें हो रही थीं। उनके शीर्ष नेताओं की जॉर्ज फर्नांडिस से बातचीत हुई थी। ईसाईयों के पुरोहित परिवार से आने वाले जॉर्ज के मानसिक गठन की पार्श्वभूमि हिन्दू-ब्राह्मणों जैसी ही है। उनका परिवार क्रिश्चियन ब्राह्मणों का ही परिवार है। महाराष्ट्र में शिव सेना के संस्थापक बाल ठाकरे से उनकी दोस्ती के किस्से मशहूर थे। आर.एस.एस. के नेता भी उन्हें पसन्द करते रहे हैं। इन तमाम रिश्तों का सहारा लेकर भाजपा ने जॉर्ज फर्नांडिस को पुचकारा। महाभारत में अपमानित कर्ण को जैसे दुर्योधन ने पुचकारा था।

जॉर्ज को कोई दिक्कत नहीं थी। दिक्कत बाक़ी लोगों को थी। यहाँ रवि राय, चन्द्रजीत यादव, सैयद शहाबुद्दीन जैसे लोग थे, जो भाजपा से कोई रिश्ता बनाने के विरुद्ध थे। नीतीश जी भी छह-पाँच में थे।

मेरी हैसियत केवल नीतीश जी को कुछ सलाह देने भर की थी। मैं ख़ुद इस बात से सहमत था कि लालू प्रसाद के समक्ष राजनीतिक समर्पण की अपेक्षा यह समझौता बेहतर होगा। मेरी यह भी मान्यता थी कि इससे भाजपा पर लगाम भी रखी जा सकती है। हालाँकि यह हास्यास्पद ही लगता, लेकिन फिर भी मेरा मानना था भाजपा को अलग-थलग छोड़ने से यह बेहतर होगा। उसे संवाद के दायरे में रखना ही चाहिए।

हमारी राजनीति बिहार केन्द्रित ज़्यादा थी। 1995 में भाजपा को विधानसभा की 42 सीटें मिली थीं। कांग्रेस 71 से सिमटकर 29 पर आ गयी थी। नतीजों के अध्ययन यह भी बतलाते थे कि ऊँची जातियों और शहरी मध्यवर्ग ने भाजपा को पसन्द किया था। ऊँची जातियों के बीच कांग्रेस की अपील कमज़ोर पड़ती दिख रही थी। कांग्रेस के परम्परागत मुसलमान और दलित भी अब लालू प्रसाद के जनता दल के साथ थे। ऊँची जातियों और शहरी मध्य वर्ग के बीच जगह बनाने के लिए भाजपा से मेल-जोल करना फायदेमंद होता। पिछड़े तबकों के लालू विरोधी वोटों के साथ इनका समीकरण एक बेहतर फल दे सकता था।

मनुष्य या संगठन जब कोई निर्णय कर लेता है तो उसे न्यायोचित सिद्ध करने की कोशिश में तर्क और तथ्य ढूँढ़ता है। 7 सितम्बर, 1995 को समता पार्टी का एक बिहार प्रान्तीय सम्मेलन हुआ। इस सम्मेलन में पूर्व मुख्यमन्त्री अब्दुल गफूर, जो उस समय प्रान्तीय अध्यक्ष भी थे, ने कहा कि दूसरे विश्वयुद्ध में हिटलर को हराने के लिए रूस और अमेरिका जैसे एक-दूसरे के विरोधी इकट्ठे हुए थे, वैसे ही आज हमें भाजपा के साथ गठजोड़ कर लालू प्रसाद को शिकस्त देनी चाहिए। लेनिन की उक्ति दो कदम आगे बढ़ाने के लिए, एक कदम पीछे को भी उद्धृत किया गया।

समझौते की मानसिकता तैयार हो गयी थी। इसी समय नवम्बर 1995 में भारतीय जनता पार्टी का एक महाधिवेशन मुम्बई में हुआ, जिसका मुख्य उद्देश्य अटल बिहारी वाजपेयी को अगले प्रधानमन्त्री के रूप में प्रोजेक्ट करना था। 10 नवम्बर, 1995 को जब महाधिवेशन शुरू हुआ तब मंच पर राष्ट्रीय स्वयंसेवक संघ-शिवसेना और भाजपा नेताओं के साथ नीतीश कुमार भी थे। इस सम्मेलन में जो ख़ास बात हुई वह यह कि भाजपा ने गाँधीवादी समाजवाद

को बाय-बाय कर दिया और रामराज्य की स्थापना की दुहाई दी। इसके साथ ही आर्थिक मामलों में नेहरू के रूसी मॉडल और राव के अमेरिकी मॉडल को नकारते हुए तिलक, गाँधी व दीनदयाल उपाध्याय की देशी अर्थनीति को अपनाने पर ज़ोर दिया गया। नीतीश कुमार ने भावुक होकर कह दिया, मुझे महसूस हो रहा है, अपने घर आया हूँ। भाजपा उन्हें अपना घर लगने लगा था।

उनके इस बयान ने पार्टी में तूफान खड़ा कर दिया। रविराय, चन्द्रजीत राय, सैय्यद शहाबुद्दीन, शम्भूशरण श्रीवास्तव जैसे लोगों ने एक समानान्तर बैठक की और पार्टी छोड़ दी। जॉर्ज फर्नांडिस बीमार चल रहे थे और जब भाजपा महाधिवेशन हो रहा था, तब वह मुम्बई में ही थे। नीतीश कुमार को जॉर्ज का समर्थन प्राप्त था।

बिहार में मामूली-सा ही विरोध हुआ। किसी बड़े नेता ने इस मुद्दे पर पार्टी नहीं छोड़ी। इसका कारण उनका वर्ग आधार था। समता पार्टी के ज़्यादातर नेता या तो सवर्ण थे या फिर विचारहीन पिछड़े। उन्हें बस लालू विरोध से मतलब था। जात-पात का जोड़-घटाव करने वाले लोग थे। धर्मनिरपेक्षता, सामाजिक न्याय जैसे सवाल उन्हें कभी परेशान नहीं करते थे। उन्हें बस सत्ता के गलियारे में अपनी जगह चाहिए थी, या फिर प्रभाव। नीतीश कुमार के भाजपा से जुड़ाव से द्विज जातियों में यह सन्देश गया कि अब ये हमारी भावनाओं और स्वार्थों के वाहक हो सकते हैं।

1996 का लोकसभा चुनाव भाजपा और समता पार्टी ने समझौता करके लड़ा। इन्हें 54 में से 24 सीटें मिलीं। अकेले समता पार्टी को 6 सीटें मिलीं। यह इनकी बड़ी उपलब्धि थी। समता पार्टी अब एक पार्टी के रूप में खड़ी हो गयी और उनकी यह प्राण-प्रतिष्ठा भाजपा ने की थी।

लालू प्रसाद को नुकसान का अनुभव अब जाकर हुआ। 1996 में वे यदि 1991 और 1995 की जीत को दुहराते तब उन्हें प्रधानमन्त्री बनने से कोई नहीं रोक सकता था। इस टूटी स्थिति ने उन्हें राजनीति के हाशिये पर ला दिया। वह पार्टी के राष्ट्रीय अध्यक्ष थे, लेकिन एच.डी. देवगौड़ा प्रधानमन्त्री का पद झटक ले गये। देवगौड़ा के प्रधानमन्त्री होने के पहले एक नाटकीय घटनाक्रम में मात्र तेरह दिनों के लिए अटल बिहारी वाजपेयी भी प्रधानमन्त्री हो गये थे। वाजपेयी बहुमत न जुटा पाने के कारण इस्तीफ़ा देने को मजबूर हुए। जब लोकसभा विश्वासमत हासिल करने के लिए बैठी, तब प्रधानमन्त्री वाजपेयी ने एक प्रभावशाली और भावनाप्रद भाषण के साथ अपना इस्तीफ़ा रख दिया।

भाजपा अपनी सरकार नहीं बचा सकी थी, लेकिन एवरेस्ट चोटी पर झंडा गाड़ने की तरह वह फिलहाल इतने से ही सन्तुष्ट थी कि वह यह कर सकती है। तेरह दिन तो उसे दौड़-धूप और समर्थन के लिए वातावरण बनाने में लगे, लेकिन लोगों में इस बात की ख़ूब चर्चा थी कि सरकार के मन्त्री, ख़ासकर प्रमोद महाजन, सरकारी गुप्त फ़ाइलों की फोटो कॉपी कराने में लगे हैं और इसके लिए रात-दिन जिरॉक्स-मशीनें काम कर रही हैं। यह शायद भाजपा विरोधी मीडिया की करतूत भी हो सकती है। क्योंकि ऐसा करने से भाजपा की छवि ख़राब होती। थोड़ी हुई भी।

अटल बिहारी वाजपेयी के इस्तीफे ने कांग्रेस को राजनीतिक तौर पर मजबूर कर दिया कि वह तीसरे मोर्चे की सरकार का बिना शर्त समर्थन करें। क्योंकि स्थितियाँ ग़ैर-भाजपा, ग़ैर-कांग्रेस के पक्ष में बनती जा रही थीं। तीसरे पक्ष ने पहले वीपी सिंह को अपना नेता चुनना चाहा। वे इनकार कर गये। सक्रिय राजनीति में उनकी रुचि नहीं रह गयी थी और ऐसी जोड़-तोड़ की सरकार का स्वाद वह चख चुके थे। तीसरे पक्ष ने बंगाल के तत्कालीन मुख्यमन्त्री ज्योति बसु को भी पसन्द किया, किन्तु उनकी पार्टी की पोलित-ब्यूरो ने इसके लिए उन्हें इजाजत नहीं दी। घटनाचक्र तेज़ी से घूम रहा था और अचानक मुल्क ने पाया कर्नाटक के मुख्यमन्त्री श्री हरदनहल्ली डोडेगौड़ा देवगौड़ा प्रधानमन्त्री के रूप में सामने आये; जो हिन्दी बिलकुल नहीं जानते थे और अंग्रेज़ी की भी कामचलाऊ जानकारी ही रखते थे। कहते हैं कभी तमिलनाडु के कांग्रेस नेता कुमारसामी कामराज इसी कारण प्रधानमन्त्री होने से रह गये थे कि वह अंग्रेज़ी और हिन्दी नहीं जानते थे। यह अच्छी बात नहीं थी। देवेगौड़ा ने इस रूढ़ि को तोड़ा, यह कम-से-कम मुझे अच्छा लगा। हवा में यह बात थी कि लालकिले से झंडा फहराते समय प्रधानमन्त्री का जो भाषण होता है, इस बार देवेगौड़ा अंग्रेज़ी में देंगे। मैंने एक नागरिक के रूप में उन्हें पत्र लिखा कि वह कन्नड़ में राष्ट्र को सम्बोधित करें, अंग्रेज़ी में कदापि नहीं। लेकिन देवेगौड़ा ने मेहनत करके हिन्दी सीख ली। 15 अगस्त का उनका भाषण हिन्दी में हुआ। वह धीरे-धीरे ठहर-ठहर कर बोल रहे थे, लेकिन उनकी हिन्दी मुझे प्यारी लग रही थी।

1996-98 के बीच भी राजनीतिक स्थिति डाँवाडोल रही। हमारे बिहार में इसी बीच मुख्यमन्त्री लालू प्रसाद के ख़िलाफ़ पशुपालन घोटाले का एक मामला चला और इसने एक नाटकीय रूप ले लिया। इसकी तुलना राजीव गाँधी के ख़िलाफ़ बोफोर्स घोटाले से की जा सकती है। तत्कालीन वित्त सचिव वी.एस. दूबे ने जब सरकारी खजाने की विषम होती स्थिति पर ध्यान केन्द्रित किया,

तब भयानक वित्तीय अनियमितताओं का पर्दाफाश हुआ। दरअसल यह घोटाला 1974–75 से चल रहा था। लेकिन 1990–95 में इसकी गति तेज़ हो गयी थी क्योंकि घोटालेबाज़ों में से एक ने मुख्यमन्त्री आवास में अपनी स्थिति मजबूत बना ली थी। 1995 में यह आदमी सरकारी नौकरी छोड़कर सत्ताधारी दल का विधायक बन गया। ठीक इसी समय घोटाला उजागर हुआ। कोई ऐसा दल नहीं था जिससे घोटालेबाज़ों के निकट सम्पर्क नहीं थे। लेकिन सत्ताधारी दल की किरकिरी जमकर हुई। मामले की जाँच सीबीआई ने अपने हाथ में ली और 1997 के 25 जुलाई को मुख्यमन्त्री लालू प्रसाद को गिरफ़्तार किया गया। उनकी पत्नी–जो अब तक घर-परिवार सँभालती रही थीं और जिनकी कोई राजनीतिक पृष्ठभूमि नहीं थी–ने अचानक बिहार के मुख्यमन्त्री का पद सँभाल लिया। यह लोकतन्त्र का एक नया रूप था। इसकी ख़ूब चर्चा हुई। लेकिन सरकार चलती रही।

राष्ट्रीय राजनीति में देवगौड़ा को भी इस्तीफ़ा देना पड़ा। इसके बाद इन्द्र कुमार गुजराल भारत के प्रधानमन्त्री हुए। गुजराल को भी ठीक से काम नहीं करने दिया गया। कांग्रेस के अध्यक्ष सीताराम केसरी के मन में प्रधानमन्त्री बनने की इच्छा थी और वह लगातार व्यवधान खड़ा कर रहे थे। इन्हीं व्यवधानों के बीच श्री गुजराल इस्तीफ़ा देने के लिए मजबूर हुए। उनके इस्तीफे के बाद कोई सरकार नहीं बन सकी। लोकसभा भंग हुई और नये चुनावों की घोषणा ने पूरे देश में एक नयी राजनीति को सक्रिय कर दिया।

1998 के मार्च में नयी लोकसभा का गठन हुआ। इस बार कांग्रेस पहले से भी कमज़ोर हो गयी। भारतीय जनता पार्टी के नेतृत्व में गठित राष्ट्रीय जनतान्त्रिक गठबन्धन ने सरकार बनाने लायक बहुमत पा लिया था। समता पार्टी को कुल बारह सीटें मिली थीं। बिहार में दस और उत्तर प्रदेश में दो।

मेरा घर-मोहल्ला

घर को लेकर मेरे मन में अजीब तरह का भाव रहा है। अपने दादा के घर का थोड़ा-सा वर्णन मैंने पहले किया है। लेकिन वहाँ मैं कभी-कभार ही रहा। लगातार महीनों रहने का कोई संयोग कभी नहीं बना। बचपन तो नौबतपुर में बीता, जहाँ हमारा आवास सरकारी था। इसलिए कहीं-न-कहीं मन में एक बात थी कि एक घर होना चाहिए, जिसे अपना कहा जा सके। ममता को इसकी ज़्यादा चिन्ता थी। क्योंकि धन के बारे में मेरे ग़ैर-जिम्मेदार रुख से वह परिचित थी। पटना में किराये पर रहते हुए, मैं भी थक गया था। जब तक मेरे मित्रगण डेरे की पहचान ढंग से करें, या डाकिया अभ्यस्त हो, तब तक डेरा बदल जाता। डेरा क्यों बदल जाता है यह वही जानते हैं, जो किराये पर रहते हैं। हर मकान मालिक चाहता है, किरायेदार बदलते रहें, ताकि किराया बढ़ता रहे। डेरा बदलना भारी तरद्दुद भरा काम होता है। सामान समेटिये, बाँधिये, फिर दूसरे डेरे तक ले जाइये। फिर से व्यवस्थित कीजिए आदि। इसमें सामान टूटते हैं। फिर कुछ सामान नये डेरे के लिए अप्रासंगिक भी हो सकते हैं। बहुत सारे झंझट। मेरे कुछ मित्रों को इसमें कोई परेशानी नहीं होती। वे कहते हैं मकान मूर्ख लोग बनाते हैं और चालाक लोग उसमें रहते हैं। लेकिन मैं डेरा बदलने से परेशान रहता था और किराया वसूलने जब मकान मालिक आता, तब परेशानी का एक अलग प्रसंग बनता था। जब नियमित आमदनी हो तो मुश्किलें खड़ी नहीं होतीं, लेकिन जब आप स्वतन्त्रजीवी हैं, तब हज़ार मुश्किलें आती हैं। इसलिए ममता और मैंने तय किया कि एक घर बन जाये। हम लोगों के पास ज़मीन का एक छोटा टुकड़ा था—कुल पाँच डिसमल का। इसमें मेरे सपनों का घर तो नहीं, लेकिन डेरे का एक विकल्प ज़रूर बन सकता था। यही बना भी। एक निम्न मध्यमवर्गीय ढाँचे का, तीन कमरों वाला, दो मंजिलाँ मकान, जिसमें ख़ास कहने लायक कुछ नहीं था। और कुछ तो नहीं, खिड़कियाँ हमने ज़रूर रूसी लेखक चेखब के पसन्द के अनुरूप रखीं—बड़ी-बड़ी।

यही बस थोड़ा-सा ख़ास था हमारे घर में। हालाँकि इन बड़ी खिड़कियों का फ़ायदा उठाकर ही दो साल पहले हमारे घर में चोर घुस आये।

हमारा मुहल्ला स्लम से थोड़ा ही ऊपर है और चारों ओर ज़िन्दगी के विविध रूप दिखते हैं। हमारे घर से काफ़ी करीब लगभग सौ गज की दूरी पर, एक धनी ठेकेदार ने बंगलानुमा एक घर बनवाया। ठीक वैसे ही घर की मैं कामना करता था। घर इसलिए खूबसूरत था कि उसमें एक बड़ा-सा लॉन था–हरी दूबों वाला और आम-अमरूद के कुछ हरे-प्यारे गाछ थे। मकान भी भव्य की जगह छोटा और प्यारा था–सब मिलाकर न्यारा। हम लोग अपने घर से उसे ऐसे ही देखते थे, जैसे लालकिले में अपनी नज़रबन्दी से, शाहजहाँ ताजमहल को देखता था। पता चला उस बंगले का मालिक ठेकेदार बनने के पहले कवि था और युवावस्था में उसने प्रेम भी किया था। लड़की के बाप ने जब उससे उसकी हैसियत और आमदनी का हाल पूछा तब उसने अपनी कविताओं से उसे प्रभावित करने की कोशिश की। स्वाभाविक ही था कवि को अपमानित होना पड़ा होगा। अपमानित कवि ने एकदम से धन्ना सेठ बनने की ठान ली। वह कवि से डाकू बन गया, जैसे कभी कोई (रत्नाकर) डाकू, कवि (वाल्मीकि) बन गया था। वह सरकारी खजानों पर आधुनिक तरीके से डाका डालने लगा, ठेकेदार बनकर। कुछ ही साल में वह अमीर बन गया। अमीर बनने पर एक बार उसने इत्मीनान की साँस ली, अपने सपनों को याद किया, आहें भरीं और फिर यह खूबसूरत बंगला बनवाया।

वह खूबसूरत बंगला हमारे इलाके का ताजमहल बन गया और हमारे घर का मुश्तकिल पता। जब कोई हमारे यहाँ आने के लिए फोन करता तब उसे मोहल्ले का नाम बतलाया जाता, उसके दूसरे फेज में एक सुन्दर-सा बँगला है, उसी से थोड़ा पश्चिम। तो इस तरह बहुत दिनों तक यह मकान हमारे ठिकाने का ध्रुवतारा बना रहा। हाल में इस मकान को एक बिल्डर ने खरीद लिया क्योंकि इसका मालिकाना किसी बादशाह का नहीं, एक ठेकेदार का था। जो अब कविता की दुनिया से काफ़ी दूर चला गया था। अब वह केवल पक्का धन्नासेठ था। एक सेठ पैसे के लिए सब कुछ बेच सकता है, अपने सपने भी, अपना दिल भी। जिस बिल्डर ने खरीदा उसका एक ही सपना था, पैसा कमाना। उसके लिए यह बंगला नहीं, एक जगह थी। जहाँ उसने अपार्टमेंट बनाने की सोच रखी थी। इससे उसे ख़ूब पैसा कमाने की उम्मीद थी। इसलिए बहुत जल्दी बेरहमी से वह मकान तोड़ डाला गया, ताकि निर्माण का नया ढाँचा खड़ा किया जा सके। फ़िलवक़्त तो वहाँ आयकर विभाग का एक बोर्ड लगा है।

हमारे घर के ठीक सामने पूरब तरफ फिलहाल अच्छी-ख़ासी खाली जगह है, जिसमें पानी भरा रहता है और इस पर जलकुम्भियों की एक मोटी परत बिछी होती है। बीच-बीच में कुछ बेढब अन्दाज़ में पतवार भी उगते हैं। जब मानसून आता है, तब इन पतवारों के बीच काले-काले और लम्बे डैनों वाले जलपक्षी ख़ूब सारे अण्डे देते हैं और सावन के आख़िर तक इनके चूजों से पूरा इलाक़ा भर जाता है। इनके खिलवाड़ देखते बनते हैं। मानसून के मस्त मौसम में तेज़ी से बढ़ते हुए, अक्टूबर तक ये चूजे आसमान नापने लगते हैं। इन जलपक्षियों से साइबेरियन सारसों (क्रेन) की अच्छी मित्रता है। साइबेरिया से उड़कर आये ये क्रेन पक्षी दानापुर के कैंटोनमेंट एरिया में घने-पुराने पेड़ों पर बसेरा लेते हैं और अंडे देते हैं। नये बच्चों को पालने तक वे यहाँ रहते हैं फिर उड़ जाते हैं। क्रेन हर साल आते हैं। आने के साथ ही अपने पुराने मित्रों से ज़रूर मिलते हैं। ये जल परिन्दे अपने साइबेरियन मित्रों के लिए घोंघे का खजाना रखते हैं, जो सारसों को ख़ूब पसन्द हैं। इसलिए मानसून के इर्द-गिर्द हमारा मोहल्ला पक्षियों से भरा रहता है। हालाँकि दुखद स्थिति है कि यह पेड़-गाछों से बिलकुल खाली है।

कुछ और पक्षी हैं, जो हमारे इर्द-गिर्द कभी-कभार दिखते हैं। कौवे तो ख़ैर हैं ही, क्योंकि उनका न होना, हमारे पूरे अस्तित्व के लोप होने की तरह होगा। गनीमत है कि उनके काँव-काँव से अभी भी कुछ लोग शगुन को डि-कोड कर लेते हैं। कभी मैथिल कोकिल विद्यापति की खूबसूरत-नाजुक नायिकायें इन कौवों का ख़ूब ख़याल रखती थीं और उनकी भाख (आवाज़) सुनने के लिए उनकी चिरौरी करती थीं–

काक भाख निज भाखह रे
पहु आवत मोरा
खीर-खाँड़ तोय देवब रे
भरि कनक कटोरा।

(हे काक, तू अपनी बोली बोल कि मेरा पाहुन आवे, तुझे सोने के कटोरे में भरकर खीर खिलाऊँगी।)

और एक दूसरी नायिका के घर तो कौए की कुहार सुनायी दे रही है। नायिका मगन है, मस्त है–

मोरा रे अंगनमा, चन्दन केरि गछिया
ताहि चढ़ि कुरुरय काग रे
सोने चोंच बाँधि देब तोय वायस
जओं पिआ आवत आजु रे।

(मेरे आँगन में चन्दन का तरुणा गाछ है, जिस पर चढ़कर-बैठकर काग बोल रहा है। यदि जो मेरा प्रिय आज आया, तो हे कौवे, तुम्हारे चोंच को सोने से मढ़ दूँगी।)

अब न वैसी हसीन-मन नायिकायें हैं, न वैसे किस्मत-शुदा कौवे। लेकिन कौवे अपना काम चला लेते हैं। उन्हें अपना पेट भरने के लिए किसी के सहयोग की ज़रूरत नहीं होती। 'काकचेष्टा' पुराना मुहावरा है। पुराने जमाने के विद्यार्थी इतने पर्यावरण प्रिय और महामानवीय थे कि कौवे और कुत्ते से भी प्रेरणा लेते थे। कौवों की सतत चेष्टा और कुत्तों की छिछली नींद उनके आदर्श थे।

कौवों के साथ मैना चिरैया, कुछ पंडुक और कबूतर भी कभी-कभी दिख जाते हैं। लेकिन गौरैये तेज़ी से विलुप्त हो रहे हैं। वे रहें तो कहाँ, मुसीबत यह भी है। गाँवों में फूस-खपरैल के घरों में वे आराम से घोंसला बना लेते थे। ऐसी जगहें लगभग नहीं बची हैं। शहर तो खैर, सीमेंट के जंगल हो गये हैं। पेड़-गाछ लगातार कम होते जा रहे हैं। हमारे मुहल्ले में मुख्य सड़क के पास एक बहुत बड़ा गाछ था। पीपल और बरगद का, उस पर बहुत सारे पक्षी रहते थे। बगुलों का भी बड़ा बसेरा था, उस पर। सड़क चौड़ी करने के चक्कर में वह पेड़ कट गया और फिर सब पक्षी जाने कहाँ चले गये। हाँ, कभी-कभी टिटिहरियों का झुंड जेठ की तपती दुपहरी में दिख जाता है और उनकी टें-टें की विचित्र आवाज़ जब हमारे कानों में पड़ती है, तब गाँव की स्मृतियाँ ताजी हो जाती हैं। किंवदन्ती है कि ये टिटिहरी अपने पैर ऊपर आसमान की ओर करके सोते हैं, क्योंकि इन्हें लगता है कि हमारे सोये हुए में यदि जो आसमान टूटकर धरती पर आया, तब हम उन्हें थाम लेंगे। धरती के लिए इतनी गहरी चिन्ता! इस पर किसका दिल उनके लिए पसीज नहीं जायेगा!

हमारे घर में पंडुकों के एक जोड़े ने सिलिंग फैन पर घोंसला लगा दिया। हुआ यह कि हम लोग एक दिन उठे, तब देखा बरामदे में लटक रहे पंखे पर ढेर सारे तिनके और सूखी घास लटक रहे हैं। दरअसल वे अपने अन्दाज़ में रखे जा रहे थे। पंडुकों का एक जोड़ा उन्हें यानी तिनकों को, ढूँढ़-ढूँढ़ कर ला रहा था और रखे जा रहा था। वो घोंसला बनायेंगे। हमने उन्हें छेड़ने की तनिक भी कोशिश नहीं की। पंखे का कनेक्शन वाला तार हटा दिया ताकि कोई अनजाने भी स्वीच ऑन करे तो पंखा नहीं चलेगा। हमें कुछ नहीं करना पड़ा और दो-तीन रोज़ में ही उनका घोंसला बनकर तैयार। फिर पंडुकी ने आसन जमाया। अण्डे दिये। उसे सेती रही। हम रोज़ उनकी तन्मयता दूर से देखते।

ममता का कहना था कि यह बड़ा शुभलक्षण है कि पंडुकों ने हमारे घर को अपना घर बनाया है। वह उत्फुल्ल थीं। उनकी इच्छा होती थी कि इन पंडुकों की आरती उतारें। वे खाती भी तो कुछ नहीं थी–च्... वे अफसोस जतातीं। उनका ध्यान पंडुक की कर्तव्यपरायणता पर था। वह हमेशा पंडुकी के इर्द-गिर्द बना रहता। कितने प्यारे जोड़े हैं! ममता उन्हें निहार कर निहाल हो जातीं। उनकी आँखें नम और चेहरा ममत्व से भर जाता। वह रोज़ कुछ देर उन्हें निहारतीं।

और एक दिन उनका बुलेटिन जारी हुआ कि बच्चों की चें-चें की आवाज़ उन्होंने सुनी। फिर उन्होंने बतलाया पंडुक ने कुछ लाकर पंडुकी को खिलाया। फिर दोनों समवेत उड़कर कुछ लाते और बच्चों को खिलाते। लेकिन परिन्दे हमारे जीवन से लगातार दूर होते जा रहे हैं। विकास की आँधी में हमने पर्यावरण को हाशिये पर डाल दिया है। हमारा जीवन परिन्दों के बिना कैसा होगा, इसकी कल्पना कर ही मैं सिहर जाता हूँ। क्या हम उस विकास की ओर बढ़ रहे हैं जहाँ इन परिन्दों को देखने के लिए टिकट कटाकर जू जायेंगे। फिर हमारा जीवन कितना नीरस, कितना बेमानी नहीं हो जायेगा?

छोटे-छोटे जीव-जन्तुओं का भी वही हाल है, जो परिन्दों का। ततैये और काले-काले भौंरे तो दिखते ही नहीं। रंग-बिरंगी तितलियों का भी वही हाल है। जुगनुओं के देखे भी जमाना हो गया। सबकी जगह मच्छरों ने ले ली है। तरह-तरह के मच्छर–जिनके अध्ययन में मेरी कोई रुचि नहीं है और फिर ये छिपकलियाँ, जो मुझे बहुत घिनौनी लगती हैं, लेकिन लगता है मेरा मुँह चिढ़ाने के लिए ही वह मेरे घर में बनी रहती हैं। वे क्या खाती हैं, क्या पीती हैं, अंडे कहाँ देती हैं, कुछ भी पता नहीं चलता। बस, वे लगातार बनी हुई हैं, यह ज़रूर देखता हूँ। हमारे घर के सामने सड़क पर झुरमुट-सी एक वनस्पति है, जिसके उजले-उजले फूल होते हैं। लोग उसे चाँदनी का गाछ कहते हैं। उस गाछ पर गिरगिट कभी-कभी दिख जाते हैं। गिलहरियाँ, जो मुझे बेहद सुन्दर और सुकुमार लगती हैं और जिनकी होशियार अदाओं पर मैं हमेशा फिदा रहा हूँ, भी कभी-कभी दिख जाती हैं। नेवलों का एक जोड़ा भी हमारे इर्द-गिर्द रहता है, जिनसे मेरा पालतू तोता-मिट्ठू बहुत डरता है। उन्हें देखते ही वह ज़ोर-ज़ोर से बोलने और पाँख फड़फड़ाने लगता है। इन नेवलों के कारण आस-पास से साँप विलुप्त-प्राय हो गये हैं। पहले कभी-कभार दिख जाते थे। ये साँप ही तो थे जो बाइबल के अनुसार स्वर्ग में भी थे और हमारे बाबा आदम को ज्ञान की बातें बतलाई थीं।

बिल्लियाँ अपनी होशियारी से बनी हुई हैं। उनमें कुछ काली हैं, कुछ भूरी और कुछ बिलकुल उजली। एक बिल्ला काफ़ी मोटा और घमंडी है, शायद बूढ़ा भी। हिटलर की चाल चलता है। छोटे बच्चों को डराने के लिए वह काफ़ी है। किसी घर में घुसकर दूध वगैरह पी जाना, वह अपनी शान के ख़िलाफ़ समझता है। ये काम छोटी बिल्लियाँ करती हैं, जो निश्चय ही उसकी प्रजा होंगी।

और इन सबके बीच एक बूढ़ा बन्दर। दो साल पहले यह बन्दर हमारे मुहल्ले में आया किसी एलियन की तरह। कोई छह महीने तक नियमित बना रहा और फिर अचानक गायब हो गया। उसकी पूँछ कटी हुई थी और पहली नज़र में ही वह थका-थका उदास-सा दिखता था। वह किसी बड़ी ट्रेजडी का शिकार हुआ, जान पड़ता था। उसकी धज से बस एक चीज़ टपकती थी, वह थी दयनीयता। जानवर था, इसलिए डर भी लगता, लेकिन एक दिन जब वह बगल के छत पर उदास बैठा था, तब मैंने उसकी आँखों में झाँका। वह भी एकटक मुझे घूर रहा था–मानो कह रहा हो, मुझ बूढ़े असहाय से काहे का डर! मैं किसी दौलत के लिए नहीं, बस दो कौर के लिए दर-दर भटक रहा हूँ।

वह बन्दर बेखटके किसी दरवाज़े से घर के अन्दर घुस जाता, आराम से फ्रिज खोलता, खाने की चीज़ें निकालता और फिर आराम से बाहर निकल जाता। आपकी उपस्थिति का उस पर कोई असर नहीं पड़ता था। कमाल यह था कि वह खाने की चीज़ों के अलावे किसी अन्य चीज़ को छूता तक नहीं था। डरता तो बिलकुल नहीं था। जैसे वह आपके घर का सदस्य हो, ऐसी निर्भयता प्रकट करता। एक बात और थी कि एक ही घर में वह रोज़ नहीं प्रवेश करता था। पूरे इलाके में घूमता रहता था। शायद ही कोई घर रहा होगा, जिसके यहाँ से उसने केले, सेब और कुछ नहीं हुआ तो गूंथे आटे नहीं खाये हों। वह जूठी चीज़ें कभी नहीं खाता।

उस बन्दर के बारे में हज़ार तरह की बातें फैलीं। किसी ने कहा कि वह बगल के अफसरों वाले मुहल्ले में गया, जहाँ किसी मजिस्ट्रेट ने ज़ू में फोन करके अपने मित्र फॉरेस्ट ऑफिसर को बुलवाया और उसकी टीम बन्दर को पकड़कर ले गयी। किसी के अनुसार वह मर गया और फिर उसे नगर निगम के सफाई कर्मचारी ढोकर ले गये। किसी ने उसके मुहल्ला बदल लेने की बात की। किन्तु एक रोज़ जब मैं अपने मोहल्ले के मन्दिर के पास से गुज़र रहा था, तब एक महिला प्रवाहमय भोजपुरी में साथी महिलाओं को बतला रही थी कि वह हनुमान जी थे साक्षात। अपने साक्षात वेश में इस मोहल्ले

में पधारे थे कि लोगों का हाल देखें कि लोग मेरे साथ कैसा व्यवहार करते हैं। '...मन्दिर में जाकर तो मेरी मूर्ति की पूजा करते हैं, आरती उतारते हैं। लड्डू चढ़ाते हैं और जब प्रकट रूप में आते हैं, तब दुर-दुराते हैं। यही है कलियुग के लोग। हनुमान जी अब नहीं आने वाले, चले गये अपने लोक। चढ़ाते रहिये मूरत पर लड्डू...।' वह एक आध्यात्मिक प्रवाह में थी। उसके चेहरे पर अपनी तरह का एक तेज़ था और लगता था, वह जो बोल रही है, वह बात उसके हृदय की गहराइयों से निकल रही है। आप मानिये, या मत मानिये, वह इत्मीनान थी कि केवल वही सही है और इस विषय में जितने भी किस्से मोहल्ले में चल रहे हैं, सब झूठे, बेजान हैं। उसके हनुमान जी कभी झूठ नहीं हो सकते। उसने महिला साथियों पर रौब के साथ कहा–'उसने हनुमान जी को अपने हाथ से केले खिलाये।' फिर तनिक ठहरकर, किंचित लजाते हुए उसने विनम्रता से उद्घाटन किया–'मेरे तो भोर के सपने में वह दो बार आये।'...

दिल्ली में दक्षिणपन्थ

19 मार्च, 1998 को भारत की तथाकथित धुर दक्षिणपन्थी पार्टी भारतीय जनता पार्टी के नेतृत्व में एक नयी सरकार का गठन हुआ। प्रधानमन्त्री अटल बिहारी वाजपेयी बने। वह अच्छों में सबसे अच्छे नहीं, बुरों में सबसे कम बुरे के फॉर्मूले पर चुने गये थे। यह भी कहा जाता था कि वह ख़राब पार्टी के बेहतर नेता हैं। दरअसल यह वह दौर था जिसमें कांग्रेस राजनीतिक तौर पर थक चुकी थी और तथाकथित थर्ड फ्रंट अथवा तीसरा मोर्चा छिन्न-भिन्न हो गया था। सोवियत संघ के पतन के बाद वाम मोर्चा भी धीरे-धीरे अपना स्तर खो रहा था। ऐसा वातावरण दक्षिणपन्थी राजनीति के बहुत अनुकूल था। उसने इसका फ़ायदा उठाया और अन्ततः बाजी जीत ली।

25 दिसम्बर, 1925 को ग्वालियर में एक निम्न मध्यमवर्गीय परिवार में जन्मे अटल बिहारी वाजपेयी राष्ट्रीय स्वयंसेवक संघ की राजनीतिक-सांस्कृतिक प्रयोगशाला में प्रशिक्षित हुए। कहा जाता है कि अंग्रेज विरोधी स्वतन्त्रता संघर्ष में भी उन्होंने ताक-झाँक की थी, लेकिन पुलिस ने जैसे ही समन किया, मुआफी माँग ली। 1951 में हिन्दू महासभा के नेता श्यामा प्रसाद मुखर्जी ने जब भारतीय जनसंघ नाम से एक राजनीतिक दल की स्थापना की, तब श्री अटल बिहारी उससे जुड़ गये। श्री मुखर्जी के आप्त सचिव के रूप में इन्होंने काम किया और उनसे हिन्दू राजनीति के गुर सीखे। दिलफेंक तबियत के वाजपेयी कुँआरे रहे हैं, लेकिन उन्हीं के शब्दों में ब्रह्मचारी नहीं। कविताओं से प्रेम रखने वाले अटल बिहारी ख़ुद भी तुकबन्दियाँ करते रहे हैं और झूम-झूम कर, गर्दन झटक-झटक कर, बड़ी अदा से इसे सुनाते भी रहे हैं, किसी कस्बाई कवि के अन्दाज़ में। भाषण देने की कला में प्रवीण वाजपेयी जब अपने शुरुआती दौर में संसद में बोल रहे थे, तब तत्कालीन प्रधानमन्त्री जवाहरलाल नेहरू का ध्यान उन्होंने आकर्षित किया था। कहते हैं नेहरू ने इनके भाषण की तारीफ़ की थी। वाजपेयी कट्टरता प्रिय नहीं हैं और राजनीतिक दल के नेता से ज़्यादा राजनेता हैं।

उन्होंने अपनी छवि की हमेशा चिन्ता की है, और कम-से-कम इतना ज़रूर जानते हैं कि भारत जैसे बहुभाषी, बहुधर्मी और बहुसंस्कृति वाले देश का नेतृत्व कोई कट्टरवादी नेता कभी नहीं कर सकता। इसलिए वह विवादित विषयों से जतनपूर्वक बचते रहे हैं। सब मिलाकर वह एक दक्षिणपन्थी राजनीतिक दल के उदार नेता हैं हालाँकि उनकी जड़ें राष्ट्रीय स्वयंसेवक संघ से ही जुड़ी हैं।

भाजपा ने अपने राजनीतिक चातुर्य का परिचय देते हुए राष्ट्रीय जनतान्त्रिक गठबन्धन (नेशनल डेमोक्रेटिक एलायन्स) बनाया, जो संक्षेप में राजग अथवा एनडीए कहा गया। समाजवादी नेता और तब समता पार्टी के राष्ट्रीय अध्यक्ष जॉर्ज फर्नांडिस को इस गठबन्धन का संयोजक बनाया गया। अटल सरकार में वह रक्षामन्त्री भी बनाये गये। नीतीश कुमार को रेल मन्त्रालय मिला।

भारतीय जनता पार्टी या अटल बिहारी वाजपेयी के बारे में मेरे या मेरे जैसे अन्य लोगों के जो भी विचार हों, लेकिन मैं कह सकता हूँ कि उस समय देश के जन्मानस ने वाजपेयी के पक्ष में अपना झुकाव प्रदर्शित कर दिया था। ऐसा शायद दो-दो सरकारों के जल्दी-जल्दी पतन से भी हुआ। लोगों को यह लगने लगा कि इन लोगों से राज चलने वाला नहीं है। वे केन्द्र में देर तक डाँवा-डोल स्थिति रखना भी नहीं चाहते थे, क्योंकि इससे हमारे बाहरी दुश्मनों का हौसला बुलन्द होता। हालाँकि यह एक आश्चर्यजनक सच्चाई है कि एच.डी. देवगौड़ा और इन्द्रकुमार गुजराल का कार्यकाल बहुत ख़राब नहीं रहा। इस दौरान ज़्यादा मूल्यवृद्धि नहीं हुई, जनता की तकलीफ़ें नहीं बढ़ीं, कोई बड़ी आतंकवादी घटना नहीं हुई और न ही विदेशों से हमारे तकरार बढ़े। देवगौड़ा की सरकार तो अपने सूचनामन्त्री इब्राहम को लेकर कुछ बदनाम भी हुई, लेकिन गुजराल ने अपनी राजनीतिक शुचिता बनाये रखी। वे दोनों सरकारें कांग्रेस और भाजपा की सरकारों से ज़्यादा लोकतान्त्रिक चरित्र की भी रहीं। हालाँकि हमारे यहाँ इसे अच्छा न मानने का एक बुरा प्रचलन है। हमारे जन-मन में हमेशा एक कड़क प्रधानमन्त्री की अभिलाषा रहती है। श्रीमती गाँधी जनता के इस मूड को बखूबी समझती थीं।

वाजपेयी मुझे कभी पसन्द नहीं आये। उनकी कोई विचारधारा तो ख़ैर थी नहीं, लेकिन व्यक्तित्व के स्तर पर भी वह मुझे नापसन्द थे, उनकी धज तो और ख़राब है। सुनता रहा था कि वह शराब और मिठाई के शौक़ीन रहे हैं, ख़ासकर जलेबियों के। उन्हें जलेबी खाकर रम पीने वाला आदमी कहा जाता था। अपने को नेहरू के स्तर तक लाने के लिए वह और भी कलाकारियाँ करते रहते थे। वह थोड़े खुशमिज़ाज ज़रूर थे, और कभी-कभी समाजवादी

रूझान भी दिखाते थे, लेकिन भीतर से वह इरादों के पक्के थे और नागपुर स्कूल के पक्के खूँटे से बँधे—अटल बिहारी।

सरकार बनने के दो महीने के भीतर अटल सरकार ने परमाणु विस्फोट किया, जिससे पूरी दुनिया में खलबली मच गयी। विस्फोट का समय भी बुद्ध पूर्णिमा को चुना गया और इस कार्यक्रम को 'बुद्ध की मुस्कान' या शक्ति कहा गया था मुझे ठीक-ठीक याद नहीं आ रहा। स्मरण है कि यह विस्फोट मुझे अच्छा नहीं लगा था। यह असमय, बेतुका और मूर्खतापूर्ण कार्य था। मैं गुस्से से भर गया। लेकिन मेरी हैसियत ही क्या थी। मैंने अपना विरोध जॉर्ज फर्नांडिस के सामने रखा। वह धीमी मुस्कान के साथ सब सुनते रहे, कुछ बोले नहीं। उन दिनों हवा में यह बात भी थी कि प्रधानमन्त्री वाजपेयी ने विस्फोट की जानकारी उन्हें भी नहीं दी थी। जब विस्फोट हो गया, तब प्रेस से थोड़ा पहले उन्हें सूचित किया गया। यह तब जब वह रक्षामन्त्री थे। बाज़ार में यही चर्चा थी कि अटल बिहारी को जॉर्ज पर भरोसा नहीं था।

अटल बिहारी ने दो महीने में भारत को परमाणु यान्त्रिकी से समृद्ध नहीं कर दिया था। भारत ने 1974 में ही पोखरण में पहला विस्फोट किया था, इन्दिरा गाँधी के नेतृत्व में। वह छोटा विस्फोट था, केवल इस बात का परिचायक कि भारत यह कर सकता है। तब से टेक्नोलॉजी में जो विकास हुआ था और एक पूर्णरूपेण परमाणु शक्ति सम्पन्न राष्ट्र बनने की जो क्षमता थी, वह कूटनीतिक कारणों से प्रकट नहीं की जा रही थी। विस्फोट कभी भी किया जा सकता था। कांग्रेसी और राष्ट्रीय मोर्चा की सरकारों ने इसे नहीं होने दिया, क्योंकि यह एक नीतिगत मामला था। भारत की पारम्परिक नीति विश्व में शान्ति और भाईचारा स्थापित करने की रही है। इससे मुसीबतें बढ़ सकती थीं।

मुसीबतें बढ़ीं। तब बिल क्लिंटन अमेरिकी राष्ट्रपति थे। उन्होंने भारत को दी जाने वाली तमाम अमेरिकी सहूलियतें यकायक बन्द कर दीं। यह एक बड़ा झटका था। लेकिन भाजपा से जुड़े लोगों को शायद पता था कि अमेरिका भारत से कटकर एशिया महाद्वीप में अपने हितों की सुरक्षा नहीं कर सकता। उसे झक मारकर भारत से रिश्ता जोड़ना ही होगा। वाजपेयी 1977 के मोरारजी सरकार में विदेश मन्त्री रह चुके थे और विदेश नीति को इतना समझते थे। कुछ ही महीनों बाद बस से पाकिस्तान की यात्रा करके उन्होंने दुनिया को यह सन्देश देने की कोशिश की कि वह मुहब्बत और भाईचारे के लिए भी उतने ही फिकरमन्द हैं। उनकी इस यात्रा का अच्छा प्रभाव न हमारी विदेश नीति पर, बल्कि अन्तर्देशीय मामलों पर भी।

भाजपा के साम्प्रदायिक चरित्र को लेकर जो लोग चिन्तित थे, उन्हें थोड़ा भरोसा हुआ कि अटल सरकार ऐसा कुछ नहीं करने जा रही है, जिससे हमारा सामाजिक सौहार्द्र ख़राब हो। परमाणु-विस्फोट की बातों को लोग भूलने लगे।

लेकिन राजनीतिक रस्साकशी तेज़ होने लगी थी। एनडीए के भीतर सब कुछ ठीक नहीं था। हमारी पार्टी समता पार्टी ने ज़ोर बनाया हुआ था कि किसी तरह बिहार की राबड़ी सरकार को बर्खास्त कर दिया जाये। जहानाबाद जिले के एक गाँव सेनारी में हुए एक घटनाक्रम को लेकर यह किया भी गया। लेकिन बर्खास्तगी टिक नहीं सकी। राष्ट्रपति ने उसे पुनर्विचार के लिए लौटा दिया और फिर राज्यसभा ने भी इसे खारिज कर दिया। राज्यसभा में एनडीए को बहुमत नहीं था। 1999 के आरम्भ में तमिल नेता जयललिता ने ठान लिया कि सरकार को गिरा देना है। मायावती अपना पत्ता खोल नहीं रही थीं। इधर कांग्रेस की बागडोर एक राजनीतिक ड्रामे के बाद सोनिया गाँधी ने अपने हाथ में ले ली थी। कई तरह की अटकलें हवा में थीं–जिनमें एक, लोगों का ध्यान लगातार खींच रही थीं, वह थी सोनिया गाँधी प्रधानमन्त्री बन सकती हैं क्या? इस पर देशभर में एक बहस छिड़ गयी। लेकिन यह बहस अभी ड्राइंग रूमों में थी, सार्वजनिक स्थानों पर नहीं।

इसी उथल-पुथल के बीच अप्रैल की 17वीं तारीख़ को लोकसभा में अटल सरकार के विश्वास-मत पर ज़ोरदार बहसें हुईं। उस रोज़ मैं लोकसभा की विशिष्ट गैलरी में बैठा हुआ था। खचाखच भीड़ थी। पत्रकारों और राजनीतिज्ञों की उत्सुकता देखने लायक थी। लालू प्रसाद को लोकसभा में बोलते हुए, मैं पहली दफ़ा देख रहा था। मैं कह सकता हूँ कि उस रोज़ का उनका भाषण काफ़ी दमदार था। हास्य और व्यंग्य दोनों से भरपूर। थोड़ी-सी दिलचस्प नाटकीयता भी। एक बार तो प्रधानमन्त्री वाजपेयी भी ज़ोर से हँस पड़े, हालाँकि व्यंग्य उन्हीं पर किया जा रहा था (मुझे हमेशा लगता है कि बिहार के दो नेता लालू व नीतीश, यदि राजनीति में न होते, तब भी मशहूर होते। लालूजी फ़िल्म में जा सकते थे और वे अच्छे अदाकार होते, वहीं नीतीशजी बेहतर टीवी एंकर बन सकते थे।)

अटल सरकार एक वोट से गिर गयी। उड़ीसा के मुख्यमन्त्री गिरीधर गोमाँग ने अभी लोकसभा से इस्तीफ़ा नहीं दिया था। उनके वोट की वैधता पर जॉर्ज फर्नांडिस ने दलीलें दीं और कुछ नियमन पढ़ कर सुनाया भी, लेकिन अध्यक्ष ने उसे महत्त्व नहीं दिया। अचानक सन्नाटा-सा छा गया। फिर कई तरह की अटकलें और गहमागहमी। मैं वहाँ से उठकर लोकसभा के उस कमरे

में आया (शायद कमरा नं. 6) जो रेलमन्त्री के लिए था। वहाँ सरकार जाने का माहौल बन गया था। मैंने दिन का खाना भी नहीं खाया था। थोड़ी ही देर में भैरोसिंह शेखावत भी पहुँचे और फिर रेलमन्त्री नीतीश कुमार जिनका कमरा था। नीतीश जी ने आते ही कुछ खाने की इच्छा प्रकट की और स्टाफ से पूछा कि कुछ मिल सकता है क्या? मिलना ही था। हम तीनों ने असमय का भोजन किया।

मैं जिस पार्टी से जुड़ा था और फिर वह पार्टी जिस सरकार से जुड़ी थी, वह गिर गयी थी, यह घटना उत्साह को हत् करने वाली ही थी, लेकिन मैंने जो संसद में देखा था, उसे लेकर काफ़ी उत्साहित था। मुझे यह दिन भारतीय लोकतन्त्र का एक अनूठा और इसलिए ऐतिहासिक दिन प्रतीत हुआ। मुझे अच्छा लग रहा था कि पूरी घटना का मैं चश्मदीद गवाह रहा। आप समझेंगे मेरे उत्साह का कारण शायद वाजपेयी सरकार का गिरना था, जिन्हें मैं नापसन्द करता था। लेकिन नहीं, मेरा उत्साह इसलिए था कि भारतीय संसद ने एक वोट के महत्त्व को रेखांकित किया था। किसी अख़बार ने इसे अपने सम्पादकीय लेख का विषय नहीं बनाया था। इससे मुझे कोफ़्त भी हुआ और पत्रकारिता की मानसिक दरिद्रता का अहसास भी। इच्छा हुई कि मैं इस पर लिखू। लेकिन आलसवश ऐसा नहीं कर सका और फिर एक तय सीमा के बाद ऐसे सामयिक विषयों पर टिप्पणियों का कोई अर्थ नहीं रह जाता।

सरकार गिरने के बाद राजनीतिक गलियारों में चर्चा थी कि सोनिया गाँधी प्रधानमन्त्री होंगी। इस चर्चा ने ड्राइंग रूम की उस बहस को, जिसकी चर्चा मैंने ऊपर की है, सार्वजनिक कर दिया। मैं राजनीतिक रूप से उस समय एनडीए में था और सोनिया गाँधी की राजनीति के विरोध में भी। लेकिन यह बात मुझे अटपटी लगती थी कि सोनिया गाँधी को प्रधानमन्त्री नहीं होना चाहिए। लोग कह रहे थे कि वह इटालियन मूल की हैं। विदेशी हैं। वह यदि प्रधानमन्त्री बनेंगी, तब देश की सुरक्षा को खतरा होगा। यह भी विचार आ रहा था कि चार पदों–राष्ट्रपति, प्रधानमन्त्री, मुख्य न्यायाधीश और सेनाध्यक्ष के पद कभी विदेशियों को नहीं दिए जाने चाहिए। राष्ट्रव्याकुल बुद्धिजीवी और अधकचरे राजनीतिज्ञ इसकी वकालत कर रहे थे। शरद पवार ने तो अपनी पार्टी में ही मोर्चा खोल दिया और वह अलग हो गये। आदिवासी क्रिश्चियन नेता पी.ए. संगमा, जो कभी लोकसभाध्यक्ष के रूप में चर्चित हो चुके थे, ने भी पवार का साथ दिया। हमारी पार्टी के नेता जॉर्ज फर्नांडिस भी इसी राय के थे। वे सोनिया गाँधी का जमकर इसलिए भी विरोध कर रहे थे कि यही मौका था

जब वे अपनी क्रिश्चियनिटी को 'भारतीयता' के रंग से भर सकें। मुश्किल यह थी कि उनकी भारतीयता भाजपा ब्रांड की थी।

भारतीयता पर मेरे भी अपने विचार रहे हैं। मैं नहीं जानता ये कितने सही हैं। लेकिन ये एक दिन में नहीं बने हैं। मुझे बार-बार लगता है कि यह भारत किनका है? आर्यों का है? द्रविड़ों का है? मुगलों का है? हूणों का है? हिन्दुओं का है? मुसलमानों का है? ब्राह्मणों का है? शूद्रों का है? शहरवासियों का है? ग्रामवासियों का है? ज्ञानियों और पढ़े-लिखे लोगों का है? या कि अज्ञानियों और अनपढ़ लोगों का? मैंने अपने बचपन के ज़िक्र मैं पहले लिखा है कि ऐसी अपमानजनक स्थितियों से हमारा भी मुकाबला हुआ था। मेरे माता-पिता अपने पैतृक घरों से दूर आकर एक गाँव में बसे, जहाँ मेरी माँ शिक्षक थीं। मेरा बचपन वहीं गुजरा। मेरे सामने जन्म लेने वाले बच्चे भी मुझे बाइली (बाहरका) कहते थे।

मैंने सोनिया गाँधी की भारतीयता के सवाल पर एक लेख लिखा, लेकिन इसे छापने के लिए कोई तैयार नहीं था। लेकिन एक लम्बे समय तक यह सवाल भारतीय राजनीति के विमर्श का विषय बना रहा। कुछ समय बाद तमिलनाडु की एआइडीएमके नेता सुश्री जयललिता ने भी इसी सवाल को लेकर सोनिया गाँधी पर हमला किया। मैंने उस लेख को थोड़ा संशोधित करके राजेन्द्र यादव को दिया। पहले तो वह निरपेक्ष भाव से रहे, लेकिन फिर इस विषय पर दिलचस्पी ली। मैं उन्हीं के यहाँ ठहरा हुआ था। अपनी दिनचर्या के मुताबिक जब वह भोर में उठे तब मेरे कमरे में आये, मुझे जगाया और उस लेख की चर्चा की। उन्होंने कहा इस महीने तुम्हारा लेख ही 'हंस' का सम्पादकीय होगा। मैं इससे इस हद तक सहमत हूँ।

जब वह लेख छपा, तब महीनों तक प्रतिक्रिया होती रही। बहुत सारे पत्र आये। मैंने पाया, इनमें से ज़्यादातर उन पाठकों से आये थे जो स्वयं पहचान के संकट से पीड़ित थे। महिलायें बड़ी संख्या में थीं। मुझे इत्मीनान हुआ कि में अकेला नहीं हूँ।

x x x

1999 के सितम्बर, अक्टूबर में लोकसभा के चुनाव हुए और फिर से अटल बिहारी वाजपेयी प्रधानमन्त्री बने। उसे ठीक उतनी ही सीटें मिलीं, जितनी 1998 में मिली थीं अर्थात् 182, लेकिन उसके सहयोगी मजबूत होकर उभरे।

हमारे बिहार में लालू प्रसाद की राजनैतिक स्थिति काफ़ी कमज़ोर हो गयी। वह संसद में सिमटकर सात पर चले आये। स्वयं लालू प्रसाद भी चुनाव हार गये। इस बीच जॉर्ज फर्नांडिस की समता पार्टी और शरद यादव–रामविलास पासवान के जनता दल ने आपस में विलय कर एक नयी पार्टी जनता दल (यूनाइटेड) बनाया, जो लोहिया के संयुक्त सोशलिस्ट पार्टी के नये संस्करण की तरह था। इस राजनीतिक गठजोड़ ने बिहार में एक नयी राजनीति की उम्मीद जतायी थी और जनता ने भी इस पर सकारात्मक प्रतिक्रिया दी थी। जनता दल(यू) की 54 में कुल 21 सीटें लोकसभा में मिली और उसका सामाजिक फलक भी विस्तृत हुआ। मेरे जैसे लोगों को यह आश्वस्तकारी लगा, इसलिए हमने इसका स्वागत किया।

लेकिन नीतीश कुमार का दम घुट रहा था। शरद और रामविलास उनसे पुराने और दमदार नेता रहे थे। अब वही उनके कलिग थे। निश्चय ही कुछ अटपटा लग रहा होगा। समता पार्टी में नीतीश एक तरह से सुप्रीमो हो गये थे, क्योंकि जॉर्ज फर्नांडिस को नालन्दा से चुनाव लड़वाकर उन्होंने पूरी तरह राजनीतिक परजीवी बना दिया था। उनका एक इशारा जॉर्ज को पराजित करने के लिए काफ़ी था। जॉर्ज भी अपनी स्थिति समझते थे। इसलिए वह चुप ही रहते थे। लेकिन शरद व रामविलास उनकी तरह नहीं थे। इनका अपना भी वोट बैंक था और नीतीश सरकार के वोट बैंक से तगड़ा था। नीतीश के मन में यह खटका ज़रूर था कि ज़्यादा दिनों तक इनके साथ रहने का मतलब है, एक बार फिर इन दोनों के राजनीतिक नेतृत्व को स्वीकार कर लेना। इसी मानसिकता ने नीतीश कुमार को परेशान कर रखा था। शरद यादव के मन में भी पार्टी पर अपनी पकड़ बनाये रखने की ज़िद रही होगी। समता पार्टी के अध्यक्ष जॉर्ज थे, जिन्हें कई वर्ष पूर्व उन्होंने जनता दल संसदीय दल के नेता पद के चुनाव में पराजित किया था। उनकी अध्यक्षता उन्हें शायद स्वीकार नहीं थी।

6 जनवरी, 2000 को जनता दल यू का एक सम्मेलन दिल्ली में होना निश्चित हुआ। तय यह था कि दोनों पार्टियों के राष्ट्रीय स्तर पर विधिवत एकीकृत होने की घोषणा होगी, क्योंकि चुनाव की जल्दीबाजी में औपचारिकताएँ पूरी नहीं की गयी थीं। 6 जनवरी घने कुहासे और कड़कदार सर्दी का दिन था। मैं जिस ट्रेन से दिल्ली आने वाला था, वह सुबह नौ बजे के बजाय, शाम छह बजे पहुँची। वहाँ पहुँचते ही पता चला नेताओं में अनबन हो गयी और दोनों पार्टियाँ–जनता दल और समता पार्टी फिर अलग-अलग हो गयीं।

मैंने इसे पसन्द नहीं किया। हालाँकि मुझसे अपेक्षा की जा रही थी कि नीतीश कुमार की राय से मैं सहमत होऊँगा। मैंने चुप्पी साध ली और दिल्ली में अपने भाई ब्रजरंजन के जनकपुरी स्थित आवास पर जाकर रह गया। तीसरे दिन शरद यादव का फोन आया, वह मिलना चाहते थे। मुझे मिलने का कोई उत्साह नहीं था। लेकिन मिलने में क्या बुरा है, के भाव से तैयार हो गया। मुझे डेरे से ले जाने एक पूर्व सांसद आये। शरदजी की इच्छा थी कि मैं उनकी बात नीतीशजी तक पहुँचा दूँ। जिसका लब्बोलुबाब यह था कि वह नीतीश कुमार को बिहार के मुख्यमन्त्री के रूप में स्वीकार करते हैं। कुछ और हल्की-फुल्की चुनाव सम्बन्धी सामयिक बातें थीं, क्योंकि बिहार विधानसभा के चुनाव फरवरी-मार्च में होने जा रहे थे।

मैंने नीतीश कुमार से मिलकर शरद जी की बातें रखीं। लेकिन उन्हें उनके प्रस्ताव में कोई रुचि नहीं थी। वह शरद से बेहद खफ़ा थे और उनके मतभेद के कारण केवल तात्कालिक नहीं, पुराने थे। उन्होंने तब यह किया और उस वक़्त यह किया जैसी बातें। मैं समझ गया कि बात बनने वाली नहीं है। नीतीश जी ने इस बात पर भी थोड़ी नाराजगी जताई कि आप (मैं) उनसे मिलने क्यों गये? मैं उन्हें जितना और जैसे कह सकता था, कहा लेकिन वह अपनी बात पर अटल थे। उन्हें लग रहा था कि शरद-रामविलास का जनता पर कोई प्रभाव नहीं है। बिहार में लालू विरोध के एकमात्र प्रतीक वह स्वयं को मान रहे थे और उन्हें लग रहा था कि यदि शरद-रामविलास मेरे साथ न आये होते तो राजनीतिक रसातल में चले गये होते। उनके अनुसार 1998 में रामविलास पासवान की जीत भी उनके कारण हुई थी। हम लोग नहीं चाहते तो उनकी सीट नहीं निकलती। नाराजगी का भूगोल काफ़ी बृहद था। उन्हें भाजपा नेताओं से भी शिकायत थी कि वे बेवजह इन लोगों का भाव बढ़ा रहे हैं। उनकी इच्छा थी कि शरद-रामविलास के भाग्य विधाता वह रहें, न कि भाजपा या स्वयं शरद-रामविलास। कुण्ठा जबर्दस्त थी और मुझे लग रहा था कि इसका कोई समाधान मुश्किल होगा।

लेकिन मैं क्या करूँ? मेरी समस्या यह थी कि या तो मैं नीतीश कुमार के हर ग़लत-सही का समर्थन करूँ, जैसा और लोग कर रहे थे या फिर वह करूँ जो मैं समझ पा रहा था। समता पार्टी के राष्ट्रीय अध्यक्ष जॉर्ज फर्नांडिस ने मुझे पार्टी की एक समिति नीति-निर्धारण समिति का अध्यक्ष बनाया हुआ था, जो पार्टियों में दिखावटी क़िस्म के पद होते हैं। अलावे पार्टी की राष्ट्रीय कार्य समिति का मैं सदस्य था। इन सबके साथ मुझे नीतीश कुमार का 'विश्वस्त'

सहयोगी माना जाता था। इसका आधार शायद उनसे मित्रतापूर्ण सम्बन्ध थे। नीतीश कुमार केन्द्रीय मन्त्री और पार्टी के लगभग सुप्रीमो थे। इसलिए यह मैत्रीपूर्ण सम्बन्ध उनकी तरफ से ही था। क्योंकि मित्रता समान लोगों में होती है। मेरी कोई राजनैतिक हैसियत तो थी नहीं।

मुझे लगा नीतीश जी हठ कर रहे हैं और कुण्ठा में जी रहे हैं। मित्र के नाते भी मुझे कोई ग़लत सलाह नहीं देनी चाहिए। मैंने प्रेस वार्ता के जरिये सभी नेताओं से एक भावपूर्ण लेकिन दृढ़ अपील की कि बिहार की स्थितियों को देखते हुए दोनों पार्टियाँ पुनः इकट्ठी हो जायें। यदि वे न हुईं तो चुनाव नतीजों पर असर पड़ सकता है। मैंने एक व्यक्तिगत पत्र नीतीश कुमार के नाम भी लिखा। इस पत्र को भी प्रेस को जारी किया गया और यह प्रकाशित भी हुआ।

अख़बारों ने मेरी अपील को प्रमुखता से छापा। लेकिन इसकी त्वरित प्रतिक्रिया यह हुई कि मुझे समता पार्टी की सदस्यता से (जो औपचारिक तौर पर मैं कभी बना ही नहीं था) से निलम्बित कर दिया गया। मैं पहले ही बतला चुका हूँ कि राजनीति में किस मूड-मिज़ाज से मैं आया था। मुझे पता नहीं क्यों मन में ही एक हँसी फूटी। मैं चुपचाप से डेरे पर बैठ गया। शरद जी-रामविलास जी से कभी-कभार मिलना ज़रूर हुआ, लेकिन कुल मिलाकर मैं निष्क्रिय हो गया।

इस निष्क्रियता के बीच ही चुनावी नतीजे आये और मेरी बात सही सिद्ध हुई। नीतीश कुमार को अपेक्षा से काफ़ी कम सीटें मिलीं। 90 सीटों पर चुनाव लड़कर उन्हें केवल 33 सीटें मिलीं। 64 सीटों पर लड़कर शरद-रामविलास को 21 सीटें मिलीं। भाजपा को अकेले 68 सीटें मिलीं। एनडीए को कुल 122 सीटें मिली। लालू प्रसाद को अकेले 124 सीटें मिलीं। सरकार बनाने के लिए 163 सदस्यों की दरकार थी। 24 सीटें कांग्रेस, 18 सीटें झारखण्ड मुक्ति मोर्चा और शेष सीटें वाम और अन्य के पास थीं। शिबू सोरेन के झारखण्ड मुक्ति मोर्चा के समर्थन से एनडीए 140 तक पहुँच सकती थी। फिर भी उसे 23 सीटों की दरकार थी। कांग्रेस यदि समर्थन करती तब सरकार बन सकती थी। लेकिन यह तो कल्पना करना ही मुश्किल था कि एनडीए की सरकार को कांग्रेस क्यों समर्थन करेगी।

लेकिन एनडीए ने ऐसी ही उम्मीद लगा रखी थी। मैं समझता हूँ नीतीश कुमार के दिमाग़ में अब भी यह बात थी कि बिहार में जबर्दस्त लालू विरोध का वातावरण है और येन-केन-प्रकारेण समर्थन मिल ही जायेगा। भाजपा ज़्यादा यथार्थपरक सोच रखती थी। उसने एनडीए विधायक दल नेता पद का दावा त्याग दिया।

अब नीतीश और रामविलास दो दावेदार बच रहे थे। दिल्ली में शीर्ष बैठक हो रही थी। रामविलास जी ने फोन करके मुझसे सलाह ली कि मुझे नेता पद का दावा करना चाहिए या नहीं? मैंने पूछा क्या आपको लगता है कि आप समर्थन जुटा लेंगे? उन्होंने अदेर जवाब दिया-नहीं। मैंने कहा–तब दावा करने और नेता बनने का क्या मतलब रह जाता है। उन्होंने अपनी दावेदारी नहीं की। नीतीश कुमार एनडीए विधायक दल के नेता हो गये। उन्होंने केन्द्रीय मन्त्रिमण्डल से इस्तीफ़ा कर दिया। सम्भवत: उसी रोज़ या अगले रोज़ उन्हें बिहार के राज्यपाल गोविन्दचन्द्र पांडे ने सरकार बनाने के लिए आमन्त्रित किया। दो कैबिनेट सहयोगियों–भाजपा के सुशील कुमार मोदी और जदयू के पशुपति पारस के साथ नीतीश कुमार ने मुख्यमन्त्री पद की शपथ ले ली। सात दिनों के अन्दर उन्हें विधानसभा के पटल पर अपना बहुमत सिद्ध करना था।

मैं तमाशा देख रहा था। नीतीश कुमार के सहयोगियों ने कांग्रेस पर उम्मीद बना रखी थी। इस उम्मीद के पीछे उनकी जो बचकानी सोच थी, उस पर मुझे हँसी आ रही थी। कांग्रेस विधायक दल के नेता उस समय सदानन्द सिंह थे, जो जाति के हिसाब से नीतीश कुमार की जाति के थे। नीतीश कुमार और उनके सहयोगियों को उम्मीद थी कि श्री सिंह ने यदि नीतीश को सहयोग नहीं दिया तो उनकी अपनी राजनीति हमेशा के लिए खत्म हो जायेगी। यह इसलिए कि नीतीश के मुख्यमन्त्री बनने से उनकी जाति के लोगों में जो उत्साह है, वह सदानन्द सिंह के विरुद्ध गुस्से में बदल जायेगा। समता पार्टी के एक वरिष्ठ नेता ने जब तन्मय होकर यह फलसफा बतलाया तब मैंने माथा पीट लिया। क्या नीतीश जी सचमुच इस पर विश्वास कर रहे हैं? के जवाब में उस नेता ने हाँ कहा, तब मैं गहराई से चुप लगा गया। क्या इन लोगों का मानसिक दिवालियापन इस हद तक पहुँच गया है? मैंने इसे लेकर एक लेख लिखा जो 'राष्ट्रीय सहारा' में छपा।

शपथ-ग्रहण के तीसरे दिन नीतीश जी का मेरे पास फोन आया, उस वक़्त, जब मैं सोने जा रहा था। मुझे आश्चर्य हुआ क्योंकि दो महीने से, जबसे मुझे पार्टी से निष्कासित किया गया था, मेरा संवाद स्थगित था। मैंने उन्हें विलम्ब से ही सही मुख्यमन्त्री बनने की बधाई दी। उन्होंने मैत्रीपूर्ण कटाक्ष में कहा, तो क्या मैंने बधाई कलेक्ट करने के लिए फोन किया है? मेरा मन भी भीग गया। कुछ भावुकता भरी बातें हुईं और उन्होंने कहा कि मैं मिलना चाहता हूँ। मैंने मज़ाक में ही कहा कि अब आप बिहार के 'राजा' हैं और राजाओं से

मिलने में मुझे डर लगता है, ख़ासकर उनके सन्तरियों से, उन्होंने भी मज़ाक में ही कहा कि मैं आपके इन्तजार में गेट पर ही रहूँगा।

खैर, मैं अगली सुबह गया, तो वह किसी को छोड़ने गेट तक आये थे। उन्हें अवसर मिल गया। लीजिये, मैंने कहा था न...। उस आवास पर जहाँ मैं बहुत ही बेतकल्लुफ होता था, अपने घर की तरह, आज बेगाना-सा महसूस हो रहा था। दो महीने में ही बहुत कुछ बदल गया था। हम लोग भीतर गये, सीधे उनके शयनकक्ष में। थोड़ी-सी औपचारिक बातों के बाद ही राजनीतिक बातें शुरू हुईं। वह भी सचमुच कांग्रेस से उम्मीद लगाये हुए थे और जिस वरिष्ठ नेता की चर्चा मैंने पहले बतलायी थी, उसकी सूचना बिलकुल सही थी। नीतीश जी की सोच का आधार वही था। मैंने निर्मम होकर कहा, यह आपने कैसे सोच लिया? क्या सदानन्द सिंह किसी क्षेत्रीय पार्टी के प्रमुख हैं और उसके सुप्रीमो हैं? वह कांग्रेस से हैं, समर्थन या विरोध का फैसला दिल्ली के लोग करेंगे, क्योंकि वह (कांग्रेस) राष्ट्रीय पार्टी है। मैंने स्पष्ट होकर कहा कि कांग्रेस आपको इसलिए समर्थन नहीं करेगी कि आप उस एनडीए से हैं जिसकी नकेल भाजपा के हाथ है। पूरे देश में कांग्रेस जब भाजपा के विरुद्ध है, तब बिहार में वह इसकी सरकार का समर्थन कैसे करेगी? उसमें भी आपने सुशील मोदी के साथ शपथ लिया है। यदि आप अकेले शपथ लिये हुए होते, तब शायद यह स्थिति बन सकती थी कि भाजपा और कांग्रेस सरकार में न रहकर बाहर से समर्थन करेगी। जैसी वीपी सिंह सरकार का भाजपा और वाम मोर्चा ने बाहर से समर्थन किया था। लेकिन सुशील मोदी के साथ शपथ लेकर आपने सम्भावना के सभी दरवाज़े बन्द कर दिये हैं। नीतीश जी ने 'च्' की हल्की आवाज़ दी, फिर उदास हो गये। मैंने कहा कि अब तो मैं केवल कामना ही कर सकता हूँ।

अगले रोज़ अख़बारों में एक 'भयानक' फोटो छपा। नीतीश जी कोई दर्जन भर अपराधी विधायकों से घिरे विहँस रहे थे। समाचार था कि इन दागी विधायकों ने उनकी सरकार को समर्थन का वायदा किया है। अब यह भी होना था! हे नीतीश कुमार! सत्ता की राजनीति यहाँ तक ले जायेगी आपको!

लेकिन इन सारे जोड़-तोड़ का नतीजा भी केवल सिफर निकला। सातवें दिन नीतीश कुमार ने विधानसभा में उसी अन्दाज़ में अपना इस्तीफ़ा रखा जैसे 1996 में तेरह दिनों के बाद अटल बिहारी वाजपेयी ने रखा था। क्या यह पैरोडी पॉलिटिक्स थी! सम्भव है नीतीश कुमार के मन में वाजपेयी जैसी ही चालाकी हो। बिहार की जनता, ख़ासकर अपनी बिरादरी में एक बात तो उन्होंने

रख ही दी कि सात दिनों के लिए ही सही वह मुख्यमन्त्री हो गये। 1968 में इसी बिहार में सतीश कुमार सिंह भी तीन दिनों के लिए मुख्यमन्त्री हुए थे।

x x x

नीतीश सरकार के पतन के बाद राबड़ी देवी के मुख्यमन्त्रित्व में सरकार बनाने में लालू प्रसाद कामयाब हो गये। स्वाभाविक था, उनकी सरकार को कांग्रेस समर्थन देती, क्योंकि यह एक सेक्युलर पॉलिटिक्स का प्लेटफॉर्म था। क्षेत्रीय पार्टियों को यदा-कदा नैतिकता का उपदेश देने वाली कांग्रेस ने अपने सभी 24 विधायकों को मन्त्री बनाने के लिए ज़ोर दिया और सरकार बचाने के लिए लालू प्रसाद को यह करना पड़ा। यह करके कांग्रेस ने लालू प्रसाद की मुश्किलें शुरू में ही बढ़ा दीं, जिसके नतीजे बाद में ख़राब निकले। लालू राज का सबसे ख़राब दौर यही रहा। दिल्ली में एनडीए की सरकार थी। इस सरकार ने बिहार के साथ पूरी तरह सौतेला व्यवहार किया। 1989 में ही राजीव गाँधी ने बिहार के लिए 25,000 करोड़ रुपये के एक विशेष पैकेज की घोषणा की थी। हम लोग ज़ोर दे रहे थे कि उसे आज के मूल्यभाव पर दिया जाये, जो लगभग लाख करोड़ रुपये का होता। यह कहाँ होना था। आन्ध्रप्रदेश की योजनाएँ धड़ाधड़ स्वीकृत हुई थीं और उसे पर्याप्त केन्द्रीय सहयोग मिला था। बिहार पूरी तरह उपेक्षित रहा।

बिहार का बँटवारा भी 15 नवम्बर, 2000 को कर दिया गया। कभी लालू प्रसाद ने कहा था कि मेरी लाश पर बिहार का बँटवारा होगा। लेकिन अब वह इस पर ज़ोर देने की स्थिति में नहीं थे। भाजपा और कांग्रेस बिहार के अलग छोटानागपुर इलाके को झारखण्ड बनाने के लिए सहमत थे। भाजपा तो इसलिए व्यग्र थी कि उसे झारखण्ड में अपनी सरकार बनती दिख रही थी। वहाँ कुल 81 सदस्यों वाली विधानसभा गठित हो रही थी, जिसमें भाजपा सबसे बड़ी पार्टी थी। भूगोल और आबादी के हिसाब से बिहार का 55 प्रतिशत भूभाग 30 प्रतिशत आबादी के साथ एक अलग राज्य के रूप में आकार लेने जा रहा था। बिहार कहे जाने वाले राज्य में 70 प्रतिशत आबादी और 45 प्रतिशत भू-भाग रहने वाले थे। प्रथम पंचवर्षीय योजना से ही तुलनात्मक रूप से अविकसित क्षेत्र होने के नाते छोटानागपुर इलाके पर बिहार को मिली सहायता राशि का 70 प्रतिशत हिस्सा खर्च हुआ था। इसका नतीजा निकला कि छोटानागपुर का इन्फ्रास्ट्रक्चर बाक़ी बिहार से बेहतर था। चूँकि उस क्षेत्र में पर्याप्त खनिज सम्पदा थी, इसलिए उद्योगों का भी सन्तोषप्रद विस्तार वहाँ हुआ था।

खनिज की रॉयल्टी भी मिलती है। सड़कें वहाँ अच्छी थीं। रेल पटरियाँ बेहतर हाल में थीं और रेलपथों का विद्युतीकरण पहले दौर में ही वहाँ हो चुका था। सब मिलाकर बाक़ी बिहार से उसकी स्थिति बेहतर थी।

मैं जब समता पार्टी में ही था, तब एक विस्तृत मेमोरेंडम तैयार किया था, जिसे पार्टी ने केन्द्रीय सरकार को सौंपा था। हमने बिहार की स्थितियों की विवेचना करते हुए कहा था कि 1912 में भी तब बिहार का बँटवारा हुआ था, तब इसे कोई मुआवजा नहीं मिला था। अब मुआवजा मिलना चाहिए। राजीव गाँधी पैकेज के साथ पचास हज़ार करोड़ रुपये की विशेष सहायता बिहार को मिलनी चाहिए, ताकि बिहार अपने इन्फ्रास्ट्रक्चर को दुरुस्त कर सके। क्योंकि हमें लग रहा था कि बिजली, कृषि, शिक्षा और स्वास्थ्य क्षेत्रों में क्रान्तिकारी स्तर पर परिवर्तन की ज़रूरत थी। इसके बिना पर, बिहार को विकास की पटरी पर ले जाना सम्भव नहीं था। आज बिहार में विशेष राज्य के दर्जा के लिए ज़ोरदार तरीके से माँग की जा रही है। यदि बँटवारे के वक़्त विशेष पैकेज पर ज़ोर दिया गया होता और इसे प्राप्त कर लिया गया होता, तो बिहार को न किसी दर्जे की ज़रूरत थी, न लम्बे समय तक सहयोगी की। यह एनडीए ने नहीं होने दिया। बिहार के तत्कालीन सत्ताधारी दल ने भी डेढ़ लाख करोड़ रुपये के विशेष पैकेज की माँग तो की, लेकिन इस पर ज़ोर नहीं दिया और जैसा कि कर्पूरी ठाकुर कहते थे कि माँगने से भीख भले मिल जाये, अधिकार नहीं मिलते। अधिकार के लिए तो लड़ना पड़ता है, संघर्ष करना पड़ता है। यह संघर्ष बिहार में नहीं हुआ।

बँटवारे ने बिहार में नैराश्य का एक भाव ला दिया। यह एक आम चरचा बन गयी कि बिहार में तो अब कर्मचारियों को तनख़्वाह भी नहीं मिलेगी। तरह-तरह की दलीलें और तरह-तरह की आशंकाएँ व्यक्त की जा रही थीं। ये दलीलें उनकी ही तरफ से ज़्यादा दी जा रही थीं, जो बिहार के बँटवारे के लिए जिम्मेवार थे। सरकारी कर्मचारी ज़ोरदार ढंग से झारखण्ड इलाके में अपने तबादले के लिए लग गये थे। भगदड़-सी स्थिति हो गयी थी। एनडीए ने बिहार में पूरी तरह एक कृत्रिम अराजकता को जन्म दे दिया था और इन्तजार कर रहे थे कि लालू प्रसाद के ख़िलाफ़ जनता खड़ी हो जाये। इसमें तो वह सफल नहीं हुए, लेकिन बिहार का पूरी तरह सत्यानाश करने में वह ज़रूर सफल हो गये। उसका नतीजा यह राज्य अब तक भुगत रहा है।

झारखण्ड के अलग होने के बाद लालू बिहार विधानसभा में ज़्यादा मज़बूत थे। उन्हें अब कांग्रेस नहीं भी समर्थन देती, तो उनकी सरकार चल सकती थी।

लेकिन लालू प्रसाद ने कांग्रेस को छोड़ा नहीं। उसके मन्त्री बने रहे। लेकिन कांग्रेसी मन्त्रियों ने इसका बेजा फ़ायदा उठाया। ये मन्त्री अपनी निजी बातचीत में लालू-राबड़ी के प्रति अपनी घृणा व्यक्त करते थे, क्योंकि इनमें ज़्यादातर जाति के हिसाब से ऊँची जातियों के थे। लेकिन सरकार में भागीदारी भी कर रहे थे। ऐसी स्थिति में बिहार की कैबिनेट दो फाँक थी। कांग्रेस की राजनीति थी कि लालू प्रसाद के बदनाम होने पर उनका राजनीतिक लाभ उन्हें ही मिलेगा। उनका गणित यह था कि किसी भी तरह मुसलमान एनडीए की तरफ नहीं जायेंगे और द्विज (अपरकास्ट) वोट एनडीए के साथ इसलिए हैं कि लालू का कोई विकल्प नहीं है। जब लालू हटेंगे तब एनडीए का द्विज वोट और लालू का मुसलमान वोट कांग्रेस के झंडे के नीचे आयेगा और तब फिर बिहार में 1980-90 के दशक वाली सवर्ण वर्चस्व वाले कांग्रेस नेतृत्व की संरचना सम्भव हो सकेगी। अपनी इसी कुटिल राजनीति का सपना पालने में बिहार कांग्रेस लगातार कमज़ोर होती रही।

x x x

राष्ट्रीय स्तर पर वाजपेयी सरकार ने इन्फ्रास्ट्रक्चर सुधारने के बेहतर प्रयास किये। आर्थिक व्यवस्था भी ठीक रही और कमोबेश महँगाई पर भी काबू रखा गया। लेकिन इसे प्रचारित करने में सरकार और भाजपा ने इतना ज़ोर दिया कि लोग इसमें कमियाँ निकालने लगे।

चीनी दार्शनिक कन्फूशियस से एक बार एक नौजवान ने सवाल किया था कि सबसे अच्छे राजा कौन होते हैं? कन्फूशियस का जवाब था-'वे, जिनके बारे में जनता केवल यह जानती है कि वह जीवित हैं और राज कर रहे हैं।'

'और सबसे बुरे राजा?' नौजवान का पूरक सवाल था।

'वे, जिनके हर कार्य के बारे में जनता विस्तार से जानती है और जिनकी दिन-रात चर्चा होती रहती है।'

यह वाक़िआ मैंने अपने बचपन में कहीं पढ़ा था। लेकिन यह मुझे हमेशा स्मरण होता है, जब शासकों को ज़ोरदार तरीकों से अपने कार्यों का प्रचार करते देखता हूँ।

भाजपा ने अपने प्रधानमन्त्री के कार्यों के प्रचार के लिए सारे हथकंडे अपनाये। वह ऐसी पार्टी है कि बिलकुल असम्भव को सम्भव की तरह बनाकर प्रचार कर एक हलचल पैदा कर देंगी। एक बार गणेशजी के दूध पीने का

उसने ऐसा प्रचार किया कि पूरे देश में हलचल मच गयी। इसी मुस्तैदी से उसने अपने दो स्लोगन दिये–'फीलगुड' और 'इंडिया शाइनिंग'। पचास के दशक में नेहरू ने दो नारे दिये थे–'आराम हराम है' और 'आज परिश्रम, कल लाभ'। नेहरू और वाजपेयी के नारे में बहुत का फ़र्क़ था। नेहरू के नारे अवाम के संकल्प को मजबूत करते थे। यह किसानों, मज़दूरों और अन्य मेहनतकश तबकों के नारे थे। इसमें श्रम को केन्द्र में रखा गया था। नेहरू जानते थे कि हमारे भारतीय समाज में श्रम को वह प्रतिष्ठा हासिल नहीं है और इसके कारण कई सामाजिक बुराइयाँ पनप रही हैं और आख़िरी बात यह कि वह एक अंगरेजीदाँ नेता का हिन्दी नारा था। लेकिन वाजपेयी का नारा इसके ठीक उलट था। एक हिन्दी कवि का अंग्रेज़ी नारा। क्या यह कुण्ठा थी या फिर उस तबके का, उसके तबके के द्वारा नारा था, जिनकी वह भाषा थी। ज़ाहिर था, वह खाये-पीये-अघाये लोगों का नारा था। ज़्यादा-से-ज़्यादा शहरी मध्यवर्ग का नारा था। उनका नारा था जो विकास के शीर्ष पर बैठे डकार ले रहे थे या किलकारियाँ मार रहे थे। बेशक, थोड़ी प्रगति हुई थी, लेकिन यह समावेशी विकास नहीं था। समाज के बड़े हिस्से के भूख, कुपोषण, अशिक्षा और अशक्तता पर खड़ा विकास था। और इसलिए मेरी नज़र में यह विकास का उपहास था। एक दक्षिणपन्थी राजनीति इसी तरह का विकास दे सकती है। नेहरू ने जब पंचवर्षीय योजनाओं की शुरुआत की थी, तब उनकी कोशिश थी कि सबको समान अवसर मिल सके। सबको समान अवसर तब ही मिल सकता है, जब उन लोगों को विशेष अवसर मिले जो अब तक अवसरों से वंचित रहे हैं और जिन्हें अब तक विशेष अवसर मिलते रहे हैं, उनके अवसरों पर लगाम लगायी जाये। आरम्भ में वाजपेयी ने नेहरू के समाजवादी ढाँचे की पारम्परिक अर्थनीति को ज़्यादा नहीं बदला था, न ही वे उस उदारनीति को बहुत छेड़-छाड़ रहे थे जिसकी शुरुआत कांग्रेसी प्रधानमन्त्री नरसिंहराव ने की थी। लेकिन समाज के अन्तिम व्यक्ति की पीड़ा समझने और उसे दूर करने में वह विफल रहे थे। अपने आख़िरी दौर में निजीकरण की प्रक्रिया को उन्होंने तीव्र कर दिया।

इंडिया शाइनिंग का एक दूसरा रूप गुजरात में प्रकट हुआ, जहाँ उनकी सरकार थी और नरेन्द्र मोदी कुछ ही समय पहले मुख्यमन्त्री बने थे। फरवरी 2002 के आख़िर में वहाँ एक भयावह साम्प्रदायिक दंगा उभर गया, जिसे गुजरात सरकार सँभालने में पूरी तरह विफल रही। शायद यह कहना सही होगा कि वह मूक दर्शक बनी रही। लेकिन नहीं, अनेक लोगों का यह कहना हुआ,

जिसमें अनेक पत्रकार और प्रत्यक्षदर्शी थे, कि यह पूरी तरह सरकार प्रायोजित दंगा था।

27 फरवरी, 2002 को गुजरात के गोधरा स्टेशन से सुबह के समय साबरमती एक्सप्रेस गुज़री थी। उसमें बड़ी संख्या में कारसेवक सवार थे, जो अयोध्या से लौट रहे थे। स्वाभाविक था वे अपनी ही तरह की मानसिकता के साथ थे। गोधरा स्टेशन पर कहा-सुनी जैसी कुछ घटना हुई, जिसके बारे में परस्पर विरोधी ख़बरें मिल रही थीं। ट्रेन जैसे ही गोधरा स्टेशन से आगे बढ़ी, वह रोक दी गयी। कहा जाता है कि स्टेशन से ही कुछ लोग उसमें सवार हो गये और चेन पुलिंग कर ट्रेन रोकी गयी। फिर उसकी दो बोगियों को पेट्रोल छिड़ककर जला दिया गया, जिसमें 59 लोग ज़िन्दा जलकर मर गये। बहुत से शव तो भस्मीभूत हो गये, लेकिन जो बचे, उसका जुलूस बनाकर 28 फरवरी को प्रदर्शन किया गया। इसके बाद प्रतिक्रिया हुई और गुजरात के 10 जिलों में तेज़ी से दंगा भड़क गया, इन भयावह दंगों में सरकारी रिपोर्ट के अनुसार 800 और ग़ैर-सरकारी रिपोर्ट के अनुसार दो हज़ार लोग मारे गये। कहा जाता है सरकार ने इन दंगों को रोकने के लिए सक्षम प्रयास नहीं किये। इसके लिए गुजरात के मुख्यमन्त्री नरेन्द्र मोदी की सर्वत्र भर्त्सना हुई। इस पूरी घटना पर भारतीय जनता पार्टी और एनडीए का जो नज़रिया था, वह बिलकुल ग़ैर-जिम्मेदाराना था। घटना रेलवे से शुरू हुई थी। लेकिन रेलमन्त्री नीतीश कुमार वहाँ झाँकने तक नहीं गये (2004 में उन्होंने मुझसे कहा, वह मेरी बड़ी भूल थी)। मारे गये कारसेवकों की अरथी का जुलूस सरकार ने कैसे निकलने दिया, क्या उसे पता नहीं था कि इससे लोगों की भावनाएँ भड़क सकती हैं। मोबाइल और दूसरे संसाधनों वाले युग में, जब गोधरा स्टेशन पर कुछ झगड़ा हुआ था, तो पुलिस सतर्क होकर वहाँ पहुँची क्यों नहीं? और यदि अपराधियों ने पहले से ही कोई योजना बनायी थी और पेट्रोल वगैरह इकट्ठा किये थे, तो गुप्तचर महकमा क्या कर रहा था? पुलिस तो इसलिए होती है कि समाज में अपराधी हैं। अपराधियों पर काबू पाना पुलिस का काम था। इसमें वह विफल रही।

दंगों के बाद वोट बटोरने की गन्दी राजनीति शुरू हुई। कांग्रेस, जो 1984 के सिक्ख विरोधी दंगों में संलिप्तता को लेकर बुरी तरह बदनाम थी, अब सेक्युलर बन गयी थी और हाय-तौबा मचाने में आगे हो गयी। भाजपा ने मोदी को क्लीन चिट देकर अपना दृष्टिकोण साफ कर दिया। वाजपेयी दंगों के बाद गुजरात गये और नरेन्द्र मोदी द्वारा राजधर्म का पालन न किये जाने पर अफसोस प्रकट किया, लेकिन इससे ज़्यादा वह नहीं बढ़ सकते थे। सेनारी गाँव के नरसंहार के

बाद बिहार की राबड़ी सरकार को बर्खास्त करने वाले वाजपेयी अब स्वयं किस राजधर्म का पालन कर रहे थे, यह वह नहीं समझ पा रहे थे।

देश-विदेश में इन दंगों को लेकर भारत की बड़ी फ़जीहत हुई। यह बाबरी मस्जिद ध्वंस से कई गुना ज़्यादा बड़ा गुनाह था, क्योंकि ईंट-पत्थर का कोई ढाँचा नहीं, जिन्दे लोग, बेकसूर लोग मारे गये थे। इस घटना ने इंडिया शाइनिंग को पूरी तरह रौंद दिया और भाजपा जनता की नज़र में वहाँ आ गयी, जहाँ 1992 में थी। वाजपेयी इसमें निर्दोष हैं, ऐसा मैं नहीं मानता। यदि वह अशक्त थे तो उन्हें इस्तीफ़ा देकर बाहर आ जाना चाहिए था। गुजरात दंगों में सिर्फ नरेन्द्र मोदी की भूमिका थी, ऐसा मैं नहीं मानता। वाजपेयी और आडवाणी भी समान रूप से दोषी थे। मीडिया ने इनकी भूमिका को अलग कर ठीक नहीं किया था।

दंगों पर संसद में जॉर्ज फर्नांडिस ने जो भाषण दिया, वह तो शर्मनाक था। किसी ने जॉर्ज से ऐसे भाषण की अपेक्षा नहीं की थी। वह दंगों को एक हादसा बतला रहे थे और उनका तर्क था कि क्या भारत में पहली दफ़ा दंगे हुए हैं। पता नहीं वह क्या सिद्ध करना चाहते थे। उनके इस भाषण की चौतरफा निन्दा हुई। अलबत्ता रामविलास पासवान ने इन दंगों पर केन्द्र सरकार की निष्क्रियता से क्षुब्ध होकर केन्द्रीय मन्त्रिमण्डल से इस्तीफ़ा कर दिया। उनके इस्तीफे की हर तरफ प्रशंसा हुई। हालाँकि इस्तीफे का असली कारण एनडीए में उनकी उपेक्षा थी। लेकिन इतना तो कहा ही जायेगा कि श्री पासवान ने सही समय पर इस्तीफ़ा देकर राजनीतिक लाभ लिया।

वाजपेयी ने अपने बदनाम चेहरे पर सेक्युलर पाउडर मलने के ख़याल से राष्ट्रपति पद के चुनाव को एक अवसर के रूप में लिया। राष्ट्रपति के.आर. नारायणन का कार्यकाल जुलाई 2002 में पूरा होना था। नये राष्ट्रपति के पद का चुनाव हुआ तो वाजपेयी ने एक ग़ैर-राजनीतिक टेक्नोक्रेट श्री ए.पी.जे. अब्दुल कलाम को अपना उम्मीदवार बनाया। कांग्रेस और समाजवादी पार्टी ने भी श्री कलाम को समर्थन दिया। इस तरह वाजपेयी ने एक तीर से कई शिकार किये। राज्यों में भाजपा की स्थिति मज़बूत नहीं थी और वह अपना राष्ट्रपति बनाने के गणितीय मामले में कमज़ोर पड़ रही थी। कलाम की उम्मीदवारी ने उनकी सारी चिन्ताएँ खत्म कर दीं। हाँ, कम्युनिस्टों ने कलाम का समर्थन नहीं किया। उन्होंने अपना उम्मीदवार श्रीमती लक्ष्मी सहगल को बनाया, जो कभी सुभाष चन्द्र बोस के आज़ाद हिन्द फ़ौज में रह चुकी थीं।

मैंने इस अवसर पर राष्ट्रपति पद के उम्मीदवार श्री कलाम को एक पत्र लिखा, जो कुछ अखबारों में उस वक़्त प्रकाशित भी हुआ। इस पत्र को हू-ब-हू यहाँ रख दे रहा हूँ :

आशियाना नगर, पटना-800025
14.06.02

प्रिय कलाम साहब,

आप मुल्क के राष्ट्रपति होने जा रहे हैं, इसमें अब शक की कोई गुंजाइश नहीं रह गयी है। यह ऐसा अवसर है जब आपको देश और दुनिया के कोने-कोने से बधाइयाँ और मुबारकबाद मिल रहे होंगे। अपने दिल की गहराइयों से मैं भी आपको मुबारकबाद देता हूँ।

सच पूछिए तो एन.डी.ए. के हवाले से यह समाचार जब फ्लैश हुआ कि आप उनकी ओर से राष्ट्रपति पद के उम्मीदवार होंगे, तो मैं ख़ुशी से भर उठा। ऐसी ही ख़ुशी तब भी हुई थी कि जब वर्तमान राष्ट्रपति श्री नारायणन राष्ट्रपति बने थे। दाव-पेंच और उठा-पटक की विषाक्त राजनीति के बीच श्री नारायणन और फिर आपका राष्ट्रपति पद तक आना ताजी हवा के शीतल झोंके का अहसास कराता है। मरुभूमि के बीच शाद्वल (चश्मा) पाकर मन जिस तरह प्रसन्न होता है, कुछ वैसी ही प्रसन्नता आप जैसे लोगों को ऐसे उच्च पद तक पहुँचते देख होती है।

आपकी उम्मीदवारी की घोषणा के बाद अख़बारों में आपके बारे में कुछ-कुछ छपता रहा है। मुल्क के करोड़ों ग़रीब बच्चों की तरह आप ने भी ख़ुशहाल बचपन नहीं बिताया और मुश्किलों के बीच से ऊपर उठे, यह सब उन करोड़ों बच्चों को अच्छा लगेगा जो गुरबत में भी ऊँचा उठने का ख्वाब देखते हैं। इतनी शोहरत और सम्मान पाकर भी आप सादगी से रहते हैं, यह सबके लिए अनुकरणीय होना चाहिए। आप ख़ुशमिज़ाज, हाज़िर जवाब और ज़हीन दिमाग़ हैं। फिर, बहुत ख़ूब आपका वह जवाब जो आपने प्रमोद महाजन के इस सवाल का दिया कि कौन सा दिन आपके नामाँकन के लिए शुभ होगा। आपके सन्तुलित और वैज्ञानिक जवाब से एन.डी.ए. के उन नेताओं को बड़ा धक्का लगा होगा जो रात-दिन 'शुभ-लाभ' की राजनीति करते हैं और जनता से अधिक

देवी-देवताओं को खुश करने में लगे रहते हैं। तिलक-त्रिपुंडधारी मुरली मनोहर जोशी को आपका जवाब निश्चय ही अच्छा नहीं लगा होगा, जो एस्ट्रॉनोमी और एस्ट्रोलोजी के फ़र्क को नहीं समझते। हालाँकि वह भी खुद को एक वैज्ञानिक ही समझते हैं।

यही सब तो है आपका, जिस पर दिल बार-बार रीझता है और अन्तर्मन से बधाइयाँ देता है। मैं उन लोगों में नहीं हूँ जो आपको मिसाइल मैन और इंडियन एटम बम का निर्माता बताकर रेखांकित कर रहे हैं। दरअसल मेरी नज़र से यह आपकी शख्सियत का सबसे कमज़ोर कोना है। मुल्क के जंगबाज और कायर लोगों ने भले ही बम और मिसाइलें बनायीं; जनता तो बम और मिसाइलों को ठिकाने लगाने वालों को ही याद रखती है। बुद्ध और गाँधी याद किये जाते हैं। ऐसे ही लोग सम्मान भी पाते हैं। आप तो ज़हीन दिमाग़ हैं, और इस बात को बखूबी जानते हैं कि दुनिया की तहजीब खंजर बनाने वाले का नहीं, चक्का (ह्वील) बनाने वाले पहले इन्सान का बार-बार शुक्रिया अदा करती है। आज भी हम कहाँ याद रखते हैं कि एटम बम किसने बनाया। हाँ, हम चेचक टीका के आविष्कारक लुई पास्चूर, अन्धों के लिए लिपि बनाने वाले ब्रेल, भाप का इंजन बनाने वाले जेम्स वाट को बार-बार याद करते हैं। रिवाल्वर, राइफल, मशीनगन, मिसाइल और बम बनाने वालों के लिए दुनिया कोई सम्मान नहीं पालती। आइन्स्टाइन साहब को इस बात का बड़ा अफसोस रहा कि उनके सूत्र का सहारा लेकर एटमबम बना और उसने नागासाकी, हिरोशिमा का विनाश किया। बाद में वह निःशस्त्रीकरण के लिए बराबर आवाज़ उठाते रहे। हिरोशिमा पर बम गिराने वाला क्लॉड इथर्ली विनाशलीला देखकर पागल हो गया और अन्ततः उसने आत्महत्या कर ली। आपके भारतरत्न की तरह उसे भी अपने मुल्क अमेरिका का सबसे बड़ा खिताब मिला था।

मैं जानता हूँ मिसाइलें और बम बनाकर आपने अपनी ड्यूटी पूरी की है। मुल्क में जो हुकूमत है-कायरों की-उसने आपके ज़हीन दिमाग़ का इस्तेमाल ऐसे ही कामों के लिए कराया। आप करोड़ों भारतीयों के जीवन में खुशहाली लाने के लिए भी उतना ही कुछ कर सकते थे। ऐसी मिसाइलें भी बना सकते थे जिससे

मुल्क की ग़रीबी और जहालत का खातमा होता। अख़बारों में छपी एक ख़बर को सच मानूँ तो आपने एक सपना देखा है 2020 तक एक ऐसे भारत का, जो दुनिया के पाँच विकसित देशों में एक होगा। काश, यह सपना आपने अपनी तरुणाई में देखा होता। लेकिन आप पर हमारा विश्वास है। सपना देखने की कोई उमर नहीं होती। होश में आने की भी कोई उमर नहीं होती। जब जागा, तभी सवेरा। आप मुल्क के बेहतर राष्ट्रपति होंगे, स्वप्नशील राष्ट्रपति होंगे, इससे शायद ही किसी को इनकार होगा। राष्ट्रपति भवन जैसे विशाल प्रासाद और आरामगाह में भी आप दो जून की रोटी के लिए छोटे-छोटे काम करते, अख़बार बेचते, कचड़ा बीनते बच्चों को याद रख सकेंगे, ऐसा विश्वास है। क्योंकि आपके बारे में पढ़ा है बचपन में पेट पालने के लिए आप अख़बार बेचा करते थे।

हाँ कलाम साहब! चलते-चलते आख़िरी बात। आप कभी इस मुग़ालते में मत रहना कि मुल्क के वजीरे आला अटलबिहारी वाजपेयी या एन.डी.ए. ने आपको राष्ट्रपति बनाया है। किसी नायडू, किसी जयललिता, किसी जॉर्ज फर्नांडिस, किसी मुलायम यादव या किसी सोनिया गाँधी का भी इसमें कोई हाथ नहीं है। इस मुग़ालते में भी मत रहना कि आप आला ज़हनियत और एक वैज्ञानिक के रूप में राष्ट्रपति बनाये जा रहे हो। आप अबुल कलाम की जगह अमर कुमार होते तो शायद यह पद आपके लिए तय नहीं किया गया होता। दरअसल आपकी शख़्सियत में मुसलमान होने की जो मोहर है न, उसे ही एन.डी.ए. और अटल जी ने पकड़ा है। और किस लिए? इसलिए कि एन.डी.ए. और अटल के हाथ और चेहरे गुजरात के खून से लथ-पथ हैं। एन.डी.ए. और अटल आपको सेकुलर पाउडर की तरह इस्तेमाल करना चाहते हैं। आपका चेहरा दिखलाकर उन्होंने नायडू से लेकर लोहियावादियों और गाँधीवादियों को थोड़ी देर के लिए चुप करा दिया है। इसलिए आप गहराई में जायेंगे तो पायेंगे आपको राष्ट्रपति बनाने वाले एन.डी.ए. और अटल नहीं, गुजरात के वे हज़ारों लोग हैं जिन्होंने हाल के साम्प्रदायिक दंगे में अपनी जानें दी हैं। वे हज़ारों कमसीन लड़कियाँ हैं, जिनके साथ अमानुषिक बलात्कार हुए हैं। सैकड़ों बच्चे हैं जो गाजर-मूली की तरह काट दिये गये।

फिर हज़ारों वे लोग हैं जो राहत शिविरों में सड़ते हुए मेरा भारत महान का राग सुनने के लिए विवश हैं।

इसलिए आप से गुजारिश है कि हो सके तो उठिए और राष्ट्रपति भवन में तशरीफ रखने व जश्न मनाने के पहले गुजरात के राहत शिविरों में जाइए। दंगों से तबाह लोगों का शुक्रिया अदा कीजिए, क्योंकि उन्हीं लोगों ने आपको राष्ट्रपति बनाया है।

आदाब।

आपका,

(प्रेमकुमार मणि)

सेवा में,

श्री ए.पी.जे. अब्दुल कलाम

अन्नामलै यूनिवर्सिटी

चेन्नई

फिर कांग्रेस

2004 में लोकसभा के चुनाव सितम्बर-अक्टूबर में होने थे, लेकिन फीलगुड और इंडिया शाइनिंग से आत्ममुग्ध भाजपा ने छह महीने पहले करा लिये। उसे शानदार जीत की उम्मीद थी। लेकिन हुआ उल्टा। पिछली दफ़ा यानी 1999 में 182 के मुकाबले उसे 138 सीटें ही मिल सकीं। कांग्रेस पहली दफ़ा सोनिया गाँधी के नेतृत्व में चुनाव लड़ रही थी। सबकी साँसें थमी हुई थीं। यदि वह बेहतर नतीजे नहीं देतीं, तो यही माना जाता कि विदेशी मूल के प्रश्न ने जनता को प्रभावित किया। लेकिन जैसा कि बराबर हुआ है, इस बार भी मुल्क की जनता ने अपनी उदारता का परिचय दिया। भारत की पढ़ी-लिखी कही जाने वाली जनता से ज़्यादा समझदार यहाँ की मेहनतकश किसान-मज़दूर जनता है, जो शिक्षा से तो साजिश के तहत दूर रखी गयी है, लेकिन उसने अपने विवेक का परिचय हमेशा दिया है। इसी जनता ने मध्यकाल में भक्ति आन्दोलन जैसे सांस्कृतिक आन्दोलन का संवहन किया था। आधुनिक जमाने में तमाम क्रान्तिकारी-परिवर्तनकारी सामाजिक राजनीतिक आन्दोलनों को इसने ही गति दी है और अपने कन्धों पर ढोया है। इसी जनता ने इमरजेंसी के आतंक से जनता को मुक्त किया था और अब भाजपा को इसने अपनी ताक़त से पीछे धकेल दिया। उसने दुनिया को बतलाया कि भारत यह है। उसने देश के बुद्धिजीवियों को भी बतलाया कि भारतीयता यह है।

कांग्रेस को भाजपा से 7 अधिक यानी 145 सीटें मिलीं। वामदल सब मिलाकर 60 पर थे। उसने कांग्रेस सरकार को समर्थन देने का वायदा किया। कुछ और भाजपा विरोधी दलों को मिलकर कांग्रेस के सरकार बनाने का रास्ता साफ हो गया।

बिहार में भाजपा के पतन पर सबसे अधिक ख़ुश वामपन्थी थे। इनसे जुड़े लेखकों की ख़ुशी तो मानो छलछला रही थी, हालाँकि इनमें से ज़्यादातर ने स्वयं और उनके परिवारों ने भी भाजपा या उनके समर्थित दलों को वोट दिया था,

क्योंकि इस प्रदेश में अपनी जातीय कुण्ठा को लेकर उन्हें लालू से चिढ़ थी। लेकिन द्विखण्डित मानसिकता के ये बौद्धिक अब इस तरह ख़ुशी का इज़हार कर रहे थे, मानो इन लोगों ने ही भाजपा को हराया हो।

हमारे शहर पटना में, इस जीत को 'सेलिब्रेट' करने के लिए वाम मिज़ाज के लेखकों ने एक आयोजन किया। आयोजन तो प्रगतिशील लेखक संघ ने किया और केन्द्रीय भूमिका कवि अरुण कमल ने निभाई, लेकिन दूसरे वाम लेखक संघटनों, जैसे जनसंस्कृति मंच और जनवादी लेखक संघ को भी आमन्त्रित किया गया था। मेरे मित्रों की मेहरबानी रही है कि मुझे भी इसी धारा का समझते रहे हैं, इसलिए मुझे भी बुलाया गया था।

मैं कह सकता हूँ कि लेखकों में उत्साह था और वे पहुँचे भी थे बड़ी संख्या में। यह उत्साह लगभग वैसा ही था, जब आपातकाल के दौरान इन्दिरा कांग्रेस की चुनावों में हार हुई थी और लेखक उत्फुल्ल थे। हालाँकि उस वक़्त प्रगतिशील लेखक संघ से जुड़े लेखक ख़ुश नहीं थे, क्योंकि सीपीआई का इन्दिरा गाँधी से समझौता चल रहा था।

गोष्ठी जश्न मनाने के लिए आयोजित की गयी थी, लोगों को यही कहकर आमन्त्रित भी किया गया था, लेकिन वहाँ विमर्श का लम्बा सिलसिला चला, वह भी एक व्यवस्थित ढाँचे में। वाम एकता दिखलाने के लिए तीनों लेखक संघटनों यानी प्रलेस, जलेस और जसम के एक-एक प्रतिनिधि ने गोष्ठी को सम्बोधित किया। सबने लेफ्ट की शानदार सफलता और भाजपा को पराजित करने में उसकी भूमिका की बढ़-चढ़कर प्रशंसा की। प्रलेस से जुड़े खगेन्द्र ठाकुर ने ताल ठोंका कि साम्प्रदायिक फासीवाद को तो हमने पराजित कर दिया है, अब जातिवादी फासीवाद को पराजित करना है। उनका इशारा लालू प्रसाद की ओर था। हालाँकि मैं किसी लेखक संगठन से नहीं जुड़ा था, लेकिन आयोजकों ने मुझे भी बोलने के लिए कहा। मैंने इस आधार पर इनकार कर दिया कि गोष्ठी जश्न मनाने के लिए आयोजित की गयी है और इसे उसी रूप में रहने दिया जाये, लेकिन जब विमर्श का सिलसिला चल ही रहा था, तो इसका फ़ायदा उठाते हुए मैंने इकट्ठा सभी लोगों से एक प्रश्न पूछा कि भाजपा को हराने में लेफ्ट की क्या भूमिका रही है?

किसी साथी मित्र ने जब इसका जवाब नहीं दिया, तब मैंने ही स्थिति स्पष्ट की। कुछ रोज़ बाद इस सवाल को लेकर मैंने एक लेख भी लिखा, जो कुछ अख़बारों में छपा और इसे साहित्यिक कहे जाने वाले 'हंस' ने भी प्रकाशित किया।

मैंने लेखकों से पूछा कि आपने कभी इस विषय और तथ्य पर गहराई से विचार किया है कि भाजपा कहाँ-कहाँ हारी है और उसे हराने वाले कौन थे। मैंने बतलाया कि लेफ्ट पश्चिम बंगाल, केरल और त्रिपुरा में जीता है। वहाँ उसने भाजपा को नहीं, कांग्रेस को हराया है। भाजपा की जड़ें तो हिन्दी-पट्टी में मज़बूत थीं, ज़्यादा से ज़्यादा वृहत्तर हिन्दी-पट्टी हम कह सकते हैं, यदि गुजरात और राजस्थान को हम जोड़ लेते हैं। भाजपा की हार मुख्यत: उत्तर प्रदेश और बिहार में हुई है, जहाँ उसे लालू प्रसाद, मुलायम सिंह यादव और मायावती जैसे लोगों और उनकी पार्टियों ने हराया है। इन लोगों को आप जातिवादी-फासीवादी कह रहे हैं और शत्रु रूप में अपना टारगेट भी बना रहे हैं। यह एक भयानक विरोधाभास है, जिस पर विचार किया जाना चाहिए।

वाम चिन्तकों की कमज़ोरी यह है कि वे आर्थिक सवालों को ही सब कुछ मान लेते हैं। यह सही है कि आधुनिक जमाने की श्रमकेन्द्रित सभ्यता और कृषि अर्थव्यवस्था व उनकी अनुषंगी व्यवस्थाओं के निरन्तर हाशिये पर जाने की वजह से ऊँची जातियों से जुड़े लोगों की आर्थिक हालत भी बुरी तरह हिली है। ज्ञान सत्ता पर ऊँची जातियों (यानी वर्चस्व प्राप्त तबकों) के विशेषाधिकार के खात्मे और सभी तबकों के लिए इसे सुलभ बना देने के जनतान्त्रिक फैसले ने भी उनकी सामाजिक सत्ता कमज़ोर की है। इस दुरावस्था से दुखी हो, वह वामधारा की ओर मुड़ते हैं और आर्थिक व्यवस्था में समानता के सिद्धान्त उन्हें आकर्षित करते हैं। लेकिन सामाजिक व्यवस्था में समानता के सिद्धान्तों को वे नज़र अन्दाज़ करना चाहते हैं। ऐसा नहीं है कि वे उसका विरोध करते हैं, विरोध कैसे कर सकते हैं, लेकिन समर्थन भी नहीं करते और जैसा कि कवि दिनकर की एक पंक्ति है–'जो तटस्थ हैं समय लिखेगा उनका भी अपराध।' तो समय ने यह अपराध उनके खाते में दर्ज कर दिया है और इससे वे बच नहीं सकते।

मैंने इस लेख में पूछा कि जातिवादी फासीवादी कौन हैं? मुलायम, कांशीराम, मायावती और लालू वगैरह जो सामाजिक असमानता को स्वीकार नहीं करते और अपने तरीकों से इसका विरोध करते हैं, या फिर वे मार्क्सवादी, जो इस पर चुप लगा जाते हैं।

कुछ समय तक इस लेख पर चर्चा होती रही और मुझे यह जानकर प्रसन्नता हुई कि पिछड़े-दलित तबकों से बड़ी संख्या में ऐसे नौजवान उभर रहे हैं, जो कहीं स्वस्थ और सम्यक् सोच रखते हैं और जमाने के प्रति अपनी ज़िम्मेदारी को भी समझते हैं। ईर्ष्या, डाह और बदले की भावना से मुक्त ऐसे

नौजवान ही एक नये समाज का निर्माण करेंगे। वे अपने अभियान में लगे हुए हैं। दूर-दराज के गाँव-क़स्बों और शहरों से ऐसे नौजवानों के पत्र मिलते हैं, तब मुझे बड़ी प्रसन्नता होती है।

x x x

ग़ैर भाजपा विरोधी दलों ने मिल-जुलकर यूनाइटेड प्रोगेसिव एलायन्स (यूपीए) बनाया, जो भाजपा नीत नेशनल डेमोक्रेटिक एलायन्स का विकल्प था। कांग्रेस सबसे बड़ा दल था और सहयोगी इस बात पर आरम्भ से ही सहमत थे कि उसका नेता ही प्रधानमन्त्री बने। कांग्रेस ने श्रीमती सोनिया गाँधी को अपना नेता चुन लिया था और मुल्क ने लगभग स्वीकार कर लिया था कि वही प्रधानमन्त्री होने जा रही हैं। सुब्रह्मण्यम स्वामी जैसे इने-गिने खुराफ़ात दिमाग़ नेता बस यह दावा कर रहे थे कि राष्ट्रपति उन्हें (यानी सोनिया गाँधी को) आमन्त्रित नहीं करेंगे। क्योंकि उनके विदेशी मूल के होने को लेकर कोई पेंच है। मैं कानून का जानकार नहीं हूँ, लेकिन संविधान के बारे में जो सामान्य ज्ञान है उसके आधार पर स्वामी जैसों की बातें मुझे बिना सिर-पैर की लग रही थीं, लेकिन मन में एक दुविधा थी। में व्यक्तिगत रूप से सोनिया गाँधी को प्रधानमन्त्री पद के लायक नहीं मानता, लेकिन उन्हें प्रधानमन्त्री होने का संवैधानिक हक है, इसे स्वीकार करता हूँ। इसलिए मेरे मन में यह बात थी कि कम से कम रूढ़ि टूटने के ख़याल से उन्हें प्रधानमन्त्री होना चाहिए। दकियानूसी ताक़तों को एक करारा जवाब तो इससे मिलेगा।

राष्ट्रपति ने सोनिया गाँधी को आमन्त्रित किया तो पूरे मुल्क की धड़कन के साथ मेरी धड़कनें भी बढ़ गयीं और मुझे यह अपने विचारों की जीत जैसी लगी। लेकिन सोनिया गाँधी ने प्रधानमन्त्री बनने से इनकार कर दिया और अपने आवास पर बैठ गयीं। पद के लिए, वह भी प्रधानमन्त्री जैसे पद के लिए, बड़े-बड़े लोगों ने समझौते किये हैं, लेकिन इस महिला ने जब इनकार किया तब पूरे मुल्क में उनकी इज़्ज़त बढ़ गयी। प्रधानमन्त्री का पद बहुत छोटा हो गया, और सोनिया गाँधी उससे कहीं ऊँचा पहुँच गयीं। हाल के कई दशकों में भारतीय राजनीति में त्याग की कोई 'मिसाल' नहीं पेश की गयी थी, इसलिए सोनिया अचानक राजनीति की देवी बन गयीं-गॉडेस। उनके विरोधियों की जुबान बन्द हो गयी। मुझे लगा, कांग्रेस को एक करिश्माई नेता की ज़रूरत थी, अपने त्याग से सोनिया ने खुद को ऐसे नेता के रूप में तब्दील कर लिया है। इसका लाभ कांग्रेस को मिलेगा। मिला भी।

सोनिया गाँधी ने एक ग़ैर-राजनीतिक व्यक्तित्व, जाने माने अर्थशास्त्री और भारत में उदार अर्थनीति के प्रस्तावक, नरसिंह राव सरकार के वित्तमन्त्री, डॉ. मनमोहन सिंह को प्रधानमन्त्री पद के लिए आगे किया। ऐसा करके उन्होंने अपने परिवार और पार्टी पर लगे सिक्ख विरोधी दंगों के पाप को भी डायलूट किया। राजनीतिक तिकड़म के हिसाब से एक ग़ैर-राजनीतिक व्यक्ति को मुट्ठी में रखना ज़्यादा आसान था। इसलिए चयन पर उनकी चालाकी को लोगों ने पहचाना।

इसके साथ ही दिल्ली में लगभग छह वर्षों की दक्षिणपन्थी राजनीति का अवसान हो गया। अटल बिहारी वाजपेयी की सरकार 1977 की मोरारजी देसाई की सरकार की तरह ही एक भद्र सरकार थी, जिसने मध्यवर्ग का ठीक से ख़याल किया। हालाँकि सामाजिक सौहार्द्र को वह बरकरार नहीं रख सकी। मुझे लगता है कि गुजरात के दंगे न हुए होते, तब वाजपेयी को एक और मौका मिल सकता था। गुजरात के दंगों ने एनडीए को मुसलमानों के वोट से बिलकुल वंचित कर दिया। उससे अधिक हिन्दुओं के उदारवादी खेमे में उन्हें अलोकप्रिय बना दिया। लेकिन सबसे बड़ी बात यह हुई कि कांग्रेस, वामपन्थी और अन्य सेक्युलर दलों को भाजपा के ख़िलाफ़ एकजुट होने के लिए मजबूर कर दिया। भाजपा के लोगों ने शायद सपने में भी नहीं सोचा था कि इसके इतने बुरे परिणाम झेलने होंगे। यदि जो नरेन्द्र मोदी को इसके लिए दंडित किया गया होता, तो भाजपा की ऐसी बुरी स्थिति शायद नहीं होती। हालाँकि उत्तर प्रदेश में ऐसा नहीं हुआ।

अटल बिहारी वाजपेयी नरेन्द्र मोदी को तो नहीं हटा सके, लेकिन सबसे बड़े प्रदेश उत्तर प्रदेश में बाबरी-मस्जिद ध्वंस के प्रतीक बने कल्याण सिंह को भाजपा से हटने के लिए विवश ज़रूर किया। उनकी जगह लालजी टंडन, कलराज मिश्र जैसे ब्राह्मण नेतृत्व को आगे किया। इसका नतीजा हुआ कि उत्तर प्रदेश में भाजपा की कमर टूट गयी और वह औंधे मुँह गिरी। सब मिलाकर अटल बिहारी स्वर्ण चतुर्भुज योजना के लिए कुछ समय तक याद किये गये। इन पंक्तियों के लिखे जाने तक वह जैविक रूप से जीवित हैं, लेकिन इतिहास ने उन्हें भुला दिया है। बस, वह छह वर्षों तक एक दक्षिणपन्थी गठजोड़ के सरकार को चलाये रखने के लिए याद किये जायेंगे। उनकी तुकबन्दियों में कोई दम नहीं है, जिसके बल पर साहित्य क्षेत्र में उनकी उपलब्धियों की चर्चा हो सके। चर्चा में उनकी जलेबियाँ और रम ही रहेंगी।

बिहार में राजनीतिक करवट

2004 के लोकसभा चुनाव में भारी फेरबदल हुआ। नतीजे एनडीए के विरुद्ध आये। बिहार की राजनीति भी प्रभावित हुई। बँटवारे के बाद बिहार में लोकसभा की चालीस सीटें थीं। इन चालीस में एनडीए को 11 और यूपीए को 29 सीटें मिलीं। अकेले लालू प्रसाद को 22 सीटें मिलीं। दो सीटें उन्हें झारखण्ड में भी मिल गयीं। रामविलास पासवान की पार्टी लोक जनशक्ति पार्टी को भी तीन सीटें मिलीं। डॉ. मनमोहन सिंह की सरकार में लालू प्रसाद और रामविलास पासवान शामिल हुए।

2005 में बिहार विधानसभा के चुनाव होने थे। राष्ट्रीय जनतान्त्रिक गठबन्धन (एनडीए) के नेता पस्त हिम्मत थे। नीतीश कुमार की समता पार्टी और शरद यादव के जनता दल (यू) ने चुनाव के ठीक पहले फिर से एकता बना ली थी, लेकिन यह एकता चुनावों पर असर नहीं डाल सकी। नीतीश कुमार ने दो क्षेत्रों से चुनाव लड़ा, क्योंकि उन्हें मूल क्षेत्र से हार की आशंका थी। उनकी आशंका सही निकली। अपने परम्परागत क्षेत्र से वह बुरी तरह पराजित हुए। हाँ, नये क्षेत्र से जीत गये।

नीतीश कुमार से मेरा सम्बन्ध सन् 2000 से ही उचटा हुआ था। सन् 2000 में विधानसभा चुनाव के समय समता पार्टी और जनता दल के अलग होने के सवाल पर मतभेद बने थे और इसके लिए मुझे पार्टी से बाहर किया गया था। जब वह सात दिनों के लिए मुख्यमन्त्री बने, तब फिर उनकी तरफ से संवाद बना। लेकिन वह पुनः वापसी हो गयी। तब से हम दोनों ने कभी एक-दूसरे से बात करने या मिलने में रुचि नहीं ली। न ही कोई पत्र-व्यवहार हुआ। हम दोनों अपनी-अपनी दुनिया में मगन थे। दोनों स्वभाव से थोड़े ज़िद्दी हैं और न झुकने के मामले में मैं उनसे कहीं अधिक ख़ब्ती हूँ। वह तो शुद्ध राजनीतिक व्यक्ति हैं, इसलिए समझौते करते रहते हैं। मुझे समझौतों की बहुत लत नहीं है। न घर-परिवार में मैंने समझौते किये, न लेखकों की मण्डली में

और न ही राजनीति में। जितने दिनों तक नौकरी में रहा, मेरे तबादले इधर-उधर होते रहे, क्योंकि मुझसे कभी जमकर तो क्या, सामान्य रूप की भी चापलूसी नहीं हुई। अपनी इस अक्खड़ता से निजी जीवन में मुझे कई बार परेशानियाँ हुईं, लेकिन यह कह सकता हूँ कि मेरा मानसिक स्वास्थ्य ठीक रहा और आज जब जीवन की समीक्षा कर रहा हूँ तब मैं अपने को सन्तुष्ट पाता हूँ।

बिहार में जून के दूसरे पखवारे तक मानसून आ जाता है। एक बरसाती शाम में जब मैं अपने घर पर यूँ-ही-सा बैठा था, तब नीतीश जी का फोन आया, बरसों बाद। आवाज़ बहुत कमज़ोर थी। मैंने पूछा तब उन्होंने कहा कि मैं बीमार हूँ, बुखार है। यह भी कि आने की सोच रहा था। मैंने कहा कि बीमार व्यक्ति कहीं नहीं जाते, उन्हें लोग देखने आते हैं। उन्होंने आग्रह में कहा, आयेंगे क्या? मैंने कहा अभी बारिश हो रही है। कल सुबह आऊँगा।

सुबह हम लोगों की मुलाक़ात हुई। वह वाकई बुरी तरह अस्वस्थ थे। बतलाया हफ्ते भर से रुक-रुक कर बुखार आता है। मैंने दिल्ली जाकर चेक-अप कराने की सलाह दी। फिर हम लोगों ने साथ में नाश्ता किया और देर रात तक इधर-उधर की बातें हुईं। उन्होंने बीते दिनों के बारे में बस एक वाक्य कहा–'आप तब सही थे।' मैं भावुक हो गया। मेरे लिये इतना काफ़ी था। मैं क्या बोलता उनकी उँगलियाँ महिलाओं की तरह लम्बी हैं और हथेली ज़रूरत से ज़्यादा मुलायम। उन्होंने स्नेह से जब मेरे हाथ पर हाथ रखा, तब कहा सुनी जैसी कोई बात रह नहीं गयी।

उन्हें लगता था कि इस बीच लालू जी से मेरी नजदीकी बढ़ी है, क्योंकि कुछ सभाओं में मैं उनके साथ था। लेकिन ये ग़ैर-राजनीतिक मंच थे, जैसे किसी का जन्मदिन समारोह वगैरह। यह बात ही उनके जेहन में होगी। मैंने अपनी स्थिति बतलायी कि मैं किसी अन्य राजनीतिक दल में नहीं हूँ, अलबत्ता एक राजनीतिक मोर्चा 'बिहार परिवर्तन मोर्चा' बनाकर काम कर रहा हूँ। मोर्चे के एक सम्मेलन में लालूजी भी आये थे। हमारा मोर्चा चुनावी राजनीति से दूर रहकर बिहार में परिवर्तन की चेतना विकसित करने पर ज़ोर दे रहा है। मैंने उन्हें बतलाया कि बिहार में सामाजिक न्याय की जो राजनीति हो रही है, उसकी कुछ कमज़ोरियों पर हमारी नज़र है। मसलन पिछड़े वर्गों में जो उच्च पिछड़ा वर्ग है, वह प्राय: काश्तकार है और उसकी स्थिति निम्न पिछड़े वर्ग से बेहतर है। राजनीति में भी उसकी सन्तोषप्रद भागीदारी है, किन्तु निम्न पिछड़े वर्ग की स्थिति बदतर है। दलितों की स्थिति भी ऐसी ही है। मुसलमानों का पिछड़ा वर्ग अपनी तरह का संकट झेल रहा है।

इन विषयों पर हम लोगों ने अपने स्तर से कुछ काम किये थे। निजी क्षेत्र में आरक्षण के मसले को लेकर भी हम लोगों ने आन्दोलन, धरना, प्रदर्शन किया था। इराक पर अमेरिकी हमले की आशंका को देखते हुए हम लोगों ने एक साम्राज्यवाद विरोधी सम्मेलन और जुलूस का आयोजन किया था। बिहार के समग्र विकास के लिए किन मुद्दों को उठाने की ज़रूरत है, इस पर बुद्धिजीवियों का एक सम्मेलन आयोजित किया था। इसी सम्मेलन में हम लोगों ने बतलाया कि कृषि क्षेत्र पर ज़ोर दिए जाय, भूमि सुधार किया जाये और एक ज्ञान क्रान्ति (नॉलेज रिवोल्यूशन) विकसित की जाये। हम लोगों ने कई तरह के स्कूलों को खत्म कर समान स्कूल शुरू करने की वकालत की थी।

वास्तविकता यह थी कि मेरी रुचि अभी भी चुनावी राजनीति से निरपेक्ष रहकर ऐसे मौलिक राजनीतिक मुद्दों पर ज़ोर देने में ही थी। मैं 1990 से बिहार में तथाकथित सामाजिक न्याय की राजनीति के खिलवाड़ देख रहा था। सामाजिक परिवर्तन को कौन-सी दिशा देनी है, इसे इससे जुड़े लोग समझ ही नहीं पा रहे थे, ऊँची जातियों से सत्ता ज़रूर छिटकी थी, किन्तु इसे पिछड़ी जातियों को ऐसे दबंग लोगों ने अपने कब्जे में ले लिया था, जिनकी न कोई सोच थी, न दृष्टि। ये लोग दुनिया भर का इतिहास तो क्या, अपने मुल्क का इतिहास भी ठीक से नहीं जानते थे। जानते भी थे, तो उस पर जातिवादी नज़रिये की ऐसी मोटी परत थी जो सब कुछ को अटपटा बना देती थी। मसलन एक बार, समझदार कहे जाने वाले नेता शरद यादव ने मुझसे एक बातचीत में बतलाया कि भारत की मूल जाति आर्य नहीं, आभीर है और यह देश पुराने जमाने में आभीरावर्त था, आर्यावर्त नहीं। आभीर जाति के ही चार उपभाग थे–ब्राह्मण, क्षत्रिय, वैश्य, शूद्र। फिर यह भी कि आज का हरियाणा, कभी अहीराना था–अहीरों का मूल क्षेत्र। इसी क्षेत्र से अहीर देश भर में फैले।

दरअसल वह पूरे देश को अहीराना बनाना चाहते थे। यह शरद यादव 1975 में जनता उम्मीदवार के रूप में, जबलपुर क्षेत्र से संसदीय उपचुनाव जीतकर आये थे, तब मैं बिल्कुल युवा था। उन दिनों 'दिनमान' साप्ताहिक निकलता था। इस पत्रिका ने इन पर एक अच्छा आलेख प्रकाशित किया था। हम लोगों को उम्मीद थी कि यह आदमी समाज को कोई दृष्टि देगा। इस व्यक्ति का यह हाल था।

अब ऐसे विश्लेषणों और व्याख्याओं का क्या हश्र होना था। आराम की ज़िन्दगी जीने वाले, दिन-रात जाति की गन्दी राजनीति करने वाले और कभी कुछ सकारात्मक नहीं सोचने वाले ऐसे नेताओं के बूते ही पिछड़े वर्ग

की राजनीति हो रही थी। दलित नेतृत्व इससे बेहतर था। क्योंकि उनके पास फुले-आम्बेडकरवाद की एक सुचिन्तित विचार-प्रणाली थी। पिछड़ों का नेतृत्व ज़्यादा-से-ज़्यादा लोहिया के विचारों पर टिका था, जो स्वयं अन्तर्विरोधों में ग्रस्त थे और मार्क्सवाद को ज़्यादा-से-ज़्यादा नकारने तथा गाँधीवाद को ज़्यादा-से-ज़्यादा स्वीकारने में जिनकी अभिरुचि थी। उत्तर प्रदेश में मुलायम सिंह ने इसी लोहिया का शाइनबोर्ड लगाकर अपने को दलित विरोधी नेता में तब्दील कर लिया है।

मैंने पहले बतलाया है कि नीतीश कुमार में मुझे कुछ उम्मीदें दिखी थीं। लेकिन जब वे सत्ता में गये तब उनकी स्थिति भी वही थी, जो दूसरों की थी। केन्द्रीय मन्त्री के रूप में सामाजिक परिवर्तन के लिए उन्होंने कुछ भी ऐसा नहीं किया, जिसे उल्लेखनीय कहा जाये। इसलिए इस बातचीत से मैं बहुत उत्साहित नहीं था। एक बीमार आदमी को देखने भर की औपचारिकता के रूप में ही मैंने इसे लिया।

दिल्ली से लौटकर वह मेरे घर आये। फिर कुछ बातें हुईं। हमारे मोर्चा के कार्यक्रमों के कुछ पत्रक मैंने उन्हें दिये थे। उसे पढ़कर उन्होंने अपनी प्रतिक्रिया दी कि मैं इसे अपनी पार्टी का कार्यक्रम बनाना चाहूँगा। उन्होंने मुझसे भी आग्रह किया कि एक बार फिर सक्रिय होऊँ।

आज जब उन घटनाओं को याद करता हूँ तब लगता है कि मैंने पुनः नीतीश कुमार के साथ जुड़कर अच्छा नहीं किया था। मुझे अपनी तरह से अलग ही काम करते रहना चाहिए था। इसमें मेरा स्वास्थ्य और समय दोनों बर्बाद हुआ। लेकिन इस विषय पर कभी और चर्चा करना चाहूँगा।

मैंने अपनी पूरी ताक़त नीतीश कुमार के राजनीतिक अभियान में झोंक दी। हालाँकि सच्चाई है कि मेरी ताक़त ही बहुत थोड़ी है। मैंने सभी 243 विधानसभा क्षेत्रों के सामाजिक और जातिगत आँकड़े इकट्ठे किये। क्षेत्र विशेष की विशेष परिस्थितियों को चिह्नित किया और फिर पूरे प्रदेश की एक रणनीति बनायी। जनतादल यू का भारतीय जनता पार्टी से समझौता था और दोनों एनडीए के हिस्से थे। बिहार में इनका तालमेल बिलकुल दुरुस्त था। नेताओं और कार्यकर्ताओं में भी पूरा तालमेल था। शहरी क्षेत्रों में भाजपा का ज़ोर था और वहाँ जदयू की भागीदारी नगण्य थी। वहीं ग्रामीण इलाक़ों में जनता दल (यू) भारी था। शरद यादव के साथ आने से यादवों का एक हिस्सा एनडीए के साथ हुआ था। मुसलमान साथ नहीं थे, लेकिन लालू प्रसाद के प्रति उनके मन में भी थोड़ी खिन्नता के भाव उभर रहे थे, क्योंकि उनकी माली स्थिति बहुत ख़राब थी।

एक एनजीओ ने मुसलमानों की स्थिति का अध्ययन करके जो रिपोर्ट पेश किया था, वह भयावह थे। उसके मुताबिक मुसलमान जीवन के सभी क्षेत्रों में पिछड़ गये थे।

हमने अपने अध्ययन में यह भी पाया कि यदि पाँच प्रतिशत वोट हमें और मिल जाते हैं तब स्थिति बदल सकती है। ये वोट दो ही जगह से मिल सकते थे। मुसलमानों के बीच से या फिर निम्न पिछड़े वर्गों से। चूँकि हम भाजपा के साथ थे, इसलिए मुसलमानों के वोट की बहुत उम्मीद नहीं की जा सकती थी। लेकिन हमने यह तय किया कि उनके बीच यह सन्देश तो हम दे ही सकते हैं कि हम उनके विरोधी नहीं हैं। इतना भी यदि हम कर सके तो बड़ी बात होगी। कम-से-कम उनके वोट हमारे ख़िलाफ़ आक्रामक तो नहीं होंगे, क्योंकि जब वोट की आक्रामकता बढ़ती है, तब उनका मतदान प्रतिशत भी उसी अनुपात में बढ़ जाता है।

निम्न पिछड़े वर्ग के वोट भी एनडीए को नगण्य मिलते थे। मैंने अपने अध्ययन में पाया है कि इन वर्गों में सामाजिक परिवर्तन की उत्कट लालसा है। यह मूलरूप से समाज का दस्तकार तबका है, हाथ के हुनर का उपयोग कर ये लोग एक नयी दुनिया रचते हैं। इन्होंने अपनी तरह से सभ्यता को खड़ा किया। यही वह तबका है जिसने विशिष्ट औज़ार विकसित कर कृषि क्षेत्र के अतिरिक्त उत्पादन में भूमिका निभायी और इसके बूते एक नगर सभ्यता को जन्म दिया। हमारी पौराणिकता में, ख़ासकर महाभारत जैसे महाकाव्य में जिस श्रीकृष्ण का चित्रण है, उन्होंने इन्हीं दस्तकारों के बूते अपनी राजनीति विकसित की थी। जब पाण्डवों को हस्तिनापुर का हिस्सा के एवज में खाण्डव वन मिलने लगा तो कृष्ण ने कहा ले लो। इन्हीं कारीगरों के बूते उन्होंने खाण्डव वन को इन्द्रप्रस्थ में बदल डाला, जहाँ का झिलमिल विकास देख, दुर्योधन चकाचौंध से चकरा गया। उसने सड़क को पानी समझ लिया और अपनी धोती उठाने लगा। इसी पर परकोठे पर खड़ी द्रौपदी की हँसी फूट गयी और उसने कह दिया–'अन्धे का बेटा अन्धा ही होता है।' कहते हैं महाभारत का एक कारण यह संवाद भी था।

इन पिछड़े वर्गों को विश्वास नहीं होता था कि नीतीश सामाजिक परिवर्तन के संवाहक हो सकते हैं। उनकी धारणा थी कि नीतीश ऊँची जातियों के पिछलग्गू हैं और उनकी ही राजनीति करते हैं। ऐसी स्थिति में उनके बीच काम करना मुश्किल था। बावजूद इसके मैंने इसे अपने हाथ में लिया और जितना हो सकता था, किया।

x x x

यह सब करते 2005 का विधानसभा चुनाव आ गया। मैं नीतीश जी के साथ ज़रूर था, लेकिन न कभी पार्टी की किसी बैठक में गया था, न दफ़्तर में कदम रखा था। न ही औपचारिक रूप से कोई सदस्यता ली थी। एक दिन दूरभाषिक बात में नीतीश जी ने पूछा कि आपको यदि चुनाव लड़ना हो तो किस क्षेत्र का चुनाव करेंगे। मैंने बतलाया कि मेरा कोई क्षेत्र नहीं है। लेकिन मेरे दादाजी का गाँव जिस क्षेत्र में पड़ता है, वहाँ से इसलिए चुनाव लड़ना चाहूँगा, क्योंकि वह सामाजिक न्याय के योद्धा जगदेव प्रसाद जी का भी क्षेत्र रहा है। उसी क्षेत्र से वह दो बार चुने गये थे।

दो रोज़ बाद नीतीश जी का फोन आया कि आपको वहाँ से चुनाव लड़ना है और यह मेरा आदेश है। यह वह समय था, जब चुनाव के लिए नामांकन शुरू हो गये थे। मेरी स्थिति यह थी कि मैं वहाँ बरसों बाद जा रहा था। उस इलाके में पार्टी का न कोई संगठन था, न जनाधार। फिर भी अब तो चुनाव में कूद पड़ा था। यही वह समय था, जब मेरा स्वास्थ्य बुरी तरह ख़राब हुआ। कहा जाये तो मैं दवाओं की बदौलत सक्रिय था। मैंने लगभग सभी गाँवों तक सम्पर्क साधा। यह मेरे लिए नया अनुभव था। उत्साहजनक अनुभव भी था। वह इलाक़ा कुर्था कहा जाता है और एक नये छोटे से जिले अरवल में आता है। इसके पहले यह जहानाबाद जिले में और उसके भी पहले गया में था। ठेठ मगध का इलाक़ा। बग़ल में सोन और पुनपुन नदियाँ और चारों तरफ बेचारगी। यही वह क्षेत्र है जिस पर मैंने कुछ साल पहले एक लम्बा लेख लिखा था–'खूनी खेल के इर्द-गिर्द', जो अब एक किताब रूप में प्रकाशित है। जाने कितने नरसंहार और गाँव-गाँव में तनाव। इसी इलाके में वह गाँव है, सेनारी जहाँ कुछ ही साल पहले 38 लोगों की हत्या इकट्ठा गर्दन रेत कर की गयी थी। मैं उस गाँव में गया तो एक अजीब-सा सन्नाटा पसरा था। उस जगह पर गया, जहाँ लोगों की हत्या हुई थी। उस वक़्त वहाँ थोड़े से गेंदे के छोटे-छोटे फूल खिले थे और हरी घास पसरी थी। मैंने उस भयावहता को याद किया और मेरी आँखें भर आयीं। हादसे के रोज़ उन सभी लोगों को बातचीत करने के लिए बुलाया गया था और फिर घेरकर हत्या कर दी गयी। जाति के हिसाब से ये लोग द्विज भूमिहार थे, लेकिन उनके घरों को देखा, तब वे आम अन्य लोगों के घरों की तरह ही थे। पूरे गाँव में मुझे एक भी घर ऐसा नहीं दिखा, जिन्हें हम सम्पन्न कह सकें।

इस घटना की प्रतिक्रिया में इलाके के सामन्तों ने अपराधियों से तो कोई बदला नहीं लिया, लेकिन उसी गाँव के दलितों को ज़रूर तबाह कर दिया। उन्हें गाँव छोड़कर जहानाबाद भागना पड़ा। उनकी स्थिति पर कोई कुछ लिखने के लिए तैयार नहीं था। मैंने तब एक लेख लिखा 'सेनारी का सच'। जिस पर हल्का-फुल्का हंगामा भी हुआ। सेनारी में हुआ नरसंहार निन्दनीय था, लेकिन यह भी सच है कि यह उन नरसंहारों का जवाब था, जो भूमिहारों की प्रतिनिधि कही जाने वाली रनवीर सेना की ओर से की गयी थी और जिसमें दलित-पिछड़े समूहों के लोग सैकड़ों की संख्या में मारे गये थे। वे भी उतने ही बेकसूर थे, जितने सेनारी के लोग। सेनारी की घटना के बाद मध्य बिहार में आश्चर्यजनक रूप से खूनी खेल बन्द हो गया।

हिंसा से किसी समस्या का समाधान नहीं हो सकता, बल्कि समस्याएँ और जटिल होंगी। इसलिए हिंसा का मैं किसी स्तर पर समर्थन नहीं कर सकता। लेकिन जो लोग हिंसा का सैद्धान्तिक विरोध करते हैं और झूठ-मूठ का गाँधीवादी रामनामी ओढ़े रहते हैं, उन्हें इन इलाक़ों में भी जाना चाहिए। हिंसा कब होती है? सामन्त कहते हैं कि नक्सलवादी (यह एक ऐसा शब्द है, जिसमें वह मार्क्सवादी से लेकर फुले-आम्बेडकरवादी और यहाँ तक कि कर्पूरी ठाकुर, जगदेव प्रसाद, लालू प्रसाद के अनुयायियों को इकट्ठा शामिल किये हुए हैं) हिंसा के मूल कारण हैं। उनका यह भी कहना है ये जब तक गाँवों में नहीं आते, तब तक शान्ति बनी रहती है। उनका यह भी कहना एक तरह से सही है। गाँव में तब तक पारम्परिक शान्ति बनी रहती है, जब तक पारम्परिक सामाजिक स्थितियाँ बनी रहती हैं अर्थात् सामन्तों के वर्चस्व की स्थिति। खेतिहर मजदूर-जो प्राय: दलित व पिछड़ी जातियों के होते हैं-उनके खेतों में, उनके द्वारा तय मजदूरी पर काम करते रहें, उनकी स्त्रियाँ-बेटियाँ उन सामन्तों की काम-पिपासा को शान्त करती रहें, तब ज़रूर शान्ति बनी रहती है, क्योंकि यही सैकड़ों वर्षों से चलता आ रहा है। ऐसे में 'नक्सलवादी' या तो बाहर से आते हैं अथवा गाँव के भीतर से उभरते हैं और वह कहते हैं कि ये तो शोषण है और हम इसका प्रतिकार करते हैं, तब अशान्ति हो जाती है। पहले सामन्त ऐसे नायकों का सफाया (हत्या) कर देते हैं या मुकदमों में फँसा देते हैं। फिर इसकी प्रतिक्रिया होती है और फिर तो क्रिया-प्रतिक्रिया का एक दौर शुरू हो जाता है।

सरकारें चूँकि वर्चस्वप्राप्त तबकों के हाथ होती हैं, इसलिए वे बार-बार नक्सलियों को दोषी ठहराती हैं। उनके उन्मूलन के लिए ग्रीन हंट और

जाने कितनी योजनाएँ बनती हैं। लेकिन कोई भी सरकार भूमि सुधारों और समावेशी विकास पर ज़ोर नहीं देती। वह उनके लिए ग्रीन हंट क्यों नहीं शुरू करती, जो भ्रष्टाचार और लूट से बेशुमार दौलत इकट्ठा किये हुए हैं, जो घपले-घोटाले करते हैं और विदेशी बैंकों में धन रखे हुए हैं। बेशुमार दौलत की गद्दियों पर बैठे ठग-धूर्त बाबाओं को अरब सागर में डूबो देने की कोई योजना क्यों नहीं बनाती। क्या दलित-पिछड़े तबकों के बीच समानता और आज़ादी के भाव पैदा करना जुर्म है? यही तो 'नक्सलवादी' करते हैं। जब आप उन्हें रोकते हैं तब हिंसा पैदा होती है। जैसे नदियों को बाँधते हैं, तब बाढ़ पैदा होती है।

मैं एक गाँव में गया, जो सघन नक्सलवादी प्रभाव का माना जाता था। कहा जाता था इस गाँव में किसी राजनीतिक दल के व्यक्ति का प्रवेश निषेध है। यह निषेध ही मेरे लिये आकर्षण का केन्द्र था। पिछले लोकसभा चुनाव में, जो सालभर पहले हुआ था, हमारी ही पार्टी के जिलाध्यक्ष को इस गाँव में बिलकुल नंगा कर दिया गया था। बिलकुल नंगे हाल वह गाँव के बाहर हुए। फिर भी मैंने हिम्मत की। चाहे जो हो, देखूँगा। मैं अपने सरकारी सिक्यूरिटी स्टॉफ को अपने साथ नहीं ले गया, क्योंकि मैं जानता हूँ, उनके हथियार ही उनके आकर्षण का केन्द्र हो सकते थे। मेरे साथ दो अन्य लोग थे। गाँव में जाने के लिए एक नाला पार करना पड़ता था और नाले पर कोई पुल-पुलिया नहीं, बस कटा हुआ ताड़ का पेड़ रखा हुआ था। उसी पर पैर दबाकर, खुद को सँभालकर आप जाइए। इधर-उधर होने पर नीचे पानी में जाने की पूरी-पूरी गुंजाइश थी। मुझे कोई कठिनाई नहीं हुई, क्योंकि बचपन में ताड़-बाँस के ऐसे वनस्पतिक पुलियों पर मैंने खूब दौड़ लगायी है।

गाँव जहाँ से शुरू होता था, वहीं मुझे रोक दिया गया। बग़ल में एक दलित मुसहर परिवार का घर था, जिसे शहर के लोग झोपड़ी कहते हैं (घर की अपनी एक इज़्ज़त होती है, इसलिए मैं इसे घर ही कह रहा हूँ।)। उसी घर के आगे बिछे एक बंसखट पर मुझे बिठाया गया। रोकने वाले दो लोग थे। मेरे साथ के लोगों में से एक ने उन्हें थोड़ा अलग ले जाकर मेरा परिचय दिया। फिर मुझे कहा गया, बैठिये। दो में से एक आदमी वहाँ रुक गया और दूसरा गाँव में गया। बीस-पच्चीस मिनट बाद तीन और लोगों को लिये वह आदमी लौटा। उनमें से दो ने मुझे लाल सलाम कहा और एक ने हाथ मिलाया। एक और बंसखट लाया गया और हम सब इन दोनों पर बैठ गये। मैंने उनका परिचय जानना चाहा, तब उन्होंने हँसकर कहा,

परिचय जानकर क्या कीजिएगा साथी। बस, हम आपके स्वागत में हाज़िर हैं, इतना ही जानिये। मुझे अब जाकर मालूम हुआ कि यह दलित घर इन लोगों का 'दफ़्तर' भी है, क्योंकि उसी घर से हमारे लिए चाय बनकर आयी।

पूरी बात दिलचस्प रही और उसे मैं कभी भूल नहीं सकता। मुझे उनके नेता ने जब यह बतलाया कि आपको जानता हूँ आपके लेखों के माध्यम से और कि आप अब ग़लत रास्ते पर चले गये हैं, तब मेरी आँखें नम होने लगीं। यह उस अनाम साथी का मेरे प्रति स्नेह-सम्मान था। उन्होंने बतलाया यह गाँव वोट का बहिष्कार करेगा और हमने यही तय किया था कि कोई भी गाँव में आवे यदि वोट माँगने, तो उसे नंगा किया जायेगा। मैं न होता, तो आपके साथ भी यही होता। क्योंकि शेष लोग शायद आपको नहीं जानते। तनिक-सा रुक कर और फिर एक व्यंग्यपूर्ण मुस्कुराहट के साथ उन्होंने सवाल पूछा-'लेकिन आप इस पचड़े में क्यों फँस गये साथी। यह तो ग़लत रास्ता है। आप तो हम लोगों को राह दिखलाते थे अपने लेखों से। आपके कई लेख मैंने पढ़े हैं। बहुत अच्छा लिखते हैं। लेकिन सब पढ़-लिखकर इसी ग़लत रास्ते पर! यह क्या है? इन विधानसभाओं में चोर, लम्पट, धूर्त, बलात्कारी, हत्यारे बैठे हैं और वे सब अपनी पुलिस-फ़ौज को हमें ठीक करने के लिए भेजते हैं। मानो हम लोग अपराधी हों। हमारा अपराध तो यही है न! कि हम सामन्ती जुल्म का प्रतिकार करते हैं। सरकारी योजनाओं की लूट मची है। पुराने ज़मींदारों के पोते-परपोते अब ठेकेदार बन गये हैं और जमकर सरकारी खजाना लूट रहे हैं। जब हम इसका प्रतीकात्मक विरोध भी करते हैं, तब पुलिस-फ़ौज बुला ली जाती है। कहिए साथी, मैं ग़लत कह रहा हूँ?'

देर तक बातें हुईं और फिर सब मुझे छोड़ने पुलिया के पार तक आये। लौटने पर मैं एक अजीब-सी मनःस्थिति में था। लगा मेरी शक्ति हर ली गयी हो। रात के सपने में भी मुझे गाँव के दृश्य आते रहे और अगले एक-दो रोज़ में उन स्मृतियों से घिरा रहा। मैं ऊपर से नंगा नहीं किया गया था, लेकिन भीतर से जितना नंगा हुआ था, मैं ही जानता था। आत्म धिक्कार के भाव से मैं भर गया।

x x x

यह पहले दिन से जानता था कि मैं चुनाव जीतने नहीं जा रहा हूँ, क्योंकि वहाँ न पार्टी का कोई असर था, न पार्टी के नेता का। न ही कोई जातीय समीकरण मेरे पक्ष में था जो बिहार में चुनाव जीतने के लिए ज़रूरी होते हैं।

चुनाव नतीजे जब आये तब मैं बुरी तरह पराजित हुआ। मुख्य मुकाबले में भी न रहकर तीसरे नम्बर पर रहा। बस एक ही बात का सन्तोष था कि मेरे गाँव के सभी जातियों, वर्गों और धर्मों के लोगों ने अपना एकमुश्त वोट मुझे दिया। मेरा गाँव बहुत बड़ा है। यहाँ कुल पड़े दो हज़ार दो सौ वोटों में से दो हज़ार साठ वोट मुझे मिले। उस गाँव का मेरे प्रति यह प्यार था, जो मेरे लिए बहुत मायने रखता था।

x x x

पूरे बिहार में जो नतीजे आये थे, वे अस्पष्ट थे। इसे त्रिशंकु स्थिति कही जाती है, जो इसी नाम के एक राजा की पौराणिक कथा से जुड़ी है। एक बार क्षत्रिय कुल में जन्मे ऋषि विश्वमित्र ने राजा त्रिशंकु को स्वर्ग भेजना चाहा, अपने कौशल से, लेकिन ब्राह्मण कुल में जन्मे ऋषि वशिष्ठ ने उस राजा को स्वर्ग जाने से रोक दिया। यदि वह राजा पुनः धरती पर आता तो विश्वमित्र की जगहँसाई होती, इसलिए उन्होंने उसे बीच में ही रोक दिया। वह अधर में ही लटकता रहा। त्रिशंकु राजा की यह स्थिति एक मुहावरा बन गयी और इस बार की विधानसभा की जो स्थिति थी, वह त्रिशंकु स्थिति ही थी। न इधर, न उधर। लालू प्रसाद का राष्ट्रीय जनता दल अपने सवा सौ सीटों से सिमटकर 75 पर आ गया था। जनता दल यू को 38 या 40 सीटें थीं, जो अब बढ़कर 55 हो गयी थीं और भारतीय जनता पार्टी 37 सीटों पर विजयी रही थी। 29 सीटें रामविलास पासवान की पार्टी लोकजनशक्ति पार्टी के पास थी। कांग्रेस को सिर्फ 9 सीटें मिली थीं।

ऐसे में सरकार बनना तभी सम्भव था, जब रामविलास पासवान या तो लालू प्रसाद का समर्थन करते या फिर नीतीश कुमार का। श्री पासवान किन्हीं मुद्दों पर लालू प्रसाद से बेहद खफ़ा थे और किसी क़ीमत पर उनका समर्थन करने के लिए तैयार नहीं थे। वह गुजरात दंगों पर विरोध जताते हुए एनडीए मन्त्रिमण्डल से अलग हुए थे, इसलिए पुनः एनडीए के समर्थन का भी प्रश्न नहीं उठता था। लेकिन उनके विधायकों में ऐसे लोगों की बहुतायत थी, जो नीतीश कुमार को समर्थन देना चाहते थे। लेकिन श्री पासवान अपनी सरकार बनाने के जुगाड़ में थे। वह कहते चल रहे थे कि सरकार बनाने की चाबी तो हमारे पास है। वह चाबी लेकर घूम रहे थे। दरअसल उनकी इच्छा थी कि एनडीए उनका बाहर से समर्थन करे। जब यह नहीं हुआ तब उन्होंने

एक नया शिगूफा छोड़ा कि जो मुस्लिम व्यक्ति को मुख्यमन्त्री बनाएगा, मेरी पार्टी उसे ही समर्थन देगी। यह भी कहाँ होने वाला था। मार्च, अप्रैल बीत गये और मई भी आधा बीत गया, तब भी कोई स्थिति नहीं बनी। यहाँ तक कि विधानसभा का भी गठन नहीं हुआ। एक संवैधानिक संकट उपस्थित हो गया था। मई के दूसरे पखवारे में लोकजनशक्ति पार्टी के 21 विधायक अपनी पार्टी से अलग होकर जनता दल यू में शामिल हो गये और उसके विधायकों की संख्या 76 हो गयी, लालू प्रसाद के राजद से एक अधिक। अब एनडीए कुछ निर्दलीय विधायकों के सहयोग से सरकार बनाने में सक्षम था। लेकिन अपनी राजनीतिक ताक़त का दबाव बनाकर लालू प्रसाद ने केन्द्रीय सरकार को मजबूर कर दिया कि वह बिहार विधानसभा को भंग कर दे। यही हुआ। बिहार विधानसभा भंग कर दी गयी। राष्ट्रपति ए.पी.जे. अब्दुल कलाम जो विदेश दौरे पर थे, से सोये हुए से जगाकर हस्ताक्षर लिये गये थे।

निःसन्देह यह एक ग़लत परम्परा थी। यह नहीं होना चाहिए था। दरअसल बिहार विधानसभा के चुनावी नतीजों की घोषणा हुई थी और चुनाव आयोग ने अपना नोटिफिकेशन निर्गत कर प्राधिकार को भेज दिया था, लेकिन अभी विधानसभा गठित नहीं हुई थी, क्योंकि निर्वाचित सदस्यों ने शपथ नहीं लिया था। कोई संस्था जब तक वैधानिक रूप से बनी ही नहीं है, उसे किस आधार पर भंग किया जायेगा। राष्ट्रपति कलाम अपने को वैज्ञानिक भी कहते थे। मैं उन्हें वैज्ञानिक तो नहीं मानता, लेकिन एक टेक्नोक्रेट तो मानता ही हूँ और एक टेक्नोक्रेट को भी विज्ञान के मूलभूत की जानकारी तो होती ही है। मैंने अपने एक लेख में कलाम से पूछा था कि जिसका अस्तित्व नहीं, उसका हनन आप कैसे कर सकते हैं। यह कानून को ही नहीं, विज्ञान को भी नज़र अन्दाज़ करना था।

2005 की बीमारी

जब मैं चुनाव लड़ रहा था, तब अस्वस्थ था, इसका ज़िक्र मैंने पहले किया है। 2004 के सितम्बर-अक्टूबर में ही मुझे पेट में अचानक ज़ोरों का दर्द हुआ। डॉक्टरों को दिखवाया तब अनेक तरह की बातें आयीं। कुछ ने तो बतलाया कि यह बस वायु प्रकोप है और समय पर खाने-पीने से ठीक हो जायेगा। एक डॉक्टर ने इंटेसटाइनल ट्यूबरकुलोसिस (आंत्र-यक्ष्मा) की आशंका व्यक्त की। लेकिन जाँच में कुछ ऐसा नहीं आया। एक अन्य डॉक्टर ने बावजूद इसके एटीटी (एंटी ट्यूबरकुलोसिस ट्रीटमेंट) चलाने की सलाह दी। लेकिन एक दूसरे डॉक्टर ने इसे खारिज कर दिया कि बिना मर्ज के दवा खाने का क्या मतलब है, इसके साइड इफेक्ट भी तो होते हैं। उन्होंने बस दो दवाएँ दीं—एक गैस व्याधि के लिए और दूसरा मल्टी विटामिन टैबलेट्स। मैं स्वाभाविक तौर से आखिरी डॉक्टर की सलाह पर ही चला, क्योंकि इसमें बहुत कम पैसे इलाज में लग रहे थे। जो परहेज़ बतलाया था, उसका पूरी तरह पालन किया। इसी बीच चुनाव आया और इन्हीं गैस निरोधक और मल्टी विटामिन के बूते मैं सक्रिय रहा। लेकिन मेरा स्वास्थ्य लगातार गिर रहा था। थोड़ा-सा काम करने या चलने में भी थकान का अनुभव होता था और भूल से भी कुछ गरिष्ठ खा लिया तो मन भारी रहता था। लेकिन व्यस्तता के कारण इन सबको मैं नजरअन्दाज़ करता गया। मेरे चेहरे पर बीमारी के कुछ लक्षण प्रकट हो रहे होंगे, क्योंकि महीनों-बरसों बाद मिलने वाले मित्र-परिचित अचानक पूछ बैठते आप डायबिटिक (डायबिटिज के रोगी) तो नहीं हैं? भारत में हर पाँच में एक व्यक्ति आदतन डॉक्टर या वैद्य स्वभाव का होता है। नसीहतें और नुस्खे बतलाना, उनकी आदत होती है। कोई किसी को थोड़ा-सा भी अस्वस्थ देख ले, और ज़ाहिर है इस मुल्क में बीमारों की कमी नहीं है, तब लोग नसीहतें देने लगेंगे। यह कीजिए, ऐसे कीजिए, अहा हा, यह कभी नहीं, और डॉक्टर तो लूट मचाते हैं। फिर अलग-अलग इलाज पद्धतियों पर उनका भाषण होगा।

एलोपैथ तो जानलेवा होता है। रोग को ऊपर से ठीक करता है। असली इलाज तो होम्योपैथ में है। वह जड़ से बीमारी को खत्म करता है। इधर आयुर्वेद वगैरह का भी ज़ोर बढ़ा है और फिर एक बाबा-पैथ है, जो साँसों के करतब से ही हर रोग का निदान बतलाते हैं। अपनी अस्वस्थता के दौरान मुझे भी ऐसे 'उपदेश' सुनने पड़ते थे, जो मेरे लिए अपनी बीमारी से ज़्यादा परेशानी पैदा करते थे।

चुनावों के बाद अपनी बेटी को एक परीक्षा दिलाने मुझे दिल्ली जाना था। मार्च आख़िर में 29 या 30 को चला होऊँगा। दिल्ली में नीतीशजी के सरकारी आवास, जो तब अकबर रोड में था, रुका था। यह वह समय था, जब बिहार में सरकार बनाने की गहमा-गहमी चल रही थी। मुझे नीतीश जी ने दो और रोज़ के लिए रोक लिया, राजनीतिक कार्यों के सम्पादन के लिए। चिट्ठी-पत्री, बयान-प्रस्ताव आदि तैयार हुए और इसके लिए दो रात तो पूरी तरह मुझे जगना पड़ा। 5 अप्रैल को वापस होना था। 5 बजे शाम की ट्रेन थी। मेरे मित्र प्रो. देवेन्द्र चौबे मुझसे मिलने आये थे और उन्होंने ही हमें स्टेशन छोड़ा। हमारे पास सामान कुछ ज़्यादा था। बिटिया की किताबें वगैरह। आदतन कंजूस मैंने उसे खुद ही उठाया, लेकिन सीढ़ियों पर चढ़ते समय कुछ असहज महसूस किया। प्लेटफॉर्म तक आया तब ट्रेन खड़ी थी। हमने अपने बर्थ पर सामान रखे। दिल्ली में अप्रैल का महीना गर्मियों का होता है। मुझे बेहद गरमी महसूस हो रही थी और प्यास भी। कंपार्टमेंट का ए.सी. अभी चालू नहीं हुआ था और हमारे पास घूँट भर भी पानी नहीं था। बिटिया को बर्थ पर छोड़कर मैं प्लेटफॉर्म पर आया। एक बोतल ठंडा रेल नीर खरीदा और पुनः बर्थ पर आ गया। पानी के दो घूँट लिये तब जान में जान आयी। लेकिन मुझे महसूस हुआ पेट फूला हुआ है। मुझे लगा वायु आधिक्य है उदर में। मेरे पास डायजिन की टिकिया थी, उसे निकालकर चुभलाने लगा और एक मैगजीन उठा लिया पढ़ने के लिए। अब मन शान्त था। अब ट्रेन चलने लगी थी। एसी ने भी काम करना शुरू किया और कंपार्टमेंट में जो ट्रेन खुलते समय उथल-पुथल होती है, वह भी खत्म हो गयी थी। आमने-सामने के दोनों लोअर बर्थ हमारे थे। बेटी को एक हम उमर यात्री लड़की मिल गयी थी और दोनों ने अपनी परिचयात्मक बातें शुरू ही की थीं और शायद तभी यह घटना हुई।

मेरी आँखें खुलीं, तो देखा, कुछ लोग मेरे पास खड़े हैं और मेरी बिटिया किसी से अपने मोबाइल फोन से बातें कर रही हैं, बदहवास-सी। मुझे लगा कि क्या कुछ हो गया। हमारा सामान वगैरह कोई लेकर उतर गया क्या!

लेकिन तब तक बेटी ने मुझे बिलकुल बच्चे की तरह पुचकार कर कहा–'पापा क्या हुआ? ठीक हैं पापा?' मैंने 'हाँ' कहा तब भी उसकी परेशानी खत्म नहीं हुई। पास खड़े एक व्यक्ति ने मेरी नब्ज पर हाथ रखा। बेटी ने पूछा–क्या डॉक्टर साहब, कैसे हैं पापा। डॉक्टर ने कहा–नब्ज लौट आया है, लेकिन काफ़ी कमज़ोर।

मुझे समझ नहीं आ रहा था कि यह सब हो क्या रहा है। डॉक्टर के भोलेपन को मैं कभी भूल नहीं पाऊँगा–उसने कहा, ''आप तो 'डेथ' (मर) कर चुके थे। आश्चर्य कि आपका नब्ज लौट आया।''

मैं इतने होश में था कि डॉक्टर पर मुझे गुस्सा आया। इतना बौड़म हुआ जाता है भला! मर कर कोई ज़िन्दा हो सकता है! लगता है इसी ने मेरी बेटी को डरा दिया। लेकिन मुझे बतलाया गया कि आप मैगजीन पढ़ते-पढ़ते अचानक नीचे लुढ़क गये। आपको हम लोगों ने लिटाया है और आपकी स्थिति ऐसी थी। इसके साथ ही मुझे बतलाया गया कि ट्रेन गाजियाबाद में रुकने जा रही है।

मुझे सब कुछ अजीब लग रहा था। यह हो क्या रहा है! तभी बेटी ने मुझे मोबाइल फोन दिया–नीतीश अंकल हैं। मैंने फोन लिया तब नीतीशजी ने कहा–मणि जी, आपको एक तरह का कार्डियक प्रोब्लम हुआ है कुछ। ट्रेन में जो डॉक्टर हैं उनसे मेरी बात हुई है। ट्रेन को गाजियाबाद में रुकवाया जा रहा है। आपको कुछ करना नहीं है। वहाँ से डॉक्टर आपको ले लेंगे। मैं डेरे से चल चुका हूँ।

मुझे सब कुछ आश्चर्यजनक लग रहा था। क्या यही हार्ट-अटैक है! मुझे तो कुछ हुआ ही नहीं है। मुझे तो इस बात पर भी विश्वास नहीं हो रहा था कि मैं लुढ़क गया था और यदि जो थोड़ा लुढ़क ही गया था, तो क्या हुआ। मुझे यह भी लग रहा था कि मैं अस्पताल पहुँचूँगा और बीमारी कुछ नहीं निकलेगी, तब खामखा एक बदनामी होगी कि बाप-बेटी ने मिलकर नाटक किया।

तभी गाजियाबाद में ट्रेन रुकी। मैं बिल्कुल होश में था। कुछ लज्जित-सा भी कि ट्रेन के यात्री कहेंगे कि इसी शैतान के चलते ट्रेन रुकी। कुरते-पायजामे में था, इसलिए यह भी लग रहा था कि लोग कहेंगे ये नेता सब! फिर नीतीश जी के फोन आने की ख़बर भी पूरे कंपार्टमेंट में फैल चुकी थी। वह कुछ ही समय पहले तक रेलमन्त्री रहे थे। बहुतों को तो यह भी पता नहीं था कि अब वह नहीं हैं। ट्रेन रुकते ही चार-छह आदमी डब्बे में घुसे। स्ट्रेचर था। उन लोगों को मेरा सीट नम्बर भी बताया हुआ था। सीधे मेरे पास आये

और स्ट्रेचर पर लिटाकर ले चले। मैंने कहा भी कि मैं चलने के लायक हूँ। चल सकता हूँ। लेकिन डॉक्टरों ने कहा कि नहीं, आप को बिल्कुल रेस्ट में रहना है। ऐसा शायद कार्डियक व्याधि को ध्यान में रखकर किया गया था, एहतियातन। स्ट्रेचर पर लेटे हुए, मैंने पाया कि मेरे चप्पल नहीं हैं। उसे हाल ही में हज़ार रुपये में बड़े शौक से खरीदा था। मैंने बेटी को कहा–बेटे मेरे चप्पल? तब कोई आदमी दौड़कर मेरे चप्पल लेता आया। बाद में जब पत्नी आयीं तब बेटी ने कहा–'ममा, ये मर रहे थे और इन्हें अपने चप्पल की चिन्ता थी। कंजूस कहीं के।'

स्ट्रेचर लेकर अस्पताल के लोग दौड़ रहे थे। पीछे से एक डॉक्टर। मेरे सामान लिये मेरी बेटी और एकाध और सहयोगी। प्लेटफॉर्म से बाहर निकलने वाली ऊपरी पुल पर हम चले तो स्ट्रेचर को सँभालने में लोगों की कमी हो गयी। देखा, दो भिखारियों ने अपने कटोरे नीचे रखे और स्ट्रेचर को सहारा देकर ऊपर चढ़ने लगे। स्ट्रेचर पर ही मुझे रुलाई आ गयी। इन भिखमंगों का मैं कौन हूँ। मैं नास्तिक हूँ। लेकिन कई बार कई रूपों में इसी तरह मैंने अपने 'ईश्वर' के दर्शन किये हैं। अस्पताल से मुक्त होने के पहले दोनों मिलने आये। बतलाया हम लोग रोज़ हाल-चाल लेने आते थे। मैंने उन्हें कुछ रुपये देने चाहे, लेकिन तब उन्होंने इनकार कर दिया।

मुझे अस्पताल में जाते ही ई.सी.जी. किया गया। लेकिन मुझे कोई कार्डियक प्रॉब्लम नहीं था। अस्पताल जाते-जाते मैं फिर होश खो बैठा था। मेरा पेट फूलता जा रहा था। तब डॉक्टरों ने नाक के रास्ते भीतर पाइप डाला। पता चला अन्दर ब्लीडिंग हो रही थी। उसके तुरन्त बाद मुझे आई.सी.यू. में डाला गया। मेरी असली समस्या थी कि आँत के भीतर जख्म (पेप्टिक अल्सर) था, जो फट गया था और तेज़ी से खून का स्राव हो रहा था।

रात में दो-ढाई बजे मुझे होश आया, तब मैंने पाया आई.सी.यू. में अपने बेड पर अनेक तरह के यन्त्रों से घिरा हूँ। खून चढ़ाया जा रहा था। सी.आर.ओ. लगा था। सामने बिटिया, नीतीशजी और मेरे भाई ब्रजरंजन खड़े थे। मेरे होश में आने को डॉक्टर ने प्रोग्रेस माना और कहा अब चिन्ता की बात नहीं होनी चाहिए। नीतीश जी ने मेरे माथे पर हल्के हाथ रखा और कहा कि आप यदि न रुकते तब हम लोगों की मुलाक़ात फिर कभी नहीं होती।

दूसरे दिन मुझे मेरी बीमारी की विकरालता का पता विस्तार से चला। आँत में तेज़ी से रक्त स्राव होने से खून की सप्लाई कम हो गयी थी। इसी के कारण सिर वाले हिस्से में रक्त संचार की कमी आयी और मैं गिर पड़ा।

लेकिन लेटने पर सिर वाले हिस्से में रक्त संचार पुनः हुआ और मुझे होश आ गया। इसमें मिनट-आध मिनट का ही समय लगा होगा। रक्त स्राव लगातार होने से अस्पताल पहुँचते-पहुँचते में फिर होश खो बैठा। यदि खून चढ़ाने में घण्टे भर की भी देर होती तो मैं नहीं बचता। यह बिना किसी पीड़ा के मौत होती।

जिस अस्पताल में मुझे भर्ती कराया गया, वह गाजियाबाद का यशोदा अस्पताल था। उसके मालिक पी.एन. अरोड़ा साहब आज भी मेरे पारिवारिक मित्र हैं। उन्होंने और उनकी पत्नी ने क्या कुछ किया इसे शब्दों में बयान ही नहीं किया जा सकता। उस अस्पताल तक पहुँचाने, उसके पहले ट्रेन रुकवाने और अस्पताल में तत्परता दिखाकर नीतीशजी ने जो किया, उसे भूलना मेरे लिए सम्भव नहीं है। वह न होते और उन्होंने तत्परता न दिखलायी होती, तो मैं आज जीवित न होता। फिर बेटी। उसके बारे में क्या कहना। वह अपने पापा को कैसे खो सकती थी भला, उसके होते। मैं जब ट्रेन में बेहोश हुआ, तब वह घर पर अपनी माँ को फोन कर सकती थी। लेकिन नहीं, उसने अपने नीतीश अंकल को किया, क्योंकि वही कुछ कर सकते थे। माँ क्या कर सकती थीं, उसने अपने दिमाग़ का इस्तेमाल सही समय पर, सही दिशा में किया। अस्पताल में भी उसने अकेले सब कुछ सँभाला। नीतीशजी घण्टे भर बाद आये और घर के लोग तो और बाद में।

आई.सी.यू. में नौ दिनों तक रहा। अख़बारों में ख़बर छपी तब बहुत सारे मित्रों को जानकारी हो गयी। दूसरे दिन से ही राजेन्द्र यादव, संजय सहाय, रमणिका गुप्ता, विमल कुमार, कुमार अंबुज, देवेन्द्र चौबे, हरेप्रकाश उपाध्याय, अरुण नारायण, पंकज चौधरी जैसे दर्जनों लेखक-कवि मित्र और फिर सैकड़ों सामाजिक-राजनैतिक कार्यकर्ता आने शुरू हो गये। फिर सैकड़ों लोगों के फोन। आर्थिक सहयोग के लिए दर्जनों लोगों ने पहल की। प्राइवेट अस्पताल था। उसके मालिक अरोड़ा साहब, उनकी पत्नी रोज़ आते। जनता का लेखक और आदमी होने की मुझे ऐसी अनुभूति हुई कि मेरा हृदय भर गया। प्रेस के लोगों को आश्चर्य इस बात पर था कि यह कौन है, जिसके पास कई दलों के और भिन्न-भिन्न तबकों के लोग आ रहे हैं। नीतीश जी लगभग रोज़ आ रहे हैं तो लालूजी ने भी रेलवे की मेडिकल टीम भेजी है। के.सी. त्यागी के परिवार के लोगों ने रक्तदान किया। कई अनाम अनजान लोगों ने आकर रक्तदान किया। मेरा नास्तिक मन बार-बार मुझी से सवाल करता, 'तुम्हारे लिए तो सब खड़े हैं। तुम्हारी कौन-सी जाति है, कौन-सा धर्म, कौन-सा क्षेत्र! कौन-सा दल।'

नौ दिनों के बाद जब अस्पताल से मुक्त हो रहा था, तब नीतीश जी भी साथ थे। प्रेस के लोग आये हुए थे। सबका शुक्रिया अदा किया। राजनीतिक टिप्पणियाँ भी पूछी गयीं। एक प्रेस वाले ने तो मुझे इंगित करते हुए नीतीश जी से यह भी पूछ लिया कि क्या मणिजी आपके और लालूजी के बीच कड़ी बन सकते हैं, भविष्य की राजनीति में। नीतीशजी ने कोई जवाब नहीं दिया, मुस्कुरा कर रह गये।

मैं उसी रोज़ रात के विमान से बेटी और पत्नी के साथ पटना आया। कोई दस बजे रात में विमान पहुँचा होगा। गर्मियों में इसे देर रात नहीं माना जाता। घर पर दोनों बेटे थे और मेरा प्यारा-सा खरगोश ब्राउनी।

घर पर कुछ नजदीकी मित्रजन इकट्ठे थे। मुहल्ले से लोग आ-आकर मिलने लगे। मैं निचले तल में ड्राइंग रूप में ही आकर बैठा था। जैसे ही बैठा ब्राउनी, मेरा पालतू खरगोश, उछलकर मेरी गोद में आ बैठा। वह काफ़ी खुश था। मैंने उसकी पीठ पर स्नेह से सहलाया तो उसने प्रतिक्रिया में अपनी काया फुला दी। जब मैं अस्पताल में था, तब सपने में देखा, ब्राउनी भी आई.सी.यू. में है, मेरे बिस्तरे पर। मैंने उससे पूछा कि तुम कैसे ब्राउनी? तुम कैसे आ गये? तब उसने उदास हो मेरी ओर देखा। नर्स खड़ी हैरान है कि आई.सी.यू. में यह जानवर कैसे आ गया। उसे पकड़ने के लिए ब्यॉय चले आ रहे हैं कि लो ब्राउनी अंतर्ध्यान। मेरी नींद टूटी, तब देखा, घड़ी में रात के ढाई बजे थे। रात की ड्यूटी पर एक सुन्दर-सी नर्स थी। उसने आकर मेरे सिर पर हाथ फेरे। कहा-'सर, आप सोये हुए में बहुत खुश दिख रहे थे, अभी। लगता है कोई सपना देख रहे होंगे।'

मैं नर्स से क्या कहता। बेचारी क्या समझती।

ब्राऊनी मेरे यहाँ कोई तीन साल पहले आया। जाड़ों की एक बरसात में ठण्ड काफ़ी थी और मेरे बेटे आलोक (दीपू) चिकेन लाने के ख़याल से निकले थे। लेकिन जब वहाँ गये, तब देखा चिकेन वाले के यहाँ एक पिंजड़े में यह खरगोश है। उसने बतलाया कुछ लोग इसका माँस भी खाते हैं। उसकी मासूमियत देख बेटे के मन में कुछ भाव आये और उसने पैसे देकर उसे खरीद लिया। कोई पालतू रखना मेरे यहाँ मोटे तौर पर मना है, क्योंकि हमारे पूरे परिवार की मान्यता है कि पशु-पक्षियों को पिंजरे में रखना उनकी आज़ादी और उनकी नैसर्गिकता का हनन है। हमारे यहाँ एक तोता है, जिसे हम लोग मिट्ठू कहते हैं, बीस बरसों से भी कुछ अधिक से। उसकी भी अपनी कहानी है। ममता ने उसे अपने मायके से लाया। एक रोज़ जब वह बगीचे में गयी,

तब उसे उसने देखा, एक बच्चा-तोता गिरा पड़ा है। उसे उसने उठाया, तब देखा, उसके पंख काफ़ी चोट खाये हुए हैं। उसे उठाकर लाया और हिफाजत से रखा। तोता का एक पंख इतना क्षतिग्रस्त हो चुका था कि वह कभी उड़ने लायक नहीं हो सका। वह विकलांग हो चुका था। ऐसी स्थिति में उसे पालना ही था। वह तोता अभी भी हमारे घर है।

तो, उस ठण्ड भरी बरसात में वह खरगोश मेरे घर आया। बच्चों ने अपने कमरे में उसे जतन से रखा। मैंने तो उसे कई रोज़ बाद देखा। फिर उसके आने की कहानी सुनी। कुछ ही दिनों में वह सबका प्यारा बन गया। वह उजले रंग का था और उस पर भूरे रंग के बड़े-बड़े चकत्ते थे, शायद इसी कारण बच्चों ने उसे ब्राउनी कहना शुरू किया और फिर यही उसका नाम हो गया। उसका नाम लेते ही वह दौड़ा आता। उसकी होशियारी के भी कई किस्से बन गये। उसे केवल रात में ही पिंजरे में रखा जाता। दिन भर वह बाहर रहता। मल-मूत्र का उत्सर्जन तय जगह पर ही करता। घर में जब सब्जियाँ आतीं, तब वह दौड़कर आता और थैले के पास बैठ जाता। उसे भरोसा रहता था कि मेरे लिए कुछ ज़रूर आया होगा, गाजर-मूली और नहीं तो पालक या किसी और किस्म के पत्ते। जब कोई गुस्से में होता या किसी से ऊँची आवाज़ में बोल रहा होता, तब वह उसकी देह पर ऐसे उछलता कि उस व्यक्ति का ज़ोर से बोलना या गुस्सा एक दूसरा मोड़ ले लेता। चाय के वक़्त उसकी सक्रियता देखते बनती थी। सबकी प्याली के साथ उसके लिए भी चाय तैयार होती थी कभी जो ग़लती से उसकी चाय लोग भूल गये तब वह अपने उत्पात से उसे याद करा देता।

तो यही ब्राउनी मेरी गोद में बैठा था और मैं उसे सहला रहा था। मोहल्ले के लोगों के आने का सिलसिला बना हुआ था। इसी बीच ब्राउनी गोद से उतरा और फिर कहीं गुम हो गया। एक दूसरा वातावरण बन गया इसलिए उस पर किसी ने ध्यान नहीं दिया। उसे ज़्यादा ध्यान देने की दरकार भी नहीं होती थी, क्योंकि उसकी होशियारी पर सबका भरोसा था। आवाज़ाही के व्यस्तता भरे माहौल में ही एक अचानक करुण आवाज़ हम लोगों को सुनायी पड़ी। सब इधर-उधर दौड़े। ब्राउनी-ब्राउनी की आवाज़ें। लेकिन ब्राउनी कहाँ। खोजने की हर जगह पर हम लोगों ने उसे खोजा। केवल उसकी करुण आवाज़ से ही हम लोगों ने अनुमान लगाया कि कोई जानवर से उठा ले गया। किसी ने यह नहीं देखा कि कौन-सा जानवर। वह सचमुच अन्तर्ध्यान हो गया। जैसा कि अस्पताल में, सपने में देखा था।

तो क्या ब्राउनी मुझसे मिलने भर का इन्तजार कर रहा था...? पूरा परिवार गम में डूब गया। किसी ने कुछ नहीं खाया। मेरे छोटे बेटे ने सुबह थोड़े से फूल लाये और उसके खाली पिंजड़े में रखा। सबकी आँखें नम हो गयीं। ब्राउनी ने हमारे परिवार की मानवीयता को पाला-पोसा और कुछ विकसित भी किया।

आवारा-चिन्तन

डॉक्टरों की सलाह के अनुसार, मुझे दो महीने बिलकुल बिस्तर पर रहना था। भोजन के बाद चहलकदमी करने भर की इजाजत थी। पूरी जाँच के बाद जो नतीजे आये थे, वे सीधे तो नहीं, अपने लक्षणों से–संकेत दे रहे थे कि मैं आंत्र-यक्ष्मा से पीड़ित हूँ। पटना में डॉक्टर विजय प्रकाश ने कुछ महीने पहले ही यह शंका व्यक्त की थी और इसी आधार पर उन्होंने ए.टी.टी (एन्टीट्यूबरकुलोसिस ट्रीटमेंट) प्रेसक्राइव भी किया था। लेकिन एक-दूसरे डॉक्टर ने इसे नकार दिया। यदि डॉ. विजय प्रकाश की दवाएँ मैंने चला ली होतीं, तब शायद 5 अप्रैल वाली जानलेवा मुसीबत में न पड़ता। अब कई महीने बाद वही दवाएँ मैं ले रहा था, दिल्ली के डॉक्टरों की सलाह पर। डायटिशियन ने खाने-पीने की एक सूची बना दी थी, जिसका सख़्ती से पालन करना था।

दवाओं ने शुरू में काफ़ी परेशान किया। गर्मियों के दिन थे और हमारे घर में ए.सी. नहीं है (दरअसल हमारी वैसी हैसियत नहीं है कि ए.सी. अफोर्ड कर सकूँ।)। ऐसी गर्मी में इन दवाओं के असर ने मुझे कुछ ज़्यादा परेशान कर दिया। इसे सँभालने में मेरे आत्म संकल्प का भी इम्तहान हो गया। हालाँकि इसमें मैं विफल नहीं हुआ। खाने-पीने की हिदायतों से मुझे कुछ ख़ास परेशानी नहीं हुई। कुछ ही दिनों में मेरी आदत बन गयी। इतने बरसों बाद खाने-पीने की वही आदतें बनी हैं। इससे मुझे फ़ायदा ही हुआ है। बहुत पहले एक दफ़ा जॉर्ज फर्नांडिस ने अपने घर पर मुझे अपने साथ खाने पर बैठा लिया। वह जो अमूमन खाते हैं, वह खाना था। तेल-मसालों से रहित। मुझे देखकर परेशानी हुई थी कि इस खाने के लिए आदमी क्यों-कर जिये। लेकिन अब तो मुझे स्वयं तेल-मसालों से भरे भोजन से परेशानी होती है। शायद इसे ही आदत बन जाना कहते हैं। हालाँकि गर्म पकौड़े यदि मिल जायें, तो बन्दिशें तोड़ सकता हूँ। तोड़ता रहा हूँ।

बेड-रेस्ट की एक डॉक्टरी व्याख्या है, और दरअसल यह एक सज़ा है, जो डॉक्टर अपने रोगियों के लिए मुकर्रर करते हैं। लेकिन इसकी नियमावली का भी मैंने पालन किया। भोजन-नाश्ते के बाद हल्की चहल-कदमी और फिर सुबह-शाम टेरेस पर बैठना मेरी दिनचर्या रह गयी थी। बोलने में ऊर्जा व्यय होता है और मैं सतर्क था कि कम-से-कम अपव्यय तो नहीं ही हो।

मेरे मन में कई बार ये विचार आये कि संवेदनशील आदमी जेल में कैसे रहता होगा। उसके कैसे विचार बनते होंगे, इस अकेलेपन में। हमारे स्वतन्त्रता आन्दोलन में हज़ारों लोग जेल गये। इनमें बड़ी संख्या में लेखक-कवि भी थे। माखनलाल चतुर्वेदी की कविता 'क़ैदी और कोकिला' का स्मरण हुआ। बालकृष्ण शर्मा नवीन, अज्ञेय, रेणु जैसे लेखक भी जेल में रहे। नेहरू तो रहे ही। हमारे ज़माने में नेल्सन मंडेला को पूरे सत्ताईस साल जेलों में रहना पड़ा। मुझे लगता है, जो जेल में कुछ समय रहते हैं, वे आज़ादी की क़ीमत कुछ ठीक से समझते हैं। चेखव की एक कहानी 'द बेट' का मुझे बार-बार स्मरण आता है। वह मेरी चन्द प्रिय कहानियों में से एक है।

खैर, मैं जेल में तो नहीं, अपने बिस्तर पर कैद था, अपने घर में। लेकिन घूमने-फिरने की आज़ादी छिनी हुई थी, इसलिए आज़ादी की क़ीमत को थोड़ा-सा ही सही, समझ पा रहा था। जैसे ही मेरे स्वास्थ्य में थोड़ा सुधार हुआ, मैंने उन किताबों को अपने संग्रह से अलगाया, जो अब तक पढ़ी नहीं गयी थीं। कुछ ऐसी किताबें थीं जिसे दुहराने की इच्छा थी। ऐसी किताबों में पहली किताब थी, राजमोहन गाँधी की 'इंडियन मुस्लिम माइंड'। ज्यां जेने के एक उपन्यास 'एक चोर का रोजनामचा', मिलान कुंदेरा के उपन्यास 'मज़ाक', बाल्जाक का 'किसान', नृत्यांगना इजाडोरा डंकन और रूसो की आत्मकथा जैसी कुछ किताबें बिस्तर पर बैठे-बैठे ही पढ़ गया। एक धार्मिक हिन्दू महिला को किसी पवित्र नदी में स्नान करने से जैसे सुकून और आध्यात्मिकता की अनुभूति होती है, वैसी ही अनुभूति मुझे अच्छी किताबों से गुज़रने के बाद होती है। मैंने पहले बतलाया है कि मैं नास्तिक हूँ। ईश्वर जैसी किसी सत्ता के अस्तित्व पर मेरी कोई आस्था नहीं है, क्योंकि मेरी अपनी समझ इसकी इज़ाज़त नहीं देते। विज्ञान का छात्र रहा हूँ इसलिए प्रकृति के बारे में बहुत नहीं, तो कुछ तो ज़रूर जानता हूँ और दुनिया के क्रमिक विकास में ही विश्वास करता हूँ। लेकिन कई दफ़ा कुछ ऐसे साहित्य से गुज़रा हूँ कि मैं रुलाई से भर गया हूँ और तब मुझे लगा है कि इन क़िताबों से उठकर कोई ईश्वर मुझे पुचकार रहा है—ना बेटे ना, बस...बस... शरतचन्द्र के कुछ उपन्यासों को

पढ़कर ऐसा ही हुआ था। रामविलास शर्मा जैसे पहलवान आलोचक इसे शरत साहित्य की कमज़ोरी ही बतलाते हैं और इसका मज़ाक उड़ाते हैं। मैं मज़ाक नहीं उड़ा सकता। किसी रुलाई का मज़ाक उड़ाने की नैतिकता मैं अफोर्ड नहीं कर सकता। मेरा यह भी मानना है कि महान से महान विचार के मुकाबले एक छोटी-सी संवेदना ज़्यादा महत्वपूर्ण है।

रुलाई कोई शरत के उपन्यासों से ही आती है, ऐसी बात नहीं है। अपनी तरुणाई में ही जब मैक्सिम गोर्की का उपन्यास 'मदर' पढ़ा था, तब भी ऐसी ही रुलाई आयी थी। उस उपन्यास के नायक पावेल की माँ पेलागया निलोवना, जब पुलिस द्वारा प्लेटफॉर्म पर पकड़ी जाती है, जो अपने बेटे का छपा हुआ भाषण वितरित करने के लिए कहीं जा रही थी, और जब वह अपने बक्से से साहित्य निकालकर लोगों की ओर फेंकने लगती है तब उस बहादुर माँ पर किसका सीना तनिक गर्व से नहीं फूल जाता। कौन-सा पाठक उसे अपनी माँ नहीं मानने लगेगा। उपन्यास में जब उस माँ पर पुलिस के थप्पड़ पड़ते हैं; तब कौन नहीं रो देगा। मैं साहित्य में साधारणीकरण की इस रुलाई का कैसे मज़ाक उड़ा सकता हूँ। बहुत से साहित्य हमें स्तब्ध कर देते हैं, जैसे गुस्ताव फ्लाबेयर का उपन्यास 'मादाम बावेरी' या अल्वेर कामू का उपन्यास 'द स्ट्रेंजर', या फिर तोलस्तोय की कहानी 'डेथ ऑफ़ इवान इल्यीच' या फ्रैंज काफ्का की कहानियाँ, ख़ासकर 'मेटामोरफोसिस' या हमारे जमाने में लिखी गयी लापियर कॉलिन्ज की 'सिटी ऑफ़ ज्वाय'। इन्हें पढ़कर आप रोते नहीं, स्तब्ध होते हैं। अब यह कहना बहुत मुश्किल है, कम-से-कम मेरे मामले में कि स्तब्ध करने वाला साहित्य श्रेष्ठ है या रुला देने वाला। मैं दोनों को एक ही श्रेणी का मानता हूँ। कभी-कभी सोचता हूँ कि मुझी में कुछ कमज़ोरी है, मुझे कुछ ज़्यादा ही रुलाई आती है। पाँच तत्त्वों से शरीर बनने की आम हिन्दू मान्यता को यदि कुछ समय के लिए मान लिया जाये तो कह सकता हूँ मेरे निर्माण में जल की मात्रा कुछ ज़्यादा ही शामिल थी। क्योंकि मुझे बात-बात में रुलाई आती है। 'राम की शक्ति पूजा' भी पढ़कर मैं रोया हूँ और 'अँधेरे में' पढ़कर भी। अब इन कविताओं पर रोने में क्या था! कहा न, दोष मुझी में है।

ईश्वर विमर्श भी मेरा ऐसा ही ढीला-ढाला है। कुछ मेरे मित्र कहते हैं, मैं किसी पक्के विश्वास या विचार का नहीं हूँ। होना भी नहीं चाहता। जैसे ही समझ विकसित होने लगी, ईश्वर पर कई तरह से सोचा-विचारा। लेकिन मैं बचपन से ही सन्देहवादी रहा हूँ, बाद में नास्तिकता के बारे में पढ़ा और पढ़ने से ज़्यादा विचार किया। बुद्ध के विचार मेरे बहुत काम आये।

वह ईश्वर के प्रति बिल्कुल उदासीन हैं। इन्होंने इसे अव्याकृत समूह में रखा है जिस पर चिन्तन की मनाही है। क्योंकि यह इतना ग़ैर-ज़रूरी है कि इस पर मगजमारी करना मूर्खता के सिवा और कुछ नहीं है। लेकिन बुद्ध चार्वाकवादियों की तरह ईश्वर विरोधी कोई अभियान भी नहीं चलाते। इसे वह मूर्खतापूर्ण कार्य ही मानते हैं। बौद्धों के बीच एक कथा प्रचलित है। एक बार किसी जिज्ञासु युवा ने बुद्ध से ही पूछा–क्या आप ईश्वर विरोधी हैं? बुद्ध का उत्तर ना में था। उनके अनुयायियों को परेशानी हुई कि क्या शास्ता का विचार बदल गया है? क्योंकि वह यही मानकर चल रहे थे कि बुद्ध के विचार ईश्वर निरपेक्ष हैं। यदि बुद्ध के विचार में कुछ परिवर्तन हुआ है तब तो उनकी पूर्व की तमाम स्थापनायें ही ग़लत सिद्ध होंगी। शिष्यों ने इसे अपने शास्ता का विचलन माना। बुद्ध के शिष्य प्रधान आनन्द ने सबकी परेशानी बुद्ध के सामने रखी। बुद्ध अपने स्वभावानुसार मुस्कराये और शिष्यों को समझाया–'विरोधी तो उस चीज़ का हुआ जाता है, जिसका अस्तित्व हो।' अनुयायियों को अब समझने में देर न लगी कि उनके शिक्षक का भावार्थ क्या है।

बौद्ध विचार दर्शन प्रकृति और विश्व की रचना के लिए प्रतीत्य-समुत्पाद का सिद्धान्त स्वीकार करता है। यह द्वन्द्वात्मकता के अति आधुनिक सिद्धान्तों की तरह है और एक तरह से कहें तो उसकी जननी है। बौद्धों के पास भी सृष्टि के जन्म का प्रश्न था, लेकिन इन्होंने अपनी ही तरह से इसका जवाब ढूँढ़ा। उन पर कपिल के सांख्य दर्शन का प्रभाव था। सांख्य अनीश्वरवादी दर्शन है, क्योंकि यह सत्य के प्रमाण चाहता है। ये प्रमाण दो तरह के होते हैं–प्रत्यक्ष और अनुमान। कपिल का मानना था कि कोई उत्पन्न अथवा नयी चीज़ पहले से ही अपने कारण में मौजूद रहती है। जैसे मिट्टी से बरतन के बनने में, मिट्टी में वह कारण पहले से मौजूद है, जिससे बरतन बनता है।

अनुमान का सहारा लेकर कुछ जिज्ञासुओं ने ईश्वर का अस्तित्व स्वीकारा और उसे सृष्टिकर्ता घोषित किया। ऐसा करने से उसे सृष्टि निर्माण पर ज़्यादा सिर खपाने की ज़रूरत नहीं पड़ती। यह विश्व की सबसे पुरानी प्रविधि है और ज़्यादातर संस्थागत धर्मों का पुख्ता आधार भी। ऐसी ही आसान विधि हमारे जमाने के छिछले मार्क्सवादियों ने भी तलाश ली है। वे हर मर्ज का कारण पूँजीवाद और उनका इलाज उसका विनाश बतलाते हैं, तब वे उतने ही भोले हो जाते हैं, जितने रूढ़ ईश्वरवादी।

लेकिन बुद्ध ने सृष्टिकर्ता के रूप में ईश्वर के होने पर अपनी तरह से सवाल उठाया। उनका प्रश्न था कि ईश्वर ने सृष्टि की रचना भाव यानी

पदार्थ से की, या अभाव यानी शून्य से! यदि ईश्वर ने सृष्टि रचना भाव यानी कुछ (पदार्थ) से की है, तब यह कुछ ईश्वर से पहले से मौजूद है और यदि अभाव यानी शून्य से की है, तब यह निष्कर्ष आता है कि शून्य से, अर्थात् कुछ नहीं से, कुछ का निर्माण सम्भव है। इस कुछ में ईश्वर भी शामिल है।

मैं मनुष्य द्वारा रचित ऐसे ईश्वर के अस्तित्व को स्वीकारता हूँ, जैसे उसके द्वारा रचित कविता, पेटिंग या फिर गणित को स्वीकारता हूँ। ममता छठ का व्रत करती हैं, अपनी पूरी पवित्र आस्था से। मैं उनके खाद्य प्रसाद को पूरी गरिमा के साथ ग्रहण करता हूँ, क्योंकि इसमें उनकी पूरी आस्था समाहित है, उनका अस्तित्व समाहित है, वह पवित्रता समाहित है, जिसका अपने अनुष्ठान की प्रक्रिया में उन्होंने सृजन किया है। इन सबका मैं पूरा सम्मान करता हूँ। किसी तुलसी चौरे पर अपने परिवार के तनिक से सुख-समृद्धि की कामना करती उस महिला या माँ का अपमान मैं नहीं कर सकता हूँ। अस्पताल के बग़ल में आड़े-तिरछे किसी मूरत की ओर मुँह किये उस आदमी का मैं कैसे अपमान कर सकता हूँ जिसका कोई सगा अस्पताल में मौत से जूझ रहा है। किसी मज़ार पर मन्नत मानती किसी महिला का मज़ाक में कैसे उड़ा सकता हूँ। जहाँ कोई मन्दिर-मस्जिद नहीं होता, वहाँ भी आसमान की ओर सिर उठाकर लोग अपने ईश्वर से सम्पर्क साध लेते हैं और थोड़ी-सी ऊर्जा पा जाते हैं। ऐसे सभी अल्ला-ईश्वरों का चाहे इनके झूठे ही सही कितने भी रूप क्यों न हों, मैं सौ बार सलाम करता हूँ। लेकिन इनके नाम पर होने वाले पाखण्ड, फरेब और हिंसा को मैं नहीं बर्दाश्त कर सकता। धर्मशास्त्रों की कुछ बातें मुझे पसन्द हैं, लेकिन हर धर्मशास्त्र का ज़्यादातर हिस्सा बकवास है। लेकिन कुछ भजन मुझे सुकून देते हैं। बाज में मन को छू लेने वाली बात होती है और इनके प्रति अनुराग को छुपाने की ज़रूरत मुझे नहीं प्रतीत होती। जैसे अपने प्यारे मज़ाज की कविता 'आवारा' को मैं गुनगुनाता हूँ, ग़ालिब को गुनगुनाता हूँ, उसी भाव से कबीर या मीरा के भक्ति पदों को भी गुनगुनाता हूँ। मनुष्य की मुक्ति के भाव मुझे उन सबकी कविताओं में मिलते हैं और महान् कविता का मेरे लिए यही मतलब है कि उसमें मुक्ति के भाव हों। यहाँ तक कि राजनीति में भी मैं इसी मुक्ति की बात करना चाहता हूँ। जनतन्त्रात्मक राजनीति का मैं पक्षधर हूँ तो इसीलिए कि वह किसी भी तरह के वर्चस्व को नकारता है। लगभग सभी धर्मों ने अपने आरम्भ में वर्चस्व को चुनौती दी। मुझे तो क्राइस्ट पहले विद्रोही राजनेता दिखते हैं, जो अपने विचारों के लिए, ज्ञात इतिहास में पहली दफ़ा, शूली पर चढ़ाये गये। उन्होंने ज़ोर देकर कहा

कि उनके प्रस्तावित राज में, भले ही वह मिथिकल ही क्यों न हों, अमीर कभी प्रवेश नहीं कर सकते (सुई की छेद से ऊँट पार कर जाये इस बात पर विश्वास करना, लेकिन प्रभु के राज में अमीर कभी नहीं प्रवेश कर सकते।)। उन्होंने भाईचारे की बात की और इसलिए समानता की भी। वह भी फ्रांसीसी क्रान्ति से कोई साढ़े सत्रह सौ साल पहले। उन्हें रोमन राजा पोन्टियस पाइलट (Pontius Pilate) के पास पकड़कर ले जाया गया। वह राजा के पास सिर झुकाने को तैयार नहीं हुए, न ही अपने विचारों को बदलने के लिए। उन्हें गोलगोथ (Golgotha) में शूली पर चढ़ा दिया गया, बड़ी बेरहमी से। अब इस क्राइस्ट के प्रति सौ बार सिर झुकाने की तबियत क्यों नहीं होगी। चार सौ सालों तक उनके अनुयायी राजा से लड़ते रहे। हज़ारों शहीद हुए, लेकिन झुके नहीं। अन्त में ईसा की चौथी सदी में कांसेटंटाइन रोमन राजा हुआ, जिसे झुकना पड़ा। उसने क्रिश्चियनिटी अपना ली और फिर यह राजधर्म बन गया।

और कबीर या भक्ति आन्दोलन के ही दूसरे कवियों की ही बात करें। सब भगवान को मानते थे। गहरे आस्तिक थे सभी। लेकिन उतने ही क्रान्तिकारी। ईश्वर का नाम लेकर उन सबने ब्राह्मणशाही पर ही हमला बोल दिया। 'जात-पात पूछे नहीं कोय, हरि को भजै सो हरि का होय।' ईश्वर के नाम पर समानता की बात। ईश्वर का नाम लेकर सामाजिक क्रान्ति। उन्नीसवीं सदी में सामाजिक क्रान्ति के योद्धानायक जोतिबा फुले ने अपने लोगों के लिए एक नये भगवान की रचना की। उन्होंने कहा शूद्रों का, वंचित समूहों का भगवान है ही नहीं। वह हमें गढ़ना है। वह व्यवस्था-निर्माता थे। उन्होंने भगवान गढ़ा–निर्मिक नाम से। मैं इन भगवानों का, इन खूबसूरत और ताक़तवर रचनाओं का अनादर कैसे कर सकता हूँ।

हमारे कट्टर मार्क्सवादी मित्र इन्हें भाववादी और इसलिए दिग्भ्रमित बतलाकर इनकी उपेक्षा करते हैं। ये अपने लिए अपनी तरह की नास्तिकता पालते हैं और निष्क्रिय रहते हैं। ईश्वर से नकार और वर्णवादी सामाजिक व्यवस्था स्वीकार। या उस पर गहरी चुप्पी। यह सब अपने आप में एक पाखण्ड है। ऐसे पाखण्डों पर मेरी नज़र जाती है तब मैं बिफर जाता हूँ।

कट्टर नास्तिकों और कट्टर आस्तिकों से अलग रास्ता है मेरा। कट्टर नास्तिकों की परम्परा चार्वाकवादियों और अन्य लोकायतिकों की है, जो केवल बहसी बुद्धिजीवी थे। चार्वाक ने ईश्वर और वेद के ख़िलाफ़ तो बहुत कुछ कहा; लेकिन वर्णाश्रम व्यवस्था और द्विज वर्चस्व के विरुद्ध, जातिवाद के विरुद्ध सक्रिय रूप से कुछ किया हो, इसकी जानकारी मुझे नहीं है।

इसलिए मैं मानता हूँ कि भारत में आस्तिकता और नास्तिकता के अर्थ ईश्वर सापेक्ष नहीं, जाति-वर्ण सापेक्ष है। आप ईश्वर को मानिये या मत मानिये, ब्राह्मणवादी समाज व्यवस्था को कोई फ़र्क़ नहीं पड़ता। आप राम का मज़ाक उड़ाइये, कृष्ण का मज़ाक उड़ाइये, ईश्वर का मज़ाक उड़ाइये, लेकिन जाति-व्यवस्था पर चुप रहिये, तब चलेगा। लेकिन यदि आप बहुत ज़्यादा आस्तिक है, आपादमस्तक भक्त हैं, लेकिन कबीर की तरह जातिवाद का, ब्राह्मणवाद का मज़ाक उड़ाइएगा तब आप कबीर की तरह ही उपेक्षा के गह्वर में डाल दिये जाइएगा। ब्राह्मण वर्चस्व वाली भारतीय ज्ञान परम्परा ने चार्वाक को किसी-न-किसी तरह ढोया, चर्चा में बनाये रखा, लेकिन बौद्धों को पूरी तरह बहिष्कृत कर दिया। चार्वाक ने वेदों, ब्राह्मणों को धूर्त और भांड कहा, लेकिन वर्णाश्रम-व्यवस्था पर चुप रहे। लेकिन बुद्ध ने वर्णाश्रम व्यवस्था पर चोट की, हालाँकि ईश्वर पर सीधे हमला नहीं किया। वर्चस्व प्राप्त ताक़तें जानती हैं कि खतरा किनसे हैं। आज भी तो यही हो रहा है। समाज की वर्चस्वप्राप्त ताक़तें मार्क्सवादियों से कहाँ भय खाती हैं। वे भय खाती हैं फुले-आम्बेडकरवादियों से। रामविलास शर्मा की मृत्यु पर राष्ट्रीय स्वयंसेवक संघ के मुखपत्र पाञ्चजन्य ने उन्हें मार्क्सवादी ऋषि का विरुद दिया। लेकिन कांशीराम के लिए उनके भाव किस तरह के हैं, सब जानते हैं।

x x x

सुबह-शाम टेरेस पर बैठकर, कुछ फूलों, चिड़ियों और फिर नहीं तो आकाश को निहारना मुझे अच्छा लगता था। हमेशा ही मुझे अकेले में रहना आनन्द की अनुभूति देता है। कभी-कभी घण्टों मैं प्रकृति को निहारता रहता हूँ, न केवल उसके सौन्दर्य को, बल्कि उसकी अनगढ़ता और जिसे आप असौन्दर्य कहेंगे, उसे भी। अँधेरी रातों में आकाश-उसके गिझ-बिझ तारों से भरे पटल को देखना मुझे अच्छा लगता है। कभी-कभी सोचता हूँ, इस सृष्टि का कहीं अन्त भी होगा क्या। और अन्त होगा, तो उसके बाद फिर क्या होगा और फिर यही पूरा ब्रह्मांड क्या है। और इस ब्रह्माण्ड में हमारी स्थिति क्या है? स्टीफन हॉकिन्स की किताब 'हिस्ट्री ऑफ़ टाइम' पढ़ते हुए ब्रह्माण्ड की बुनावट पर विचार किया, तब विचित्र किस्म की एक अनुभूति हुई। बुद्ध ने बतलाया है हर चीज़ हर समय परिवर्तित हो रही है। लगातार बन रही है और मिट रही हैं चीज़ें। यही है प्रतीत्यसमुत्पाद। एक ब्रह्मांड तो खुद हमारे भीतर है।

कबीर ने यही तो बतलाया कि जल में कुम्भ और कुम्भ में जल है। प्रकृति या सृष्टि हमारे बाहर भी है, भीतर भी। लगातार परिवर्तित होती। जीवन का मेटाबोलिज़्म भी तो यही है। हर क्षण हमारे भीतर कुछ बन रहा है और मिट रहा है। और यही बाहर भी हो रहा है। फिर भी हम एक रूप या फॉर्म देखते हैं। क्योंकि हमारी दृष्टि बस उतनी ही देखती है। बुद्ध ने प्रतीत्यसमुत्पाद समझाने के लिए नदी की कल-कल धारा का सहारा लिया। निरंजना नदी (आज के फल्गु) के किनारे खड़े होकर अनुयायियों को बतलाया–निरंजना की कल-कल धारा को देखो। लहरों में एक तरंगित रूप भी है। उसी तरह हमारा जीवन जो तुम्हें स्थिर दिख रहा है, बाहर और भीतर दोनों स्तरों पर लगातार परिवर्तित हो रहा है। कुछ भी स्थिर नहीं है; न नाम, न रूप। उन्होंने दीपक की लौ का उदाहरण दिया। लौ का एक रूप बना होता है, लेकिन वह स्थिर नहीं है। एक क्षण पहले जो लौ था, अगले क्षण वही नहीं होता और इस क्षणभंगुरता के साथ जो निरन्तरता है, वही जीवन है और जगत भी। बुद्ध शायद पहले व्यक्ति थे, जिन्होंने संस्कार-चेतना के भी लगातार परिष्कार की बात की। जर्मन दार्शनिक हीगेल इस चेतना अथवा आइडिया को परिवर्तनशील नहीं मानते थे। बुद्ध मानते हैं और इसी से उनके पुनर्जन्म के सिद्धान्त प्रतिपादित होते हैं। मैं जब बीस साल का था, तभी इस विषय पर एक लेख लिखा था। यह 'धर्मदूत' जो बौद्ध विचारों की उन दिनों एक चर्चित पत्रिका थी, में प्रकाशित हुआ था। किसी जीव द्वारा अर्जित गुण डीएनए के गुणसूत्रों के माध्यम से अगली पीढ़ियों में भेज दिये जाते हैं। इसलिए मनुष्य की सक्रियता, उसके द्वारा किये गये सद्धर्म का सिलसिला खत्म नहीं हो जाता। उसकी निरन्तरता बनी रहती है।

इन सब पर सोचना, जीवन और प्रकृति के रहस्यों पर विचार करना, मुझे हमेशा दिलचस्प लगा है। कितनी खूबसूरत और दिलचस्प है यह दुनिया, यह जीवन। विचित्रताओं और रहस्यों से भरपूर। एक रहस्य जानिये, तब तक दूसरा उपस्थित। पूर्णता जैसी कोई चीज़ होती है क्या! मैं जब भी कोई किताब पढ़ता हूँ, उसे पूरा करता हूँ तब मेरा ज्ञान तो कुछ नहीं बढ़ता, यही भाव आता है कि कितना अज्ञानी हूँ। इतना कुछ है दुनिया में, इस प्रकृति में, ब्रह्माण्ड में, कि आप सब कुछ नहीं जान सकते। जानने की ज़रूरत भी क्या है। बहुत चीज़ों को अव्याकृत छोड़ दिया जाना ही श्रेयस्कर है। सर्वज्ञ बनना कोई अच्छी बात है क्या! कभी-कभी सुबह या शाम प्रकृति के सुहानेपन से एकाकार होने की कोशिश करता हुआ, मैं अपने में डूबने की कोशिश करता हूँ, अपने अज्ञान में डूबने की कोशिश करता हूँ क्योंकि ज्ञान में डूबना तो आपको संशय और

अहंकार से भर दे सकता है। इसी के खतरे ज़्यादा हैं। प्रचलित शब्दावली में इसे ध्यान कह सकते हैं आप। अभी किसी मित्र ने इस हाल में देखकर मुझसे पूछा था कि इससे फ़ायदा? अरे, भले आदमी! सब चीज़ों को फायदे के भाव से ही क्यों देखते हो। आनन्द के लिए भी तो कुछ करो। पता नहीं हम किस दुनिया की ओर जा रहे हैं, कैसी सभ्यता बनी रही है हमारी। हर चीज़ को फायदे-नुकसान के भाव से देख रहे हैं लोग। मित्रता, विवाह, लेखन, पेंटिंग, मनोरंजन सब कुछ फायदे के लिए। सुना है कभी फ़िल्म 'मुगले आज़म' बनाने में उसके निर्माता आर्थिक रूप से बर्बाद हो गये थे, उन्होंने सुकून के लिए फ़िल्म बनायी थी। आज फिल्मों के बारे में टीवी पर ख़बरें सुनता हूँ। रीलिज होने के हफ्ते भर में अपनी लागत से कहीं अधिक कमा लेती हैं ये फिल्में। हम फायदे की सभ्यता में जी रहे हैं। बढ़िया लेखक या गायक वह नहीं है, जिसका लेखन या गायन लोगों को सुकून देता हो। वे अपने उत्पाद को चाट-मसाला के साथ हाज़िर करते हैं, तब उसकी मार्केटिंग होती है। इसमें उन्हें मुनाफा होता है। जो कलाकार ज़्यादा कमाता है, आज की दुनिया में वही श्रेष्ठ है। मैंने जब अपना उपन्यास हिन्दी के सबसे चर्चित प्रकाशक के पास प्रकाशनार्थ भेजा, तब उसने मुझे सलाह दी कि इसमें सेक्स के कुछ प्रसंग होने चाहिए। इससे किताब बिकती है, ज़्यादा। यदि कहानी की ऐसी स्वाभाविक माँग हो, और ऐसे प्रसंग आते हैं, तब मुझे आपत्ति भी नहीं होती। यदि ऐसा कोई प्रसंग होता और पवित्रतावादी ख़यालों से उसे हटाने के लिए भी दबाव होता, तो मैं इनकार कर देता। लेकिन बाज़ार की माँग पर संशोधन, किसी ख़ास प्रसंग का, मैं कैसे कर सकता था। मैंने चाट-मसाला लगाने से इनकार कर दिया। पांडुलिपि ले ली। मैं सफल और श्रेष्ठ नहीं, साधारण ही रहना चाहता हूँ। बस अपनी क़ीमत पर, अपने मिज़ाज से जीना चाहता हूँ। परिन्दों की तरह, तितलियों की तरह, फूलों की तरह। प्रतिष्ठा और सम्मान भी ऐश्वर्य के ही रूप हैं। इनकी लालसा सम्पत्ति की लालसा से भी बुरी है। आलोचक रामविलास शर्मा जी से एक बार मैं उनके दिल्ली के विकासपुरी स्थित आवास पर मिलने गया था। कुछ दिनों पहले उन्हें कोई 'बड़ा' पुरस्कार मिला था, कई लाख रुपये का। उन्होंने प्रशस्ति-पत्र ले लिया, लेकिन पुरस्कार की राशि लौटा दी थी। मैं पहली दफ़ा मिल रहा था और वाचाल नहीं हो सकता था। फिर भी मैंने कहा कि आप जैसे भौतिकवादी ने यह क्या किया! आपको तो पुरस्कार की राशि ही रख लेनी चाहिए थी, प्रशस्ति-पत्रों में क्या रखा है? शर्मा जी हँसने लगे थे।

रूसी कवि बोरिस पास्तरनाक की एक कविता मुझे बहुत प्रिय है–

विख्यात होना होता नहीं सुन्दर
यह वह चीज़ नहीं, जो उठाती हो ऊपर
सृजन का उद्देश्य है आत्म विसर्जन
न कि सनसनी या सफलता
हमें जीना चाहिए पाखण्डमुक्त
इस तरह कि सुन सकें
भविष्य की आहट
और आकर्षित कर सकें, संसार के प्रेम को
खोजना चाहिए कहीं ख्यातिहीनता में
छुपा देने चाहिए उसमें अपने तमाम पदचिह्न
छुप जाती है जिस तरह
जगहें अन्धकार में
दूसरे लोग चलेंगे
एक-एक इंच तुम्हारी राह पर
पर अलग करके मत देखो
अपनी जीत को अपनी हार से
तनिक भी हटना नहीं चाहिए पीछे
एक इंच भी अपने आप से
बने रहना चाहिए जीवन्त, केवल जीवन्त
अन्तिम क्षण तक।

फिर चुनाव

2005 फरवरी के चुनावों का ज़िक्र मैंने किया है कि किस तरह किसी को बहुमत नहीं मिल सका और फिर तोड़-जोड़ से मिलने की सम्भावना बनी तब बिहार विधानसभा की भ्रूण हत्या हो गयी। ज़ाहिर था फिर चुनाव होने थे। अक्टूबर महीने में नये चुनावों की घोषणा हुई। मेरा स्वास्थ्य अब ठीक था, लेकिन कड़ी मेहनत से अभी परहेज़ ही करना था। दवायें चल रही थीं। मैंने फैसला किया कि चुनाव कार्यालय को सँभालूँगा। स्वास्थ्य कारणों से चुनाव लड़ने की स्थिति में तो था नहीं। मैंने अपनी ज़िम्मेदारी सँभाल ली।

कुछ लोगों ने विधानसभा भंग होने के विरुद्ध सुप्रीम कोर्ट में एक याचिका भी लगायी हुई थी, जिसे स्वीकार लिया गया था। जब चुनावों की प्रक्रिया शुरू हो गयी और प्रचार अभियान ज़ोरों पर था, तभी सुप्रीम कोर्ट का निर्णय आया। जिस रोज़ निर्णय आने वाला था, नीतीश कुमार के आवास पर हम पाँच-छह आदमी बैठे थे। क्योंकि यदि सुप्रीम कोर्ट यह फैसला देता कि विधानसभा का भंग करना ग़लत था और इसे बहाल कर देता, तब राज्यपाल के यहाँ तुरन्त सरकार बनाने का दावा पेश किया जाना था। पुरानी विधानसभा के सदस्यों में नीतीश कुमार के पास बहुमत था, क्योंकि लोकजनशक्ति पार्टी के विधायक दल के नेता सहित कुल 21 विधायक जनता दल (यू) में शामिल हो गये थे। सब लोग साँस रोककर फैसले का इन्तजार कर रहे थे। कोई ग्यारह बजे के लगभग फैसला आ गया। सुप्रीम कोर्ट में फैसला होते ही किसी ने नीतीश जी को फोन पर सूचित किया, किन्तु बिना विलम्ब से ठीक उसी समय टीवी पर भी फ्लैश न्यूज़ आया।

सुप्रीम कोर्ट का फैसला विचित्र था। उसने विधानसभा भंग करने के फैसले को ग़लत माना, लेकिन यह भी कहा कि अब चूँकि चुनाव प्रक्रिया शुरू हो गयी है, इसलिए चुनाव नहीं रूकेंगे। कोर्ट के फैसलों पर टिप्पणी की कोई परम्परा हमारे यहाँ नहीं रही है, होनी भी नहीं चाहिए।

लेकिन कुछ फैसले होते हैं जिस पर इस व्यवस्था को वाह-वाह करने का दिल होता है। इस फैसले में कम-से-कम भाषा की दरिद्रता तो थी ही। कोर्ट कह सकता था कि चूँकि चुनाव प्रक्रिया शुरू हो गयी है और इसे रोका नहीं जा सकता, इसलिए यह विषय अब अप्रासंगिक है, लेकिन विधानसभा भंग करने की प्रक्रिया सही नहीं थी। कोर्ट ने जब याचिका स्वीकार कर ली थी, उसी समय उसे चुनाव आयोग को भी नोटिस देनी चाहिए थी कि तैयारी कर ले लेकिन चुनावों की घोषणा फैसले के बाद ही करे। जो हो, फैसला हो गया था और हम लोगों ने फैसला किया कि चुनावों में मुस्तैदी से लग जाना है। उस रोज़ भी नीतीश जी का चुनावी कार्यक्रम था। फैसला सुनने के दस मिनट बाद ही वे स्टेट हैंगर के लिए चौपर पकड़ने निकल पड़े।

चुनौती थी कि हमें अपने वोट बढ़ाने थे। भाजपा के साथ मिलकर समता पार्टी व जद(यू) ने अब तक विधानसभा के दो चुनाव लड़े थे। फरवरी 2000 में और फरवरी 2005 में। हालाँकि लोकसभा के चार चुनाव (1996, 1998, 1999 और 2004) साथ लड़े जा चुके थे। लेकिन लोकसभा चुनावों और विधानसभा के चुनावों की मानसिकता में थोड़ा-बहुत अन्तर होता है। इस समझौते के तहत अन्दर और भी स्पष्ट था। लोकसभा केन्द्र की राजनीति तय करते हैं और यह बिलकुल स्पष्ट था कि केन्द्र में जब समता पार्टी या जद (यू) सहयोगी भूमिका में ही रहेगी। नेतृत्व तो भाजपा को करना है। लेकिन विधानसभा में क्या होगा? 2000 के विधानसभा चुनाव में एक प्रचार यह भी था कि भाजपा नेता कैलाशपति मिश्र भी मुख्यमन्त्री बन सकते हैं। बल्कि इसकी सम्भावना ही अधिक है। इस प्रचार ने एनडीए का, ख़ासकर नीतीश कुमार की पार्टी का बहुत नुकसान किया। इससे लालू प्रसाद को फ़ायदा हुआ। पिछड़े वर्गों में, ख़ासकर उनके निम्न तबके में, जिन्हें अब अति पिछड़ा वर्ग कहने का प्रचलन बना है, वर्गीय आधार बहुत तेज़ है। उच्च पिछड़ा वर्ग तो जातिवादी बयारों के बीच जीता है। नेता यादव है, कुशवाहा है, या कुर्मी है, ऐसा होता है, लेकिन वर्ग की भावना अति पिछड़े वर्गों में होती है। इनकी संख्या लगभग तीस प्रतिशत है। दर्जनों तरह के पेशों से जुड़े इन जातियों के लोगों को सामन्तवाद और द्विजवाद का इकट्ठा शोषण झेलना पड़ा है। ये काश्तकार जाति समूह नहीं, दस्तकार जाति समूह हैं और नब्बे प्रतिशत से अधिक भूमिहीन हैं। बिहार परिवर्तन मोर्चा बनाकर मैंने इनके बीच चेतना विकसित करने का अभियान चलाया था और इस प्रक्रिया में इन्हें समझने का भी अवसर मुझे मिला था। इन अति पिछड़े वर्ग में लालू प्रसाद से शिकायतें थीं,

लेकिन ये किसी द्विज नेता के हाथ, बिहार का राजनीतिक नेतृत्व सौंपना नहीं चाहते थे। 2000 के चुनावों में सात दिनों के लिए नीतीश कुमार मुख्यमन्त्री ज़रूर हुए और उन्होंने अपनी कुर्मी बिरादरी के बीच यह भावना ज़रूर पुख़्ता की कि वह मुख्यमन्त्री हो सकते हैं। इसके बाद वह इस जाति के एकछत्र नेता हो भी गये। लेकिन अपना समर्थन हासिल करने के लिए, जिस तरह उन्होंने दबंग द्विज विधायकों के साथ तस्वीर खिंचवाई थी, जो सभी अख़बारों में प्रकाशित हुई, ने उनकी छवि ख़राब की। सन्देश यह गया कि नीतीश लम्पट द्विज ताक़तों के मातहत राजनीति करते हैं। हवा में यह बात भी थी अनुकूल स्थिति आने पर नेतृत्व में परिवर्तन भी हो सकता है।

नीतीश जी को मैंने सलाह दी कि इस छवि को तोड़िये। पहले एनडीए अपना नेता तय करे कि नेतृत्व कौन करेगा। भाजपा ने 2000 में भी नीतीश कुमार का नेतृत्व स्वीकार किया था, तब विधानसभा में नीतीश कुमार से उसके विधायक दूने थे। भाजपा का दिल्ली नेतृत्व नीतीश कुमार को कायदे से पाल-पोस रहा था। वह इनकी 'अहमियत' जानता था। भाजपा ने इस बार स्पष्ट किया कि बिहार के आगामी चुनाव में एनडीए का नारा होगा–नया बिहार, नीतीश कुमार। अब शंका की कोई बात नहीं थीं। नेता तय हो चुका था।

अब दूसरा चरण शेष था। पिछड़ा वर्गीय छवि नहीं थी, नीतीश कुमार की। पिछड़े वर्गों, ख़ासकर अति पिछड़े वर्गों में, इन्हें द्विजों के पालतू नेता के रूप में जाना जाता था। मुसलमानों के बीच और ज़्यादा नकारात्मक छवि थी। हाँ, लालू विरोधी द्विज जातियों में नीतीश कुमार को लेकर जबर्दस्त आकर्षण था। क्योंकि वे जानते थे कि इसी हथियार से वे अपने सबसे बड़े दुश्मन लालू प्रसाद का सफाया कर सकते हैं। मुझे इस समर्थन से काफ़ी चिढ़ थी और मैं इसे समर्थन से ज़्यादा उनकी धूर्तता मानता था। इसे मैं नीतीशजी का कमज़ोर पक्ष ही मानता था। लेकिन यह मेरी समस्या थी। नीतीश कुमार को तो बस येन-केन-प्रकारेण मुख्यमन्त्री की कुर्सी चाहिए थी। वे सत्ता की राजनीति कर रहे थे और उनकी दृष्टि यदि स्थिर थी, अर्जुन की तरह, तब यह ठीक ही थी। वह पूरी तरह वैचारिकता से मुक्त थे और जैसे भी सत्ता मिले, इसकी जुगाड़ में थे। उन्होंने एक बार भरे दिल से कहा–'यदि इस बार सफलता नहीं मिली, तो यह मेरा अन्तिम चुनाव होगा।' नतीजों को लेकर वह सशंकित थे। उन्हें यह भी महसूस हो रहा था कि जिस एनडीए के राजनीतिक पायदान पर वह खड़े हैं, दूसरी कोई पार्टी उनका कोई समर्थन नहीं करेगी। उन्हें यह भी दिख रहा था कि वह बार-बार दर्जन भर सदस्यों की कमी से चूक जा रहे हैं।

आपसी सलाह-मशविरे में हमने तय किया कि अति पिछड़े वर्गों और मुसलमानों में पिछड़े वर्गों पर हमें अपना ध्यान केन्द्रित करना है। नीतीश कुमार की व्यक्तिगत क़ाबिलियत और ईमानदार व्यक्तित्व की चर्चा पिछड़े वर्गों में भी थी। सब इन्हें सक्षम राजनेता मानते थे। कसर थी, केवल उस छवि की जिसमें इन्हें द्विज प्रभाव से ग्रसित माना जाता था। मेरा सुझाव था कि पूरे चुनाव में वे केवल पिछड़े तबकों के नेताओं के साथ यात्रा करेंगे। इससे एक सन्देश जायेगा। फिर इन यात्राओं के प्रचार पर भी ज़ोर दिया गया। अति पिछड़े वर्गों के प्रति अपनी पक्षधरता को न केवल पार्टी के चुनाव घोषणा-पत्र में शामिल किया गया अपितु चुनावी भाषणों में इसे नीतीशजी ने प्रमुखता से उठाया। मुसलमानों के लिए एक दस सूत्री कार्यक्रम को घोषणा-पत्र में शामिल किया गया और इन कार्यक्रम की घोषणा किशनगंज में की गयी। हमारा यह मानना रहा है कि यह हकीकत है कि हिन्दुओं की तरह मुसलमानों का समाज भी जात-पाँत में विभाजित है और वर्ग रूप में इसके तीन हिस्से हैं–पहली कोटि में अशराफ हैं, जो हिन्दुओं के द्विजों की तरह हैं, दूसरी कोटि में जो पिछड़े मुसलमानों का तबका है और आख़िर में अरजाल हैं जो दलित हैं। अशराफ मुसलमान अपनी पहचान पर ज़्यादा ज़ोर देते हैं। इनकी माँगों में मुसलमानों के लिए सत्ता में भागीदारी, पर्सनल लॉ बोर्ड, हज और अरबी-फ़ारसी व उर्दू की चिन्ताएँ शामिल होती हैं। आज़ादी के पहले इनके पास जमींदारियाँ थीं और जीवन के हर क्षेत्र में यही मुसलमानों का प्रतिनिधित्व करते थे। बँटवारे के बाद इनका ज़्यादा समृद्ध हिस्सा पाकिस्तान चला गया। लेकिन जो बचे, उनकी माली स्थिति अन्य द्विज हिन्दुओं से बदतर ही थी। अशराफ और अरजाल तबकों की स्थिति बेहद ख़राब है। समाजी भी और माली भी। जीवन के हर क्षेत्र में ये पीछे हैं। साम्प्रदायिक दंगों का सबसे ज़्यादा कहर इन्हीं पर पड़ता है, क्योंकि ये ग़रीब हैं। इनकी माली स्थिति इतनी ख़राब है कि इनके बच्चों को पेट भरने के लिए मजदूरी करनी पड़ती है। छोटे-छोटे कामों में सबसे ज़्यादा इन परिवारों के बच्चे काम करते हैं। एक अध्ययन में बतलाया गया है कि इन तबकों के साठ फीसदी यानी आधे से अधिक लोग अपनी बीमारी में दुआ-ताबीज़ से ही काम चलाते हैं। अल्ला या भगवान के रहमोकरम पर जीने वाले इन करोड़ों लोगों की सुध किसी ने नहीं ली है। इनके बीच की दलित जातियों को अनुसूचित जाति में शामिल नहीं किया गया है। पहली दफ़ा 4 जुलाई, 2005 को नीतीश कुमार ने लोकसभा में इन दलित मुसलमानों और ईसाइयों की बात उठाई, तब हंगामा मच गया। आर.एस.एस. के मुखपत्र

आर्गनाइजर ने इसके ख़िलाफ़ सम्पादकीय लिखा। मैं इसलिए प्रसन्न था कि नीतीश एक नये रास्ते पर आ रहे थे।

इन सब परिवर्तनों का दलित-पिछड़े तबकों ने उल्लास के साथ स्वागत किया। इन वर्गों में एक हलचल हुई। ग़रीब लोग हमेशा विश्वास करने के लिए तैयार रहते हैं, नायक ही नहीं खड़े होते। मैं यह भी जानता था कि उन्हें जब लगता है यह हमारा आदमी है और हमारे लिए कुछ कर सकता है, तब उसे कसकर पकड़ते हैं और फिर जल्दी नहीं छोड़ते। मैंने देखा था कि इन्दिरा गाँधी को जब ग़रीबों ने पकड़ा तब जीवनभर पकड़े रखा। लालू प्रसाद के साथ भी ऐसा ही हुआ।

ग़रीबों ने, पिछड़े-दलितों ने नीतीश कुमार के प्रति मुड़कर देखा और बस इतने से बिहार की राजनीति को एक नया मोड़ मिल गया। 22 नवम्बर, 2005 को जब चुनावों के नतीजे आने लगे, तब ग्यारह बजे पूर्वाहन तक ही पता चल गया कि एनडीए को कंफर्टेबल बहुमत मिल जायेगा। मिल भी गया। 243 में एनडीए को कुल 143 सीटें मिलीं। फरवरी 2005 के चुनाव में जनता दल (यू) के 55 विधायक चुनकर आये थे, इस बार राष्ट्रीय जनता दल के 55 विधायक थे। भाजपा 56 सीटों पर थी। जदयू के पास 87 सीटें थीं।

22 नवम्बर को नीतीशजी दिल्ली में थे। 23 नवम्बर को भोर में 5 बजे ही उनका फोन आया। हमने एक दूसरे को जीत की बधाई दी। वह ख़ुश थे और नये उत्तरदायित्व को लेकर गम्भीर। उसी रोज़ दोपहर बाद की फ्लाइट से वह पटना पहुँच रहे थे।

उस रोज़ पटना पहुँचने पर जनता ने उनका नये नायक की तरह स्वागत किया। मैं भी एरोड्राम गया था। भीड़ में मिलना मेरी आदत नहीं रही है। मैं लांज में एक किनारे बैठा था। वह मेरे पास आये और लिपट गये। यह भावना के क्षण थे। अपने मित्र और साथी को नयी भूमिका में पाकर मैं ख़ुशी से भरपूर था। यह सब एक सपने के साकार होने जैसा था।

जब चुनावी नतीजों का विश्लेषण होने लगा तब यही बात सामने आयी कि कोई छह प्रतिशत वोट एनडीए ने ज़्यादा हासिल किया, लालू प्रसाद के राजद से। हमारा यही अनुमान था कि इतने भर से नतीजे प्रभावित होंगे। दिल्ली स्थिति सीएसडीएस ने जो सामाजिक विश्लेषण किया, उसमें पाया गया कि अति पिछड़े तबके के 58 प्रतिशत मतदाताओं ने एनडीए को वोट किया। फरवरी 2005 के चुनावों में इस तबके से एनडीए को केवल 22 प्रतिशत वोट मिले थे। इस बार 36 प्रतिशत वोट अधिक थे। यदि यह आँकड़ा सही था,

तो यह बात स्वयंसिद्ध है कि अति पिछड़े तबके के मतदाताओं ने बिहार की राजनीति बदल दी। मैं इस पर कई वर्षों से काम कर रहा था और मेरी आत्मसन्तुष्टि के लिए यह पर्याप्त था कि सीएसडीएस से लेकर असगर अली इंजीनियर तक के विश्लेषणों में यही बात मुखर होकर आयी कि समाज के सबसे निचले तबकों ने इतिहास का बदलाव सुनिश्चित किया है। यह नयी सबाल्र्टन राजनीति थी।

शरद यादव पार्टी के राष्ट्रीय अध्यक्ष थे, वह इन चर्चाओं से खुश नहीं थे। चुनावों में उनकी भूमिका की चर्चा कोई नहीं कर रहा था। बिहार में उनकी बात कोई सुनता नहीं था, लेकिन हेलीकॉप्टर लेकर वह अभियान में बड़े परिश्रम से जुटे थे। नब्बे के दशक में देवीलाल के साथ मिलकर उत्तर भारत की राजनीति में उन्होंने कुछ दांव-पेंच की थी। निश्चित ही वह कुछ सूझ-बूझ वाले राजनेता हैं, लेकिन उनके भीतर जातिवाद कुटिलता की हद तक जड़ जमाये हुए है। उनकी राजनीति न समग्रता की है, न समानता की। द्विज वर्चस्व की जगह वह यादव वर्चस्व के आग्रही रहे हैं। बातें तो बड़ी-बड़ी करेंगे, लेकिन इरादे बहुत ही संकीर्ण हैं उनके। पहली दफ़ा 1975 में जबलपुर से जीतकर आये। फिर यू.पी. और अब बिहार में जम गये। परजीवी राजनीति में प्रतीक बनकर। पत्रकार सुरेन्द्र प्रताप सिंह ने 1993 में ही उन पर टिप्पणी करते हुए लिखा था कि शरद जड़विहीन राजनेता हैं। वह अमरलता की तरह जिस पेड़ पर पसरते हैं, छा जाते हैं, और अन्ततः उस पेड़ को ही सुखा देते हैं। लालू प्रसाद की राजनीति को माई (यादव-मुस्लिम) की संकीर्णता में समेटने के जिम्मेदार यही थे। लेकिन इस बार अपनी ही तरह के एक दूसरे राजनेता से उनका पाला पड़ा, जो एक समय उनका सहयोगी रह चुका था। नीतीश कुमार ने कायदे से उनकी राजनीति को विकलांग बना दिया है और अब वह पूरी तरह उन पर निर्भर हैं।

किसका राज और किसका ताज

नीतीश कुमार चाहे जिन सामाजिक शक्तियों के बूते सत्ता में आये, सवर्ण–सामन्ती ताक़तों ने जश्न और जयकार का ऐसा समाँ बाँधा कि यह उनकी जीत है। नीतीश कुमार उनकी ही बदौलत सत्ता में आये हैं। किसी को भी जयकार और जश्न मनाने का अधिकार है, वह मनाएगा ही। दलित–पिछड़े तबके से लोगों को यह सब आता ही नहीं है। वे तय करते हैं, वोट डालते हैं और फिर अपने काम में लग जाते हैं। क्योंकि उनके लिए राजनीति से ज़्यादा महत्त्वपूर्ण जीवन होता है। सत्ता और राजनीति के पेचोंखम से वे दूर रहे हैं। वे न तो ढंग से हँसना जानते हैं, न रोना। हँसने–रोने वाले अलग होते हैं। वही लोग अब जश्न और जयकार में शामिल थे।

मुझे विश्वास था कि नीतीश जी द्विज माया के इस स्वाँग को समझेंगे। वह पहली दफ़ा जब सचिवालय स्थित मुख्यमन्त्री कक्ष में गये तो मुझे भी ले गये। हम लोगों ने साथ चाय पी। उन्होंने कहा मेरी इच्छा थी इस कक्ष की पहली चाय आपके साथ लूँ। कक्ष की दीवारें भूरे रंग की थीं और पता नहीं क्यों भुतहा लग रही थीं। मुक्तिबोध की कविता 'अँधेरे में' के वर्णन जैसी। राष्ट्रीय नेताओं के साथ सभी पूर्व मुख्यमन्त्रियों की तस्वीरें चारों ओर लगी थीं जो एक भयावहता पैदा कर रही थीं। लगता था वे सब कक्ष में कूदने की सोच रहे हैं। एक कक्ष में इतनी तस्वीरों का क्या मतलब! मैंने अपना एतराज जताया। इन तस्वीरों को सभा कक्ष में जाना चाहिए और दीवारों की धूसरता भी अविलम्ब दूर हो, क्योंकि इससे मनहूसियत के भाव पैदा होते हैं। आपकी मनोदशा के निर्माण पर वे असर डाल सकेंगे। मुझे बतलाया गया, यह कक्ष वर्षों बाद खोला गया। बहुत साफ–सफाई के बाद यह हाल है। पूर्व मुख्यमन्त्री ने इसका उपयोग ही नहीं किया, उनका सारा काम आवास से ही चलता था। 'लेकिन मैं तो इसी कक्ष से कार्य करूँगा। कार्य संस्कृति विकसित करने का यह मेरा पहला कदम है।' नीतीश जी ने ज़ोर दिया।

अगले रोज़ रेडियो-टीवी से बिहार की जनता को वह सीधे सम्बोधित करना चाहते थे। मैंने उन्हें जवाहरलाल नेहरू द्वारा 14-15 अगस्त, 1947 की आधी रात को संसद में दिये गये, ऐतिहासिक भाषण की याद दिलायी। फिर मिलजुलकर हम लोगों ने एक खाका तैयार किया। नीतीश जी भाषा सम्बन्धी बारीकियों को अच्छी तरह समझते हैं और वर्तनी की बारीक से बारीक ग़लती पर भी उनकी नज़र होती है। हालाँकि वह जिस मण्डली में आये हैं, वह इतना अश्लील है कि किसी की भी भाषा व भाव वहाँ ख़राब हो जायें। लेकिन कीचड़ में कमल की तरह अपनी निजता उन्होंने सुरक्षित रखने की कोशिश की है। सम्बोधन के ड्रॉफ्ट को हम लोग जब अन्तिम रूप दे रहे थे, तब हमारी कोशिश थी कि तत्सम शब्दों से बचा जाये और हिन्दुस्तानी तबियत के शब्दों का ज़्यादा-से-ज़्यादा इस्तेमाल हो। तय ड्रॉफ्ट में एक जगह मंगल शब्द आया तब उन्होंने कहा, क्या यह भाजपाई शब्द नहीं लगता आपको। इसे बदला जाना चाहिए। तो ऐसे रचनात्मक और मौजूँ मूड में ड्रॉफ्ट तैयार हुआ। पता नहीं, मूल ड्राफ्ट है कहीं या नहीं, लेकिन मुझे लगता है कि उसे होना चाहिए था। इस सम्बोधन में सबसे प्रमुख बात थी माओवादियों से सम्बम्धित सरकार का नज़रिया। वह पहले राजनेता थे, जिसने इस स्पष्टता से बातें रखी थीं। उन्होंने बतलाया कि माओवादियों को राजनीतिक सक्रियता का पूरा हक है और हम उनके विचारों का दमन करना नहीं चाहते, लेकिन राज्य किसी हिंसा को बर्दाश्त नहीं करेगा। यह उसे नहीं करना चाहिए।

माओवादियों में इसकी सकारात्मक प्रतिक्रिया हुई। उनके एक बड़े नेता जिन पर पुलिस वारंट था, छुप-छुपाकर मुझसे मिलने आये। उन्होंने मुख्यमन्त्री के सम्बोधन में व्यक्त विचारों का स्वागत किया। यह भी बतलाया कि हम लोग हिंसा मजबूरन ही करते हैं। जब देखते हैं कि सामन्तों के ग़लत कार्यों के समर्थन में पुलिस खड़ी है, तब हमारा गुस्सा पुलिस के प्रति भी होता है। यूँ पूरी राजसत्ता सामन्तों और पूँजीपतियों के हाथ का खिलौना बन चुकी है। एक मायावी खिलौना। लेकिन ऐसे वातावरण को मुख्यमन्त्री ने एक नयी दिशा देने की हिम्मत की है तो हम उनके साथ हैं।

8 मार्च, 2006 को, यानी सत्ता ग्रहण के दो माह बाद ही, माओवादियों के महिला संगठन का पटना में एक कार्यक्रम था। बिहार सरकार पारम्परिक सोच के तहत उसे न होने देने के लिए कृतसंकल्प थी। माओवादियों ने मुझसे सम्पर्क किया। वे चाहते थे कि मैं हस्तक्षेप करूँ और यह कार्यक्रम होने दिया जाये। एक दिन पहले ही पटना के आसपास के विभिन्न थानों में उस संगठन

की सैकड़ों महिलाओं को हाजत में रख लिया गया था। मैंने मुख्यमन्त्री से बात की, माओवादियों द्वारा दिए गये आश्वासन कि प्रदर्शन शान्तिपूर्ण होगा, से भी उन्हें अवगत कराया। उन्होंने मेरी राय जाननी चाही। मेरा कहना था कि इसे होने दिया जाये, क्योंकि हम चाहते हैं कि वे जनतान्त्रिक प्रक्रिया के तहत रहें और उनसे राजनीतिक संवाद बना रहे। कांग्रेस की सरकारें माओवादियों-नक्सलवादियों का दमन चाहती रही हैं, क्योंकि ये सरकारें जिस वर्ग का प्रतिनिधित्व करती हैं, उस वर्ग के निहित स्वार्थों पर माओवादी लगातार हमला कर रहे हैं। पिछले दिनों एक प्रमुख सामाजिक कार्यकर्ता ने कहा कि माओवादी न होते तो बहुराष्ट्रीय कम्पनियाँ और उनके दलाल खनिज साधनों को लूट लेतीं। हज़ार-हज़ार हाथों से पूँजीपति और सामन्त सार्वजनिक संसाधनों और सरकारी खजानों को लूट रहे हैं। सभ्यता के किसी दौर में ऐसी लूट-संस्कृति नहीं थी। फिर शोषण का प्रतिरोध करने वाली शक्तियों को राजसत्ता धीरे-धीरे या एक बारगी खत्म कर देना चाहती है। लेकिन मेरा मानना है, जैसे शरीर में प्रतिरोधक शक्ति का चुक जाना एड्स का लक्षण है, वैसे ही समाज में भी प्रतिरोधक शक्ति का चुक जाना सामाजिक विनाश का लक्षण है। हमने 1980-81 में बिहार में देखा था कि किस तरह जगन्नाथ मिश्र की सरकार ने नक्सलवाद के नाम पर दलित-पिछड़े तबकों के राजनीतिक-सामाजिक कार्यकर्ताओं की पुलिस के द्वारा बड़े पैमाने पर हत्या करवाई थी। ये ज़्यादातर मामलों में मजदूरी बढ़ाने अथवा सामाजिक वर्चस्व नकारने का अभियान चला रहे थे। 1970 के दशक में बंगाल में सिद्धार्थ शंकर राय की कांग्रेसी हुकूमत ने दस हज़ार से ज़्यादा नौजवानों को बेरहमी से कत्ल करवा दिया था, जिसकी बानगी महाश्वेता देवी के उपन्यास '1084वें की माँ' में आप देख सकते हैं। नये दौर में बिहार के द्विज-सामन्तों ने भी नीतीश कुमार पर प्रभाव बनाने की कोशिश की कि वे ग्रीनहंट जैसा कोई बहादुराना कार्य करें। लेकिन नीतीश जी ने अनसुनी कर दी। उन्होंने इस विषय पर अपने को खुला रखा।

माओवादी महिला संगठन को प्रदर्शन से रोका नहीं गया। आठ मार्च तक गर्मी असर दिखलाने लगी थी। नीतीश जी ने कहा, वे ग़रीब महिलाएँ हैं, टैंकरों से उनके लिए पानी का इन्तजाम भी कर दिया गया है। उन्होंने मज़ाक किया, आपकी सिफ़ारिश का कुछ असर तो दिखना चाहिए न! मैंने उनका धन्यवाद किया। उन्होंने बतलाया, पुलिस ज़िद्दी बनी हुई थी। उसे रास्ते पर लाने में परिश्रम लगा। उसी रोज़ उन्हें दिल्ली जाना था। रात के कोई दस बजे उनका फोन आया,

महिलाओं का प्रदर्शन शान्तिपूर्ण रहा, खुफिया की रिपोर्ट यही है कि किसी तरह की कोई गड़बड़ी नहीं हुई। वह उत्साहित थे।

अति पिछड़े तबकों के लिए भी एक महत्त्वपूर्ण निर्णय लिया गया। विधायिका में किसी तबके के लिए आरक्षण सुनिश्चित करना, केन्द्र सरकार का काम था। लेकिन त्रिस्तरीय पंचायती राज में अति पिछड़े वर्गों के आरक्षण पर हमारा ज़ोर था। पंचायती राज व्यवस्था गाँवों-क़स्बों से लेकर जिलास्तर पर थी। कार्ल मार्क्स के अनुसार, ये काव्यमयी ग्रामीण बस्तियाँ ही हैं जो पूरब की निरंकुशता का आधार बनी हैं। ऊपर से देखने में भोली लगने वाली ग्रामीण बस्तियाँ सामन्ती सामाजिक व्यवस्था का पुख़्ता आधार रही हैं। ज़्यादा-से-ज़्यादा सामाजिक बुराइयाँ इन गाँवों में पनपती रही हैं। मुखिया और दूसरे जन प्रतिनिधि अब नयी राजनीतिक व्यवस्था में प्रमुख भूमिका निभा रहे थे, क्योंकि विकास का काम ज़्यादातर इन्हीं के माध्यम से होता था। बड़े किसान और सामन्तों को मुखिया और जनप्रतिनिधि बनने में दिलचस्पी हुई थी। इसके माध्यम से वे समाज व्यवस्था पर अपनी पकड़ मजबूत करते थे।

पंचायती राज व्यवस्था में हर स्तर पर बीस प्रतिशत सीटें अति पिछड़े वर्ग के उम्मीदवारों के लिए आरक्षित करने का फैसला सरकार ने लिया। इसके साथ महिलाओं के लिए सभी वर्गों में पचास प्रतिशत स्थान आरक्षित किया जाना निश्चित हुआ। इस तरह महिलाओं के लिए पचास प्रतिशत स्थान आरक्षित हो गये।

यह एक महत्त्वपूर्ण फैसला था। वर्चस्व प्राप्त सामाजिक ताक़तें अभी लालू प्रसाद से मुक्ति की खुमारी में ही डूबी थीं। उन लोगों ने इस पर कोई ध्यान नहीं दिया और चुपचाप यह फैसला हो गया। इस फैसले ने अन्ततः ग्रामीण स्तर पर सामन्तवाद की चूलें हिला दीं। इसका असर कुछ देर से दिखेगा।

हमारा ज़ोर भूमि सुधार और शिक्षा सुधार पर भी था। नीतीश सरकार ने इस मामले में भी सकारात्मक पहल की। श्री देवव्रत बंधोपाध्याय, जिन्होंने पश्चिम बंगाल में ज्योति बसु के भूमि सुधारों को अमली जामा दिया था, को आमन्त्रित किया गया और उनकी अध्यक्षता में भूमि सुधार आयोग का गठन हुआ। श्री मुचकुन्द दूबे की अध्यक्षता में समान स्कूल शिक्षा प्रणाली आयोग का गठन हुआ। अति पिछड़े तबकों के समग्र विकास सुझाने हेतु एक आयोग का गठन किया गया। दलितों के सबसे पिछड़े हिस्सों का विकास सुनिश्चित करने के लिए महादलित मिशन का गठन किया गया। अल्पसंख्यक मुसलमानों के विकास के लिए दस सूत्री कार्यक्रम के कार्यान्वयन के लिए समिति गठित की गयी।

इन्हीं दिनों एक अख़बार ने मुझसे बातचीत की और उसे प्रकाशित किया। अख़बार ने उसका शीर्षक रखा था–'नये बिहार का मतलब पिछड़े तबकों का उत्थान और सामन्तवाद का खात्माँ' इस पर दिनों तक चर्चा होती रही। कई लोगों ने कहना शुरू किया कि मणि जी नीतीश जी को दिग्भ्रमित कर रहे हैं। वह उन्हें अपनी लाइन पर ले जाना चाहते हैं। मुझ पर यह भी आरोप लगा कि माओवादियों-नक्सलवादियों से मेरी साठ-गाँठ है और मैं उनका आदमी हूँ। कई मित्रों ने मुझ पर द्विज विरोधी और पिछड़ावादी होने का भी आरोप लगाया। मैं इन सब पर प्रतिक्रिया क्या देता। मुझे यह प्रतीत ज़रूर होने लगा कि मेरे ख़िलाफ़ वातावरण तैयार किया जा रहा है। लेकिन मुझे इसकी चिन्ता कहाँ थी। मेरी फिकर बस इतनी थी कि वंचित तबकों का कुछ भला हो जाये।

एक रोज़ देर रात नीतीशजी का फोन आया कि मैं अभी मिलूँ। मेरा ड्राइवर जा चुका था और मैं ड्राइविंग जानता नहीं। मैंने बतलाया तब उन्होंने कहा कि गाड़ी भेज रहा हूँ। मुझे लगा कि पता नहीं क्या मामला है। कुछ चिन्तित भी हुआ। लेकिन जब मिला, तब कोई ख़ास बात नहीं थी। नीतीश ने हौले मूड में उस लेख की चर्चा की। यह भी बतलाया कि अभी शायद इतना कड़ा रुख़ लेने की ज़रूरत नहीं थी। मुझे अभी समय मिलना चाहिए। उन्होंने यह बतलाया कि इस लेख ने आपके प्रति एक ख़ास तबके, उनका इशारा द्विज ताक़तों की ओर था, को चौकन्ना कर दिया है। यह आपके लिए शायद ठीक न हो। मुझे तो पार्टी चलानी है न! आप जिन तबकों को ध्वस्त करने की बात कर रहे हैं, सरकार तो उन्हीं लोगों ने बनायी है।

मैंने उनकी ओर देखा, तब उनका चेहरा दयनीय दिखा। शायद मेरे मन में जो मनोभाव थे, यह उसकी प्रतिक्रिया थी। यह टर्निंग प्वाइंट था। जब नेता का यही मानना था, तब मैं क्या कर सकता था। अब वह नीतीश कुमार नहीं, मुख्यमन्त्री थे। मैंने हँसते हुए कहा, बाज़ार में एक जुमला चला हुआ है–किसी का राज और किसी को ताज। उन्होंने कहा, हाँ, मैंने सुना है।

सदन में

मई 2006 में मुझे बिहार विधान परिषद्, जिसे उच्च सदन भी कहा जाता है, का सदस्य मनोनीत किया गया। बिहार का विधानमण्डल दो सदनों का है। 243 सदस्यों वाली विधानसभा और 75 सदस्यों वाली विधान परिषद्। परिषद् के 75 सदस्यों में 6 स्नातक क्षेत्र और 6 शिक्षक क्षेत्र से निर्वाचित होते हैं। 24 सदस्य स्थानीय निकाय क्षेत्र से निर्वाचित होते हैं, 27 सदस्यों को बिहार विधानसभा के सदस्य निर्वाचित करते हैं, जो द्विवार्षिक चुनावों द्वारा क्रमशः 7, 9 और 11 के क्रम में चुने जाते हैं। इनके निर्वाचन की एक नियमावली है। 12 सदस्य राज्यपाल द्वारा मनोनीत होते हैं। जो साहित्य, कला, शिक्षा और समाज सेवा के महत्त्वपूर्ण कहे जाने वाले क्षेत्र के लोग होते हैं। दरअसल राज्यपाल इस मनोनयन के लिए स्वतन्त्र नहीं हैं। यह मन्त्रीपरिषद् की अनुशंसा पर ही सदस्यों का मनोनयन करते हैं। 2006 में मनोनयन के वक़्त बिहार के राज्यपाल गोपालकृष्ण गाँधी थे, जो महात्मा गाँधी के पौत्र हैं। मुझे साहित्य के क्षेत्र से जुड़ा मानकर मनोनीत किया गया था। लेकिन यह सब दरअसल ढकोसला है, वास्तविक्ता यह है कि इसमें मुख्यमन्त्री अथवा सरकार की मर्जी चलती है। मेरे साथ ग्यारह और लोग थे। बारह की सूची में पहला नाम मेरा था, जो मेरे एक मित्र के मुताबिक मेरा संम्मान था।

मेरे लिए मनोनयन ही अपमानजनक था। पार्टी के लिए मैंने किसी भी सदस्य से ज़्यादा काम किया था और मेरी यह अपेक्षा नहीं थी कि मुझे मनोनयन के द्वारा सदन में भेजा जायेगा। यदि मैं राजनीति में न होता और एक लेखक के रूप में मुझे सदन में मनोनीत किया जाता तो बात दूसरी थी। यह मेरा घोर अपमान था। जी मैं आया, इसका तिरस्कार कर दूँ। लेकिन मैंने अपमान का घूँट पीना ही मुनासिब समझा। कारण मेरी विवशतायें थीं। मैं आर्थिक रूप से उन दिनों काफ़ी टूटा हुआ था। लम्बा इलाज चल रहा था, इसलिए दवाओं पर काफ़ी खर्च थे। कुछ समय सरकारी सेवा में होने का

कुछ पेंशन और बकाया मिलने की उम्मीद थी। वर्षों से उसका इन्तजार कर रहा था। यह अब तक हो नहीं पाया था। खर्च चलाने में हमारा बुरा हाल था। इसलिए केवल और केवल आर्थिक कारणों से इस अपमानजनक प्रस्ताव को मैंने स्वीकार किया। 2002 में बिहार सरकार के एक साहित्यिक पुरस्कार की अच्छी ख़ासी रक़म को मैंने अस्वीकार किया था। लेकिन इस बार अस्वीकार करने की स्थिति में नहीं था।

10 मई, 2006 को एक समारोह में सदस्यों का शपथ ग्रहण हुआ। वह एक भीड़ भरा समारोह था, जिसमें मुख्यमन्त्री सहित पूरी मन्त्रीपरिषद् और सैकड़ों विशिष्ट जन उपस्थित थे। अन्य सदस्यों के परिवारजन भी उत्साह से समारोह में शामिल थे। मैं अकेला और कुछ-कुछ उदास था। उदासी का कारण और कुछ नहीं, मेरा यह मनोनयन था, जिसे मैं अपमानजनक मान रहा था। मैंने सत्यनिष्ठा के साथ शपथ ली, जबकि मुझे स्मरण आता है कि बाक़ी सदस्यों ने ईश्वर के नाम के साथ। इसके बाद बधाई देने वालों का सिलसिला लग गया।

सदस्यों को कुछ विशेषाधिकारों के साथ अच्छा-ख़ासा वेतन और कई तरह की अन्य आर्थिक सुविधायें मिलती हैं। नाम मात्र के किराये पर आवासीय फ्लैट, चार हज़ार यूनिट तक मुफ्त बिजली, एक लाख रुपये तक प्रतिवर्ष टेलीफोन सुविधा, मुफ्त हवाई और रेल यात्राएँ, मुफ्त मेडिकल सुविधा आदि। सिक्यूरिटी स्टॉफ, पी.ए., सेवक आदि की सुविधा अलावे में।

बारह सदस्यों में सात जनता दल (यू) और पाँच भाजपा के थे। इन सबसे शपथ ग्रहण के तुरन्त बाद ही इनकी पार्टी के लोगों ने पार्टी से सम्बद्धता के परचे पर हस्ताक्षर करवा लिये। कोई भी सदस्य स्वतन्त्र नहीं रह सका। यह मनोनयन के पवित्र उद्देश्यों का हनन था।

मैं उच्च सदन के प्रावधान के ही विरुद्ध हूँ। यह जनतन्त्र का मज़ाक है। राज्यसभा और राज्यों की विधान परिषदें, जो फिलहाल 6 राज्यों में हैं, को एक समय सीमा के भीतर खत्म कर देना चाहिए। यदि विशिष्ट क्षेत्रों से कुछ लोगों का मनोनयन करना ही है, तब यह लोकसभा और विधानसभा में भी किया जा सकता है। केन्द्र में जिन उद्देश्यों से राज्यसभा का गठन हुआ था, वे अब प्रासंगिक नहीं रहे, इसलिए राज्यसभा का कोई औचित्य नहीं है। पिछले दस वर्षों से मनमोहन सिंह भारत के प्रधानमन्त्री हैं और वह मुश्किल से चालीस विधायकों के द्वारा चुने हुए व्यक्ति हैं। बिहार में बहुत दिनों तक लालू प्रसाद और अब तकरीबन आठ वर्षों से नीतीश कुमार विधान परिषद्

के सदस्य रूप में ही मुख्यमन्त्री हैं। यह सब क्या है? जनतन्त्र का खिलवाड़ नहीं तो और क्या?

विधान परिषद् का गठन विरोधाभासों के आधार पर है। एक व्यक्ति कितनी बार और कितने प्रतिनिधि भेजेगा, एक ही विधान मण्डल में, सवाल यह भी है। एक सामान्य नागरिक के रूप में वोट देकर यह एक सदस्य को विधासभा में भेजता है। वह नागरिक स्नातक है तो वह इस रूप में फिर एक प्रतिनिधि विधान परिषद् में भेजेगा। जो स्नातक है, वही शिक्षक है, और इस तरह उसका एक प्रतिनिधि फिर इसी विधान परिषद् में होगा। वह मुखिया वार्ड सदस्य का भी चुनाव करता है तो स्वायत्त शासन ईकाई से भी उसका एक अप्रत्यक्ष प्रतिनिधि होगा। इस तरह एक ही नागरिक बार-बार कई रूपों में अपना प्रतिनिधि भेजता है। लेकिन इस विधान परिषद् में किसानों, मज़दूरों, नाइयों, कुम्हारों, मोचियों, दाइयों, बढ़ई-लुहारों और जीवन के ऐसे ही अन्य क्षेत्रों से कोई प्रतिनिधि नहीं होता। डॉक्टरों, वकीलों, कर्मचारियों, छात्रों आदि का भी कोई प्रतिनिधि नहीं होता। स्नातक और शिक्षकों में क्या विशेषता है, जो इन क्षेत्रों के लोगों में नहीं है। दरअसल बड़े लोगों द्वारा जनतन्त्र का इस तरह मज़ाक उड़ाया गया था। हमारे संविधान निर्माताओं ने अंग्रेज़ों की परम्परा को सीधे-सीधे बिना विश्लेषण किये कि इसके पीछे क्या घाल-मेल है, अपना लिया और आश्चर्य है कि सामाजिक न्याय के तथाकथित नेताओं ने भी इस पर कोई ध्यान नहीं दिया। मैंने सुना है कि कर्पूरी ठाकुर राज्यपाल, राज्यसभा और विधान परिषद् जैसी संस्था के विरुद्ध थे। अगर थे, तो मैं उन्हें सलाम करना चाहूँगा।

मैं जब विधान परिषद् का सदस्य हुआ, तब देखा कि किस तरह यह ऊँची जातियों का जमावड़ा है, या फिर अगड़ी-पिछड़ी जाति के चापलूसों का। स्नातक और शिक्षक क्षेत्र से कुल बारह सदस्य थे, इसमें एक को छोड़कर शेष ग्यारह तथाकथित ऊँची जातियों के थे। इसमें एक भी सदस्य मुसलमान और महिला नहीं। विधानसभा सीटों से आये सभी सदस्य पार्टियों के सुप्रीमो की कृपा से आये थे, इसलिए ज़्यादातर चापलूस कोटि के थे। इस योग्यता के बिना इस कोटे से आना मुश्किल होता है। स्वायत क्षेत्रों से आये लोग पूँजी-पगहा वाले लोग थे। फिर मनोनीत श्रेणी के लोग, जो मुख्यमन्त्री की कृपा पर आये हुए लोग थे। ऐसी गरिमाहीन परिषद् का क्या अर्थ रह जाता है। यह सब जनता के पैसों का सीधा अपव्यय और जनतन्त्र का खिलवाड़ है।

ब्रिटिश पार्लियामेंट दो हाउस का है–हाउस ऑफ़ लॉर्ड और हाउस ऑफ़ कॉमन। जिन लोगों ने ब्रिटिश पार्लियामेंट का इतिहास पढ़ा है वे जानते हैं कि हाउस ऑफ़ लॉर्ड यूँ ही नहीं बन गया था। इसके लिए ब्रिटिश ज़मींदारों और सामन्तों ने राजा पर भारी दबाव बनाया था और दरअसल इसका उपयोग छोटे किसानों और मर्चेन्ट क्लास को दबाने के लिए, उनका शोषण करने के लिए किया जाता था। भारत में आज़ादी के समय जो वर्चस्व प्राप्त ज़मींदार-सामन्त तबका था, उसने भविष्य में अपने लिए जनतन्त्र का एक घोंसला बना लिया था। ये उच्च सदन यही हैं। ये हाउस ऑफ़ लॉर्ड की सन्ततियाँ अथवा प्रतिकृतियाँ हैं। भारत में इसकी कोई ज़रूरत नहीं थी।

भूल नहीं रहा हूँ तो जुलाई महीने में कोई चार या पाँच कार्यदिवसों का एक छोटा-सा पावस-सत्र आहूत हुआ, जिसमें पहली दफ़ा सदन में बैठने का अवसर मिला। न मैं असहज था, न सशंकित, क्योंकि ज़्यादातर लोगों को मैं जानता था और वे भी मुझे जानते थे। उस समय प्रो. अरुण कुमार परिषद् के सभापति थे, जो स्वयं शिक्षक क्षेत्र से चुनकर आते थे और कांग्रेस पार्टी के सदस्य थे। एक कांग्रेसी शालीनता और भद्रता उनमें थी। पहनावे से ही वे कांग्रेसी लगते थे। गाँधी टोपी पहनने वाले सदन में वह एकमात्र व्यक्ति थे। उनका पहले दिन से ही मेरे साथ आत्मीय व्यवहार रहा। वह शायद हिन्दी के ही विश्वविद्यालय अध्यापक थे और मेरे बारे में सब मिलाकर अच्छा ख़याल रखते थे।

पहले दिन ही परिषद् सदस्यों का सदन-व्यवहार देख मुझे क्षोभ हुआ। मुझे ख़याल आया कि गाँधीजी ने पार्लियामेंट पर कैसी टिप्पणी की है। ज़ोर-ज़ोर से बोलने और दूसरों के भाषण न सुनने देने की हरकतों को उन्होंने रेखांकित किया है और शायद खीझ कर ही इसे (पार्लियामेंट को) बाँझ वेश्या कह गये हैं। गाँधीजी की इस टिप्पणी का मैं विरोधी था, लेकिन जब मैंने सदस्यों के आचरण देखे, तब अनुभव हुआ उन्होंने कोई ग़लत नहीं कहा था। सदन में राष्ट्रीय जनता दल के सदस्य विपक्ष में थे और 2006 में उनकी संख्या कम नहीं थी। लेकिन भाजपा के एक सदस्य की मानो ड्यूटी ही थी कि वह उनके सदस्यों को बोलते समय ज़ोर-ज़ोर से चिल्लाते थे। असंसदीय बातें बोलते थे, लेकिन बैठे-बैठे। इसलिए नियमतः तो उनकी बातें कार्यवाही में दर्ज नहीं होती थीं, लेकिन सदन में सबसे ऊँची आवाज़ उन्हीं की होती थी। अपने इस 'महत्त्वपूर्ण संसदीय कार्य' के लिए उन्हें तरक्की का तोहफ़ा मिला, उन्हें मन्त्रीपरिषद् (कैबिनेट) का सदस्य बनाया गया।

व्यवधान पैदा करने वाले ऐसे सदस्य मुश्किल से तीन या चार थे, लेकिन उनके 'उत्पात' से पूरा सदन तबाह रहता था।

कम्युनिस्ट पार्टी के तब चार सदस्य थे–तीन सीपीआई के और एक सीपीएम के। इनमें दो तो बहुत अच्छी तरह से अपनी बातें रखते थे और दो देर तक बोलते रहने के लिए जाने जाते थे। इन दो के सम्बोधन के बीच सभापति को बार-बार बैठ जाने का अनुरोध करना पड़ता था, लेकिन आसन की अनसुनी करते हुए ये अपना वक्तव्य जारी रखते थे। सीपीआई से जुड़े अच्छे वक्ता केदारनाथ पांडे थे, जो शिक्षक क्षेत्र से चुनकर आते थे और कभी साहित्य के अध्यापक रहे थे। श्री पाण्डेय जब भी बोलते सूझ-बूझ, गरिमा और नपे-तुले अन्दाज़ में। इसी तरह राष्ट्रीय जनता दल से जुड़े रामवचन राय जी भी बोलते थे। वह भी हिन्दी के प्रोफ़ेसर रह चुके थे। कुछ सदस्य इनका मज़ाक उड़ाते और उन्हें गुरुजी कहते।

लेकिन इन सदस्यों की बातों को सदन ने कभी अहमियत दी हो, ऐसा मुझे पूरे कार्यकाल में देखने को नहीं मिला। एक बार सदन में एक नये विश्वविद्यालय की स्थापना के लिए विधेयक लाया जा रहा था। विश्वविद्यालय का नाम ज्ञान विश्वविद्यालय था। डॉ. राय ने संशोधन पेश किया कि यह ठीक नहीं है। विश्वविद्यालय तो ज्ञान के संस्थान होते ही हैं। यह तो वैसे ही है जैसे पढ़ाई का स्कूल या इलाज का अस्पताल। विश्वविद्यालय शब्द में ज्ञान समाहित है और अलग से उसके साथ ज्ञान शब्द को जोड़ना अतिव्याप्ति दोष माना जायेगा। इसका यह भी मतलब होगा कि क्या बाक़ी विश्वविद्यालय का ज्ञान से कोई सम्बन्ध नहीं है, वे अज्ञान विश्वविद्यालय हैं? मैंने डॉ. राय के प्रस्ताव का समर्थन किया। लेकिन तभी मुख्यमन्त्री ने खड़े होकर कहा कि इतना नुक्ताचीनी कीजिएगा, तब कोई काम नहीं होगा। मैंने विनम्र भाव से कहा कि डॉ. राय के प्रस्ताव में दम है और इसे स्वीकार किया जाना चाहिए, अन्यथा आने वाली पीढ़ियाँ हमारा मज़ाक बनायेंगी। यह उच्च सदन है और इसकी ज़रूरत इन्हीं बारीकियों को देखने के लिए है। तब सभापति ने यह कहकर बात समाप्त कर दी कि घी का लड्डू टेढ़ा भी भला। विधेयक बिना संशोधन के पास हो गया। विद्वतापूर्ण हस्तक्षेपों की यही स्थिति होती थी।

सत्ता पक्ष के सदस्यों को जब भी बोलने का अवसर मिलता है, उनसे सरकार की वाहवाही और समर्थन की अपेक्षा की जाती है, इसलिए बोलने का मिज़ाज ही नहीं बनता। एक तो ज़्यादातर मामलों में चुप रहना ही श्रेयस्कर होता है, क्योंकि यदि आपको सरकार के मुखिया से अपना रिश्ता बनाकर रखना है,

तो इसके सिवा कोई चारा नहीं होता। ज़्यादा बोलकर और स्पष्ट बोलकर आप केवल मुसीबत मोल ले सकते हैं। हाँ, यदि विपक्ष में हैं तब आपका बोलना, सरकार पर जमकर प्रहार करना और जन समस्याओं को बेहतर ढंग से उठाना आपको एक जुझारू छवि दे सकता है। डॉ. राम मनोहर लोहिया यदि सत्ता पक्ष में होते, तब पता नहीं क्या करते। उन्होंने एक सदस्य के रूप में लोकसभा को यदि उँगली पर नचाया तो इसलिए कि वह विपक्ष में थे।

कुछ सदस्य ऐसे भी थे, और इनकी संख्या बहुत कम नहीं थी, जो कभी नहीं बोलते थे। वे आते, शान्त बैठे रहते और समय से चले जाते। एक सदस्य ऐसे थे और वह मनोनीत सदस्य थे, जो अपने छह वर्ष के कार्यकाल में एक बार भी सदन में उपस्थित नहीं हुए। दरअसल वे अस्वस्थ रहते थे। शपथ ग्रहण के दिन ही हस्ताक्षर करने में असमर्थ हो रहे थे। जाति का कोटा पूरा करने के लिए उन्हें मनोनीत किया गया था। जब सदस्य इस तरह विकलांग हो जाता है, तब वह सत्ता पक्ष के लिए बड़े ही काम का हो जाता है। उससे कभी कोई खतरा नहीं रहता।

प्रश्नोत्तर काल आरम्भ में ही होता है। यह बहुत काम का काल होता है, क्योंकि सदस्यों को सरकार से किसी मामले की वस्तुस्थिति जानने और उस पर पूरक प्रश्न पूछने और नोक-झोंक करने और उस कार्य को सक्रिय करने का अवसर मिलता है। लेकिन कभी-कभी हंगामे के कारण इसका समय निकल जाता है, या जान-बूझकर भी हंगामा खड़ा कर दिया जाता है। इससे मन्त्रियों को बड़ी राहत मिलती है, जैसे 'रेनी डे' के कारण स्कूली बच्चों को।

मैंने यथासम्भव कोशिश की कि एक भद्र सदस्य बना रहूँ। मैं सत्र में पूरे समय उपस्थित होने की भी कोशिश करता था। पूरे कार्यकाल में तीन या चार दिनों के लिए ही अनुपस्थित रहा होऊँगा। अनुपस्थित होने से उस रोज़ का भत्ता कट जाता था और इसे मैं अफोर्ड नहीं कर सकता था।

पहले सत्र में पहले ही दिन मैंने सदन में हल्का-सा हस्तक्षेप किया। एक वरिष्ठ सदस्य, जो सम्भवतः तीसरी या चौथी दफ़ा सदस्य थे, और शिक्षक क्षेत्र से, उन्होंने किसी क्षेत्र विशेष की कानून-व्यवस्था का ज़िक्र करते हुए कहा कि वहाँ 'चोरी-चमारी' की घटनायें बहुत होती हैं। चोरी के साथ चमारी शब्द आपत्तिजनक था, क्योंकि चोरी तो एक अपराध है, लेकिन चमारी अर्थात् मोचीगिरी (कोबलर) का कार्य भी अपराध है क्या? मैं उठकर खड़ा हुआ और कायदे से सदन का ध्यान इसकी ओर आकर्षित किया। इस हस्तक्षेप का फ़ायदा उठाते हुए थोड़ा-सा उपदेश भी दे गया कि सदस्यों को ध्यान रखना

चाहिए कि हम उच्च सदन के सदस्य हैं और हमें कुछ ज़्यादा ही गरिमा का ख़याल हर स्तर पर रखना चाहिए। वरिष्ठ सदस्य के ध्यान में यह बात आयी और उन्होंने भूल स्वीकार करते हुए अपना शब्द वापस लिया। इसे अख़बारों ने घेरकर प्रकाशित किया।

आरम्भ में मेरा बहुत समय सदन के नियम-कायदे समझने में लगा। नियमावली पढ़ने से काम नहीं चलता। सदन को व्यावहारिक रूप से देखना अलग ही अनुभव देता है। यह अनुभव हासिल किये बिना कोई नया सदस्य कभी-कभी हास्यास्पद आचरण कर सकता है। मैं इससे लगभग बचा रहा। मैं तो ऐसा ही मानता हूँ। लेकिन दूसरे सदस्यों ने मेरे बारे में क्या राय बनायी, यह ज़्यादा महत्त्वपूर्ण है।

सदन में बोलने के मामले में मैं मध्यममार्गी रहा। न ज़्यादा बोला, न कम। सत्ता पक्ष के सदस्यों को बोलने का अवसर अपनी ही पार्टी के सचेतक द्वारा दिया जाता है। वही सभापति से मिलकर संकेत दे देते हैं कि कौन सदस्य बोलेंगे। आरम्भ में मुझे अवसर मिले, लेकिन जब मैंने अपनी बात रखनी शुरू की और एक बार सरकार के बजट की जमकर आलोचना कर दी, तब से मुझे बागी सदस्य मान लिया गया और मुझे समय नहीं दिया जाने लगा। इसी तरह एक बार सदन में मुझे 'पप्पू' भी बनना पड़ा। हुआ यह कि अनुपूरक बजट पेश किया गया था और उस पर वाद-विवाद हो रहा था। जिस दिन अनुपूरक बजट की प्रति सदन-पटल पर रखी गयी थी, मैं अनुपस्थित था, इसलिए मुझे वह मिली ही नहीं थी। वाद-विवाद के दिन ही पहुँचा था, वह भी तब जब वाद-विवाद चल रहा था। मैं सदन में पहुँचा और आसन की ओर सम्मान प्रकट कर बैठा ही था कि मेरा नाम पुकारा गया। मैं कुछ सँभलता कि क्या करना है, तब तक मुझसे बोलने का अनुरोध किया गया। केवल कार्यसूची से मुझे मालूम था कि अनुपूरक बजट पर वाद-विवाद है। यदि मैं सदन में होता तो पूर्व सदस्यों के बोले हुए के आधार पर भी कुछ बोलकर निकल सकता था। लेकिन बजट जैसे विषय पर आप ज़्यादा इधर-उधर नहीं बोल सकते। आपका भाषण तथ्यात्मक होना चाहिए। मैंने अपनी असमर्थता प्रकट की और बैठ गया। लेकिन लज्जित भी हुआ। सचेतक ने मुझे यह भी इंगित नहीं किया था कि मुझे बोलना है, न ही मैंने समय माँगा था। शायद यह मेरा औचक निरीक्षण था और इसमें मैं फेल हुआ था। आइन्दा ऐसी ग़लती मैंने नहीं होने दी।

एक बार सदन में दुखद घटना हुई, लेकिन उसे बतलाना ज़रूरी समझता हूँ। कैग (CAG) की रिपोर्ट आयी थी, जिसमें सरकारी महकमों के भ्रष्टाचरण

के कई मामले उजागर हुए थे। इसे अख़बारों ने भी ख़ूब उछाला था। अगले दिन विपक्ष के सदस्यों ने इस मामले को उठाया और वे वेल में आ गये। प्रश्नोत्तर काल ही चल रहा था कि एक सदस्य ने गुस्से में अपने सामने की माइक तोड़ दी। इस पर सत्ता पक्ष के दो सदस्यों को लगा कि जैसे उनकी ही सम्पत्ति तोड़ दी हो, क्योंकि सरकार तो उनकी है। वे खड़ा होकर ज़ोर-ज़ोर से बोलने लगे। सदन में मुख्यमन्त्री भी उपस्थित थे। वे मुख्यमन्त्री की ओर देख-देख कर बोलते थे, क्योंकि असली मकसद तो मुख्यमन्त्री को अपनी सक्रियता दिखलाना था। वेल में गये सदस्य सरकार के ख़िलाफ़ चोर-चोर के नारे लगा रहे थे कि अचानक मामला संगीन हो गया। सदन में दौड़-धूप मच गयी। दो या तीन सदस्य बन्दरों की तरह ऊपर से कूदते हुए वेल की तरफ बढ़े और नारेबाजी कर रहे सदस्यों पर मुक्कों से प्रहार करना शुरू किया। एक सदस्य ने दूसरे को फ़र्श पर पटक दिया और उसकी लात से पिटाई करने लगे। ऐसा तो शराबखाने या चण्डूखाने में भी नहीं होता होगा। कई के कुरते फट गये। एक सदस्य पूरी तरह नंगा हो गया, केवल अंडरबियर में मार खाता रहा। यह सब कुछ मिनटों तक होता रहा, तब मार्शल आये और हस्तक्षेप किया।

मैं तो उच्च सदन के इस हाल पर हैरान था। हमारी बगल में सदस्य मित्र डॉ. शम्भूशरण श्रीवास्तव खड़े थे। हम लोग अपनी सीट पर बने रहने के अलावे सदन की भला और क्या मदद कर सकते थे। घटना बेहद अफ़सोसजनक थी और मुझे पूरा विश्वास था कि आसन इस पर कोई कड़ी कार्रवाई करेगा। लेकिन हुआ यही कि मारपीट करने वाले सदस्यों को सत्ता पक्ष ने तरक्की देकर अपनी पार्टी में ऊँचे पदों पर आसीन कर दिया। यह एक बड़ा संकेत था।

अब जरा सदन से बाहर उस लॉबी में चलें, जहाँ सदस्य, पूर्व सदस्य और पत्रकारगण उठते-बैठते हैं। एक तरह से यह सदन का क्लब हाउस है, जो हमेशा जीवन्त रहता है। वह समीक्षा घर के रूप में कभी-कभी बदल जाता है। कौन-सा सदस्य अच्छा-ख़राब बोला इस पर यहाँ अनौपचारिक चर्चा होती है। पत्रकारगण भी दर्शक-दीर्घा में होते हैं और सदस्यों के भाषणों को सुनते रहते हैं, इसलिए उनकी निष्पक्ष टिप्पणियाँ भी मिलती हैं। कभी-कभी तो इस लॉबी में समानान्तर चर्चा भी आरम्भ हो जाती है, जो ज़्यादा जीवन्त होती है। इसमें वर्तमान के अलावे पूर्व सदस्य भी अपनी राय रखते हैं।

सत्र के अलावे दिनों में भी यह लॉबी जीवन्त रहती है। चाय-कॉफी और समोसे-पकौड़े, कभी-कभी मिठाई भी कैंटीन से आते रहते हैं। ऐसे में यह लॉबी जलसा-घर बन जाता है। हाँ, कभी-कभी चर्चाएँ कटु हो जाती हैं

और बाज दफ़ा तो लोग एक-दूसरे को देख लेंगे जैसी चुनौती भरी टिप्पणी भी करने लगते हैं। लेकिन सौभाग्य से यह कम ही होता है और जब होता है, तब बाक़ी सदस्य सार्थक हस्तक्षेप कर इसे शान्त करने का प्रयास करते हैं।

अपराह्न 3 से 6 बजे तक का समय लॉबी का मुख्य समय होता है। जाड़ों में पाँच बजे तक ही। इस बीच कहकहे, ठहाके, निन्दा, आलोचना सब चलते हैं। कभी-कभी सदस्यों का मन शृंगारिक भी होता है और तब जिस अदा में लोग बयाने दिल करते हैं, सुनने लायक होता है। नेताओं के रस-प्रसंगों की भी चर्चा होती है और इससे कुछ सदस्यों की बाँछें खिल जाती हैं। लेकिन दुर्भाग्य से बाँछे कम ही खिल पाती हैं, क्योंकि इन चर्चाओं के अवसर कभी-कभार ही आते हैं। हाँ, जब आते हैं तो पूरे आवेग में, पहाड़ों से फूटने वाली दरिया की तरह।

पिताजी

26 मई, 2008 को पिताजी का अचानक निधन हो गया। न वह बीमार थे, न उन्हें कोई और तकलीफ़ हुई। बाज़ार पर शाम चार बजे घूमने के ख़याल से निकले। पान खाने का शौक पालते थे। अपने चिरपरिचित शम्भू की दुकान पर रुके। अभी उनका पान लगाया ही जा रहा था कि अचानक सीने में दर्द महसूस कर बैठ गये और क्षण भर में सब खत्म। उन्हें अस्पताल लाया गया लेकिन वहाँ केवल मृत्यु की डॉक्टरी पुष्टि भर हुई। सम्भवत: गहरा हृदयाघात उनकी मृत्यु का कारण बना।

उनके निधन से अचानक मैं सकते में आ गया। इसकी व्याख्या करना बहुत ही आसान नहीं है। हर पिता के साथ उनके बेटे-बेटियों का अपना एक रिश्ता होता है। लेकिन वह इससे अलग भी कुछ थे। इसे कोई नाम देना चाहूँ भी तो ठीक-ठीक कोई शब्द नहीं सूझ रहा है।

जब वह थे, उनसे कई दफ़ा नोक-झोंक हुए। संवादहीनता के लम्बे-लम्बे दौर आये और एक दफ़ा तो हुआ कि लगातार ग्यारह वर्ष हमने घर न जाने का संकल्प लिया और इसे पूरा भी किया। इसी दौर में 1995 में वह बुरी तरह बीमार हुए और अपने हठ पर अड़ा मैं उन्हें देखने न गया, तो न गया। वह जब तक अस्पताल में रहे, मुझ पर क्या बीत रही थी, इसे बतलाकर किसी से मुझे पुरस्कार नहीं लेना है। न ही मुझे इस बात की परवाह है कि उनसे मेरे सम्बन्धों की व्याख्या किस तरह होती है। मुझे श्रवण कुमार की तरह पितृभक्त कहलाने का शौक नहीं रहा है और न मैं यहाँ इस बात की सफाई दे रहा हूँ कि मुझे किसी बात का अफसोस है। ऊपरी और दिखावटी श्रद्धा-भक्ति की पारम्परिकता जिसे मैं ड्रामा कहना ही पसन्द करूँगा से मुझे सख़्त नफरत है। मुझे इस बात का थोड़ा गुमान ज़रूर है कि इस लिजलिजी गलदश्रु भावना से मैं दूर रह सका।

और इस भावुकता से दूर रहने का ही नतीजा है कि आज उनकी स्मृति को स्वयं में ज़्यादा स्वस्थ रूप में समाहित महसूस कर रहा हूँ। किसी सन्त कवि की कविता पाँति अथवा एक कोमल बाती की तरह, मेरे अन्तस में वह निरन्तर दीप्त हैं और इसकी झीनी रोशनी की सुखद अनुभूति से मैं पगा हूँ, मानो मैं स्वयं उस अपरिमित, उस दिव्यता का एक अंश, एक कण बन गया हूँ। अनन्त के महाविस्तार का एक हिस्सा।

हमारी पीढ़ी डैडी-पापा वाली नहीं, बाबूजी वाली पीढ़ी थी। हम लोग पिता को बाबूजी कहते थे और पत्रों में या दूसरों से बातचीत में ही पिताजी कहते थे। हम पिता और परम पिता से डरने वाले लोग थे। उन दिनों पिता से संवाद करना भगवान से संवाद करने से ज़्यादा मुश्किल होता था। आमतौर पर लोग पिता से डरते थे। वह घर का तानाशाह होता था। बाक़ी सदस्य उसकी प्रजा होते थे। जिस घर का पिता ज़्यादा तानाशाह होता था, वह घर ज़्यादा अनुशासित और 'सुसंस्कृत' माना जाता था।

लेकिन मुझे स्मरण आता है इस छवि को स्वयं पिताजी ने ही तोड़ा था। तानाशाह बनने में उनकी रुचि नहीं थी। जब हाई स्कूल का छात्र था, तब पहली दफ़ा अनुशासन का चक्रव्यूह मैंने तोड़ा और देखा पिताजी को कोई परेशानी नहीं हुई। प्रसंग कोई पारिवारिक विषय का नहीं, घोर राजनीतिक था। इन्दिरा गाँधी, तत्कालीन प्रधानमन्त्री, ने तब चौदह बड़े बैंकों के राष्ट्रीयकरण और रजवाड़ों के प्रिवीपर्स की समाप्ति का निर्णय लिया था। इस पर मेरे अपने विचार थे। मैं इसके पक्ष में था जबकि बाबूजी विपक्ष में। मैंने डरते हुए और जहाँ तक स्मरण है, कुछ बेतरतीब अन्दाज़ में, अपने तर्क रखे और देखा कुछ ही दिनों में सिंडिकेट कांग्रेस से उन्होंने स्वयं को अलग कर लिया। वह व्यक्तिगत रिश्तों के कारण सिंडिकेट के साथ थे। बाद में अपने एक मित्र से बातचीत में उन्होंने कहा, आदमी सीखना चाहे तो बच्चों से भी कुछ सीख सकता है। तो ऐसे थे मेरे बाबूजी।

उनके साथ मतवैभिन्न्य के अनेक अवसर आये और कई बार कुछ मुद्दों को लेकर वैचारिक रस्साकशी हुई। लेकिन ज़्यादातर मामलों में उन्होंने होशियारी के साथ नयी पीढ़ी का साथ दिया। एक घटना डॉ. आम्बेडकर को लेकर है। मैं तब दसवीं कक्षा का छात्र था। कहीं से मुझे चन्द्रिका प्रसाद जिज्ञासु लिखित डॉ. आम्बेडकर की जीवनी मिली और पढ़ने पर वह बेहद दिलचस्प और विचारोत्तेजक प्रतीत हुई। मैं उससे गहरा प्रभावित हुआ।

यह उन दिनों की बात है, जब डॉ. आम्बेडकर का नाम आम जनता में सुपरिचित नहीं था। वे राजसत्ता की प्रचार-प्रणाली द्वारा दबाकर रखे गये नायक थे।

एक शाम पिताजी के हौले-हौले पैर दबाते हुए मैंने सहमे अन्दाज़ में पूछा–अम्बेडकर कौन थे? दरअसल मैं आम्बेडकर पर उनकी टिप्पणी अथवा ख़याल सुनना चाहता था। मैं कुछ पढ़ता रहता हूँ, इसकी जानकारी उन्हें थी और मेरे इस सवाल पर उन्हें अचरज नहीं हुआ। फिर भी कुछ सचेत हुए और इत्मीनान का जवाब दिया–'अंगरेजों का एक दलाल था, जो गाँधी का बहुत विरोधी था।' इतना कहकर वह गहराई से चुप हो गये। अब सोचता हूँ, उनका जवाब एक आम कांग्रेसी जवाब था। मीडिया ने आम्बेडकर की जो छवि बनायी थी, उसे पिताजी ने चुपचाप स्वीकार लिया था। उनके जवाब से मैं बुरी तरह आहत हुआ, लेकिन जवाब नहीं दे सका। बहुत सोच-समझकर मैंने बायोग्राफी उनके सिरहाने रख दी। अगली सुबह देखा, वह किताब उनके हाथ में है। मैंने आश्वस्ति की साँस ली। किताब पढ़कर उन्होंने मुझ से कुछ नहीं कहा, लेकिन कई महीने बाद मैंने डॉ. आम्बेडकर की फ्रेम की हुई तस्वीर डरते हुए घर में लगायी, क्योंकि पिताजी के शब्दों में वह अंग्रेज़ों के दलाल की तस्वीर थी, तो एक-दो रोज़ बाद ही देखा, वह तस्वीर अपनी जगह नहीं है। पिताजी ने उस मुख्य जगह पर डॉ. अम्बेडकर की तस्वीर लगा दी थी जहाँ पहले गाँधी की तस्वीर थी। मेरी ख़ुशी का तो ठिकाना नहीं था। पता नहीं जीत किसकी हुई थी। लेकिन इस विषय पर हमारी कभी कोई बात नहीं हुई। हमारे संवाद और संघर्ष का एक रूप यह भी था।

एक बात का मुझे हमेशा अफ़सोस रहेगा कि एक ख़ूब लम्बी वार्ता उनसे अन्तिम दिनों में न कर सका। शायद ऐसा ही कोई भाव उनके मन में भी रहा होगा। मृत्यु के कोई एक माह पूर्व उनसे मिला, तो लगा कि वह कुछ कहना चाहते हैं। मैंने पूछा भी कि बाबूजी कोई बात है क्या? उन्होंने इतना भर कहा कि फिर कब आओगे? मैंने क्या जवाब दिया था ठीक से स्मरण नहीं है, लेकिन मृत्यु के कुछ रोज़ पहले फोन करके उन्होंने मिलने की इच्छा ज़ाहिर की। मैंने पूछा कि क्या कोई ख़ास बात है तब उन्होंने बतलाया कि मिलेंगे, तब बात करेंगे। मैं दिल्ली जा रहा था। कहा लौटकर मिलूँगा। जिस रोज़ उनकी मृत्यु हुई, उसकी अगली सुबह मैं उनसे मिलने जाने वाला था, लेकिन शाम को ही सूचना मिली कि अचानक चले गये।

कोई घण्टे भर बाद में जब घर पहुँचा तब वह चिरनिद्रा में निमग्न लेटे थे। एक सफेद चादर से ढँके-चुपचाप। उनके ही रोपे लगाये फूल की कुछ शाखें उनके पार्थिव शरीर पर हौले-हौले डोल रही थीं और मनहूस अगर की बत्तियाँ...।

पता नहीं वो मुझसे क्या कहना चाहते थे। जाने कितने प्रारूप मेरे मन में कल्पित हुए हैं। लेकिन सभी प्रारूपों में एक बात की समानता है कि वह कोई असाधारण बात कहना चाहते थे। दुनियावी बातें नहीं, कोई पारिवारिक बात नहीं, रहस्यनुमा कोई बात, जो उनके चिन्तन की निष्पत्ति रही होगी। लेकिन अनुमान तो अनुमान ही है।

हाँ, मैं आज ज़रूर कह सकता हूँ कि मैं उनसे क्या कहना चाहता था, मैं सिर्फ इतना कहना चाहता था कि मैं तुम्हें बहुत...बहुत प्यार करता हूँ... बस और कुछ नहीं, मेरे पास कहने के लिए कुछ नहीं था। मैं उन्हें आदरसूचक आप नहीं, प्यार भरा 'तुम' कहना चाहता था... उनके प्रति कोई सम्मान नहीं, अपरिमित प्यार जताना चाहता था। उनकी गोद में एक बार सिर रखना चाहता था और पूरी ताक़त से उन्हें चूमना चाहता था और कहूँ तो हौले से उनके कान भी उमेठना चाहता था कि तुम भी मुझे समझ नहीं सके।

मृत्यु के बाद लगातार मेरे सपने में आये। हमने इन सपनों में लम्बी यात्राएँ कीं। मित्रों की तरह घूमे। पैदल, रिक्शे, गाड़ी और वायुयान में भी (उनके मित्र देवपूजन बाबू मृत्यु के आधे घण्टे पूर्व तक उनके साथ थे। मैंने उनसे पूछा कि आख़िरी बार उनकी बात का विषय क्या था, तो उन्होंने बतलाया कि हम लोगों ने योजना बनायी थी कि दिल्ली हवाई जहाज़ से आना-जाना है, उन्होंने हवाई यात्रा कभी नहीं की थी और शायद यह उनकी हसरत थी, जिसे वह पूरा नहीं कर सके।)।

बाज दफ़ा महसूस होता है कि उन्होंने पुकारा है या फिर मुझे निदेशित कर रहे हों-ना ऐसा मत करो। या कि हाँ यह ज़रूर करो। मुझ जैसे अनीश्वरवादी को आत्मा और ईश्वर से कोई लेना-देना नहीं। लेकिन स्मृतियों की गझिन बुनावट से उझकते बाबूजी को महसूस करना या फिर सपने के सच में साथ होना, अपनी ही तरह की अनुभूति है। जवाहरलाल नेहरू की आत्मकथा पढ़ते हुए, एक प्रसंग मिला कि अपने पिता की मृत्यु के काफ़ी दिनों बाद एक बार वह उन्हें टेलीग्राम करने जा पहुँचे थे कि अचानक उन्हें याद आया कि वो तो इस दुनिया में नहीं हैं। तब मुझे लगा कि यह अवस्था औरों के साथ भी होती है।

पिताजी के होते दुनिया का एक अलग अर्थ था, उनके न रहने पर दुनिया अजीब-सी लगती है। कोई भी छोटी-बड़ी उपलब्धि हो, लगता है बाबूजी ने नहीं देखा तो इसका क्या मतलब! वह मुझे आज़ाद तबियत का एक लेखक देखना चाहते थे। मैंने कुछ-कुछ बनने की कोशिश की। मेरी हर पंक्ति पर उनकी नज़र होती थी। हर लेखक एक या दो पाठकों को ही ध्यान में रखकर सब कुछ लिखता है (जैसे मेरा मानना है कि तुलसीदास ने अपनी पत्नी रत्ना को ध्यान में रखकर लिखा, केवल उसे पढ़ने के लिए।) मैं कह सकता हूँ कि मैंने हमेशा दो पाठकों को ध्यान में रखकर लिखा। बाबूजी उनमें से एक थे। दुर्भाग्य से मेरे दोनों पाठक इस दुनिया में नहीं हैं। मेरे लिखने की गति यदि थम-सी गयी है, तो इसका एक बड़ा कारण यही है।

उनकी मृत्यु के बाद जब पहला मानसून आया और आकाश काले-काले बादलों से पट गया, तब अपने छत पर एकान्त में इन्हीं ख़यालों में खोया रहा कि काश, इन लरजते बादलों को निहारने के लिए बाबूजी होते। मानसून के सक्रिय होते ही उनकी बाँछें खिल जाती थीं। मैं अपने बचपन को याद करता हूँ तो एक युवा गृहस्थ आर्द्रा नक्षत्र के आते ही कई तरह के फूल बीजों के साथ अपनी छोटी-सी फुलबाड़ी को नये पौधों से भरने में लग जाता था। हमारा बचपन ग़रीबी में रहा। हमारे पास कभी लम्बे-चौड़े खेत-बाग नहीं रहे। लेकिन छोटी-छोटी चटाईनुमा क्यारियों को भी सज़ा कर रखना पिताजी को ख़ूब आता था। मेरा जन्म दिन जुलाई के आख़िरी हफ्ते में होता है। उनकी कोशिश होती थी इस वक़्त तक उनकी क्यारियाँ ताजे खिले फूलों से भर जायें। उनके पास उत्सव मनाने के लिए दिल तो होता था, दौलत बिलकुल नहीं। इन ताजे फूलों को अपनी तरह से वह मेरे जन्म दिन का उपहार समझते थे। हालाँकि, ऐसा उन्होंने कभी कहा नहीं। लेकिन उस ख़ास तारीख़ तक फूल ज़रूर खिल जावें, जैसी कोशिशों के साये में यह ख़याल मेरे मन में ज़रूर आया।

पिताजी का बचपन और जवानी उस दौर में गुजरा जब हमारे मुल्क में अंगरेज़ विरोधी राजनीतिक अभियान घनीभूत था। उनका जन्म एक पिछड़े गाँव के, पिछड़े किसान परिवार में हुआ था। हमारे दादाजी ने पढ़ाई के नाम पर पाँचवीं कक्षा ही पार की थी। मिट्टी से बना हमारा एक बड़ा खपरैल घर था, जिसमें एक बड़ा-सा आँगन था। दरअसल आँगन किसान परिवारों का उप-खलिहान भी होता था। इस घर का एक हिस्सा जैसा कि मैंने पहले बतलाया है, मुझे हमेशा जादुई और शरलक होम्स या देवकी नन्दन खत्री के उपन्यासों में वर्णित आख्यानों जैसा तिलस्सी लगता। पिताजी ने जब आँखें

खोली होंगी तब उस घर में लाल इकरंगे में बँधी एक रामायण के सिवा शायद कोई दूसरी पोथी नहीं होगी। ऐसे माहौल में जन्मे पिताजी ने अपने को शब्दों की दुनिया से जोड़ने की कोशिश की। कॉलेज तक पहुँचे, हालाँकि अपने राजनीतिक अभियान में पढ़ाई छोड़ दी। किताबें पढ़ने और जोड़ने का उन्हें ख़ूब शौक था। अपनी कुव्वत भर उन्होंने जैसे–तैसे किताबें इकट्‌ठी भी कर डाली थीं। एक छोटा–सा ही सही, निजी पुस्तकालय उन्होंने बना लिया था। दुनिया भर का ज्ञान हासिल करने का उन्हें जुनून था। यूरोप के रिनासां काल के किसी कलाकार की तरह वो सपनों में जीते थे। लेकिन अध्यवसायी भी कम नहीं थे। उनके हस्तलेख एक तय विन्यास में बहुत खूबसूरत होते थे और उनके लिखे में बारीक से बारीक अशुद्धियाँ निकालना सम्भव नहीं होता था। वह ख़ूबसूरत मूर्तियाँ गढ़ सकते थे और स्थापत्य की बारीकियों पर देर तक बोल सकते थे। शास्त्रीय संगीत में भी उनकी रुचि थी और कई बार उन्होंने बड़े संगीत समारोहों का आयोजन करवाया। थियेटर में इतनी ही रुचि थी कि सैन्डर्स का अभिनय करने में अपने ख़ूबसूरत बाल गँवा बैठे। अंगरेज़ी नाटक 'ह्वाइट हेयर्ड गर्ल' का अनुवाद और मंचन उन्होंने किया था।

इस तरह उन्होंने हमारे घर में ज्ञान का एक संस्कार रचा। उसकी आधारशिला रखी। हमने आँखें खोलीं, तब हमारे इर्द–गिर्द हिन्दुस्तान–धर्मयुग, दिनमान, सारिका जैसी पत्रिकाएँ मिलीं। रेणु, यशपाल, बेनीपुरी, दिनकर की किताबें मिलीं। उनकी गोद में बैठकर हमने कालिदास के मेघदूत की पंक्तियाँ सुनीं। दूसरे विश्वयुद्ध और सहजानन्द सरस्वती के किसान आन्दोलन की कहानियाँ हमने इसी दौर में सुनीं। पिताजी तेलंगाना के किसान आन्दोलन से बहुत प्रभावित थे। उस दौरान उन्होंने तेलंगाना की यात्रा की थी और अपनी भावाभिव्यक्ति गीतों में की थी। उनके एक गीत की लड़ी हमने माँ को अक्सर गुनगुनाते सुना...'एक हाथ में लाल झण्डा, एक हाथ बन्दुकवा, कंगरेसिया हो, हो गेलब क्रान्ति के तइयारी', यह मगही जुबान है, जिसके अर्थ हैं एक हाथ में लाल झण्डा और दूसरे में बन्दूक। कांग्रेसियों, क्रान्ति की तैयारी हो चुकी है।

लेकिन कांग्रेसियों के ख़िलाफ़ क्रान्ति की तैयारी कर चुके पिताजी कई कारणों से खुद कांग्रेस में शामिल हो गये थे, इसलिए इस गीत को गुनगुनाना अब शायद अपराध समझते थे (इस बीच वे नेहरू राज के अभिनन्दन में लग गये थे)। लेकिन माँ ने इस गीत को हिफाज़त से अपने कलेजे में छुपा रखा था। उनकी लोरियों के बीच फुदकता यह गीत हमारे अवचेतन में आ

बैठा और हाइबरनेशन में हमारे किशोर होने तक पड़ा रहा। जब हमने तेलंगाना आन्दोलन का इतिहास पढ़ा, तब इस गीत के अर्थ भी खुले। गर्व की अनुभूति हुई कि हमारे पिता उस महान आन्दोलन का हिस्सा बने थे।

लेकिन पिताजी के व्यक्तित्व से क्रान्ति के भाव अब कोसों दूर जा चुके थे। लम्बी-चौड़ी गृहस्थी उन्होंने खड़ी कर ली थी और इसे सँभालने के जद्दोज़हद में दुबले हुए जा रहे थे। ज़िन्दगी से ज्वार गुजर चुका था और उसके भाटे पर अर्नेस्ट हेमिंग्वे के प्रसिद्ध उपन्यास 'ओल्ड मैन एंड द सी' के नायक बने वे खड़े थे। उनके कन्धे पर परिवार का जाल और जंजाल पड़ा था। जिसे सँभालने में वे दयनीय, थके और श्रीहीन दिख रहे थे।

अपने किशोर वय में ऐसे ही थके-श्रीहीन पिता को मैंने देखा, जिसे मेरा मन मानने से इनकार कर रहा था। वह कांग्रेस की सत्तात्मक राजनीति के छोटे-मोटे औज़ार होते जा रहे थे। उनके चारों ओर झूठ-फरेब, चापलूसी और छोटी-छोटी बेइमानियाँ इकट्ठी होती जा रही थीं। निश्चित ही इन सबसे समझौता करना उनके लिए बेहद मुश्किल था, लेकिन वो असहाय हो चुके थे। उन्होंने अपने जाल में ही अपने जीवन के महान सपनों को कैद कर लिया था और उसे ढोते हुए बढ़ते जा रहे थे। होशियारी उन्होंने सीखी नहीं थी और इसलिए दुनियादारी निभाना उनके लिए मुश्किल हो रहा था।

आज़ाद ख़याली शायद उनकी फ़ितरत थी, जीवन के नियम-कायदों को उन्होंने किनारे कर रखा था। यदि नींद है तो ख़ूब सोना है और फिर काम है तो रात-दिन क्या? कोई बैंक अकाउंट, ताला-चाभी या सन्दूक उनके लिए बेमतलब की चीज़ें थीं। जो था, सो खुला था। निजी सम्पत्ति ही नहीं, सम्पत्ति के ही वह दुश्मन थे। पैसे नहीं हैं। तो नहीं हैं और हैं तो फिर उदार होकर खर्चना उनका शगल था। धन के प्रति उनका यह शत्रु भाव सम्भवतः उनकी उस निर्धनता से उपजा था, जिसने एक-एक कर उनके सपनों का गला घोंटा था।

लेकिन कालान्तर में मैंने पिता के एक और रूप को देखा। यह वह समय था, जब उन्होंने स्वतन्त्रता सेनानियों को मिलने वाली पेंशन स्वीकार ली थी और एक तरह से उनके हाथ पर अपना कहे जाने वाले चार पैसे थे। भाइयों की पढ़ाई-लिखाई पूरी हो चुकी थी और घर आर्थिक मामलों में दरिद्र नहीं रह गया था। जीवन भर परिवार की परवाह न करने वाले पिता को अब घर की पूरी परवाह थी। एक भारी अन्तर्विरोध उनके जीवन में अचानक उभरा और इसे स्वीकारने से मैंने इनकार कर दिया। हमारे बीच लम्बी संवादहीनता का कारण बस यही था। एक नायक को टूटे हुए नायक के रूप में तो मैं

देख सकता था, प्रतिनायक के रूप में कदापि नहीं देख सकता था। बस इस बात की एक व्याख्या में उनसे करना चाहता था, लेकिन अन्ततः नहीं कर सका, इसका मुझे अफसोस है और रहेगा।

मुझे इत्मीनान है कि आख़िर वक़्त में उनके मन में भी कुछ ऐसी ही बातें होंगी। आख़िर वह क्या बातें करना चाहते थे। घर की, या उनकी अपनी समस्या तो कुछ ख़ास थी नहीं। वह बात हो सकती, तो सम्भव था इस आलेख का कलेवर और आस्वाद कुछ और होता। इस बात के बाद हम दोनों फूट कर रोते, एक-दूसरे से लिपट जाते और धवल ताजे हो जाते–इस बड़े सुख से वंचित रह जाना हमारे जीवन का बड़ा खालीपन होगा।

अपने माता-पिता का मूल्यांकन करना कठिन कार्य है। इस कार्य में प्रायः लोग अपने खानदान की आत्मप्रशस्तियाँ लिख जाते हैं। लेकिन अपने अनुभव से मैं एक बात कह सकता हूँ कि हर कोई अपने माता-पिता और पूर्वजों पर गर्व करना चाहता है। मैं सभी माता-पिताओं से कहना चाहूँगा कि अपने को ऐसा बनावें कि उनकी सन्ततियाँ उन पर गर्व कर सकें। आप उनके लिए दौलत इकट्ठा करते हैं या नहीं (मैं समझता हूँ सन्ततियों के लिए दौलत की भेंट सबसे फूहर भेंट है।) संस्कार ज़रूर इकट्ठा कीजिए। उन्हें अपना परिचय देने में गर्व हो सके, ऐसा बनिये। आप सोचिये किसी बच्चे को यह सुनने में कैसा लगता होगा कि उसके पिता अपराधी, चोर, जालसाज या चरित्रहीन हैं।

मैं कह सकता हूँ कि मुझे अपने पिता पर गर्व है। मुझे इस बात का भी गर्व है कि जब वो चोटी से ढलान की ओर ढुलकने लगे, तो अपने प्रतिरोध से उन्हें थामने की भरसक कोशिश की और अन्ततः थाम लिया। उन्होंने बड़ा सपना देखा था। आज़ादी उनके लिए राजनीतिक आज़ादी तक सीमित नहीं था। जीवन में आज़ादी को उन्होंने उतारना चाहा। संकीर्णताओं, रूढ़ियों और कट्टरता के वे सदैव विरोधी रहे। अपनी मर्जी से विवाह किया और कभी कोई चाकरी नहीं की। किसी भगवान की शरण में जाते उन्हें नहीं देखा। कभी कोई नशा नहीं लिया। आचरण में ऐसा मानक रखा कि भूल से भी कभी किसी के लिए अपशब्द या गाली नहीं निकाला। स्त्री जाति के प्रति उनके मन में जो इज़्ज़त थी उसका एक रूप मैंने अपनी माँ के प्रति उनके व्यवहार में देखा। जीवनभर उन्होंने उन्हें आदरसूचक 'आप' से ही सम्बोधित किया। स्त्रियों की स्वतन्त्रता को वह स्वतन्त्रता का मूल समझते थे। यशपाल और जैनेन्द्र उनके प्रिय लेखक थे, तो इसलिए कि स्त्री-स्वातन्त्र्य के महत्त्व को इन लेखकों ने समझा था।

पुराने गया जिले के एक पिछड़े हुए गाँव पुरैनिया (अब अरवल जिला) में वह जन्मे और पले-पढ़े लेकिन जीवन का ज़्यादा हिस्सा नौबतपुर (पटना जिले) में बिताया। इस छोटे कस्बे के लगभग सौ गाँवों को उन्होंने इतना तो प्यार दिया ही कि जब उनकी मौत की ख़बर मिली तो लोग दूर-दराज से उन्हें श्रद्धांजलि देने आये। उनकी श्रद्धांजलि सभा ने एक बड़े मेले का रूप ले लिया। उत्सवप्रिय पिता को मेले बहुत पसन्द थे। मैंने सपने में देखा, इस मेले में वह भी शामिल हैं और लोगों से उत्साहपूर्वक मिल-जुल रहे हैं।

बक्कर और बाबा

2009 के लोकसभा चुनावों में कांग्रेस के नेतृत्व में यूपीए एक बार फिर सत्ता में लौटी और डॉ. मनमोहन सिंह अपनी दूसरी पारी में प्रधानमन्त्री बने। 2008 में परमाणु बिजली मामले पर अमेरिका से समझौता के मामले में कम्युनिस्टों से उनकी जो ठनी, सो अन्ततः पूरी तरह अलगाव में बदल गयी। मार्क्सवादी और अन्य कम्युनिस्ट दल यूपीए से अलग हो गये। ऐसी स्थिति में कांग्रेस को कई ऐसी राजनीतिक शक्तियों के भरोसे होना पड़ा, जिसकी संस्कृति कांग्रेस के अनुकूल नहीं है। फिर भी भाजपा को रोकने के सवाल पर मनमोहन सरकार भलीभाँति चल रही है और जब यह पंक्तियाँ लिखी जा रही हैं, तब कार्यकाल पूरा होने को ही है।

मार्क्सवादियों की सीधी पहरेदारी का अभाव और कुछ ऐसे क्षेत्रीय दलों पर कांग्रेस की निर्भरता, जिनकी सोच काफ़ी संकीर्ण है, देश के लिए बेहतर लक्षण नहीं है। इससे कांग्रेस के अन्दर भी निहित स्वार्थी तत्त्व अपना ज़ोर बढ़ा देते हैं। 2जी स्पेक्ट्रम और कोयला घोटाले इसी की देन हैं। यदि मार्क्सवादी होते तो शायद इसे रोकते।

भाजपा में उदार नेतृत्व का अभाव है और कभी-कभी यह पार्टी दक्षिणपन्थी से भी नीचे गिर कर प्रतिगामी रुख़ अख़्तियार कर लेती है। यह बहुत ही खतरनाक लक्षण है। आडवाणी में राष्ट्रीय नेता के कोई गुण नहीं है। एक बार उन्होंने उदार होने की कोशिश भी की तो जिन्ना के मामले में उदार हो गये। इससे उनकी पार्टी की अध्यक्षता भी खतरे में पड़ गयी। हालाँकि उनका स्वास्थ्य अच्छा है, लेकिन काश! उनके ख़याल भी इतने ही अच्छे होते। सत्ता के अलावे जीवन या जगत किसी भी विषय में उनकी कोई राय है, इसकी जानकारी बहुत लोगों को नहीं है। कम-से-कम मुझे तो नहीं है।

आडवाणी के अलावे अन्य दूसरे नेता भी उसी कोटि के हैं। सुषमा स्वराज और अरुण जेटली भी बहुत प्रखर नहीं हैं। जोशी, राजनाथ भी इसी कोटि के हैं। नरेन्द्र मोदी ने परिश्रम और अनुकरण से अपने में एक राष्ट्रीयता विकसित भी की तो वह हिन्दुत्व की जगह विवादित राष्ट्रीयता के प्रतीक बन गये। इन नेताओं के साथ सुविधा यह है कि इन्हें कांग्रेस के राहुल गाँधी के निकष पर देखा जाता है। इस सुविधा का लाभ इन्हें मिल जाता है।

मार्क्सवादियों, समाजवादियों और अम्बेडकरवादियों की भी स्थिति यही है। कहीं से किसी सशक्त नेता के उभार नहीं दिख रहे हैं। ऐसे में मुल्क में जो निराशा फैली उसका लाभ अन्ना हज़ारे और रामदेव जैसे लोगों को मिल गया।

2010–11 अन्ना हज़ारे और बाबा रामदेव के वर्ष रहे। अन्ना हज़ारे को शहरी मध्यवर्ग के बुद्धिजीवियों के एक तबके ने खड़ा किया, जिनमें एक भद्रलोक की चेतना थी। इन लोगों ने कभी अपने वर्ग की कमज़ोरियों का वास्तविक विश्लेषण किया होता तो शायद कुछ और करते। भारत माता की जय और राष्ट्रीय ध्वज, भ्रष्टाचार उन्मूलन जैसे नारे और सब मिलाकर एक ऐसे भद्रलोकतन्त्र की संकल्पना जिसमें मज़दूरों, किसानों, दलितों, पिछड़ों, अल्पसंख्यकों की कोई चर्चा न हो या 'कम-से-कम' चर्चा हो, आख़िर किस तरह एक नये भारत को जन्म दे सकेगा। अन्ना हज़ारे ने लोकपाल विधेयक की वकालत की, फिर वे एक नयी किस्म के जनलोकपाल की बात करने लगे। लेकिन क्या भ्रष्टाचरण की समस्या लोकपाल जैसी व्यवस्था से खत्म होनी है। यदि ऐसा होता तो पुलिस व्यवस्था से अपराध खत्म हो गये होते। जनलोकपाल ग़रीबों की पीठ पर वकीलों का केवल बोझ बढ़ा सकती है, भ्रष्टाचार दूर नहीं कर सकती। इससे मध्यवर्ग को क्या लाभ मिलेगा, मैं नहीं जानता, लेकिन ग़रीब जनता का कुछ भला नहीं होगा। एक चीनी दार्शनिक ने ग़लत नहीं कहा था कि जितने अधिक कानून बनाओगे, अपराध उसी रफ़्तार में बढ़ेंगे।

अन्ना हज़ारे और बाबा रामदेव दोनों ने सत्याग्रह और अनशन किये। आरम्भ में दोनों का कांग्रेसियों ने बड़े ज़ोरदार तरीके से स्वागत किया। अन्ना हज़ारे के अनशन को अभूतपूर्व लोकप्रियता मिली और मीडिया उन्हें दूसरा गाँधी कहने लगा। यदि अन्ना हज़ारे जैसी लोकप्रियता पैदा करनी है तो फिर इसके लिए कुछ टोटके होते हैं। ऐसी लोकप्रियता मिल जाती है। बाबाओं के इस देश में गारीबाल्डी और भगत सिंह बनने की ज़रूरत नहीं है। कुछ भजन गाइये, भारत माता की जय बोलिए और ऐसे प्रसंगों को मत टच कीजिए

जिससे वर्चस्व प्राप्त तबकों की चूलें हिलती हैं, वरना वे आपको नक्सली सिद्ध करके रख देंगे।

अन्ना हज़ारे के लिए तो अभूतपूर्व ड्रामा हुआ। संसद अपील कर रही है। प्रधानमन्त्री अपील कर रहे हैं और अन्ना हज़ारे अनशन पर जमे हुए हैं। कुछ जानकारों ने बतलाया तन्त्र-मन्त्र की साधना की तरह अनशन की भी एक साधना होती है। एक तयशुदा अभ्यास विज्ञान है। जो इसे साध लेता है, पूरा कर जाता है।

कुछ भी हो इस तरह के करतब का मैं समर्थन नहीं कर सकता। यह सहजयानी साधना है, जिसे कुछ लोग वज्रयान भी कहते हैं। हमारे इतिहास के मध्यकाल में एक समय ऐसा आया जब बौद्ध नेतृत्वविहीन हो गये। उनके नेतृत्वकर्त्ता भिक्षु या तो आक्रमणकारियों द्वारा कत्ल कर दिये गये या फिर भाग निकले। ऐसे में बौद्ध जनता के बीच से करतब करने वाले लोग पैदा हुए और लम्बे समय तक भोली-भाली जनता का नेतृत्व किया। कोई भिक्षु बैठता नहीं, केवल खड़ा ही रहता था, वह खड़खड़िया बाबा हो गया। कोई गर्मी में भी कम्बल ओढ़े रहता, वह कमरीया हो गया। कोई ओखली पर बैठकर ओखलीपा, कोई भूसी खाकर रहने वाला भुसुकपा हो गया। तो ये अन्ना हज़ारे और रामदेव इसी कोटि के लोग थे। अपने अनशन के करतब से आक्रान्त करने वाले। जैसे जमूरे जब पाखण्ड नहीं करते, तब रस्सी पर चलकर लोगों को चकित करते और ध्यान खींचते हैं, फिर रोटी की याचना करते हैं।

अन्ना हज़ारे की देखा-देखी बाबा रामदेव ने भी अभियान चलाया। साँसों का करतब दिखलाकर इन्होंने बेशुमार दौलत बटोरी है और तयशुदा कार्यक्रम बनाकर पूरे देश में घूमते रहते हैं। 4 जून, 2011 को इन्होंने दिल्ली में अपनी अनशन लीला की योजना बनायी, तब मैंने उन्हें एक खुला खत लिखा। कुछ अख़बारों ने इसे प्रकाशित किया। पत्र इस प्रकार था–

पटना,

3 जून'11

बाबा रामदेवजी,

तीन दिनों से अख़बारों में आप ही आप हो। आज सुबह भी अख़बार उठाया तो आपकी भगवा तस्वीर आक्रामक मुद्रा में सामने थी। चाय की पहली चुस्की के साथ जो बात मेरे मन में आयी कि अख़बारी युद्ध में बाबा ने अन्ना को पटकनी दे दी। इक्कीसवीं सदी के दूसरे दशक में हमें बाबाओं का मल्लयुद्ध देखना था, देख रहे हैं।

बाबा! मेरे बिहार में भी एक बाबा हुए थे। पहले बौद्ध भिक्षु थे, बाद में जन कवि हो गये। नाम था नागार्जुन। लोग प्यार से उन्हें बाबा कहते थे—बाबा नागार्जुन। उन्हीं की एक कविता है, जो उन्होंने जेपी की सम्पूर्ण क्रान्ति से मोहभंग के उपरान्त लिखी थी। कविता की केवल दो पंक्तियाँ रखना चाहूँगा :

इधर दुधारू गाय अड़ी थी, उधर सरकसी बक्कर था--
समझ न पाओगे वर्षों तक, जाने कैसा चक्कर था।

बाबा रामदेव! सच कहता हूँ, मैं भी चक्कर में हूँ। समझ नहीं पा रहा हूँ, आप सबका मामला क्या है? यूँ जेपी का सम्पूर्ण क्रान्ति भी भ्रष्टाचार के ख़िलाफ़ ही था। आप उसके एक पक्ष विदेशी कालाधन के ख़िलाफ़ हो। आप चाहते हो देश के हुक्मरानों और नौकरशाहों ने विदेश में जो कालाधन जमा कर रखा है, उसे देश लाया जाये। आप के इस पवित्र भाव का कौन विरोध करेगा? सुना है एक करोड़ लोग इलेक्ट्रॉल या उस जैसा कोई घोल पीकर अनशन करेंगे। अच्छी बात है। इस महामहोत्सव का मैं भी लुत्फ़ लूँगा।

बाबा! लेकिन देशी कालाधन के ख़िलाफ़ आप कब आन्दोलन करोगे? आपके देश में अभी भी भूमिचोर, कामचोर और दामचोर बैठे हैं। ज़मींदार आज भी हैं। सैकड़ों एकड़ ज़मीन के मालिक हैं और खेत में खुरपी भी नहीं चला सकते। उनकी औलादें घोटाले करती हैं और आपके योग शिविर में पचास हज़ारी टिकट पर आगे बैठकर गों-गों करती हैं। देश में करीब आधा करोड़ साधु संन्यासी हैं, जो कामचोर हैं। महान, लेखक प्रेमचन्द ने एक जगह लिखा है कि कैसे इन कामचोरों के कारण हमारा मुल्क बर्बाद हो रहा है। कोई उपाय निकालो बाबा कि वे कर्मण्य बन सकें। गीता ने यह बतलाया है कि जो कर्म किये बिना खाता है वह चोर है। इन चोरों के चूतड़ पर कोड़े रसीद करो बाबा! इन्हें कर्मभूमि में धकेलो। इन्हें खेतों में भेजो। सड़क और रेल लाइनें बिछाने भेजो। जूते बनाने भेजो और जो ज़्यादा बलिष्ठ हैं उन्हें फ़ौज में भेजो। भेजने के पहले कोड़े मारने मत भूलना। बहुत दिनों तक हराम की खायी है। उसका प्रायश्चित होगा।

बाबा! एक बार अपन का मिलना हुआ है। बिहार के एक मन्त्री के आवास पर। बिहार के मुख्यमन्त्री भी साथ थे।

आपकी बातें सुनकर लगा था, विद्वान पुरुष हो। आप मानव कोशिका की आन्तरिक संरचना समझा रहे थे। माइटोकॉन्ड्रिया से लेकर डीएनए की अतिसूक्ष्म वैज्ञानिक स्थितियाँ आपने समझी हुई हैं। यह जानकर अच्छा लगा था। कुछ लोग अपने वस्त्रों में आधुनिक और विचारों में पुरातन होते हैं। आप वस्त्रों में पुरातन और विचारों में आधुनिक दिखे थे। आपसे मिलकर लौटने पर मुझे हार्दिक प्रसन्नता का अहसास हुआ था।

और इसलिए आपको लिख रहा हूँ। आपने योग से भारी कमाई की है (पता नहीं इनकम टैक्स देते हो, या नहीं) इसे मैं अच्छा नहीं मानता। मैं आपको व्यापारी की कोटि का ही मानता हूँ। आप में और नारायण मूर्ति में चुनना होगा, तो मैं बेशक नारायण मूर्ति को चुनूँगा। आपको अच्छा आदमी ज़रूर मानता हूँ। इसलिए उम्मीद करता हूँ कि आपके कदम अच्छाई की ओर बढ़ेंगे।

इसलिए बाबा, आप आगे बढ़ो। हमारी बेहतर कामनाएँ आपके साथ हैं। अगली दफ़ा जब भूमि सुधार और वैसे अन्य मुद्दों पर, जिससे मानव-मानव के बीच की गैरबराबरी दूर होगी, आप आन्दोलन करोगे, तो मैं भी आपके साथ होना चाहूँगा।

लेकिन बाबा! याद रखना। आपने यदि ऐसा कुछ किया तो प्रधानमन्त्री के दूत नहीं, उनके भूत आपसे मिलेंगे। फिर या तो आपका ग्रीन हंट हो जायेगा, या आप विनायक सेन की तरह देशद्रोही करार दिये जाओगे।

कवि शैलेन्द्र का गीत सुना है!

भगत सिंह तुम जन्म न लेना, काया भारतवासी की
देशभक्ति के लिए आज भी सज़ा मिलेगी फाँसी की।
देशभक्ति की बात करोगे, तुम गद्दार कहलाओगे
बम्ब-सम्ब की छोड़ो, भाषण दिया कि पकड़े जाओगे।

प्यारे बाबा, आप भाषण को अनशन भी पढ़ सकते हो।

अलविदा।

आपका,

प्रेमकुमार मणि

x x x

सचमुच 3 जून को जब बाबा दिल्ली में अनशन पर बैठे, तब चौबीस घण्टों के भीतर ही सरकार ने अपने बज्राघात से उसे तहस-नहस कर दिया। 4-5 जून की आधी रात में पुलिसिया कार्रवाई हुई। बाबा को भागना पड़ा। महिलाओं का भेष धर कर भाग रहे बाबा, अन्तत: पकड़ लिये गये, और विमान पर बैठाकर, उन्हें उनके मुकाम तक पहुँचा दिया गया। कई कारणों से ये उपहास का विषय बन कर रह गये। अन्ना हज़ारे भी अपने अन्तर्विरोधों के कारण बिखर गये। उन्हें सहारा देने के लिए फ़ौज के रिटायर्ड जनरल आये, लेकिन उन्हें बिखरने से बचा नहीं सके।

बर्ख़ास्तगी

या रब वो न समझे हैं, न समझेंगे मेरी बात
दे और दिल उनको या दे मुझको ज़ुबाँ और।

—ग़ालिब

2010 के विधानसभा चुनाव के नतीजे पूरी तरह नीतीश जी के पक्ष में गये। वोट के हिसाब से वह बिहार के नये जननायक थे; क्योंकि एनडीए ने यह चुनाव उनके नेतृत्व में लड़ा था। नीतीश कुमार ने पूरी कोशिश की थी कि यह चुनाव उन्हें केन्द्र में रखकर हो, इसलिए भाजपा के किसी भी नेता को आने की मनाही कर दी, ख़ासकर नरेन्द्र मोदी पर वह काफ़ी सख़्त थे। दरअसल यह उनकी राजनीतिक बाजीगरी थी, किसी विचार के प्रति कोई आस्था नहीं।

243 सदस्यों वाली बिहार विधानसभा में एनडीए को कुल 206 सीटें मिलीं। 115 अकेले नीतीश कुमार के जेडीयू को और 91 भाजपा को। विपक्ष काफ़ी कमज़ोर हो गया था। लालू प्रसाद का राष्ट्रीय जनता दल 55 से घटकर 22 पर चला आया था और रामविलास पासवान का लोजपा 9 से घटकर 3 पर। कांग्रेस को केवल 4 सीटें मिलीं और सभी कम्युनिस्ट दल मिलाकर मात्र एक सीट ही जीत सके। बाक़ी 7 सीटें निर्दलीय विधायकों के पास रहे। एनडीए ने कुल 39 प्रतिशत वोट हासिल किये जिसमें 22.3 प्रतिशत जदयू ने और 16.7 प्रतिशत भाजपा ने हासिल किये। सीधे संख्या में एनडीए को एक करोड़ तेरह लाख मत हासिल हुए, जिसमें 65 लाख जेडीयू को और 48 लाख भाजपा को थे। लेकिन भाजपा के सफलता का ग्राफ ज़्यादा अच्छा था, क्योंकि उसने केवल 101 सीटों पर चुनाव लड़ा था, जदयू 142 पर लड़ी थी। 142 पर लड़कर उसे 115 सीटें मिली थी, जबकि भाजपा को 101 पर लड़कर ही 91 सीटें मिलीं। वोट का प्रतिशत भी उसके पास ज़्यादा था।

राजद को 22 सीटों के साथ लगभग 57 लाख वोट मिले थे, जबकि लोजपा को 3 सीटों के साथ लगभग 18 लाख। 24.5 लाख वोट कांग्रेस को और 13 लाख वोट कम्युनिस्ट दलों को मिले थे। यदि एनडीए गठबन्धन के विरुद्ध बिहार में सेक्युलर गठबन्धन होता तो दोनों को बराबर-बराबर वोट मिले होते। सम्भव है कि कुछ गुणात्मक परिवर्तन भी होता।

अब नीतीश और उनकी पार्टी को मेरी ज़रूरत नहीं थी। इसलिए चुनावों में मेरी कोई भागीदारी नहीं रही। पार्टी ने किसी कार्य में मुझे शामिल नहीं किया था। मैं भी स्थिर चित्त होकर घर बैठा था। मैं चुनाव प्रचार में किसी भी स्तर पर शामिल नहीं हुआ। मुझे इस बात का अहसास था कि नीतीश जी को सफलता मिल सकती है, क्योंकि विपक्ष पुराने हथियारों से लड़ रहा था। उसने कोई रणनीति नहीं बनायी थी। 2009 में लोकसभा चुनावों में भारी जीत मिलने पर नीतीश कुमार कुछ मुग़ालते में आ गये थे। इसका नतीजा उन्हें 18 विधानसभा क्षेत्रों के उपचुनाव में मिला, जहाँ 13 सीटों पर उसे पराजय का सामना करना पड़ा। अब इन 13 सीटों पर जीत में लालू प्रसाद को इस मुग़ालते में ला दिया कि वह तो बस आ ही रहे हैं। इसी मुगालते ने उनकी कचूमर निकाल दी। वोटों का ठीक से प्रबन्धन न कर सकने के कारण उन्हें इस शर्मनाक पराजय को देखना पड़ा था।

चुनाव के नतीजे 24 नवम्बर (2010) को आने थे। मैं शान्त-चित्त और करीब-करीब निरपेक्ष भाव में था। सुबह के नौ बजे के बाद ही ट्रेंड आने शुरू हो गये थे। मैं अपने मुहल्ले के सैलून में बाल दुरुस्त कराने आ गया। वहीं बैठा था तब दूरदर्शन से हमारे पत्रकार मित्र सुधांशु रंजन का फोन आया कि चुनाव नतीजों के कवरेज के लिए वह पटना आये हैं और कि मैं कम से कम घण्टे भर के लिए तो ज़रूर ही दूरदर्शन कार्यक्रम में शामिल होऊँ। मैंने बतलाया कि पार्टी की ओर से मैं अधिकृत नहीं हूँ, किसी दूसरे को बुला लीजिए। सुधांशु रंजन का कहना था कि आपको एक स्वतन्त्र राजनीतिक विश्लेषक के रूप में हम बुला रहे हैं, पार्टी प्रतिनिधि के तौर पर नहीं। उन्होंने मज़ाक किया आपकी हैसियत हम छोटी करना नहीं चाहते, आपने खुद किसी पार्टी विशेष में बँधकर अपनी हैसियत छोटी की है और आख़िर में उनका कहना हुआ—बहानेबाज़ी नहीं चलेगी, मित्र के रूप में मेरा आदेश है कि आपको आना है।

अब तो मुझे जाना ही था। मैं अपराह्न में दूरदर्शन पहुँचा तब रुझान पूरी तरह स्पष्ट हो चुके थे और बहुत सारे नतीजे भी आ चुके थे। सभी प्रमुख पार्टियों के प्रतिनिधि वहाँ थे। मेरी पार्टी के भी। जब मेरी प्रतिक्रिया पूछी गयी,

तब मैंने कहा यह नीतीश जी की जीत है, उनके नेतृत्व की जीत है और इस अवसर पर में उन्हें बधाई देना चाहूँगा। एंकर सुधांशु रंजन ने कहा कि यह तो सामान्य प्रतिक्रिया है, एक राजनीतिक चिन्तक के रूप में भी आपको जाना जाता है, इस रूप में दर्शक आपकी प्रतिक्रिया जानना चाहेंगे। इस पर मैंने कहा यह बिहार में दक्षिणपन्थी राजनीति की जीत है। यह भाजपा की राजनीतिक जीत है। दरअसल नीतीश जी की कोई विचारधारा नहीं है और भाजपा का कोई पुख़्ता नेतृत्व नहीं है, तो यह नीतीश जी के नेतृत्व और भाजपा की विचारधारा की इकट्ठी जीत है, जो निष्कर्षतः दक्षिणपन्थी राजनीति की जीत ही कही जायेगी।

मेरी इस प्रतिक्रिया को कई अख़बारों और पत्रिकाओं ने उद्धृत किया। दिल्ली से प्रकाशित 'आउलकुक' ने तो मेरे फोटो के साथ इसे प्रकाशित किया। नयी बिहार विधानसभा का सत्र जब शुरू हुआ तब विपक्ष के नेता और मेरे मित्र अब्दुल बारी सिद्दिकी ने विधानसभा में आउटलुक की प्रति लहराते हुए मुख्यमन्त्री से पूछा कि अब तो आपके मित्र मणिजी भी मान चुके हैं कि आप दक्षिणपन्थी राजनीति के अगुआ हैं। इसके आगे-पीछे उनकी और बातें थीं।

मुझे मालूम हुआ मुख्यमन्त्री ने आउटलुक की प्रति और दूरदर्शन की क्लिप मँगाकर देखा। लेकिन मुझसे कोई बात नहीं की। मुझे यह भी जानकारी मिली कि मुख्यमन्त्री ज़रूरत से ज़्यादा नाराज़ हैं। कुछ दिनों के बाद मुझे पार्टी के एक जूनियर साथी की ओर से पार्टी का अधिकृत पत्र मिला कि विगत चुनाव में आपने अपने स्तर से चुनाव में क्या भागीदारी की। यदि यह पत्र पार्टी के प्रान्तीय या राष्ट्रीय अध्यक्ष की ओर से, या नेता की ओर से मिला होता, तो निश्चय ही जवाब देता, और मेरा जवाब यही होता कि हाँ, पार्टी के उम्मीदवार को जाकर अपना वोट दिया, अन्य कोई ज़िम्मेदारी मुझे मुकर्रर नहीं की गयी थी; लेकिन यह तो मुझे अपमानित करने के लिए एक ऐसे व्यक्ति को पूछने के लिए अधिकृत किया गया था, जो न केवल ग़ैर-राजनीतिक और असामाजिक चरित्र का था बल्कि उसे लेकर नीतीश कुमार की बड़ी बदनामी हो रही थी। ऐसी बदनामी जिसका उल्लेख करना भी मुनासिब नहीं होगा। ऐसे व्यक्ति को में जवाब कैसे दे सकता था।

इसी बीच सरकार ने एक फैसला लिया, जिसके सिर पैर का मुझे पता नहीं चला। सरकार ने सवर्ण आयोग के गठन का फैसला लिया था, जिसके अनुसार तथाकथित ऊँची जातियों के लोगों की उन्नति के उपाय सुझाने हेतु यह आयोग सरकार को एक अध्ययन रिपोर्ट देगा। जो मैं कह रहा था,

वही नीतीश कुमार अपने कार्यों से इंगित कर रहे थे। मैं यही तो कह रहा था कि उसने अपनी दिशा बदल ली है। जिस मानसिकता और परिवर्तन के भाव को लेकर उन्होंने शुरुआत की थी, उसकी ठीक उलटी दिशा में अब वह चल रहे थे। प्रगतिशील संचरण प्रतिगामी दिशा ले चुका था। यही तो दक्षिणपन्थी रास्ता था।

मैंने फैसले के अगले ही रोज़ 1 फरवरी, 2011 को एक प्रेस-कान्फ्रेंस बुलाया और सरकार के फैसले का विरोध किया। मैंने सरकार से अपील की कि वह अपने फैसले पर पुनर्विचार करे, क्योंकि जो सामान्य नहीं हैं, उन्हें इस श्रेणी में लाने के लिए आरक्षण दिया जाता है, लेकिन जो सामान्य श्रेणी में हैं, उन्हें विशेष अवसर की ज़रूरत क्यों होगी। मैंने यह बतलाया कि तथाकथित ऊँची जातियों के पास विशेषाधिकार थे। जनतन्त्र की स्थापना के बाद उनके विशेषाधिकार समाप्त हुए। इसलिए वे अब पहले स्थिति में नहीं हैं, उन्हें पहले जैसी स्थिति में होना भी नहीं चाहिए। क्या सरकार उन्हें पहले की स्थिति में लाना चाहती है? और उनके विशेषाधिकारों को बहाल करने के उद्देश्य से यह आयोग बहाल किया गया है? मैंने यह भी कहा कि मनुस्मृति तो सवर्ण आयोग की रिपोर्ट ही है। उसके लागू होने से सवर्णों का भला होगा। क्या नीतीश सरकार उसे लागू करना चाहेगी? मेरे प्रेस-कान्फ्रेंस के बाद इस मामले ने तूल पकड़ा। मुझसे कई लोगों ने कहा कि इस मामले को लेकर एक विस्तृत वक्तव्य जारी करूँ।

मैंने अपने मंतव्य को एक पृथक् लेख में स्पष्ट किया। इस लेख को कई अख़बारों और पत्र-पत्रिकाओं ने प्रकाशित किया। लेख का शीर्षक था–'सवर्ण आयोग का सच'। इस लेख में मेरा आग्रह यह था कि सामाजिक प्रश्नों, ख़ासकर जाति जैसे मुद्दों पर बहुत सोच-समझ कर ही कोई निर्णय लेना चाहिए। राजनैतिक फ़ायदों के लिए जब इन मुद्दों का इस्तेमाल होगा, तब समाज में कोई बुनियादी परिवर्तन नहीं, कोहराम खड़ा होगा, जिससे अन्ततः समाज को नुकसान होगा।

9 मार्च, 2011 को मैं अपने मित्र विद्यानन्द सहाय के बेटे के शादी समारोह, जो जमशेदपुर में था, में से भाग लेकर पटना लौटा था। हमारी ट्रेन अहले सुबह पहुँची थी। स्टेशन पर ही अख़बार देखा तो पहली और मोटी ख़बर थी–'मणि सहित छह सौ पार्टी से निष्कासित।' बचपन में पढ़ी, यशपाल की एक कहानी 'अख़बार में नाम' का अचानक स्मरण हुआ, जिसमें अख़बार में नाम छपाने के लिए एक व्यक्ति जानबूझकर गाड़ी के नीचे आ गया था।

उसे जब अस्पताल पहुँचाया गया और उसे होश आया तब उसकी पहली चिन्ता थी कि अख़बार में नाम छपा? मैं तो सरकार के विरोध भर से सुर्खियों में था।

पटना आने पर मित्रों का मिलना शुरू हुआ। अख़बारों और चैनलों ने प्रतिक्रिया जाननी चाही। मैंने कोई प्रतिक्रिया नहीं दी। विधानमण्डल का सत्र अभी चल रहा था और यह बजट-सत्र था, जो काफ़ी महत्त्वपूर्ण होता है। 11 मार्च को सदन में ही मुख्यमन्त्री से देखा-देखी हुई। 13 मार्च को मुख्यमन्त्री को सदन में गोपालगंज जिले की एक घटना पर वक्तव्य देना था। वहाँ की एक महिला प्रिंसिपल, जो परीक्षा इंचार्ज भी थी, पर डी.एम. को थप्पड़ मारने का आरोप था। महिला प्रिंसिपल का कहना था कि डी.एम. ने उसके साथ आपत्तिजनक व्यवहार करने की कोशिश की, तब उसने थप्पड़ जड़ दिया। मामला गम्भीर था। चूँकि हमारे विधान परिषद् में आधा दर्जन शिक्षक प्रतिनिधि होते हैं, इसलिए इसे लेकर हंगामा हुआ था और इसी कड़ी में मुख्यमन्त्री की ओर से बयान दिया जाना था।

मुख्यमन्त्री जो बयान दे रहे थे, वह मुझे अटपटा लगा। इसका कारण मेरी मानसिक स्थिति भी रही होगी, जो मेरे पार्टी निलम्बन से स्वाभाविक गुस्से में होगी। इस मनोदशा में आदमी अच्छाइयाँ नहीं देखता, नुक्स पर ही ध्यान देता है।

लेकिन मुख्यमन्त्री ने जब महिला प्रिंसिपल को विक्षिप्त मनोदशा का कहा, तब मुझे गुस्सा आया। मैं खड़ा हुआ और आसन से प्रश्न किया कि वह मुख्यमन्त्री को यह भी बतलाने के लिए कहें, जब प्रिंसिपल विक्षिप्त थीं, तब उन्हें इलाज पर या लम्बे अवकाश पर क्यों नहीं भेजा गया? मेरा सवाल यह भी था कि और कितनी ऐसी महिला या पुरुष प्रिंसिपल हैं जो इस मनोदशा में कार्यरत हैं। मुख्यमन्त्री नाराज़ हो गये। उन्होंने आसन से कुछ पूछा। इस पर मैंने कहा कि आपकी समस्या इसलिए है कि आप अख़बारों का लिखा बयान पढ़ रहे हैं। फिर अप्रिय कहासुनी हुई और मुख्यमन्त्री गुस्से से तिलमिला गये। अपनी बात कहकर मैं सदन से बाहर चला गया। सभापति ने शायद अप्रिय वाक्‌युद्ध को प्रोसिडिंग से हटा दिया, लेकिन इस बहस की ज़ोरदार चर्चा हो गयी। लॉबी में आया, तब एक वरिष्ठ पूर्व सदस्य ने कहा कि अमूमन मुख्यमन्त्री के बोलते समय टोका-टोकी नहीं होती, मन्त्रियों के साथ होती है। लेकिन आपने परम्परा को तोड़ा है। कर्पूरी जी तो मन्त्रियों को नहीं, मुख्यमन्त्री को ही टोकते थे। उन्होंने यह भी बतलाया कि आपका सवाल सटीक था। सरकार यह कैसे कह सकती है कि उसका कर्मचारी विक्षिप्त है। विक्षिप्त है तो ऐसे कर्मचारी को आप बनाये हुए कैसे हैं?

पूरी घटना से मैं भी दुखी था। मुख्यमन्त्री व्यक्तिगत रूप में नीतीश कुमार भी थे, जिनसे सम्बन्धों की एक बुनियाद थी, मित्रता थी। मैं एहसान भूलने वालों में नहीं हूँ। जब मैं बीमार था, तब उनकी भूमिका को मैं कैसे भूल सकता था। मित्रता की एक लम्बी पृष्ठभूमि थी। उस घटना के कुछ ही रोज़ बाद मुझसे एक टीवी चैनल के एंकर ने इस घटना की चर्चा की, तब मैंने इसे दुखद बतलाते हुए अपने जीवन में नीतीश जी की भूमिका को रेखांकित किया। उनके प्रति व्यक्तिगत सम्मान में कोई कमी नहीं थी। लेकिन अपनी बातें स्पष्टता से रखने के लिए मैं अभिशप्त हूँ। इसके कारण ही मेरे पिताजी से भी मतभेद बने रहते थे। अपने कई मित्रों से तीखे मतभेद हुए हैं। राजेन्द्र यादव, डॉ. धीरेन्द्र शर्मा, रघुवीर सहाय और हमउम्र कर्मेन्दु शिशिर से लम्बी लड़ाइयाँ लड़ी हैं। लेकिन इन सबके प्रति सम्मान और अपनापे में कोई कमी नहीं है। इन सबके बिना मेरे जीवन का कोई मतलब भी है क्या! लड़ाइयाँ तो होंगी, लेकिन स्नेह-सम्मान अपनी जगह बना रहेगा। मैं बनावटी मित्रता और चापलूसी में विश्वास नहीं करता हूँ और न करूँगा। ज़िन्दगी तो आज है, कल नहीं रहेगी।

अप्रैल 2011 की 20 या 21 तारीख़ को मुझे एक नोटिस थमायी गयी कि क्यों नहीं मेरी सदस्यता (विधान परिषद्) समाप्त कर दी जाये। लेकिन मुझ पर जो आरोप लगाये गये थे, वे बे-बुनियाद, झूठ और शरारतपूर्ण थे। मुझसे परिषद् सचिवालय द्वारा पूछा गया था कि आपकी पार्टी का कहना है कि आपने पार्टी छोड़ दी है। सच्चाई यह है कि मुख्यमन्त्री ने स्वयं या किसी के द्वारा सन्देश भेजकर भी यह सन्केत दिया होता कि मैं सदन की सदस्यता से त्याग-पत्र दे दूँ, तब मैं मिनट भर के भीतर दे देता। लेकिन जब कोई छद्म रच कर सदस्यता खत्म करना चाहता था, तब तो मुझे प्रतिकार करना था। सच्चाई यह भी थी कि मैं निष्क्रिय ज़रूर था, लेकिन दल के विरुद्ध मैंने कोई भी कार्य नहीं किया था। एक बार बजट की सदन में आलोचना छोड़कर। वह दो साल पहले की बात थी।

अब टीवी चैनलों और लेखों का हवाला दिया गया। टीवी चैनलों पर मैंने ऐसा कुछ नहीं कहा था। कुल मिलाकर मैंने तीन बातें ही की थीं-(1) बिहार में दक्षिणपन्थ की राजनीति मजबूत हुई है। (2) सवर्ण आयोग की आलोचना और उस पर पुनर्विचार का आग्रह। (3) एनडीए की भारी जीत पर मेरी प्रतिक्रिया कि 1971 में इन्दिरा जी की ऐसी ही जीत पर अटलजी ने कहा था कि कभी-कभी चीज़ें अपने वज़न से ही टूट जाती हैं। यह एनडीए के साथ भी हो सकता है।

ये तमाम बातें प्रसंगवश कही गयी थीं और यह सब मैंने तब कहा था, जब मुझे एक स्वतन्त्र राजनीतिक विश्लेषक के रूप में आमन्त्रित किया गया था। लेकिन यह आरोप लगाना कि मैंने स्वेच्छा से पार्टी छोड़ दी है, सरासर ग़लत था। इस ग़लत को मैं कैसे स्वीकार सकता था। यदि मैंने पार्टी छोड़ ही दी थी, तब फिर मुझे निलम्बित-निष्कासित क्यों किया। पार्टी ने मेरे निष्कासन की सूचना सभापति को भी दी। इस सूचना के बाद मुझसे यह पूछा गया कि आपने सदस्यता त्याग दी है। पूरा मामला विरोधाभासों से भरा था।

मैंने सभापति को अति संक्षिप्त उत्तर दिया। लिखा कि संविधान के अनुच्छेद 191(2) के किसी भी प्रावधान का उल्लंघन मैंने नहीं किया है। मैंने दल के अनुशासन को परिषद् की कार्यवाही के दौरान भंग नहीं किया है और न मैंने दल की सदस्यता का त्याग और किसी अन्य दल की सदस्यता ग्रहण की है।

दरअसल कानून के अनुसार कोई मामला ही नहीं बनता था। क्योंकि संविधान में नियमन यह है कि केवल दो परिस्थितियों में सदस्यता समाप्त होगी। पहला दल से स्वेच्छापूर्वक त्याग देने या किसी अन्य दल की सदस्यता ग्रहण कर लेने पर और दूसरा कि सदन में ह्वीप के उल्लंघन पर। यह दोनों मैंने नहीं किया था।

हमारे विरोधियों की समस्या यह थी कि निष्कासन के उनके फैसले से सदन में मैं स्वतन्त्र हो गया था। अब जबकि जनता दल(यू) का सदस्य नहीं था, तब मुझ पर दल का अनुशासन नियमतः काम नहीं करता था। इसकी एक प्रतिक्रिया उन लोगों ने 13 मार्च के प्रकरण में देखा भी। लेकिन अब वे सत्ता का दुरुपयोग कर रहे थे। इसमें मैं क्या कर सकता था। मुझे तो इस आशय का भी पत्र आता कि अब आप पार्टी के सदस्य नहीं हैं और नैतिकता के आधार पर आपको सदन की सदस्यता छोड़ देनी चाहिए, तो मैं इसे तुरन्त कर देता। इसके लिए मैं तैयार बैठा था। लेकिन उन्होंने यह भी नहीं किया। कानूनी रूप से विरोधाभास यह भी था कि मुझे तो पत्र भेजा गया था, निलंबन का, लेकिन सभापति को निष्कासन की सूचना दी गयी थी। ऐसी स्थिति में किसी सदस्य को निष्कासित कर दिया गया हो, दो महीने बाद यह कैसे पूछ सकते हैं कि इन्होंने सदस्यता स्वेच्छा से छोड़ दी है। इस आधार पर सभापति को इस प्रसंग को स्वीकार ही नहीं करना चाहिए था।

मज़ेदार बात यह है कि मई के पहले पखवारे में सभापति मेरे घर आये। आये थे तो वह भिन्न प्रसंग में, लेकिन जब बातों के बीच उन्होंने कहा कि

पूरा मामला ही ऊटपुटाँग (जैसे-तैसे) हैं। आपके जवाब के बाद तो यह कोई प्रसंग ही नहीं बनता है। उन्होंने स्वीकार किया कि जब आपको निष्कासित कर दिया गया है, तब यह प्रश्न ही क्यों आता है कि उन्होंने सदस्यता छोड़ दी है। बिना दिमाग़ के हैं लोग! कैसे राज चला रहे हैं!

सभापति भाजपा कोटे के थे। जब सभापति नहीं थे, तब मेरी बगल में ही बैठते थे। बुजुर्ग भी थे और कानूनविद भी। उनकी वकालत ख़ूब चलती थी। राज्य के कभी महाधिवक्ता भी रह चुके थे और कहा जाता है अपनी वकालत के वास्ते जज बनने के प्रस्ताव को उन्होंने नकार दिया था। उनका मैंने हमेशा सम्मान किया था, और हमारे सम्बन्ध सौहार्द्रपूर्ण थे। उन्होंने जाते-जाते कहा—मणिजी, मैं तो अपने रहते ऐसा अनर्गल कार्य नहीं कर सकता। मैंने पूरे मामले के काग़ज़-पन्नों को अलमारी में डाल दिया है। मई, जून, जुलाई बीत गया। अगस्त भी आधा बीत गया। एक रोज़ सभापति ने मुझे अपने चैंबर में बुलाया और कहा आप कृपया मुख्यमन्त्री से मिल लीजिए। यह मेरा व्यक्तिगत अनुरोध है। सारा मामला खत्म हो जायेगा। मेरे कहने का कुछ आधार है।

मैंने सभापति महोदय को अपनी समस्या बतलाई। कहा कि मुझसे मित्रता के सम्बन्ध रहे हैं। ऐसे में केवल इसलिए मिलूँ कि मेरी सदस्यता बची रहे, यह मुझसे नहीं होगा।

सभापति ने कहा—वह मिलना चाहते हैं। मैं आपके साथ चलने के लिए तैयार हूँ। मैंने कहा—यदि ऐसा है तो उनके घर से मेरे घर की वही दूरी है, जो मेरे घर से उनके घर की। वे मेरे घर आते रहे हैं। वह मिलना चाहेंगे और घर आयेंगे, तो उनका स्वागत करूँगा। लेकिन उन्होंने आज ऐसी परिस्थिति खड़ी कर दी है कि मेरा अभी उनके यहाँ जाना ठीक नहीं होगा। यही माना जायेगा कि मैं समर्पण कर रहा हूँ। मित्रता का मैं सम्मान करता हूँ, लेकिन समर्पण तो शायद अच्छी चीज़ नहीं है।

सभापति मुस्कुरा कर रह गये। उन्होंने कहा कि आप राजनीति के लिए नहीं बने हैं। खैर, आपकी निजता का मैं सम्मान करना चाहूँगा।

कुछ ही रोज़ बाद मुझे फिर एक पत्र मिला। मेरी बर्खास्तगी के मामले को फिर से उठाया गया था और कुछ बिन्दुओं पर मेरा स्पष्टीकरण माँगा गया था। मैंने समय से सभापति को अपना लिखित स्पष्टीकरण दे दिया। तब 2 सितम्बर की तारीख़ तय की गयी और मुझसे उपस्थित रहने के लिए कहा गया।

मैं उस तारीख़ को उपस्थित हुआ और वही बातें बतलाईं, जो पहले बतलाई थीं। सत्ता पक्ष के दो सदस्य मित्र भी उपस्थित थे। मैं सहज था। 3 सितम्बर को मैं स्वयं सभापति से मिलने गया कि मैं एक अध्ययन-भ्रमण में जाऊँ या नहीं, जो 6 सितम्बर से प्रस्तावित था। यह इसलिए पूछ रहा था कि सदस्य रहूँगा या नहीं, यह अनिश्चित था। उन्होंने कहा कि ज़रूर जाइये। लेकिन उनका फिर आग्रह हुआ कि मैं मुख्यमन्त्री से मिल ही लूँ। मैंने सभापति को बतलाया कि हठी तो नहीं हूँ, लेकिन अब मामला इतना संगीन हो गया है कि मिलने का सवाल ही नहीं उठता। कहकर मैं चला आया।

6 सितम्बर को मैं अध्ययन-भ्रमण-कार्यक्रम पर निकल गया। 7 को दिल्ली सचिवालय में दिलचस्प बैठकें हुईं, जिनमें कई महत्त्वपूर्ण जानकारियाँ हासिल हुईं। दिल्ली राज्य अपने लिये बिजली और दूध का कैसे इन्तज़ाम करता है यह मैं जानना चाहता था। फिर मेरी रुचि शिक्षा और उसकी व्यवस्था को लेकर थी। ग़रीबों और मज़दूरों के बच्चों की पढ़ायी का क्या इन्तज़ाम है, इसे मैं जानना चाहता था। दिल्ली सरकार ने इस दिशा में कुछ नये प्रयोग किये हैं और वे मुझे पसन्द आये। मसलन, जैसा कि मुझे बताया गया कि उड़ीसा के मज़दूर यदि किसी ख़ास प्रोजेक्ट पर काम करने आये हैं तो वहाँ उन बच्चों के लिए बस स्कूल की व्यवस्था है यानी एक मोटर बस को ही स्कूल का रूप दे दिया गया है–चलंत स्कूल–और उसमें उड़िया भाषी शिक्षक रहते हैं, जो उन बच्चों की मनोदशा के साथ तादात्म्य बैठा सकें। जब वह प्रोजेक्ट समाप्त हो जाता है और मज़दूर दूसरे प्रोजेक्ट पर काम करने चले जाते हैं तो यह बस भी वहीं चली जाती है। उन बच्चों का न तो सिलेबस टूटता है, न शिक्षक बदलते हैं। यह कार्यक्रम मुझे बहुत अच्छा लगा। ग़रीब बच्चों के लिए हमारे बिहार में शिक्षा का प्रबन्ध बहुत ही ख़राब है। इस पर कुछ कहना अभी शायद अप्रासंगिक होगा, लेकिन इतना तो कह ही सकता हूँ कि दिल्ली जैसी संवेदनशील व्यवस्था बिहार में भी की जा सकती है।

अगले दिन हम लोग मथुरा, वृंदावन, आगरा आदि की यात्रा पर निकल पड़े। मैं इन जगहों पर इस उम्र तक कभी गया नहीं था। मेरे मित्र केदार पाण्डेय इस पर आश्चर्य कर रहे थे। वृंदावन, मथुरा में दो रोज़ तक हम लोग घूमते रहे। कई मन्दिरों में जो संकरी गलियों में थे, हम लोग गये। भक्तों की भीड़ हर जगह मिली। ख़ासकर महिलाएँ हर जगह बड़ी संख्या में थीं। कृष्ण की कथा पौराणिक है और अब तक कोई महत्त्वपूर्ण ऐतिहासिक साक्ष्य नहीं उपस्थित किया गया है।

लेकिन कोई ज़रूरी नहीं कि ऐतिहासिकता न हो। यह भी सम्भव है कि कोई ऐतिहासिकता ही ज़्यादा संघनित हो, पौराणिकता का रूप ले चुकी हो। जो, हो लेकिन कृष्ण का व्यक्तित्व मुझे चित्ताकर्षक लगता है। जब बेशुमार महिलाओं को कृष्ण की भक्ति में पागल बने देखा, तब मेरे जी में आया कि उनके जीवन में गोपियाँ-ब्रजबालाएँ उन पर फ़िदा थीं तो क्या आश्चर्य। हिन्दुस्तानी महिलाएँ, वे चाहे किसी जात-धरम की हों आज़ाद तबियत की रही हैं, कम-से-कम पुरुषों से तो कहीं ज़्यादा आज़ाद खयाल रही ही हैं। वह ज़िन्दगी के अर्थ जानती हैं और यह भी जानती हैं कि प्रेम ही ज़िन्दगी है, धार्मिक ढोंग-ढकोसले बेमतलब-बेकार की चीज़ें हैं और कि किताबों में कुछ ख़ास रखा नहीं है। संघर्ष ही जीवन है और कुछ भी स्थिर नहीं है, यही है कृष्ण का सन्देश। मैं समझता हूँ कि महिलाएँ कृष्ण के इस सन्देश को आत्मसात् कर चुकी हैं। यही तो है कि बार-बार वे आज़ादी के लिए सारे बन्धनों को तोड़ने के लिए तत्पर बनी रहती हैं। दरअसल आज कृष्णों की ही कमी है। उनका चरित्र मुश्किल से मिलता है। यहाँ तो दुर्योधनों और दुःशासनों की संख्या बढ़ रही है, जो महिलाओं को अपमानित करना ही धर्म समझते हैं। या फिर धर्मराज जैसे पाखण्डी, जो राज सत्ता के लिए द्रौपदियों को दाँव पर लगा देते हैं। टिकट और मन्त्रीपद पाने के लिए कितने ही लोगों ने ऐसी बेशर्म हरकतें की हैं।

मन्दिरों में मुझे कुछ मज़ा नहीं आया, लेकिन जब वृंदावन गया और गोवर्द्धन पहाड़ी को देखा, तब मेरा मन-मयूर एक बार नाच गया। सचमुच में उत्फुल्ल भाव से उस गोवर्द्धन को देखता रहा, जिसे अपनी पौराणिकता में कृष्ण ने अपनी उँगली पर उठाया था और बाढ़ में डूब रहे ब्रज के लोगों को इन्द्र के प्रकोप से बचाया था। सम्भव है बाढ़ में डूब रहे लोगों को कृष्ण ने उँगली का ईशारा किया होगा कि उस ओर चलो, गोवर्द्धन की ओर। वहाँ उन्होंने डेरा जमाया होगा। लेकिन इन्द्र की पूजा के ढोंग-ढकोसलों से अपनी जनता को मुक्ति दिलायी होगी। पाखण्ड और ढोंग-ढकोसलों के परम-विरोधी उसी नायक को आज पाखण्ड में बुरी तरह बाँध दिया गया है, यह देखकर मुझे क्लेश हुआ।

आगरा में उस ऐतिहासिक ताजमहल को देखा जो भारत के घर-घर में किंवदन्ती बन चुकी है। मनुष्य के लगन, परिश्रम और सपनों का साकार रूप है ताजमहल। स्थापत्य का खूबसूरत नमूना, जिन पर सदियाँ रश्क करती हैं। मनुष्य के पास यदि सपने हों और इच्छाशक्ति, तब वह क्या नहीं कर सकता है।

वहाँ उत्तर प्रदेश सरकार के पर्यटन विभाग के एक विद्वान अधिकारी स्वयं हमारे गाइड थे। उनके पास बहुत सारी जानकारियाँ थीं। इतिहास को उन्होंने आत्मसात् किया हुआ था। उनका साथ होना सौभाग्य की बात थी अन्यथा उतनी बारीक जानकारियाँ हमें नहीं मिलतीं। मुझे यह देखकर अच्छा लगा कि सरकार ने ताजमहल को बचाने के लिए पर्यावरण संरक्षण पर ज़ोर दिया है। वायु के बढ़ते प्रदूषण से ताजमहल के दूधिया रंग के ख़राब हो जाने का खतरा है। इसलिए पेट्रोल-डीजल वाली गाड़ियाँ दूर ही रोक दी जाती हैं। वहाँ से ताजमहल तक आने के लिए बैटरी वाली गाड़ियों का इस्तेमाल होता है, जिससे धुआँ पैदा नहीं होता।

आगरा और मथुरा-वृंदावन सौन्दर्य व प्रेम के दो प्रतीक हैं, जो आस-पास ही हैं। दोनों के बीच हज़ारों साल का फ़र्क़ है। लेकिन परम्परा तो एक ही है, प्रेम की परम्परा। ईर्ष्या, कलह और नफरत से जूझती दुनिया के बीच से आज भी इतने लोग आकर इन्हें देखते हैं, यह तो अच्छा है, लेकिन कुछ सीखते भी हैं क्या, यह सवाल बना रहता है।

11 सितम्बर की रात में हमें भोपाल जाना था, लेकिन में कुछ थकान अनुभव कर रहा था और फिर न जाने का तय किया। 12 सितम्बर को नयी दिल्ली स्थित बिहार निवास में था, जहाँ अपने कमरे में कुछ साहित्यिक मित्रों के साथ बैठा कुछ हल्की-फुल्की बातें कर रहा था, तभी मोबाइल पर पटना से एक पत्रकार-मित्र का फोन आया, आज आपकी सदस्यता रद्द कर देने का फैसला हुआ। सभापति ने अभी-अभी यह निर्णय लिया है। टीवी पर फ्लैश न्यूज़ दे रहा है। मैंने अपने कमरे का टीवी ऑन किया तब सचमुच फ्लैश न्यूज़ चल रहा था। पत्रकार मित्र ने मेरी प्रतिक्रिया चाही क्योंकि वह इसमें बाजी मारना चाहते थे। मैंने कहा-"मैं बर्ख़ास्तगी के इस तरीके के लिए नीतीशजी का धन्यवाद करता हूँ।" मेरे मन में एक फीकी हँसी फूटी। फिर पता नहीं क्यों मन में ही जीसस की आख़िरी अभिव्यक्त पंक्ति फ्लैश हुई- 'My God! My God! Why hast thou forsaken me?'

फिर तो फोन का सिलसिला लग गया। ऐसा, जिससे मैं परेशान हो गया। सत्ता पक्ष और विपक्ष के कई नेताओं ने फोन कर हमदर्दी जताई। बिहार विधान परिषद् के सौ साल के इतिहास में यह पहली घटना थी, जब किसी की सदस्यता रद्द की गयी हो। घर से फोन आया कि घर पर मीडिया का जमावड़ा है और नहीं तो लोग पत्नी की प्रतिक्रिया जानना चाहते थे। ममता की प्रतिक्रिया ज़्यादा साफ थी। उन्होंने कहा-उनका राजनीति में जाना ही ग़लत था।

मेरी बेटी जे.एन.यू. में पढ़ती थी, अभी भी है, उसे किसी ने फोन पर जानकारी दी। उसे पता था मैं दिल्ली में हूँ। वह मुझसे मिलने आयी। वह खुश थी कि उसके पापा सत्ता के आगे झुके नहीं। उसने कहा–आपसे ऐसी ही उम्मीद थी पापा। वेलडन। हमें इस जीत का जश्न मनाना चाहिए। दोनों बाप-बेटी बाहर निकले। सीसीडी के एक कैफिटेरिया में जाकर बैठे। चाकलेट केक और कॉफी मँगाई। फिर देर तक चुस्कियाँ लेते रहे।

युवा मित्रों से संवाद

13 सितम्बर (2011) को दिनभर मिलने वालों का सिलसिला बना रहा। जेएनयू और दिल्ली यूनिवर्सिटी के छात्र आये। कुछ पत्रकार मित्र और अन्य साथी भी आये। सबने मुझे बधाई थी कि सामाजिक न्याय के उसूलों के लिए आपने संघर्ष किया। हालाँकि ऐसा था नहीं, यह सब बस होते रहते हैं। कोई भी आदमी अपनी तबियत से काम करता है। जब आप वैचारिक रूप से दरिद्र होते हैं तब अपनी ज़िन्दगी या जिस किसी पेशे से जुड़े होते हैं उसे काबू में नहीं रख पाते। फिर एक अराजकता आती है और सब कुछ गड्डमड्ड होने लगता है। सत्ता या अधिकार जिनके हाथों में है, वे यदि विचारहीन हो जाते हैं, जिसे पुराने ज़माने में धर्महीन होना कहते थे, तब अनर्थ होते हैं। पुराने या नये ज़माने में युद्ध, हिंसा और दमन तभी तो हुए हैं, जब राजा, शासक या सत्तासीन जन विचारहीन-धर्महीन हुए हैं। सत्ता अपने आप में एक विचित्र चीज़ है और इसकी सवारी आपने कायदे से न की, तब यह आपकी सवारी करने लगता है। नीतीश कुमार के बारे में अभी भी मेरी अच्छी राय है और मैं जानता हूँ सत्ता से हटने के बाद फिर वही हो जायेंगे, जो थे। कम-से-कम चाहेंगे तो ज़रूर ऐसा होना। कई लोगों को देखा है कि सत्ता, सम्पन्नता और अधिकार आ जाने पर यह अपनी निजता खो देते हैं और उस सत्ता के आदमी हो जाते हैं। लेकिन उससे भी ग़लत मेरी नज़र में, वे लोग होते हैं, जो ऐसे अधिकार प्राप्त लोगों के चारों ओर किसी पतंग के मानिन्द चक्कर लगाते हैं और अन्तत: अपना स्वत्व खो देते हैं और यह शायद इसलिए हो पाता है कि स्वयं के मनुष्य जीवन को कीट-पतंग में परिवर्तित कर देने वाले लोग, ज़िन्दगी के अर्थ भूल जाते हैं। फ्रैंज काफ्का की महान् कहानी 'मेटामोरफोसिस' में सभ्यता की इसी पीड़ा को तो रखा गया है, जहाँ एक भला चंगा आदमी एक दिन पाता है कि वह कीट में तब्दील हो गया है।

14 दिसम्बर को जेएनयू के छात्रों ने एक सभा का आयोजन कर मुझे बोलने के लिए आमन्त्रित किया। जिस छात्रावास में मुझे आमन्त्रित किया गया था, वहाँ बड़ी संख्या में छात्र जुटे थे। कुछ अन्य विद्वान साथी भी थे। आयोजकों ने मेरे संघर्ष की चर्चा की, जो मैंने किया ही नहीं था। निष्क्रियता को संघर्ष कहेंगे, क्या! मैं तो केवल निष्क्रिय था। इस एक काम, यदि वह काम है तो, मैंने किया था कि झुका नहीं था। अपनी मर्जी से अपनी मस्ती में रहा। यह संघर्ष तो हुआ नहीं। लेकिन सुनने में संघर्ष जैसे जुमले अच्छे लगते हैं, ख़ासकर तब जब आपके प्रसंग में इसे चिह्नित किया जाता है। मुजफ्फर अली की फ़िल्म 'उमराव जान' में उमराव जान अपने कोठे पर आये एक डाकू को नवाब साहब कहती है, तो वह डाकू ख़ूब हँसता है, पागलों की तरह, क्योंकि नवाब साहब सुनना उसे अच्छा लगता है। ऐसे जुमले, जब मेरे प्रसंग में कभी कहे गये हैं, ऐसी ही निश्छल हँसी, मेरे अन्तस में फूटी है। मैंने हमेशा अपने को एक सामान्य आदमी समझने की कोशिश की है, जो मैं हूँ। मैं अपनी कमज़ोरियों से वाकिफ़ हूँ और यह भी जानता हूँ कि कितना बड़ा अज्ञानी हूँ। न कायदे से मेरी पढ़ाई-लिखाई हुई है, न कोई अन्य इल्म ही जानता हूँ। जैसा कि कबीर चादर बुन लेते थे, या रैदास जूते गाँठ लेते थे, मैंने तो केवल बकवास किये हैं, फिर भी लोगों का इतना स्नेह। दुनिया से इतनी इज़्ज़त मिली है कि हैरान रह जाता हूँ। यह सब जादू नहीं तो और क्या है। लेकिन इस स्नेह और सम्मान ने निश्चय ही, थोड़ा-सा ही सही, मुझमें उत्तरदायित्व बोध भी लाया है और मैं जानता हूँ मुझे प्यार करने वाले लोग कुछ ज़्यादा नहीं, बस यही चाहते हैं कि मैं अपनी मर्जी से चलूँ, बिक नहीं जाऊँ। अब इतना तो करना ही पड़ेगा।

मैंने छात्रों को विश्व के बदलते परिदृश्य से संक्षेप में परिचित कराया और बतलाया कि दुनिया भर में वर्चस्व की संस्कृति और राजनीति हावी हो रही है। विचारों की जगह विकास की जो राजनीति लगातार फैल रही है, उसके खतरे हैं। वर्चस्व की संस्कृति में विश्वास करने वाले लोगों ने ही समानता के आन्दोलन को दबाने के लिए, कभी जनतन्त्र का नारा बुलन्द किया था और यह कहा था कि जनतन्त्र में तो सबकी मुक्ति हो जायेगी। लेकिन यह जनतन्त्र बुर्जुआ तबके का एक ऐसा तिलिस्म बनकर रह गया, जो उसके कब्जे से मुक्त ही नहीं हुआ। यही हाल विकास का है। सामाजिक न्याय को सुनिश्चित करने के प्रश्न हर देश-समाज में उठ रहे हैं। उन्हें दबाने के लिए विकास का यह तिलिस्म खड़ा किया गया है और बतलाया गया है कि इसके बूते सबका उद्धार होगा।

लेकिन यह भ्रम है। यह विकास जो इंडेक्स में दिखता है, बुर्जुआ तबके के कब्जे में है और इसने बहुत चालाकी से शोषण के कैनवास को कई गुना बढ़ा दिया है। वंचित तबके आज ज़्यादा बेबसी में हैं, उनका भविष्य ज़्यादा खतरे में है और इसलिए आज की चुनौतियाँ कहीं अधिक गम्भीर हैं।

मैंने यह भी बतलाया कि न केवल भारत, बल्कि पूरी दुनिया, आज एक अभूतपूर्व वैचारिक संकट झेल रही है। जिन विचारों को कभी रूसो ने प्रस्तावित किया था और जिसे लेकर फ्रांसीसी क्रान्ति हुई, वह आज हाशिये पर चले गये हैं। रूसो के विचार समानता और भाईचारा के विचार थे। आज़ादी के विचार थे और यही सामाजिक न्याय के संघर्ष के वैचारिक आधार हैं। इसी संघर्ष को मार्क्स ने आगे बढ़ाया था। लेकिन आज जहाँ हमसे यह अपेक्षा की जा रही है कि हम पुरानी वैचारिकता से मुक्त हों, रूसो और मार्क्स की विचारधारा से मुक्त हो, वहीं बुर्जुआ तबका–वर्चस्वप्राप्त तबका, नोबल अथवा भारत में सवर्ण कहा जाने वाला तबका, अपनी वैचारिकता के लिए अपनी जड़ें उन्नीसवीं सदी में ही गहरी कर रहा है। वह स्पष्ट तौर से स्वयं को नीत्शे, मैकियावेली और बायरन की वैचारिकता से जोड़ रहा है। नीत्शे की मॉर्डेनिटी मानव जाति के लिए खतरनाक साबित हो सकती है। वह हीगेल की तरह न मेटाफिजिकल एप्रोच रखता है, न उसकी जड़ें क्रिश्चियनिटी में है। वह किसी धर्म, किसी ईश्वर में विश्वास नहीं करता। वह समानता, भाईचारे और आज़ादी के ख़यालों का भी समर्थक नहीं है। वह बुद्ध और ईसा को मानव जाति के लिए खतरा मानता है। दया और समानता के विचार उसके सुपरमैन की अवधारणा को क्षतिग्रस्त करते हैं। डार्विन ने जीव विकास के क्रम में जिस तरह 'सर्वाइवल ऑफ़ फिटेस्ट' की अवधारणा रखी थी, उसी तरह नीत्शे सामाजिक–राजनीतिक क्षेत्र में पावर फॉर फिटेस्ट की वकालत करता है। शेष लोगों को वह उनके मातहत–सबॉर्डिनेट रूप में रहने की सलाह देता है। कहने के लिए उसके एक हाथ में दर्शन, साहित्य और संगीत है, लेकिन दूसरे में युद्ध, असमानता और तानाशाही भी है। वह आभिजात्य की अराजकता अथवा एरिस्ट्रोक्रेटिक एनारकिज्म का आग्रही है। यही तो मनुवादी ब्राह्मणवाद भी है।

विकासवाद की राजनीति इसी नीत्शेवाद की राजनीति का विस्तार है और हम उसका समर्थन नहीं कर सकते। विकास योग्यतम के शासन पर बल देता है, क्योंकि वही विकास हासिल कर सकते हैं। वही हमें उपलब्धियों से भर सकते हैं। और जैसे ही इस व्यवस्था को स्वीकारते हैं हम समानता के आदर्शों की तिलांजलि दे देते हैं और जनता का विभाजन कर देते हैं।

शासक और शासित श्रेणियाँ खड़ी हो जाती हैं। ग्रीक सभ्यता के विकास में दास प्रथा को कारक माना गया था। विकास की व्यवस्था और सभ्यता के कारक वंचित दलित-पिछड़े समूह होंगे, लेकिन पुरोहित वे लोग होंगे जो योग्य या योग्यतम हों। सोशल डार्विनिज़्म के इस भेद को हमें समझना चाहिए।

हमने यह भी बतलाया कि किसी ज़माने में मनुष्य के लिए धर्म की जगह धर्म के लिए मनुष्य की दुहाई दी गयी और धर्म की निरपेक्ष सत्ता विकसित हो गयी, जिसका परिणाम हुआ कि मनुष्य धर्म के लिए समर्पित हो गया। ऐसी स्थिति में पुरोहितवाद पैदा हुआ और धर्म को औज़ार बनाकर जनता का शोषण किया गया। आज यदि विकास को उसी अन्दाज़ में विकसित किया गया, तब इसके भी खतरनाक नतीजे आयेंगे, बल्कि आने शुरू हो गये हैं। विकास मनुष्य सापेक्ष हो, मनुष्य के लिए हो, मनुष्य विकास के लिए समर्पित न हो जाये। विकास की एक निरपेक्ष सत्ता विकसित नहीं होनी चाहिए।

जेएनयू में ये कार्यक्रम देर शाम में भोजनोपरान्त आरम्भ होते हैं और इसलिए रात के दो बजे तक यह चला। छात्रों ने दिलचस्प और सारगर्भित सवाल पूछे। संवाद लम्बा चला जो मेरे लिए भी उत्साहप्रद था। फिर हम चाय के एक ढाबे पर आये। हमारे साथ पत्रकार मित्र आइवन कोस्का और दिलीप मण्डल थे। दर्जनों छात्र, नौजवान मित्रों के साथ हमने भोर की चाय ली, फिर दिलीप मण्डल की कृपा से बिहार निवास लौटा, जहाँ रुका था। फिर तो देर तक सोना स्वाभाविक था।

कुछ और स्वीकारोक्तियाँ

ज्यां जाक रूसो ने अपनी आत्मकथा का शीर्षक कन्फेशंस (आत्म-स्वीकृतियाँ) दिया है। दरअसल रूसो को अपने समाज के सामने सफाई देनी थी। इस्तगासा पेश करना था। वह विवादित व्यक्ति थे। उलझनों से भरे हुए। एक संवेदनशील और आज़ादी पसन्द व्यक्ति के लिए स्वयं को समाज के सामने पेश करना मुश्किल कार्य होता है। दुनिया को समझाना कुछ चाहते हैं, दुनिया समझ जाती है कुछ। रूसो की मृत्यु एक रहस्य है। कुछ लोग कहते हैं कि उनकी मृत्यु मिरगी की बीमारी से हुई। लेकिन यह भी कहा जाता है कि उन्होंने आत्महत्या कर ली थी। मैं उनकी मानसिक स्थिति को सदियों बाद जब समझने की कोशिश करता हूँ, तब पीड़ा से भर जाता हूँ। प्रकृति और स्वतन्त्रता का इतना बड़ा प्रेमी आख़िर क्यों कर अपनी इहलीला समाप्त करने के लिए मजबूर हुआ होगा! मेरी एक कहानी का पात्र आत्महत्या के फ़लसफ़े गढ़ता है। उस पात्र के भीतर थोड़ा-सा मैं भी था। लेकिन आज इतना कह सकता हूँ कि जीवन चाहे जैसा हो, जीना चाहिए। हमें केवल सुख ही नहीं, दुख के भी स्वागत के लिए तैयार रहना चाहिए। हज़ारों दुःख के बीच भी हमें जीवन की लीला देखनी चाहिए। सुख तो कोई भी भोग सकता है, लेकिन जिसे ज़िन्दगी कहते हैं, वह दुःख का झेलना ही है। भयंकर बीमारियों, दुस्सह अभावों, भयानक एकान्तवास सबमें मैंने मनुष्य को देखा है। उन सबके प्रति मेरे मन में सम्मान का बोध है। उन्होंने ही दुनिया बनाये रखी है। जीवन का अर्थ है संघर्ष। जिस जीवन में संघर्ष का अभाव है, वह सही मायने में जीवन है ही नहीं। जब मैं साठ साल का हुआ, तब देहरादून के एक पहाड़ी गाँव में था। मेरे बड़े बेटे और पत्नी की इच्छा थी कि मैं पटना में रहूँ। वह शायद मेरे मित्रों के साथ एक समारोह का आयोजन करना चाहते थे। ऐसे समारोह मुझे बिल्कुल पसन्द नहीं हैं, इसलिए मैं पटना नहीं आया। पत्नी और बेटे की रंजगी लेकर

मैं देहरादून में ही पड़ा रहा। 25 जुलाई वर्षा काल होता है और उस रोज़ दूनघाटी में जमकर बारिश हुई थी। तीन दिन पहले यानी 22 जुलाई, 13 से मैंने अपनी यह कथा लिखना आरम्भ किया था। उस रोज़ भी कई पृष्ठ लिखे। नहा-धोकर खाना बनाया और छोटे बेटे प्रकाश, जो साथ में थे, के साथ खाना खाया। फिर देर तक पहाड़ों और उस पर घिरे गहरे बादलों को निहारता रहा। झमाझम के बीच बाहर निकलना मुश्किल था और यह मुझे बहुत अच्छा लग रहा था। शाम में हम दोनों बाप-बेटे एक रेस्तराँ में गये और अपने हिसाब से कुछ अच्छा-सा भोजन किया। इस बीच बेटे ने एक केक भी लाया और उसका एकान्तिक अनुष्ठान भी हुआ।

लेकिन इन सबके बीच मेरे मन में एक उथल-पुथल मची थी, जीवन को लेकर। उस रोज़ साठ साल का हुआ था। इसे लेकर एक गुदगुदी मची थी मन में। रात देर तक नींद नहीं आयी। अपने ही जीवन को लेकर एक आत्म-समीक्षा करता रहा। 'आवारा मसीहा' लेखक शरतचन्द्र की जीवनी है, जिसे विष्णु प्रभाकर ने लिखा है। उसमें एक जगह यह प्रसंग है कि शरतचन्द्र अपनी ही ज़िन्दगी की आत्मसमीक्षा करते हुए कहते हैं, लेख की तरह जीवन को भी रफ और साफ अर्थात् पुनर्लेख की सुविधा मिलनी चाहिए थी। उन्होंने कहा कि यदि जानता इतना बड़ा लेखक बनूँगा, तब जीवन और तरह से जीता। बहुत पहले मुझे लिखे एक पत्र में राजस्थानी के मशहूर लेखक विजयदान देथा ने अपने जीवन के बारे में ऐसा ही लिखा था।

मेरे जीवन में बहुत ज़्यादा उथल-पुथल रही हो, ऐसा मैं नहीं कहूँगा। लेकिन हर एक जीवन में उतार-चढ़ाव तो होते ही हैं, और जैसा कि पूर्व पृष्ठों में अपने जीवन के बारे में मैंने जो बतलाया है, उसमें भी बहुत सपाट तो नहीं है। प्रेमचन्द ने लिखा है मेरा जीवन एक सपाट मैदान है। मैं शायद ऐसा नहीं लिख सकता। शायद बहुत सपाट नहीं है, मेरा जीवन।

आत्म-समीक्षा के क्रम में मैं बहुत विचलित नहीं हुआ। हाँ, कुछ बातों का क्लेश था, लेकिन किसी बात को लेकर मैं बहुत शर्मिन्दा नहीं रहा। हिन्दुस्तानी मन सबसे अधिक सेक्स को लेकर उत्सुक होता है। सेक्स की वर्जना हमारे यहाँ महात्मा बनने की पहली शर्त होती है। यदि सेक्स को लेकर आप खुले हैं, तब महापापी हैं। इस प्रसंग में हिन्दुस्तान में सम्यक् सोच का अभाव है। या तो यहाँ सेक्स को लेकर उच्छृंखलता है या फिर सम्पूर्ण वर्जना। ये दोनों अतियाँ हैं, और इसका मैं कभी पक्षधर नहीं रहा। समाजवादी नेता राममनोहर लोहिया कहते थे, "सेक्स में बलात्कार और वायदाख़िलाफ़ी को

छोड़कर कुछ भी अपराध नहीं है।" इसे मैं स्वीकारता हूँ और कह सकता हूँ इस अपराध से मैं पूरी तरह मुक्त रहा हूँ। हाँ, इस प्रसंग में महात्मा बनने की मेरी कोई अभिलाषा नहीं रही और इस बात का थोड़ा-सा ही सही मुझे गुमान भी है। स्त्री जाति के लिए मेरे मन में बराबरी और इज़्ज़त का भाव रहा है। मैं ऐसे समाज की कामना करता रहा हूँ, जहाँ स्त्री व पुरुष की मित्रता आम रिवाज़ हों। वे एक दूसरे के साथ मिलें-बैठें, विमर्श करें और सम्भव हों तब लड़े-झगड़ें भी। स्त्री-पुरुष की मित्रता केवल सेक्स को लेकर हो, यह तो गलीज समाज के लक्षण हैं। ऐसे समाज से मुझे नफ़रत है।

जब अपने जीवन की तरुणाई में था, तब जैसा कि मैंने पहले भी ज़िक्र किया है, युवावर्ग पर आचार्य रजनीश के विचारों का बड़ा ज़ोर था। रजनीश बाद में भगवान रजनीश बन गये और उन्होंने कई आधुनिक मठ या आध्यात्मिक केन्द्र स्थापित कर लिये। देश में भी और विदेशों में भी। मठों के साथ एक पाखण्ड भी विकसित होता है। मैंने ज़्यादा खोज-ख़बर नहीं ली, लेकिन निश्चित ही यह हुआ होगा। लेकिन युवा रजनीश ने सेक्स वर्जनाओं को लेकर भारतीय मनीषा पर जो चोट दी थी उससे मैं एक हद तक सहमत था। उनकी पुस्तक 'सम्भोग से समाधि' युवावस्था में मैंने पढ़ी थी। लेकिन उनके अन्य अनेक विचार और आचरण मुझे पसन्द नहीं थे। इतने खुले विचारों के साथ उनका आडम्बर मुझे बिलकुल पसन्द नहीं था और मैं यदि उनसे मिला होता, तब इस बात के लिए उनकी ख़बर लेता। हमारे मित्र कान्ति कुमार जैन ने रजनीश पर एक लम्बा लेख लिखा है। वह उनके सहपाठी रहे हैं। उन्होंने उस लेख में इस बात की थोड़ी-सी आलोचना ज़रूर की है।

मैं अपने ज़माने के दूसरे विचारकों और पुराने ज़माने के सन्त-विचारकों के साथ भी यूँ ही मन-ही-मन टकराता रहा हूँ। बुद्ध मुझे प्रिय रहे हैं, लेकिन कई बार वे डरे हुए प्रतीत होते हैं। स्त्रियों को लेकर उनमें भी एक भय था और यह भय सेक्स को लेकर ही तो होगा! वैशाली की नृत्यांगना आम्बपाली ने उनसे बहस की, तब जाकर बुद्ध स्त्रियों को संघ में शामिल करने के लिए सहमत हुए। सैनिकों और क़र्ज़खोरों को लेकर राजा और सेठों के प्रति उनके समर्पण भी मुझे पसन्द नहीं आये। कहते हैं बुद्ध के विचारों से प्रभावित हो, बड़ी संख्या में युवा उनके संघ में आने लगे, इनमें कुछ सैनिक भी थे। राजा को लगा ये सैनिक और युवा यदि यूँ ही बुद्ध के संघ में शामिल होने लगेंगे, तब सैनिकों की कमी हो जायेगी और राजा कमज़ोर हो जायेगा। राजा ने बुद्ध से बात की और बुद्ध ने राजा की बात मानते हुए सैनिकों और युवकों को

संघ में आने से रोक दिया। ऐसा ही क़र्ज़खोरों के बारे में हुआ। कर्ज के मारे लोग जब संघ में आने लगे, तब सेठों ने बुद्ध से इसकी शिकायत की। बुद्ध ने कर्जखोरों को संघ में आने से मना किया। बुद्ध की इन बातों का मैं आज भी आलोचक हूँ। यह तो एक किस्म का पाखण्ड अथवा मिथ्याचार था। बुद्ध कौन होते थे, उन्हें रोकने वाले। तब उनके विचारों का मोल ही क्या था?

दुनिया में हर जगह जितने भी किस्म के मिथ्याचार हैं, वह चाहे विचारों में हो या फिर जीवन में, उससे मुझे चिढ़ होती है। तमाम तरह की वर्जनायें और नियम-कायदे एक स्तर पर जाकर मिथ्याचार का रूप ले लेते हैं। इसलिए मेरा मानना है कि विचारों और रिवाज़ों का सतत परिमार्जन होते रहना चाहिए। इसके अभाव में विचार और रिवाज़ बोझ बन जाते हैं और एक समय के बाद रूढ़ि या बाधा। ये हमारी प्रगति को रोकते हैं। त्रिपिटक में—शायद चुल्लबग्ग में बुद्ध का एक प्रसंग है। वह कहते हैं कोई जातक अथवा आदमी किसी जल अर्णव के किनारे खड़ा होकर उस पार जाने की युक्ति तलाश रहा है। वह कुछ काठ-घास इकट्ठा करता है और एक नाव बनाता है। उस नाव से वह उस पार चला जाता है। पार जाने पर वह सोचता है कि नाव ने ही मुझे उस किनारे से इस किनारे तक लाया है। अब यदि इस नाव को मैं छोड़ दूँ, तब कृतघ्नता होगी। वह व्यक्ति उस नाव को अपने सिर पर रख लेता है और आगे की यात्रा करता है। बुद्ध अपने शिष्यों से पूछते हैं—ऐसे व्यक्ति को आप क्या कहोगे?

मानव समाज ऐसे जाने कितने नावों को ढो रहा है! यह अन्ततः है क्या। हमारा बचपना ही तो! बुद्ध इसे बालधम्म कहते थे। मैं बार-बार सोचता रहा हूँ कि इस तरह के प्रयासों से हमारी स्वतन्त्रता की कितनी क्षति हुई है। इसलिए महान से महान विचार और व्यक्ति के प्रति पूरा सम्मान रखते हुए भी मैं उनके विचारों का रूढ़ वाहक नहीं बन सका। बुद्ध, मार्क्स, कबीर जैसे लोग मेरे प्रिय रहे हैं। आज भी हैं, लेकिन उनकी बातों को, उनके विचारों को, मैं अपने विवेक की रोशनी में खंगाल कर ही स्वीकारता हूँ, उनकी तमाम बातें आज के ज़माने में ठीक ही हों, यह ज़रूरी नहीं है। बुद्ध के समय का समाज आज नहीं है, मार्क्स के समय का अर्थशास्त्र आज नहीं है। उसमें अनेक परिवर्तन आये हैं। अनेको चिन्तक-विश्लेषक इस बीच हुए। उन्होंने अनेक शोधन, परिवर्द्धन किये हैं। इन सबको लेते हुए ही हम उनके विचारों को देखेंगे, फिर आज की समस्याओं के बीच उनकी प्रासंगिकता तलाश करेंगे। लेकिन कुछ लोग सनातनी मिज़ाज के होते हैं—सनातनी बौद्ध,

सनातनी कबीरपन्थी, सनातनी मार्क्सवादी, ऐसे लोगों से मेरा रास्ता अलग हो जाता है। इसीलिए मैं किसी रूढ़ रास्ते पर नहीं चल सका। अनेक लोग इसे मेरा भटकाव मानते हैं। मैं ऐसे तमाम मित्रों के प्रति कोई रंज नहीं पालता। मैं उन्हें समझने की कोशिश करता हूँ और उनसे प्रेम भी करता हूँ।

घर में, साहित्य में और फिर राजनीति में भी मैं स्वयं को अलग-थलग पाता हूँ। अपने विचार-व्यवहार के लिए मैंने कई बार छोटे-बड़े दण्ड झेले हैं। लेकिन कुल मिलाकर मेरा चित्त सन्तुष्ट रहा है। चापलूसी मुझसे होती नहीं और केवल मित्र बने रहने के लिए किसी की बातें स्वीकार लेना मुझसे सम्भव नहीं होता।

एक लेखक मित्र जिनका नाम नहीं लूँगा, मुझसे केवल इसलिए रंज हुए कि मैंने उनकी कहानियों को हास्यास्पद श्रेणी का कह दिया। उनकी कहानियों की भारत भर में धूम मची थी, लेकिन मेरी नज़र में कहानी अच्छी नहीं थी। मैंने वही लिखा जो मैंने समझा। मेरी मित्रता जाती रही। मुझे थोड़ा अफसोस हुआ। लेकिन लिखने पर नहीं, मित्रता के खोने पर।

कमलेश्वर जी हमारे आदरणीय मित्र थे। उनका उपन्यास 'कितने पाकिस्तान' की ख़ूब चर्चा हुई। लेकिन मुझे वह बहुत सामान्य-सा लगा। दरअसल वह उपन्यास था ही नहीं। मैंने यही लिखा। कमलेश्वर जी जब मिले तब व्यवहार में रंजगी हावी था। मैं मुस्कराकर रह गया। ज्ञानरंजन जी, राजेन्द्र यादव जी से भी ऐसे मुकाबले हुए। काशीनाथ सिंह उम्दा गद्यकार और कमज़ोर कथाकार हैं। वे संस्मरण बहुत खूबसूरत लिखते हैं, लेकिन कहानियाँ लिखना उनके बूते की बात नहीं। मैंने उनके सामने यह बात कही और हमेशा के लिए कुट्टी हो गयी। नामवर जी का बहुत सम्मान करता हूँ, लेकिन एक बार आलोचना भी की और लिखकर। उन्होंने बुरा नहीं माना। जिस ओर मैंने ध्यान दिलाया था उसे स्वीकार किया। यह उनका बड़प्पन था। वह सचमुच अनोखे इनसान हैं। उनके प्रति आदर से मेरा मन भर गया। कुछ और मित्रों के साथ भी विवाद हुए। अपने प्यारे मित्र कर्मेन्दु शिशिर से तो कई बार लम्बी कड़वाहटें रहीं। 2007 में नैनीताल में 'संगमन' का आयोजन था। यह आयोजन 1993 से लगभग हर वर्ष मशहूर लेखक प्रियंवद अपने अज़ीज मित्रों के सहयोग से आयोजित करते हैं। उत्तर भारत के अनेक शहरों में यह आयोजन हुआ है। 2007 के सम्मेलन में एक कहानी की बड़ी तारीफ़ हो रही थी। मैंने जब टिप्पणी की तब बवाल हुआ। दरअसल वह कहानी विमर्श के लायक नहीं थी। गलदश्रुता की भावना से अँटी पड़ी थी। लगता ही नहीं था

कि इक्कीसवीं सदी की कहानी है। मैंने वही कहा, जो मैंने समझा। मैत्रेयी पुष्पा भी मुझसे सहमत थीं। लेकिन प्रियंवद की वह प्रिय कहानी थी और कहानीकार भी प्रिय थे। कहानीकार मेरे भी प्रिय थे और मेरे ही शहर के थे, लेकिन कहानी मुझे नहीं प्रिय लगी तब मैं केवल आयोजक को प्रसन्न करने के लिए 'हाँ' नहीं कर सकता था। प्रियंवद ने मुझे 'संगमन' के कार्यक्रम में बुलाना हमेशा के लिए बन्द कर दिया। मैं क्या कर सकता था। गनीमत है कि हाल के दिनों में उनका गुस्सा कम हुआ है और मेरे प्रति वे कृपालु हुए हैं।

इस तरह के अनेक मुकाबले राजनीति में भी हुए, जिनकी चर्चा मैं पहले कर चुका हूँ। यहाँ मैं केवल यह कहना चाहता हूँ कि यह सब केवल स्वतन्त्र राय-विचार रखने मात्र से हुआ, या होता रहा। किसी के प्रति मेरी कोई दुर्भावना नहीं रही है। कई दफ़ा तो दुर्भावना पालनी चाही, लेकिन हो न सका। क्योंकि जीवन को लेकर मेरे अपने विचार बहुत साफ हैं। एक रोज़ सबको मरना है। कहा जाता है कि महान सिकन्दर मरने के पहले यह हिदायत दे गया था कि कब्र से मेरे हाथ निकले होने चाहिए, ताकि लोग देख सकें कि मैं खाली हाथ इस दुनिया से रुख़सत हुआ। मैं सिकन्दर की मनःस्थिति समझने की कोशिश कर सकता हूँ। भारत के पश्चिमी छोर पर बसे एक ऋषि दांडायन से जब वह मिलने गया और उन्हें बतलाया कि विश्वविजेता सिकन्दर हूँ तब कहते हैं, दांडायन ने मुस्कुराते हुए कहा था स्वयं पर विजय पाने में ही पूरी ज़िन्दगी लग जायेगी, विश्व विजय तो दूर की बात है।

हम अपनी स्थिति को समझने की कोशिश नहीं करते, हम संशय में जीने वाले लोग, आस्था और प्रेम से दूरी बनाकर रखना चाहते हैं। संशय हमें ज्ञानी ज़रूर बनाता है, लेकिन हमारी विनम्रता विनष्ट कर देता है। कुल मिलाकर हमें अहंकारी बनाता है। हमारे पुरोहितों ने जोड़-तोड़ कर स्वर्ग या जन्नत की परिकल्पना कर रखी थी। मृत्यु को वह विराम नहीं अर्द्धविराम मानते थे। विराम तो मोक्ष है। बौद्ध इसे निर्वाण कहते हैं। ज़्यादातर संस्थागत धर्म मृत्यु को बस अर्द्ध-विराम मानते हैं। बौद्धों का सोचना जरा भिन्न है। वहाँ स्वर्ग-नरक जैसी कोई दुनिया नहीं है। जो है, इस जगत में है और निर्वाण की स्थिति तो इस जीवन में भी हासिल की जा सकती है। मृत्यु तो महानिर्वाण है।

लेकिन हम निर्वाण नहीं, पूरी ज़िन्दगी कुछ हासिल ही करते रहना चाहते हैं। धन, पद, ज्ञान, कीर्ति सबकी इच्छायें हम आख़िर तक पालते रहते हैं। महाभारत में एक प्रसंग है कि धर्मराज युधिष्ठिर ने यक्ष के प्रश्न कि संसार का सबसे बड़ा आश्चर्य क्या है? बतलाया था–'लगातार मरते हुए लोगों को

देखते रहने और यह जानते हुए भी कि मनुष्य मरणशील है, मनुष्य का अमर की तरह आचरण करना।' यदि मनुष्य अपने ऊपर काबू पा ले, तब वह कम-से-कम गलतियाँ तो करेगा ही, पूरी तरह आज़ाद भी हो जायेगा। तब तो उसे किसी भी चीज़ से डर नहीं लगेगा न ईश्वर से, न कानून से, न समाज से, न सत्ता से, न स्वयं से। ऐसी भयमुक्तता ही मेरा आदर्श रहा है और इसे हासिल करने की सम्भव कोशिश मैं करता हूँ। बार-बार पैर फिसलते हैं, लड़खड़ाता भी हूँ, लेकिन उम्मीद नहीं छोड़ी है।

❑❑